D1683744

Hans Fries

Hans Fries Ein Maler an der Zeitenwende

Herausgegeben von Verena Villiger und Alfred A. Schmid
Mit Beiträgen von Nott Caviezel, Raoul Blanchard, Kathrin Utz Tremp und Ivan Andrey

Museum für Kunst und Geschichte Freiburg
unter Mitwirkung des Staatsarchivs Freiburg und des Kulturgüterdienstes
des Kantons Freiburg
Unterstützt durch die UBS Kulturstiftung

Verlag Neue Zürcher Zeitung

© 2001, Verlag Neue Zürcher Zeitung, Zürich
© der Texte bei den Autorinnen und Autoren
Gestaltung und Satz: Urs Graf und Gregory Vines, Basel
Lektorat: Ursula Villiger-Hitzig und Max Flückiger, Zürich
Übersetzung des Textes von Ivan Andrey: Hubertus v. Gemmingen, Villar-sur-Glâne
ISBN 3-85823-911-9
Printed in Switzerland

Inhalt

Alfred A. Schmid, Verena Villiger
9 Vorwort

Verena Villiger
13 Hans Fries in der Forschung

Kathrin Utz Tremp
21 Die Zeit des Malers Hans Fries

Alfred A. Schmid
31 Hans Fries – Leben und Werk

Verena Villiger
49 Zeichnungen, Unterzeichnungen

Verena Villiger
55 Zur Maltechnik von Hans Fries

Ivan Andrey
69 Freiburger Retabel aus der Zeit von Hans Fries

Katalog der Werke

Gemälde

Verena Villiger
Kat. 1
90 Anbetung der Könige

Raoul Blanchard
Kat. 2
95 Hl. Christophorus

Verena Villiger
Kat. 3
98 Vier Tafeln eines Altärchens, 1501
100 Stigmatisation des hl. Franziskus
104 Martyrium des hl. Sebastian
105 Vision des hl. Bernhard
107 Hl. Anna selbdritt

Verena Villiger
Kat. 4
109 Zwei Tafeln eines «Jüngsten Gerichts»
113 Auferstehung der Seligen
116 Höllensturz der Verdammten

Verena Villiger
118 Kat. 5
Christus unter der Last des Kreuzes, 1502

Raoul Blanchard
Kat. 6
127 Zwei Fragmente vom Flügel eines Altars, 1503
128 Hl. Christophorus
132 Hl. Barbara

Raoul Blanchard
Kat. 7
134 Bugnon-Altar
136 Ausgiessung des Heiligen Geistes
139 Der Abschied der Apostel
140 Die Werke der Barmherzigkeit

Verena Villiger
Kat. 8
146 Maria mit Kind und hl. Joseph

Verena Villiger
Kat. 9
149 Antonius-Altar, 1506
151 Predigt des hl. Antonius von Padua
156 Wunder am Grab des hl. Antonius

Verena Villiger
Kat. 10
158 Kleiner Johannes-Altar
159 Erscheinung des Apokalyptischen Weibes
162 Erscheinung des Menschensohns
164 Giftwunder des Evangelisten Johannes

Raoul Blanchard
Kat. 11
169 Zwei Flügel eines Altars
171 Hl. Margarethe
173 Hl. Nikolaus

Verena Villiger
Kat. 12
174 Lebendes Kreuz

Nott Caviezel
Kat. 13
181 Marienzyklus, 1512
188 Wahl des Opferlamms
190 Die Begegnung an der Goldenen Pforte
193 Die Geburt Marias
195 Der Tempelgang Marias
198 Die Vermählung Marias
203 Die Heimsuchung der Elisabeth durch Maria
204 Die Rückkehr aus Ägypten
207 Der zwölfjährige Jesus im Tempel
209 Die Krönung der Maria

Verena Villiger
Kat. 14
214 Grosser Johannes-Altar, 1514
217 Johannes der Täufer tadelt Herodes
220 Enthauptung Johannes' des Täufers
221 Johannes der Evangelist auf Patmos
223 Johannes der Evangelist im Ölkessel

Raoul Blanchard
Kat. 15
226 Bildnis des Niklaus von Flüe, 1517

Zeichnungen und Druckgraphik
Verena Villiger
Kat. 16
230 Hl. Wenzel zwischen Engeln als Schildhaltern

Verena Villiger
Kat. 17
233 Hl. Klara, 1505

Verena Villiger
Kat. 18
236 Maria mit dem Kind in einer Landschaft

Verena Villiger
Kat. 19
239 Maria mit dem Kind auf der Rasenbank

Verena Villiger
Kat. 20
242 Himmelfahrt der Maria

Fassung von Skulpturen
Raoul Blanchard
Kat. 21
245 Himmelfahrts-Christus, 1503

Verena Villiger, Raoul Blanchard
248 Falsche Zuschreibungen

Anhang
257 Archivalische Quellen hg. von Kathrin Utz Tremp
295 Abkürzungsverzeichnis/Nicht Gedrucktes
297 Literaturverzeichnis
308 Orts- und Personenregister
312 Bildnachweis

Vorwort

Alfred A. Schmid
Verena Villiger

Als das Kunsthaus Zürich 1921 in einer Ausstellung grosse Bestände spätgotischer Malerei und Skulptur aus der Schweiz und angrenzenden Gebieten vereinigte, fiel eine Gruppe von rund zwanzig Gemälden durch ihre spannungsvolle Komposition, kostbar leuchtende Farben und eine emailhafte Oberfläche besonders auf. Ihr Schöpfer, der Maler Hans Fries, wurde hier von einem für Kunst interessierten Publikum wiederentdeckt und als ein eigentlicher Höhepunkt der Schau gefeiert. In einer Rezension der Ausstellung bezeichnete der Kunsthistoriker Julius Baum die Tafel mit der Stigmatisierung des hl. Franziskus gar als eine der «stärksten Leistungen der deutschen Malerei um 1500».

Hans Fries wurde als Sohn eines Bäckers in Freiburg im Üchtland geboren und verbrachte hier einen wichtigen Teil seines Lebens als Stadtmaler und Ratsherr. Er hatte seinen Beruf bei einem damals angesehenen Berner Maler gelernt, von dem uns jedoch kein gesichertes Werk überliefert ist. In Basel, wo Fries offenbar während eines oder zweier Jahre lebte, traf er auf eine rege Kunstproduktion; angesichts der malerischen Qualität seiner Werke darf man annehmen, er habe dort den Eindruck überragender Schöpfungen wie etwa des Heilspiegelaltars von Konrad Witz in der Leonhardskirche empfangen. In Freiburg und später wiederum in Bern, wohin er aus unbekannten Gründen übersiedelte, hatte er Gemälde der sogenannten Nelkenmeister vor Augen; nicht nur der Hochaltar der Freiburger Franziskanerkirche, ein Hauptwerk der spätgotischen Schweizer Malerei, sondern auch das Johannes dem Täufer geweihte Retabel eines Berner Ateliers wirkten sich auf seine Kompositionen aus. Gegen Ende seines Lebens scheint ihn ausserdem die Malerei von Niklaus Manuel Deutsch berührt zu haben. Massgebliche Anregungen empfing er zudem aus der Druckgraphik, allem voran aus Dürers Holzschnitten, über die er zum Teil schon kurz nach ihrer Entstehung verfügt haben muss.

Trotz den Einflüssen, die sich in seinem Werk aufspüren lassen, handelt es sich bei Fries jedoch in erster Linie um einen eigenwilligen Künstler von grosser bildschöpferischer Kraft. Er beobachtete nicht nur akribisch genau seine Umgebung, um sie mit magisch anmutender Naturnähe wiederzugeben, sondern erfand seine eigene Formenwelt, indem er Felsen, Landschaften mit Wasserflächen, Gewanddraperien usw. zu beinahe abstrakten Gebilden stilisierte.

Mehrere Hauptwerke dieses wohl interessantesten Schweizer Malers aus der Zeit um 1500 befinden sich im Museum für Kunst und Geschichte Freiburg. Wir entschlossen uns deshalb, das Schaffen von Fries, das mehr als 70 Jahre nicht mehr umfassend behandelt worden war, aus heutiger Sicht in einer Ausstellung und der nun vorliegenden Monographie zu präsentieren. Stets durften wir dabei auf die Hilfe von Dr. Yvonne Lehnherr, Direktorin des Museums für Kunst und Geschichte Freiburg und Präsidentin der Eidgenössischen Kommission der Gottfried-Keller-Stiftung, zählen. Dank der Unterstützung der Direktion für Erziehung und kulturelle Angelegenheiten des Kantons Freiburg beteiligten sich das Staatsarchiv Freiburg mit PD Dr. Kathrin Utz Tremp und der Kulturgüterdienst des Kantons Freiburg mit lic. phil. Ivan Andrey am Projekt. Ihre Leiter, lic. phil. Hubert Foerster und der Architekt Claude Castella, willigten in eine solche

Zusammenarbeit ein. Hier möchten wir zudem den übrigen Autoren danken, allen voran Dr. Nott Caviezel, der nicht nur einen umfassenden Text zum grössten erhaltenen Ensemble des Malers verfasste, sondern mit Kompetenz und Umsicht auch die Produktion der Monographie begleitete, und lic. phil. Raoul Blanchard, der heute dem Schloss Greyerz und seinen Sammlungen vorsteht. Obschon sein Name unter keinem Text steht, darf überdies Claude Rossier, der Restaurator des Museums, als Mitautor gelten: er erstellte mit Geschick und Sorgfalt die Infrarot-Reflektographien sämtlicher in Freiburg aufbewahrten Gemälde, führte deren technologische Untersuchung durch und restaurierte zwei zu einem Retabel gehörende Reliefs.

Hans Fries malte hauptsächlich Altartafeln; sein überliefertes Werk – schmal, jedoch von hoher Qualität – ist über öffentliche und private Sammlungen, hauptsächlich in der Schweiz und in Deutschland, verstreut. Wegen ihres Seltenheitswertes und ihrer Empfindlichkeit werden mittelalterliche Tafelgemälde und Zeichnungen heute nur noch ausnahmsweise an Ausstellungen geliehen. Dem Entgegenkommen der Verantwortlichen dieser Sammlungen haben wir es zu verdanken, dass die Ausstellung zustande kam; sie ermöglichten uns (oft unter erheblichem Aufwand) auch technologische Untersuchungen. Namentlich erwähnt seien insbesondere die Öffentliche Kunstsammlung Basel, ihre Direktorin Dr. Katharina Schmidt, der Konservator PD Dr. Bernd Wolfgang Lindemann, der Leiter des Kupferstichkabinetts Dr. Christian Müller, die Restauratoren Peter Berkes, Amelie Jensen und Friederike Steckling sowie Martin Bühler (Photograph), Franziska Heuss, Charlotte Gutzwiller, Margareta Leuthardt und Marianne Kindler. Im Kunstmuseum Bern danken wir dem ehemaligen Direktor Dr. Toni Stooss, Dr. Ralf Beil, Judith Durrer, Regula Zbinden und den Restauratorinnen Beatrice Ilg und Nathalie Bäschlin, in der Stadt- und Universitätsbibliothek Bern der Fachreferentin für Altbestände, Dr. Claudia Engler. Dem Provinzial P. Otho Raymann, dem Guardian P. Christoph Stulz sowie ihren Mitbrüdern vom Franziskanerkloster Freiburg sind wir für ihre Unterstützung ebenfalls sehr verpflichtet. Des weiteren ermöglichten uns Prof. Dr. Uwe M. Schneede (Direktor), Dr. Martina Sitt, Hyma Roskamp, Eva Keochakian und Anne Barz die Leihgabe aus der Hamburger Kunsthalle, wo uns ausserdem Dr. Ulrich Luckhardt und Dr. Jenns Howoldt bei den Recherchen behilflich waren. Wichtige Tafeln von Fries besitzen die Bayerischen Staatsgemäldesammlungen in München; dank dem Generaldirektor Dr. Reinhold Baumstark, dem Konservator Dr. Martin Schawe, der Restauratorin Veronika Poll-Frommel und dem Photographen Bruno Hartinger konnten diese Werke untersucht werden. Dr. Tilman Falk und Dr. Michael Semff (beides Leiter) sowie Dr. Gisela Scheffler und Dr. Kurt Zeitler an der Staatlichen Graphischen Sammlung in München waren uns beim Studium und der Ausleihe der dortigen Zeichnung behilflich. Am Germanischen Nationalmuseum Nürnberg wurden wir vom Abteilungsleiter Dr. Daniel Hess, der Restauratorin Martina Homolka, Dr. Hermann Maué, Anne-Cathrin Schreck und Wiebke Glöckner tatkräftig unterstützt. Dank Karel Muller, Direktor des Landesarchivs Troppau, und Dr. Jitka Balatková, Leiterin der Zweigstelle Olmütz, erhielten wir Zugang zum einzigen Holzschnitt, der bis heute mit Fries in Verbindung gebracht werden kann. Jean-Marie Compte (Direktor) und Régis Rech an der Médiathèque François Mitterrand in Poitiers ermöglichten uns, ein Perspektivetraktat von 1521, in dem Hans Fries vermutlich noch zu dessen Lebzeiten gerühmt wird, auszuleihen. Dem Direktor des Kunsthauses Zürich, Dr. Christoph Becker, dem Vizedirektor Dr. Christian Klemm und den Restauratoren Paul Pfister, Hanspeter Marty und Nathalie Elswanger sind wir in bezug auf das Werk in ihrer Sammlung zu Dank verpflichtet. Am Schweizerischen Landesmuseum, ebenfalls in Zürich, fanden wir Unterstützung bei Dr. Andres Furger (Direktor) und Dr. Dione Flühler (Sektionschefin) sowie beim Restaurator Peter Wyer.

Im Museum für Kunst und Geschichte Freiburg wiederum konnten wir auf die Hilfe von lic. phil. Caroline Schuster Cordone, Primula Bosshard, Jacques Chassot, Fernand Corpataux, lic. phil. Sylvie Genoud, lic. phil. Colette Guisolan-Dreyer, Christine Hagen, Anne Pelissier, Robert Progin, Martine Schoepfer, Gaëlle Wicht sowie ihrer hier nicht einzeln genannten Kollegen zählen. Die Gestalter Urs Graf und Gregory Vines in Basel und der Verlag Neue Zürcher Zeitung in Zürich, besonders der Programmleiter Manfred Papst und Heinz Egli, gaben dem Buch seine äussere Form, nachdem Dr. Ursula Villiger-Hitzig und Max Flückiger (Zürich) sowie Dr. Hubertus v. Gemmingen (Villars-sur-Glâne) das Lektorat bzw. die Übersetzung der deutschen Version, Aude Virey-Wallon (Meudon, Frankreich), lic. phil. Clara Wubbe und lic. phil. Aline Houriet (Freiburg) jene der französischen Fassung besorgt hatten. Charlotte und Giulio Galetti waren uns eine unschätzbare Hilfe bei der digitalen Erfassung der Texte.

Die UBS Kulturstiftung unterstützte die Publikation durch einen namhaften Beitrag; von Anfang an begleitete Dr. Verena Füllemann (Vizedirektorin) unser Projekt. Ihr und dem Stiftungsrat sei für das lebhafte Interesse und die grosszügige Hilfe herzlich gedankt.

Von den zahlreichen weiteren Personen, die uns mit mannigfaltiger Unterstützung zur Seite standen, seien folgende namentlich erwähnt: Pantxika Béguerie (Abbeville, Frankreich), Dr. Gerold Lusser (Allschwil), Fabian Kempter (V bis F, Basel), Dr. Dieter Koepplin, Dr. Hanspeter Müller und Dr. Hortensia v. Roda (Basel), Dr. Marie-Claire Berkemeier-Favre (Historisches Museum Basel), Andreas Barth, Dr. Ulrich Barth und Dr. Josef Zwicker (Staatsarchiv Basel-Stadt), Dr. Francesco Rossi (Accademia Carrara, Bergamo), Dr. Bernd Konrad (Fotoarchiv für Infrarot-Reflektographie, Berlin), Volker Schaible (Berner Fachhochschule, Studiengang Konservierung und Restaurierung), lic. phil. Vinzenz Bartlome und Dr. Peter Martig (Staatsarchiv Bern), Dr. Isabelle Rucki (Gesellschaft für Schweizerische Kunstgeschichte, Bern), Dr. Daniel M. Moser (Institut für Pflanzenwissenschaften der Universität Bern), Reto Pfister und Willy Stebler (Bern), Pierre Dumas (Musée des Beaux-Arts, Chambéry), Jean-François Laurenceau (Conservation départementale du patrimoine, Chambéry), Jean-Luc Eichenlaub (Archives départementales, Colmar), Pierre-Marie Maulbecker (Archives municipales, Colmar), Catherine Leroy und Fabienne Keller (Musée d'Unterlinden, Colmar), Anna Bugnon (Cugy FR), Andrea Nyffeler (Erstfeld UR), Kloster Visitation, Bohumila Havlíková und Dominic Pedrazzini (Freiburg), Fernand Bussard (Bischöfliches Archiv, Freiburg), Dr. Josef Leisibach und Alex Erik Pfingsttag (Kantons- und Universitätsbibliothek Freiburg), lic. phil. Marc-Henri Jordan, Sylvia Lauper und Dr. Hermann Schöpfer (Kulturgüterdienst des Kantons Freiburg), Prof. Dr. Walter Haas (Universität Freiburg), Dr. Hartmut Scholz (Corpus Vitrearum Deutschland, Freiburg i. Br.), Rainer Michael Mason (Cabinet des Estampes, Genf), Prof. Dr. Yves Christe und Prof. Dr. Mauro Natale (Universität Genf), Hugh Stevenson (Glasgow, Art Gallery & Museum), Susanne Müller-Bechtel (Gräfelfing, Deutschland), Anne de Maillardoz (Grand-Vivy, FR), Ursula J. A. de Goede-Broug (Rijksbureau voor Kunsthistorische Dokumentatie, 'sGravenhage, Niederlande), Count N. A. D. Labia (Hawthornden, Südafrika), Urs Friedli (Horw LU), Hayden Proud (South African National Gallery, Kapstadt), Dr. Michael Stevenson (Kapstadt), Dr. Helmut Hundsbichler (Institut für Realienkunde des Mittelalters und der frühen Neuzeit, Krems), Christophe Vital und Jean-Pierre Remaud (Conservation des Musées, La Roche-sur-Yon, Frankreich), Gregory Martin (Christie's, London), Richard Charlton-Jones (Sotheby's, London), Barbara Thompson (Courtauld Institute of Art, London), John V. G. Mallet (London), Burton B. Fredericksen (Getty Provenance Index, Los Angeles), Egbert Moll-Thissen (Luzern), Françoise Lapeyre-Uzu und Marie-Reine Jazé-Charvolin (Direction régionale des affaires culturelles, Lyon), Christian Orcel und Jean Tercier (Laboratoire Romand de Dendrochronologie, Moudon), PD Dr. Sibylle Appuhn-Radtke und Dr. Ulrike Grammbitter (Zentralinstitut für Kunstgeschichte, München), Dr. Christoph Heilmann (Bayerische Staatsgemäldesammlungen, München), Ludwig Meyer (Archiv für Kunstgeschichte, München), Prof. Dr. Willibald Sauerländer (München), Peter Barnet, Michael David-Weill und Christine E. Brennan (Metropolitan Museum of Art, New York), Dr. Peter Cannon-Brookes (Oxford), P. Luciano Bertazzo (Centro Studi Antoniani, Padua), Sophie Guillot de Suduiraut (Musée du Louvre, Paris), Yves-Jean Riou (Conservateur régional de l'Inventaire, Poitiers), Prof. Dr. Ivo Hlobil (Kunsthistorisches Institut der Tschechischen Akademie der Wissenschaften, Prag), Nicolas de Techtermann (Pully VD), Hubert Troidl (Amt für Archiv und Denkmalpflege, Regensburg), Sivigliano Alloisi (Galleria Corsini, Rom), Dr. Kristina Herrmann Fiore (Galleria Borghese, Rom), Dr. Maria Selene Sconci (Museo di Palazzo Venezia, Rom), Dr. Rolf Hasler (Schweizerisches Zentrum für Forschung und Information zur Glasmalerei, Romont), Georg Drescher (Bibliothek Otto Schäfer, Schweinfurt), Markus Hochstrasser (Solothurn), Cécile Dupeux (Musée de l'Œuvre Notre-Dame, Strassburg), Geneviève de Montleau (Ugine, Frankreich), Dr. Filippo Pedrocco (Musei Civici, Venedig), Dr. Herrmann Mildenberger (Kunstsammlungen Weimar), Dr. Monika Faber (Graphische Sammlung Albertina, Wien), Claudia Koch und Edith Stampf (Gemäldegalerie der Akademie der Bildenden Künste, Wien), Dr. Mariantonia Reinhard-Felice (Gottfried-Keller-Stiftung, Winterthur), Marianne Aebersold (Graphische Sammlung der Eidgenössischen Technischen Hochschule, Zürich), Cécile Brunner (Kunsthaus Zürich), Dr. Christoph Herm (Schweizerisches Institut für Kunstwissenschaft, Zürich), Angelica Condrau (Schweizerisches Landesmuseum, Zürich), Verena Röthlisberger (Schweizerischer Schriftstellerinnen- und Schriftsteller-Verband, Zürich) und Pierre Boissonnas, Zürich. Aber auch allen übrigen Personen, die uns in diesem Projekt geholfen haben, sei unser aufrichtiger Dank gewiss.

Hans Fries in der Forschung

Verena Villiger   Der Maler Hans Fries ist eine verwirrend geheimnisvolle Persönlichkeit: das müssen wir eingestehen, nachdem wir uns mehrere Jahre eingehend mit seiner Kunst und seinem Leben befasst haben. Sein Geburtsjahr bleibt so unbekannt wie sein Todesdatum. Seine Lebensumstände lassen sich nur bruchstückhaft aus den Quellen lesen; grosse Abschnitte seiner Biographie – und wohl auch des Schaffens – liegen im Dunkeln. Nur während eines Jahrzehnts, der ersten Dekade des 16. Jahrhunderts, öffnet sich ein Fenster auf sein Tun: wegen seiner öffentlichen Stellung erscheint er in den Freiburger Quellen vergleichsweise häufig; und auch die meisten seiner erhaltenen Werke stammen aus diesem Zeitraum. Davor kennen wir einzig zwei ihm zugeschriebene Gemälde und einen rätselhaften Holzschnitt; danach sein umfangreichstes Ensemble, den Marienzyklus, des weitern den grossartigen Johannes-Altar von 1514 und ein nur in Kopien erhaltenes Bildnis von Bruder Klaus.

Wir näherten uns dem Maler von mehreren Seiten und untersuchten seine Spuren aus verschiedenen Blickwinkeln in der Hoffnung, ihm auf die Fährte zu kommen. Streckenweise gelang es uns; absichtlich unterliessen wir jedoch, die fragmentarischen, aber gesicherten Kenntnisse mittels forcierter Hypothesen zu einem Gesamtbild zu vervollständigen, bei dem die Wahrheit schwer von der Erfindung zu unterscheiden wäre.

1 Siehe z. B. S. 16. **2** Q 118/1504. Zu einem weiteren Empfehlungsschreiben des Rats siehe: Q 155/1510. **3** Q 136/1507. **4** Q 137/1507; S. 24/25.

Seit der Wiederentdeckung des Malers um die Mitte des 19. Jahrhunderts wurde mehr über ihn geschrieben, als wir anfänglich vermuteten. Aus den frühesten Texten spricht die Freude über den Fund; diese Beiträge haben ihre Gültigkeit bis heute behalten. Die Kunsthistoriker des 19. Jahrhunderts arbeiteten jedoch nahezu ohne Abbildungen der Werke, was zu fehlerhaften stilistischen Beurteilungen führen konnte.[1] Weitere Irrtümer entstanden aus der Tatsache, dass die meisten Gemälde noch bis weit ins 20. Jahrhundert einen stark vergilbten Firnis aufwiesen. Überlegungen zur bräunlich-warmen Farbpalette und entsprechende koloristische Vergleiche mit Werken anderer Künstler sind deshalb mit Vorsicht aufzunehmen.

Wie sahen die Zeitgenossen den Maler Hans Fries? Die archivalischen Quellen, die heute punktuelle Schlaglichter auf seine Biographie werfen, sind für die explizite Beurteilung seiner künstlerischen Fähigkeiten wenig aufschlussreich. Die Empfehlung durch den Schultheissen und den Rat von Freiburg an den Sittener Bischof Matthäus Schiner erfolgte auf Bitten von Fries selbst.[2] Seine Wertschätzung wird jedoch dadurch bezeugt, dass er im Sommer 1507 ins Berner Dominikanerkloster gerufen wurde, um die Echtheit der blutigen Tränen einer Marienstatue zu beurteilen. Zwar bestellte der Prior des Klosters noch weitere Maler als Experten, nannte aber bei seinem Verhör im Jetzer-Prozess nur Fries mit Namen.[3] Gute zwei Jahrzehnte später berichtet der Chronist Valerius Anshelm spöttisch, der berühmte Maler Hans Fries aus Freiburg habe die Täuschung nicht erkannt.[4] Ein weiteres Zeugnis für den Bekanntheitsgrad des Malers findet sich wahrscheinlich im Perspektivetraktat des lothringischen Chorherrn Jean Pèlerin (Viator). Pèlerin fügt der dritten Ausgabe seines Werks «De artificiali perspectiva» (1521 bei Pierre Jacobi in Toul erschienen) nämlich ein Titelgedicht ein, in welchem er eine Reihe französischer, italienischer und deutscher Maler nennt, die er offenbar für die wichtigsten seiner Zeit hält (Abb. 1).[5] In der siebten Zeile erwähnt er «Le pelusin, hans fris/ et leonard/»; die Möglichkeit, dass es sich hier um Fries handle, muss durchaus in Betracht gezogen werden – auch wenn die Nachbarschaft von Perugino und Leonardo da Vinci für den Freiburger Maler etwas gar illuster scheint.[6]

Gegen 1600 fügte ein Franziskaner im Nekrolog des Freiburger Klosters eine Randbemerkung neben den Eintrag der Jahrzeitstiftung eines Hans Fries[7]: dieser sei, wie seine Werke zeigten, um 1511 der beste Maler der Eidgenossenschaft und einer der berühmtesten in ganz Deutschland gewesen. Auch wenn die Aussage auf einer Verwechslung beruhen dürfte, waren also Name und Werke des Künstlers damals noch bekannt, zum Beispiel der Antonius-Altar in der Freiburger Franziskanerkirche, dessen Flügel die Signatur von Fries tragen.[8]

Wie es scheint, geriet Fries im 17. und 18. Jahrhundert in Vergessenheit; jedenfalls wird er in der Kunstliteratur nicht erwähnt.[9] Zwei seiner Gemälde wurden jedoch in dieser Zeit mehrmals kopiert: «Christus unter der Last des Kreuzes» (Kat. 5) und das Porträt des Niklaus von Flüe (Kat. 15). Auf den Kopien dieses Bildnisses erscheint der Name des Malers in der Inschrift, wobei er in der früheren, wohl aus dem Ende des 17. Jahrhunderts stammenden Version (Kopie 1) korrekt wiedergegeben ist, in der späteren, in die erste Hälfte des 18. Jahrhunderts zu datierenden (Kopie 2) hingegen als «Frůß»: der zweite Kopist kannte den Namen des Künstlers nicht mehr.

Dennoch war die Erinnerung an Fries, möglicherweise durch die erwähnte Signatur auf dem Antonius-Altar (Kat. 9), gewährleistet. Der Freiburger Chorherr Charles-Aloyse Fontaine (1754–1834) schreibt zu den Flügeln des Bugnon-Altars (Kat. 7) in seiner Gemäldesammlung: «Die beiden grossen Bilder, von denen eines die Ausgiessung des Heiligen Geistes, das andere den Abschied der Apostel darstellt, sind Werke eines Malers, der lange vor Rubens tätig war. Man behauptet, sie stammen von Fries. Die Proportionen waren damals noch nicht gefunden – die Finger sind viel zu lang, aber die Hände sind genau gezeichnet, und die Farbgebung ist sehr gut. – Der Fels ist sehr schlecht, wie auch die Perspektive, aber die untere Partie der beiden Bilder ist ausgezeichnet dargestellt.»[10] Auch bei der Transkription von Seckelmeisterrechnungen[11] war der Chorherr auf den Namen des Malers gestossen; zudem war er ihm aus dem Empfehlungsschreiben an Kardinal Schiner bekannt. Im Zusammenhang mit dieser Quelle schreibt Fontaine um 1827 dem Maler, wie es scheint, auch die Bilder im Mittelschiff von St. Niklaus in Freiburg zu, wird jedoch 1841 mit der Feststellung widerlegt, die Gemälde stammten von Fréchot und Pichot.[12] Wenig später erwähnt der Theologe Carl Grüneisen (1802–1878) Hans Fries, auf den er offensichtlich durch Anshelm gestossen ist, mit der seltsamen Behauptung, er habe um 1470 im Freiburger Predigerkloster (!) einen Totentanz gemalt.[13]

1855 veröffentlichte der Freiburger Historiker Alexandre Daguet (1816–1894) den ersten wissenschaftlich fundierten Artikel zu Fries.[14] Bei einem Besuch im Franziskanerkloster war seine Aufmerksamkeit geweckt worden; er stützte sich auf die Quellenauszüge Fontaines sowie auf eigene Archivrecherchen und verfolgte mit seinem Text das patriotische Ziel, das Freiburger

---

5 Brion-Guerry 1962, bes. S. 436–437. **6** Schlosser 1924, S. 228; siehe auch: Montaiglon 1861, S. 18–19; Alexandre Pinchart in: Crowe/Cavalcaselle 1862/1863, S. CCCXXXI. **7** Q 186/Ohne Jahr; wie dort erwähnt, handelt es sich möglicherweise um den Chronisten Hans Fries, den der Kommentator mit dem Maler verwechselt hat. **8** Kat. 9. **9** Zemp 1905, S. 500; Ganz 1921, S. 403. **10** Staatsarchiv Freiburg, Fonds Raemy d'Agy, Nr. 156, Galerie de tableaux du chanoine Fontaine (Kopie einer Abschrift nach dem Original). **11** Uldry 1998, S. 71. **12** Kantons- und Universitätsbibliothek Freiburg, L 432, Collection des comptes des trésoriers de la ville de Fribourg, recueillis et rédigés par le chanoine Fontaine, Bd. 13, p. 196, 289; Saint-Nicolas 1841, S. 2 (Ivan Andrey sei für den Hinweis auf diese Stellen gedankt); Daguet 1855, S. 379/380, nennt (vermutlich auf Grund der – missverstandenen – Notiz von Fontaine) nur ein Bild. – Zu den Gemälden von Claude Fréchot und Claude Pichot: Villiger 1999, S. 68. **13** Grüneisen 1837, S. 71, 157. **14** Daguet 1855; Daguet 1856. – Zu Alexandre Daguet siehe HLS. **15** Zu Eduard His-Heusler siehe HBLS, Bd. 4, S. 235. **16** His-Heusler 1864; His-Heusler 1869; His-Heusler 1878. **17** Siehe dazu auch Müntz 1869, S. 252; Müller/Singer 1895, Bd. 1, S. 482. – Sowohl die Archives Départementales als auch die Archives municipales in Colmar antworteten negativ auf unsere diesbezügliche Anfrage. **18** Bruillot 1833, S. 404, Nr. 2856. **19** Nagler 1858–1880, Bd. 3, Nr. 915, 2934, 2935; Bd. 4, Nr. 148. **20** Woltmann/Woermann 1882, S. 483/484. **21** Waagen 1866, S. 244; gemeint ist die Nachbarschaft zwischen Basel und Freiburg i. Br. – Siehe auch S. 254. **22** Freiburg 1874, S. 6, Nr. 19–24 (die Nr. 20, 23, 24 sind nicht zu identifizieren). **23** Raedlé 1873, S. 242; Raedlé 1877; Raedlé 1882/1883, S. 166–169. – Zu Raedlé siehe Raymann 1993. **24** Rahn 1882. – Zu Rahn siehe: Kunstwissenschaft 1976, S. 77–81.

Selbstbewusstsein für die eigenen kulturellen Leistungen zu stärken. Ungefähr gleichzeitig begann sich der Basler Eduard His-Heusler (1820–1905)[15], Mitglied bzw. Präsident der städtischen Kunstkommission und Vertrauter Jacob Burckhardts, für den von Anshelm erwähnten Freiburger Maler zu interessieren und vermutete, die Initialen HF auf der «Geburt der Maria» in der Öffentlichen Kunstsammlung gingen auf ihn zurück. 1863 stiess His-Heusler zudem bei einem Antiquar auf die Flügel des grossen Johannes-Altars (Kat. 14) und wandte sich daraufhin nach Freiburg – die Tafeln stammten von dort –, und zwar an Daguet, der ihm seinen Artikel zusandte. Damit schloss sich der Kreis: His-Heusler trug seine Forschungsergebnisse dem Bernischen Kunstverein vor und publizierte sie in Zahns Jahrbüchern für Kunstwissenschaft sowie in der Allgemeinen Deutschen Biographie.[16] Diese Texte dürfen als eigentlicher Grundstein der Fries-Forschung gelten; die umfassende, historisch wie ästhetisch differenzierte Betrachtungsweise wirkt noch heute frisch. Unvoreingenommen vom nazarenischen Geschmack seiner Zeit, erkannte der Autor die künstlerischen Qualitäten des Malers. Überdies entdeckte er nicht nur die beiden Bilder des Marienzyklus in Nürnberg (Kat. 13d, 13e), sondern auch die dort aufbewahrten vier kleinen Altartafeln (Kat. 3). Nur seine Vermutung, Hans Fries habe in Colmar gearbeitet, liess sich nicht bestätigen.[17]

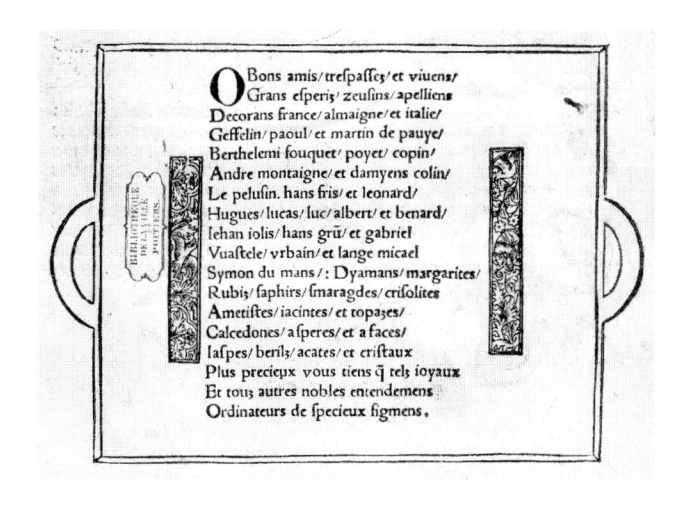

Abb. 1
Jean Pèlerin, De artificiali perspectiva, 1521 (3. Auflage), Titelblatt

Zur selben Zeit wie His-Heusler und von diesem korrigiert äusserte sich Georg Kaspar Nagler (1801–1866) verschiedentlich zu den Monogrammen von Fries. Er schrieb die Initialen auf der «Geburt der Maria» (Kat. 13c) einem hypothetischen Berner Maler namens Heinrich Fassner (eigentlich ein Sattler Heinrich Falkner) zu und nannte dabei das bereits von Bruillot[18] wiedergegebene, jedoch nicht identifizierte Monogramm auf der «Vision des hl. Bernhard» (Kat. 3c). Dann erwähnte er Fries erstmals im Zusammenhang mit der Signatur der Münchner Zeichnung (Kat. 19), um in der Folge nochmals auf den Künstler zurückzukommen und ausgiebig His-Heusler zu zitieren.[19] Durch His-Heusler erfuhr auch Alfred Woltmann von Fries; er führte ihn in seiner «Geschichte der Malerei» auf.[20] Ihm folgte übrigens Gustav Waagen in der (irrtümlichen) Zuschreibung eines Männerporträts, wobei er den Einfluss Holbeins d. J. darauf zurückführte, dass «Hans Fries aus dem benachbarten Freiburg im Breisgau [!] stammte».[21]

In seiner Heimatstadt Freiburg war Hans Fries unterdessen kein Unbekannter mehr: An der «Exposition de tableaux anciens», die 1874 von der «Société des Amis des beaux-arts» organisiert wurde, figurierten mehrere seiner Werke.[22] Ausserdem vertiefte Nicolas Raedlé, ein Pater des Franziskanerklosters, das Quellenstudium zu Fries und ging besonders auf die klostereigenen Flügel des Antonius-Altars ein.[23] Zu Beginn der achtziger Jahre beschäftigte sich Johann Rudolf Rahn in seiner «Statistik schweizerischer Kunstdenkmäler» mit dem Kanton Freiburg; in einer Notiz im Anzeiger für Schweizerische Alterthumskunde machte er 1882 auf das «Lebende Kreuz» in der Kirche von Cugy (Kat. 12) aufmerksam, das er als mutmassliches Werk von Hans Fries betrachtete.[24]

Wiederum ein Basler, Daniel Burckhardt (1863–1949), ging in seiner Strassburger Dissertation «Die Schule Martin Schongauers am Oberrhein» (1888) auf Hans Fries ein, fasste die bisherige Forschung zusammen und wandte sich vehement gegen die Meinung, der Maler habe unter dem Einfluss von Schongauer gearbeitet.²⁵ Obschon er der idealistischen Ästhetik seiner Zeit verpflichtet war, würdigte er das «urwüchsige Talent» des Malers; als erster erkannte er die Rolle druckgraphischer Vorlagen in dessen Werk. Sein Hinweis, das Kolorit sei der augsburgischen Malerei, besonders jener des jungen Burgkmair, verwandt, wurde in der späteren Literatur wiederholt, zuerst vom deutschen Kunsthistoriker Berthold Haendcke (1862–1951), der sich als Privatdozent an der Berner Universität intensiv mit Schweizer Kunst befasste. 1890 veröffentlichte er im Jahrbuch der preussischen Kunstsammlungen einen Beitrag zu Fries, wo er dessen Stil eingehend untersuchte und in den grösseren Zusammenhang des frühen 16. Jahrhunderts einzubinden versuchte. Dem Umstand, dass Haendcke eine möglichst lückenlose Kenntnis der Sammlungen im In- und Ausland für seine Forschungstätigkeit unabdingbar hielt, ist seine Identifizierung der Tafeln zum «Jüngsten Gericht» in Schleissheim (Kat. 4) zu verdanken. In einem Buch zur Schweizer Malerei des 16. Jahrhunderts äusserte er sich drei Jahre später nochmals ausführlich zu Fries und nahm seine frühere Aussage hinsichtlich des Burgkmairschen Einflusses zurück.²⁶ Eine gewisse Rolle spielte Fries auch in der erbitterten Kontroverse um Niklaus Manuel, die Haendcke mit Hubert Janitschek im «Repertorium für Kunstwissenschaft» austrug.²⁷ Janitschek (1846–1893), Professor an der Universität Strassburg, war 1890 in seiner «Geschichte der deutschen Malerei» ebenfalls kurz auf Fries eingegangen.²⁸

25 Burckhardt 1888. – Zu Daniel Burckhardt siehe: Burckhardt 1950. **26** Haendcke 1890; Haendcke 1893. – Zu Haendcke siehe: Kunstwissenschaft 1976, S. 43/44. **27** Repertorium 1891. **28** Janitschek 1890, S. 477. **29** Berthier 1891/1 – Berthier 1909/3. **30** Gutscher/Villiger 1999, S. 25 (mit Informationen zu Berthier). **31** Roda 1995, S. 58, 120. **32** Berthier 1903. – Nicht näher eingegangen wird hier auf die Erwähnungen von Fries bei Lehmann 1900, S. 130; Vulliéty 1902, S. 209, 215–224, 227; Voss 1908/1, S. 98; Voss 1908/2, S. 761. **33** Zemp 1903. **34** Zemp 1905 und Zemp 1908; siehe auch Zemp 1906. – Zu Zemps Wirken in Freiburg siehe: Kunstwissenschaft 1976, S. 63/64. **35** Leitschuh 1913; Leitschuh 1914; Leitschuh 1916 (übernommen in DBE, S. 483). – Zu Leitschuh siehe: Kunstwissenschaft 1976, S. 65/66; zur Molsheim-Chronik siehe S. 250/251. **36** Zürich 1921, S. VII/VIII, 14–17, 61, Nr. 47–66, 243, Tafel I, XIII–XV. **37** Wartmann 1921/1; Wartmann 1921/2; Wartmann 1922.

Der Mangel an brauchbaren Abbildungen der Werke von Fries wurde um die Jahrhundertwende behoben, und zwar durch das Tafelwerk «Fribourg artistique», in welchem der Dominikaner Joachim-Joseph Berthier zwischen 1891 und 1909 nicht weniger als vierzig Aufnahmen sämtlicher damals bekannter Gemälde und Zeichnungen des Malers kommentierte.²⁹ Berthiers Sichtweise ist vorwiegend theologisch, und mehrere seiner Zuschreibungen sind heute obsolet, an erster Stelle jene der Retabelgemälde vom ehemaligen Hochaltar der Freiburger Franziskanerkirche (sogenannter Nelkenmeister-Altar).³⁰ Dennoch lieferte er mit seinen Beiträgen ein unschätzbares Hilfsmittel zur weiteren Beschäftigung mit dem Maler. Nebenbei wirkten sich die Reproduktionen unmittelbar auf die zeitgenössische Kunst aus: Der polnische Maler Józef Mehoffer, der ab 1895 die Glasgemälde der Niklauskirche in Freiburg schuf, orientierte sich verschiedentlich an ihnen; über seinen in Freiburg ansässigen Landsmann Thadeusz Stryjenski hatte er mehrere Ausgaben der Zeitschrift erhalten (Abb. 2, 3).³¹ Berthier, der massgeblich bei der Entstehung der Glasgemälde beteiligt war, verglich wiederum Werke von Fries mit solchen Mehoffers, um die Modernität des mittelalterlichen Malers zu belegen.³²

Abb. 2
Józef Mehoffer, Skizze nach dem «Abschied der Apostel» (Bugnon-Altar, Kat. 7b), um 1895
(Krakau, Sammlung Ryszard v. Mehoffer)

Abb. 3
Józef Mehoffer, Skizze nach einer Figur aus der «Predigt des hl. Antonius von Padua» (Kat. 9a), um 1895
(Krakau, Sammlung Ryszard v. Mehoffer)

Einen Meilenstein in der Erforschung des Malers setzte Josef Zemp (1869–1942) mit dem Artikel zu Fries im Schweizer Künstler-Lexikon, der aus seiner Beschäftigung mit der mittelalterlichen Kunst in Freiburg³³ entstanden war: Zemp hatte von 1898 bis 1904 als Ordinarius für Kunstgeschichte an der dortigen Universität gewirkt.³⁴ Er legte seiner Beurteilung akribisches Quellenstudium und eine sachlich präzise Beobachtung der Werke zugrunde. Auch wenn er – noch im Geiste des 19. Jahrhunderts – von einer «etwas ungeschlachten Wahrheitsliebe» und einem derben, rauhen Naturalismus des eigenwilligen Malers spricht, würdigt er ihn als einen der bedeutendsten Schweizer Künstler zu Beginn des 16. Jahrhunderts. Er wendet sich entschieden gegen den Vorwurf provinzieller Rückständigkeit und warnt davor, die Möglichkeit fremder Einflüsse in seinem Werk allzu stark zu gewichten. – Auch sein Nachfolger auf dem Lehrstuhl in Freiburg, Franz Friedrich Leitschuh (1865–1924), befasste sich wiederholt mit Hans Fries. Neben dem Artikel für Thieme/Beckers Allgemeines Lexikon der bildenden Künstler verfasste er mehrere Beiträge zu den Zeichnungen in der Freiburger Chronik des Peter von Molsheim, die er Fries zuschrieb.[35] Er versuchte, den Werdegang des Künstlers, dessen Begabung er uneingeschränkt würdigte, mit Reisen nach Augsburg, Ulm und vielleicht ins Tirol zu erklären – Hypothesen, die sich in der Meinung späterer Forscher zum Nachteil für die Wissenschaft zu Tatsachen verfestigten. Unter seiner Leitung entstand auch die erste Monographie zum Maler (siehe unten).

Einer breiteren Öffentlichkeit wurde Fries jedoch nicht durch die akademische Forschung, sondern durch die Ausstellung «Gemälde und Skulpturen 1430–1530 (Schweiz und angrenzende Gebiete)» bekannt, die 1921 von Wilhelm Wartmann im Zürcher Kunsthaus präsentiert wurde.[36] Zu dieser Schau, die im Kunsthaus Zürich den Grundstein zur Abteilung älterer schweizerischer Malerei legte, erschienen neben dem Katalog auch mehrere Artikel in der Presse; sie stammten teils von Wartmann (1882–1970)[37], dem Direktor des Kunsthauses, teils von Hermann

Ganz (1891–1974)³⁸, einem Zürcher Germanisten und Kunstkritiker. Die rund dreihundert Werke aus der Spätgotik fanden in Zürich ein Publikum, dessen Auge an aktueller Kunst geschult war. Expressionismus und verwandte zeitgenössische Strömungen hatten hier auch den Blick für die ästhetischen Qualitäten mittelalterlichen Kunstschaffens geschärft. Hans Fries, dem der geräumige Böcklin-Saal gewidmet war, bildete dank seiner Ausdruckskraft und sinnlichen Farbigkeit einen der stärksten Akzente der Ausstellung, und es erstaunt nicht, dass sich seine Bilder unmittelbar auf Maler der Neuen Sachlichkeit auswirkten.³⁹ Einem französischen Publikum wurden mehrere Gemälde von Fries kurz darauf in der «Exposition de l'art suisse» in Paris (Musée du Jeu de Paume, 1924) vorgestellt.⁴⁰ Ebenfalls 1924 ging Paul Ganz (1872–1954), damals ausserordentlicher Professor an der Basler Universität und ehemaliger Leiter der Öffentlichen Kunstsammlung, in seinem grossen Werk über die Malerei der Frührenaissance in der Schweiz näher auf Fries ein.⁴¹ Nach einer wohlwollenden Bemerkung zur Tüchtigkeit des Malers kritisiert er ihn mit psychologischen Argumenten als «problematische Natur, deren melancholischer Pessimismus seine unsichere, eines festen Haltes ermangelnde Einstellung zum Leben bestimmte». Er ärgert sich über die «günstige Beurteilung, welche Fries neuerdings allenthalben zuteil wird», denn aus seiner Sicht handelt es sich um eine schwache, künstlerisch leicht zu beeinflussende Persönlichkeit, der es an geistiger Disziplin gefehlt habe. Die Äusserungen von Ganz erinnern an die Sichtweise des 19. Jahrhunderts, besonders wenn er die Menschentypen des Malers als «grobe Bauern mit derben, oft fratzenhaft verkümmerten Gesichtern» tadelt.

1927 erschien mit der Dissertation von Anna Kelterborn-Haemmerli die erste – und bis zur nun vorliegenden einzige – Monographie über den Maler.⁴² Die 1896 geborene Autorin hatte ihr Studium an den Universitäten von Zürich, Basel und Paris in Freiburg bei Leitschuh abgeschlossen. Die Arbeit wurde in den «Studien zur deutschen Kunstgeschichte» veröffentlicht; der Freiburger Historiker Albert Büchi stellte ihr einen Lebenslauf des Malers voran, wobei er den von Daguet und Zemp zusammengetragenen Quellen noch weitere hinzufügte.⁴³ Die Kunsthistorikerin beobachtete die Werke von Fries genau und ordnete sie – hauptsächlich auf Grund von Formanalysen – in eine chronologische Reihenfolge ein. Allerdings ist ihre Interpretation zu subjektiv; und während sie Einzelheiten mit der Sensiblität eines Kenners durchaus treffend beschreibt, lassen sich die Hypothesen in bezug auf die Genese mancher Ensembles und der Zusammenhänge innerhalb des Gesamtwerks nur forciert aufrechterhalten. Geradezu abenteuerlich werden die Vermutungen von Kelterborn-Haemmerli zu einer möglichen Wanderschaft des Malers: Fries sei nicht nur nach Savoyen und Italien gereist, sondern habe sich auch in die Niederlande begeben und sei später in Kontakt mit schwäbischen Malern, allen voran Holbein d. Ä. und Burgkmair in Augsburg, getreten. Ausserdem sei er in Franken und im Tirol gewesen, wo er notabene das Fassen von Skulpturen erlernt habe (diesen postulierten Reisen widerspricht unser Eindruck, Fries sei ein ausgesprochen sesshafter Maler gewesen).⁴⁴

Auch Otto Benesch (1896–1964) glaubte 1928 anhand zweier Gemälde, die ihm von Fries zu stammen schienen, einen Aufenthalt des Malers in Österreich belegen zu können und schlug

---

38 Ganz 1921; Ganz 1922/1; Ganz 1922/2. – Die Informationen zu Hermann Ganz verdanken wir dem Schweizerischen Schriftstellerinnen- und Schriftstellerverband, Zürich. – Siehe ausserdem Baum 1921/1922, S. 299. **39** Luzern 1999, S. 61. **40** Paris 1924, S. 22, 26, Nr. 35–40 (Kommentar von Gonzague de Reynold); Mandach 1924, S. 129. **41** Ganz 1924, S. 138–144; Kunst in der Schweiz 1940, S. 20; im gleichen Geist äussern sich noch Fosca 1945, S. 40/41, und Pfister-Burkhalter 1961, S. 607/608. – Zu Paul Ganz siehe: Kunstwissenschaft 1976, S. 22–24. **42** Kelterborn-Haemmerli 1927. **43** Büchi 1927. – Quellen zu Fries auch bei: Rott 1936, S. 44; 242; 278–282; siehe zudem: Rott 1938, S. 251/252. **44** Siehe S. 43. – Die hypothetische Wanderschaft wird wiederholt von: Bern 1941, S. 19; Fosca 1945, S. 40; Ganz 1960, S. 354; Anderes 1963, S. 89; Stange 1965, S. 471; Roethlisberger 1975, S. 48; Wüthrich 1996, S. 787. **45** Benesch 1928, S. 59–63. **46** Siehe S. 254. **47** Reiners 1930, S. 42; Reinle 1956, S. 53; Hütt 1973, S. 408; Bénézit 1976, S. 530; Billeter 1990, S. 26–29; Schweizer Lexikon 1992, S. 762; Wüthrich 1996. **48** Ganz 1952. **49** Bern 1941, S. 19. **50** Hugelshofer 1928, S. 15. **51** Dominique/Moullet 1941. **52** Basel 1959. **53** Cingria 1943. **54** Fribourg 1957, S. 15–21, 46, Nr. 6–31, 127. **55** Strub 1956/1; Strub 1958/2; Strub 1959; Strub 1964; Strub 1966, S. 79; Strub 1968/1; Strub 1968/2; Strub 1969. **56** Schmidt/Cetto 1940, S. 19–22, VII/VIII; Osten 1973, S. 111. **57** Schmid 1981, S. 468/469, 476–478; Schmid 1992, S. 34/35; Schmid 1993; Schmid 1995; Schmid 1998/1. **58** Andrey 1995. – Ergänzend sei die Erwähnung unter koloritgeschichtlichen Aspekten bei Beerli 1993, S. 131, hinzugefügt. In der Schweizer Kunstgeschichte «Ars helvetica» wird Fries nur gestreift (Bätschmann 1989, S. 14).

dafür die Zeit zwischen 1497 und 1499 vor.[45] Die beiden Bilder, stilistisch miteinander verwandt, werden heute aber einem Wiener Maler zugeschrieben.[46]

In den folgenden Jahrzehnten beschränkte sich die Literatur zu Fries hauptsächlich auf Zusammenfassung des bereits Erarbeiteten, wobei Beobachtungen verfeinert und frühere Aussagen nuanciert wurden.[47] Jedenfalls galt der Maler nun als feste Grösse in der Schweizer Kunst, die in Gesamtdarstellungen einzubeziehen war. So steuerte Paul Leonhard Ganz (1910–1976) mit seinem Vorschlag zur Rekonstruktion des Marienzyklus (Kat. 13) neue Überlegungen bei;[48] Conrad von Mandach (1870–1951) behauptete, Fries sei der Lehrer Niklaus Manuels gewesen.[49] Ein noch weitgehend unbeackertes Feld waren die – wenigen – Zeichnungen des Malers, die nun vermehrt in Tafelwerken[50] im Zusammenhang mit Neuentdeckungen[51] oder Schenkungen[52] bearbeitet wurden.

Auch die Stadt Freiburg besann sich auf ihren Sohn. Neben Maurice Moullet schrieb Alexandre Cingria (1879–1945), der Gründer des «Groupe de St-Luc», als Maler über Fries.[53] 1957 veranstaltete das Museum für Kunst und Geschichte zum Jubiläum der Stadtgründung im Jahre 1157 eine Ausstellung über acht Jahrhunderte Freiburger Kunst. An dieser reichhaltigen Schau wurde das erhaltene Werk von Fries beinahe gesamthaft vereint.[54] Um dieselbe Zeit begann Marcel Strub (1916–1969) über Fries zu schreiben, entweder im Rahmen des Inventarwerks «Kunstdenkmäler der Schweiz», dessen erste drei Freiburger Bände er verfasste, oder in Zeitungsartikeln.[55]

Seit den siebziger Jahren zeichnet sich ein verstärktes Interesse an historischen, insbesondere sozialgeschichtlichen Zusammenhängen auch in der Beschäftigung mit Fries ab, Aspekten, die zuvor nur vereinzelt Beachtung gefunden hatten.[56] Zudem liessen neue Erkenntnisse zur Freiburger Geschichte und Kunst des Spätmittelalters eine Monographie zu Hans Fries nach modernen wissenschaftlichen Gesichtspunkten wünschenswert erscheinen. Wiederholt hatte sich Alfred A. Schmid zum Maler geäussert, sei es in Teilstudien, sei es als Überblick.[57] 1995 publizierte Ivan Andrey einen überzeugenden Vorschlag zur Rekonstruktion des grossen Johannes-Altars, dessen Flügel von Hans Fries stammen.[58]

Unsere Monographie legt zuerst die geschichtlichen Koordinaten fest, innerhalb deren sich Leben und Schaffen des Malers abspielte. Den Anfang macht sodann ein Beitrag zur Biographie und zum Werk von Hans Fries sowie zu seiner Stellung innerhalb der europäischen Kunstgeschichte; er wird durch ein Kapitel über Hans Fries als Zeichner ergänzt, in das auch die (neu entdeckten) Unterzeichnungen einbezogen werden, und zwar als Bindeglied zu einem technologisch ausgerichteten Teil, der sich mit den handwerklichen Aspekten der Gemälde befasst. Ein letzter Artikel betrachtet die Altargemälde des Malers als Teile von Retabeln und versucht, ihr Verhältnis zu den Skulpturen solcher Schreinaltäre zu klären; ausserdem wird hier die Frage nach den Auftraggebern des Malers untersucht. Ein ausführlicher Werkkatalog behandelt Gemälde, Graphik und Skulpturenfassung in chronologischer Reihenfolge und soll allenfalls einer künftigen Beschäftigung mit Hans Fries als Grundlage dienen. Dazu untersuchten wir die Werke des Malers im Original; mit gleicher Zielsetzung wurden schliesslich auch die archivalischen Quellen zu Fries neu transkribiert und in einem umfassenden Anhang ediert.

Die Zeit des Malers Hans Fries

Von Freiburgs Beitritt zur Eidgenossenschaft bis zum Vorabend der Reformation (etwa 1480–1520)

Kathrin Utz Tremp

Der Maler Hans Fries ist erstmals sicher belegt, als er in der zweiten Hälfte des Jahres 1480 zusammen mit dem Berner Maler Heinrich Bichler ein Gemälde der Schlacht von Murten, das für das Freiburger Rathaus bestimmt ist, nach Freiburg bringt.[1] Es ist anzunehmen, dass Fries damals bei Bichler in Bern eine Lehrzeit absolvierte, in einer Werkstatt, die als regionales Zentrum zu Beginn der 1460er Jahre die freiburgische des Peter Maggenberg (gest. 1462/1463) abgelöst hatte.[2] Auch der Gegenstand des Gemäldes war nicht zufällig: in der Schlacht von Murten und in den Burgunderkriegen überhaupt war Freiburg erstmals mit den Eidgenossen und vor allem mit Bern in den Krieg gezogen und hatte sich damit letztlich die Entlassung aus dem savoyischen Untertanenverhältnis (seit 1452) und die Reichsfreiheit (gewährt am 31. Januar 1478) erkämpft[3]; das waren unabdingbare Voraussetzungen für den Beitritt zur Eidgenossenschaft, der 1481 erfolgte, also nach dem ersten Auftritt des Malers Hans Fries in seiner Vaterstadt. Die Schilderung der Burgunderkriege nimmt denn auch in der Chronik von Hans Fries[4], dem Cousin des Malers, breitesten Raum ein. Es war übrigens auch Heinrich Bichler gewesen, der 1478 die Reichswappen für Freiburg gemalt hatte, die am Jaquemart und am Berntor angebracht wurden, nachdem man alle savoyischen Hoheitszeichen innerhalb kürzester Zeit beseitigt hatte.[5]

Vor der Aufnahme in die Eidgenossenschaft waren freilich noch viele Hindernisse zu überwinden, insbesondere der Widerstand der Länderorte, an dem die Eidgenossenschaft fast zerbrochen wäre. Die Erweiterung der Eidgenossenschaft gegen Westen wurde vor allem von Bern betrieben, mit welchem Freiburg seit 1454 wieder zusammenging, nachdem der Savoyerkrieg (1447–1448) das alte Bündnis (geschlossen 1403) zerstört hatte.[6] Der Widerstand wurde durch das Stanser Verkommnis und die Vermittlung des Bruder Klaus überwunden, der seither in Freiburg in besonderer Verehrung stand, einer Verehrung, die sich vielleicht teilweise mit derjenigen des Stadtpatrons, des hl. Niklaus von Myra, überschnitt und mischte. Sie äussert sich etwa darin, dass noch in der Zeit des Ersten Weltkrieges eines der Jugendstilfenster in der Kathedrale zu Ehren des hl. Niklaus von Flüe gestaltet wurde oder dass der Stab des Heiligen noch heute in einer Freiburger Familie aufbewahrt wird.[7] Am 4. Mai 1482 schickte der Rat von Freiburg wohl aus Dankbarkeit je ein Stück weisses und graues Tuch an Bruder Klaus und seinen Gefährten Ulrich.[8] Bruder Klaus hatte freilich nicht verhindern können (und wohl auch nicht wollen), dass Freiburg und das gleichzeitig mit ihm in die Eidgenossenschaft aufgenommene Solothurn schlechtere Bedingungen erhielten als die bisherigen acht Orte.[9]

Mit der Aufnahme Freiburgs in die Eidgenossenschaft fand eine Entwicklung ihren Abschluss, die sich seit 1454 angebahnt hatte. Die Stadt löste sich aus ihren kleinräumigen Bindungen im westlichen, französischsprachigen Mittelland und wuchs, seit den Jahren der Burgunderkriege beschleunigt, in das Netz der oberdeutschen und schweizerischen Städte hinein.[10] Es war

[1] Q 36/1480. Unser Überblick beschränkt sich auf die Städte Freiburg, Bern und Basel, Stationen des Malers Hans Fries, und beansprucht auch hier bei weitem nicht Vollständigkeit. [2] Gutscher/Sladeczek 1999, S. 414. [3] Tremp, in: Gutscher/Villiger 1999, S. 39/40. [4] Büchi 1901. [5] Q 36/1480; Tremp, in: Gutscher/Villiger 1999, S. 39/40. [6] Büchi 1897, insbes. S. 106–108. [7] Roda 1995, S. 88; Favre 2000. [8] Walder 1994, S. 212 (nach Durrer 1917–1921, Bd. 1, S. 192/193). [9] Leisibach/King 1981, S. 15/16. [10] Tremp, in Gutscher/Villiger 1999, S. 37, 39.

der Raum, in dem der Nelkenmeisteraltar entstand, der 1480 in der freiburgischen Franziskanerkirche aufgestellt wurde: dieser war in Solothurn von Albrecht Nentz begonnen und von der Werkstatt des Baslers Bartholomäus Rutenzweig dort zu Ende geführt worden.[11] In diesen Raum wuchs auch der junge Maler Hans Fries hinein, der sich nach einer Lehrzeit in Bern (um 1480) in den Jahren 1487 und 1488 in Basel aufhielt und dort auch die Mitgliedschaft der Himmelzunft, der Zunft der Maler, erworben haben könnte.[12] Basel gehörte damals freilich noch nicht zur Eidgenossenschaft, es wurde erst 1501 in den Bund aufgenommen, nachdem Hans Fries längst nach Freiburg zurückgekehrt war.

Die politische Umorientierung nach Bern, der Eidgenossenschaft und dem oberdeutschen Raum brachte mit sich, dass Freiburg, seit seinen Anfängen zweisprachig, die deutsche Sprache 1483 zu seiner Amtssprache machen musste. Damals wurde der Bieler Humbert Göuffi als Stadtschreiber angestellt, den insbesondere seine Lehrzeit empfahl, die er in der Berner Kanzlei unter dem bekannten Stadtschreiber und Diplomaten Thüring Fricker gemacht hatte.[13] Auch Göuffis Nachfolger, Niklaus Lombard (1492–1515), bei dem der Maler Hans Fries möglicherweise in den Jahren 1504–1511(?) wohnte[14], scheint in den Jahren 1481–1487 eine Lehrzeit in der Berner Kanzlei absolviert zu haben. Offenbar hat man also noch vor dem Beitritt zur Eidgenossenschaft einen Freiburger zur Ausbildung nach Bern geschickt und die Zeit bis zu seiner Rückkehr nach Freiburg mit einem Bieler überbrückt. Lombards Nachfolger, Jost Zimmermann (1515–1525), dagegen konnte seine Lehrzeit bereits in der Freiburger Kanzlei unter Niklaus Lombard durchlaufen, ein Beweis dafür, dass diese inzwischen nach dem Vorbild Berns eingerichtet worden war. Problematisch war, dass Deutsch genau in jener Zeit Amtssprache wurde, als Freiburg erste französischsprachige Herrschaften erwarb: 1478 Montagny, 1483 Pont-en-Ogoz, 1488 Estavayer (ein Drittel), 1520 Font.[15] Die Territorialbildung setzte genau in der Zeit ein, als sich die Hauptstadt aus bündnispolitischen Gründen der deutschen Sprache zuwenden musste, und wegen des mächtigen Nachbarn Bern war sie nur gegen Westen und Süden möglich – ein Dilemma, das in der Freiburger Geschichte bis heute nachwirkt.

Die Mitgliedschaft in der Eidgenossenschaft führte dazu, dass Freiburg 1499 an der Seite von Bern und Solothurn am Schwabenkrieg teilnahm, insbesondere an den beiden Zügen in den Hegau (Februar und April 1499).[16] Am 12. März 1499 wurde der Chronist Hans Fries mit einer Verstärkung von 100 Mann nach Schwaderloch abgeordnet. Der Schwabenkrieg war für ihn so wichtig, dass er ihm in seiner Chronik, die er eigentlich seit 1487 nicht mehr nachgeführt hatte, einen kurzen Nachtrag widmete, allerdings nur dem ersten Zug in den Hegau und nicht mehr seiner eigenen Mission.[17] Es fehlt auch die siegreiche Schlacht von Dornach (22. Juli 1499) und der Friedensschluss vom 22. September in Basel.

Die Stadt Basel hatte sich im Krieg neutral verhalten, hatte Flüchtlinge aufgenommen, sich um Vermittlung bemüht und den Lebensmittelhandel zwischen dem Elsass und der Eidgenossenschaft aufrecht erhalten.[18] Ganz ähnlich wie Freiburg hatte Basel die Reichsfreiheit erst sehr spät, nämlich 1488, also noch zehn Jahre nach Freiburg, erlangt und fürchtete sie jetzt wieder zu verlieren und wie Freiburg i. Br. und Rheinfelden unter österreichische Herrschaft zu geraten. In dieser Situation suchte Basel Rückendeckung bei den Eidgenossen und wurde – anders als Freiburg und Solothurn 1481 – mit offenen Armen und innerhalb kürzester Frist aufgenommen. Das Aufnahmebegehren wurde im März 1501 gestellt und der Bund bereits am 13. Juli auf

11 Gutscher/Villiger 1999, S. 54. **12** Q 54/1487, Q 58/1488. **13** Schnetzer 1979/80, S. 85–135, insbes. S. 98–101. **14** Siehe Q 119/1504, Q 124/1505, Q 134/1507, Q 144/1508, Q 150/1509, Q 159/1511. **15** Ladner 1981, S. 196. **16** Ladner 1981, S. 196/197; Castella 1922, S. 197 ff. **17** Siehe Q 93/1499 und Büchi 1901, S. 35/36, 48. **18** Hier und im folgenden nach Meyer 2000, S. 38–77. **19** Handbuch der Schweizer Geschichte 1972, S. 348 ff. **20** Strub 1964, S. 252–299, siehe auch Lauper 2000, S. 64–69. **21** Q 101/1501, Q 150/1509. **22** Strub 1964, S. 256, 262. **23** Strub 1964, S. 249, Anm. 1. **24** Zum Jetzerhandel siehe Descoeudres/Utz Tremp 1993; Tremp-Utz 1988, S. 221–249; Utz Tremp 1993, S. 323–337.

dem Marktplatz in Basel feierlich beschworen. Basel war damals mit rund 10 000 Einwohnern eine für eidgenössische Verhältnisse grosse Stadt, grösser als Bern und Zürich, und ausserdem ein wirtschaftliches und kulturelles Zentrum am Oberrhein, also für die Eidgenossen und insbesondere auch die innerschweizerischen Länderorte ein höchst erfreulicher und keineswegs zu verschmähender Zuwachs. Basel kam denn auch in der offiziellen Reihenfolge der eidgenössischen Orte vor Freiburg und Solothurn zu stehen. Nachdem im Jahr 1501 auch noch Schaffhausen und 1513 Appenzell aufgenommen worden waren, zählte die Eidgenossenschaft nun dreizehn Orte, eine Erweiterung, die sie in einem kurzen Zeitraum von nur rund dreissig Jahren (1481–1513) erfahren hatte und die sie bis nach der Französischen Revolution nicht mehr überschreiten sollte.

Mitten im Schwabenkrieg, am 3. März 1499, schloss die damals noch zehnörtige Eidgenossenschaft einen Soldvertrag mit dem französischen König Ludwig XII., der mit Hilfe eidgenössischer Söldner Oberitalien erobern wollte. Dieser Soldvertrag hatte eine Laufdauer von zehn Jahren und führte dazu, dass sich in den folgenden Jahren immer wieder eidgenössische Söldner in feindlichen Heeren gegenüberstanden, so 1500 in Novara, wo der Herzog von Mailand, Ludovico Moro, nicht ohne Schuld der Schweizer in französische Gefangenschaft geriet («Verrat von Novara»). Es nützte nichts, dass die Eidgenossen sich selber 1503 im sogenannten Pensionenbrief ein allgemeines Verbot von privaten Pensionen und unerlaubtem Kriegsdienst sowie das Mehrheitsprinzip für Kriege und Bündnisse auferlegten; es gelang ihnen nicht, diese Vorsätze einzuhalten. So führte in jenen Jahren jeder neue Waffengang in Italien zu einer neuen Krise in der Eidgenossenschaft.[19]

In Freiburg wurde im Sommer 1504 mit dem Bau eines neuen (des heutigen) Rathauses begonnen, und zwar an der Stelle, wo noch im 15. Jahrhundert der alte und zerfallene Turm der Herzöge von Österreich gestanden hatte.[20] Erst drei Jahre zuvor hatte der Maler Hans Fries noch für das alte Rathaus, das seinen Platz östlich des Chors der Pfarrkirche St. Niklaus (an der Stelle der heutigen Burgpost) hatte, ein «Jüngstes Gericht» gemalt. In der zweiten Jahreshälfte 1509 bemalte Hans Fries für das neue Rathaus zwei Wetterfähnlein.[21] Im Jahr 1518 war der Bau so weit fortgeschritten, dass man an die Innenausstattung denken konnte. Am 15. Februar 1518 erhielt der Schultheiss Peter Falck den Auftrag, für die Stube des Kleinen Rats gleiche Stühle zu beschaffen, wie der Kleine Rat von Bern sie benutzte. Das Vorbild war also einmal mehr die mächtige Nachbarstadt Bern.[22] Nach Fertigstellung des neuen Rathauses wurden im Jahr 1522 sowohl die 1480 von Heinrich Bichler gelieferte «Schlacht von Murten» als auch das 1501 von Hans Fries gemalte «Jüngste Gericht» hierher übergeführt: die «Schlacht» in den Grossratsaal und das «Gericht» in die Stube des Kleinen Rats, der die höchste Gerichtsbarkeit innehatte; die «Schlacht von Murten» ist heute nicht mehr erhalten und vom «Jüngsten Gericht» nur mehr zwei Tafeln (heute in der Alten Pinakothek, München; siehe Kat. 4).[23]

In den Jahren 1507–1509 wurde die Stadt Bern vom sogenannten Jetzerhandel erschüttert, in dessen Verlauf auch der Maler Hans Fries eine gewisse Rolle spielte. Der Jetzerhandel[24] hat seinen Namen vom Schneidergesellen Hans Jetzer von Zurzach, der Anfang 1506 als Laienbruder ins bernische Dominikanerkloster aufgenommen worden war und hier vom November 1506 bis zum September des darauffolgenden Jahres zahlreiche Erscheinungen hatte, nämlich solche der Jungfrau Maria in Begleitung der heiligen Barbara, Cäcilia, Katharina von Siena und Bernhard von Clairvaux. All diese Erscheinungen hatten keinen anderen Zweck, als für die von der älteren Theologie und den Dominikanern vertretene Lehre zu werben, die Jungfrau Maria sei wie alle Menschen mit der Erbsünde behaftet gewesen, während die Franziskaner für die unbefleckte Empfängnis Mariens eintraten, also ihre Bewahrung von der Erbsünde von Anfang an. Um die Wahrhaftigkeit dieser Botschaft zu bekräftigen, erhielt Jetzer von der Erscheinung der Jungfrau Maria am 24./25. März und am 7. Mai 1507 auch die Stigmata eingedrückt.

In der Nacht vom 24. auf den 25. Juni 1507 begann die Pietà in der Marienkapelle innerhalb der Klosterkirche, die bei den Gläubigen in besonderer Verehrung stand, blutige Tränen zu weinen, weil eine grosse Plage über die Stadt Bern kommen sollte (Abb. 4). Einer der Gründe dafür war, dass von den Bernern Pensionen eingesteckt wurden, obwohl sie ihnen früher (im Pensionenbrief von 1503) abgeschworen hatten. Am 25. Juni wurde Jetzer am Morgen früh um zwei Uhr geweckt und in die Marienkapelle geführt, wo er Schluchzen und zwei Stimmen hörte, diejenige der Pietà und diejenige ihres auf ihren Knien ruhenden Sohnes. Die eine fragte: «Mutter, warum weinst du?» Die andere antwortete: «Sohn, ich weine, weil man dir eine Auszeichnung wegnimmt und sie mir gibt.» Und der Sohn beschwichtigte: «Weine nicht, liebe Mutter, die Auszeichnung bleibt mir nicht mehr lange vorenthalten, denn bald wird die Diskussion um die Empfängnis beendet sein, und dann bekomme ich meine Auszeichnung zurück.» Mit der «Auszeichnung» war die unbefleckte Empfängnis gemeint, die ursprünglich tatsächlich eine ausschliessliche Eigenschaft des Gottessohnes gewesen und dann, im Lauf des Spätmittelalters, von ihm auf seine Mutter ausgedehnt worden war.

Die ersten, welche nach Jetzer die blutweinende Marienstatue zu sehen bekamen, waren vier Ratsherren, die man eigens zu diesem Zweck morgens um fünf aus dem Bett geholt und auf den Lettner der Dominikanerkirche geführt hatte, darunter der Schultheiss und der Altschultheiss. Auf den Lettner wurden die Herren geführt, weil man von dort aus gegen Osten sowohl in die Marienkapelle rechts als auch in die Johanneskapelle links des Chores hinuntersehen konnte. Nachdem die höchsten Regierungsvertreter vom Lettner aus die Marienstatue besichtigt hatten, wurden die Türen der Kirche für ein weiteres Publikum geöffnet. Bereits in der vor allem von Frauen besuchten Messe wiesen die Klostervorsteher darauf hin, dass die Statue in der Marienkapelle blutige Tränen geweint habe. Das Gerücht kam ins Rathaus, wo der Schmied Anton Noll etwas widerwillig den Verhandlungen im Grossen Rat folgte, denn als Mitglied der Anna-, Lux- und Loyenbruderschaft, die ihren Altar in der Dominikanerkirche hatte, hätte er am Tag der Translation des heiligen Eligius (25. Juni) eigentlich einen Feiertag gehabt.

Anton Noll ergriff also die Gelegenheit, sich mit einem triftigen Grund aus dem Rat zu entfernen, und ging beschleunigten Fusses in die Dominikanerkirche, wo er viele Leute und insbesondere viele Frauen in Tränen fand. Noll wusste weiter zu berichten, dass ein Priester namens Johannes Teschenmacher auf den Altar gestiegen sei, das Gesicht der Marienstatue betastet und verkündet habe, es sei nur Farbe, kein Blut. Daraufhin habe der Lesemeister der Dominikaner Dr. Stephan Boltzhurst in der Predigt gesagt, «es zimpte weder schůmacheren noch dåschenmachern, Unser Frowenbild frevenlich an (zu) růren». In dieser Situation liess der Prior Johannes Vatter «einige Maler herbeirufen, insbesondere Hans Fries von Freiburg, damit er erfahren könne, ob die Tränen durch menschliche Kunst rot erschienen oder nicht».[25]

In den Akten des Jetzerprozesses steht nicht, zu welchem Schluss Hans Fries gekommen ist, wohl aber in der Chronik des Valerius Anshelm, der ursprünglich aus Rottweil stammte und seit 1508 das Amt des Stadtarztes von Bern bekleidete, aber zur Zeit des Jetzerhandels bereits in Bern weilte. Anshelm stand offenbar den Erscheinungen von Anfang an recht skeptisch gegenüber, jedenfalls lässt er es in seiner Chronik, die er allerdings erst nach der Einführung der Reformation in Bern 1528 schrieb, durchblicken. Er schreibt, dass der Subprior der Dominikaner

25 Q 136/1507. **26** Q 137/1507.

mit Hilfe des Lesemeisters und des Schaffners am Vorabend das Gesicht der Marienstatue mit roten blutigen Tränen bemalt habe, «so meisterlich, dass der verrüempt maler Hans Friess von Fryburg, daruber beschikt, die kunst nit erkennende, für ein gross wunder liess beliben».²⁶ Anshelm geht also weiter als die Akten des Jetzerprozesses, die er nichtsdestoweniger gekannt und als Quelle benutzt hat. Dass Hans Fries ein berühmter Maler war und dass er den Betrug nicht durchschaut habe, steht nur bei Anshelm, und es ist nicht ganz auszuschliessen, dass es sich dabei um eine spätere Zutat handelt, da Anshelm den Auftrag zu seiner Chronik erst nach der Reformation erhalten hat. Anderseits könnte gerade Anshelms Darstellung des Jetzerhandels früher entstanden und dann in die Chronik eingegangen sein. Solange Anshelms Chronik nicht besser untersucht ist, weiss man also nicht, wann dieser die Bemerkung über Hans Fries geschrieben hat.

Auf die Länge liess sich der Betrug freilich nicht verstecken. Die Klostervorsteher versuchten ihn zunächst dem Laienbruder Hans Jetzer in die Schuhe zu schieben. Dieser wurde Anfang Oktober vom Rat der Stadt Bern an den Bischof von Lausanne überstellt, der die Wundererscheinungen untersuchen sollte. Im Verlauf dieser Verhöre kehrte Jetzer am 22. November 1507 den Spiess um und begann die Klostervorsteher selber des Betrugs zu beschuldigen. Da der Bischof von Lausanne, Aymo von Montfaucon (1491–1517), zunächst noch zögerte, die Folter einzusetzen, verlangte der bernische Rat Mitte Dezember die Rückschaffung des Laienbruders. Dieser wurde Anfang Januar 1508 nach Bern zurückgebracht, wo man ihm das Ordenskleid abnahm. Am 7. Januar kam es zu einer Verhandlung vor dem Rat, bei der Jetzer und die Klostervorsteher sich gegenseitig beschuldigten. Am 5. Februar wurde Jetzer der Folter unterworfen, und einen Tag später wurden die Klostervorsteher im Kloster in Eisen gelegt. Ende Februar reiste Ludwig Löubli, Chorherr des Kollegiatstifts St. Vinzenz am Münster in Bern, der den Erscheinungen als einer der ersten misstraut hatte, nach Rom, um die päpstliche Vollmacht zur Instruktion eines Prozesses zu erlangen.

Abb. 4
Blutige Tränen weinendes Marienbild (Jetzerhandel), Chronik des Luzerner Diebold Schilling, 1513, f. 239v; Luzern, Zentral- und Hochschulbibliothek (Eigentum Korporation)

Ende Juli 1508 konstituierte sich der ausserordentliche Gerichtshof in Bern. Er bestand aus den Bischöfen von Lausanne und Sitten, Aymo von Montfaucon und Matthäus Schiner, sowie dem Vorsteher der oberdeutschen Dominikanerprovinz, Peter Siber. Sie verhörten nicht nur Jetzer, sondern auch die Klostervorsteher, die seit dem 18. August auf Antrag des Glaubensprokurators, wiederum Ludwig Löubli, auch gefoltert wurden und Geständnisse ablegten. Als der Glaubensprokurator am 7. September das Urteil beantragte, widerriefen die Angeklagten jedoch ihre Bekenntnisse und appellierten an den Papst; es blieb nichts anderes übrig, als wiederum einen Boten nach Rom zu schicken.

Der Papst ordnete eine Revision des Prozesses an und schickte dazu einen päpstlichen Legaten, Achilles de Grassis, Bischof von Città di Castello im Kirchenstaat. Dieser trat an die Stelle des Dominikanerprovinzials Peter Siber, der im Verlauf des Hauptprozesses zunehmend selber in Verdacht geraten war. Achilles de Grassis traf am 7. April 1509 in Bern ein, wo er Aufsehen erregte, weil er laut dem Chronisten Valerius Anshelm «zum Reden elfenbeinerne Zähne brauchte», also wahrscheinlich eine Gebissprothese trug. Der Gerichtshof konstituierte sich am 2. Mai in Bern, verhörte auf Grund der bereits vorliegenden Akten noch einmal alle Angeklagten und verurteilte die vier Klostervorsteher am 23. Mai 1509 zur Degradation und zur Übergabe an den weltlichen Arm, d. h. zum sicheren Tod; Jetzer wurde einen Tag später zur Verbannung verurteilt und konnte Ende Juli aus dem Gefängnis entkommen. Die vier Klostervorsteher hingegen wurden am 31. Mai 1509 auf der Schwellenmatte in Bern auf dem Scheiterhaufen hingerichtet; ihr Richter, Achilles de Grassis, schaute vom Turm der Propstei, des heutigen Stiftshauses am Münsterplatz, aus zu.

Es ist anzunehmen, dass die Klostervorsteher im Sinne der Anklage schuldig waren, doch lässt sich nicht leugnen, dass der Jetzerprozess auch ein politischer Prozess war. Es traf sich, dass ausgerechnet im Mai 1509, als in Bern der Revisionsprozess durchgeführt wurde, der zehnjährige Soldvertrag der Eidgenossen mit Frankreich auslief und beide Seiten sich nach anderen Bündnispartnern umschauten, denn eigentlich wollte niemand das Bündnis erneuern, und Ersatz war auch schon in Sicht: Papst Julius II., der die Franzosen aus Italien vertreiben wollte, warb durch seinen Legaten Gabionetta, zugleich Ehrenchorherr des bernischen Chorherrenstifts St. Vinzenz, um bernische und eidgenössische Söldner. Erfolg war ihm aber erst beschieden, als Matthäus Schiner, Bischof von Sitten (1499–1522) und Richter im Jetzerprozess, die päpstliche Sache zu seiner eigenen machte. Auf einer Tagsatzung, die am 14. Mai 1509 in Bern stattfand, warben sowohl Schiner als auch Achilles de Grassis, der päpstliche Sondergesandte im Revisionsprozess, für ein Bündnis mit dem Papst, das denn auch ein Jahr später, am 14. März 1510, zustandekam. Beide hielten sich eigentlich wegen der Revision des Jetzerprozesses in Bern auf, doch hinderte sie dies nicht daran, gleichzeitig päpstliche Politik zu betreiben. Es bedeutete aber auch, dass die Berner damals beim Papst und seinen Legaten gewissermassen einen Wunsch frei hatten, und ihr dringendster Wunsch war es, die Vorsteher des Dominikanerkonvents, durch welche sie sich in ihrem religiösen und nationalen Gefühl beleidigt und verletzt fühlten, gebührend bestraft zu sehen. In diesem Sinn war der Jetzerprozess durchaus auch ein politischer Prozess.

27 Hier und im folgenden nach Büchi 1923, S. 207 ff. **28** Tremp-Utz 1984, S. 80–82. **29** Büchi 1923, S. 237. **30** Q 147/1509, Q 150/1509, Q 152/1509. **31** Q 153–155/1510. **32** Q 159/1511. **33** Q 164/1512. **34** Hier und im folgenden nach Tremp 2000, S. 58–65, und Zimmermann 1905.

Der bernische Jetzerhandel fand eine seltsame Fortsetzung im freiburgischen Arsenthandel. Der Riss zwischen Befürwortern des päpstlichen und solchen des französischen Bündnisses ging durch alle eidgenössischen Orte, aber auch durch das Wallis, wo der Bischof Matthäus Schiner keineswegs unbestritten war.²⁷ Sein Gegner war Jörg Supersaxo, der die Oberwalliser Zehnten für ein französisches Bündnis gewann. Supersaxo musste fliehen und wurde am 22. September 1510 in Freiburg verhaftet, und auf Betreiben Schiners, der im Oktober ebenfalls in Freiburg weilte, wurde ihm der Prozess gemacht. Franz Arsent, in den Jahren 1507–1510 Schultheiss der Stadt Freiburg und ein eifriger Parteigänger Frankreichs, wurde zu Supersaxos Pflichtverteidiger ernannt. Er war verheiratet mit Margareta, einer unehelichen Tochter Wilhelms von Diesbach, in jenen Jahren Schultheiss von Bern.

Als sich der Prozess immer mehr zu Ungunsten Supersaxos wendete, wurde dieser in der Nacht vom 10. auf den 11. Januar 1511 aus seinem Gefängnis im alten Rathaus hinter der Pfarrkirche St. Niklaus befreit. Fluchthelfer war Ludwig Löubli, den wir als Glaubensprokurator im bernischen Jetzerprozess kennengelernt haben. Für seine unerbittliche Haltung war Löubli im Herbst 1508 mit der Würde des Dekans am bernischen Vinzenzstift belohnt worden, und 1510 wurde er ausserdem Stadtpfarrer von Freiburg. Diese Stelle verdankte er wahrscheinlich Franz

Arsent, mit dem er über den bernischen Schultheissen Wilhelm von Diesbach verwandt war, denn Löubli selber war ein Neffe Wilhelms von Diesbach[28]. Löubli scheint seine Stellung als Pfarrer von Freiburg missbraucht zu haben, um vor Weihnachten 1510 unter dem Vorwand des Beichthörens zu Jörg Supersaxo vorzudringen und mit ihm den Fluchtplan zu besprechen. Der Volkszorn richtete sich gegen Franz Arsent, der von der Flucht gewusst hatte. Dieser wurde am 18. März 1511 zum Tod verurteilt und umgehend hingerichtet, trotz einer massiven Intervention der Stadt Bern und der Familie von Diesbach, welche die Freiburger daran erinnerte, dass sie nur mit Hilfe Berns in die Eidgenossenschaft aufgenommen worden seien.[29] Letztlich wurde Franz Arsent als Haupt der französischen Partei in Freiburg geköpft, die durch den Abschluss des päpstlichen Bündnisses vom 14. März 1510 bereits überall in der Eidgenossenschaft empfindlich geschwächt worden war.

Auffällig ist, dass der Maler Hans Fries gerade in jener Zeit des Wechsels vom französischen zum päpstlichen Bündnis von Freiburg nach Bern zog oder zumindest seinen Weggang aus Freiburg vorbereitete. Im Jahr 1509 empfing er zwar noch alle vier Fronfastenzahlungen und auch den Hauszins und den Amtsrock, aber es wurden auch schon die Schulden addiert, die er bei der Stadt hatte.[30] Im Jahr 1510 erhielt er noch die Fronfastenzahlungen der ersten, aber nicht mehr diejenigen der zweiten Jahreshälfte, wo er auch nicht mehr im Grossen Rat sass, und bereits am 23. Januar 1510 wurde ihm ein Empfehlungsbrief ausgestellt.[31] Im Jahr 1511 bemalte der Maler Hans (Fries) zwar noch Fahnen für die Stadt Freiburg, aber der Stadtschreiber Niklaus Lombard, bei dem er möglicherweise untergebracht war, erhielt nur mehr drei Viertel des Hauszinses.[32] Im Jahr 1512 könnte Hans Fries zwar noch immer in Freiburg gewesen sein, aber sicher nicht mehr in offizieller Stellung.[33] Die Aufgabe dieser Position scheint sich also etwa gleichzeitig angebahnt zu haben wie der Wechsel vom französischen zum päpstlichen Bündnis, nämlich im alles entscheidenden Jahr 1509, als Ende Mai auch die Vorsteher des Berner Dominikanerklosters hingerichtet wurden; doch lassen sich keine direkten Zusammenhänge, etwa eine Nähe des Malers zur französischen Partei in Freiburg und Bern, herstellen.

Nach Franz Arsents Hinrichtung eröffnete sich seinem Gegenspieler, Peter Falck, dem Haupt der päpstlichen Partei in Freiburg und darüber hinaus, eine glänzende politische und militärische Karriere.[34] In den Jahren 1511–1516 war Falck Mitglied des Kleinen Rats und 1511–1514 auch Bürgermeister. Auf dem Zug nach Pavia 1512 befehligte er die Freiburger Truppen. Ende 1512 bis Anfang 1513 war er Mitglied einer eidgenössischen Gesandtschaft nach Rom und Venedig. In dieser Zeit erreichte er in Rom die Erhebung der Freiburger Pfarrkirche St. Niklaus zum Chorherrenstift (Bullen vom 20. Dezember 1512 und 15. April 1513). Auch hier war das Vorbild wiederum die Stadt Bern, die ihre Pfarrkirche St. Vinzenz bereits 1484/1485 zum Kollegiatstift erhoben hatte. Die Berner hatten damals den Inhaber des Patronatsrechtes, den Deutschen Orden, kurzerhand enteignet und das Patronatsrecht an sich genommen. Im Unterschied dazu befand sich das Patronatsrecht der Freiburger Pfarrkirche bereits seit Anfang des 14. Jahrhunderts in der Hand der Bürgerschaft, und an St. Niklaus war im Verlauf des 15. Jahrhunderts ein Kollegium von Geistlichen entstanden, das nun, mit den Bullen vom 20. Dezember 1512 und vom 15. April 1513, die nötige päpstliche Legitimierung erfuhr. Der freiburgische Rat ging jedoch in der Folge weniger zielstrebig ans Werk als seinerzeit der bernische. Erst ein Jahr später, am 21. April 1514, liess er sich den Stiftsvertrag von St. Vinzenz vorlegen, die eigentliche Gründungsurkunde des bernischen Vinzenzstiftes, und erst zwei Jahre später, am 12. März und am 11. April 1515, schritt er zur Ernennung der ersten Chorherren, darunter nicht wenige Humanistenfreunde Peter Falcks, der selbst zum Stiftsvogt ernannt wurde. In der gleichen Sitzung, in welcher man die ersten Chorherren bestimmte, erklärte er seine Absicht, eine Wallfahrt nach Jerusalem zu unternehmen, die er auch umgehend antrat.³⁵

Als Peter Falck im Januar 1516 nach Freiburg zurückkehrte, hatte sich die Stimmung völlig zugunsten Frankreichs gewendet.³⁶ Das fünfjährige Bündnis mit dem Papst war im März 1515 ausgelaufen, und die Niederlage von Marignano (13./14. September 1515) hatte den Eidgenossen die Folgen ihrer Einmischung in Oberitalien drastisch vor Augen geführt. Obwohl er das Haupt der päpstlichen Partei gewesen war, wurde Falck am 24. Juni 1516 zum Schultheissen gewählt und trug in der Folge den erneuten Wechsel zu einem Bündnis mit Frankreich mit. Am 1. Juli 1516 beschloss die eidgenössische Tagsatzung, in Zukunft weder kaiserlich noch französisch, sondern nur mehr eidgenössisch zu sein³⁷, was sie nicht hinderte, am 29. November 1516 – übrigens in Freiburg – eine «ewige Richtung» mit Frankreich abzuschliessen, die bis zur Französischen Revolution die Grundlage aller Verträge zwischen Frankreich und den Eidgenossen bildete und für Freiburg besonders prägend war. In der Folge wurde Falck, zusammen mit Ammann Hans Schwarzmurer von Zug, dazu bestimmt, dem französischen König Franz I. (1515–1547) die Friedensurkunde zur Besiegelung zu überbringen, und liess sich Anfang 1517 von diesem zum Ritter schlagen. Im Mai 1519 unternahm er eine zweite Jerusalemreise, während deren er am 6. Oktober auf hoher See starb und drei Tage später in der Franziskanerkirche in Rhodos beerdigt wurde.

Und der Maler Hans Fries? Dieser hatte nach Bern gewechselt, wo er vielleicht 1516, sicher aber 1518 (im Testament seines Cousins, des Chronisten) nachweisbar ist.³⁸ Man kann sich fragen, ob dieser Wechsel glücklich war, denn in jenen Jahren stand in Bern der Maler Niklaus Manuel Deutsch auf dem Höhepunkt seines künstlerischen Schaffens.³⁹ Insbesondere arbeitete er im Dienst des bernischen Dominikanerklosters, das mit grossen Aufträgen seinen durch den Jetzerhandel stark beschädigten Ruf wiederherzustellen versuchte. Um 1515 entstanden, wahrscheinlich im Auftrag der Annen-, Lux- und Loyenbruderschaft – der Bruderschaft des Schmieds Anton Noll, der am 25. Juni 1507 Zeuge der Geschehnisse um die blutweinende Marienstatue in der Dominikanerkirche gewesen war –, die Altartafeln zum Annenaltar; in den Jahren 1516–1518 Altartafeln zum Hochaltar und 1516/1517–1519/1520 an der Nordwand(?) der südlichen Klosterumfassungsmauer ein Totentanz. Gerade der Totentanz beweist, dass die Sympathisanten und Sponsoren des Dominikanerkonvents trotz des Jetzerhandels zahlreich und bedeutend waren.⁴⁰ Auf dem Totentanz ist als Schultheiss nicht etwa ein Berner, sondern der Freiburger Peter Falck dargestellt, dessen Tod auf hoher See weit über Freiburg hinaus Aufsehen erregt haben muss.⁴¹

Neben Niklaus Manuel Deutsch, der wohl auch an einem oder mehreren Italienzügen teilgenommen und sich in Italien hatte inspirieren lassen, dürfte Hans Fries es in Bern nicht gerade leicht gehabt haben. Während die Figur des Reisläufers, in der die Zeit zwischen 1499 und 1516 ihren stärksten Ausdruck gefunden hatte⁴², im Werk Niklaus Manuels sehr präsent ist, fehlt sie im Werk des Hans Fries praktisch ganz. Von der Verschlechterung des Klimas für die bildenden Künste im vorreformatorischen Bern waren wohl beide betroffen, doch machte Niklaus Manuel in dieser Situation den Wandel, ja selbst den Bildersturm mit, vertauschte den Pinsel mit der Feder und schlug eine politische Karriere ein⁴³, während Hans Fries sang- und klanglos von der Szene verschwand (letztmals erwähnt 1523 in Bern⁴⁴).

35 Tremp-Utz 1985, insbes. S. 63/64; Zimmermann 1905, S. 85/86, 108. Zum Kollegiatstift St. Niklaus in Freiburg siehe Helvetia Sacra 1977, S. 275–293. **36** Hier und im folgenden nach Zimmermann 1905, S. 94 ff. **37** Ladner 1981, S. 201. **38** Q 174/ 1516, Q 179/ 1518. **39** Als Hans Fries von Freiburg nach Bern wechselte, war allerdings noch nicht voraussehbar, dass Niklaus Manuel Deutsch ein grosser Maler werden würde, denn dieser wird erst 1513 als Maler aktenkundig, siehe Tavel 1998, S. 675/676. Daneben gibt es durchaus auch Parallelen zwischen Hans Fries und Niklaus Manuel, der seit 1510 auch im bernischen Grossen Rat sass und Fahnenstangen malte, siehe Wagner 1979, S. 18. **40** Zahnd 1999, S. 137. **41** Tremp 2000, S. 64. **42** Bächtiger 1979, S. 1–16, insbes. 8 ff. **43** Siehe Tavel 1998, S. 675/676; Moeller 1996, S. 83–104. **44** Q 182/1523. **45** Hier und im folgenden nach Peyer 1977.

In Freiburg ging 1519 mit dem Tod Peter Falcks auf hoher See eine Epoche zu Ende, die Epoche der spätmittelalterlichen Frömmigkeit, durchsetzt von humanistischen Elementen. Was nun begann, war der Kampf gegen die Reformation, den Freiburg mit ausserordentlicher Härte und Konsequenz führte. Damit ging eine Reagrarisierung und Ruralisierung des Staates einher[45], die sich im Niedergang des einstmals berühmten Freiburger Tuchgewerbes äusserte. Während die Bevölkerung in der Stadt stagnierte, wuchs sie auf dem Land an, ein Zuwachs, der sich nicht zuletzt durch den Erwerb von ländlichen Herrschaften durch die Stadt erklärt. Von 1477 bis 1555 nahm das freiburgische Territorium um das Zweieinhalbfache zu (von etwa 430 auf 1080 km^2). Die Landwirtschaft wurde von Schafzucht auf Grossviehzucht und Alpwirtschaft umgestellt. Die weniger intensive Graswirtschaft liess Arbeitskräfte frei werden, welche in fremden Diensten unterkamen. Die Grundlage dazu bot das ewige Bündnis mit Frankreich von 1516. Die Zeit des Malers Hans Fries bildet so eine Nahtstelle an der säkularen Wende vom Mittelalter zur frühen Neuzeit, wobei der Maler selber eher auf der mittelalterlichen Seite zu positionieren ist.

Hans Fries – Leben und Werk

Alfred A. Schmid   Der Bericht über Leben und Werk des Hans Fries beginnt mit einer Anekdote: 1480 wird Meister Heinrich Bichler von Bern für eine im Auftrag des Freiburger Rates gemachte Darstellung der Schlacht von Murten bezahlt, die auf Ratsbeschluss ins Gerichtshaus verbracht wurde (Abb. 5).[1] Damit steht die Nachricht im Zusammenhang, dass die Überführung des Bildes durch den Berner Maler und acht Gehilfen von Bern nach Freiburg drei Tage in Anspruch nahm, vom Freiburger Rat mit *VIII lb* und *X sch.* entschädigt wurde, dass der Rat für die «Murtenschlacht» zudem einen Vorhang aus schwarzem Stoff und weissem Leder erstellen liess und dass schliesslich der Sohn des *Erhart Frieso* vom Rat aus diesem Anlass einen Rock im Wert von 100 Schilling als Geschenk erhielt, als das bei Bichler in Auftrag gegebene Schlachtbild in Freiburg abgeliefert wurde.[2]

Diese Nachrichten sind in den Freiburger Seckelmeisterrechnungen zu finden. Sie werfen ein willkommenes Licht nicht nur auf die Persönlichkeit und die Familie des jungen Hans Fries, sie erlauben zugleich Rückschlüsse auf den Zustand des Malerhandwerks in Freiburg. Es überrascht keineswegs, dass der Rat den Sieg der Eidgenossen über den Herzog von Burgund, dieses wichtige, damals nur um wenige Jahre zurückliegende Ereignis, im Bild festhalten liess. Auch der Berner Rat gab etwas später drei entsprechende Gemälde mit den Darstellungen der Schlachten von Murten, Dornach und Sempach in Auftrag, die ebenfalls ins Rathaus gelangten und damit eine offizielle Bedeutung erhielten.[3] Auffallend ist jedoch, dass Freiburg den diesbezüglichen Auftrag nicht an einen ansässigen Künstler, sondern nach auswärts vergab, obwohl in Freiburg archivalisch aus der zweiten Hälfte des 15. Jahrhunderts eine Reihe von Malern namhaft zu machen sind; wie meist lassen sich indessen auch hier mit den überlieferten Namen nur ausnahmsweise erhaltene Werke in Verbindung bringen. In den gleichen Jahren wie das Bild der Murtenschlacht gelangte übrigens auch der sogenannte Nelkenmeister-Altar nach Freiburg, der im Auftrag der Franziskaner ebenfalls von auswärtigen Kräften (dem Rottweiler Maler Albrecht Nentz und vor allem der Werkstatt des Baslers Bartholomäus Rutenzweig) in Solothurn gemalt worden war (Abb. 6, 7).[4] Bichler selbst ist über viele Jahrzehnte sowohl als Maler wie als Bildschnitzer auch ausserhalb Berns nachgewiesen, unter anderem in Solothurn (1471)[5] und in Sitten (1486)[6]. In Freiburg wird ihm schon 1466/67 die Fassung eines Positivs übertragen[7], mit hoher Wahrscheinlichkeit die 1458 erstellte kleine Orgel im Chor der Pfarr- und späteren Stiftskirche St. Niklaus; sie wurde 1657 durch die Chororgel Sebald Manderscheidts aus Nürnberg ersetzt[8]. Bei der Fassung der Orgel wird 1466/67 auch die Mitarbeit eines Gesellen (*vaulet*) erwähnt, dem ein Trinkgeld ausgerichtet wird.[9] 1484 wird dem Freiburger Rat Bichlers Tod gemeldet; als Vogt der Witwe wird *Niclaus Allwand* genannt.[10] Im gleichen Zusammenhang wird auch eine nicht namentlich genannte Malerin gemalter Tafeln aufgeführt.[11]

Aus all dem kann geschlossen werden, dass der junge Hans Fries zu einem über Bern hinaus angesehenen Meister in die Lehre gegeben wurde, der selber schon in vorgerückten Jahren

---

1 Q 36/1480. **2** Q 36/1480. **3** Hofer 1947, S. 183. **4** Gutscher/Villiger 1999. **5** Rott 1938, S. 215. **6** Rott 1936, S. 234 (die Tafel bleibt mehrere Jahre nach Bichlers Tod in dessen Werkstatt). **7** Rott 1936, S. 276. **8** Strub 1956/1, S. 119. **9** Rott 1936, S. 276. **10** Rott 1936, S. 234. **11** Rott 1936, S. 234.

stand. 1480 hatte Fries seine Lehre wohl bereits hinter sich, und da er als einziger aus der ganzen Gruppe der für Transport und Aufrichtung des Bildes Beigezogenen vom Rat noch einen Rock im Wert von 100 Schilling zum Geschenk erhielt[12], wird er vermutlich dabei eine besondere Verantwortung getragen haben. Sein Geburtsjahr ist uns nicht bekannt, dürfte aber zweifellos zwischen 1460 und 1465 anzusetzen sein.

Fries stammte aus einer angesehenen Familie, die sich in der ersten Hälfte des 15. Jahrhunderts in Freiburg niedergelassen hatte. Heini, Tuchbereiter und Färber, erwarb 1438 das Bürgerrecht[13] und wurde 1450 als Vertreter und zugleich Venner des Neustadtquartiers erstmals in den Rat der 60 gewählt[14]. 1464 bis 1481 gehörte er dem Kleinen Rat an.[15] Sein Sohn Hans wird nacheinander als Mitglied des Rates der 200 (1482–1487)[16], ab 1487 als Mitglied des Rats der 60 (1487–1497 und 1508)[17], ab 1498 bis 1504 und wieder ab 1509 bis zu seinem Tod im Amtsjahr 1517/1518 als Mitglied des Kleinen Rats[18] geführt. Unter allen Angehörigen der grossen Familie nahm er politisch und sozial den höchsten Rang ein. Erhard Fries, der Vater des Malers, war Bäcker.[19] Er erhielt 1448 das Bürgerrecht[20] und wurde schon zwei Jahre später in den Rat der 200 gewählt[21], was zeigt, dass die Familie damals bereits zu den angesehenen Geschlechtern gehörte. Sein Sohn Johann wählte den Beruf des Vaters[22] und gelangte 1469 in den Rat der 200[23]. Er scheint im besten Mannesalter verstorben zu sein und verschwindet jedenfalls bereits 1473 aus den Akten.[24] Die Identifikation der einzelnen Mitglieder der Familie wird weniger durch die variable Orthographie des Namens (*Fryeso, Friesso, Friess, Fries, Fryesenn*) erschwert, was damals an der Tagesordnung war, als infolge des häufig wiederkehrenden Taufnamens Johann (*Hensli, Heinsillinus, Hansi, Hans, Janinus, Johann, Yanni*), mit dem offenbar teilweise dieselben Personen bezeichnet sind. 1484 tritt erstmals *Meister Hannß (der) maler* auf[25], 1501 ist von dem *meister Hansen Friesen, dem maler* die Rede, in Verbindung mit einer grösseren Zahlung des Rates (*L fl* oder *CXX lb*)[26]; in diesem und ähnlichen Fällen, die sich seit dem Beginn des 16. Jahrhunderts häufen, ist offenbar jeder Zweifel ausgeschlossen. 1518, im Testament des bereits erwähnten Kleinrats, der auch als Verfasser einer kleinen Chronik in die Geschichte einging, wird der Sohn seines Vetters, der gleichnamige Maler, mit einem Legat von 200 Pfund bedacht, eines der grössten Vermächtnisse in diesem äusserst aufschlussreichen Dokument.[27] Hans Fries, der Maler, war damals – wie im Testament vermerkt – bereits in Bern wohnhaft. Die Jahre zuvor, ab 1480, geben nur spärlichen Aufschluss über seine Arbeit in Freiburg: der Rat erteilt ihm kleinere Aufträge mehr handwerklicher Art, so 1484–1486 das Malen der Wappen am Uhrturm (Jaquemart)[28], der kurz zuvor ein neues Schlagwerk erhalten hatte, und 1487 das Bemalen von etlichen Schilden, Stangen[29] und zwei Fähnlein[30], Arbeiten, wie sie damals auch von angesehenen Künstlern geleistet werden mussten. 1487 tauchte er unversehens in Basel auf, wo er sich in die Zunft zum Himmel aufnehmen liess, in der mit verschiedenen anderen Berufen auch die Künstler zusammengefasst waren; der Eintrag im Roten Buch der Zunft war dabei ausdrücklich auf Malerei beschränkt.[31] Möglicherweise war dieser Aufenthalt am Rheinknie auch nur vorübergehend gedacht, denn schon im Herbst 1488 musste Fries eine noch offene Schuld von *IIII lb* abzüglich *III sch.* begleichen.[32] 1507, als Fries bereits seit Jahren wieder in Freiburg wirkte, wird in Basel ein *Hans Fries der walch* als Mieter des Hauses

12 Q 36/1480. **13** Q 1/1438. **14** Q 7/1450. **15** Q 13/1462–1465. **16** Q 40/1482. **17** Q 50/1487, Q 141/1508. **18** Q 87/1498. **19** Q 6/1448; der Vater von Erhard Fries bleibt ungenannt. **20** Q 6/1448. **21** Q 7/1450. **22** Q 23/1470. **23** Q 22/1469. **24** Q 26/1473. **25** Q 45/1484, Q 46/1484. **26** Q 101/1501, Q 102/1501. **27** Q 179/1518. **28** Q 46/1484, Q 49/1486. **29** Q 51/1487. **30** Q 53/1487. **31** Q 54/1487. **32** Q 58/1488.

Abb. 5
Martin Martini: Murtenschlacht, Kupferstich, 1609 (vermutlich nach dem Gemälde Heinrich Bichlers); Freiburg, Museum für Kunst und Geschichte

Abb. 6
Werkstatt des Bartholomäus Rutenzweig: Hochaltar der Franziskanerkirche; geöffneter Zustand: Geburt Christi (linker Flügel), Gekreuzigter zwischen Maria und Johannes sowie franziskanischen Heiligen (Mittelteil), Anbetung der Könige (rechter Flügel), 1479/1480; Freiburg

Abb. 7
Werkstatt des Bartholomäus Rutenzweig: Hochaltar der Franziskanerkirche; geschlossener Zustand: Verkündigung, flankiert von der hl. Klara von Assisi (links) und der hl. Elisabeth von Thüringen (rechts), 1479/1480; Freiburg

33

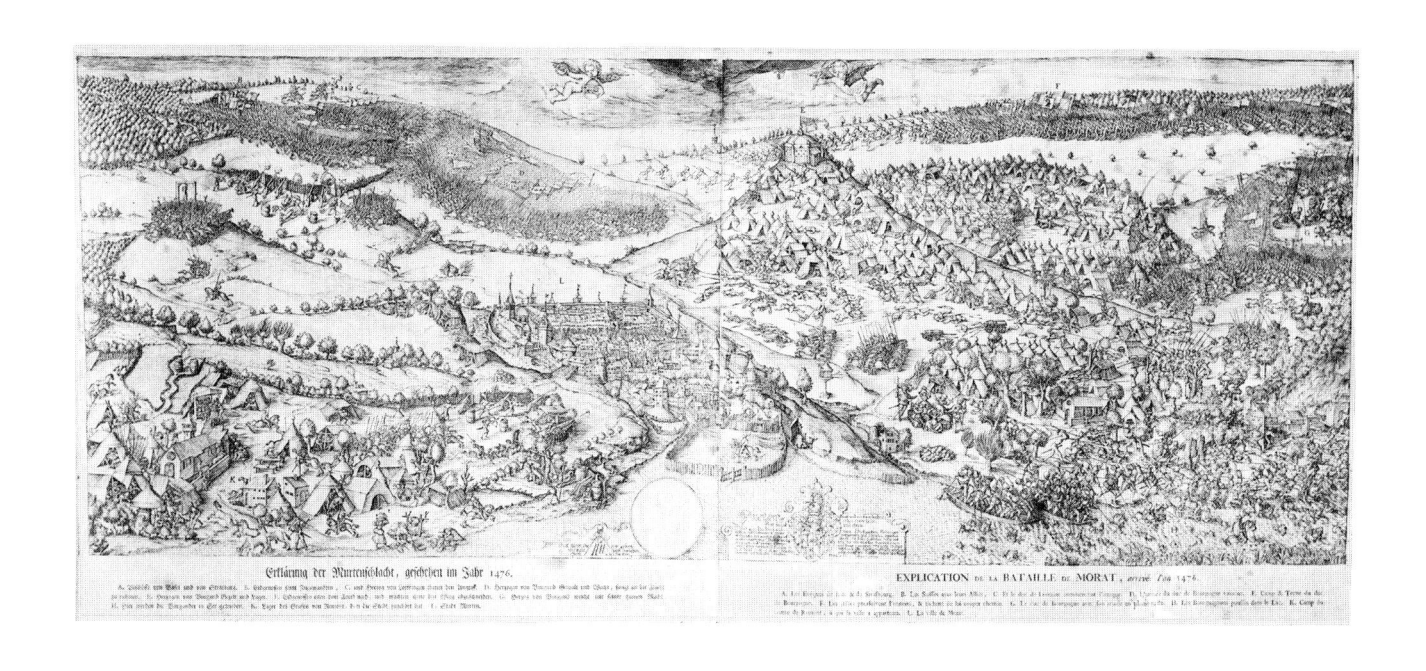

an der Rheingasse 65–69 des Barfüsserklosters geführt, was vielleicht noch auf den (welschen) Freiburger Maler zu beziehen ist.³³

Die Rückkehr nach Freiburg ist offenbar bereits 1488 erfolgt, denn seit diesem Jahr erhält Fries vom Rat einen Beitrag an den Hauszins³⁴, der seit 1503 in der Regel in vier Raten von je *VII lb 2 ½ sch.* auf die 4 Fronfastentage ausgerichtet wird³⁵. Hinzu kommt jeweils noch eine jährliche Zahlung von *VII lb* an einen Rock³⁶, auf den die gewählten Amtleute, zu denen auch der Stadtmaler³⁷ gehört, Anspruch hatten. Diese finanziellen Leistungen dauerten grundsätzlich bis zum ersten Halbjahr 1511. Ab 1505 bereits erfolgten die Zahlungen jedoch nicht mehr so regelmässig, und sie wurden zudem gelegentlich über den Seckelmeister Wilhelm Reyff oder den Stadtschreiber Niklaus Lombard abgewickelt, möglicherweise infolge längerer Abwesenheit des Begünstigten.

Ab 1503 und bis 1509 wird Fries als Vertreter des Burgquartiers im Rat der Zweihundert aufgeführt.³⁸ Seine soziale Stellung wurde damit zweifellos konsolidiert, obwohl sein persönliches politisches Mitspracherecht dadurch sicher nicht erheblich verstärkt wurde. Protektion erhielt der Maler gemäss den erhaltenen Akten bloss zweimal: 1504 richteten Schultheiss und Rat ein Schreiben an Bischof Matthäus Schiner in Sitten, worin Hans Fries für die Fassmalerarbeiten an einem Tafelwerk empfohlen wird³⁹; und 1510 stellt ihm der Rat einen *offen brieff*, d.h. ein allgemeines Empfehlungsschreiben, aus⁴⁰. Über den Erfolg dieser Fürsprachen ist nichts bekannt.

33 Q 139/1507. **34** Q 57/1488. **35** Erstmals: Q 112/1503. **36** Erstmals: Q 112/1503. **37** Die Bezeichnung «Stadtmaler» ist mit Vorsicht aufzunehmen; die regelmässigen Zahlungen der Freiburger Obrigkeit lassen auf eine Art offizielle Stellung des Malers schliessen, die jedoch nicht jener eines Beamten im modernen Sinn entsprach. **38** Erstmals: Q 109/1503, letztmals: Q 146/1509. **39** Q 118/1504. **40** Q 155/1510. **41** Büchi 1927, S. 11. **42** Q 153/1510. **43** Q 177/1517. **44** Q 179/1518. **45** Q 182/1523. **46** Für das in Q 107/1502 erwähnte Annilli, Tochter des Hans Heller, übernimmt Hans Fries lediglich eine Bürgschaft. **47** Q 144/1508, Q 145/1508; zum Chorgestühl siehe Genf 1991, S. 207/208. **48** Q 147/1509, Q 148/1509, Q 149/1509, Q 152/1509; siehe auch S. 135. **49** Q 156/1510.

Es scheint indessen nicht, dass Fries mit anspruchsvollen Aufträgen überhäuft gewesen wäre. Es wird jedenfalls kein Lehrling oder Geselle aktenkundig, die in seiner Werkstatt tätig gewesen wären. Die Tatsache, dass sein Name in keinem Mannschaftsrodel zu finden ist, in denen jeweils der Auszug der wehrfähigen Mannschaft der Stadt namentlich aufgelistet wurde, hat anderseits zur Vermutung geführt, dass Fries entweder dienstuntauglich oder aus unbekannten Gründen vom Kriegsdienst dispensiert war.⁴¹

Um 1510 übersiedelt Fries vermutlich nach Bern. Er scheidet bald nach dem Ratswechsel am 24. Juni 1509 aus dem Grossen Rat seiner Vaterstadt.⁴² Der Weggang ist demzufolge wohl als endgültig zu verstehen. Aus dem Jahr 1517 ist – in zwei Kopien aus dem 17. beziehungsweise 18. Jahrhundert – ein Bildnis des Obwaldner Einsiedlers Bruder Klaus bezeugt (Kat. 15). An der Zuverlässigkeit der Signatur mit Monogramm und Hausmarke und der Jahrzahl ist nicht zu zweifeln. Im gleichen Jahr wird ihm vom Rat von Freiburg aber auch die Erlaubnis erteilt, zur Fertigstellung seiner in Bern begonnenen Arbeiten dort bis Fronfasten ein zusätzliches Jahr zu verbleiben.⁴³ Im bereits erwähnten Testament des Chronisten Hans Fries vom 26. Februar 1518, in dem der Maler als Erbberechtigter und als Sohn des Bäckers Erhard Fries, seines Vetters väterlicherseits, aufgeführt wird, ist Bern als Wohnort von Fries genannt.⁴⁴ Eine letzte Nachricht liegt in einem bernischen Notariatsprotokoll aus dem Jahre 1523 vor, in dem sich der Maler zur Restzahlung von 6 Kronen an den Kauf eines Pferdes verpflichtet.⁴⁵ Das Datum seines Todes ist ebenso wenig gesichert wie das Geburtsjahr.

Über das private Leben des Hans Fries ist uns so viel wie nichts bekannt. Aus dem Schweigen der Quellen darf vielleicht geschlossen werden, dass keine Frau in seinem Leben eine Rolle spielte;⁴⁶ von Fries selbst sind keine schriftlichen Zeugnisse überliefert, wenn man von lakonischen Farbangaben in einer flüchtigen, mit dem Pinsel aufgetragenen Kursive absieht, die als Unterzeichnungen mit Hilfe von Infrarot-Reflektographie-Aufnahmen auf der Predella des Antonius-Altars (Kat. 9b) und auf den Flügeln des grossen Johannes-Altars (Kat. 14) sichtbar gemacht werden können. Diese Notate, über die hier von Verena Villiger berichtet wird, beschränken sich auf knappe Farbhinweise in deutscher Sprache (S. 60 ff.). Sie dürfen als eigenhändig angesehen werden. Auf der Predella sind sie teilweise durch kurze Angaben zum Bildgegenstand vervollständigt; es ist zu vermerken, dass es sich dabei wahrscheinlich um Angaben handelt, die für einen Mitarbeiter bestimmt waren, während die Bemerkungen auf dem Johannes-Altar als Erinnerungsstützen für den Meister selber zu verstehen sind.

Von wenigen Ausnahmen abgesehen bleiben, wie man sieht, die Nachrichten über das Leben von Hans Fries spärlich und wenig aussagekräftig. In den Archiven findet man in erster Linie weiterhin Auskunft über Aufträge des Rates und die damit verbundenen Kosten. Wie wir feststellen können, geht es dabei vor allem um Flach- und Dekorationsmalerei ohne höhere künstlerische Ansprüche sowie um Schildereien wie Wappen an öffentlichen Gebäuden, Fahnenstangen, Lanzenschäfte, Zeltfähnchen und Ähnliches; eine Ausnahme bildet das Chorgestühl der Liebfrauenkirche von 1506–1508, an dem Fries vermutlich die Fassarbeiten ausführte (Abb. 8)[47]. Das weitgehende Fehlen von Dokumenten über kirchliche Aufträge, selbst wenn es die Ausstattung des damals vor der Vollendung stehenden Münsters betrifft, mag damit zusammenhängen, dass diesbezügliche Aufzeichnungen nach Vollendung und Bezahlung der betreffenden Arbeiten nicht selten vernichtet oder gar nicht schriftlich festgehalten wurden. Eine Ausnahme stellt der Marien-Altar im Chor von St. Niklaus dar, für den der Maler mehrere Zahlungen erhält; hier wird sogar das Bildthema erwähnt, die *scheydung gottes von Maria* (vermutlich der Abschied Jesu von seiner Mutter).[48] So kommt es, dass wir in der Regel über das Werk oder über den Auftraggeber, nicht aber über beide zugleich Näheres erfahren. Die Namen der Stifter kennen wir öfters. Es sind, neben Adeligen aus Welt und Kirche wie Peter von Englisberg, Komtur der Johanniterkommende in der Unterstadt (S. 84 ff.), auch wohlhabende Bürger, individuell oder als Mitglieder von Zünften und Bruderschaften, dazu vermögliche Donatoren ab der Landschaft wie zum Beispiel *Hansi Kloewo* und *Hansi Schodillis, gesessen zů Berwerschyed* (Pierrafortscha), die 1510 bei Fries eine Fahne machen liessen. Ihre Namen sind in einem notariellen Akt festgehalten.[49] Nach dem vereinbarten Preis (*III lb*) muss es sich um einen relativ bescheidenen Auftrag gehandelt haben. Zur privaten Seite des Lebens von Fries, das uns beim fast völligen Fehlen diesbezüglicher Nachrichten ereignisarm erscheint, schweigen sich die Quellen praktisch aus. Und nur einmal trat Hans Fries bei der Erfüllung eines offiziellen Auftrags in den Vordergrund, als er im sogenannten Jetzerprozess 1507 in Bern als Gutachter beigezogen wurde, um über die Echtheit von blutigen Tränen zu urteilen, die an einem Marienbild im Berner Predigerkloster festgestellt worden waren. Der Prozess, über den hier Kathrin Utz Tremp auf Grund der Akten und der zeitgenössischen Chronik des Valerius Anshelm berichtet (S. 23 ff.), erregte damals internationales Aufsehen. Er endete 1509 mit dem Feuertod der vier führenden Mönche des Klosters.

Das bürgerliche Leben des Hans Fries führt uns über gut sechzig Jahre, von denen rund vierzig für seine künstlerische Arbeit in Frage kommen. In diesen vier Jahrzehnten ist ein vom Umfang her nicht sehr zahlreiches künstlerisches Werk unterzubringen. Dieses Werk bleibt ausschliesslich der sakralen Kunst verpflichtet. Dargestellt sind Themen aus dem Alten und dem Neuen Testament, aus den apokryphen Evangelien und der Legenda aurea. Hingewiesen sei hier insbesondere auf eine Gruppe von Szenen aus dem Marienleben, von denen neun noch vorhanden sind (Kat. 13). Ergänzt durch heute fehlende Szenen, wurde schon in der älteren Literatur versucht, aus den erhaltenen und den hypothetisch zur Vervollständigung benötigten Tafeln einen Marienzyklus zu rekonstruieren, wobei jedoch, wie die Bildanalyse zeigt, die Mitarbeit eines ikonographisch versierten Theologen vorauszusetzen ist. Es darf diesbezüglich auf die hier zusammengefassten Überlegungen Nott Caviezels (S. 181 ff.) hingewiesen werden, ohne zu einer abschliessenden Interpretation zu gelangen.

Von den neun grösstenteils in der ersten Hälfte des 19. Jahrhunderts in öffentlichen und privaten Sammlungen nachgewiesenen und als Werke von Hans Fries erkannten Gemälden dieser Gruppe[50] ist ein einziges (Kat. 13d) datiert. Es zeigt am linken Sockel der gemalten Rahmenarchitektur eingehauen die Jahrzahl 1512, doch ist auf Grund der nicht ganz identischen Dimensionen der hochrechteckigen Tafeln und der nicht zu übersehenden stilistischen Unterschiede einzelner Tafeln auch eine auf einen längeren Zeitraum verteilte Entstehung nicht auszuschliessen. Die «Wahl des Opferlamms», mit dem den Massstab sprengenden Joachim, wirkt geradezu archaisch. Der zur Verfügung stehende Raum, geformt durch zwei aufeinanderstossende Wände, zwei Öffnungen zum Einlass des Tageslichts und zwei mächtige Säulen auf Postamenten, vermag sich nicht zu entfalten. Die Szene steht in einem augenfälligen Kontrast etwa zum «Tempelgang Mariens» mit der raffinierten Organisation der in die Tiefe führenden Raumkompartimente. Hier ist einzig die Abfolge der zwischen den Personengruppen im Vorder- und im Hintergrund vermittelnden Treppe, auf der die winzige Maria emporschreitet, formal nicht bewältigt.

Die Inszenierung begegnet uns vereinfacht ein zweites Mal, bei der Darstellung der Heiligen Familie (Kat. 8; ehemals Sammlung Robinson/Labia, zur Zeit verschollen). Gehen wir von diesen beiden Bildern, die nach unserer Überzeugung beide ins erste Jahrzehnt des 16. Jahrhunderts gehören, nach rückwärts und vergleichen wir damit die Anbetung der Könige im Kunsthaus Zürich (Kat. 1), das zweifellos früheste und starken niederländischen Einfluss verratende Gemälde von Hans Fries, so ist der Fortschritt in der Raumorganisation evident: die Hintergrundsarchitektur grenzt im Vordergrund eine schmale bildparallele Raumschicht aus, in der die Handelnden, Maria und Kind sowie die drei Könige, aber ohne Josef, Platz finden; der verfügbare Raum ist äusserst beengt. Aus dem auf den oberen Bildrand limitierten Goldgrund geht hervor, dass es sich um die allein noch erhaltene Innenseite eines Flügelaltars handelt, der zweifellos noch im letzten Jahrzehnt des 15. Jahrhunderts entstanden ist.

Die Scheidung eines vordergründigen Handlungsraums vom Mittel- und Hintergrund durch architektonische Versatzstücke, auch wenn sie funktionell von der Bilderzählung her nicht verlangt sind, gehören zu den von Fries gepflegten Grundzügen der Raumkonzeption, ob es sich dabei um Innen- oder um Freiräume handelt. Stufen und Schranken werden quer zur Blickrichtung des Betrachters in den Raum gestellt. Das führt – zum Beispiel auf der Werktagsseite des sogenannten kleinen Johannes-Altars im Schweizerischen Landesmuseum (Kat. 10c) – zu einem stossenden Gedränge, das sich auf die in die Tiefe gestaffelten Bildräume nachteilig auswirkt. Es handelt sich dabei hauptsächlich um Tafelbilder, die sich vom Thema, vom Format und von der Maltechnik her paarweise zu Retabelflügeln gruppieren lassen. Dabei gingen jedoch verschiedentlich Elemente dieser Ausstattung verloren. Das gilt insbesondere für den Mittelteil der Retabel, der durch einen Schrein mit skulpturalem Schmuck oder durch ein Gemälde akzentuiert wurde; er wurde in der Advents- und der Fastenzeit sowie an gewöhnlichen Ferialtagen durch die beweglichen Seitenflügel verschlossen.

[50] Die Tafel Kat. 13i kann erst seit Beginn des 20. Jahrhunderts nachgewiesen werden (S. 182).

Abb. 8
Chorgestühl der Liebfrauenkirche (Nordseite), Freiburg, 1506–1508, mit vermutlich ursprünglich von Hans Fries gefassten Wappen

Der Antonius-Altar (Kat. 9) in der Franziskanerkirche Freiburg allein, der 1506 vermutlich im Auftrag des Klosters geschaffen und von Fries voll signiert und datiert wurde, macht hier eine Ausnahme. Er ist in grossen Teilen erhalten geblieben, so dass auch der heutige Betrachter eine zureichende Vorstellung von seinem ursprünglichen Aussehen gewinnen kann. Er zeigt bei geschlossenen Flügeln über der Altarstaffel, der Predella, links den heiligen Antonius von Padua bei seiner Predigt über den Tod des Wucherers. Der Heilige steht um einige Stufen erhöht auf einer Freikanzel, über deren Korb ein kostbarer Stoff gebreitet ist. Zu Füssen des Predigers sitzen, wie üblich direkt um die Kanzel geschart, die frommen Frauen. Die männlichen Zuhörer stehen in den hinteren Reihen, teilweise gesprächig und der Predigt offensichtlich nicht ungeteilte Aufmerksamkeit schenkend. Nach hinten entfernen sich über einen leeren Platz, dem Sarg voranschreitend, die Chorherren eines Kapitels, zum Zeichen ihrer Würde in die Fehmozzetta gekleidet. Die vornehmen Zuschauer halten sich auf dem Söller eines Stadtpalazzos auf, dessen Brüstung mit wertvollen Stoffen behängt ist. Auf dem Flügel zur Rechten des Betrachters ist im Erdgeschoss die Illustration eines Herrenwortes dargestellt: Wo dein Schatz ist, da ist auch dein Herz (NT, Mt 6, 19–30 und Lk 12, 32–34). Die Angehörigen öffnen die Truhen im Gewölbe und stossen inmitten der gehorteten Schätze auf das blutende Herz des Wucherers, während im Obergeschoss der Sterbende im Beisein seiner Familie ausgetröstet wird. Darüber wird, auf die beiden Flügel verteilt und sie zugleich zusammenschliessend, der schreiende Wucherer von Dämonen zur Hölle geschleppt.

Die Architektur dieser Flügelaussenseiten bietet auf verschiedenen Schauplätzen Raum zur simultanen und synchronistischen Darstellung des Handlungsablaufs in seinen verschiedenen Phasen: an sich eine mittelalterliche, zu Beginn des 16. Jahrhunderts bereits veraltete Methode der Bilderzählung. Der Maler und wohl auch der geistliche Auftraggeber wussten aber die Kollision und die Wiederholung einzelner Figuren geschickt zu vermeiden. Mit zur Bilderzählung gehört auch die Predella: Kranke und Bresthafte bitten am Grab des Heiligen um Befreiung und Erlösung aus physischer und seelischer Not.

Von den Innen- oder Festtagsseiten des Antonius-Retabels sind nur Fragmente erhalten geblieben. Sie geben mindestens über die Ikonographie der beiden Flügel Aufschluss, die mit gefassten Reliefs der Heiligen Petrus und Maria Magdalena in voller Figur geschmückt waren (Abb. 126).

Die von Fries seinen Bildern häufig beigesetzten eigenhändigen Signaturen zeichnen sich abgesehen von den Angaben, durch welche sich der Maler mit dem Kunstwerk identifiziert, durch eine besonders sorgfältige Kalligraphie aus (Abb. 9–14). Das früheste Beispiel stammt aus einem Jahrzehnt, in dem die Künstlersignatur noch keineswegs allgemein üblich war. Es zeigt die sogenannte «Lactatio Bernhardi» und gehört zu einer Gruppe von vier kleinen Tafelbildern in der Alten Pinakothek in München (Kat. 3). Das Datum 1501, das Hauszeichen des Malers und die Initialen H. F. finden sich an der Stirnseite einer Stufe, die das Bild nach vorn abschliesst, die Inschrift unterscheidet sich in der formalen Gestaltung jedoch schon durch den Gebrauch der Kapitalschrift von allen späteren Signaturen.

Überblicken wir das künstlerische Werk von Fries als Ganzes, so fällt uns das grosse Übergewicht auf, das den Gemälden zukommt. Es handelt sich zumeist um Ölbilder auf Holz; ein aussergewöhnlich grosses, hochrechteckiges Format liegt nur bei der Darstellung des mystischen Kreuzes (Kat. 12) vor, das aus der Pfarrkirche von Cugy ins Freiburger Museum für Kunst und Geschichte gelangte. Im Hinblick auf ihre Dimensionen darf man in allen übrigen Bestandteile, also Stell- oder bewegliche Flügel, von Seitenaltären vermuten. Dazu kommen – eher marginal – vier Zeichnungen, darunter eine mit fester und sicherer Hand aufs Papier gesetzte und leicht lasierte Federzeichnung mit der Darstellung der hl. Klara, stehend und ihr Attribut, eine gotische Turmmonstranz, mit beiden Händen haltend (Kat. 17). Das Blatt ist signiert, auf 1505 datiert,

Abb. 9
Signatur (Monogramm) und Hauszeichen, in Stein gemeisselt; Kat. 13c

Abb. 10
Signatur (abgekürzt), Hauszeichen und Datum, auf Stein gemalt; Kat. 14b

Abb. 11
Signatur (leicht abgekürzt), Hauszeichen und Datum, auf Stein gemalt; Kat. 9a

Abb. 12
Signatur (leicht abgekürzt), Hauszeichen und Bezeichnung als Maler, perspektivisch auf den Boden gemalt; Kat. 11b

Abb. 13
Signatur (leicht abgekürzt), Hauszeichen, Bezeichnung als Maler, «fecit» und Datum, ohne formale Einbettung auf die Darstellung gemalt; Kat. 6a

Abb. 14
Signatur (monogrammartig abgekürzt), Hauszeichen und Datum, auf Pfeilerbasen; Kat. 17

Abb. 15
Anonym: Allerseelenaltar, Aussenseite links: Ein Küster findet nachts die Kirche erleuchtet, 1505; Bern, Kunstmuseum

Abb. 16
Anonym: Allerseelenaltar, Aussenseite rechts: Der Küster wohnt der Messe der Toten bei, 1505; Bern, Kunstmuseum

und die Darstellung der in einen kahlen Kastenraum gesetzten Heiligen wird durch eine gedrückte Rundbogenarkade überhöht. Die räumlichen Verhältnisse sind nicht geklärt; die formale Inszenierung des Verhältnisses von Rahmen, Figur und Raum gibt die Komposition als Frühwerk zu erkennen. Es könnte sich um die Vorlage zu einer Kabinettscheibe handeln. Die einzige uns erhaltene Meisterzeichnung von Hans Fries, ein Blatt von hervorragender Qualität, zeigt die Madonna mit dem Kind auf der Rasenbank, ein im Süden Deutschlands und namentlich am Oberrhein beliebtes Thema (Kat. 18). Das Blatt bleibt im Werk von Fries isoliert. Dasselbe gilt für die einzige Wandmalerei, die uns von der Hand des Hans Fries erhalten geblieben ist. Sie wurde im Haus Nr. 17 der Reichengasse in Freiburg entdeckt, nach der Freilegung abgelöst und ins Freiburger Museum für Kunst und Geschichte übergeführt. Es handelt sich um eine eigenhändige

39

Arbeit Friesens, ein relativ frühes Werk von beachtlicher Qualität. Ob die Druckgraphik im Werk von Fries ganz fehlt, ist seit einem neuen Fund (Kat. 16) fraglich. Überraschend ist auch, dass im Werk von Hans Fries sowohl das autonome Bildnis wie auch das Stifterbild zu Füssen der dargestellten Szenen aus der Heiligen Schrift und der Legende fehlt und der Landschaft, dem räumlichen Umfeld der Darstellungen, nur sehr geringe Aufmerksamkeit zuteil wird. Der Versuch einer Identifikation bestimmter Bildlandschaften führt zu keinem Ergebnis. Es bleibt mit Ausnahme des Spätwerks (Kat. 13, 14) bei abstrakten, kahlen und scharfkantigen Felsgebilden, die vordergründig durch botanisch erkenn- und bestimmbare Details bereichert und in Fernsicht durch stille stehende Gewässer aufgelockert werden. Vereinzelt leuchten vom Horizont her weiss überschneite Formationen ins Bild. Nur ausnahmsweise übernehmen städtische, vergleichsweise «moderne» Steinbauten raumschaffende Funktionen.

Beachtung verdienen auch die für die Wiedergabe des Himmels gewählten Farben und Formen. Sie folgt zumindest in den früheren Werken dem Rezept der Werkstatt Heinrich Bichlers (Abb. 15, 16)[51]: waagrechte Schichtung von Weiss, Blau in verschiedener Intensität, zu Schwarz oxydiertem Azurit und Gold als überirdischem Licht im mittelalterlichen Verständnis; die weissen Wolken in verschiedenen Formen – eine Farbgebung ohne den Versuch zu einer auf meteorologische Beobachtung gestützten Wiedergabe der Atmosphäre. Die Palette ist im übrigen reich und differenziert. Sie stützt sich auf eine genaue, sachliche, einer präzisen Wiedergabe des Stofflichen verpflichtete Beobachtung, die in der Malerei des ausgehenden Mittelalters ohne Gegenstück geblieben ist.

51 Der Allerseelenaltar im Kunstmuseum Bern wurde von Hans R. Hahnloser einem unbekannten Berner Maler zugeschrieben, der wie Hans Fries in der Werkstatt Heinrich Bichlers gelernt habe (Kunstmuseum Bern 1977, S. 75). Siehe auch: Bern 2000, S. 204/205, Nr. 62. **52** Vermutlich die Heiliggeistbruderschaft. **53** Q 101/1501, Q 102/1501. **54** Siehe den Rekonstruktionsvorschlag von Ivan Andrey auf S. 69–71.

Die beiden hochrechteckigen grossen Altartafeln, die nach einer aufgelösten Freiburger Privatsammlung noch immer als Bugnon-Altar bezeichnet werden, aber mit grosser Wahrscheinlichkeit ursprünglich aus der Stiftskirche und seit 1924 Kathedrale von Freiburg stammen (Kat. 7), zeigen Fries auf der Höhe seiner Kunst. Es ist nicht klar, ob die zwei beidseitig bemalten durch eine dritte, in der Mitte angebrachte Tafel vervollständigt wurden oder dies wenigstens geplant war. Sicher ist, dass wir es mit je zwei Festtags- und Werktagsseiten zu tun haben, die nach Thema, Ikonologie und Stil zusammengehören. Die beiden Werktagsseiten (Kat. 7c) bilden bei geschlossenen Flügeln eine Einheit, sie ergänzen sich gegenseitig. Sie stellen eine Almosenspende dar, die in diesen Dimensionen und in so prominenter Position im Zusammenhang mit einem Retabel sehr ungewöhnlich ist. Die Spende wird von den Mitgliedern oder, wahrscheinlicher, der Vorsteherschaft einer Bruderschaft[52] an Bedürftige ausgeteilt (S. 144 f.). Auf den beiden Festtagsseiten sind die Ausgiessung des Heiligen Geistes an Pfingsten und der Abschied der Apostel wiedergegeben. Die Almosenspende spielt sich in einer nach hinten in starker Verkürzung gezeigten Gasse ab, vor dem rechts anstossenden zweigeschossigen Gebäudeflügel, der den Charakter einen Stadtpalazzos mit italienischen Erinnerungen aufweist. Das Erdgeschoss öffnet sich in einer Arkade und einer Bifore auf die Gasse, während das Obergeschoss durch grosse und repräsentative Kreuzstockfenster als piano nobile herausgehoben wird. Hier ist die Austeilung von Nahrung und Bekleidung an Bedürftige im Gang. Lohn für die Werke: Engel geleiten die aus dem Fegefeuer Erlösten himmelwärts.

Die Darstellung ist aus dem Leben gegriffen. Der Maler beobachtet die Szene bis in alle Einzelheiten und setzt sie mit einer Zuverlässigkeit ohnegleichen ins Bild um. Die vier Männer rechts hinter einem Steintisch gehören gehobenen Ständen an, wie bereits aus ihrer Kleidung zu ersehen ist; einer, mit einem Zeigestock in der erhobenen Rechten, versucht Ordnung ins Gedränge zu bringen. Den vier Austeilern entspricht in der Gasse, dem Betrachter zugewandt, eine Mutter mit ihren Kindern. Übergross, dem Betrachter nahe, aber auf seine Arbeit konzentriert, schneidet ein Knecht mächtige Brotlaibe entzwei. Mit Schritt und Geste vermittelt er zwischen den beiden Bildhälften.

Direkte Vorbilder für Darstellungen dieser Art, halbwegs zwischen sakraler und profaner Kunst stehend, sind mit vergleichbarer Detailtreue nicht beizubringen. Was die Erlösung der Armen Seelen aus dem Fegefeuer betrifft, so griff Fries höchstwahrscheinlich auf die beiden Tafeln eines Jüngsten Gerichtes zurück, die sich heute in der Alten Pinakothek in München befinden (Kat. 4). Fries schuf sie 1501 im Auftrag des Freiburger Rats, der sie mit 120 lb bezahlte, für die grosse Ratsstube[53]; ein verlorener Mittelteil, um den Weltenrichter und die Zeugen des Gerichts gruppiert, kann mit Sicherheit vorausgesetzt werden. Die von Engeln zum Himmel getragenen Erlösten können als unmittelbare Vorläufer zur Aussenseite des Bugnon-Altars angesehen werden.

Die beiden Feiertagsseiten des Bugnon-Altars sind in betonter, raumschaffender Aufsicht gegeben. Die Pfingstszene (Kat. 7a) spielt sich in einem Innenraum ab, der rückseitig durch ein loggienartiges querrechteckiges Fenster geöffnet ist. Über der Muttergottes im Kreis der Apostel schwebt in einem querovalen Nimbus die Heiliggeisttaube. Flammen über den Köpfen, hochgereckte Hände mit den für Fries typischen überlangen Fingern und transparente Nimben in perspektivischer Verkürzung sorgen für nervöse Bewegung, die einzig bei der frontal in der Mitte thronenden Maria zur Ruhe kommt. Maria, Johannes und Petrus bilden ein Raumdreieck, dem sich das Apostelkollegium im Mittelgrund unterordnet. Bemerkenswert ist hier vor allem jedoch der Apostel über Petrus, dessen Augenpaar den Betrachter sucht; hier möchte man schon auf Grund der Unterzeichnung den Versuch eines Selbstbildnisses des Malers vermuten (Abb. 110).

Im Pendant, dem «Abschied der Apostel» (Kat. 7b), wird im Gegensatz zur Darstellung der Offenbarung des Heiligen Geistes, wie er in der Apostelgeschichte überliefert ist, nochmals eine apokryphe Szene gestaltet. Versammelt um einen Sodbrunnen, rüsten sich die Zwölfboten im Hinblick auf ihre Trennung und den Beginn ihrer Mission. Trauer und Tränen liegen über ihnen. Petrus und Johannes halten sich auch hier im Vordergrund, aber im Gegensatz zum Pfingstbild öffnet sich der Blick in eine weite Landschaft, die links von Felsen und Bäumen bestimmt ist. Im fernen Hintergrund wird Jerusalem, die Heilige Stadt, sichtbar. Auch hier bleibt Fries für die Darstellung des Himmels dem traditionellen Farbkanon mit waagrechten Schichten von Weiss, Blau, zu Schwarz oxydiertem Azur und Gold treu.

Die beiden grossen hochrechteckigen Flügel eines dreiteiligen Retabels im Kunstmuseum Basel sind die letzten im Original erhaltenen signierten und datierten Werke (Kat. 14).[54] Was von diesem Altar auf uns kam, zählt zu den eindrucksvollsten und hervorragendsten Schöpfungen des Malers. Es handelt sich um Teile des 1514 durch den Komtur Peter von Englisberg in Auftrag gegebenen spätgotischen Hochaltars der zur Johanniterkommende gehörenden Kirche, die anfangs des 18. Jahrhunderts einer barocken Umgestaltung des Gotteshauses zum Opfer gefallen war. Die beiden Flügel befanden sich bis gegen 1853 in Freiburger Privatbesitz, wurden nach Paris verkauft und gelangten über den Kunsthändler Wolf 1863 in die Öffentliche Kunstsammlung Basels. Sie zeigen Darstellungen aus dem Leben der beiden heiligen Johannes, des Täufers und des Liebesjüngers. Englisberg, der für den Orden zugleich auch die Kommenden von Münchenbuchsee, Basel, Hohenrain und Thunstetten verwaltete, selber aber meistens in der Kommende von Bremgarten bei Bern residierte, muss offensichtlich über Mittel verfügt haben, die er zur Renovation und Neuausstattung der Kommende von Freiburg einsetzte. Im Gegensatz zu den vorgenannten Häusern ging die Kommende von Freiburg dem Orden erst in der Französischen Revolution verloren.

Zwei Szenen sind – verteilt je auf eine Vorder- und eine Rückseite – für die beiden Protagonisten reserviert: für den Täufer die Predigt vor König Herodes und die Enthauptung, für den Evangelisten das Martyrium im siedenden Öl, eine apokryphe Szene, und die Marienvision aus der Geheimen Offenbarung, die sich leider in einem sehr schlechten Erhaltungszustand befindet.

Johannes beschreibt in einer weiten Uferlandschaft die ihm zuteil gewordene Erscheinung der Muttergottes als des Apokalyptischen Weibes (Kat. 14c). Der desolate Zustand des Bildes lässt zwar noch die ikonographische Lektüre zu, nicht aber eine präzise stilkritische Analyse. Und weder beim gepeinigten Johannes (Kat. 14d), für den die entsprechende Figur aus Dürers Apokalypse als Vorbild diente, noch bei den assistierenden Figuren, vom Folterknecht bis zum Kaiser Domitian, der vom erhöhten Sitz aus in vollem Ornat der Szene beiwohnt, wird die leiseste seelische Beteiligung am Geschehen spürbar.

Die Predigt Johannes des Täufers (Kat. 14a) wird in einer kargen Natur dargestellt. Der Täufer steht erhöht neben einem fast völlig entlaubten Baum, dem formal die Rolle eines Repoussoirs zufällt; zu seinen Füssen sitzt übergross Herodes mit Zepter und Krone, zu seiner Linken Herodias, die den Blickkontakt mit dem Betrachter sucht, und im Profil ist halb verdeckt Salome mit einem kostbaren Perlenkrönlein zu erkennen. Das Drama konzentriert sich auf den König und den Prediger, die sich gegenseitig fest ins Auge fassen. Über Johannes entrollt sich ein Schriftband mit dem Kernsatz der Predigt: es wird dem König feierlich untersagt, die Frau seines Bruders zu ehelichen. Hinter den Nächstbeteiligten wohnt, mit wiederum wechselnden Blickrichtungen, das Gefolge dem losbrechenden Konflikt zwischen Macht und Gewissen bei. Die Bildhandlung ist äusserst dicht gefügt. Das Wort über Johannes trägt zum Verständnis des Betrachters wesentlich bei. Die ganze Szene ist von einer dramatischen Spannung erfüllt, wie wir sie bei Fries nur selten treffen. Beim gleichen Retabel begegnet sie uns noch ein zweites Mal, aber mit geänderter Dramaturgie. An die Stelle der Auseinandersetzung zwischen Recht und Unrecht tritt der aussichtslose Kampf zwischen Gewalt und Ohnmacht. Der Täufer bezahlt mit seinem Leben (Kat. 14b). Der Henker fasst den Todgeweihten am Schopf und holt mit gezogenem Schwert zum Vollzug des Urteils aus, Salome steht mit dem Präsentierteller bereit, um das Haupt zu empfangen – auch hier, in dieser kunstvoll komponierten Pyramide, wird der Blickkontakt zwischen dem Täufer und Salome bewerkstelligt und zugleich der Betrachter in die Handlung einbezogen.

Die Darstellung der Johannes-Marter vor der Lateinischen Pforte (Kat. 14d) hat nicht die gleiche Aussagekraft wie die Szenen zur Geschichte Johannes des Täufers. Auf die freie, aber seitenverkehrte Übernahme des Details aus dem entsprechenden Holzschnitt in Dürers Apokalypse wurde bereits hingewiesen. Ähnlichen Entlehnungen begegnen wir im Werk Hans Friesens auch anderswo. Die Marter des Evangelisten im Ölkessel spielt sich vor den Augen Domitians ab. Sie ist sehr sorgfältig gebaut und gipfelt in der Gestalt rechts oben auf einer Estrade, in einer Rundbogennische: Der Herrscher in vollem Ornat, als römischer Kaiser, begleitet von bloss zwei Gefolgsleuten. Anschaulich im eigentlichen Wortsinn, wirkt sie doch etwas gefühlsarm und gleichmütig, und wir vermissen die Spannung, die bei beiden Szenen mit Johannes dem Täufer, vor allem aber bei der Enthauptung, auch über die Inszenierung des Details sehr wesentlich zur grossartigen Wirkung beiträgt. Die Kostümierung kommt bei der Enthauptung etwa in gefährliche Nähe zu einem gekonnt vorgetragenen spätgotischen Manierismus, ohne indessen einem oberflächlichen Formalismus zu verfallen.

Es ist nicht einfach, sich auf Grund der signierten und der datierten Arbeiten eine klare Vorstellung vom Gesamtwerk des Hans Fries und seiner Entwicklung über die Jahrzehnte zu machen, auch wenn man diese Liste um die Werke erweitert, die dem Maler ausschliesslich mit stilkritischen Argumenten zugeschrieben werden können. Fries hat in seinem Leben und Schaffen offensichtlich keine Stilbrüche erlebt. Seine Malerei setzt, soweit wir sie heute überblicken, mit dem Ende des 15. Jahrhunderts ein, und er bleibt im Grossen wie im Detail dem, was er in jungen Jahren erlernt hat, treu. Von der spätgotischen Malerei, die im Gebiet der heutigen Schweiz zu Recht oder zu Unrecht unter dem Oberbegriff der sogenannten Nelkenmeister zusammengefasst und gruppiert wird, trennt ihn eine neue Sicht auf die sinnlich erfahrbare Wirklichkeit, ja ein anderes Weltverständnis. Er steht an einer Zeitenwende. Er hat mit den zahlreichen Tafelbildern, mit der Glasmalerei und der zeitgenössischen Graphik, die in ihrer grossen Mehrheit noch einer sakral bestimmten Weltordnung verpflichtet bleiben, nur wenig zu schaffen. Aber er öffnet sich ebenso wenig der profanen Welt, die im Zusammenhang mit religiösen, politischen, wirtschaftlichen und sozialen Umschichtungen auch das künstlerische Umfeld zu beeinflussen beginnt.

Wenn wir Entlehnungen aus Werken zeitgenössischer Künstler feststellen, vor allem in der Druckgraphik, schon dank ihrer starken Verbreitung und der Tatsache, dass sie auch städtischen Bevölkerungsschichten von mittlerer und selbst bescheidener Kaufkraft zugänglich wurden, so beweist dies höchstens, dass dafür ein breiter gestreutes Interesse bestand. Die Kunst ging auch damals nach Brot, und der Begriff des Plagiats war den Nachschnitten und Nachdrucken, wie sie von zahlreichen Holzschneidern auf den Markt gebracht wurden, schon vom Thema her nicht angemessen.

Schwieriger wird es beim Versuch, solche Entlehnungen aus damals marktfrischen graphischen Blättern im einzelnen nachzuweisen und dadurch den Weg eines Künstlers, der sich gelegentlich an bestehende und offenbar gefragte Vorbilder hielt, konkret auch nur in grossen Zügen aufzuzeigen. Wir wissen von Dürers niederländischer Reise her, dass dabei neben dem künstlerischen Ehrgeiz auch wirtschaftliche Interessen fühlbar ins Gewicht fielen. Unsere Kenntnis von Friesens Biographie ist jedoch zu lückenhaft, als dass darin nicht eine oder mehrere quellenmässig nicht fassbare Reisen in den deutschen Süden Platz fänden.

Die Holzschnitte Albrecht Dürers waren in diesem Sinn seit dem ausgehenden 15. Jahrhundert verfügbar. Die Vorstellung, dass Fries ihnen auf seiner verbürgten Reise an den Oberrhein und vielleicht allgemein in den Süden Deutschlands begegnet sein könnte, ist dabei von sekundärer Bedeutung: wichtiger scheint uns die Erkenntnis, welch grosse Rolle die graphischen Künste für die Vermittlung neuer bildhafter oder ornamentaler Vorlagen und ganz allgemein für deren Verbreitung auch über grosse Distanzen gespielt haben.

Sucht man nach Künstlern, von denen Hans Fries Anregungen empfangen haben könnte, so lassen sich Argumente für eine spürbare Beeinflussung durch die Augsburger Malerei der Jahrhundertwende beibringen. Die Versuchung liegt nahe, sich hierzu unter den sehr bedeutenden Malern in der Augsburger Spätgotik umzusehen. Mit Hans Holbein d. Ä., um 1465 in Augsburg geboren, teilt Fries annähernd die Lebensdaten. Hans Burgkmair (1473–1531) ist einige Jahre jünger, und er überlebt Holbein nur um weniger als ein Jahrzehnt. Beide haben sie, zusammen mit einem dritten, von dem wir nur die Initialen L.F. kennen, zum Heiligen Jahr 1500 im Auftrag der Dominikanerinnen von St. Katharinen in Augsburg den ausführlichen und anspruchsvollen Zyklus der sogenannten Basilikabilder geschaffen, sechs grosse Gemälde; sie zeigen, dass der Auftrag an die besten und berühmtesten Maler ging, die damals in Augsburg zur

Verfügung standen. Der Monogrammist L. F. schuf 1502 die Darstellung der Basiliken S. Lorenzo und S. Sebastiano. Burgkmairs Hand verdanken wir die Basiliken von S. Giovanni in Laterano und S. Pietro in Vaticano (1501), Hans Holbein d. Ä. schliesslich S. Maria Maggiore (1499), S. Paolo fuori le mura und S. Croce in Gerusalemme (1504).[55] Die Entstehung der sechs Tafeln fällt zeitlich also mit den frühesten Werken von Hans Fries zusammen. Die Bilder sind eine Fundgrube für die Sakralarchitektur des frühen 16. Jahrhunderts, die Heiligen, die in diesen Hauptkirchen Roms verehrt wurden, die Darstellung ihres Wirkens, ihres Martyriums sowie die Pilgerscharen, die sich zu den heiligen Stätten drängten. Nahe stehen sich vor allem die Tafeln von Holbein und Burgkmair. Die Gemälde des Meisters L. F. gehen ihren eigenen Weg; die Bilder von S. Maria Maggiore und S. Pietro wiederum, von Holbein und Burgkmair, schliessen sich am deutlichsten zusammen. Gerade im Vergleich zu Holbein und Burgkmair jedoch fällt die Andersartigkeit des Hans Fries auf: im Gegensatz zu den wuchtigen, strengen Säulenarchitekturen von Fries werden die Basilikabilder mit Ausnahme der Tafel von St. Peter von einer kunstreichen spätestgotischen Architektur gerahmt. Anderseits soll auf die Vorliebe für Genreszenen bei den Malern der Basilikabilder hingewiesen werden. Freude am stillebenhaften Detail bereichert sie; Analoges liesse sich auch an Frühwerken von Fries aufzeigen: Gräser, Blumen, Kräuter, Gesträuche, hin und wieder auch ein Falter, eine Eidechse oder eine Kohlmeise. Nicht zuletzt fällt die Parallele zwischen der Rückenfigur der hl. Thekla in der Basilika S. Paolo fuori le mura (Abb. 17) und der ebenfalls auf einem Stühlchen sitzenden Zuhörerin im Vordergrund der Antonius-Predigt von Fries (Kat. 9a) auf.

Immer aber steht der Mensch im Mittelpunkt, und zwar der Erwachsene: als Handelnder, als Leidender, aber auch als Zuschauer. Kinder kommen nur ausnahmsweise vor, wenn sie – wie in der Almosenspende – an der Bildhandlung direkten Anteil haben. Und: kein Tier wird um seiner selbst willen ins Bild gebracht, sondern nur dann, wenn es, wie der Esel in der Rückkehr der Heiligen Familie aus Ägypten, von der Bildhandlung zwingend gefordert wird.

Bemerkenswert ist die Freiheit, mit welcher der Mensch vom Raum Besitz ergreift. Hier lassen sich bei unserem Maler, der doch so beharrlich bei der von ihm gewählten Art der Darstellung von Mensch und Raum und ihrem gegenseitigen Verhältnis bleibt, noch am ehesten Hinweise auf eine persönliche Entwicklung aufzeigen. Offen bleibt grundsätzlich, ob diese Entwicklung linear verlief und somit in den spätesten uns bekannten Werken wie dem Johannes-Altar zugleich auch die reifsten Leistungen von Hans Fries vorliegen. Vergleiche von Tafeln des Marienzyklus lassen beispielsweise die Richtung, aber auch die Grenzen des Malers erkennen. In der «Wahl des Opferlamms» durch Joachim und Anna etwa – und nur hier – verzichtet Fries auf eine rahmende Arkade oder ein geflochtenes Rankenwerk als oberen Abschluss der Komposition. Die ungelöste Bewältigung der Raumprobleme und die missglückten Proportionen, die im Grössenunterschied von Joachim und Anna besonders evident sind, unterscheiden sich diesbezüglich deutlich von der «Geburt Mariens»; das zuvor geplante Rankenwerk wurde in der Ausführung hier durch eine Arkade ersetzt und die Komposition unter Einbezug von Wochenbett, Baldachin und Tisch durch eine empirische Perspektive verfestigt.

Im Bild erhalten Körper, Gestik und Kopf mit ihrer Stellung auch eine bestimmte Aufgabe, wie wir bei den Flügeln des Johannes-Altars zu zeigen versuchten. Hinzu kommt nun noch der

55 Zu den Basilikabildern siehe: München 2000.

Abb. 17
Hans Holbein d. Ä.: Basilika S. Paolo fuori le mura, um 1504: hl. Thekla (Ausschnitt); Bayerische Staatsgemäldesammlungen München

Abb. 18
Niklaus Manuel: Begegnung von Joachim und Anna an der Goldenen Pforte, 1515; Bern, Kunstmuseum (Gottfried-Keller-Stiftung)

Abb. 19
Hans Burgkmair: Basilika S. Pietro, 1501: Maria mit Kind und sieben Nothelfern (Ausschnitt); Bayerische Staatsgemäldesammlungen München

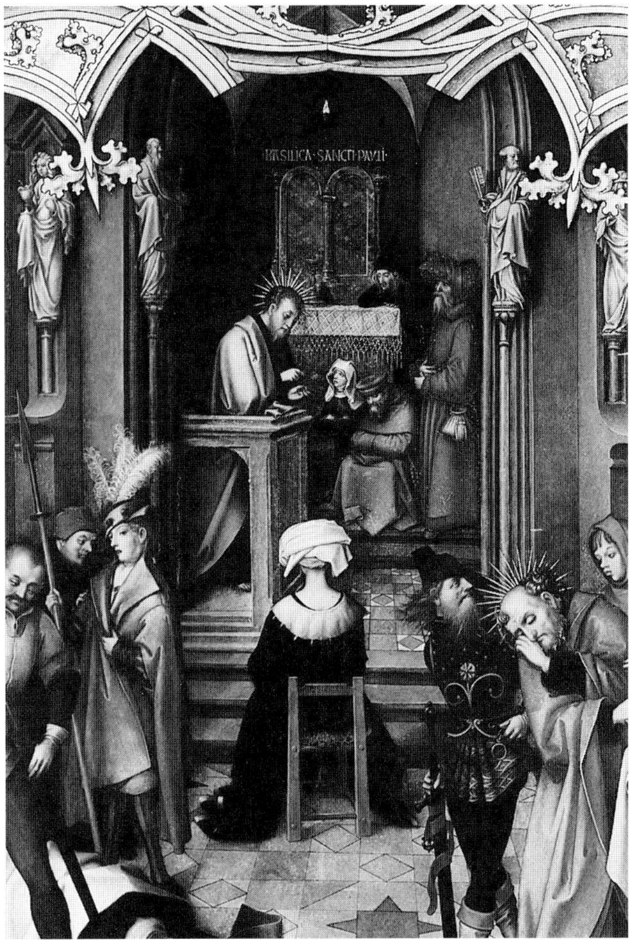
BASILICA·SANCTI·PAVLI

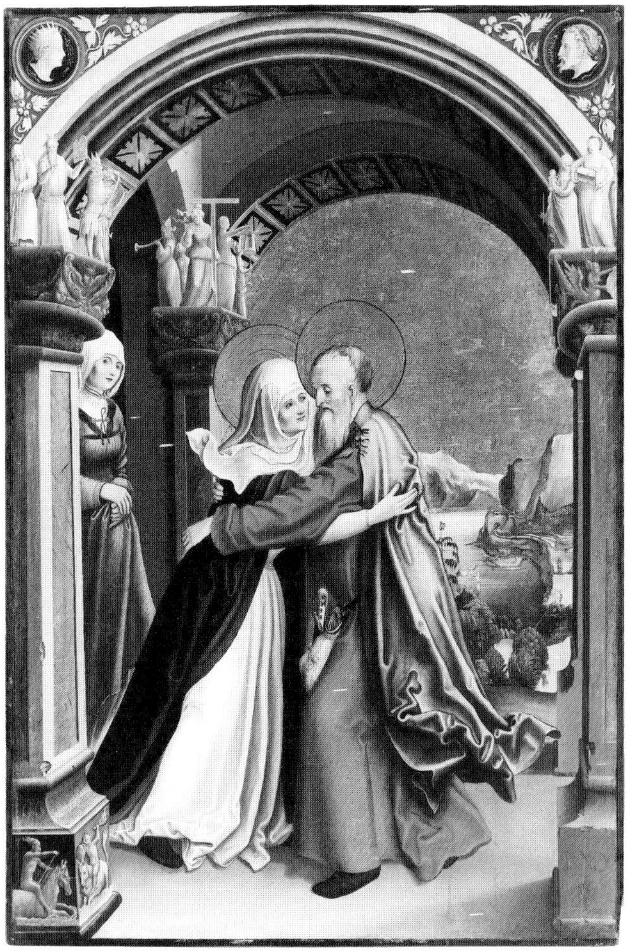

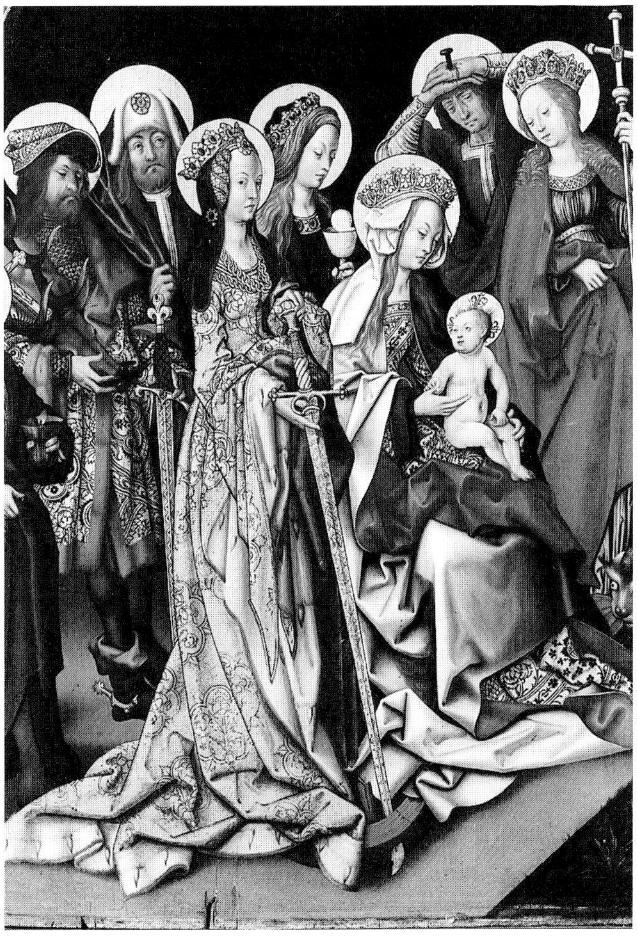

Blick aus dem Bild, der den Kontakt mit dem Betrachter herstellt: Herodias in der Predigt des Täufers, Randfiguren wie die junge Frau rechts aussen im Tempelgang Mariens – vergleichbar mit Manuels Gestalt in der «Begegnung an der Goldenen Pforte» (Abb. 18) –, der Mann als Randfigur links aussen im «Sposalizio» (Abb. 175), vor allem jedoch das sogenannte Selbstbildnis in der Pfingstszene (Abb. 106), um nur einige Beispiele zu nennen.

Ein Wort noch zur Darstellung der Menschen: der Typ der schönen, anmutigen, schlanken jungen, aber auch der reiferen Frau begegnet uns ähnlich in den vielteiligen Retabeln, die bei Hans Holbein d. Ä. und Hans Burgkmair in ihrer ergiebigsten Schaffenszeit, um die Jahrhundertwende, bestellt wurden, und dazu noch in den Basilikabildern (Abb. 19) – ein riesiges Auftragsvolumen, das fristgerecht nur durch die temporäre Anstellung zahlreicher Gehilfen bewältigt werden konnte.

Fries war, so will es uns scheinen, zeitlebens ein Einzelgänger. Offensichtlich hat er die Kunst seiner Zeit auch im lokalen und regionalen Umfeld, in dem sich sein Leben abspielte, nicht nachhaltig beeinflusst, geschweige denn mitgestaltet. Er pflegte eine kultivierte Malerei, deren grosse Qualitäten wohl vor allem – wenn nicht ausschliesslich – von Kennern geschätzt wurden. Nur so ist es erklärlich, dass er schon im Lauf des 16. Jahrhunderts in Vergessenheit geriet.

So wurde er selbst im beginnenden 19. Jahrhundert, im Verlauf dessen namentlich das Spätmittelalter und das 16. Jahrhundert wiederentdeckt wurden, nicht über einen doch sehr begrenzten Kreis hinaus zur Kenntnis genommen. Heute beurteilt man seine künstlerische Leistung mit Recht in einer Perspektive, die diesem bedeutenden, aber zu Unrecht seit langem vernachlässigten Künstler angemessen ist.

Abb. 20
Marter der Zehntausend, Himmelfahrt der Maria, um 1524 – 1527; Estavayer-le-Lac (FR), Stiftskirche St-Laurent, Kapelle der Herren von Estavayer

Epilog

Bei der Redaktion unseres Überblicks über Biographie und Werk des Hans Fries haben wir auf das Fehlen des Bildnisses hingewiesen, erstaunlich für die Wende vom 15. zum 16. Jahrhundert mit den relativ häufigen Bildnissen, die uns aus dieser Zeit gerade im süddeutschen und schweizerischen Raum erhalten geblieben sind. In diesem Rahmen kann ein Denkmal der monumentalen Malerei nicht unerwähnt bleiben, das zwar nicht direkt mit Fries in Verbindung zu bringen ist, aber doch einen gewissen Zusammenhang mit der Art unseres Malers aufweist. Es handelt sich um die Estavayer-Kapelle im Ostjoch des nördlichen Seitenschiffs der Stiftskirche St-Laurent in Estavayer-le-Lac (FR). Der Neubau der Kirche wurde 1379 an Stelle eines romanischen Vorgängerbaus begonnen. Er zog sich in mehreren Etappen durch das ganze 15. Jahrhundert hin und fand mit der Anschaffung der Ausstattung – Chorgestühl, Altäre und Wandgemälde – seinen Abschluss.

Anlässlich der jüngsten Restaurierung des Innern von 1976 bis 1984 führten Sondierungen an den Wänden namentlich der Estavayer-Kapelle zur Entdeckung eines umfangreichen und relativ wohlerhaltenen Ensembles von Wandgemälden, die verschiedenen Etappen angehören und nach sorgfältigen Untersuchungen zu einem erheblichen Teil sichtbar belassen und restauriert werden konnten. Unser Interesse gilt vor allem der Ostwand der Kapelle (Abb. 20), die in der Mitte einen längst verschwundenen, im Lauf der Jahrhunderte wiederholt ersetzten Altar zeigte. Die Wand wird im Schildbogenbereich von einer vielfigurigen Darstellung des Martyriums der Zehntausend Ritter eingenommen, ein Thema, das im bernischen Gebiet und in der Westschweiz ganz allgemein relativ häufig anzutreffen ist. Die eigentliche Wandfläche weist, symmetrisch

47

rechts und links einer im Zentrum befindlichen Assumptio angeordnet, vier kniende Angehörige der Familie d'Estavayer auf, die von zwei heiligen Patronen – links der hl. Nikolaus, rechts die hl. Katharina – der Heiligen Jungfrau empfohlen werden.

Die Wandgemälde in der ganzen Kapelle sind noch unveröffentlicht, aber sie waren Gegenstand einer eingehenden Untersuchung, die 1981–1985 von Anne-Catherine Page durchgeführt und der Universität Freiburg als Lizentiatsarbeit[56] vorgelegt wurde. Der Verfasserin dieser Arbeit gelang es, die knienden Stifter zu bestimmen. Drei sind im Harnisch dargestellt, über dem sie den Waffenrock tragen, der vierte, rechts zunächst der Jungfrau, trägt über der Alba eine Fehmozzetta und ist dadurch als Geistlicher und Mitglied eines Kollegiatskapitels ausgewiesen. Es sind dies Loys, Philippe I, Jacques IV und Richard II, die vier Söhne von Claude I d'Estavayer und Catherine de Glâne. Alle sind in einer Weise individuiert, dass es sich um lebensnahe Bildnisse handeln muss.

Sämtliche Darstellungen an der Ost- und der Nordwand der Kapelle sind seinerzeit durch den Restaurator Théo-Antoine Hermanès freigelegt und restauriert worden, unter Mitarbeit übrigens der Verfasserin der vorgenannten Lizentiatsarbeit. Obschon der Maler dieser qualitätvollen Wandgemälde bis heute unbekannt geblieben ist: es handelt sich unzweifelhaft um Malereien, die zwar mit Fries nicht direkt in Verbindung zu bringen sind, aber mit ihrer Ausdrucksweise stark an seine Art erinnern. Die Malereien sind etwas später anzusetzen als die Werke von Hans Fries, was auch mit den Lebensdaten der Dargestellten im Einklang steht. Anne-Catherine Page datiert sie mit historischen Argumenten zwischen 1524 und 1527, ein Vorschlag, dem auch der Kunsthistoriker beistimmen kann.

[56] Page, Anne-Catherine: Les peintures murales de la chapelle des sires d'Estavayer à la collégiale Saint-Laurent. Lizentiatsarbeit, Universität Freiburg, 1985 (Typoskript).

Zeichnungen, Unterzeichnungen

Verena Villiger   Von Hans Fries kennen wir vier Zeichnungen auf Papier: die «Hl. Klara», 1505 (Kat. 17), «Maria mit dem Kind in einer Landschaft», um 1510 (Kat. 18), «Maria mit dem Kind auf einer Rasenbank», um 1512 (Kat. 19), und die «Himmelfahrt der Maria», ebenfalls um 1512 (Kat. 20). Bei zwei von ihnen scheint es sich um die frühesten signierten Zeichnungen eines namentlich bekannten, auf dem Gebiet der damaligen Schweiz tätigen Malers zu handeln.[1] Ausgeführt sind sie mit der Feder und zusätzlicher Lavierung bzw. Weisshöhung; in einem Fall mit Kohle oder Kreide. Offensichtlich handelt es sich um den kleinen Überrest einer ehemals umfangreichen Produktion: die Blätter lassen auf einen begnadeten und sehr geübten Zeichner schliessen, der verschiedene Techniken beherrschte. Neben der Feder und dem Kohle- bzw. Kreidestift ist hier auch der Pinsel zu erwähnen, mit welchem Fries seine Kompositionen vor dem Malen auf den Bildtafeln anlegte. Diese Skizzen – Unterzeichnungen – übertreffen die eigenständigen Zeichnungen sowohl hinsichtlich ihrer Dimensionen als auch zahlenmässig: sie finden sich auf insgesamt 31 Tafeln. Zudem ist die Zeitspanne, während deren solche Skizzen entstanden, bedeutend länger als bei den Zeichnungen auf Papier; sie deckt sich nahezu mit jener der erhaltenen Gemälde des Malers.

[1] Roethlisberger 1975, S. 49. [2] Cennini 1971, S. 126/127; siehe auch Straub 1984, S. 160/161; Koreny 1999, S. 64. [3] Ein ähnliches Vorgehen perfektionierte Franz Mairinger: Mairinger 1998.

Unterzeichnungen können im infraroten Licht sichtbar gemacht werden, sofern sie weder mit Rötel noch mit rötlicher Farbe ausgeführt sind und die darüberliegende Farbschicht nicht zu dick aufgetragen ist. Nicht immer kann also ausgeschlossen werden, dass weitere vorbereitende Skizzen unter der Malerei vorderhand unsichtbar bleiben. Ausserdem entwarf der Künstler die grossen Linien seiner Komposition vielleicht mit Kohle, deren Spuren er wegwischte, wenn die Unterzeichnung mit Tinte nachgezogen war – ein Vorgang, den Cennino Cennini in seinem «Libro dell arte» beschreibt.[2] Für die Unterzeichnungen bei Fries waren wir auf die Aufnahmetechniken der einzelnen Museen, die Infrarot-Photographie bzw. Infrarot-Reflektographie, angewiesen. Bei der Reflektographie photographierte man entweder ab Monitor und setzte die vergrösserten Aufnahmen anschliessend als Puzzle zusammen, oder man nahm die Bilder mit einer Digitalkamera auf und montierte sie direkt am Bildschirm. Im Museum für Kunst und Geschichte Freiburg benutzte der Restaurator Claude Rossier dafür eine einfache digitale Überwachungskamera der Marke Elmo (IR-CCD-Videokamera) mit dem Objektiv einer alten Vidicon-Kamera (Tarcus 35 mm) und einem zusätzlichen Filter Kodak Wratten N° 87C. Er speicherte die Bilder mit der Software ProTV auf einem Macintosh G3 und montierte sie anschliessend mit Photoshop 5.5 auf dem Bildschirm.

Dieses Verfahren, das feinste Abstimmungen der Kontraste und die Eliminierung unschöner Fugen zwischen den einzelnen Aufnahmen erlaubt, führte zu Resultaten, die mit traditionellen Methoden bei grösseren Malflächen kaum zu erreichen sind.[3]

Dank den Unterzeichnungen erweitert sich unsere Sicht auf den Zeichner Fries, ja sie verändert sich massgeblich: sein zeichnerisches Temperament erscheint plötzlich vielfältiger als bisher angenommen; die Linienführung, in den Madonnendarstellungen (Kat. 18–20) gepflegt und fein, wirkt hier grosszügig, rasch und locker gezogen, bisweilen geradezu wild. Die Unterzeichnungen lassen sich besser als die vier eigenständigen Zeichnungen miteinander vergleichen; dabei wird eine Entwicklung deutlich, die vom Ende des 15. Jahrhunderts bis zum grossen Johannes-Altar von 1514 führt.

Auch die Zweckbestimmung der Zeichnungen ist mannigfaltiger, als es auf den ersten Blick scheint. Zwischen der vollendeten Reinzeichnung, die vielleicht als autonomes Kunstwerk gedacht war, und der rein arbeitstechnisch bedingten Unterzeichnung für ein Gemälde fächert sich eine Reihe von Möglichkeiten auf. Wie sorgfältig und detailreich eine Zeichnung ausgeführt ist, hängt vermutlich mit ihrem Entstehungszweck zusammen.

Bei den zwei Blättern, die möglicherweise als eigenständige Werke geschaffen wurden, handelt es sich um Darstellungen Marias mit dem Kind in einer Landschaft oder auf einer Rasenbank, wobei die Jungfrau als Himmelskönigin ausgezeichnet ist (Kat. 18, 19). Dieses Bildthema ist häufig bei kleinen, wohl für den privaten Gebrauch geschaffenen Andachtsbildern (siehe S. 148). Beide Blätter haben nahezu das gleiche Format und sind farbig - im einen Fall rotbraun grundiert, im andern bräunlich getönt. Die Zeichnungen sind mit der Feder ausgeführt, die eine in feinen, kurzen Schraffen modelliert und weiss gehöht, die andere laviert. In diesen beiden Blättern – das eine prachtvoll und gut erhalten, das andere beschädigt und durch plumpe Retuschen entstellt – liegen wahrscheinlich frühe Beispiele von Zeichnungen vor, die weder als Entwurf noch als Vorlage geschaffen wurden.

Anders ist es bei der «Hl. Klara» (Kat. 17) und vermutlich auch bei der «Himmelfahrt der Maria» (Kat. 20). Beiden Werken fehlt die Akribie, die den zwei andern Blättern den Charakter der Reinzeichnung gibt; sowohl die lavierte Federzeichnung der Heiligen als auch die mit einem Stift ausgeführte «Himmelfahrt» weisen einen spontaneren Duktus auf. Auch sie sind jedoch mit Sorgfalt gezeichnet, wie der Gebrauch von Lineal und Zirkel, die differenzierte Modellierung der plastischen Form und die akkurate Beschriftung zeigen. Vermutlich handelt es sich bei diesen Blättern um Entwürfe für Gemälde oder – mit geringerer Wahrscheinlichkeit – um solche für Glasgemälde. Zu keinem der von Fries erhaltenen Gemälde sind Kompositionsskizzen oder Vorstudien bekannt. Dennoch müssen Entwürfe ausserhalb der Tafel vorausgesetzt werden: um beim Schreiner Bildtafeln in einer bestimmten Grösse in Auftrag zu geben, musste der Maler eine nähere Vorstellung des geplanten Bildzusammenhangs (i. a. eines Retabels) und der einzelnen Kompositionen haben.[4] Die beiden erwähnten Zeichnungen könnten eine Rolle in diesem Arbeitsprozess gespielt haben, angesichts ihrer Ausführlichkeit allerdings wohl nicht als anfängliche Skizzen, sondern in einer bereits fortgeschrittenen Entwicklungsphase der Bildidee. Von Interesse ist in diesem Zusammenhang überdies die Tatsache, dass sich zwei der vier Blätter (Kat. 18, 20) im späten 16. Jahrhundert im Besitz von Glasmalern befanden, einer Berufsgattung, die sich nicht nur mit Scheibenrissen, sondern auch mit ursprünglich anderweitig bestimmten Zeichnungen umfangreiche Vorlagensammlungen anlegte.[5]

Ganz allgemein scheint jedoch die grösste Zahl spätmittelalterlicher Entwurfszeichnungen nicht auf Papier entstanden zu sein, sondern direkt auf den Trägern der zukünftigen Gemälde – auf Mauern, Rück- und Vorderseiten von Tafeln, also häufig als Unterzeichnung.[6] Auch diese fertigte der Künstler aus verschiedenen Beweggründen an. Sicher dienten sie ihm zur Entwicklung seiner Kompositionsidee: in den Unterzeichnungen von Fries wird oft deutlich, wie der Maler die Stellung seiner Figuren, die Gestaltung des Hintergrundes usw. ausprobiert. Änderungen, mit denen er die Formen klärt und dem Bildganzen mehr Spannung verleiht, nimmt er

[4] Siehe auch: Gutscher/Villiger 1999, S. 106. [5] Freundliche Mitteilung von Rolf Hasler, Romont. [6] Koreny 1999, S. 64. [7] Siehe S. 210. [8] Siehe S. 179.

anschliessend direkt beim Malen vor. Besonders deutlich wird dieses Vorgehen beim «Höllensturz» des «Jüngsten Gerichts», wo er Arme und Beine der in der Bildmitte kopfvoran fallenden Frau angewinkelt zeichnet, die zappelig wirkenden Glieder dann jedoch gestreckt malt und damit den Ausdruck des rasanten Sturzes akzentuiert (Abb. 80). In der «Predigt des hl. Antonius» wiederum lässt er bei der Ausführung den gesamten Architekturkomplex des Hintergrundes beiseite, den er in der Unterzeichnung vorgesehen hat (Abb. 129), um den Blick des Betrachters nicht vom dramatischen Bildgeschehen abzulenken.

Bei einem Ensemble – Retabel oder Bildzyklus – unterzeichnet Fries offenbar jeweils die Kompositionen sämtlicher Gemälde, bevor er zu malen beginnt. Den Beweis dafür liefert der Marienzyklus (Kat. 13), wo mehrere Darstellungen in der Unterzeichnung analoges Rankenwerk aufweisen, das später nicht ausgeführt wurde (Kat. 13a, c, e, h); der Maler hatte es als einheitlichen oberen Abschluss für mehrere Tafeln vorgesehen und änderte später diese Elemente in der Malerei durchgehend.

Unterzeichnungen können des weiteren zur Anweisung von Gehilfen dienen, die einzelne Bildpartien ausführen sollen. Wenn es auch eher zweifelhaft scheint, dass Fries mit Hilfskräften arbeitete, wäre dies am ehesten bei der Predella des Antonius-Altars denkbar, wo die Komposition nicht nur vollständig und regelmässig – jedoch ohne Rücksicht auf Schönlinigkeit – unterzeichnet, sondern auch mit zahlreichen Farbangaben versehen ist (Abb. 29). Diese Farbangaben sind leserlich geschrieben, im Unterschied zu jenen auf dem grossen Johannes-Altar, die der Maler mit Kritzelschrift wohl eher als Stütze des eigenen Gedächtnisses an komplizierten Gewandpartien anbrachte (Abb. 37–39).

Anhand von Unterzeichnungen kann der Maler sein geplantes Werk ausserdem einer weiteren Person, z.B. einem Auftraggeber oder einem in der Ikonographie bewanderten Theologen, unterbreiten, um deren Zustimmung oder Rat einzuholen. Im speziellen dürften sich besonders ausführliche und gepflegte Unterzeichnungen an den Auftraggeber richten; eindrücklichstes Beispiel hierfür könnte das vollendet modellierte Haupt Marias auf der Pfingstdarstellung des Bugnon-Altars sein (Abb. 108, 109). Der Mittelteil dieses Gemäldes weist eine viel detailliertere Unterzeichnung auf als der Rest der Komposition, der nur in grossen Zügen vorgegeben ist, was dem Künstler offensichtlich als Anhaltspunkt genügte. Wahrscheinlich wollte Fries mit der wichtigsten Partie der Tafel den Begutachtern eine Vorstellung vom vollendeten Werk geben. Auf mehreren Tafeln lassen sich massgebliche ikonographische Änderungen zwischen Unterzeichnung und Ausführung feststellen. Am auffallendsten sind sie bei der «Krönung Mariae» (Abb. 189), wo in der Unterzeichnung statt der zwei göttlichen Personen der Malerei deren drei vorgesehen sind.[7] Auf der Darstellung des «Lebenden Kreuzes» ist die – später bekleidete – Gestalt der Synagoge zuerst nackt wiedergegeben und entspricht damit Eva, deren Identität durch eine der beiden ebenfalls nicht ausgeführten Inschriften (AVE, EVA) bestätigt wird (Abb. 153, 154).[8] In der Unterzeichnung zur «Vision des hl. Bernhard» deutet das Jesuskind älteren Vorbildern gemäss auf seine Mutter (Abb. 73), in der Malerei verzichtet Fries jedoch auf diese Geste. Hier entschied der Maler vielleicht selbst; bei den zwei zuvor genannten Bildern wurde er angesichts des komplexen Inhalts vermutlich von Theologen beraten.

Zum zeichnerischen Vorgehen von Fries lässt sich folgendes sagen: Sowohl für Zeichnungen auf Papier als auch für Unterzeichnungen stützt er sich häufig auf Vorlagen, die er jedoch abwandelt und seiner eigenen Kreativität unterwirft. Oft vereinfacht er die Einzelformen eines Vorbildes und verdichtet zugleich dessen Komposition. In einem Fall, dem «Martyrium des hl. Sebastian», lässt sich diese Aneignung schrittweise verfolgen: stimmt die Gestalt des Heiligen in der Unterzeichnung noch grossenteils mit einem Holzschnitt überein, so sind im Gemälde Kopfhaltung und Beinstellung stark verändert (Abb. 63, 71, 72). Federzeichnungen auf Papier skizziert der Maler wahrscheinlich erst mit Blei, entfernt diese Linien nach der Ausführung in Tinte jedoch sorgfältig; winzige Spuren einer solchen Vorzeichnung sind auf dem Blatt mit der hl. Klara erhalten (Kat. 17, S. 235). Am selben Blatt lässt sich auch der Gebrauch von Lineal und Zirkel nachweisen. Hinsichtlich der Unterzeichnungen wurde bereits auf die Möglichkeit einer ersten Grobskizze mit Kohle hingewiesen, die sich aber nicht nachweisen lässt; einem ähnlichen Zweck dürfte eine Linie gedient haben, die sich im Streiflicht an der Silhouette des Antonius-Sarkophags feststellen lässt und mit einem spitzen Gegenstand gerissen ist (Abb. 28). Als weitere Zeichenhilfen dienen die Achsen von Körpern und Gesichtern (Abb. 153: Christus in der Vorhölle, Kinder im Limbus) sowie die Kreise, mit denen Fries nach dem Brauch der Zeit die Augen vorgibt. Im allgemeinen scheint er seine Unterzeichnungen jedoch mit bewundernswürdiger Sicherheit frei ausgeführt und danach ebenso sicher durch die Malerei korrigiert zu haben.

Zur Frage, inwiefern Zeichnungen auf Papier stilistisch mit Unterzeichnungen vergleichbar sind, gehen die Meinungen der Fachwelt auseinander. Während Forscher mit ausgeprägt technologischem Interesse unter dem Eindruck neuentdeckter Unterzeichnungen hier den unmittelbaren, durch keine Verpflichtung zur Schönlinigkeit gehemmten Ausdruck des Künstlers betonen, äussern sich Spezialisten der graphischen Künste skeptischer. Nach ihrer Ansicht besteht zwischen den beiden Gruppen insofern ein grundlegender Unterschied, als bei der ersten die Zeichnungen vom Künstler, wenn auch längst nicht immer als selbständiges Kunstwerk gedacht, so doch zumindest als Endresultat auf dem betreffenden Blatt angesehen werden. Bei den Unterzeichnungen hingegen handelt es sich, so vollkommen sie auch sein mögen, stets um eine Zwischenstufe im Arbeitsprozess; der Künstler schafft sie im Bewusstsein, dass sie durch die Malschicht vor den Augen weiterer Beobachter verborgen werden.[9]

9 Siehe u. a.: Koreny 1999, S. 67. 10 Zu diesem Format siehe: Koreny 1999, S. 64. 11 Basel 1997, S. 25–29. 12 Augsburg 1965, Kat.-Nr. 65. 13 Basel 1997, S. 62–65. 14 Siehe S. 235. 15 Gutscher/Villiger 1999; siehe auch S. 92. 16 Konrad 1998, S. 247.

Selbstverständlich bezweckt der Künstler mit diesen zwei Arten von Zeichnungen Unterschiedliches, wenn seine Zielsetzungen auch – wie oben erwähnt – innerhalb beider Gruppen stark variieren. Ein weiteres Problem beim Vergleich zwischen Zeichnungen auf Papier und Unterzeichnungen stellt der Massstab dar: grosse, teils monumentale Tafelflächen bei Unterzeichnungen einerseits, kleine Papierblätter anderseits. Bei Fries hat einzig die «Himmelfahrt der Maria» das Kanzleiformat[10] von etwa 43 x 32 cm; die «Hl. Klara» hat die halbe Grösse eines solchen Bogens, die Masse der beiden anderen Zeichnungen sind kleiner.

Wir sind uns dieser unterschiedlichen Voraussetzungen und ihrer möglichen Konsequenzen auf den Zeichenstil eines Malers zwar bewusst. Dennoch gibt es unseres Erachtens einen gemeinsamen Nenner sämtlicher Zeichnungen eines Künstlers, nämlich den Duktus. Ähnlich wie die Handschrift wird er massgeblich vom individuellen Temperament geprägt und kann als unbewusster Ausdruck des Charakters nicht willentlich auf ein vorgefasstes Ziel abgestimmt werden.

Die Federzeichnung «Maria mit dem Kind in einer Landschaft» erinnert in der feinen, leicht hingesetzten Strichelung und den kurzen, geschwungenen Schraffen, die sich stellenweise zu einer malerischen Textur verweben, an zwei Zeichnungen Martin Schongauers: die «Muttergottes mit der Nelke» (deren Blümchendiadem sich übrigens in ähnlicher Form mehrmals bei Fries wiederfindet) und die damit verwandte «Hl. Dorothea», beide in Berlin.[11] Bei unserem Maler entsprechen Habitus und Faltensprache allerdings einem moderneren Formempfinden. Seine beiden Zeichnungen in Feder mit Lavierung erinnern hingegen an Blätter des älteren Holbein, der diese Technik häufig anwendet. Ähnlich wie Holbein bei der Hamburger «Madonna auf der Rasenbank»[12] laviert Fries in seinem gleichnamigen Münchner Blatt relativ frei, mit malerisch weichem Effekt; die Lavierung bindet die Gestalt über deren Umrisslinie hinaus in die Umgebung ein. Körperlichere Wirkung erzielt er hingegen bei der «Hl. Klara», indem er die Lavierung auf die Figur beschränkt und dieser dadurch erhöhte Plastizität verleiht, sie aber zugleich vom Hintergrund isoliert. Diese Methode, den Gestalten reliefartige Prägnanz zu verleihen, findet sich ebenfalls häufig bei Holbein d. Ä.; besonders deutlich tritt sie in den beiden Entwürfen für die Orgelflügel des Klosters Kaishaim (um 1502)[13] hervor. Die Präzision der Reinzeichnung war geeignet, dem Auftraggeber eine Vorstellung vom fertigen Werk zu vermitteln – und darum ging es Fries ja wohl auch mit der «Hl. Klara».[14]

Bei den durchwegs mit dem Pinsel ausgeführten Unterzeichnungen lassen sich drei Entwicklungsphasen unterscheiden. In den frühesten bekannten Beispielen, der Fries zugeschriebenen «Anbetung der Könige» aus dem späten 15. Jahrhundert (Abb. 56), den vier kleinen Tafeln von 1501 (Abb. 70, 71, 73, 74) und dem gleichzeitig entstandenen «Jüngsten Gericht» (Abb. 80–83), zeichnet der Maler mit feiner Pinselspitze elegant geschwungene, oft parallel geführte Schraffen. Diese Linienführung erinnert an die Unterzeichnungen auf dem Hochaltar der Freiburger Franziskanerkirche, 1479/80 von einer Basler Werkstatt geschaffen. (Zwischen der «Anbetung der Könige» und diesem Altar bestehen über die Unterzeichnung hinaus weitere Parallelen.[15]) Die Ausführlichkeit der Arbeit variiert bereits in dieser Gruppe: bald wird sorgfältig gestrichelt, bald gleicht der Pinselduktus einer temperamentvollen Schrift. Überall, auch bei der Binnenmodellierung, dominiert jedoch die Linie. In dieser Phase gleichen die Unterzeichnungen von Fries seinen Zeichnungen auf Papier. Das ändert sich in einer zweiten Phase, die sich von 1503 bis zum «Lebenden Kreuz» (um 1510–1512) verfolgen lässt. Fries scheint nun meistens rasch zu arbeiten; Schattenflächen laviert er mit einem breiten Pinsel. Diese Unterzeichnungen erinnern an japanische Tuschmalereien und wirken auf den heutigen Betrachter ausgesprochen modern, besonders auf den Tafeln des «Hl. Christophorus» (Abb. 99), der «Hl. Barbara» (Abb. 104), der «Werke der Barmherzigkeit» (Abb. 114) und der «Predigt des hl. Antonius von Padua» (Abb. 129). Bis anhin ist uns diese eigentümliche Zeichenart bei keinem Zeitgenossen des Malers begegnet. Hingegen verweist das bereits erwähnte Madonnenhaupt aus der Pfingstdarstellung auf dem Bugnon-Altar in seiner sorgsamen Schönlinigkeit auf die früheren Unterzeichnungen; der Kopf des Petrus auf derselben Tafel wiederum ist mit seinem expressiv-dynamischen Pinselduktus für die zweite Phase typisch: Fries skizziert souverän und entspannt, legt jedoch gleichzeitig Wert auf eine ästhetisch ansprechende Zeichnung. In einer dritten und letzten Phase, die den Marienzyklus von 1512 sowie den grossen Johannes-Altar von 1514 betrifft, reduziert der Maler die Unterzeichnung auf ein lineares Gerüst, lediglich ein Hilfsmittel bei der Ausführung. Er verzichtet auf rassige Pinselschrift und reizvolle Lavierung, umreisst primär die Silhouetten sowie die Gesichtszüge seiner Figuren und gibt Hintergründe oder Beiwerk in groben Zügen an. In diesem spröden Liniengefüge wirkt das zottige Hündchen der «Heimsuchung» als vergnügliche Ausnahme (Abb. 181). Während der Übergang von der ersten zur zweiten Phase fliessend verläuft, scheint sich zwischen der zweiten und der dritten Phase ein Bruch vollzogen zu haben. Über die Gründe dieser abrupten Änderung können wir mangels genauer Kenntnis der Biographie nur Vermutungen anstellen. Vielleicht hängt die Entwicklung mit dem Weggang des Malers aus Freiburg, vielleicht auch mit Kontakten zu anderen Künstlern zusammen. Tatsache ist, dass die auf Linearität reduzierten Unterzeichnungen der dritten Phase mit solchen von Zeitgenossen des Malers verwandt sind.[16]

Zur Maltechnik von Hans Fries

Verena Villiger   Anlässlich unserer Beschäftigung mit den Gemälden des Künstlers machten wir an den Originalen eine Reihe von Beobachtungen zu seiner Maltechnik, über die wir im folgenden berichten.[1] Wir möchten aber vorausschicken, dass es nicht umfassende technologische Recherchen waren und dass wir bewusst auf die Entnahme von Proben verzichteten, um die Integrität der Werke zu erhalten.

Bildträger

Abgesehen von einer Wandmalerei und einem Werk auf Leinwand, bei dem es unseres Erachtens nicht um das Original, sondern um eine alte Kopie geht (Kat. 5), malte Fries seine uns bekannten Gemälde auf Holztafeln. Anlässlich dendrochronologischer Untersuchungen konnte die Holzart mehrerer Tafeln bestimmt werden, nämlich jene der Flügel und der Predella des Antonius-Altars (Kat. 9), der Flügel des Bugnon-Altars (Kat. 7) und des «Lebenden Kreuzes» (Kat. 12). In all diesen Fällen handelt es sich um Fichte (Picea abies); diese Holzart fand Jacqueline Marette auch an den sechs Tafeln in München (Kat. 3 und 4).[2] Aus einem nicht näher bestimmten Nadelholz sind der Marienzyklus (Kat. 13)[3] und die Flügel des grossen Johannes-Altars (Kat. 14) gefertigt. Es liess sich bisher nicht klären, ob Fries auch Laubhölzer verwendete.[4] Das untersuchte Fichtenholz stammt von verschiedenen Orten der Region Freiburg[5]: Die Bäume, welche die Bretter zu den Flügeln des Bugnon-Altars lieferten, wuchsen in relativ niedriger Lage, wie auch jene zur Predella des Antonius-Altars.[6] Das Holz zu den Flügeln des Antonius-Altars und zum «Lebenden Kreuz» stammt hingegen aus einer höheren Lage, vermutlich beidemal vom selben Ort; dies zeigt, dass Fries seine bevorzugten Quellen hatte und sich wahrscheinlich selbst um die Beschaffung des Holzes kümmerte. Die Bretter zur Tafel des «Lebenden Kreuzes» sind aus einem einzigen Baum gefertigt; beim Antonius-Altar sind sogar beide Flügel auf ein und denselben Stamm zurückzuführen. Die Zusammensetzung der Bugnon-Altarflügel und der Predella des Antonius-Altars ist jedoch eher heterogen.

Um die Bretter vor Insektenbefall zu schützen, wurden das besonders anfällige Splintholz und damit auch die äussersten Jahrringe des Baumstamms vor der Verarbeitung entfernt; die dendrochronologische Datierung, die sich auf die Abstände zwischen den einzelnen Jahrringen stützt, kann somit nicht aufs Fälljahr genau erfolgen. Dennoch erlaubt sie uns, gewisse Schlüsse zu ziehen: Der späteste Jahrring auf den Tafeln zum Antonius-Altar verweist ins Jahr 1499; die Gemälde des Altars sind durch den Maler 1506 datiert. Von den dazwischenliegenden sieben Jahren ist ein Teil auf die fehlenden Splintholz-Jahrringe zurückzuführen, der Rest muss die Lage-

[1] Claude Rossier, Restaurator am Museum für Kunst und Geschichte Freiburg, sei für die engagierte Mitarbeit gedankt. [2] Museum für Kunst und Geschichte Freiburg, Berichte des Laboratoire Romand de Dendrochronologie, Moudon, 2. 3. 2000, LRD00/R5041; 29. 6. 2000, LRD00/R5080; Marette 1961, S. 207/208, Nr. 348–353. [3] Zumindest bei Kat. 3d handelt es sich um Tannenholz (Abies); siehe: Germanisches Nationalmuseum Nürnberg, Peter Klein: Bericht über die dendrochronologische Untersuchung der Gemäldetafel «Tempelgang Mariae» (Hans Fries), 8. 5. 2001. [4] Eine Möglichkeit hierfür bestünde allenfalls bei Kat. 1 und 10 (freundliche Mitteilungen von Nathalie Ellwanger und Peter Wyer, Zürich). [5] Freundliche Mitteilung von Jean Tercier, Moudon. [6] Zu den folgenden Bemerkungen siehe Anm. 2.

rung des Holzes betreffen. Ähnlich wie die Bildhauer, die – nicht zuletzt wegen der leichteren Bearbeitung – verhältnismässig frisch geschlagenes Holz verwendeten, legte Fries offenbar keinen besonderen Wert auf eine lange Lagerung des Holzes vor dem Gebrauch.

Die breiteren Bretter der dendrochronologisch untersuchten Tafeln sind im Parallelschnitt aufgesägt, einer Schnittart, die zwar zu mehr Ertrag pro Stamm führt, sich an einer Bildtafel jedoch ungünstig auswirken kann, weil sich das so gewonnene Holz stärker verwirft als beim «Quadrieren», bei dem man den Baumstamm in lauter sog. Kernbretter zerlegt. Möglicherweise wurden die schmaleren Bretter auf letztere Art geschnitten.[7] Die Bretterbreite der sechs dendrochronologisch untersuchten Tafeln schwankt zwischen 9 und 42,5 cm; am häufigsten sind Masse zwischen 20 und 30 cm. Wie üblich wurden die Bretter in Richtung des grösseren Ausmasses der Tafel miteinander verbunden, also – mit Ausnahme der Antonius-Predella – stehend, und zwar (soweit wir dies beurteilen können) glatt verleimt. Zum Bildträger des «Lebenden Kreuzes» (Kat. 12) zersägte man vermutlich ein einziges langes Brett in vier Stücke.[8] Unklar ist, inwiefern beim Zusammenfügen der Tafeln auf den Verlauf der Jahrringe geachtet wurde (Abb. 21). Die originale Tafelstärke der Werke von Fries ist auch bei stattlichen Flächenmassen erstaunlich gering; an den Flügeln des Bugnon-Altars beträgt sie 1,3 cm, an jenen des Antonius-Altars sogar nur 0,8 cm. Die vier kleinen Tafeln in München (Kat. 3) sind 0,7 cm stark, jene des «Jüngsten Gerichts» 0,5 cm. Nur die Predella des Antonius-Altars ist dicker: sie misst 3 cm, vermutlich weil sie das Gewicht des Schreines mitzutragen hatte.

Nach dem Zusammenfügen wurden die Tafeln an den sichtbaren Stellen sorgfältig geglättet; blieb eine Seite dem Auge des Betrachters jedoch verborgen, so reichte eine gröbere Oberflächenbehandlung mit dem Schrupphobel aus (Abb. 22). Flächen, die zur Bemalung bestimmt waren, wurden zwecks besserer Haftung der Malschicht mit einem scharfen Werkzeug kreuzweise eingeritzt. Besonders deutlich ist das dadurch entstehende Rautenmuster am freiliegenden Tafelholz zweier beschädigter Werke erkennbar, bei «Johannes auf Patmos» (Abb. 200) und dem «Lebenden Kreuz» (Abb. 23). Es lässt sich aber auch an den beiden zum Antonius-Altar gehörenden Heiligenreliefs beobachten. Einmal, im Fall des «Jüngsten Gerichts» (Kat. 4), erwähnen die Quellen den Schreiner, den «tischmacher mitt der einen hand», der den Bildträger hergestellt hat.[9]

Kein einziges der Retabel, zu denen die Werke von Fries gehörten, ist gesamthaft erhalten. Das erschwert, ja verunmöglicht Rückschlüsse zu Aussehen und Konstruktion der Ensembles. Zwei Fälle bieten immerhin gewisse Anhaltspunkte: Die eben erwähnte Predella des Antonius-Altars weist an der Rückseite zwei seitlich in eine Nut eingelassene Leisten auf (Abb. 22), die zur Stabilisierung des «Sockels» und vielleicht auch zur Befestigung des Schreins dienten; an den Tafellängskanten befinden sich je fünf Dübellöcher. Zum andern haben sich an zwei kleinen Altarflügeln Spuren eines originalen Rahmens im Negativ erhalten (Abb. 24). Nach der ausgesparten Form zu schliessen, handelte es sich dabei um Säulchen auf einer Basis mit Wulstprofil. Die Kante von Leinwandbeklebung und Grundierung folgt dieser Form, was zeigt, dass hier noch vor diesen vorbereitenden Arbeitsgängen ein definitiver Zierrahmen mit dem Bildträger verbunden wurde (häufiger jedoch erhielten die Tafeln von Fries ihren endgültigen Rahmen vermutlich erst nach dem Malen[10]; siehe unten). Dieser Rahmen war ursprünglich vergoldet, wobei das Gold (wie üblich) vor der Malerei aufgebracht worden war: unmittelbar neben der erwähnten Kante liegen Spuren von Bolus und Blattgold unter der Malschicht.

Abb. 21
Tafelquerschnitte:
Kat. 9a, rechter Flügel; Kat. 9a, linker Flügel; Kat. 7b

Abb. 22
Tafelrückseite; Kat. 9b

Abb. 23
Kreuzweise eingeritzte Tafel; Kat. 12

Abb. 24
Grundierungskante entlang einem (heute fehlenden) Rahmenmotiv; Kat. 11a

[7] Siehe dazu Marette 1961, S. 103/104; Straub 1984, S. 135–137. [8] Wie Anm. 2 (LRD00/R5041). [9] Q 101/1501. [10] Siehe auch S. 135 und Q 127/1505.

29 cm	25 cm	21 cm	0.8 cm
	75 cm		

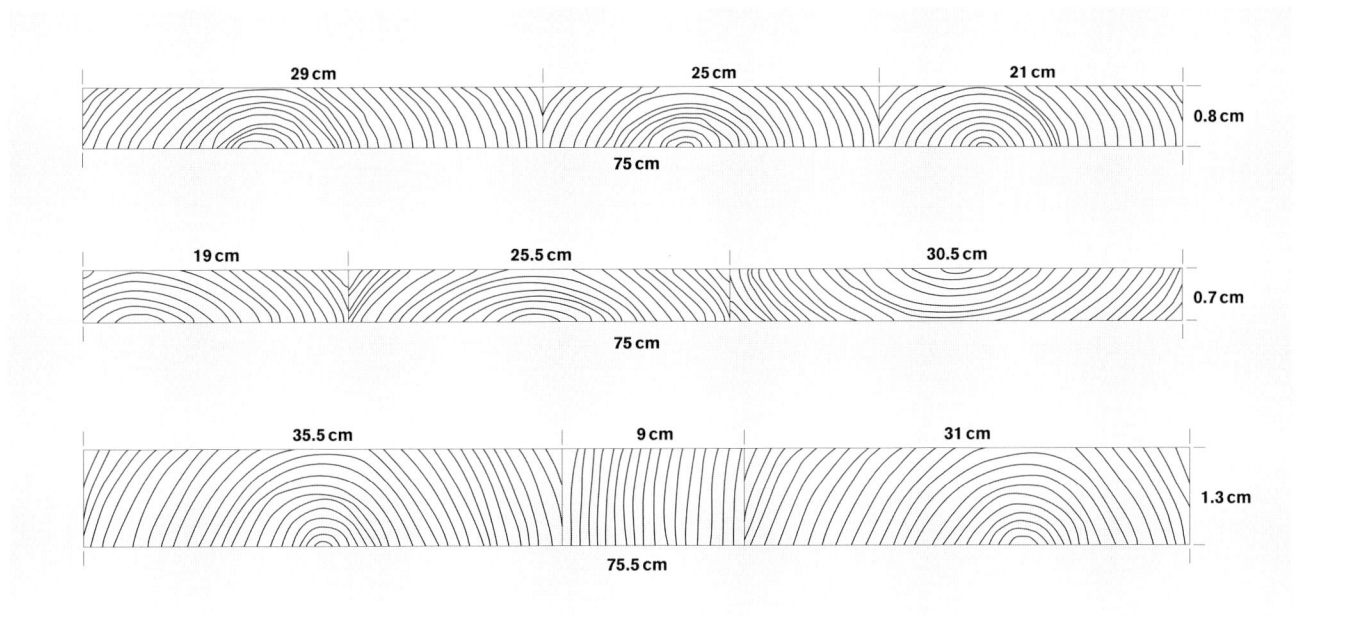

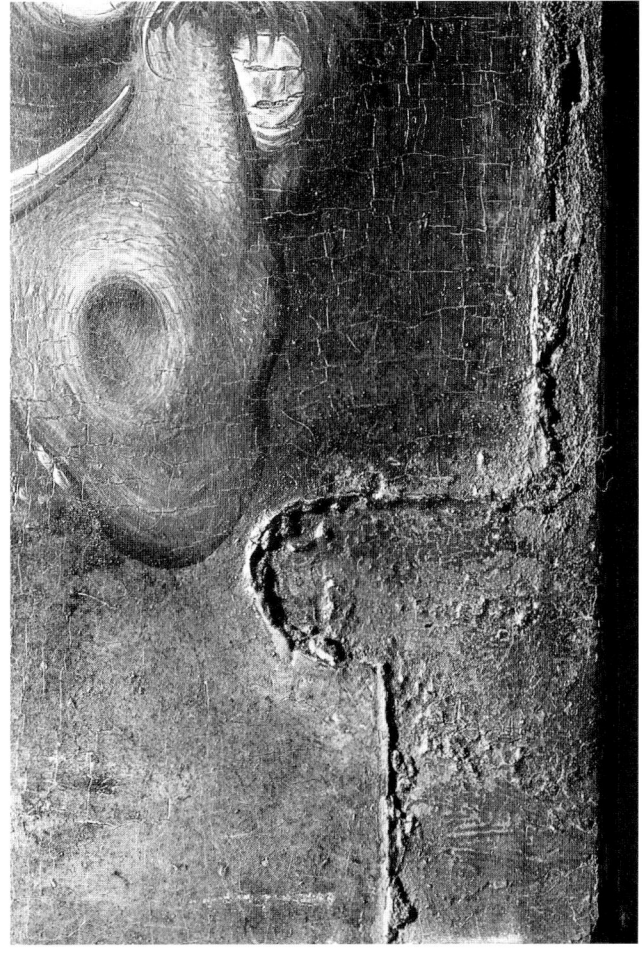

19 cm	25.5 cm	30.5 cm	0.7 cm
	75 cm		

35.5 cm	9 cm	31 cm	1.3 cm
	75.5 cm		

Um den Bildträger zu stabilisieren und zu verhindern, dass die Malschicht durch die Bewegung des hygroskopischen Holzes abblättert, wurden die Tafeln teilweise mit Leinwand, meist mit einfacher Leinenbindung, überklebt. Hierin weisen die Werke von Fries Unterschiede auf: handelt es sich um eine besonders sorgfältige Ausführung, ist die ganze Tafelfläche überzogen – etwa die Feiertagsseite der Flügel des Bugnon-Altars (Kat. 7a und b) oder jene des kleinen Johannes-Altars (Kat. 10), wo sogar beidseitig Leinwand angebracht wurde. An der weniger aufwendig behandelten Werktagsseite der Bugnon-Flügel (Kat. 7c) hingegen liegt die Malschicht direkt auf dem Holz. Eine Zwischenlösung stellt das «Lebende Kreuz» (Kat. 12) dar, wo nur besonders gefährdete Stellen, vor allem Fugen, mit Leinwandstreifen gesichert sind. Dem selben Zweck dienten hier zudem Fasern, vermutlich Werg (Abb. 25). Auf ähnliche Art bereitete der Maler auch die Flügel des grossen Johannes-Altars (Kat. 14) vor. Offensichtlich ging er mit dem kostbaren Material sparsam um: Die Leinwand an den Tafeln des Marienzyklus ist stellenweise zerschlissen (Abb. 26) und mitunter in kleineren Stücken aufgeklebt; an der «Geburt Marias» (Kat. 13c) lässt sich oben rechts ein Leinwandflicken in Köperbindung beobachten, der Rest der Tafel ist mit Gewebe in einfacher Leinenbindung überzogen. – Die Struktur des Fischgratmusters findet sich übrigens auch auf der gesamten Fläche der «Wahl des Opferlamms» (Kat. 13a).

Grundierung und Unterzeichnung

Zur weiteren Vorbereitung der Oberfläche wurde die Tafel grundiert. Bei den Werken von Fries dürfte es sich um den nördlich der Alpen üblichen Kreidegrund handeln.[11] Er erscheint an kleinen Fehlstellen der Malerei elfenbeinfarben, wobei die gelbliche Tönung wohl auf das Eindringen einer isolierenden Leim- oder Öllasur in die Oberfläche zurückzuführen ist; beim stark beschädigten Gemälde «Johannes auf Patmos» (Kat. 14c) ist die Grundierung teilweise aufgeschürft und weiss. Bei Fries ist sie in der Regel so dick aufgetragen, dass sie die darunterliegende Struktur – Holzmaserung oder Textilgewebe – satt schliesst, ja verdeckt; sie ist makellos glatt geschliffen. Nicht immer ist klar, ob die Tafeln unseres Malers mit bereits angesetztem Rahmen grundiert wurden; an den Rändern der Bugnon-Flügel drang offenbar eine bläschenhaltige Flüssigkeit (Leim oder Kreidegrund) unter ein Nutprofil auf das freiliegende Holz der Tafelränder (Abb. 27).[12]

Unabdingbar ist der Kreidegrund bei Polimentvergoldung. Das Relief von vergoldeten Bildpartien wird vor dem Anbringen der Metallauflagen in die Grundierung graviert. Fries verziert goldene Scheibennimben mit konzentrischen, anhand des Zirkels gezogenen Kreisen, einen glatten Goldgrund mit strahlen- und sternengeschmückten Gloriolen (z. B. Kat. 10 und 11). Nur einmal staffiert der Maler den Goldgrund mit rein dekorativen Ornamenten aus: bei der frühen, Fries zugeschriebenen «Anbetung der Könige» (Kat. 1); sonst sind die in den Grund gravierten Motive stets Teil der Darstellung. – Bisweilen ritzt Fries auch die Silhouette einer zu malenden Form vor (Abb. 28).

In den Jahren 1514/15 stellte Niklaus Manuel auf seinem Gemälde «Der heilige Lukas malt die Madonna» einen Maler bei der Arbeit dar, wie er vor einer dreibeinigen Staffelei mit dem beinahe vollendeten Bild sitzt.[13] Die Bildtafel ist bereits gerahmt; dieses im Mittelalter geläufige Vorgehen lässt sich wie erwähnt auch an Werken von Fries nachweisen. Manchmal, so

11 Siehe dazu Gutscher/Villiger 1999, S. 62; Straub 1984, S. 155–159. **12** Ein denkbares Rahmenprofil bei Straub 1984, S. 145, Abb. 14. **13** Bern 1979, Kat. 71, S. 224/225, Abb. 31.

Abb. 25
Tafel mit Wergüberklebung; Kat. 12

Abb. 26
Kreuzweise eingeritzte Tafel, Überklebung mit stellenweise zerschlissener Leinwand; Kat. 13e (Röntgenaufnahme, Detail)

Abb. 27
Tafelrand: Begrenzung der Malschicht durch eingeritzte Linie; Kat. 7b

Abb. 28
Vorgeritzte Silhouette (Sarkophag); Kat. 9b

59

scheint es, verwendete unser Maler jedoch statt dem endgültigen Rahmen eine provisorische Vorrichtung, um seine Gemälde bei der Arbeit zu handhaben: z. B. lassen sich bei mehreren Bildern des Marienzyklus (Kat. 13a, f, g, h) an den Rändern rillenartige Spuren feststellen, die vielleicht auf den Druck einer vorläufigen Halterung zurückzuführen sind, ähnlich, wie dies auf Grund neuer Beobachtungen für die Werkstätten Dürers und Lucas Cranachs d. Ä. postuliert wird.[14]

Der Maler skizzierte seine Komposition auf die grundierte Tafel. Wie die meisten seiner Zeitgenossen führte Fries diese sogenannte Unterzeichnung mit schwarzer, wohl aus Russ hergestellter Tinte oder Tusche aus, die er für prägnante Umrisse wenig, für feinere Schraffen und für Lavierungen stärker mit Wasser verdünnte. Er zeichnete mit dem Pinsel, wobei er für die Linien einen spitzen, elastischen, fürs Lavieren einen breiten verwendete; eine Vorstellung davon vermitteln die Pinsel des hl. Lukas auf dem bereits erwähnten Gemälde Manuels.[15] Wie wichtig gute Pinsel waren, zeigt eine Bemerkung im Illuminierbuch des Valentin Boltz: «gut Bensel machen lůstige Moler/bőß Bensel machen manchen Sudler».[16] Nach dem Unterzeichnen, jedoch vor dem Auftragen der Farben wurde die Polimentvergoldung angebracht. Da es unmöglich war, die Goldblättchen präzise auf die dafür vorgesehenen Flächen zu beschränken, reichte die Vergoldung meistens darüber hinaus und wurde später an diesen Stellen übermalt. Deshalb erscheinen im infraroten Licht bisweilen Goldflächen, die unter der Malschicht liegen, z. B. die bis ins Gesicht Marias reichende Vergoldung in Kat. 3d (siehe Abb. 74).

[14] Alte Pinakothek München 1998, S. 35; Heydenreich 1998, S. 193/194, Abb. 21.13. [15] Siehe dazu auch Sandner 1998, S. 55/56, 59. – Zu den Unterzeichnungen ausführlicher S. 49 ff. [16] Boltz 1554, fol. 66r. [17] Eingehend wurden neulich die Bindemittel auf einigen Tafelgemälden Dürers untersucht: Alte Pinakothek München 1998, S. 102–119. [18] Kühn 1977. [19] Kühn 1977, S. 165/166. [20] Q 45/1484. [21] Die Analysen wurden von Christoph Herm (Schweizerisches Institut für Kunstwissenschaft, Zürich) durchgeführt und sind festgehalten in: Kurzbericht Labor 00/16, 28. 08. 2000 (Exemplar im Archiv des Museums für Kunst und Geschichte Freiburg). [22] Siehe dazu Alte Pinakothek München 1998, S. 81, 93. [23] Untersucht an Kat. 9b (Abb. 29, Nr. 3). Das Colmarer Kunstbuch (1479) der Burgerbibliothek Bern beschreibt drei Rezepte für Bleiweiss (Herrn Egbert Moll-Thissen, Luzern, der gegenwärtig die Edition dieses Traktates vorbereitet, sei für alle diesbezüglichen Hinweise gedankt). Siehe auch Alte Pinakothek München 1998, S. 61–64. [24] Untersucht bei Kat. 9b (Abb. 29, Nr. 11). Dürer verwendet eine ähnliche Mischung: Alte Pinakothek München 1998, S. 67–69. [25] Untersucht bei Kat. 9b (Abb. 29, Nr. 12) und Kat. 9a (Tuch über Fensterbrüstung links oben; Himmel). Siehe auch Alte Pinakothek München 1998, S. 75–80, 95. [26] Wehlte 1967, S. 154/155. [27] Untersucht bei Kat. 9a (Teufelsschwanz; enthält auch Zinnober) und Kat. 11a (Kleid und Mantelfutter).

Abb. 29
Kat. 9b, Farbbezeichnungen (Infrarot-Reflektographie)

Abb. 30
Farbbezeichnung «wiß» (Nr. 3); Kat. 9b

Abb. 31
Farbbezeichnung «rot» (Nr. 9); Kat. 9b

Abb. 32
Farbbezeichnung «bla» (blau, Nr. 12); Kat. 9b

Farben

Nach diesen Vorbereitungen begann das eigentliche Malen. Die Farben dazu wurden bis zur Entwicklung von Tubenfarben im 19. Jahrhundert aus Farbstoffen und Bindemitteln handwerklich zubereitet. Über die von Fries verwendeten Bindemittel lassen sich hier einzig Vermutungen anstellen, da wir wie erwähnt keine Proben entnahmen; die gegenwärtig verfügbaren Analyseverfahren sind zudem äusserst komplex und kostspielig. Wir konnten aber auf neuere diesbezügliche Forschungen zurückgreifen.[17] Besonders interessant sind in unserem Zusammenhang Untersuchungen zur Maltechnik des Niklaus Manuel[18]: Hermann Kühn stellte dabei fest, dass Manuel sowohl wässrige als auch ölhaltige Bindemittel verwendete und sie auf ein und demselben Gemälde je nach Bedarf neben- und übereinander einsetzte. Allerdings scheinen ölhaltige Bestandteile insgesamt zu überwiegen; beim Gemälde «Der hl. Lukas malt die Madonna» handelt es sich offenbar um Walnusskernöl.[19] Auch bei den Werken von Fries, sogar dem ihm zugeschriebenen Wandgemälde (Kat. 2), scheinen ölhaltige Bindemittel eine wichtige Rolle zu spielen. Nussöl für Wandmalerei ist übrigens durch die Freiburger Quellen bezeugt.[20]

Etwas besser sind wir über die Palette des Malers unterrichtet, da wir eine Reihe von Farben mittels Röntgenfluoreszenz-Spektrometrie (EDXRF) untersuchen liessen.[21] Mit dem Gerät, das dabei zur Verfügung stand, lassen sich die Elemente anorganischer Materialien nachweisen; für organische Bestandteile wie das aus reinem Kohlenstoff bestehende Schwarz[22] oder auch Krapplack, den Fries offensichtlich öfters einsetzte, eignet sich die Methode hingegen nicht.

Untersucht wurden in erster Linie die vom Maler schriftlich notierten Farben auf der Predella des Antonius-Altars (Kat. 9b) sowie Farbpartien, die heute verfärbt scheinen, wobei sich die Messungen auf leicht zugängliche Werke beschränkten. Im folgenden werden die Ergebnisse zusammengefasst und mit unseren Überlegungen ergänzt.

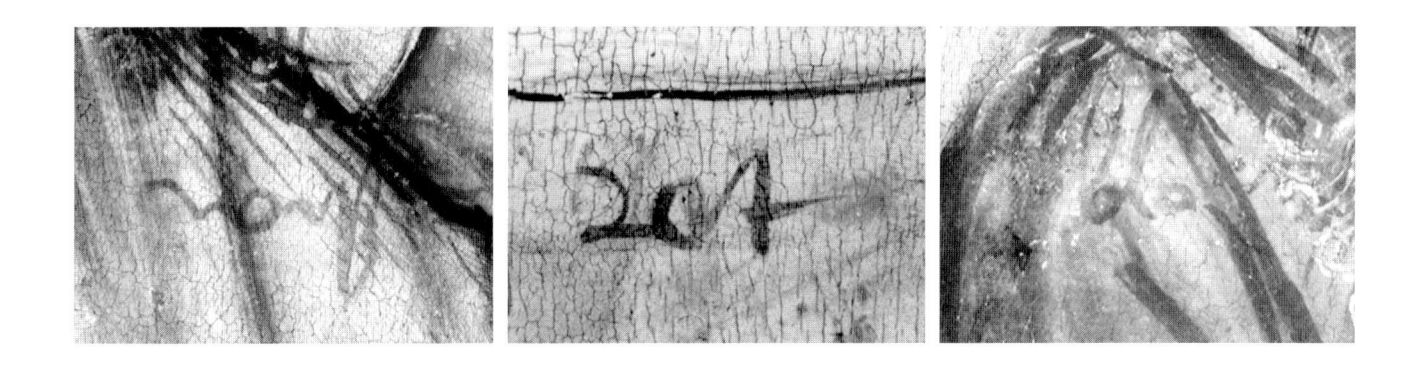

Weiss, «wiß» (Abb. 30, 29, Nr. **3**; Abb. 37, Nr. **15**; Abb. 39, Nr. **41**), «w» (Abb. 38, Nr. **27**): Es handelt sich um Bleiweiss[23], ein Pigment, mit dem der Maler häufig auch andere Farben aufhellt.

Rot, «rot» (Abb. 31, 29, Nr. **7, 9, 13**; Abb. 37, Nr. **20, 22**; Abb. 38, Nr. **25, 26, 32**; Abb. 39, Nr. **44**), «r» (Abb. 29, Nr. **10, 11**), «rot samt» (Abb. 38, Nr. **29**): Fries mischt sein leuchtendes Rot aus Zinnober und Bleiweiss, möglicherweise unter Zugabe von etwas Mennige.[24]

Blau, «bla» (Abb. 32, 29, Nr. **12**; Abb. 37, Nr. **18, 23**), «blou» (Abb. 39, Nr. **35, 37, 42, 43**): Dem kupferhaltigen Blaupigment (Azurit) mischt der Maler oft Bleiweiss bei.[25] Auch die wiederholt bei Himmelsflächen oder Mariengewändern auftretenden, nahezu schwarzen Farbflächen bestehen vermutlich aus Azurit, das aus maltechnischen Gründen stark nachgedunkelt ist[26], ursprünglich jedoch tiefblau war. Auf dasselbe Phänomen lassen sich weitere dunkle Farbflächen zurückführen, die vom Maler offenbar violett bzw. blaugrün gedacht waren.[27]

61

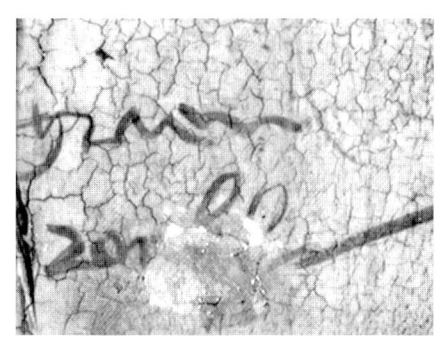

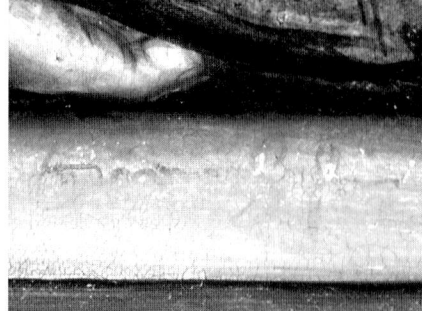

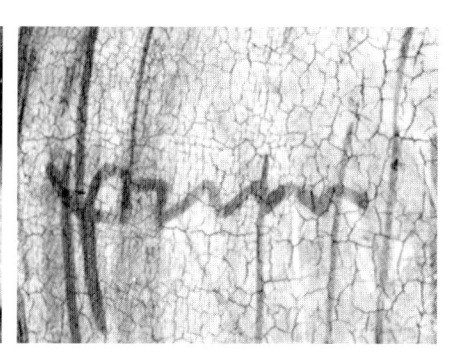

Grün, «grien» (Abb. 38, Nr. **28**, **33**), «grien hosen» (Abb. 34, 29, Nr. **4**), «grien ro(c)kh (Abb. 33, 29, Nr. **1**), «grůn (?)» (Abb. 39, Nr. **38**): Hier handelt es sich um ein kupferhaltiges Grünpigment (Grünspan oder Malachit).[28] Das heute olivbraune Grün dürfte früher leuchtender gewesen sein.[29]

Violett, «prun» (Abb. 35, 29, Nr. **2**, **5**; Abb. 37, Nr. **17**, **19**; Abb. 38, Nr. **24**; Abb. 39, Nr. **34**, **36**, **39**, **45**), «pru(n)» (Abb. 29, Nr. **8**): Ein mit der angewandten Methode nicht nachweisbarer rotvioletter Farbstoff (organischer Farblack?) ist mit Bleiweiss gemischt.[30] Nach dem Farbton dürfte es sich um Krapplack[31] oder Brasilholz[32] handeln. Da diese Farbmittel nicht lichtbeständig sind,[33] muss man sich die hellrosa Partien von heute als ursprünglich intensiv himbeerfarben vorstellen. «Prun» in der alten Bedeutung «violett» hat mit dem lateinischen «prunum» (Pflaume) zu tun, während dasselbe Wort in der Bedeutung «braun» germanischen Ursprungs ist.[34]

28 Untersucht bei Kat. 9b (Abb. 29, Nr. 4). – Ein Rezept für «Spangrün» in: Boltz 1554, fol. 29v–30r. **29** Kühn 1977, S. 168 **30** Untersucht bei Kat. 9b (Abb. 29, Nr. 2). **31** Kühn 1977, S. 167/168; Alte Pinakothek München 1998, S. 71, 87. **32** Brachert 2001, S. 53/54. – Brasilholz wird in mittelalterlichen und frühneuzeitlichen Farbrezepten häufig erwähnt, nicht zuletzt im Colmarer Kunstbuch (siehe Anm. 23). **33** Wehlte 1967, S. 125. **34** Kluge 1995, S. 132. – Walter Haas, Freiburg, sei hier und im folgenden für seine sprachgeschichtlichen Erläuterungen gedankt. **35** Untersucht bei Kat. 6b (Mantel des Dioscorus, dunkle Partien). **36** Kühn 1977, S. 168; Alte Pinakothek München 1998, S. 65/66. – Ein Rezept für Bleioxidgelb in: Boltz 1554, fol. 27v/28r. **37** Untersucht bei Kat. 6b (Mantel des Dioscorus, helle Partien).

Abb. 33 Farbbezeichnung «grien ro(ckh)» (Nr. 1); Kat. 9b

Abb. 34 Farbbezeichnung «grien hosen» (Nr. 4); Kat. 9b

Abb. 35 Farbbezeichnung «prun» (Nr. 2); Kat. 9b

Abb. 36 Farbbezeichnung «Geld» (Nr. 31); Kat. 14b

Abb. 37 Kat. 14a, Plazierung der Farbbezeichnungen

Abb. 38 Kat. 14b, Plazierung der Farbbezeichnungen

Abb. 39 Kat. 14d, Plazierung der Farbbezeichnungen

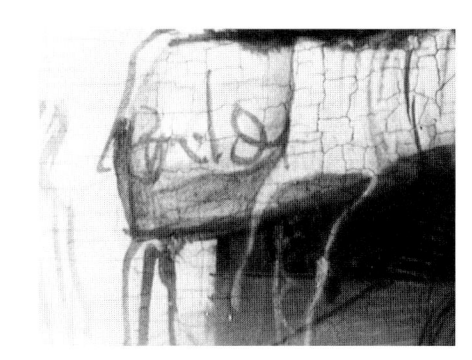

Gelb, «geld» (Abb. 36, 37, Nr. **21**; Abb. 38, Nr. **31**, Abb. 39, Nr. **40**), «gold (?)» (Abb. 37, Nr. **16**), «gelten (?)» (Abb. 38, Nr. **30**): Für Gelb scheint Fries z.T. Ocker zu verwenden, dem er etwas Zinnober sowie eine oder mehrere bleihaltige Pigmentsorten beimischt.[35] Bei letzteren könnte es sich um Bleiweiss, Mennige oder gelbes Bleioxid («Massicot») handeln. Fraglich ist allerdings, ob das wenig lichtbeständige Bleioxid, das vor allem als Unterlage für Ölvergoldung gebraucht wurde, auch als Malfarbe Verwendung fand; viel gebräuchlicher dürfte Bleizinngelb gewesen sein.[36] Nun wurde in einem hellen Gelb[37] jedoch kaum Eisen gefunden: die gelbe Farbe beruht also nicht auf Ocker; und auch Zinn, das im Fall von Bleizinngelb vorhanden sein müsste, lässt sich nicht nachweisen; als einzige Möglichkeit bleibt somit Bleioxid.

63

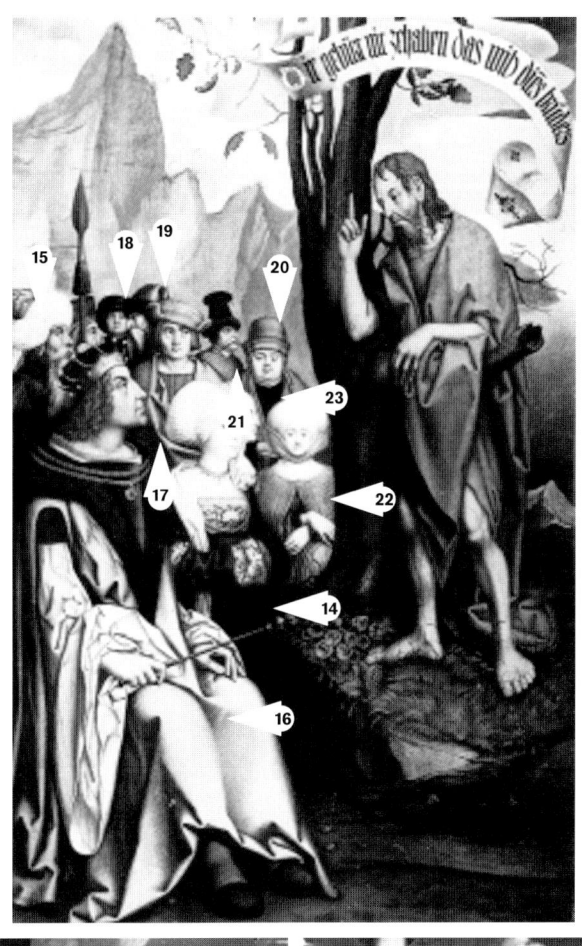

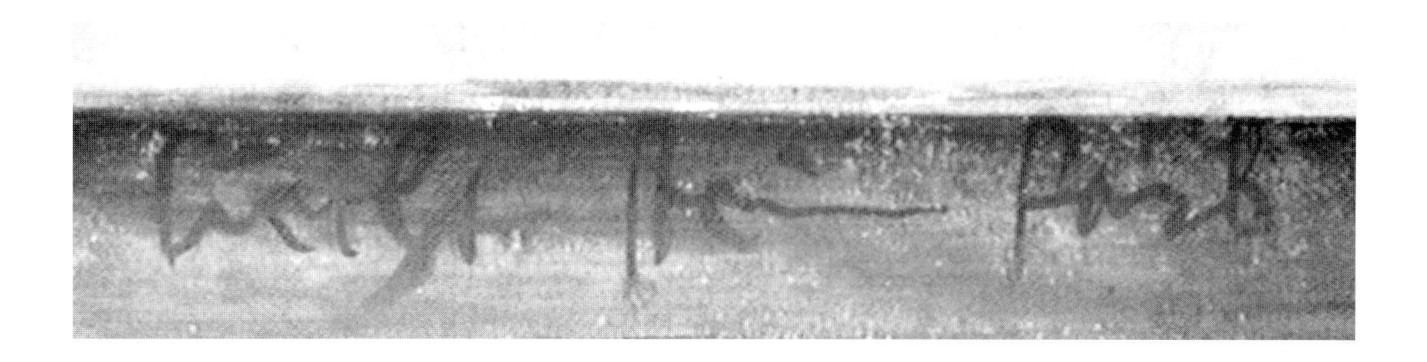

Als «liecht stein farb» (Abb. 40, 29, Nr. **6**) bezeichnet der Maler den hellen Ton eines steinernen Sarkophags.³⁸ Hier deuten die Messungen auf Bleiweiss und möglicherweise eine Zinkverbindung. Zum selben Ergebnis führte die Untersuchung von Inkarnat.³⁹ In beiden Fällen konnten die Zusätze, die zu einem beigen bzw. hellrosa Ton führen, nicht eruiert werden.

Wie zahlreiche Maler des Spätmittelalters erweiterte Fries den engen Spielraum, den ihm die beschränkte Palette gewährte, indem er die Farben mehrschichtig, bald deckend, bald lasierend, auftrug und ihre Leuchtkraft dadurch steigerte. An besonders wertvollen Gemälden verwendete er mehr Material: die Malschicht ist hier dicker als an Bildern, die er und seine Auftraggeber für weniger wichtig hielten. Deutlich wird dieser Unterschied an den Flügeln des Bugnon-Altars zwischen Feiertags- und Werktagsseite.⁴⁰ Im allgemeinen bemühte sich der Maler um einen emailhaft glatten Farbauftrag ohne erkennbare Pinselstrukturen. Delikat modulierte er die chromatischen Übergänge, bald, um eine Form zu modellieren, bald, um Transparenz oder Perlenschimmer vorzutäuschen. Dabei ging er haushälterisch um – nicht nur mit seinem Material, sondern auch mit der Farbwirkung: des öftern unterscheiden sich nebeneinanderliegende Farbtöne auf raffinierte Weise nur minim voneinander, etwa die verschiedenen Rottöne am Mantel des Christophorus (Kat. 6a). Am selben Gemälde erreichte er jedoch malerische Effekte auch durch den gezielten Einsatz von Pinselstrukturen, so beim knittrigen Mantelfutter oder – überraschend «modern» – beim Stämmchen, auf das sich der Heilige stützt: durch Stupfen mit dem beinahe trockenen Pinsel suggerierte er hier die aufstehenden Fasern der silbrig glänzenden Baumrinde. Geradezu pastos, mit erkennbaren Pinselzügen, ist der Farbauftrag an den Ärmeln des Mariengewandes in der Pfingstdarstellung des Bugnon-Altars (Kat. 7a). Hin und wieder modifizierte der Maler eine bereits fertiggestellte Partie. Diese eigenhändigen Übermalungen oder Pentimenti waren zur Entstehungszeit der Gemälde unsichtbar; heute lassen sie sich oft von blossem Auge erkennen, weil die darüberliegenden Malschichten durch Bleiweissverseifung etwas durchscheinend geworden sind. Ein deutliches Pentimento ist beim soeben erwähnten «Hl. Christophorus» der nach links ausflatternde Mantelzipfel, der sich ursprünglich weiter oben befand; ähnliche Korrekturen finden sich z. B. auch bei der Architektur in den «Werken der Barmherzigkeit» (Kat. 7c). Nach Vollendung der Tafeln begradigte Fries bisweilen den Rand von Grundierung und Malschicht mit dem Lineal und einem scharfen Messer, wie sich aus eingeritzten Linien auf mehreren Tafeln schliessen lässt (Abb. 27).⁴¹

Abb. 40
Farbbezeichnung «liecht stein farb» (Nr. 6); Kat. 9b

38 Untersucht bei Kat. 9b, Abb. 29, Nr. 6. Die Bezeichnung «stainfarb» verwendet auch Dürer: Alte Pinakothek München 1998, S. 59. **39** Untersucht bei Kat. 9b (Körper des Kindes im Vordergrund). – Siehe auch: Boltz 1554, fol. 39v–43v («Von Leibfarben»). **40** Zu den unterschiedlichen Ausführungsqualitäten bei Dürer siehe: Alte Pinakothek München 1998, S. 43/44. **41** Zu derartigen Ritzlinien bei Dürer siehe: Alte Pinakothek München 1998, S. 35. **42** Westhoff 1996. **43** Gutscher/Villiger 1999, S. 127–133. **44** Zur Schwarzlotzeichnung siehe Straub 1984, S. 230/231. **45** Archiv des Museums für Kunst und Geschichte Freiburg (die Pausen wurden von Andrea Nyffeler, Erstfeld, gezeichnet). **46** Siehe dazu Straub 1984, S. 180–186. **47** Siehe dazu Straub 1984, S. 236–239.

Seidenmuster

An vierzehn Gemälden und zwei Tafelrückseiten von Hans Fries finden sich Ornamente, mit denen der Maler kostbare Seiden- oder Brokatstoffe imitiert. Solche Stoffmuster waren in der Malerei des 15. und beginnenden 16. Jahrhunderts äusserst beliebt; eine diesbezügliche Untersuchung zur schwäbischen Kunst hat neulich gezeigt, wie variantenreich ein sich wenig verändernder Motivschatz zu immer neuen Rapporten zusammengestellt wurde.[42] Auch am Hochaltar der Franziskanerkirche in Freiburg, einem Werk, von dem Fries nachweislich beeinflusst war, treten derartige Ornamente an Prunkgewändern und am Goldgrund auf.[43] Ein mit einem Textilmuster gravierter Goldgrund findet sich bei Fries nur in einem einzigen Fall, nämlich an der ihm zugeschriebenen «Anbetung der Könige» (Kat. 1); aufgrund von Beschädigungen ist der Dekor nur schwer zu erkennen, scheint aber aus schrägparallelen Wellenranken mit Rosetten- oder Palmettenmotiven zu bestehen. Ein anderes Mal, bei der heute verschollenen «Heiligen Familie» (Kat. 8), dürfte es sich um Pressbrokat gehandelt haben, der ebenfalls mit parallel laufenden, geschwungenen Bändern und vegetabilen Elementen verziert war; an den Flügel-Innenseiten des Antonius-Altars füllt eine ähnliche Musterung, jedoch mit einer weiss auf ockerfarbenem Grund gemalten Imitation von Riefen und Glanzlichtern den Hintergrund zwischen den Reliefs (Abb. 126). Die meisten derartigen Seidenmuster malt Fries mit feinen schwarzen Linien, ähnlich wie mit Schwarzlot[44], auf Goldblatt oder eine ockerfarbene Fläche. Es ist für den Maler jedoch bezeichnend, dass er keine Effekthascherei betreibt, indem er ein Muster über eine grössere Fläche ausbreitet, sondern stets nur kleine Ausschnitte davon verwendet. Unter den wertvollen Textilien, deren preziöse Oberflächen er unnachahmlich darzustellen weiss, spielen gemusterte Stoffe überhaupt eine Nebenrolle, und nur selten lässt sich der Rapport eines Ornamentes eruieren. Pausen[45] im Massstab 1:1 ergaben ausserdem, dass Fries seine Muster unablässig veränderte: nur in einem Fall wiederholte er ein Ornament genau, nämlich am Gewand des Hohepriesters im «Tempelgang» und in der «Vermählung» des Marienzyklus (Abb. 41, 42). Dazu musste er es massstäblich verkleinern. – Ohne an dieser Stelle detailliert auf die einzelnen Motive und ihre Abweichungen untereinander einzugehen, lassen sich die um 1500 äusserst beliebten sogenannten Granatapfelmuster in Kombination mit bandartigen Wellenranken am häufigsten feststellen. In der «Vision des hl. Bernhard» (Abb. 62) und der «Hl. Anna selbdritt» (Abb. 64) von 1501 ist diese Musterung sehr dicht gestaltet; sie lockert sich in späteren Werken jedoch auf, um in der «Enthauptung Johannes des Täufers» (Abb. 196) und in «Johannes der Evangelist im Ölkessel» (Abb. 197) nurmehr als ausgedünntes Netz die Fläche zu überspinnen. Im «Zwölfjährigen Jesus im Tempel» (Abb. 43) und in der «Marienkrönung» (Abb. 188) treten zudem flächigere Muster auf, mit denen der Maler Damast oder Samt imitiert.

Gold

Zur Wiedergabe von Gold wendet Fries verschiedene Methoden an: die Poliment- oder Glanzvergoldung, also das Applizieren und anschliessende Polieren von Blattgold auf der geschliffenen, mit Bolus bedeckten Grundierung[46]; die Ölvergoldung, d.h. das Anbringen von Goldblättchen auf einem angetrockneten Leinölfirnis[47] mit hellgelber Farbe; schliesslich die Imitation des Metalls durch illusionistische Malerei. Oft braucht der Maler auf derselben Tafel zwei dieser Darstellungsmittel, manchmal auch alle drei, etwa in der «Vision des hl. Bernhard» (Abb. 62).

Während die Polimentvergoldung den Hintergründen und den frontal wiedergegebenen, flächig gefüllten Scheibennimben vorbehalten ist, tritt die Ölvergoldung bei filigran durchbrochenen Nimben sowie an Gewandsäumen und -borten auf. Geschmeide und Metallapplikationen auf Kleidern hingegen sind meistens illusionistisch gemalt. Wieviel Blattgold eine Tafel schmückte, hing zweifellos vom materiellen Aufwand ab, den man für ein bestimmtes Werk in Betracht zog; so lässt sich das Edelmetall z. B. an den Gemälden des Marienzyklus (Kat. 13) einzig an der «Marienkrönung» (Abb. 188) beobachten. Gold, Zwischgold[48] und Silber werden wiederholt in den Quellen vermerkt.[49]

Grössere Flächen von Polimentvergoldung werden entweder durch Gravierung des Grundes (siehe oben) oder aber durch Schwarzlotzeichnung strukturiert. Ausserdem verwendet der Maler zum Abschattieren von Goldpartien braune Lasuren, bei der Prachtentfaltung himmlischer Erscheinungen auch bunte Lüsterfarben, durch deren transparente Schicht hindurch die Metallfolie als Reflektor wirkt.[50] An den Regenbogen in der «Erscheinung des Menschensohnes» (Abb. 133) finden sich abgestuft Goldgelb (Goldlack), Rot (ein verlackter organischer Farbstoff) und Grün (sogenanntes Kupferresinat). Besonders raffiniert wirkt das Zusammenspiel der verschiedenen Techniken bei der «Hl. Anna selbdritt» (Abb. 64): die gesamte Fläche hinter dem Haupt und dem Oberkörper der Madonna ist glanzvergoldet; mit Schwarzlot zeichnet der Maler nicht nur das Brokatmuster, sondern auch die prächtige Astwerkkrone auf diese Fläche, die er zudem braun lasiert. Anschliessend hinterlegt er die Krone mit einem in Rot gelüsterten Scheibennimbus, der von einem feinen, ölvergoldeten Reif begrenzt wird. In der «Erscheinung des Apokalyptischen Weibes» (Abb. 132) verwendet er auf dem Gold auch Weiss, nämlich für die Inschrift und die Mondsichel unter der Madonna und für ihren transparenten Schleier.

Abb. 41
Brokatmuster am Gewand des Hohepriesters; Kat. 13d (Massstab 1:2)

Abb. 42
Brokatmuster am Gewand des Hohepriesters; Kat. 13e (Massstab 1:2)

Abb. 43
Brokatmuster am Lesepult; Kat. 13h (Massstab 1:2)

[48] Gold und Silber werden zu einem Blatt geschlagen, das eine goldene und eine silberne Seite hat (Brachert 2001, S. 279). [49] Q 36/1480, Q 113/1503, Q 124/1505, Q 134/1507, Q 135/1507, Q 143/1508, Q 148/1509, Q 149/1509, Q 152/1509. [50] Siehe dazu Straub 1984, S. 231–236.

Rückseiten

Eine letzte Bemerkung sei hier den Tafelrückseiten gewidmet. Oft wurden Vorder- und Rückseiten einer ehemals beidseitig bemalten Tafel zu einem späteren Zeitpunkt getrennt, um auf diese Weise zwei Galeriebilder zu erhalten. Damit sich die Bildträger nach derartigen Eingriffen nicht verwarfen, wurden sie auf eine neue Platte aufgebracht und häufig parkettiert. Die Rückseite des «Hl. Nikolaus» (Kat. 11b) schmückten stillebenartige Darstellungen, die heute durch eine solche Aufdoppelung zerstört sind (S. 173).

Zwei Ensembles weisen auf ihren Rückseiten – eigentlich den Feiertagsseiten dieser ehemaligen Altarflügel – Spuren von ehemals applizierten Reliefs auf. Im einen Fall sind zwei von vier Heiligengestalten erhalten (Abb. 126); sie waren ursprünglich mit Stiften im Tafelholz befestigt. Der Hintergrund dieser Figuren ist im oberen Teil mit Blau, das in Weiss übergeht, bemalt, und zwar mit einer matten Tempera in überraschend ungepflegter Machart (möglicherweise wurde diese Partie ursprünglich von einem Hängekamm verdeckt); der untere Teil wird von einer Stoffimitation geschmückt (siehe oben). Beim zweiten der beiden Ensembles weisen vergoldete und blau bemalte Flächen ebenfalls auf einen teilweise sichtbaren Hintergrund hin; Wergreste dürften von der Befestigung der heute verlorenen Reliefs herrühren (Abb. 66–69). Auch Rückseiten, die nicht für den Betrachter bestimmt waren, sind uns erhalten: einerseits an der Predella des Antonius-Altars, wo die Bearbeitungsspuren mit dem Schrupphobel noch deutlich sichtbar sind (Abb. 22); anderseits an den Tafeln des «Jüngsten Gerichts», wo das Holz sorgfältig geglättet ist, jedoch keinerlei Bemalung aufweist (Abb. 78). Wieso in diesem Fall überhaupt eine glatte Oberfläche angestrebt wurde, ist noch unklar.

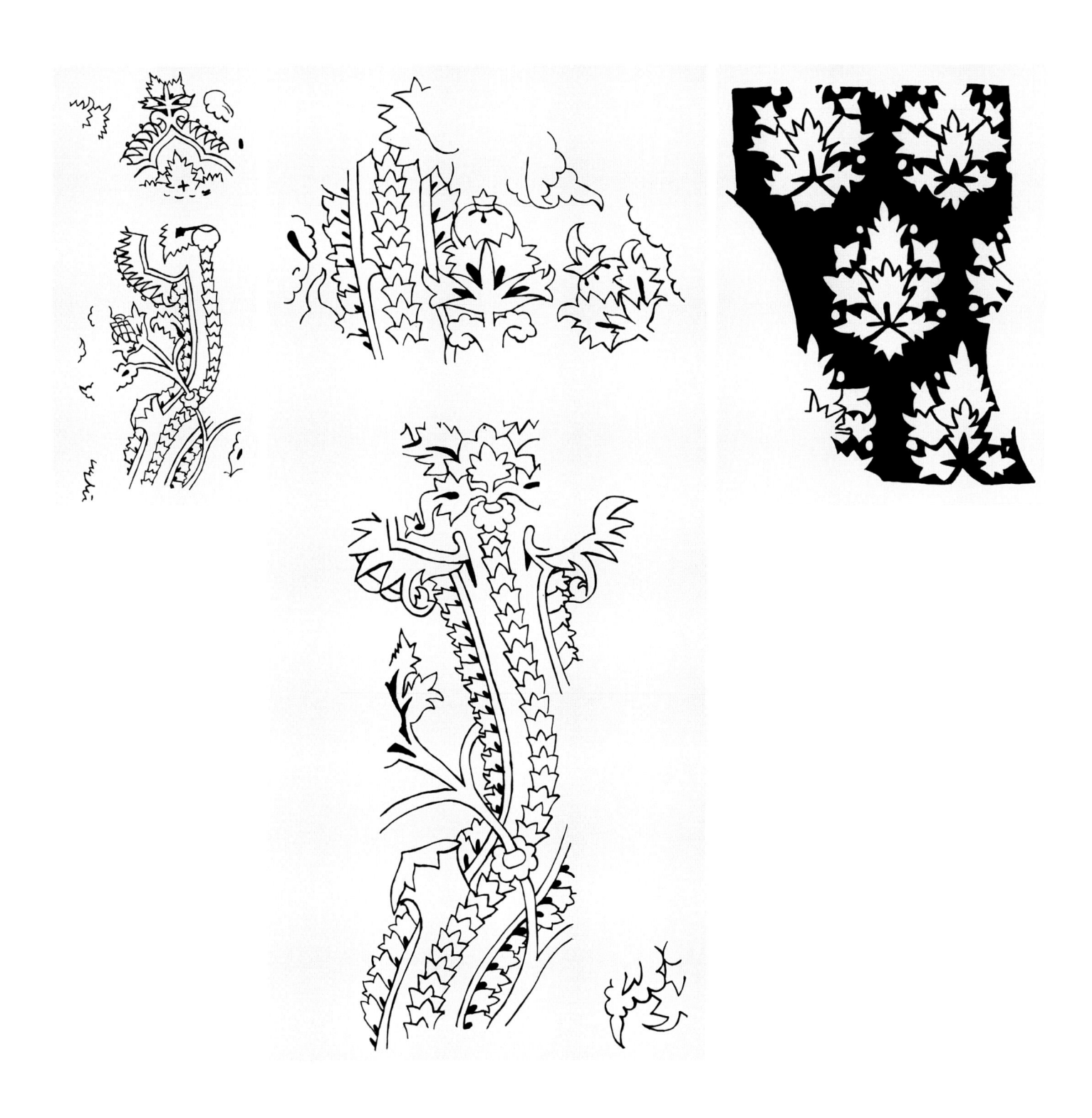

Freiburger Retabel aus der Zeit von Hans Fries

Ivan Andrey   Eigentlich könnten die Gemälde von Hans Fries ein eigenständiges, in sich geschlossenes Werk bilden. Sein schmales Œuvre, das zum Teil signiert ist, lässt eine ausgeprägte künstlerische Persönlichkeit erkennen. Trotz einer deutlichen Entwicklung bewahrt es seine Kohärenz durch die handwerkliche Sicherheit, die leuchtende Farbgebung, einen etwas herben Ausdruck und den Reichtum einer Ikonographie, die – offenbar unberührt von der nahenden Reformation – einige der Hauptanliegen der Zeit unvergleichlich darzustellen wusste.

Dabei waren die Tafelbilder von Hans Fries ursprünglich nichts anderes als Teile von Retabeln. Der spätgotische Altaraufsatz, der auf der Zusammenarbeit von Schreiner, Bildhauer und Maler beruhte, war eine aufwendige Konstruktion. Er bestand aus der Predella, dem Schrein, der gewöhnlich Statuen enthielt, und einer Bekrönung, meist einem Gesprenge, in dem weitere, kleinere Figuren standen. Bewegliche Flügel, mit denen der Schrein üblicherweise verschlossen war, wurden anlässlich bestimmter Feste geöffnet. Als Altarflügel hatten die Werke von Hans Fries vermutlich eine ganz andere Bedeutung und Ausstrahlung als die, welche sie heute für uns besitzen. Die meisten der von Fries gemalten Tafeln waren Seitenflügel; einzig das «Lebende Kreuz» von Cugy (Kat. 12) scheint die Mitte eines Retabels eingenommen zu haben. Wie die Tafeln von Niklaus Manuel Deutsch in Bern[1] waren jene von Fries mehrheitlich beidseitig bemalt. Nur bei der Predigt des hl. Antonius (Kat. 9a) und den kleinen Münchner Tafeln (Kat. 3) war die Innenseite mit geschnitzten Reliefs versehen. Somit folgen die Tafeln von Fries eher der alten, von Hans Multscher begründeten Tradition: der mehrere Statuen enthaltende Schrein wird mit beidseitig bemalten Tafeln geschlossen. Am Ende des 15. Jahrhunderts breitete sich ein anderer Retabeltyp aus, der auf den Flügel-Innenseiten geschnitzte Reliefs aufweist.[2] Die Suche nach ergänzenden Elementen wird bei Fries dadurch erschwert, dass die Tafeln beidseitig bemalt sind.

[1] Bern 1979, S. 217–249; Kunstmuseum Bern 1999.
[2] Bergmann 1994, S. 111/112. [3] Andrey 1995, S. 198–203. [4] Für spätere Beispiele siehe Stuttgart 1993, S. 210, 223.

Retabel mit Gemälden von Hans Fries

Trotz zahlreicher Mutmassungen und eingehender Forschungen konnte nur ein einziger Altaraufsatz, der Gemälde von Hans Fries umfasst, nahezu vollständig rekonstruiert werden: das Retabel, das der Komtur Peter von Englisberg 1514 auf dem Hochaltar der Kirche St. Johann in Freiburg aufstellen liess (Abb. 44, 45).[3]

Der Schrein dürfte drei Statuen enthalten haben: die Muttergottes mit Kind in der Mitte, Johannes den Täufer zu ihrer Rechten und Johannes den Evangelisten zu ihrer Linken. Die Flügel-Innenseiten stellten die Enthauptung Johannes des Täufers (Kat. 14b) und die Ölmarter des Apostels Johannes (Kat. 14d) dar. In der Bekrönung standen Figuren des hl. Stephanus und des hl. Laurentius zu beiden Seiten des von Maria Magdalena begleiteten Christus. Die Predella enthielt vermutlich Büsten der hll. Petrus und Paulus, die wohl eine Christusfigur rahmten.[4] Das geschlossene Retabel zeigte links Johannes den Täufer, der Herodes und Herodias tadelt (Kat. 14a), und rechts den Apostel Johannes, der in der Verbannung auf Patmos die Geheime Offenbarung niederschreibt (Kat. 14c).

Um 1712 ersetzte ein grosses Barockretabel den spätgotischen Altaraufsatz, doch die alten Figuren des Schreins und der Bekrönung wurden wiederverwendet.[5] So blieben sie bis heute im Chor der Kirche St. Johann erhalten.

Ein zwischen 1684 und 1693 erstelltes Inventar, das die Ikonographie des gotischen Retabels genau beschreibt, bot uns die Möglichkeit, eine erste Rekonstruktion vorzuschlagen.[6] Allerdings hatten wir damals die Angaben «links» und «rechts» falsch verstanden; sie beziehen sich nicht auf den Betrachter, sondern sind von der zentralen Figur aus zu verstehen. Die neue Anordnung ist zweifellos angebrachter und harmonischer. So befindet sich gemäss der Tradition der erste Kirchenpatron, Johannes der Täufer, zur Rechten der Muttergottes mit Kind, die in spätgotischen Retabeln am häufigsten als Hauptfigur anzutreffen ist. Die Tafeln von Fries stellen die Marter der beiden Johannes dar. Obwohl ihr oberer Teil abgesägt wurde, stimmen sie mit dem Schrein überein: Ein hohes Gebäude begrenzt die Komposition nach aussen, und eine Mauer oder ein niedriger Bau schliessen den Handlungsraum nach hinten ab, während sich über den beiden Protagonisten – jeder neben seinem geschnitzten Bild – ein blauer Wolkenhimmel weitet. Bei geschlossenem Retabel ist der Zusammenhang der Komposition noch besser zu erkennen: der wolkenverhangene Himmel, die Horizontlinie des Meers und ein Felsstück verlängern die Landschaft der Insel Patmos in die schroffe Szenerie, in welcher der Vorläufer Christi spricht.

Abb. 44
Hochaltar-Retabel der Kirche St. Johann, geschlossener Zustand (Rekonstruktionsversuch zu Kat. 14); Freiburg

Abb. 45
Hochaltar-Retabel der Kirche St. Johann, geöffneter Zustand (Rekonstruktionsversuch zu Kat. 14); Freiburg

Seit jeher war bekannt, dass die beiden Tafeln von Fries aus der Johanniterkomturei stammten; man nahm an, sie hätten zum Altaraufsatz des Privatoratoriums des Komturs oder zu jenem der St.-Anna-Kapelle gehört. Für unseren Vorschlag, sie mit dem Hochaltar der Kirche in Verbindung zu setzen, spricht eine Reihe von Argumenten, die hier kurz zusammengefasst seien. Das Oratorium befand sich in einem Raum, der viel zu klein war, als dass er ein mittelgrosses, durch die Tafeln von Fries verschlossenes Retabel hätte aufnehmen können. Laut dem Inventar von 1684–1693 stimmte die Ikonographie der Altarflügel der St.-Anna-Kapelle nicht mit jener der Tafeln von Fries überein. Dieses Verzeichnis beschreibt das gotische Retabel des Hochaltars, ohne die Flügel zu erwähnen, doch liegt es auf der Hand, dass die Szenen aus dem Leben der beiden Johannes die Skulpturen bestens ergänzen, ganz abgesehen davon, dass ihre Dimensionen gleich sind. Das auf der Aussenseite der Tafeln genannte Datum 1514 entspricht dem Jahr, in dem der Freiburger Rat ein Abkommen zwischen der Gemeinschaft St. Johann und dem Komtur Peter von Englisberg bestätigte. Laut diesem Dokument hatte sich der Komtur um den Unterhalt des Chors, des Hochaltars, der Altäre des Vorchors und der St.-Anna-Kapelle zu kümmern. Wie sein Wappen auf dem Hochaltar und einem der Seitenaltäre beweist, waren diese auf seine Kosten geschaffen worden.

Laut Marcel Strub sind alle im barocken Retabel wieder aufgestellten Statuen und die Büsten der hll. Petrus und Paulus Hans Roditzer zuzuschreiben. Wir sind von dieser Zuschreibung nicht überzeugt und werden am Ende unserer Ausführungen auf die Frage nach Roditzers Werk zurückkommen.

Das rekonstruierte Retabel des Hochaltars von St. Johann wäre von mittlerer Grösse. Der geschlossene Schrein war vermutlich 160 cm breit und 180 cm hoch. Die beiden berühmtesten

[5] Strub 1956/1, S. 223, Abb. 237. [6] Andrey 1995, S. 195.

71

Retabel von Hans Fries – der Bugnon- und der Antonius-Altar – wiesen wohl ähnlich grosse Schreine auf, obwohl es sich um Seitenaltäre handelte.

Die sogenannten Bugnon-Tafeln (Kat. 7), die anscheinend im Estrich der Stiftskirche St. Niklaus wiedergefunden wurden, gehörten vermutlich zum Retabel der Heiliggeistbruderschaft, deren Altar vor dem zweiten nördlichen Pfeiler des Schiffes stand. Der dem Heiligen Geist oder der Dreifaltigkeit geweihte Altar war 1751 aufgehoben, seine Stiftungen waren dem Weihnachtsaltar (erster nördlicher Seitenaltar) hinzugefügt worden.[7] Die wenigen Quellen, die den Bau des Retabels um 1505/1506 erwähnen, geben keinen Hinweis auf den Inhalt des Schreins. Das Patrozinium des Altars lässt allerdings die Darstellung der Dreifaltigkeit vermuten, von der aus jener Zeit kein Schnitzwerk erhalten ist.

Für das Antonius-Retabel von 1506 (Kat. 9) in der Freiburger Franziskanerkirche schlug Marcel Strub eine überzeugende Teilrekonstruktion vor. Die beiden Reliefs mit den mutmasslichen Darstellungen der hll. Petrus und Maria Magdalena, die ehemals in einer Nische an der Altbrunnengasse aufgestellt waren, befanden sich ursprünglich auf der Rückseite der Tafeln mit der Predigt des hl. Antonius von Padua (Kat. 9a). Zu Recht schrieb sie Strub dem Meister der grossen Nasen zu, den er allerdings fälschlicherweise mit Martin Gramp gleichsetzte.[8] Der Schrein dieses Retabels enthielt vermutlich drei Statuen, die in Anbetracht der Masse der Reliefs etwas mehr als 1 m hoch gewesen sein dürften. Seltsamerweise war der Altar dem hl. Antonius Eremita geweiht und nicht dem hl. Antonius von Padua, der sich jedoch neben dem Hauptpatron befunden haben könnte. Die zugehörige Darstellung von Wundern am Grab des hl. Antonius ist die einzige Predella von Hans Fries, die erhalten ist.

7 Das Oberbild stellt tatsächlich die Dreifaltigkeit dar. **8** Andrey 1992, S. 6–8. **9** Beckerath 1998, S. 185 (Oskar Emmenegger). **10** Andrey 1995, S. 199–201. **11** Rott 1936, S. 280/281. **12** Krohm/Oellermann 1992; Stuttgart 1993. **13** Beckerath 1998. **14** Das Retabel des Hochaltars der Kirche von Jaun ist eine Rekonstruktion von 1965.

Der Marienzyklus von 1512 (Kat. 13), über die Museen von Basel, Nürnberg und Hamburg verteilt, ist das umfangreichste Ensemble erhaltener Fries-Gemälde, zu dem sich jedoch wenig Sicheres sagen lässt. War es tatsächlich ein Retabel? Für welchen Ort wurde es geschaffen? Paul Leonhard Ganz glaubte, ein mehr als 5 m breites und fast 8 m hohes Marienretabel rekonstruieren zu können. Seine Hypothese ist durchaus vertretbar, ruft jedoch einige Einwände hervor und lässt gewisse Elemente unberücksichtigt, welche auf andere Rekonstruktionsmöglichkeiten hinweisen (siehe S. 183/184).

Als eigentliches Gemälde auf Skulptur[9] musste die Fassung der Retabelstatuen – und natürlich des Schreins – mit den Flügeln harmonieren, insbesondere jenen, deren Innenseite bemalt war. Beim Johannes-Retabel lässt sich leider nicht mehr feststellen, ob Fries die Figuren gefasst hatte und wie sich Fassung und Flügel zueinander verhielten. Die Statuen wurden in den dreissiger Jahren des 20. Jahrhunderts vollständig abgelaugt und in den sechziger Jahren neu gefasst.[10] Die vor kurzem erfolgte Restaurierung der stark beschädigten Fassung der hll. Petrus und Maria Magdalena auf der Flügel-Innenseite der «Predigt des hl. Antonius» ergab in dieser Hinsicht keine entscheidende Erkenntnis. Einzig beim Himmelfahrts-Christus des Meisters der grossen Nasen (Kat. 21) ist die Originalfassung relativ gut erhalten. Meister Hans der Maler, der dafür 1503 bezahlt wurde, wird fast einstimmig mit Hans Fries identifiziert, da die hohe Qualität der Fassung und ihre Ähnlichkeit mit seinen Gemälden kaum Zweifel zulassen. Allerdings wird der zweite Maler mit dem Vornamen Hans – Hans Rott – in den Quellen häufiger in Zusammenhang mit Fassungsarbeiten genannt. 1509 verpflichtet er sich gegenüber den Geschworenen von Düdingen, eine Statue der hl. Katharina zu fassen, und 1510 unterzeichnet er einen Vertrag mit der Gemeinde Balm (Ferenbalm) über die vollständige Fassung eines ihrer Retabel. Dieses Zeitdokument ist das präziseste, das wir über die Fassungen gotischer Retabel in unserer Region besitzen.[11]

Die Rekonstruktion des Johannes-Retabels und der Flügel des Antonius-Retabels erlaubte uns, bestimmte Skulpturen in Beziehung zu den Tafeln von Hans Fries zu setzen. Beim heutigen Forschungsstand sind weitere derartige Vorschläge jedoch nicht möglich. Es scheint uns hingegen nützlich, statt dessen das Gesamtproblem der freiburgischen Retabel aus dem ersten Drittel des 16. Jahrhunderts etwas genauer zu untersuchen. Wir werden darlegen, auf welcher Grundlage Rekonstruktionen möglich sind, und zugleich einige neue Vorschläge machen.

Nur zwei vollständige Freiburger Retabel

Das spätgotische Retabel in Süddeutschland, Österreich und der deutschen Schweiz gelangte im letzten Viertel des 15. und im ersten Viertel des 16. Jahrhunderts zu voller Entfaltung. Dank neuerer Untersuchungen lässt sich die Tragweite dieses Phänomens erfassen.[12] Die aussergewöhnliche Situation in Graubünden, wo mehr als dreissig schwäbische Altaraufsätze aus jener Zeit vollständig erhalten sind, wurde vor kurzem in einer umfangreichen, auf langjähriger Forschungsarbeit beruhenden Monographie dargestellt.[13]

Kurz nach Freiburgs Eintritt in die Eidgenossenschaft (1481) wurde die Stadt zu einem Zentrum spätgotischer Skulptur süddeutscher Prägung. Einige Künstler, über die man nur schlecht informiert ist, wie der Meister der grossen Nasen oder Lienhard Thurneysen aus Basel, waren in den ersten Jahren des 16. Jahrhunderts tätig; damals begann auch die freiburgische Laufbahn von Hans Fries. In den 1510er Jahren traten jedoch gleich drei Künstler, Hans Roditzer, Martin Gramp und Hans Geiler, in den Vordergrund, um eine offenbar erhöhte Nachfrage zu befriedigen. Diese kurze Blüte setzte sich in den 1520er Jahren fort, doch gingen die Aufträge nach Geilers Tod 1534 stark zurück, als ob die 1528 in Bern, 1530 in Neuenburg und 1536 im Waadtland eingeführte Reformation die Vitalität der Sakralkunst auch in katholischen Landen zum Erlahmen gebracht hätte. Hans Gieng, anscheinend eine stärkere Persönlichkeit als seine Vorgänger, sollte noch ein paar sakrale Werke ausführen, doch seine Haupttätigkeit war die Errichtung skulpturengeschmückter Brunnen in Freiburg, Bern und Solothurn.

War das Gebiet des Kantons Freiburg im ersten Drittel des 16. Jahrhunderts durch eine beachtliche Produktion von Schnitzaltären gekennzeichnet, so sind lediglich zwei Retabel aus jener Zeit nahezu vollständig erhalten: dasjenige von Jean de Furno in der Franziskanerkirche in Freiburg (Abb. 46) und das Estavayer-Blonay-Retabel in der Dominikanerinnenkirche in Estavayer-le-Lac (Abb. 47, 48).[14] Die Erhaltung des Furno-Altars kommt einem Wunder gleich: Als das Schiff der Franziskanerkirche 1745 neu errichtet wurde, entfernte man sämtliche Altäre ausser diesem. Blieb er auf Grund seiner hohen Qualität an seinem Standort? Andere Teile der spätgotischen Ausstattung, die wohl aus diesem Grund erhalten sind (Tafeln des Nelkenmeisters und des Antonius-Altars), verloren damals ihre ursprüngliche Funktion. Hat vielleicht die Familie Meyer, an die nach dem Erlöschen der Furno die Kollaturrechte der Kapelle gefallen waren, die Bewahrung des alten Retabels gefordert?

Mit Ausnahme des Furno- und des Estavayer-Blonay-Retabels sind also nur Fragmente erhalten: bemalte Altartafeln, Flügel- oder Schreinreliefs, Predellen und vor allem eine grosse Zahl von Einzelstatuen. Diese Teile befinden sich heute mehrheitlich im Museum für Kunst und Geschichte, aber auch in der bischöflichen Sammlung, in verschiedenen in- und ausländischen Museen, in Privatsammlungen und in zahlreichen Kirchen und Kapellen des Kantons Freiburg. Seit Ende des 19. Jahrhunderts richtete sich das Interesse der Forscher, die sich mit diesen Werken beschäftigten, vor allem auf die Persönlichkeit ihrer Urheber und folglich auf die Zuschreibung. Hermann Schöpfer fasste die wichtigsten Etappen dieser Auseinandersetzung zusammen, die im wesentlichen zu Marcel Strubs Schlussfolgerungen über das jeweilige Werk von Martin Gramp, Hans Roditzer, Hans Geiler und Hans Gieng führte.[15] Seit diesen Studien, die endgültig scheinen mochten, stellten wir den von Strub vorgeschlagenen Werkkatalog von Martin Gramp in Frage,[16] und Sophie Guillot de Suduiraut entdeckte in Frankreich mehrere Werke, die aus Freiburg stammen.[17] Wie aus diesen neueren Arbeiten hervorgeht, hatte Marcel Strub, der vielleicht die einzelnen Persönlichkeiten allzu stark in den Vordergrund zu rücken suchte, das Bild der damaligen Freiburger Bildhauerkunst zu radikal geklärt. Wir möchten deshalb die Problematik auf einer breiteren Grundlage neu aufrollen.

Eine Vielzahl zerstreuter Fragmente

Zwar versuchten die Forscher immer wieder, aus einzelnen Fragmenten Retabel zu rekonstruieren,[18] doch bestand ihr Hauptziel in der Zuschreibung der Werke an einen bestimmten Künstler. Wir möchten dagegen diese Prioritäten umkehren und uns darauf konzentrieren, den zerstreuten Fragmenten ihre ursprüngliche Identität als Altarbestandteile zurückzugeben. Die Analyse gewisser Aspekte sollte erlauben, bestehende Hypothesen kritisch zu beleuchten und wenn möglich neue Vorschläge zu machen. Anhand einiger ausführlich behandelter Beispiele werden wir wichtige Gesichtspunkte wie Herkunft, Ikonographie, Masse, Stil und technische Beschaffenheit betrachten.

Wenn sich eine Statue in einer Kirche oder Kapelle befindet, gehörte sie möglicherweise zu einem für dieses Gebäude geschaffenen Retabel. Allerdings kann sie auch eine andere Herkunft haben; so erwarb der Pfarrer von Villarepos 1875 eine Figur des hl. Petrus aus der Kirche von Dompierre[19], wo der dem Kirchenpatron geweihte Altaraufsatz kurz nach 1525 geschaffen worden war.[20] In Unkenntnis dieses Kaufs hätte man annehmen können, die Statue sei stets in Villarepos gewesen.

Häufig jedoch ist das Problem nicht so einfach. Im Jahr 1900 erwarb das Museum in Freiburg von der Gemeinde Villeneuve den ehemaligen Altar der Dorfkapelle, mit «einer gewissen Anzahl Holzstatuen aus dem 15. oder 16. Jahrhundert».[21] Ohne es zu wissen, brachte der Konservator Max de Techtermann auf diese Weise ein Retabel aus der Kirche St. Niklaus in die Stadt zurück. 1752 hatte die Metzgerzunft das Retabel, das sie in der Stiftskirche besass und das auf Grund der zahlenmässigen Verringerung der Altäre und ihrer Neuerrichtung entfernt worden war, an die Gemeinde Villeneuve verkauft.[22] Das Retabel der Metzger war um 1504 geschaffen, 1668 renoviert und vermutlich 1734 durch ein neues ersetzt worden.[23] Einige gotische Statuen scheinen diese Veränderungen überstanden zu haben und könnten sich heute in der Sammlung des Museums befinden. Allerdings gelang es noch nicht, sie zu identifizieren.

Natürlich ist die Ikonographie eines der Hauptkriterien, um die Herkunft eines Objekts zu bestimmen. Das Museum für Kunst und Geschichte Freiburg besitzt zwei grosse Statuen, die dem Meister der grossen Nasen zugeschrieben werden können; sie sollen die hll. Jakobus den Älteren

---

15 Schöpfer 1981, S. 422/423, 448–454. **16** Andrey 1992, S. 6–8. **17** Guillot de Suduiraut 1995; Guillot de Suduiraut 1996. **18** Wie das von Marcel Strub rekonstruierte Retabel von Jaun (siehe Strub 1958/1, S. 112–114). **19** Schöpfer 1989, S. 264/265. **20** Dellion 1885, S. 536, 539. **21** Archiv des Museums für Kunst und Geschichte, Jahresbericht 1901, S. 8; siehe auch Briefkopien II (1899–1901), S. 99, 298, 300, 304, 320, 387; Museumskommission I (1900/1901), S. 26; Journal des Museums IV (1899–1902), S. 9. **22** Staatsarchiv Freiburg, RN 588, f. 133v. **23** Staatsarchiv Freiburg, RN 86, f. 32; Zünfte 2.1, f.100v und 2.3, f. 67.

Abb. 46
Furno-Altar, 1509–1513 (geöffneter Zustand); Freiburg, Franziskanerkirche

Abb. 47
Retabel von Estavayer-Blonay, 1527, geschlossener Zustand; Estavayer-le-Lac (FR), Kirche des Dominikanerinnenklosters

Abb. 48
Retabel von Estavayer-Blonay, 1527, geöffneter Zustand; Estavayer-le-Lac (FR), Kirche des Dominikanerinnenklosters

75

und Leonhard darstellen (Abb. 49, 50).²⁴ Der erste trägt das Pilgergewand und einen breitkrempigen Hut, auf dem eine Art Schmuckstück befestigt ist, während das herkömmliche Attribut des Jakobshuts eine Muschel oder das Pilgerabzeichen ist. Es handelt sich also nicht ganz sicher um diesen Heiligen. Ist es der hl. Jakobus oder der hl. Jost? Marcel Strub vermutet, die beiden Statuen stammten aus Montbovon, wo sie zu dem Retabel der 1514 geweihten Kapelle gehört hätten.²⁵ Deshalb datiert er sie kurz nach diesem Jahr. Diese Annahme ist allerdings kaum wahrscheinlich. 1663 besass Montbovon bereits eine Pfarrkirche mit drei Altären, die den hll. Gratus und Ludwig (Hauptaltar), der Rosenkranzmadonna (erster Seitenaltar) und dem hl. Joseph (zweiter Seitenaltar, der zudem «Bilder» der hll. Karl und Antonius Eremita umfasste) geweiht waren.²⁶ Keinerlei Erwähnung der hll. Jakobus, Jost oder Leonhard! 1898 erwarb das Freiburger Museum vom Antiquar Grumser zwanzig Statuen, die aus der Kirche von Montbovon stammten.²⁷ Heute wissen wir, dass sie mehrheitlich aus den 1780er und 1790er Jahren datieren.²⁸ Max de Diesbach, der die Stücke vor ihrem Ankauf sah, hielt sie für wenig wertvoll, ausgenommen die Evangelisten der Kanzel.²⁹ Wären die beiden Statuen des Meisters der grossen Nasen, die heute zu den Meisterwerken der Museumssammlung gehören, Bestandteil dieses Ankaufs gewesen, hätte sie Max de Diesbach mit grosser Wahrscheinlichkeit bemerkt. Im übrigen scheinen diese mehr als 130 cm hohen Statuen besser zu einer städtischen Kirche oder zum Hochaltar einer Pfarrkirche zu passen als zum Retabel einer schlichten Greyerzer Kapelle. Da die Montbovon-Hypothese folglich aufgegeben werden muss, ist auch die Datierung von 1514 neu zu überprüfen. Vorsichtshalber möchten wir sie auf den Beginn des 16. Jahrhunderts festlegen, da die datierten Werke des genannten Künstlers der Himmelfahrts-Christus von 1502/1503 (Kat. 21) und die Reliefs des Antonius-Retabels von 1506 (Abb. 126) sind. Die tatsächliche Herkunft dieser beiden bedeutenden Figuren ist also noch zu bestimmen.

24 Strub 1960, S. 82, Nr. 5; Freiburg 1971, S. 17, Nr. 18/19. **25** Waeber 1957/1, S. 230. **26** Bischöfliches Archiv, Freiburg, Acta visitationis III (1663), f. 132. **27** Archiv des Museums für Kunst und Geschichte Freiburg, Jahresbilanzen und -berichte 1890–1906, Belege 1898–1905, Rechnung R. Grumser 31.12.1898; Jahresberichte 1895–1903, Bericht 1898, S. 4. **28** Pfulg 1985, S. 54–61, 75/76. **29** Archiv des Museums für Kunst und Geschichte Freiburg, Korrespondenz 1894–1899, Brief vom 12.7.1898. **30** Strub 1962, S. 243. **31** Strub 1960, S. 88, Nr. 22. **32** Strub 1962, S. 126–134, Nr. 5. **33** Huth 1967, Abb. 21; Guillot de Suduiraut 1998, S. 88. **34** Waeber 1940, S. 39. **35** Strub 1962, S. 56. **36** Andrey 1995, S. 212.

Um einer Statue ihren ursprünglichen Platz zurückgeben zu können, sind somit ihre Masse zu berücksichtigen. Mit Hilfe dieses naheliegenden, jedoch öfters vernachlässigten Kriteriums lässt sich häufig eine Hierarchie zwischen den verschiedenen Retabelelementen aufstellen. Wahrscheinlich wurden vor Vertragsabschluss die Masse des ganzen Aufsatzes, des Schreins, der Flügel und der Statuen besprochen, zumal der Preis davon abhing. So verpflichtete sich Hans Gieng 1554, für die Franziskaner in Solothurn ein Retabel anzufertigen, dessen fünf Schreinfiguren 5 Fuss (140 bis 150 cm) hoch sein sollten.³⁰ Es wäre wohl aufschlussreich, die Dimensionen der Retabel und Statuen systematisch mit den seinerzeit üblichen Längenmassen zu vergleichen.

Was die Freiburger Produktion aus dem ersten Drittel des 16. Jahrhunderts betrifft, scheint die geläufige Statuengrösse 80 bis 90 cm betragen zu haben. Grosse Figuren massen 100 bis 110 cm, sehr grosse bis zu 130 bis 140 cm. Unter diesen Bedingungen ist der hl. Bischof der Kapelle von Cormagens mit seinen 170 cm wohl eine Ausnahme.³¹ Diese Skulptur stellt in vielfacher Hinsicht Probleme: Auf Grund eines undefinierbaren Attributs konnte ihre Identität nicht bestimmt werden, ihre tatsächliche Herkunft ist unbekannt und ihre Zuschreibung an Martin Gramp unhaltbar.

Auf den ersten Blick erscheint die Rekonstruktion des ehemaligen Hochaltaraufsatzes von Cugy leicht³²: Da offenbar die meisten Elemente erhalten waren, nahm Marcel Strub an, der Schrein habe eine 125 cm grosse Muttergottesstatue mit Kind und zwei kleinere Statuen (je 80 cm) enthalten, die den hl. Martin als Hauptpatron der Pfarrei und den hl. Antonius Eremita als zweiten Kirchenpatron darstellten. So schiene es unter ikonographischen Gesichtspunkten schlüssig. Allerdings ist das Nebeneinander von drei Statuen, deren Masse so stark voneinander abweichen, höchst ungewöhnlich. Das Ungleichgewicht wird noch verstärkt, wenn man sich die Muttergottes zusätzlich auf einem kleinen Sockel vorstellt. Zwar lassen sich einige Retabelentwürfe anführen, bei denen die mittlere Figur die seitlichen um etwa ein Drittel überragt[33], doch ist unbekannt, ob sie Anklang fanden. Jedenfalls gibt es in der Schweiz keine Retabel mit solchen Unterschieden.

Abb. 49
Meister der grossen Nasen (zugeschr.):
Hl. Leonhard, Anfang 16. Jh.;
Freiburg, Museum für Kunst und Geschichte

Abb. 50
Meister der grossen Nasen (zugeschr.):
Hl. Jakobus der Ältere, Anfang 16. Jh.;
Freiburg, Museum für Kunst und Geschichte

Ende des 16. Jahrhunderts zählte die Kirche von Cugy fünf Altäre[34], deren Retabel insgesamt eine hohe Zahl spätgotischer Statuen aufgewiesen haben dürften. Sechs dieser Skulpturen sind uns bekannt: fünf am Ort und eine im Museum für Kunst und Geschichte Freiburg. Drei sind 125 bis 130 cm hoch (Muttergottes mit Kind, hl. Andreas und hl. Petrus), die anderen drei messen 80 bis 90 cm (hl. Martin, hl. Antonius, hl. Katharina). Logischerweise müsste der Schrein des Hoch altars die drei grossen Statuen enthalten, die Bekrönung hingegen die beiden Schutzheiligen. Warum jedoch sollten die hll. Andreas und Petrus die Muttergottes einrahmen, und warum ist die Petrus-Figur im Vergleich zu den übrigen Statuen von geringerer Qualität, als wäre sie zu einem späteren Zeitpunkt geschaffen worden? Könnte dieser eigenartige Rekonstruktionsversuch mit der möglichen Rolle zusammenhängen, welche die Abtei Hauterive bei der Entstehung des Retabels um 1522 spielte?[35]

Um mehrere Statuen in einem Retabel zu vereinen, braucht es zwischen ihnen keine vollkommene stilistische Identität. Es genügt, dass sie denselben «Werkstattstil» erkennen lassen. Eine allzu detaillierte Stilanalyse könnte dazu führen, dass Stücke, die tatsächlich Bestandteile ein und desselben Altars waren, für unvereinbar gehalten werden. So vermochten wir nachzuweisen, dass ein hl. Johannes der Täufer und ein hl. Johannes Evangelist, die Strub beide um 1514 datierte, zu demselben Retabel gehörten wie eine hl. Maria Magdalena und eine hl. Katharina, deren Entstehungszeit dieser Autor mit 1525–1530 angab.[36]

In seiner Analyse des Altars von Estavayer-Blonay stellte Marcel Strub bedeutende Stilunterschiede zwischen der Muttergottes mit Kind und den beiden dominikanischen Heiligen fest.[37] Wäre der Altar zerlegt und wären seine Bestandteile zerstreut worden, hätte man dann die Figuren unter stilistischen Aspekten wieder nebeneinandergestellt?

Zudem darf man nicht von vornherein ausschliessen, dass ein Retabel auch heterogene Elemente enthalten kann. So war die Hauptfigur des Retabels in der Freiburger Anna-Kapelle eine Tonstatue, während die übrigen Skulpturen, die man der Werkstatt von Hans Geiler zuschreiben kann, aus Holz bestanden.[38]

Bereits seit einigen Jahren ist die technologische Untersuchung der spätgotischen Retabel unentbehrlicher Bestandteil jeder Forschungsarbeit. So führten die Analysen der Tafelgemälde des Nelkenmeisters[39] und jener von Hans Fries zu beachtlichen Ergebnissen, besonders hinsichtlich der Unterzeichnungen. Auch der Altar von Estavayer-Blonay war Gegenstand einer gründlichen Analyse, vor allem in bezug auf Vergoldung und Fassung.[40] Dagegen wurden zahlreiche Einzelstatuen nie systematisch untersucht. Die Fachklasse für Konservierung und Restaurierung in Bern analysierte in beispielhafter Weise verschiedene freiburgische Statuen[41], doch wären für schlüssige Vergleiche weitaus mehr derartige Studien notwendig, vor allem solche holzkundlicher und dendrochronologischer Natur, die Beobachtung der Spuren von Werkbank und Schnitzwerkzeug und natürlich die Untersuchung der Fassung.

Bevor man feinsinnige Zuschreibungsversuche unternimmt und die Hand des Meisters von der seiner Gesellen oder Lehrlinge zu unterscheiden versucht, sollte man sich unseres Erachtens der grossen Zahl heute isolierter Statuen zuwenden: um die Herkunft jedes Objekts möglichst lückenlos nachzuweisen; um die Elemente wiederzufinden, mit denen zusammen es vielleicht ein Retabel bildete; um seine materielle und technische Beschaffenheit gründlich zu studieren. Wir haben hier einige Beispiele für Irrtümer erwähnt, hätten jedoch noch weitere anführen können. Um die freiburgische Skulptur des ersten Drittels des 16. Jahrhunderts besser zu erforschen, darf man diese Grundlagen nicht vernachlässigen.

37 Strub 1962, S. 62. **38** Andrey 1995, S. 208. **39** Gutscher/Villiger 1999. **40** Imhoff 1985. **41** Geleitet von Christophe Zindel, befassten sich diese Untersuchungen insbesondere mit der Muttergottes mit Kind von La Corbaz und dem hl. Andreas von Cugy. **42** Jaccard 1992, S. 84. **43** Bergmann 1994, S. 50–145. **44** Beckerath 1994. **45** Strub 1962, S. 41. **46** Rott 1936, S. 306/307. **47** Bern 1979, S. 124–126, 211/212, 226–229. **48** Schöpfer 1995. **49** Strub 1962, S. 55/56. **50** Guillot de Suduiraut 1996. **51** Beckerath 1998, S. 9, 31–41. **52** Beckerath 1998, S. 33, 53. **53** Strub 1956/1, S. 31. **54** Strub 1959, S. 321–341. **55** Strub 1956/1, S. 30. **56** Archiv des Museums für Kunst und Geschichte Freiburg, Briefkopien V (1905–1907), f. 228. **57** Kulturgüterdienst, Freiburg (IPR Fribourg/St-Jean 247, mit Fotos).

Allgemeine Bemerkungen zu den Freiburger Retabeln

Laut Paul-André Jaccard war die Freiburger Produktion von Schnitzaltären rege, wenn auch nicht überbordend.[42] Tatsächlich besitzen wir nichts, was mit dem Retabel von Münster im Goms[43] oder dem Altar der Kathedrale von Chur[44] vergleichbar wäre. Unbekannt ist sogar, ob es damals überhaupt ein grossformatiges Werk gab, das ein Vorbild hätte sein können. In einem Umfeld, in dem die Skulptur überwog, konnte der gänzlich gemalte Nelkenmeisteraltar diese Rolle nicht spielen. Auch der Furno-Altar, dessen Innenseiten vollständig mit Reliefs bedeckt sind, konnte kein Beispiel für Werke sein, die hauptsächlich mit grossen Statuen geschmückt waren: seine Qualität ist zwar bemerkenswert, seine Ausmasse sind jedoch bescheiden. Das Retabel von Estavayer-Blonay seinerseits entstand viel zu spät, als dass es Schule gemacht hätte.

Seit Ende des 15. Jahrhunderts scheint die Produktion ziemlich regelmässig gewesen zu sein, auch wenn offenbar in gewissen Jahren besonders viele Werke entstanden. Der Furno-Altar[45] könnte wie das Relief mit Mariä Tempelgang des Klosters Bisemberg (siehe S. 82) kurz vor

1513 entstanden sein; die Retabel der St.-Johann-Kirche in Freiburg sowie jene von Marly und St. Silvester datieren von 1514, jene von Jaun von 1515;[46] zwischen diesem Jahr und 1517 gaben Freiburg und Bern gemeinsam den Altar der Franziskanerkirche in Grandson in Auftrag[47], und zur gleichen Zeit liess Peter Falck vermutlich das Ölberg-Retabel ausführen (siehe S. 82 ff.). In dieser blühenden Epoche wurde wohl auch der Klerus von St. Niklaus zum Stiftskapitel erhoben, das die bedeutendsten Silberstatuen des Kirchenschatzes in Auftrag gab.[48] Auch der Beginn der 1520er Jahre scheint besonders produktiv gewesen zu sein; zu nennen sind insbesondere die Retabel von Hauterive und Cugy[49] sowie weitere Altäre, von denen lediglich Bildtafeln erhalten sind.

Obschon die vermutliche Herkunft der erhaltenen Teile noch genau untersucht werden muss, kann eine erste geographische Einteilung vorgenommen werden. Daraus geht hervor, dass die meisten bedeutenden Stücke aus dem ersten Drittel des 16. Jahrhunderts vermutlich aus der Broye stammen. Nennen wir die Beispiele von Fétigny, Cugy, Montbrelloz, Saint-Aubin, Dompierre, Estavayer-le-Lac und überdies Payerne, zu dem einige der genannten Gemeinden vor der Reformation das Hinterland bildeten. Sehr wahrscheinlich zählte die Stadt Freiburg mit ihren mittelalterlichen Kirchen noch mehr spätgotische Retabel, doch ist dies schwer nachzuweisen. Es scheint, dass die Freiburger Altäre nur eine regionale Verbreitung hatten, und die Präsenz der Statuen von Hans Geiler in Vuillafans (Freigrafschaft) bleibt ein Rätsel.[50] Lässt sie sich mit den Beziehungen Freiburgs zu dieser Region, hauptsächlich auf Grund der Salzversorgung, zufriedenstellend erklären? Die Tätigkeit von Hans Gieng in Bern, Solothurn und St. Gallen während der 1540er und 1550er Jahre entspricht einer neuen Marktsituation, da die Zahl bedeutender Bildhauer zu jener Zeit stark abgenommen hat.

In der zweiten Hälfte des 15. und zu Beginn des 16. Jahrhunderts wurden im Gebiet des heutigen Graubünden fast hundert neue Kirchen errichtet.[51] Viele von ihnen schmückte man bei ihrer Vollendung mit spätgotischen Altären, die aus Schwaben importiert wurden. Noch heute zeugen im Bündnerland mehrere Beispiele von einer vollkommenen Übereinstimmung zwischen Architektur und Altar.[52] Die Freiburger Sakralarchitektur erlebte keine derartige Blüte. Zwar wurde Hans Felder der Jüngere aus Zürich 1518 mit dem Entwurf eines neuen Chors für St. Niklaus beauftragt, doch verzichtete man schliesslich auf Grund des Umfangs der Arbeiten auf die Ausführung.[53] Allerdings errichteten Hans Felder oder seine Gesellen zwei Privatkapellen, deren Ausstattung wahrscheinlich vollkommen mit dem Bau harmonierte. Um 1518–1520 liess Christoph von Diesbach eine Kapelle im Park des Schlosses Pérolles erbauen.[54] Ein prachtvoller Glasgemäldezyklus von Lukas Schwarz aus Bern und eine seltene Serie grosser gefasster Tonstatuen, die an den Wänden der Kapelle aufgestellt waren, zeugen vom Prunk der Inneneinrichtung des 16. Jahrhunderts. Leider wurde das Hauptstück, das Retabel, um 1700 ersetzt. Im Gegensatz zur Pérolles-Kapelle, die ein kleiner selbständiger Bau ist, bildet die 1515 von Peter Falck gestiftete Ölbergkapelle die erste südliche Seitenkapelle der Niklauskirche in Freiburg.[55] Heute gibt nur noch das aufwendige, mit Wappen und verschiedenen Motiven geschmückte Rippengewölbe einen Eindruck von ihrem ursprünglichen Aussehen.

In den meisten Fällen wurden die spätgotischen Freiburger Retabel jedoch in älteren Gebäuden aufgestellt. So stand der Hochaltar der Kirche St. Johann in Freiburg in einem Chor aus der zweiten Hälfte des 13. Jahrhunderts; die gerade abgeschlossene Apsis wies in der Mittelachse ein grosses Fenster auf (3 m über Bodenhöhe gelegen und mehr als 3 m hoch)[56], über dem sich, direkt unter dem Tonnengewölbe, ein Wandbild des Jüngsten Gerichts aus der zweiten Hälfte des 15. Jahrhunderts befand.[57]

Für die meisten Auftraggeber war die Ausführung eines Retabels mit hohen Kosten verbunden und deshalb Gegenstand eines mit einem oder mehreren Handwerkern abgeschlossenen Vertrags.[58] Die Freiburger Kantonsarchivarin Jeanne Niquille fand mehrere dieser wertvollen Dokumente wieder, die in der Folge von Hans Rott veröffentlicht wurden.[59] Ohne allzusehr auf Details einzugehen, lassen sich folgende Punkte hervorheben: Wohl in den meisten Fällen vertraute der Auftraggeber die Verantwortung für das ganze Unternehmen einem einzigen Künstler an. Im November 1514 verpflichtete sich der Schreiner Hans Roditzer gegenüber den Geschworenen der Pfarrei Jaun, zwei Retabel mit je drei Skulpturen und vollständig bemalten Flügeln zu liefern.[60] Im Gegensatz zur ursprünglichen Vereinbarung wurden die Flügel-Innenseiten schliesslich mit Reliefs und nicht mit Malereien versehen. Der im Dezember 1514 zwischen Hans Roditzer und den Geschworenen der Pfarrei Marly abgeschlossene Vertrag scheint anzudeuten, dass die Schreinerwerkstatt für die gesamte Schnitzarbeit und die Fassung zuständig war, während die Gemälde der Flügel einem Dritten anvertraut wurden.[61] Allerdings ist anzunehmen, dass solche Gesamtaufträge vor allem den Malern erteilt wurden, denn ihre Arbeit bildete den Abschluss. So erhielt beispielsweise der Maler Augustin Wisshack aus Neuenburg im September 1511 den Auftrag, für die Kirche von Gurmels ein geschnitztes und bemaltes Retabel zu liefern.[62] Die Initialen «AW» (für Augustin Wisshack), die auf den Rahmen der geschnitzten Innenseite des Retabels von Estavayer-Blonay (Abb. 47, 48) gemalt sind, könnten bedeuten, dass der Gesamtvertrag mit dem Auftraggeber vom Maler unterzeichnet wurde. In einigen Fällen gab es zwei Verträge für denselben Altaraufsatz. So beauftragten die Geschworenen von Balm (Ferenbalm) im Juni 1510 «Meister Hans Rotten, den alten Maler zu Fryburg», eines ihrer Retabel, das offenbar schon aufgerichtet war, zu fassen und zu bemalen. Unter den Zeugen des Vertrags befand sich Hans Roditzer, der möglicherweise auf Grund eines ersten Vertrags das Retabel und die Skulpturen geliefert hatte.

Der Preis für ein Retabel dürfte je nach der Grösse, dem Umfang der Schnitzarbeit und vor allem nach der Quantität an Gold und Silber, mit denen Statuen, Grund und Dekor überzogen waren, beträchtlich variiert haben. Die Verträge erwähnen stets den Endpreis, der entweder in Freiburger Pfund oder in Rheinischen Gulden angegeben ist. Die zwei bei Roditzer bestellten Retabel von Jaun kosteten, alles inbegriffen, 300 Pfund, während für das bei demselben Künstler zu den gleichen Bedingungen in Auftrag gegebene Retabel von Marly 230 Pfund und für jenes von Gurmels 300 Pfund (100 Gulden) zu zahlen waren. Zu Vergleichszwecken wäre es aufschlussreich, den Preis aufwendigerer Retabel zu kennen, zum Beispiel den für den reich vergoldeten und qualitativ hochstehenden Furno-Altar oder für die komplexeren und grösseren Retabel von Hauterive, Cugy oder den der Familie Estavayer-Blonay. Wie es scheint, schreckten die Auftraggeber, selbst kleinere ländliche Gemeinden, vor hohen Kosten nicht zurück.

Ländliche Pfarreien oder Gemeinden, die häufig weit entfernt von den Hauptorten lagen und in «künstlerischen» Fragen wohl kaum auf dem laufenden waren, konnten beim Bestellen eines Retabels von einer politischen Persönlichkeit, wie dem Bürgermeister von Freiburg oder einem Ratsherrn, beraten werden.[63] Als Zeuge des Vertrags garantierte er für dessen Erfüllung und vermittelte vielleicht auch zwischen den Parteien. Auf diese Weise übte die Obrigkeit wahr-

---

58 Für die Verträge siehe Wüthrich 1978. **59** Rott 1936, S. 281, 283/284, 306/307. **60** Rott 1936, S. 306/307. Wie Marcel Strub nachwies, betrifft der veröffentlichte Vertrag Jaun (Strub 1956/2, S. 81). Dies wurde irrtümlicherweise von uns bestritten (Andrey 1995, S. 210/211). **61** Rott 1936, S. 307. **62** Rott 1936, S. 283/284. **63** Rott 1936, S. 281, 284, 307. **64** Strub 1956/2, S. 81. **65** Patrimoine fribourgeois 1996, S. 88/89. **66** Bern 2000, S. 20/21. **67** Staatsarchiv Freiburg, GS, unklassiert, «Mémoire Des jndulgences accordées a Perpétuité Par les Saints Papes, Cardinal, Nonces, Eveques, a L'Eglise Exempte collégiale et Paroissiale de saint Nicola a Frybourg en Suisse», kleiner undatierter Sammelband, 18. Jahrhundert. **68** HBLS, Bd. 3, S. 120/121, Nr. 3. **69** Schöpfer 1979, S. 147–153. **70** Staatsarchiv Freiburg, Papiers François Ducrest, unklassiert, Heft ohne Titel, 18. Jahrhundert, beginnend mit einer Kopie des Inventars der Reliquien von St. Niklaus in Freiburg, 1491, S. 22; siehe auch: Staatsarchiv Freiburg, Papiers François Ducrest, Register «Series Anniversorum…», 18. und 19. Jahrhundert, unter November. Wir danken Kathrin Utz Tremp, die im Testament von Petermann de Faucigny, leider vergeblich, die Erwähnung dieser und der folgenden Stiftung suchte (Staatsarchiv Freiburg, RN 118, f. 61v f.). **71** Staatsarchiv Freiburg, Pfarrei St. Johann, unklassiert, Notizen Seitz, Inventar der Stiftungen von St. Johann 1607.

scheinlich eine gewisse Kontrolle über die Ausgaben der kleinen Gemeinden aus. 1515 erhielt die Pfarrei Jaun sogar eine Finanzhilfe für die Herstellung von zwei Retabeln, die Hans Roditzer zu liefern hatte.[64] Der Ratsherr Hans Amman hatte das Gesuch der Pfarrei als Vertragszeuge wohl unterstützt.

Auch die Stadt Freiburg selbst, Inhaberin der Kollaturrechte von St. Niklaus, gab zu jener Zeit durch Vermittlung des Rates das Bild des Jüngsten Gerichts im Rathaus in Auftrag, für das Hans Fries 1501 bezahlt wurde, desgleichen das Retabel des Chors von St. Niklaus, für das man Fries 1509 entlöhnte (siehe S. 110, 135), und, gemeinsam mit dem Berner Rat, den Altar von Grandson.

Die zahlreichen Klöster und religiösen Institutionen in Freiburg und Umgebung gehörten vermutlich zu den wichtigsten Auftraggebern für Retabel. Die einzigen vollständig erhaltenen Ensembles und die umfangreichsten Fragmente stammen aus den Ordenskirchen oder religiösen Häusern, wie den Franziskanern in Freiburg (deren Guardian Jean Joly wahrscheinlich den Antonius-Altar bestellte; siehe S. 150), den Zisterziensern in Hauterive (wohl auch am Ursprung des Retabels von Cugy), den Dominikanerinnen in Estavayer-le-Lac und den Johannitern in Freiburg.

Seit dem 14. und besonders im 15. Jahrhundert wurden zahlreiche Altäre gestiftet, vor allem in städtischen Kirchen. So zählte allein die Kollegiatskirche von Romont 29 Seitenaltäre.[65] In der Freiburger Niklauskirche waren nur etwa 20 Seitenaltäre zu finden; vermutlich machten ihr andere bedeutende Kirchen, wie St. Moritz, Liebfrauen und die Franziskanerkirche, die Stiftungen streitig. Diese Seitenaltäre waren Eigentum von Familien, Bruderschaften oder Zünften.

Stiftungen von Altären und Jahresmessen trugen ähnlich wie Almosen zum Seelenheil ihrer Stifter bei.[66] Das gleiche Ziel verfolgten auch die Schenkungen von Retabeln und anderen Ausstattungselementen. Dank der Ablässe, welche die Kirche gewährte, konnte man auf einen gewissen Nachlass der Sündenschuld hoffen. Von 1484 bis mindestens 1506 war Schultheiss Petermann von Faucigny ein grosser «Ablassjäger» zugunsten von St. Niklaus. So erhielt er 1506 hundert Tage Ablass für «all jene, die zur Ausschmückung der Kirche St. Niklaus beitragen oder dafür spenden» würden.[67]

Petermann von Faucigny und Peter Falck als mutmassliche Auftraggeber

Petermann von Faucigny, Führer der freiburgischen Truppen in der Schlacht von Murten (1476), wurde 1478 zum Schultheissen ernannt und bis 1511 regelmässig wiedergewählt.[68] Er war eine der Schlüsselfiguren in der Zeit der Burgunderkriege sowie beim Eintritt Freiburgs in die Eidgenossenschaft; am Heiligabend 1513 starb er. Dieser reiche Mann, der für seine zahlreichen frommen Vergabungen bekannt war, verehrte hauptsächlich die Muttergottes. Als Stifter einer fast 15 kg schweren Marienstatue aus Silber für den Schatz von St. Niklaus liess er sich in Gestalt einer kleinen knienden Figur zu Füssen der Gottesmutter darstellen.[69] Wie er in seinem Testament wünschte, wurde er vor dem Marienaltar in St. Niklaus (erstes Joch des nördlichen Seitenschiffes) bestattet, wo sich sein Grabstein noch um die Mitte des 20. Jahrhunderts befand. «In der Meinung, das Fest von Mariä Tempelgang sei in Unserer Pfarrkirche St. Niklaus bisher allzu wenig gefeiert worden», stiftete er die Summe von 260 (?) Pfund für die Vigilien, eine Messfeier und ein Requiem.[70] Diese Vergabung wurde bis ins 19. Jahrhundert erfüllt. Darüber hinaus stiftete er zum selben Zweck 100 Pfund für den Hochaltar der Kirche St. Johann.[71] Eine solche Verehrung des genannten Festes dürfte bei einem «Mäzen» wie Petermann von Faucigny unweigerlich mit der Stiftung eines Bildes verknüpft gewesen sein. So nehmen wir an, das schöne, Hans Geiler zugeschriebene Relief mit der Darstellung von Mariä Tempelgang, das sich heute im Kloster Bisemberg befindet[72], könne auf einen Auftrag des ehemaligen Schultheissen zurückgehen. In der Tat kann das 1626 gegründete Kloster nicht der ursprüngliche Bestimmungsort dieses Werkes sein. Mehrere im Kloster aufbewahrte Objekte stammen aus der St.-Johann-Kirche; dies könnte auch für den Tempelgang Mariens zutreffen. War es eine eigenständige Tafel (106 x 78 cm) oder eher ein kleines Retabel? Eine technologische Untersuchung könnte in dieser Hinsicht Aufschluss geben. Das Relief, das einstimmig Hans Geiler zugeschrieben wird, steht nach Marcel Strub dem Furno-Altar sehr nahe.[73] Für uns ist das ein zusätzlicher Grund, es in die Zeit um 1513, das Todesjahr von Petermann von Faucigny, zu datieren.

Peter Falck, Notar und Gerichtsschreiber, Schultheiss von Freiburg, mehrsprachiger Diplomat und Kosmopolit sowie Freund der Humanisten, besass in den 1510er Jahren grossen Einfluss innerhalb der Eidgenossenschaft.[74] Er stand dem Kardinal Matthäus Schiner nahe und war einer der Hauptanhänger des Militärbündnisses mit dem Papst. Nach der Niederlage von Marignano (1515) musste er jedoch einem Abkommen mit dem französischen König beistimmen (siehe S. 27/28).

Unter Nutzung seiner guten Beziehungen zu Schiner und dem Papst bemühte er sich unentwegt, den Klerus von St. Niklaus zum Stiftskapitel zu erheben. Nach zielstrebig geführten Verhandlungen mit der römischen Kurie erhielt er von Papst Julius II. die Bulle vom 20. Dezember 1512, die durch jene Papst Leos X. vom 22. April 1513 bestätigt wurde. Da Falck jedoch als eidgenössischer Gesandter am Hof von Mailand noch länger in Italien weilte, dauerte es fast zwei weitere Jahre, bis der Freiburger Rat am 12. März und 11. April 1515 die Mitglieder des Chorherrenstifts ernannte. Peter Falck, der als der wahre Urheber des Stifts anzusehen ist, wurde dessen Vogt.

Am 11. April 1515 gab er dem Rat bekannt, er werde eine Pilgerreise ins Heilige Land unternehmen. Während derselben Sitzung erhielt er die Erlaubnis zum Bau einer neuen Kapelle in der Nähe des Jakobus-Altars in St. Niklaus.[75] Die Jahreszahl 1515 im Gewölbe dieser ersten Kapelle des südlichen Seitenschiffes gibt vermutlich das Stiftungsdatum an, da der Bau kaum vor Falcks Rückkehr im Januar 1516 begonnen wurde. In der Zwischenzeit war Falck zum Ritter des Ordens vom Heiligen Grab und des Ordens des Katharinenklosters auf dem Sinai geschlagen worden[76], wie dies zwei der Wappenschilde auf den Schlusssteinen des Kapellengewölbes zeigen. Laut mehreren Texten von 1517 wurde die Kapelle dem Ölberg geweiht.[77] Unter den Reliquien der verschiedenen Orte, die Peter Falck 1515 besucht hatte, befand sich auch ein Stück Erde dieser heiligen Stätte.[78] 1519 unternahm er eine zweite Reise nach Jerusalem, doch starb er unterwegs auf hoher See und wurde in Rhodos begraben.

Mit ihrem direkten Bezug zum Totenkult und zur Todesangst war die Verehrung des Ölbergs im Spätmittelalter weit verbreitet.[79] Vermutlich besassen die meisten bedeutenden Kirchen eine monumentale Darstellung der Ölbergszene mit Christus, dem Engel, den Jüngern, Judas und den Soldaten. Solche Gruppen befanden sich in einer Aussenkapelle oder in einem kleinen Bau,

---

72 Strub 1962, S. 126, Nr. 4. Nach dem Stich des «Tempelgangs Mariens» von Dürer (Abb. 173), die Mosesfigur über dem Portal nach der «Verherrlichung der Muttergottes» von demselben. Siehe Strauss 1980, S. 240, Nr. 70; S. 274, Nr. 79. **73** Strub 1962, S. 50. **74** Für diese Persönlichkeit siehe Tremp 2000, vor allem jedoch Zimmermann 1905 und Wagner 1925. **75** Diesbach 1893, S. 217; Zimmermann 1905, S. 86, 91, 115; Wagner 1925, S. 193/194; Strub 1956/1, S. 60, 65, 73, 100/101. **76** Wagner 1925, S. 181, 188. **77** Staatsarchiv Freiburg, Ratsmanual 30.4.1517, f. 69; RN 115, f. 51. **78** Wagner 1925, S. 179, Anm. 1. **79** Wir beziehen uns hier auf Bergmann 1989, S. 20–23. **80** Guillot de Suduiraut 1995. **81** Inv. 16.32.257, Geschenk J. Pierpont Morgan 1916, ehem. Sammlung Georges Hoentschel, Paris. Metropolitan Museum New York 1913, S. 207, Nr. 250; Hartford 1948, S. 17, Nr. 82. Unser herzlicher Dank richtet sich an Peter Barnet, Michel David-Weill, Curator, und Christine E. Brennan, Collections Information Coordinator im Departement of Medieval Art, die uns alle wichtigen Informationen über dieses Relief zur Verfügung stellten. **82** Unser herzlicher Dank richtet sich an Sophie Guillot de Suduiraut, die uns vorschlug, dieses Fragment zu veröffentlichen. **83** Christus im Gebet: H 59,5 cm/L 46/T 16; Schlafende Jünger: H 90/L 99/T 15; Judas: H 49,5/L 47,6. **84** Wir danken Françoise Uzu, Conservateur régional de l'Inventaire, DRAC Rhône-Alpes, und Marie-Reine José-Charvolin für die Erlaubnis, dieses unveröffentlichte Stück zu publizieren.

die gewöhnlich im Friedhof auf der Südseite der Kirche lagen. Man findet sie aber auch in Innenkapellen, die häufig in Nebenräumen einer Kirche, wie Narthex, Querschiff oder Seitenschiff, eingerichtet wurden. Einige Beispiele sind in unserem Land, besonders in der Innerschweiz, erhalten.

Der Erfolg dieser Darstellungen, aber auch der Kalvarienberg- und Heiliggrabszenen hängt wahrscheinlich mit der zunehmenden Zahl von Pilgerfahrten ins Heilige Land zusammen. In diesem Umfeld lässt sich auch die Wahl Peter Falcks besser verstehen: Als Jerusalem-Fahrer und «Nachahmer Christi» stiftete er eine Grabkapelle für sich und seine Nachfahren. Da er jedoch auf See starb, konnte er nicht in seiner Kapelle bestattet werden, und auf Grund der Heirat eines seiner Nachkommen mit der einzigen Tochter des Schultheissen erbte die Familie Praroman das Kollaturrecht, das sie bis nach 1820 ausübte.

Das von Peter Falck um 1517/1518 in Auftrag gegebene Retabel, das angesichts seines Auftraggebers von hoher Bedeutung für die freiburgische Geschichte ist, galt als verschollen. Heute glauben wir jedoch, seine Hauptbestandteile identifiziert zu haben. 1995 veröffentlichte Sophie Guillot de Suduiraut, Leitende Konservatorin der Skulpturenabteilung des Musée du Louvre, eine für die Freiburger Bildhauerkunst des ersten Drittels des 16. Jahrhunderts entscheidende Entdeckung.[80] Das Musée national du Moyen Age – Thermes de Cluny hatte damals ein gefasstes Holzrelief mit der Darstellung der drei schlafenden Jünger erworben, das die Autorin mit einem betenden Christus, der sich seit 1895 in den Museumssammlungen befand, in Verbindung bringen konnte. Da der Stil dieser Ölberg-Fragmente in Richtung Freiburg wies, schrieb die Kunsthistorikerin sie der Werkstatt von Hans Geiler zu. In der Folge entdeckte sie in den Depots des Metropolitan Museum of Art in New York ein kleines Relief mit der Darstellung des Judas beim Betreten von Gethsemane[81], das ganz offensichtlich zu derselben Gruppe wie die Pariser Fragmente gehört.[82] In Massen und Stil stimmen die Teile vollkommen überein.[83]

1997 stellte uns Marie-Reine Jazé-Charvolin von der Direction régionale des affaires culturelles Rhône-Alpes in Lyon die vollständige Dokumentation eines Reliefs mit der Darstellung des Letzten Abendmahls zur Verfügung, das sich in der kleinen Kirche von Parcieux (Departement Ain) befindet.[84] Wie eine Inschrift zeigt, wurde dieses Werk um 1834 von Claude Frangin, einem ehemaligen Pfarrer des Erzbistums Lyon, aus Freiburg nach Parcieux gesandt. Die Jahreszahl 1418 auf der im Vordergrund befindlichen Schüssel ist offensichtlich apokryph, da das Relief eindeutig aus dem ersten Drittel des 16. Jahrhunderts stammt.

Mitte des 18. Jahrhunderts wurden alle alten Retabel aus der Niklauskirche entfernt, ausgenommen der Ölberg-Altar. In den 1820er Jahren erwähnt ihn der Chorherr Fontaine mit folgenden Worten: «Das Bild war holzgeschnitzt. Herr Falck hatte darin Jesus Christus im Garten

Abb. 51
Hans Geiler (zugeschr.): Tempelgang Marias, um 1513;
Freiburg, Kloster Bisemberg

des Ölbergs darstellen lassen, in Erinnerung an seine Pilgerfahrt nach Jerusalem. Unten war das Heilige Abendmahl.»[85] Dank dieser Angaben lässt sich zwischen den Fragmenten von Paris, New York und Parcieux ein Bezug herstellen. Fontaines Text gibt zu verstehen, dass die Abendmahlsszene eine Predella gewesen sein könnte. Tatsächlich ist das Relief aus Parcieux von entsprechendem Format.[86] Auf 1 cm genau hat es dieselbe Breite wie das Relief in Paris, das folglich den Hauptteil des Retabels bildete (Abb. 52).

Während die freiburgische Herkunft der Predella von Parcieux bezeugt ist, fehlt dieser Nachweis für die Teile in Paris und New York, doch lassen die vollkommene Entsprechung in den Massen der einzelnen Teile, die Übereinstimmung mit der Beschreibung des Chorherrn Fontaine und die stilistische Verwandtschaft – unter Vorbehalt einer technologischen Untersuchung – den Schluss zu, dass diese Teile das Ölberg-Retabel bildeten, das Peter Falck um 1517/1518 für seine Privatkapelle in Auftrag gegeben hatte. Könnte es sein, dass der Altaraufsatz 1518 datiert war und man auf Grund eines Lesefehlers bei seiner Zerlegung die Jahreszahl 1418 auf der Predella anbrachte?

Seit der Entfernung dieses Retabels um 1820 erfuhr jedes Fragment sein eigenes Schicksal. Die Predella gelangte 1834 nach Parcieux. Die Mitteltafel wurde dagegen in mehrere Teile zersägt. Der betende Christus befindet sich seit 1895 im Musée de Cluny (Legat François-Achille Wasset), während das heute in New York befindliche Fragment damals noch zur Sammlung Georges Hoentschel in Paris gehörte. Vermutlich gleichfalls in Frankreich aufbewahrt, tauchen die drei schlafenden Jünger erst ein Jahrhundert später, 1993, wieder auf. Unter diesen Bedingungen erstaunt es nicht, dass die Fassung der vier Teile höchst unterschiedlich ist. Die Gruppe der Jünger wurde radikal abgelaugt, während die Figuren von Christus und Judas je Gegenstand einer sorgfältigen Restaurierung waren. Die Predella von Parcieux ihrerseits ist massiv übermalt. Dennoch fallen die Vergleiche zwischen Predella und Mitteltafel überzeugend aus. Bis in die Haartracht hinein gleichen sich die Köpfe Christi sowie der hll. Petrus, Johannes und Jakobus, obwohl die Predella von etwas geringerer Qualität zu sein scheint und eine eher summarische und repetitive Gewandfältelung aufweist. Somit kann die von Sophie Guillot de Suduiraut vorgeschlagene Zuschreibung der Mitteltafel an die Werkstatt von Hans Geiler auch für das Letzte Abendmahl von Parcieux übernommen werden.

Abb. 52
Hans Geiler (zugeschr.): Retabel der Ölberg-Kapelle, um 1517 (Rekonstruktionsversuch); ehemals Freiburg, Kirche St. Niklaus: Christus am Ölberg (Paris, Musée national du Moyen Age – Thermes de Cluny, Photo R.M.N.); Drei schlafende Apostel (Paris, Musée national du Moyen Age – Thermes de Cluny, Photo R.M.N.); Judas mit den Soldaten (New York, The Metropolitan Museum of Art, Gift of J. Pierpont Morgan, 1916); Letztes Abendmahl (Parcieux, Ain, Eglise Saint-Roch, Phototype Inventaire général DRAC Rhône-Alpes Lyon – Eric Dessert, ADAGP, 1987)

[85] Kantons- und Universitätsbibliothek Freiburg, L 432, Bd. 16, S. 300. [86] H 51 cm / L 100 / T 12.

Petermann von Faucigny und Peter Falck waren die bedeutendsten politischen Persönlichkeiten ihrer Zeit. Wie ihre frommen Stiftungen zeigen, waren beide tief durch die spätmittelalterliche Frömmigkeit geprägt, die sich so reich an geschnitzten und gemalten Darstellungen äusserte. Beide starben in den 1510er Jahren, und man hat sich verschiedentlich die Frage gestellt, wie sich der Humanist Falck im Augenblick der Reformation verhalten hätte. Der Komtur Peter von Englisberg, der bis 1544 lebte, doch kaum das Format des Schultheissen und Diplomaten besass, nahm eine zumindest zweideutige Stellung ein. Dem Vernehmen nach sympathisierte er mit der Reformation und hielt sich hauptsächlich im Schloss Bremgarten auf, das ihm die Berner zur Verfügung stellten, nachdem sie ihm die Komtureien von Münchenbuchsee und Thunstetten weggenommen hatten. Obschon er fern von Freiburg lebte, blieb er Komtur von St. Johann, wo er um 1514 einige Retabel stiftete, darunter den Hochaltar mit den von Hans Fries gemalten Flügeln. Die Überreste dieser Ausstattung bilden auch heute noch das bedeutendste erhaltene Ensemble

85

dieser Art im Kanton Freiburg. Vor ein paar Jahren schilderten wir die besonderen Umstände, unter denen diese Werke entstanden.[87] Der Komtur hatte die Kollatur für die weitläufige Pfarrei Tafers inne, zu der auch der Standort der Komturei «auf den Matten» gehörte. Als Peter von Englisberg zugunsten des Klerus von St. Niklaus enteignet wurde, musste er sich mit einer winzigen «Pfarrei» begnügen, die sich auf diese Matten beschränkte. Die Ausführung des Hochaltarretabels, der Seitenretabel und weiterer Werke war zweifellos ein Akt der Selbstbehauptung gegenüber der grossen Kirche Freiburgs.

Der Auftraggeber eines Retabels, der auf sein Seelenheil und die Mehrung seiner Macht bedacht war, suchte sich in der Regel als Stifter oder Besitzer darauf verewigen zu lassen. Das gebräuchlichste Mittel war das Anbringen des eigenen Wappens. So findet man die Wappen von Jean de Furno und seiner Frau auf dem Altar der Franziskanerkirche. Auch Claude d'Estavayer, einer der bedeutendsten Geistlichen Savoyens und ein grosser Mäzen, setzte sein Wappen auf das Retabel von Estavayer-Blonay; er liess sich überdies vor seinem Schutzheiligen kniend darstellen. Der interessanteste Fall ist der Bugnon-Altar, auf dem Hans Fries in präziser Weise die Tätigkeit der Heiliggeistbruderschaft schildert. Auf diese Weise schafft er eine Art Kollektivporträt, mit dem die Bruderschaft jedermann zeigt, was sie mit dem ihr anvertrauten Geld macht (Geschenke von Naturalien an die Armen) und welches Ziel sie verfolgt (Linderung für die Seelen im Fegefeuer).

Unter den damaligen Auftraggebern waren einige Personen, deren künstlerische Bezugspunkte die Grenzen der Republik Freiburg weit überschritten. Jean de Furno war am savoyischen Hof tätig, Claude von Estavayer stand insbesondere mit piemontesischen Malern in Kontakt, Peter Falck kannte Italien ausgezeichnet, vor allem Mailand und Venedig, und Peter von Englisberg hatte lange auf Rhodos gelebt. Die Retabel, die sie in unserer Stadt in Auftrag gaben, erscheinen uns heute allerdings als typisch freiburgisch. Zwischen ihnen besteht eine Verwandtschaft, die von Sophie Guillot de Suduiraut dank ihrem unvoreingenommenen Blick besonders gut erkannt wurde.[88] Zum Schluss möchten wir auf die Frage der Zuschreibung zurückkommen, die wir während unserer bisherigen Ausführungen bewusst in den Hintergrund geschoben haben.

[87] Andrey 1995, S. 194–198. [88] Guillot de Suduiraut 1995, S. 40/41; Guillot de Suduiraut 1996, S. 36/37. [89] Strub 1962, S. 44. [90] Schöpfer 2000, S. 437, Abb. 408/409. [91] Guillot de Suduiraut 1995, S. 40/41; Guillot de Suduiraut 1996, S. 36/37.

Zuschreibungsprobleme

Der Stil, den man mit dem Namen Hans Geiler verbindet, soll bei uns erstmals mit dem Furno-Altar in Erscheinung getreten sein. Nach Marcel Strub wurde dieses Meisterwerk durch einen unbekannten auswärtigen Künstler geschaffen und im Auftrag von Jean de Furno durch Hans Geiler selbst, den Schüler des anonymen Künstlers, kurz vor 1513 nach Freiburg gebracht.[89] Diese Hypothese scheint uns kompliziert und eher unwahrscheinlich. Der Auftraggeber war in seiner bedrängten Lage darauf bedacht, die Gunst der örtlichen Behörden zu gewinnen und sich in das Leben der Stadt zu integrieren: Hätte er nicht eher einen bereits ansässigen Meister vorgezogen? Tatsächlich scheint der «Geilersche» Stil in Freiburg schon vor 1510 bestanden zu haben. In diese Zeit sind laut Hermann Schöpfer zwei Statuen der hll. Petrus und Paulus zu datieren, die sich heute in Wallenbuch befinden und den gleichen Stil aufweisen.[90] Die beiden Figuren könnten aus Ferenbalm stammen und zu einem Retabel gehört haben, den Meister Hans Rott, der «alte Maler zu Fryburg», 1510 fasste und dessen Urheber Hans Roditzer war. So wäre Roditzers

«Geilersche» Manier, die durch die Flügelbilder des Retabels von Hauterive aus dem Jahr 1522 bekannt ist, bereits um 1510 in Freiburg bezeugt. Aus dieser neuen Sachlage ergeben sich zwei Probleme: jenes der Entstehung des «Geilerschen» Stils und jenes der Kohärenz des Werkes von Hans Roditzer. Kam Geiler möglicherweise vor 1513 nach Freiburg? Oder führte Hans Roditzer den angeblich «Geilerschen» Stil in Freiburg ein? Wie hätte Roditzer jedoch einerseits Werke im «Geilerschen» Stil, wie jene von Wallenbuch (um 1510) und Hauterive (1522), schaffen können, anderseits die Retabel von Jaun (1515), die in einem ganz anderen Stil gehalten sind? War Roditzer, der stets als Schreiner erwähnt wird und laut den veröffentlichten Verträgen die grösste Zahl von Retabeln unter den damals tätigen Künstlern schuf, eher ein Unternehmer, der insbesondere die Schnitzarbeiten an andere weitervergab? Oder beschäftigte er während einiger Jahre einen Bildhauer, dessen Manier sich grundlegend vom damals beliebten «Geilerschen» Stil unterschied? Ungefähr ab 1510 dominierte dieser Stil die Freiburger «Kunstszene», und

Abb. 53
Martin Gramp (zugeschr.): Christusbüste des Palmesels, 1513/1514;
Freiburg, Museum für Kunst und Geschichte

sein Erfolg dauerte dank des Werkes von Hans Gieng in weiterentwickelter Form bis in die 1560er Jahre an. Sophie Guillot de Suduiraut bemerkte hier eine typisch freiburgische Manier [91], die unseres Erachtens nicht auf eine einzige Werkstatt eingeschränkt werden kann. Offenbar arbeiteten damals mehrere Künstler in einer gemeinsamen Formensprache, die sie jedoch persönlich abwandelten.

Stellt man die Skulpturen der Jünger von Wallenbuch, die Hans Roditzer zugeschrieben werden können (kurz vor 1510), neben den Palmsonntags-Christus, für den Martin Gramp 1513/1514 bezahlt wurde (Abb. 53), den Furno-Altar und den «Tempelgang Marias» (Abb. 51), den man mit dem Werk von Hans Geiler in Verbindung bringt, bildet sich ein ziemlich einheitliches Bild der Produktion der wichtigsten damals in Freiburg tätigen Meister heraus. Unserer Ansicht nach ist diese Idee der Gegenüberstellung vorzuziehen, die sich beispielsweise aus dem Vergleich des Himmelfahrts-Christus, den Marcel Strub irrtümlicherweise Martin Gramp zuschrieb, mit den Statuen von Jaun, die für ihn den «echten» Stil Hans Roditzers vertraten, und mit dem in «Geilerscher» Manier geschaffenen Furno-Altar ergibt. Der Meister der grossen Nasen, Schöpfer des Himmelfahrts-Christus, war vermutlich ganz zu Beginn des Jahrhunderts tätig, und der Bildhauer, den man auf Grund der 1515 geschaffenen Statuen den «Meister von Jaun» nennen könnte, arbeitete entweder in der Werkstatt Roditzers, oder er stand bei diesem unter Vertrag. Sein gelegentlich rustikaler Stil kann es kaum mit der viel vornehmeren «Geilerschen» Manier aufnehmen. Solange das Rätsel um den Fall Roditzer bestehen bleibt, können wir ihm nicht die Statuen des Retabels von St. Johann zuschreiben, wie dies Marcel Strub aufgrund der von ihm festgestellten Ähnlichkeit mit den Skulpturen von Jaun getan hat.

Lange war man der Ansicht, die freiburgische Bildhauerkunst des ersten Drittels des 16. Jahrhunderts sei einerseits von Schwaben (Roditzer und Gramp), anderseits vom Oberrhein (Geiler) beeinflusst gewesen. Sophie Guillot de Suduiraut wies dagegen nach, dass der «Freiburger» Stil ausschliesslich im reichen Künstlermilieu Schwabens verwurzelt ist und dass die Ähnlichkeit mit der elsässischen Kunst im wesentlichen auf der Verwendung gemeinsamer Vorlagen beruht.[92]

Die Blüte der freiburgischen Skulptur im ersten Drittel des 16. Jahrhunderts wirft immer noch viele unbeantwortete Fragen auf. Der «Freiburger» Stil kannte zahlreiche Varianten, die im Augenblick noch nicht überzeugend gedeutet werden können. Die aussergewöhnliche Kraft der künstlerischen Tradition war sogar im 17. Jahrhundert noch zu spüren. Angesichts dieser in ständiger Entwicklung, ja beinahe in Expansion befindlichen Kunst beeindruckt das seltene und bewundernswerte Werk von Hans Fries durch seine Einzigartigkeit und das nahezu gänzliche Ausbleiben von Nachwirkung.

---

92 Guillot de Suduiraut 1996, S. 37.

Katalog

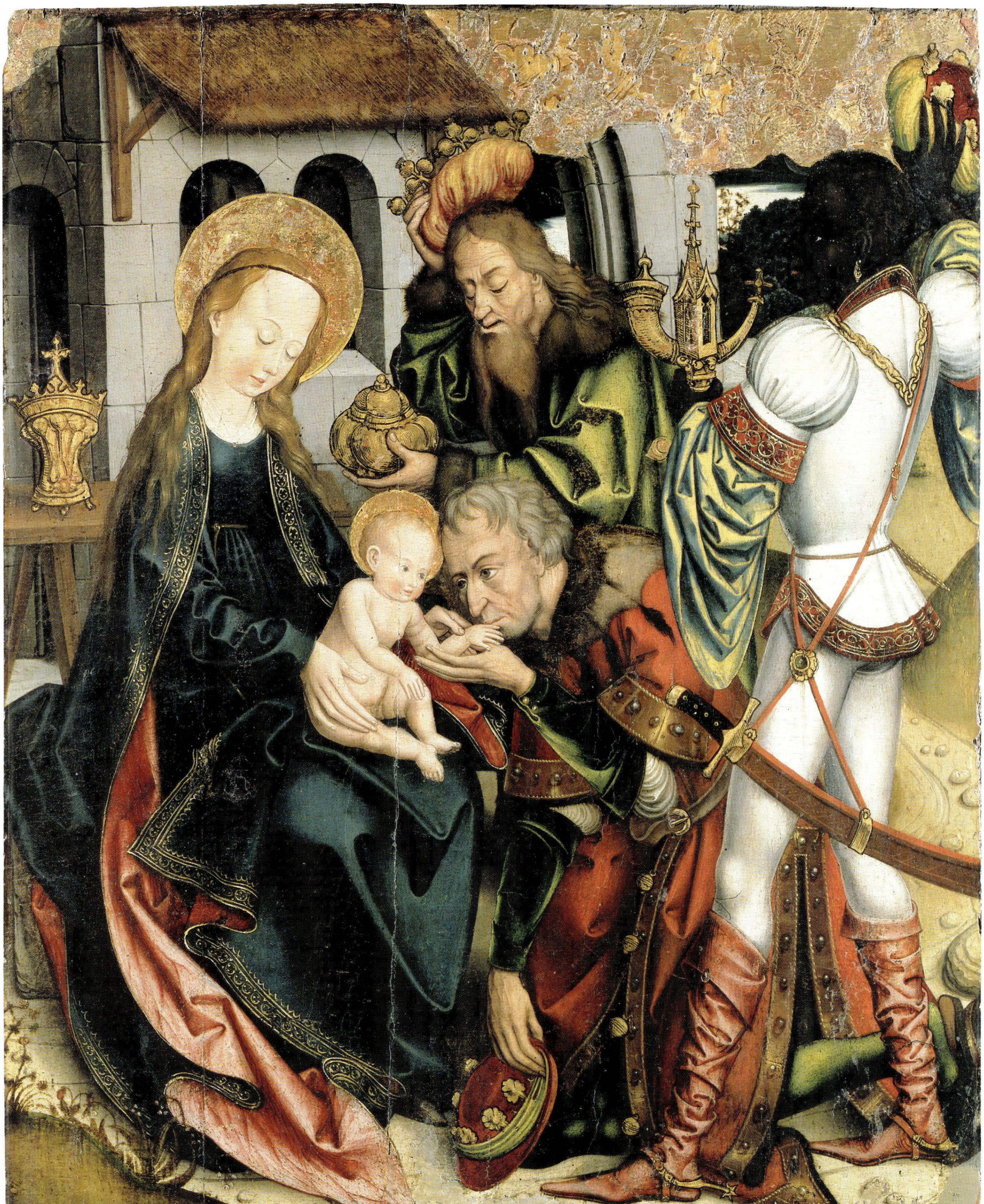

Kat. 1
Anbetung der Könige, spätes 15. Jahrhundert
(Abb. 54)

Zürich, Kunsthaus, Inv. 2296

Ölhaltiges Bindemittel und Polimentvergoldung auf Holz, teilweise mit Leinwand und Werg überklebt, 87 x 71 cm

Herkunft

Die ursprüngliche Herkunft der Tafel ist unbekannt. Aus der beidseitigen Bemalung lässt sich schliessen, dass es sich um den Teil eines Altarflügels handelt; wegen ihrer aufwendigeren Maltechnik und der Vergoldung hat die «Anbetung der Könige» dabei als Innenseite zu gelten. Möglicherweise wurden je Flügel zwei solcher ursprünglich nahezu quadratischer Tafeln übereinander angeordnet. Ein analoges Schema findet sich beispielsweise am 1522 entstandenen Retabel aus dem Kloster Hauterive, auf dessen einer Flügel-Innenseite ebenfalls eine «Anbetung der Könige» dargestellt ist (Strub 1958/1, S. 119–121, 124–125). – Das vorliegende Bild gelangte 1933 aus einer französischen Privatsammlung über die Galerie Fischer & Solpray in die Sammlung des Kunsthauses Zürich.

Zustand

Die Tafel ist seitlich beschnitten; rechts aussen scheint ein grösseres, etwa 20 cm breites Stück zu fehlen, wie sich aus gewissen Bildelementen folgern lässt (rechter Ärmel des Mohren und Spitze seines Degens; auf der Rückseite sind die Gestalten der Maria und des Simon von Kyrene angeschnitten). Die Höhe der Tafel ist jedoch original, denn der obere Rand weist einen Falz für den Rahmen auf; rückseitig sind sowohl oben als auch unten Grundierungskanten vorhanden. – Grössere Retuschen finden sich am unteren Rand und im Goldgrund.

Rückseite (Abb. 55)

Mit verdünnter Farbe und schwarzer Umriss- und Binnenzeichnung wird hier Jesu Fall unter dem Kreuz dargestellt. Während drei bewaffnete Henkersknechte den Heiland treten und auf ihn einschlagen, hilft ihm Simon von Kyrene beim Tragen. Links aussen steht die Muttergottes, von Johannes gestützt, vor der Kulisse einer befestigten Stadt. – Das schlecht erhaltene Bild, dessen Formensprache und Malweise sich von jenen des Hans Fries unterscheiden, ist als Werk eines anderen Malers zu betrachten. – Am oberen Rand ist die Spur eines Rahmens eingedrückt.

Restaurierungen

Henri Boissonnas, 1934 (Entfernung von Übermalungen).

Nicht Gedrucktes

Reiners 1936; Flühler 1977, S. 170, Nr. 373.

Literatur

Jahresbericht 1933, S. 5; Guenne 1937, S. 180; Zürich 1939, S. 38, Nr. 397, Tafel 16; Dominique/Moullet 1941, S. 52; Freiburg 1957, S. 15, Nr. 6; Pfister-Burkhalter 1961, S. 608; Stange 1965, S. 472; Kunsthaus Zürich 1968, S. 65; Perucchi-Petri 1970; Kunsthaus Zürich 1976, S. 63, Abb.; Schmid 1981, S. 477; Klemm 1992, S. 12; Beerli 1993, S. 132, 134, Abb.; Schmid 1993, S. 345; Wüthrich 1996, S. 787.

Abb. 54
Kat. 1

Abb. 55
Kat. 1, Rückseite: Kreuztragung

Maria sitzt in einem dunkelblauen, hochgegürteten Kleid mit durchsichtigem Brusttuch auf einem Steinblock linkerhand; über ihre Schultern fällt ein Mantel – aussen ebenfalls dunkelblau, auf der Innenseite mit geknitterter rosa Seide gefüttert; ihre langen, blonden Locken werden an der Stirn von einem Reif gehalten und fallen offen über die Schultern. Sie ist mit einer goldenen Scheibe nimbiert, wie auch das nackte Kind auf ihrem Schoss. Mit einer Hand stützt sie seinen Körper, mit der andern führt sie sein Händchen dem knienden alten König zum Kuss entgegen. Der König ist reich gekleidet: den roten, seitlich geschlitzten Mantel mit Pelzkragen und vergoldeten, perlen- und schellenbesetzten Lederborten hat er in der Taille gegürtet. Darunter trägt er ein weisses Hemd; seine Arme stecken in grünen Samtärmeln, die Beine in gleichfarbenen Strümpfen, die Füsse in Trippen. Mit der Rechten legt er ehrfürchtig den Hut mit der Krone ab. Sein Geschenk, ein gebuckelter Deckelbecher aus Gold, steht auf einem Holztischchen hinter der Madonna. – Der König mittleren Alters, der hinter dem älteren steht, überreicht ein vierfach gebauchtes Goldgefäss mit Deckel, einen sogenannten Kopf, und lüftet seinen gelb-orangen Turban mit der darauf befestigten Krone. Sein Gesicht ist derb; Haar- und Barttracht verstärken diesen Eindruck noch. Vornehm wirkt allerdings der grüne Mantel von opulenter Stofffülle, dessen Kragen und Manschetten pelzverbrämt sind. – Von rechts tritt der Mohr zur Gruppe. Auch er nimmt die Krone mit dem Turban – hier grüngelb, der Fez purpurfarben – ab; in der Linken hält er seine Gabe, einen goldenen Hornpokal, kombiniert mit einer fialenbekrönten Turmmonstranz (die Spitze des Horns ist mit einem Kreuz geschmückt). Die Kleidung des jungen Königs ist von geradezu stutzerhafter Eleganz: den weissen, anliegenden Beinlingen entspricht ein tailliertes Wams gleicher Farbe mit Stehkragen und Puffärmeln, deren rote Borten goldbestickt sind. Darunter fallen weite, hellgrüne Stoffalten über die Arme. An einem feinen Gürtel hängt ein kostbarer Dolch und an einem quer über die Schulter gezogenen Band ein Krummschwert in roter Scheide. Eine schwere Goldkette fällt auf den Rücken des Königs, ein goldener Ohrring hebt sich preziös von der dunklen Haut ab. Weiche, spitz zulaufende Stulpenstiefel in Hellrot, mit Sporen bewehrt, vervollständigen die Aufmachung. Die Szene spielt vor dem Stall, einem strohgedeckten, doch aus Stein gemauerten Gebäude mit Rundbogenfenstern; rechts davon erhebt sich die Ruine eines profilierten Bogens, vorne links wachsen auf einer Grasmotte Erdbeeren. Zwischen den dunkelblauen Hügeln des Hintergrundes breitet sich ein hell reflektierender See aus. Darüber füllt Goldgrund mit Brokatmuster die Bildfläche.

Der Brokat des Hintergrundes, die Binnenzeichnung des Pokals im Rücken Marias und der Umriss ihres Nimbus sind graviert (nach einer kleinen Delle auf Marias Stirn zu schliessen, ist dieser Umriss mit dem Zirkel gezogen). Im Bereich des Heiligenscheins ist auch die Silhouette des Marienhauptes vorgeritzt (ähnliche Ritzungen finden sich am Freiburger Nelkenmeister-Altar; siehe Gutscher/Villiger 1999, S. 173, 186).

Die charaktervolle, teils etwas ungelenke Strichführung der Unterzeichnung (Abb. 56) erinnert einerseits an den Freiburger Nelkenmeister-Altar und zeigt anderseits frappante Ähnlichkeiten mit der Unterzeichnung auf den frühesten gesicherten Gemälden des Malers, den vier kleinen Tafeln von 1501 in München (Kat. 3); diese weisen allerdings schon einen souveräneren Duktus auf; auch tragen sie – im Unterschied zum vorliegenden Bild – beinahe miniaturhafte Züge. Die Nähe der zeichnerischen Handschriften ist jedoch so gross, dass sie bei der «Anbetung» als Argument für die Autorschaft von Fries gelten kann. An erster Stelle sei das «Martyrium des hl. Sebastian» (Abb. 71) beigezogen, dessen temperamentvoll geschwungene Schraffen sich in der «Anbetung» an Gesichtern, Draperien und am Hintergrund, besonders deutlich jedoch an den Stiefeln des Mohren wiederfinden. Ferner ist das Gesicht des ältesten der drei Könige gleich modelliert wie die Züge der hll. Bernhard (Abb. 73) und Franz (Abb. 70). Die eleganten Linienschwünge (typisch für die Unterzeichnungen des späten 15. Jahrhunderts am Nelkenmeister-Altar) finden sich in der «Anbetung» an den Draperien des Königsmantels im Vordergrund und an den Strümpfen des Mohren wieder, bei der «Hl. Anna selbdritt» am Mantel der Anna (Abb. 74), während dort die eng gewundenen Falten am Marienmantel ebenfalls Parallelen hier in der «Anbetung» haben. Ähnlichkeiten gibt es jedoch auch mit dem um 1501 entstandenen «Jüngsten Gericht», das gesichert als Werk von Fries gilt: so lässt sich etwa die Zeichnung des Madonnengesichts mit dem Gesicht des grossen stehenden Engels (Abb. 80) vergleichen, oder die Durchbildung des Jesuskindes mit dem Körper der Frau, die kopfvoran zur Hölle stürzt (Abb. 82).
An folgenden Stellen weicht die Unterzeichnung von der Malerei ab: Die Finger der rechten Hand Marias sind kürzer und kräftiger vorgesehen als ausgeführt, das rechte Händchen des Kindes ist breiter; seine Ferse überschneidet den dahinterliegenden Fuss stärker als in der Malerei. Die Hände des alten Königs sind in der Unterzeichnung knochiger, sein Ohr (wie auch jenes des hinter ihm stehenden Königs) grösser angelegt. Des Mohren rechter Schenkel ist fester; sein Gürtel, die Tragriemen des Säbels und die Kette sind im Vergleich zur Malerei leicht verschoben.

Das Matthäus-Evangelium beschreibt, wie Sterndeuter aus dem Osten auf der Suche nach dem neugeborenen König der Juden vom Stern zum Ort der Geburt Christi geleitet wurden: «Sie (…) sahen das Kind und Maria, seine Mutter; da fielen sie nieder und huldigten ihm. Dann holten sie ihre Schätze hervor und brachten ihm Gold, Weihrauch und Myrrhe als Gaben dar» (NT, Mt 2, 11). Schon in der frühchristlichen Kunst des 3. Jahrhunderts dient die «Anbetung der Magier» als ältestes Bild der Menschwerdung Christi, das ausserdem dessen Anerkennung durch die Heiden vor Augen führt (LCI 1968, Sp. 539). Seit dem Mittelalter werden die Sterndeuter als Könige dargestellt, wobei das Bildgeschehen in spätmittelalterlicher Zeit zunehmend dramatisiert wird (LCI 1968, Sp. 539–549). Erwähnt sei in diesem Zusammenhang auch der kirchliche Brauch der Dreikönigsfeiern und -spiele, deren Kern die Anbetung des Kindes durch die Könige und die anschliessende Darbringung der Geschenke bildete. In Freiburg ist die Tradition seit 1425 nachzuweisen (King 1979, S. 8/9, 114/115, 163/164).

Beim vorliegenden Gemälde beschränkt sich die Szene auf die wesentlichen Personen: Maria, das Kind und die drei Könige. Es fehlen Joseph, der sonst häufig in einer Nebenrolle erscheint, wie auch der Engel und der Stern, die den morgenländischen Besuchern den Weg gewiesen haben. – Blicke und Bewegungen aller Anwesenden richten sich auf den Jesusknaben (die Geste, mit der er die Hand zum Kuss reicht, geht vermutlich auf Bonaventura zurück: Gutscher/Villiger 1999, S. 96); sogar der mittlere König, der sich in zeitgenössischen Darstellungen meistens nach hinten zum Mohren wendet, neigt sich hier zum Kind. Gemäss der spätmittelalterlichen Bildtradition stellen die Könige drei Lebensalter dar (Kehrer 1904, S. 105). Typisch für die Entstehungszeit des Gemäldes ist auch die Gegenwart des Schwarzen: ab dem späten 15. Jahrhundert wird der junge König mit zunehmender Häufigkeit als Mohr dargestellt (Devisse 1979, S. 161); stets wiederkehrende Attribute dieser Figur sind – neben ihrem Kostüm – der Ohrring und das Horn auf hohem Fuss, das ein Symbol der Königssalbung sein könnte (Kehrer 1904, S. 112, 114). Ein Hornpokal erscheint unter anderem – allerdings ohne monstranzähnlichen Aufbau – in Kupferstichen des Meisters E. S. (Lehrs 1910, L. 24, L. 26, L. 27). Der steinerne Bau mit den altertümlich anmutenden Rundbogenfenstern, von einem zerfallenden Bogen flankiert, ist wahrscheinlich die Ruine des David-Palastes, die, mit Stroh gedeckt, zum Stall der Geburt Christi wird (LCI 1968, Sp. 543). Rätselhaft bleibt das Fehlen des Sterns, der die Weisen nach Bethlehem geleitet hat; möglicherweise befand er sich im heute stark beeinträchtigten Goldgrund.

Abb. 56
Kat. 1, Unterzeichnungen (Infrarot-Reflektographie)

Als wichtiges Ereignis der Heilsgeschichte wird die «Anbetung der Könige» – gleichsam ein Pendant zur «Geburt Christi» – auch auf dem Freiburger Nelkenmeister-Altar von 1479/80 dargestellt (Gutscher/Villiger 1999, S. 13, 94/95, 213–216). Dieser Altar beeindruckte Fries nachweislich (siehe S. 234); die dortige Flügel-Innenseite mit der Darstellung der Drei Könige (Abb. 6) scheint auf das vorliegende Gemälde starken Einfluss ausgeübt zu haben, wie bereits Dominique/Moullet 1941 festhalten: Zum einen sind beide Kompositionen ähnlich aufgebaut, Personen und Staffage analog plaziert. Zum andern wurden im vorliegenden Bild offensichtlich auch Details aus dem um weniges älteren Altar übernommen: das feine Brusttuch der Madonna; die seitlichen Schlitze an Mantel beziehungsweise Tunika des knienden Königs, seine grünen Beinlinge und die Trippen; der grüne Mantel des Königs hinter ihm und, beim Mohren, nicht nur die weisse Kleidung, sondern auch der Schnitt des Wamses, das Schwert in roter Scheide und der Ohrring. Ausserdem zeigt der hinter Maria stehende Deckelbecher Ähnlichkeiten mit dem Pokal, den der Mohr auf dem grossen Altar hält; die bei diesem Gefäss als Deckelknauf dienende Kreuzblume könnte – wohl missverstanden – als Vorbild für das fleuronartige Kreuzchen auf Fries' Becher gedient haben. Wie beim Werk des Nelkenmeisters sind diese Prunkstücke mit Blattgoldauflage und schwarzer Binnenzeichnung ausgeführt. Noch weitere Vorbilder scheinen mitgespielt zu haben: das hybride Gefäss des schwarzen Königs, ein Horn mit einer Monstranz, erscheint in der «Anbetung der Könige» auf dem Wurzel-Jesse-Fenster des Berner Münsters, wo auch ein Turban in der Art der Kopfbedeckung des mittleren Königs vorkommt. Sogar die Fleurons an der Krone des Knienden könnten von diesem Fenster stammen, das Mitte des 15. Jahrhunderts als Werk eines von Konrad Witz beeinflussten Künstlers in Bern entstanden war (Abb. 57; Kurmann-Schwarz 1998, S. 218–226). Zugleich gewinnt man den Eindruck, der junge Maler habe trotz diesen Übernahmen sowohl eigene Bildideen eingefügt als auch die gesamte Form mit starkem schöpferischem Willen geprägt. Durch den engen menschlichen Bezug

93

der Figuren zueinander, den innigen, etwas unbeholfenen Ausdruck und das impulsive, zugleich aber demütige Abnehmen der Kronen (bei allen drei Königen) unterscheidet sich das Gemälde von seinem ähnlichsten Vorbild, der nobel distanzierten Darstellung auf dem Nelkenmeister-Altar.

Bei der «Anbetung der Könige» würde es sich um eines der frühesten überlieferten Werke des Malers handeln; die Zuschreibung kann sich aber auf keine gesicherten Gemälde aus derselben Zeit stützen (die hier ähnlich datierte Wandmalerei mit dem hl. Christophorus, Kat. 2, ist ebenfalls nur zugeschrieben). Wilhelm Wartmann, der das Gemälde für das Zürcher Kunsthaus erworben hatte, bejahte die Frage nach Fries' Autorschaft (Jahresbericht 1933); Heribert Reiners, Inhaber des Lehrstuhls für Kunstgeschichte an der Universität Freiburg, äusserte sich hingegen skeptisch über eine ihm von Wartmann gesandte Photographie (Reiners 1936). Später wurde die Zuschreibung jedoch anerkannt, wobei die Datierung zwischen dem ausgehenden 15. Jahrhundert (Freiburg 1957; Schmid 1981) und 1500–1510 (Stange 1965, Kunsthaus Zürich 1968, Perucchi-Petri 1970, Klemm 1992) beziehungsweise der Zeit um 1503 (Wüthrich 1996) schwankt.

Verglichen mit späteren Werken des Malers, wirkt das Gemälde zweifellos ungelenk, ja sperrig; noch fehlt die Geschmeidigkeit, welche Fries' Malerei nach der Jahrhundertwende auszeichnet. Der einzige bei Fries überlieferte gravierte Brokat des Goldgrundes mutet archaisch an. Eindrücklich ist jedoch die Spannkraft der auf engen Raum gedrängten Figuren, die sich durch Blick, Körperhaltung und Gestik aufeinander beziehen – eine typische Qualität der Kompositionen des Malers. Auch der beseelte Gesichtsausdruck der Gestalten und das malerische Interesse an der Stofflichkeit der Gewänder, daneben Details wie die langen, weich gebogenen Finger oder der Hintergrund mit der hellen Wasserfläche zwischen dunkelblauen Hügeln kehren in den gesicherten Werken regelmässig wieder. Das knittrige Plissé, hier am Futter des Marienmantels, erscheint an den Mantel-Innenseiten des «Hl. Christophorus» von 1503 (Kat. 6a) und der Madonnen in den kleinen Tafeln von 1501 (Kat. 3c, 3d) – dort auch an den Baldachinen –; zudem ist die Gottesmutter des vorliegenden Bildes bis auf dieses Mantelfutter dunkelblau gekleidet, was für die erwähnten Täfelchen und die Pfingstdarstellung des Bugnon-Altars (Kat. 7a) ebenfalls zutrifft. Die rund abgeschliffenen Schichten des Steins vorne rechts finden sich im «Hl. Christophorus» von 1503 (Hintergrund rechts) wieder. Neben dieser Verwandtschaft in der Malerei liefert schliesslich die Unterzeichnung ein zusätzliches Argument für Fries' Autorschaft (siehe oben). Mit Sicherheit handelt es sich hier jedoch um ein Frühwerk des Malers: angesichts der künstlerischen Entwicklung, die Fries bis zu den Gemälden von 1501 noch durchlaufen wird, muss die «Anbetung der Könige» geraume Zeit vor Ende des 15. Jahrhunderts entstanden sein.

Verena Villiger

Abb. 57
Werkstatt des Niklaus Glaser
(zugeschr.): Anbetung der Könige,
Wurzel-Jesse-Fenster;
Bern, Münster
(Photographie: Martin Hesse)

Abb. 58
Kat. 2

Kat. 2
Hl. Christophorus (Wandmalerei), spätes 15. Jahrhundert
(Abb. 58)

Freiburg, Museum für Kunst und Geschichte, Inv. 1963-10

Ölhaltiges Bindemittel auf Kalkputz, 161 x 100 cm (abgelöstes Fragment)

Herkunft
   Beim eingreifenden Umbau des Hauses Reichengasse 17 in Freiburg, das sich im Besitz der Erbengemeinschaft Marie de Weck befand, kam 1960 an der westlichen Brandmauer des 1. Stockes ein Gemälde des hl. Christophorus zum Vorschein (Abb. 59). Es wurde in der Folge von der Mauer abgelöst und gelangte 1963 als Geschenk der Erbengemeinschaft in die Sammlung des Museums für Kunst und Geschichte Freiburg.

Zustand
   Gut; die vereinzelt auftretenden Fehlstellen durch Retuschen geschlossen.

Restaurierungen
   1960 – 1963, Freiburg, Théo-Antoine Hermanès (Freilegung, Ablösung von der Mauer, Anbringen eines neuen Trägers, Festigung, Retusche).

Nicht Gedrucktes
   Hermanès 1960.

Literatur
   Hahn-Woernle 1972, S. 128; Schmid 1981, S. 468/469, Abb.

Christophorus schreitet in leicht gebückter Haltung durch das schilfbestandene Wasser, das beiderseits von zerklüfteten, grasbewachsenen Steinen begrenzt wird. Im bewegten graublauen Wasser schwimmt ein Fisch. Der Heilige stützt sich mit beiden Händen auf einen mächtigen Stock. Seine Stirn ist gefurcht, sein hageres, bärtiges Gesicht prägt eine markante Nase. Ein geknotetes gelbes Stirnband hält das lange braune Haar zusammen. Sein grünes Kleid weist einen grauen Saum und ein graues Futter auf; Grün ist auch die Farbe der bis zum Knie hochgekrempelten Hosen. Ein breites rotes Tuch, wie eine Schärpe um den Körper geschlungen, dient ihm als Mantel und wird vom Wind zu steifen Falten gebauscht. Auf Christophorus' Rücken kniet ein kraushaariger Knabe, durch den Kreuzliliennimbus als Christus kenntlich, und blickt aus dem Bild. Unter seinem grauen Kleid schaut der nackte linke Fuss hervor. Mit der Rechten segnet das Jesuskind den Träger, während es in der linken den schwarz-weissen Reichsapfel hält, dessen farbliche Kompartimentierung auf das Freiburger Wappen hinweisen könnte.

Unterzeichnungen lassen sich keine erkennen.

Christophorus (griechisch: Christus-Träger) gehört zu den volkstümlichsten Heiligen; im Orient lässt sich seine Verehrung bereits im 5. Jahrhundert nachweisen. Sie verbreitete sich rasch den Pilgerstrassen entlang über die gesamte Ost- und Westkirche. Möglicherweise anknüpfend an die Gestalt des Christianus, eines Begleiters des Apostels Bartholomäus, entwickelte sich in der Legende die Gestalt des menschenfressenden Reprobus aus dem Volk der Kynokephalen (griechisch: Hundsköpfige), der durch göttliche Begnadigung und Taufe den Namen Christophorus sowie menschliche Züge und Sprache erhält.

Die abendländischen Fassungen der Legende erweitern seine Vita und lassen ihn nicht als Ungeheuer, sondern als Riesen erscheinen. Da er nur dem mächtigsten Herrn dienen wollte, trat er in den Dienst eines Königs. Als dieser sich beim Hören eines Lieds, in dem der Teufel genannt wurde, mehrmals bekreuzigte, erkannte Christophorus, dass Satan mächtiger sei als der König. Er verliess diesen und machte sich auf die Suche nach dem Teufel, den er in der Wüste als schwarzen Ritter fand. Doch nach einiger Zeit merkte er, dass auch sein neuer Herr nicht ohne Furcht war, sondern dem Bild des Gekreuzigten auswich. Deshalb verliesst er ihn und machte sich auf die Suche nach Christus. Ein Einsiedler sagte ihm, dass er mit Fasten und Beten zu Christus finden werde. Da Christophorus beides nicht konnte, übernahm er die Aufgabe, Menschen auf seinem Rücken über einen gefährlichen Fluss zu tragen. Eines Nachts bat ihn ein Kind, es über das Wasser zu setzen. Christophorus gehorchte, doch die Last wurde immer schwerer; das Wasser schwoll an, und Christophorus fürchtete zu ertrinken. Da sprach das Kind zu ihm: «Mehr als die Welt hast du getragen, der Herr, der die Welt erschaffen hat, war deine Bürde» und taufte ihn. Am anderen Ufer angelangt, erkannte Christophorus, dass der Knabe Christus war (LCI 1973, Sp. 496 – 508; Réau 1958/1, S. 304 – 313).

Abb. 59
Kat. 2 vor der Ablösung von der Mauer

Abb. 60
Hans Holbein d. J.: Ein Narr betet zum hl. Christophorus, Randzeichnung aus: Erasmus von Rotterdam, Stultitiae Laus, 1515/1516

Seit dem 14. Jahrhundert wird der Heilige mit Tod und Sterben in Beziehung gesetzt. Seine Darstellungen waren wegen ihrer apotropäischen (Unheil abwehrenden) Kraft sehr beliebt, schrieb man ihnen doch besondere Schutzwirkung gegen die «mors mala» zu. Dabei handelt es sich um den bösen, plötzlichen Tod, der eintritt, ohne dass man vorher die Sterbesakramente empfangen hat. «Wer sant Cristoffels bild ansicht, des Tags ym kein böser tod beschicht», lautet eine häufige Bildbeischrift (Zürich 1994, S. 202/203). Wie verbreitet der Glaube an die Macht dieser Bilder war, zeigt die Kritik des Erasmus von Rotterdam im «Lob der Torheit»: «Einer törichten Einbildung überlassen sich jene, die überzeugt sind, sie könnten an einem Tag, an dem sie den Blick auf eine Holzstatue oder ein Bild des Polyphem [Riesen] Christophorus geworfen haben, nicht sterben» (Abb. 60, Erasmus 1931, Bd. 1, S. K; Bd. 2, S. 29).

Das Anbringen monumentaler Christophorus-Bilder an Kirchenwänden und Stadttoren machte den Schutz allgemein leicht erreichbar. Eines der bekanntesten Beispiele ist zweifellos das kolossale Berner Christophorus-Standbild. Im Auftrag der Stadt Bern 1496 bis 1498 vermutlich durch Albrecht von Nürnberg für den Christoffelturm geschnitzt, wurde es dank seiner Beliebtheit bei der Bevölkerung in der Reformationszeit nicht zerstört (Bern 2000, S. 350/351). Doch nicht nur im öffentlichen, sondern auch im privaten Raum lassen sich Christophorus-Darstellungen nachweisen. Sie befinden sich mit Vorliebe an zentraler Lage: in Treppenhäusern oder Innenhöfen (Schneider 1991, S. 18).

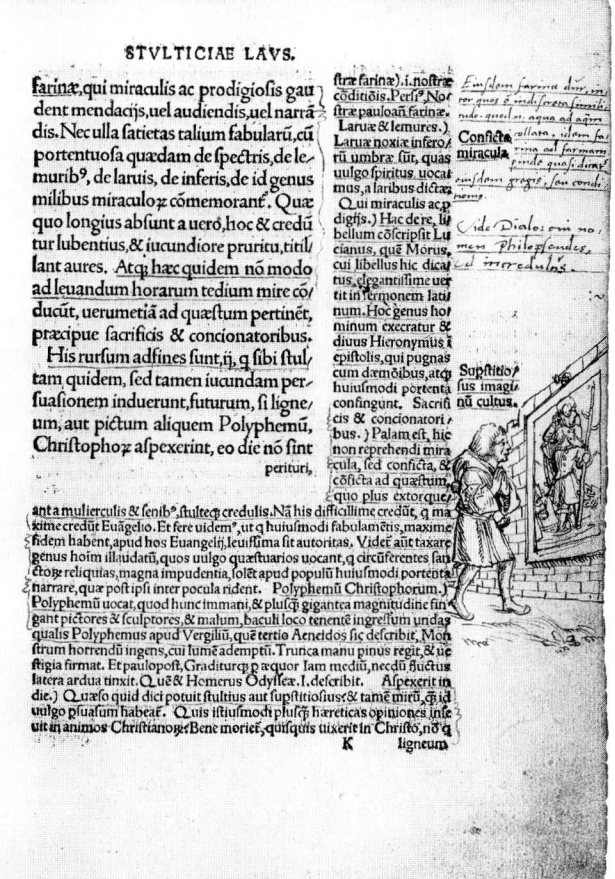

Hans Fries beschäftigte sich mindestens zwei weitere Male mit Christophorus-Darstellungen. 1501 fasste er die Skulptur des Basler Bildhauers Lienhard Thurneysen, die sich in einer Nische am Berntor in Freiburg befand (Q 97/1500). Von dieser Statue fehlt jede Spur; keine Zeichnung überliefert ihr Aussehen. 1503 malte Fries für einen Altar die Christophorus-Tafel, die sich heute im Museum für Kunst und Geschichte Freiburg befindet (Kat. 6a). Der «Christophorus» aus der Reichengasse wurde gleich nach seiner Entdeckung als Werk des Hans Fries bezeichnet. Da es sich dabei aber um die einzige Wandmalerei handelt, die bisher mit dem Maler in Verbindung gebracht werden kann, sind Vergleiche zu seinem gesicherten Werk schwierig anzustellen. Wandmalerei, eher der Ausstattung von Architektur zugehörig und als weniger wertvoll angesehen als Tafelbilder, wird oft wesentlich rascher als diese ausgeführt. Zudem erlaubt auch der gröbere Untergrund keine der Tafelmalerei vergleichbaren Feinheiten. Die rasche Arbeitsweise führte in unserem Beispiel gar zum Ineinanderfliessen der Farben, wie es beim Stirnband des Christophorus besonders gut zu beobachten ist. Unabhängig von den technisch bedingten Unterschieden ergeben Vergleiche zwischen der Wandmalerei und der signierten und datierten Christophorus-Tafel (Kat. 6a), dass die Wandmalerei sperriger wirkt als das Tafelbild. Trotz der Betonung der Diagonalen in beiden Fällen ist zudem der Bildaufbau des Wandgemäldes statischer. Diesen Differenzen stehen aber eine Reihe von Analogien gegenüber, die für eine Zuschreibung an Fries sprechen. Dazu gehören anatomische Merkmale wie die Überlänge der Finger, das markante Gesicht des Heiligen mit seiner langen Nase («Anbetung der Könige», Kat. 1), die blechartigen Gewandfalten (ebenda) und die pilzförmigen Felsen («Hl. Christophorus», Kat. 6a, Hintergrund rechts). Die wenig freie, etwas unbeholfene Malweise deutet darauf hin, dass es sich um ein frühes Werk von Hans Fries handelt. Die stilistische Nähe zur «Anbetung der Könige» legt ebenfalls eine Datierung mehrere Jahre vor Ende des 15. Jahrhunderts nahe.

Raoul Blanchard

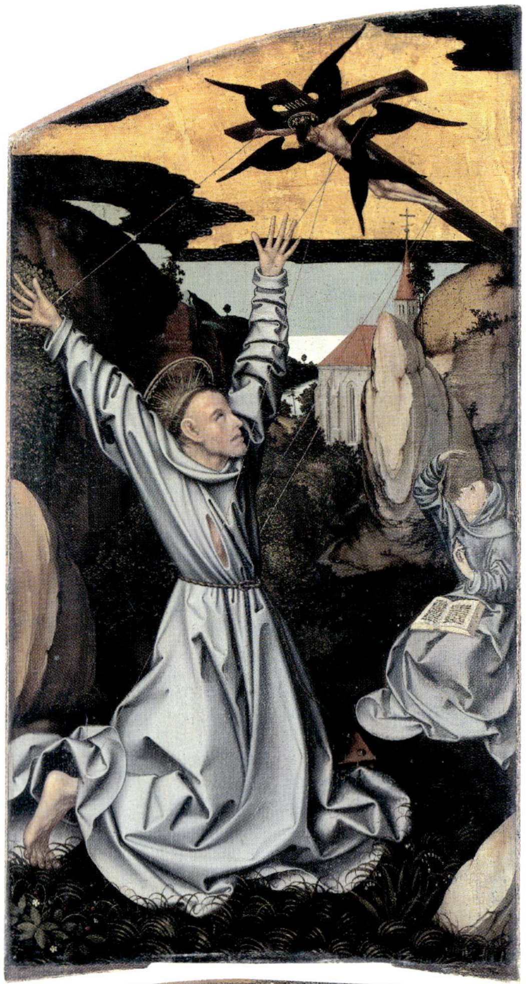
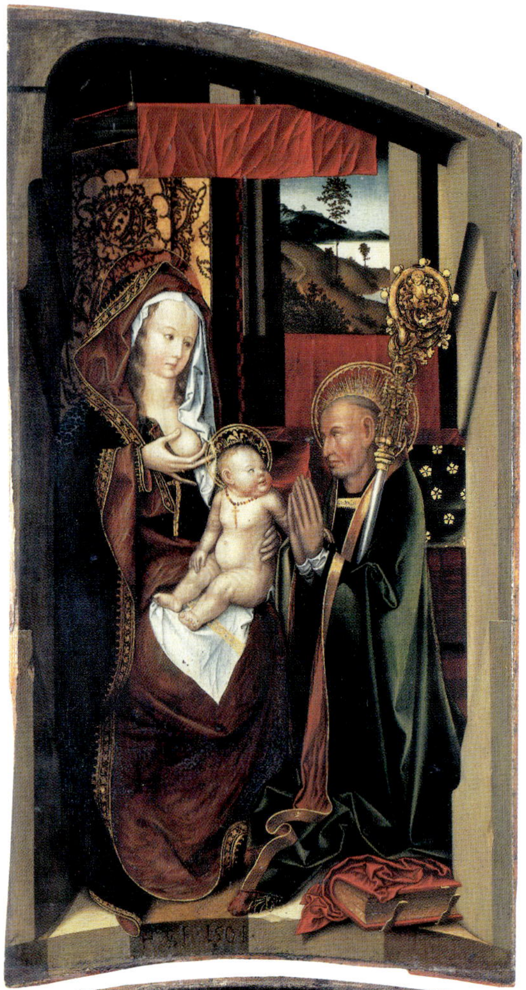
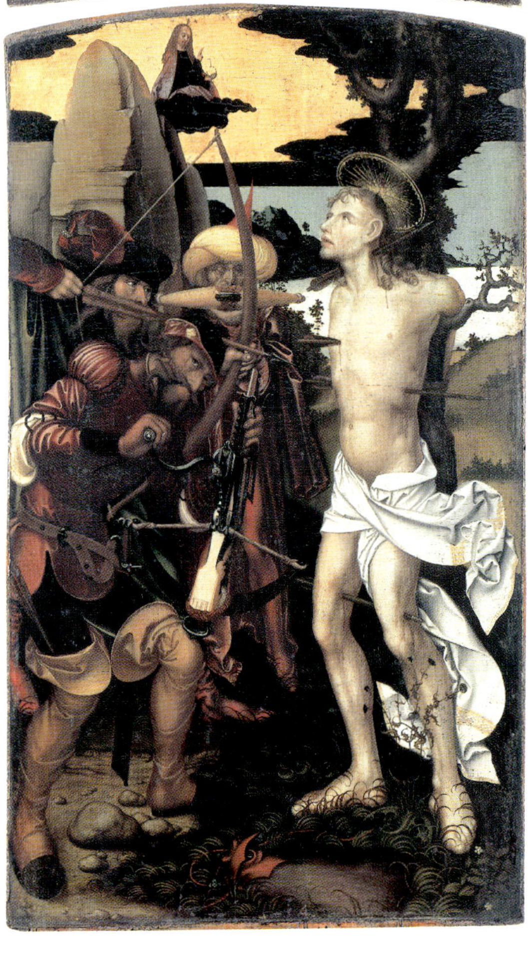
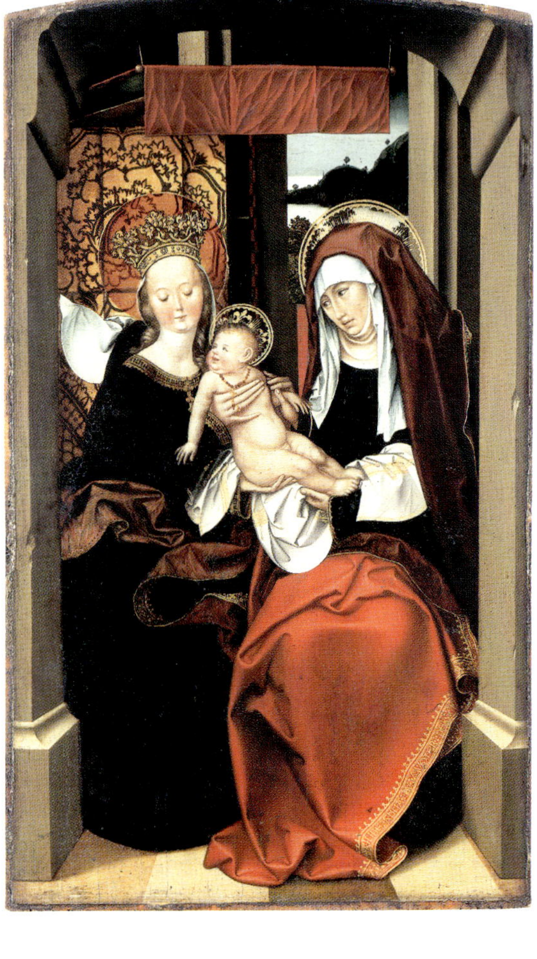

Kat. 3
Vier Tafeln eines Altärchens, 1501

II. Heft.

Innre Ansicht der St. Moriz Kapelle

Herkunft

Als ursprünglicher Standort des kleinen Altars wurden aus ikonographischen Überlegungen bisher die Zisterzienserklöster Hauterive und Magerau bei Freiburg in Erwägung gezogen (Leitschuh 1916; Marette 1961). Anfang des 19. Jahrhunderts befanden sich die vier Tafeln (zusammen mit dem «Jüngsten Gericht», Kat. 4) im Besitz des Grafen und Generals Josef von Rechberg, eines Sammlers, der Kontakt zu den Brüdern Boisserée hatte. Möglicherweise war Rechberg durch Johann Franz Anton von Olry auf diese Werke gestossen; Olry, der gegen 1800 dank Vermittlung des Grafen in den Dienst des bayerischen Kurfürsten getreten war, befand sich ab 1807 als Diplomat in Bern, wo er in konservativen Kreisen, unter anderem mit katholischen Freiburger Patriziern, verkehrte und sich offensichtlich für Kunst interessierte; er selber besass ebenfalls ein Werk von Hans Fries (Kat. 8; Scherer 1863, S. 606, 618; Raab 1969, S. 693, 702). – Vermutlich am 7. April 1815 verkaufte Rechberg die Gemälde zusammen mit dem grösseren Teil seiner Sammlung dem Fürsten Ludwig von Oettingen-Wallerstein, der übrigens bereits die Gemälde Kat. 13d und 13e von Hans Fries besass. Der Fürst liess die Sammlung vom bayerischen Galerieinspektor Dillis ordnen und eröffnete sie am 1. Mai 1816 in den oberen Räumen des Schlosses Wallerstein. Wegen Geldschwierigkeiten verkaufte er am 1. Juni 1828 sämtliche altdeutschen Gemälde, darunter Dürers Bildnis des Oswolt Krel und Altdorfers «Donaulandschaft», dem bayerischen König Ludwig I., der sie zusammen mit der Sammlung Boisserée nach Nürnberg bringen liess (einige besonders wichtige Werke, darunter das «Jüngste Gericht», blieben indessen in Schleissheim). In Nürnberg wurden die vier Tafeln mit den übrigen altdeutschen Gemälden in der Moritzkapelle neben St. Sebald ausgestellt (Abb. 65; Grupp 1917, S. 98; Alte Pinakothek München 1983, S. 590). Ab 1882 befanden sie sich im Germanischen Nationalmuseum in Nürnberg; 1911 führte man sie in die Alte Pinakothek nach München über, wo sie während einiger Zeit mit dem «Jüngsten Gericht» zu einem willkürlichen Ganzen vereinigt wurden (Kelterborn-Haemmerli 1927, S. 29; Marette 1961; Stange 1965). Was das Format betrifft, drängt sich allerdings die Frage nach einem noch ungeklärten Zusammenhang der sechs Tafeln auf. Es erinnert übrigens an die Passionsszenen von Hans Holbein d. J. aus den Jahren 1524/1525 (Geelhaar 1992, S. 58, Abb. 37; Baer 1932, S. 412–416, 756).

Abb. 61 Kat. 3a
Abb. 62 Kat. 3c
Abb. 63 Kat. 3b
Abb. 64 Kat. 3d
Abb. 65 Innenansicht der Moritzkapelle (aus: Moritzkapelle Nürnberg 1833, II. Heft, Pl. 5)

Die vier Tafeln bildeten einst die beiden Altarflügel, wobei sich die Gemälde an den Aussenseiten befanden. Die Innenseiten waren mit Reliefs geschmückt, auf welche ein einfacher Goldgrund und blaue Farbe in der oberen Hälfte der Tafelrückseiten hinweisen; die untere Hälfte ist hier jeweils holzsichtig, Wergreste stammen wohl von der Befestigung der applizierten Elemente (Abb. 66–69). Dieser Befund widerlegt sowohl die Vermutung, es handle sich bei den Gemälden um die zersägten Vorder- und Rückseiten eines oder beider Triptychonflügel (Zemp 1905; Ganz 1924; Kelterborn-Haemmerli 1927), als auch den gewagten Rekonstruktionsvorschlag von Busch 1950. Nach der Restauratorin Veronika Poll-Frommel (Alte Pinakothek München) bildeten möglicherweise je zwei übereinandergestellte Gemälde eine einzige Tafel, ähnlich wie beim «Jüngsten Gericht», die zu einem späteren Zeitpunkt zersägt wurde. Gegenwärtig sind die Gemälde so montiert, dass sich unter der Darstellung des heiligen Franz jene der «Anna selbdritt» befindet, unter der «Vision des hl. Bernhard» das Sebastiansmartyrium. Naheliegender wäre jedoch die Kombination von Franziskus und Sebastian auf dem linken Flügel (es handelt sich um zwei Pestheilige, siehe LCI 1974/1, Sp. 310; LCI 1976, Sp. 318) und der beiden in Architektur und Perspektive zusammengehörigen Bilder der «Anna selbdritt» und der Bernhardsvision auf dem rechten. So schlagen es auch Ganz 1924, Kelterborn-Haemmerli und ansatzweise Wartmann 1921/2 vor.

Die Gemälde wurden erst der altniederländischen Schule (Wallerstein 1819), darauf einem unbekannten deutschen Meister (Wallerstein 1827) zugewiesen, bis Eduard His-Heusler darin dank dem Monogramm Werke des Hans Fries erkannte (His-Heusler 1869). Auch danach (1879, 1880) erscheinen sie in den Katalogen der Moritzkapelle noch als Werke eines unbekannten Meisters bzw. der schwäbischen Schule. Daniel Burckhardt glaubte augsburgische Einflüsse, besonders des jungen Burgkmair, zu erkennen (Burckhardt 1888), worin ihm Haendcke 1890 zuerst folgte, sein Urteil jedoch 1893 relativierte und wiederum den niederländischen Zug erwähnte. Die älteren Autoren stiessen sich am kraftvollen Stil der Darstellungen, die ihnen wenig vergeistigt, technisch mangelhaft oder bäurisch erschienen (Burckhardt 1888; Haendcke 1890; Janitschek 1890). Einzig His-Heusler erkannte früh die vorzügliche Qualität der miniaturhaft preziösen Gemälde, die in Tafelform, Unterzeichnung und malerischer Ausführung grosse Ähnlichkeit mit dem ungefähr gleichzeitig entstandenen «Jüngsten Gericht» aufweisen.

Nicht Gedrucktes
  Wallerstein 1817/1818, § XLI–XLIII, XLVI; Wallerstein 1819, S. 30, 36, 39, 40, Nr. 298/50, 299/36, 300/57, 301/58; Wallerstein 1826, S. 66; Wallerstein 1827, Nr. 299–302.

Literatur
  Moritzkapelle Nürnberg 1829, S. 16/17, Nr. 92, 93, 97, 100; Moritzkapelle Nürnberg 1832, S. 24/25, Nr. 92, 93, 97, 100; Bruillot 1833, S. 404, Nr. 2856; Moritzkapelle Nürnberg 1846, S. 23/24, Nr. 92, 93, 97, 100; His-Heusler 1869, S. 242; Moritzkapelle Nürnberg 1869, S. 12/13, Nr. 110, 111, 115, 118; Moritzkapelle Nürnberg 1880, S. 12/13, Nr. 110, 111, 115, 118; Germanisches Nationalmuseum Nürnberg 1882, S. 14, Nr. 162–165; Woltmann/Woermann 1882, S. 483; Germanisches Nationalmuseum Nürnberg 1885, S. 23, Nr. 168–171; Burckhardt 1888, S. 124/125; Haendcke 1890, S. 169–172; Janitschek 1890, S. 477; Germanisches Nationalmuseum Nürnberg 1893, S. 30/31, Nr. 172–175; Haendcke 1893, S. 109–112; Berthier 1894/2; Berthier 1895/1; Berthier 1902/2; Vulliéty 1902, S. 215–217; Berthier 1903; Zemp 1905, S. 500; Heidrich 1909, Tafel 68/69, S. 262; Alte Pinakothek München 1911, S. 56; Kleinschmidt 1911, S. 99, Abb. 55; Alte Pinakothek München 1913, S. 53; Leitschuh 1916, S. 481/482; Wartmann 1921/2; Zürich 1921, S. 14, Nr. 47 a–d; Baum 1921/1922, S. 299; Ganz 1922/2, S. 220; Wartmann 1922, S. 25, Abb. 32; Ganz 1924, S. 140, Tafel 97; Kelterborn-Haemmerli 1927, S. 29–35, 42/43, Abb. VI–IX; Benesch 1928, S. 59; Alte Pinakothek München 1936, S. XXXIX, 89/90; Dominique/Moullet 1941, S. 52; Schaffhausen 1947, S. 35, Nr. 40–43; Busch 1950, S. 122–124; Reinle 1956, S. 53/54; Réau 1958/1, S. 215, 528; Ganz 1960, S. 355; Marette 1961, S. 207/208, Nr. 348–353; Pfister-Burkhalter 1961, S. 608; Alte Pinakothek München 1963, S. 88–90; Stange 1965, S. 472; Pfeiffer-Belli 1969, S. 215/216, Abb. 133; Hütt 1973, S. 408, Abb. 197; LCI 1974/1, Sp. 297; Bénézit 1976; Alte Pinakothek München 1983, S. 210–212; Wüthrich 1996, S. 787/788.

Kat. 3a
Stigmatisation des hl. Franziskus
(Abb. 61)

München, Bayerische Staatsgemäldesammlungen, Inv. WAF 283

Ölhaltiges Bindemittel und Polimentvergoldung auf Fichtenholz (Picea abies), mit Leinwand überklebt, 69,9 x 37,4 cm; oberer Abschluss in flach gedrücktem, nach rechts ansteigendem Bogen, unterer Abschluss flach nach innen gebogen

Zustand
  Ringsum leicht beschnittene Tafelränder. Malfläche nicht beschnitten, ausser in den beiden unteren Ecken; dort begradigt und angestückt.

Rückseite
  Etiketten mit Besitzervermerken und Inventarnummern.

Restaurierungen
  Keine Nachrichten.

In felsiger Berglandschaft (La Verna, Alverna) kniet Franziskus, die Arme ekstatisch emporgereckt und zum Himmel aufblickend, wo im Goldgrund der nimbierte Gekreuzigte mit dunklen (ehemals tiefblauen) Seraphsflügeln schwebt. Von Christi Wundmalen führen vier Blutstrahlen zu Händen und Füssen des Heiligen, ein fünfter trifft durch einen Schlitz in der grauen Mönchskutte die Brust. Franz ist mit einer perspektivischen Strahlenscheibe nimbiert und – wie im Norden üblich – unbärtig dargestellt (LCI 1974/1, Sp. 272); an seinem länglichen, tonsierten Kopf fällt das grosse Ohr auf. Die Hände sind zierlich und klein im Gegensatz zum langen Fuss, der unter dem aufgeworfenen Gewandsaum hervortritt. Hinter der Gestalt erscheint als Attribut das Buch der Evangelien. Im Mittelgrund rechts sitzt der Zeuge des Wunders (üblicherweise als Bruder Leo bezeichnet, der die Vision in der sog. «Chartula» ausführlich beschrieb; dazu: Feld 1994, S. 258/259); er blickt vom geöffneten Buch auf seinen Knien zur Erscheinung empor und schirmt mit der Rechten die Augen ab, während er die Linke an die Brust legt. Zwischen den Felsblöcken, die mit ihrer Gesteinsschichtung und der abgerundeten Silhouette seltsam organisch wirken, wächst Gebüsch; im Vordergrund spriessen Gräser, Erdbeeren und Maiglöckchen. Das Kirchlein der Einsiedelei hinter einem Felsen erinnert mit seinem von Strebepfeilern gestützten fünfseitigen Polygonalchor und den Lanzettfenstern an die Freiburger Franziskanerkirche (Strub 1959, Abb. 6; die Ähnlichkeit bereits bei Dominique/Moullet 1941 erwähnt). Eine helle Wasserfläche mit einer baumbestandenen Landzunge bildet den Horizont. Der Himmel darüber ist durch waagrechte, ehemals tiefblaue Wolken (heute verschwärztes Azurit) in eine untere hellblaue und eine obere goldene Zone geteilt.

Im Vergleich zu den im Format grösseren Werken nimmt sich die Unterzeichnung hier fein aus (Abb. 70); sie ist hauptsächlich mit spitzem Pinsel ausgeführt. Dennoch tritt auch hier das zeichnerische Temperament des Künstlers deutlich zutage: eine flüssige, rapide Handschrift bestimmt das Gesamtbild.
Das Gesicht des Heiligen ist mit feinen Schraffen in einer Weise modelliert, die der Unterzeichnung von Köpfen franziskanischer Heiliger auf dem Freiburger Nelkenmeister-Altar gleicht (Gutscher/Villiger 1999, Abb. 145, 146, 149, 150). Augen und Haarkranz sind tiefer vorgesehen als ausgeführt, das Ohr setzt weiter hinten an, die Schädelkalotte ist etwas höher. Auch die Hände weisen eine detaillierte Binnenzeichnung auf. Ebenso plastisch unterzeichnet Fries die Kutte, wobei er beim Malen vom Falten- und Saumverlauf der Zeichnung teilweise abweicht: der rechte Fuss z. B. ist hier vom Gewand bedeckt, und der Stoffbausch vor dem Buch rechts unten breitet sich in flacher Rundung am Boden aus. Das Zingulum sitzt etwas höher, der Kragen tiefer; er fällt als Kapuze auf den Rücken. Auch das kleine Figürchen des Seraphs wird genau, bis auf die Federn seiner sechs Flügel, unterzeichnet. Als Nebenfigur ist Bruder Leo hingegen nur umrissen; sein Gesicht wird als Dreiviertelprofil in Untersicht geplant. Unklar ist, ob die linke Hand schon in der Unterzeichnung ihre seltsame Stellung innehat. Die grössten Änderungen erfährt die Umgebung: bilden in der Unterzeichnung ein hügeliges Gelände, Büsche und Steine die Landschaft, so vereinlicht Fries die Szenerie in der Malerei und setzt Felsen in die Vegetation. Deren zwei gibt er in der Unterzeichnung bereits vor, ihre Form ist hier aber noch kantig und zerklüftet; erst in der Malerei erhält sie die eigentümliche Schichtung. Die Kirche steht in einem steilen Winkel zum Betrachter, der Chorscheitel liegt weiter links als in der Ausführung. Im Hintergrund, wo sich später die Wasserfläche weitet, erhebt sich ein Berg.

Abb. 66
Kat. 3a, Tafelrückseite

Abb. 67
Kat. 3c, Tafelrückseite

Abb. 68
Kat. 3b, Tafelrückseite

Abb. 69
Kat. 3d, Tafelrückseite

Die Stigmatisierung (1224) gilt als wichtigstes Ereignis im Leben des Heiligen; sie ist zuerst durch die «Vita prima» des Thomas von Celano, in der Folge durch Bonaventuras «Legenda maior», die offizielle Biographie des Franziskus, überliefert (siehe auch Vauchez 1980, S. 152–156). Massgebliche Darstellungen der Szene sind das Fresko in der Oberkirche von Assisi (Smart 1983, S. 201–206, Abb. 76) und – in der Schweiz – das Fenster in Königsfelden (Maurer 1954, S. 182, 187/188, Abb. 160; Maurer 1959, S. 224). In beiden Fällen kniet Franz nach rechts, mit geöffneten Händen zum Seraph gewandt. Beidemal nimmt

101

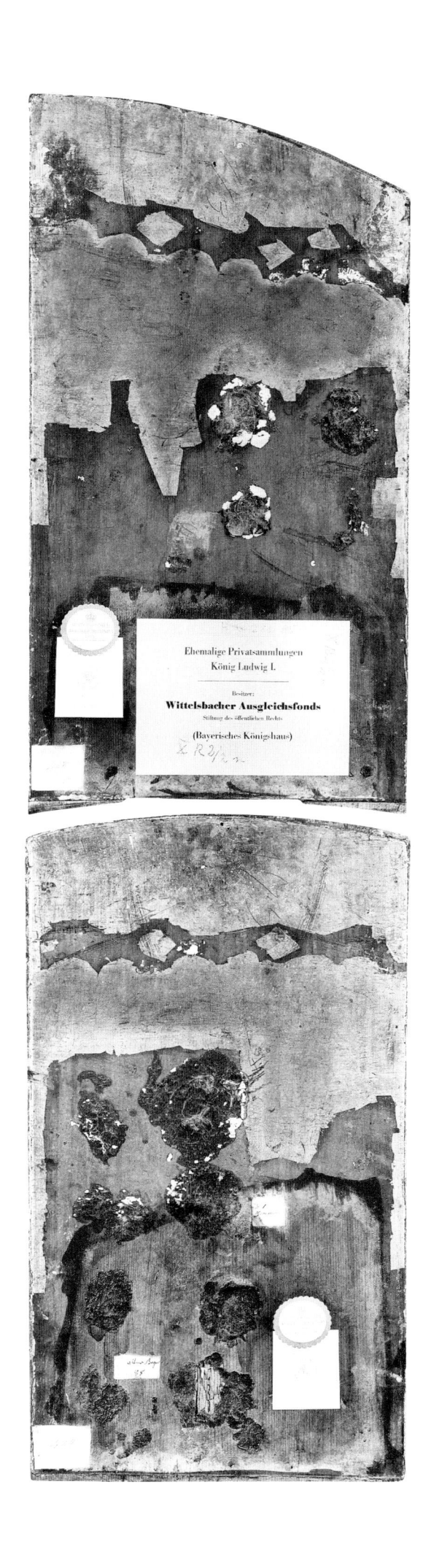

die Kirche einen wichtigen Platz ein, und der Mitbruder liest im Evangelium, in welchem er zuvor bei dreimaligem Öffnen stets auf die Passion Christi gestossen ist (Scotti 1995, S. 543). Im Unterschied dazu kniet der Heilige auf dem Stich des Meisters E. S. (L. 143) nach links, die Kirche fehlt, und Bruder Leo schläft. Dies ist – mit Ausnahme der Kirche – auch in Dürers undatiertem Holzschnitt der Fall (Strauss 1980, S. 290; unsichere Datierung 1503/1504).

Im Unterschied zu diesen verinnerlichten Darstellungen gibt Fries den Heiligen in ekstatischer Spannung wieder. Auch der Gestus Bruder Leos, welcher sich vor dem Licht der Erscheinung schützt, weist auf die Heftigkeit des Geschehens hin (Kleinschmidt 1911). Entgegen der (gebräuchlichen) Physiognomie, etwa auf dem Altar des Nelkenmeisters in der Freiburger Franziskanerkirche, hat Franziskus hier längliche Gesichtszüge, und die Mönchskutten sind nicht braun, sondern grau (Gutscher/Villiger 1999, Abb. 2, S. 184; zur Farbe der Kutte: Pavone 1988, S. 103/104). Maiglöckchen und Erdbeeren, welche oft in Marien- oder Paradiesdarstellungen auftreten (Behling 1967; LCI 1972, Sp. 656) schmücken jedoch den Vordergrund des Nelkenmeister-Altars auch. Bezeichnenderweise führt Fries die beiden die Füsse treffenden Strahlen, die sich mit jenem der Seitenwunde unschön vor der Hauptfigur überschnitten hätten, hinter der Gestalt durch.

Abb. 70
Kat. 3a, Unterzeichnungen, Details
(Infrarot-Reflektographie)

Abb. 71
Kat. 3b, Unterzeichnungen (Infrarot-
Reflektographie)

Kat. 3b
Martyrium des hl. Sebastian
(Abb. 63)

München, Bayerische Staatsgemäldesammlungen, Inv. WAF 284

Ölhaltiges Bindemittel und Polimentvergoldung auf Fichtenholz (Picea abies), mit Leinwand überklebt, 64,2 x 37,4 cm; oberer Abschluss flach nach aussen gebogen

Zustand
    Ringsum beschnittene Tafelränder; Malfläche nicht beschnitten.

Rückseite
    Etiketten mit Besitzervermerken und Inventarnummern.

Restaurierungen
    Keine Nachrichten.

Die Szene ist ins schmale Bildfeld gedrängt: rechts der Märtyrer, links in nächster Nähe die drei Schergen, deren Pfeile mit Wucht den Körper ihres Opfers durchdringen. Sebastian, von einer perspektivischen Strahlenscheibe nimbiert und bis auf ein Lendentuch nackt, ist an einen knorrigen Baum gefesselt. Er wendet seinen Blick zum goldenen Himmel, wo der segnende Christus (mit Kreuznimbus und Reichsapfel) erscheint. Der junge Heilige, schlank und athletisch, zeigt trotz den Geschossen in seinem Hals, im Rumpf und in den Beinen (diese sind von einem einzigen Pfeil durchschossen) keine Anzeichen der Qual. Das weisse, goldgesäumte Tuch um seine Hüften (den Windeln des Jesuskindes in der «Hl. Anna selbdritt» und dem Tuch in der «Vision des hl. Bernhard» ähnlich) bläht sich in einem heftigen Windstoss, welcher von der Gewalt der Schützen auszugehen scheint.

Der erste der drei stützt im Vordergrund seine Armbrust aufs Knie, um sie mit einer Kurbel aufzuziehen. Er blickt schräg zum Betrachter; der zusammengekniffene Mund und ein mächtiger Schnurrbart tragen zum verwegenen Ausdruck bei. Seine Kleidung ist stutzerhaft und wie die Mechanik der Waffe minutiös wiedergegeben: er trägt ein auf Taille geschnittenes rotes Wams mit gepufften Ärmeln, schwarzen Manschetten und einem breitlappigen Saum; um die Hüften schlingt sich locker der Gürtel, an welchem ein Krummschwert hängt. Am Ellbogen lugt ein weisses Hemd aus einem mit Bändern geschnürten Schlitz hervor. Grünsamtene Hosen und Stulpen aus weichem gelbem Leder bekleiden die Beine, schwarze Trippen die Füsse. Den nächsten Pfeil hält der Bösewicht bereits in der einen Stulpe griffbereit; am Boden liegt sein Fellköcher mit Deckel. Dieser Schütze trägt eine Kappe mit Umschlag; den Kopf desjenigen hinter ihm bedeckt ein breitkrempiger Hut, dessen Kuppe eine perlenverzierte Zipfelmütze aus rotem Samt bildet. Rote Ärmel, ein grüner Mantel mit weiten Ärmelschlitzen, hellrote Beinlinge – stärker als die Kleidung interessiert den Maler hier der Gesichtsausdruck hinter dem gespannten Bogen: die Augen fixieren ihr Ziel so scharf, dass darin das Weiss aufblitzt. Der dritte Scherge zielt ebenfalls, jedoch nicht auf Sebastian, sondern auf den Betrachter des Bildes, den er – ein Auge zugekniffen – mit seiner Armbrust anvisiert. Ein prachtvoll hellgelber Turban mit einer roten Spitze und elegante, vollständig rote Kleidung (Schuhe, Beinlinge und ein umgelegter langer Mantel) verleihen dieser Figur einen exotischen Anstrich. Erdboden mit Steinen bei den Henkern, Gras mit Leberblümchen, einer Distel und Erdbeeren (der Speise der Seligen; siehe LCI 1972, Sp. 656) bei Sebastian bilden den Vordergrund; weiter hinten schiebt sich links ein kantiges, spitz zulaufendes Felsmassiv in den Raum, rechts weitet sich eine helle Wasserfläche mit gebirgigem Ufer. Wie in der «Stigmatisierung» ist der Himmel auch hier durch dunkelblaue Wolkenbänke in eine untere, hellblaue und eine obere, goldene Region geteilt.

Der soldatesken Thematik entsprechend legt Fries seine Unterzeichnung hier mit ausgesprochen dezidiertem Strich an (Abb. 71); dichte Parallelschraffur rundet die Formen oder schattiert in bald schräger, bald horizontaler Richtung. In einer ersten Fassung senkt der Heilige den Kopf im Dreiviertelprofil und blickt zu Boden; seine langen Locken fallen über die Schultern. Fries ändert diese Haltung bereits in der Unterzeichnung: der Märtyrer blickt jetzt gen Himmel; sein Hals nimmt die Länge des ersten Gesichtes ein. Die in der ersten Version gedrungeneren Proportionen finden sich auch in der Beinlänge: zuerst sitzen die Kniescheiben höher, und das rechte – hier noch gestreckte – Bein ist deutlich kürzer als in der Endfassung; dahinter bläht sich ein (später nicht ausgeführtes) Ende des Lendentuchs. Offenbar überdenkt der Künstler die gesamte Gestalt, bevor er das linke Bein fertig unterzeichnet: hier sind nämlich keine Änderungen sichtbar. Der Rumpf, mit Längs- und Querachsen konstruiert, erhält sein Volumen durch eine Binnenzeichnung, die jener des Gekreuzigten auf dem Freiburger Nelkenmeister-Altar gleicht (Gutscher/Villiger 1999, Abb. 130, 131). Feiner als der Körper ist das Lendentuch unterzeichnet; sein Faltenrelief weicht massgeblich von der gemalten Fassung ab. Erstaunlich wenig Änderungen lassen sich hingegen bei den drei Schützen beobachten, die Fries schwungvoll als kompakte Gruppe skizziert. Dem Turbanträger, der auf den Betrachter schiesst, setzt er anfänglich eine Brille auf. Der vorderste Mann trägt in der Unterzeichnung einen kuhmaulartigen Schuh, der in der gemalten Fassung das Aussehen eines Pantoffels erhält. Am Boden liegt links neben der Felltasche ein nicht näher zu bestimmender Gegenstand, vielleicht ihr ursprünglicher Deckel. Der Baum, an den der Heilige gefesselt ist, reckt über dessen linker Schulter einen (bloss unterzeichneten) Ast in die Höhe. Beinahe unverändert bleibt die Landschaft mit Felsen, See (oder Meer) und Bergen.

Abb. 72
Albrecht Dürer (Umkreis?): Martyrium des hl. Sebastian, Holzschnitt (Photographie: Jörg P. Anders, Berlin)

Abb. 73
Kat. 3c, Unterzeichnungen (Infrarot-Reflektographie)

Der Märtyrer Sebastian gilt seit dem 7. Jahrhundert als Pestheiliger; grossen Aufschwung erlebte sein Kult durch die spätmittelalterlichen Pestepidemien. Er gehört zu den 14 Nothelfern und ist u. a. Patron der Schützen. Häufigste dargestellte Szene aus der Legende ist sein erstes Martyrium, bei welchem Kaiser Diokletian seinen ehemaligen Günstling den Pfeilschützen zur Zielscheibe gab. (Sebastian überlebte die Marter jedoch dank der Pflege Irenes.) Der Heilige wird seit dem späten Mittelalter meist als nackter, nur mit einem Lendenschurz bekleideter Jüngling wiedergegeben; in der italienischen Kunst ist er an einen Pfahl oder an eine Säule, nördlich der Alpen an einen Baum gebunden (LCI 1976, Sp. 318). Sogenannte Pestblätter fördern im 15. Jahrhundert die Verbreitung des Kultes.

Fries bediente sich eines Holzschnittes Albrecht Dürers (vor 1500, Abb. 72; Strauss 1980, S. 116/117) als Vorlage für sein Gemälde. Bei Dürer sind die Figuren locker in die Landschaft gesetzt; Fries übernimmt bestimmte Elemente, die er modifiziert und sorgfältig seiner eigenen, dichteren Komposition anpasst. Anhand der Unterzeichnung lässt sich dieser Arbeitsprozess teilweise nachvollziehen. Hier steht die Gestalt des Sebastian dem Dürerschen Vorbild noch näher als in der Ausführung: der Kopf des Heiligen ist im Dreiviertelprofil gesenkt, sein rechtes Bein durchgestreckt, die Proportionen sind gedrungener. Der Schütze, welcher die Armbrust aufzieht, dürfte ein häufiges Motiv zeitgenössischer Sebastians-Darstellungen sein. Er erscheint nicht nur in vier Stichen des Meisters E. S. (L. 155, L. 156, L. 157, L. 158), sondern auch im grossen Gemälde des Meisters der Heiligen Sippe (Wallraf-Richartz-Museum Köln 1986, S. 56, Abb. 138a). Fries übernimmt ihn jedoch ebenfalls von Dürer, wie die gebückte, leicht zum Betrachter gewandte Profilstellung im Vordergrund, die stutzerhafte Kleidung, das Drehen der Kurbel zeigen; auch die zusammengepressten Lippen stammen aus dieser Vorlage, obschon sie nicht wie dort den nächsten Pfeil halten (Haendcke 1890, S. 170, irrt hier). Auf Grund des Hochformats der Komposition lässt ihn Fries die Waffe aber nicht auf den Fuss, sondern auf das Knie stützen. Der zweite Scherge, der links aussen den Bogen spannt, scheint ebenfalls auf Dürer zurückzugehen. Wirkt er bei jenem antikisch gelassen, so konzentriert er sich bei Fries als Haudegen ganz aufs Morden. Diese Spannung, die bei Dürer fehlt, äussert sich auch in der unheimlichen dritten Gestalt. Zumindest der Turban stammt auch von Dürer, wo er allerdings den Kopf des dort anwesenden Diokletian bedeckt. Der Hut seines Begleiters findet sich möglicherweise (leicht verändert) auf dem Kopf des Friesschen Bogenschützen wieder. Ausserdem übernimmt der Maler den Fellköcher im Vordergrund sowie die Wasserfläche am Horizont. – Es handelt sich hier um die früheste nachweisliche Verwendung von Dürerscher Graphik durch Hans Fries, der mit dem Blatt, das kurz vor dem Gemälde entstand, eine erstaunlich «moderne» Vorlage wählt.

Möglicherweise kennt er jedoch auch Stiche des Meisters E. S.: etwa die Darstellung Gottes, der in Halbfigur auf einer Wolke erscheint (L. 156), oder den aus dem Bild zielenden Armbrustschützen (L. 157; hier allerdings bloss ein kleines Figürchen im Hintergrund).

Meisterhaft inszeniert Fries in dem kleinen Gemälde die Spannung zwischen den Mordbuben, die sich eifrig ihrem Treiben widmen, und der abgeklärten Gestalt des Heiligen, der als einziger die goldene Himmelsöffnung mit der Erscheinung Christi erblickt. Das Licht erhellt seine ganze Figur, während es auf den Schergen nur flackert. Der dämonische Zug wird hier durch das Rot der Gewänder noch verstärkt; die rotgekleideten Beine des dritten Schützen erinnern an die glühenden Verdammten im «Jüngsten Gericht». Unerhört fein sind auf diesem Gemälde – besonders bei Kleidung und Waffen – die Details beobachtet.

Kat. 3c
Vision des hl. Bernhard («Lactatio»)
(Abb. 62)

München, Bayerische Staatsgemäldesammlungen, Inv. WAF 282

Ölhaltiges Bindemittel und Polimentvergoldung auf Fichtenholz (Picea abies), mit Leinwand überklebt, 67,3 x 37 cm; oberer Abschluss in flach gedrücktem, nach links ansteigendem Bogen, unterer Abschluss flach nach innen gebogen

Signiert auf der Abstufung der Bodenplatten: «H☒F»
Datiert rechts der Signatur: «·1501·»

Zustand
    Ringsum beschnittene Tafelränder. Malfläche nicht beschnitten ausser in den beiden untern Ecken; dort begradigt und angestückt.

Rückseite
    Etiketten mit Besitzervermerken und Inventarnummern; Zollstempel mit Schweizerkreuz und Ziffern «II-36».

Restaurierungen
    Keine Nachrichten.

Durch eine steinerne Pfeilerarkade mit flachem, parallel zum Tafelrand nach links ansteigendem Bogen fällt der Blick in ein Gemach, dessen Raumverhältnisse bis auf eine Rückwand mit profilierter hoher Fensteröffnung unklar bleiben. Links ist schräg zur Bildebene ein roter Baldachin mit grünem, schachbrettartig schwarz-rot gesäumtem Futter plaziert, der auf einen an Schnüren von der Decke hängenden Stab gespannt ist und auch die Rückwand des Thrones bildet. Davor ist Goldbrokat mit Granatapfelmuster angebracht (siehe auch Kat. 8 und 13i). Maria, die hier thront, trägt ein dunkles (ehemals tiefblaues) goldgesäumtes Kleid mit gleichfarbigem, dunkelrot gefüttertem Mantel, den sie kapuzenartig über ihr Haupt geschlagen hat. Ein weisser, offen herabfallender Schleier und lange blonde Locken umrahmen ihr Gesicht, dessen jugendliche Form mit dem hoheitsvollen Ausdruck kontrastiert; nimbiert ist die Gottesmutter mit einer transparenten rötlichen Scheibe. Das Kleid, vom schmalen goldenen Gürtel unter dem Busen gerafft, ist am Ausschnitt geöffnet (auch hier erscheint dunkelrotes Futter). Mit der rechten Hand (ein kleiner Ring schmückt die langen Finger) drückt Maria ihre entblösste Brust. Mit der andern Hand stützt sie vor sich das Kind, das auf einer goldgestickten Windel sitzt. Der wohlgenährte Säugling trägt um den Hals ein Amulett (ein Kettchen mit einem Anhänger aus Kreuzchen und Koralle), hinter dem Kopf den Kreuznimbus. Er wendet sich neugierig nach rechts zu Bernhard von Clairvaux und legt sein Händchen auf dessen Arm. Der mit gefalteten Händen kniende, ebenfalls mit einer Strahlenscheibe nimbierte Heilige ist als Abt dargestellt: sein Chormantel aus grünem Samt, rot gefüttert, mit goldener Borte und rot-goldenen Fransen, wird auf der Brust von einem Goldband zusammengehalten. Einzig die Tonsur weist auf den Ordensstand hin. Im linken Arm hält Bernhard als Zeichen seines Amtes ein Pedum mit transparentem Stab, einem architektonisch instrumentierten Knauf und einer krabbengeschmückten Krümme aus Gold, in welcher der Salvator mundi inmitten einer Blattranke erscheint. Vor dem Abt liegt ein rotes Beutelbuch mit rautenverziertem Schnitt und geöffneten Schliessen. Rechts im Hintergrund steht eine Bank mit dunkelrotem Tuch, auf welcher zwei Kissen liegen: das eine rot mit perlenverzierten Ecken; das andere grün mit goldenem Rosettenmuster. Das Fenster, über dessen Brüstung ein hellrotes Tuch fällt, gibt den Blick frei auf eine Uferlandschaft mit Bäumen, heller Wasserfläche und einem Himmel in abgestuftem Blau.

Die Unterzeichnung ist hauptsächlich mit spitzem Pinsel ausgeführt, wobei Fries Partien wie den Mantel Marias temperamentvoll schraffiert (Abb. 73). Ähnlich wie in der «Vision des hl. Franziskus» (S. 100) wird das Gesicht Bernhards fein modelliert. Ein gelapptes Band (der Haarkranz der Tonsur) sitzt auf dem anfänglich rund geformten Kopf. Der Heilige richtet ihn im Dreiviertelprofil geradeaus; im Gemälde wird er ihn mit einer leichten Neigung stärker zum Kind wenden. Auch seine Kopfhaltung ändert Fries während des Arbeitsprozesses geringfügig. Die Rundungen seines Körpers werden jedoch schon in der Zeichnung wiedergegeben. Fries probiert hier mehrere Armstellungen aus: das rechte Händchen – in der Malerei auf dem Knie – hat das Kind zuerst (in zwei Varianten) auf den Bauch gelegt. Mit der linken Hand, die es später auf Bernhards Arm legt, zeigt es zunächst auf seine Mutter. Marias jugendliches Gesicht ist mit wenigen Zügen umrissen: Augenkreise und Brauen, der Winkel der Nase und ein Mund mit leicht aufgeworfenen Lippen. Unterhalb des flüchtig schattierten Halses erscheint ihre Brust kreisrund, nicht länglich wie in der Ausführung. Ihr Gewand ist grossflächig schraffiert; nur wenige Falten entsprechen dem endgültigen Verlauf. Noch nicht vorgesehen ist die Windel, auf der das Kind sitzt. Die Rundung des ausschwingenden Mantelsaumes wirkt durch die flüssige Pinselschrift kalligraphisch. Rechts davon liegt als Bernhards Attribut das Buch, dessen Schliessen in der Unterzeichnung noch geschlossen sind. Am Sockel des Pfeilers gleich daneben plant Fries nicht (wie ausgeführt) in Untersicht. Durchs Fenster im Hintergrund erscheint die Seelandschaft, deren Uferlinien und Gebüsch leicht von der Malerei abweichen.

Die früheste bekannte Erwähnung des Gemäldes nennt einen Bischof mit Heiligenschein, der vor der Madonna kniet (Wallerstein 1817/ 1818, § XLI); ab 1882 wird die Gestalt als Abt bezeichnet (Germanisches Nationalmuseum Nürnberg 1882, S. 14). Erst Berthier (1903) erkennt in der Szene eine Vision des hl. Bernhard. Weder trägt letzterer die typischen Attribute noch das Ordensgewand der Zisterzienser (LCI 1973, Sp. 372); einzig die Tonsur lässt auf seinen Mönchsstand schliessen. Auch in einer neueren Publikation wird die Identität des Heiligen noch bezweifelt (Pfeiffer-Belli 1969). Réau seinerseits erwähnt das Gemälde als Beispiel einer «Lactatio», jedoch mit irrtümlicher Datierung ins 17. Jahrhundert (Réau 1958/1, S. 215).

Es scheint für die Ikonographie der «Lactatio» um 1500 jedoch bezeichnend zu sein, dass dem Heiligen Buch und Abtstab statt der geläufigen Attribute beigegeben werden; das Ordensgewand fehlt hingegen eher selten (freundliche Mitteilung von Cécile Dupeux, Strassburg). Darstellungen der Madonna, die Bernhard an ihrer Brust trinken lässt oder diese so drückt, dass ein Milchstrahl zu seinem Mund spritzt, treten seit 1290 im Nordosten Spaniens auf (zur «Lactatio» auch im folgenden grundlegend: Dupeux 1991). Weder die Legenda Aurea noch die mittelalterlichen Viten des Heiligen enthalten jedoch eine entsprechende Erzählung. Ein zwischen 1313 und 1330 in der Gegend von Soissons entstandener Text berichtet von einem Traum Bernhards, in dem ihm Maria erschien, ihn mit ihrer Milch nährte und ihm dadurch göttliche Weisheit einflösste. Eine Wurzel dieses Textes wie auch der bildlichen Darstellungen liegt offenbar in der – u. a. vom Heiligen selbst verwendeten – Metapher des Stillens zur Umschreibung des Geschenks göttlicher Liebe und Weisheit. (Erst in barocker Zeit entsteht daraus die Legende des Milchwunders.) Nördlich der Alpen treten erst ab etwa 1470 Darstellungen der «Lactatio» auf, vor allem in den Niederlanden und im Rheinland. Anfänglich handelt es sich um kleinformatige, offenbar zur privaten Devotion bestimmte Bilder; Maria und Bernhard sind dort als Halbfiguren in einem kleinen Raum abgebildet, dessen rückwärtiges Fenster sich auf eine Landschaft öffnet. Gegen 1500 erscheinen sie vermehrt auch in ganzer Figur und auf Retabeln. Eine bezeichnende Rolle spielt in diesem Bildzusammenhang das Jesuskind, das z. B. durch Zurückweisen der Mutterbrust sein Einverständnis zur Stillung Bernhards gibt. Bei Fries blickt der Knabe den Heiligen an und greift nach seiner Hand. Noch deutlicher drückt es die Unterzeichnung aus, wo das Kind mit der linken Hand auf seine Mutter weist. Ein Milchstrahl ist bei Fries nicht zu sehen, ähnlich wie auf dem kleinen Bild des Meisters des Marienlebens in Köln (Wallraf-Richartz-Museum Köln 1986, S. 60, Abb. 177; LCI 1973, Sp. 377): Das Vorweisen der Brust Marias ist ein (auf antike Bräuche zurückgehender) Gestus, mit dem die Mutter als Fürbitterin ihren Sohn um Gnade für die Gläubigen anfleht (Marti/ Mondini 1994). Auch dieser Bildtypus wirkte vermutlich bei der Entstehung der «Lactatio» mit.

Es fällt auf, dass der dargestellte Raum identisch mit jenem in der «Hl. Anna selbdritt» ist. Der gewölbte Boden der «Lactatio» passt gut die Arkade des Annabildes und könnte darauf hinweisen, dass beide Tafeln ursprünglich übereinander montiert waren. Kelterborn-Haemmerli (S. 34) vergleicht diesen Boden mit den Kellerlöchern in Rogier van der Weydens «Geburt Christi» auf dem Bladelin-Altar und seiner «Anbetung der Könige» auf dem Columba-Altar. Während es sich in den Gemälden des Niederländers jedoch um Öffnungen im – hohlen – Boden handelt, deren ikonographische Bedeutung noch nicht geklärt ist (Vos 1999, S. 242/243, 279/280), weist der Boden bei Fries kein Loch auf; die Wölbung hat wohl formale Gründe. Der Saum des Marienmantels und das Buch Berhards schieben sich in raffiniertem Trompe-l'œil über die Abstufung der Bodenplatten. Zu einer Darstellung in Untersicht entschied sich der Maler erst während der Arbeit am Gemälde; in der Unterzeichnung hatte er noch keine Bildsituation auf Augenhöhe des Betrachters vorgesehen. Es ist bezeichnend für sein spätmittelalterliches Raumverständnis, dass er keine Zentralperspektive konstruiert, sondern das Phänomen nur partiell wahrnimmt: er gibt einzig die Profile der beiden seitlichen Pfeiler in Untersicht wieder; den Hauptteil des Bildes ordnet er hingegen auf Augenhöhe des Betrachters an.

Abb. 74
Kat. 3d, Unterzeichnungen, Details (Infrarot-Reflektographie)

In der Anlage der beiden Gemächer wie auch in der kostbaren Stofflichkeit der Malerei glaubt Kelterborn-Haemmerli niederländischen Einfluss zu erkennen (S. 34). Einen solchen hatte Fries möglicherweise indirekt erhalten, nicht zuletzt über den bereits mehrfach erwähnten Altar des Nelkenmeisters in der Freiburger Franziskanerkirche, wo die Architektur der Werktagsseite ebenfalls aus einem Kastenraum mit Fliesenboden und rückwärtigem Ausblick besteht. Vielleicht geht auch der Baldachin mit dem an Schnüren aufgehängten Stab auf dieses Retabel zurück. Sogar der Gesichtstyp der Madonna gleicht jenem in der «Verkündigung» und der «Anbetung der Könige» des grossen Altars (Gutscher/Villiger 1999, Abb. 1–7). Eher unwahrscheinlich ist die auch von Kelterborn-Haemmerli vorgeschlagene Herkunft der Komposition aus Colyn de Coters «Madonna mit dem hl. Lukas» in Vieure bei Moulins (Kelterborn-Haemmerli 1927, S. 34; Périer-d'Ieteren 1985, S. 10/11, Abb. 127). Zwar sind die Personen auch hier in einem engen Raum angeordnet, in dessen Rückwand sich zudem ein Fenster öffnet; tatsächlich gleichen die allgemeine Haltung Marias und die «Kapuze» auf ihrem Haupt den entsprechenden Elementen bei Fries. Die Verwandtschaft ist jedoch vage und könnte bestenfalls auf gemeinsame Vorbilder zurückgehen.

Als Vorbild zur Krümme des Pedums diente möglicherweise ein Kupferstich von Martin Schongauer, nach welchem vermutlich schon der Stab des hl. Ludwig von Toulouse auf dem Freiburger Nelkenmeister-Altar gemalt worden war (Gutscher/Villiger, S. 137/138), wobei Fries in einzelnen Details jedoch von der Vorlage abgewichen wäre (Figürchen des Knaufs an Vorlagen zwischen den Tabernakeln; Krümme mit üppigem Blattwerk, aus dem der Salvator wie ein Arabesken-Element wächst).

Anzufügen ist, dass die Signatur des Malers kurz nach Eingang des Gemäldes in die Sammlung Ludwigs I. vom Konservator der Stichsammlung des bayerischen Königs bemerkt und beschrieben, jedoch nicht identifiziert wurde (Bruillot 1833).

Kat. 3d
Hl. Anna selbdritt
(Abb. 64)

München, Bayerische Staatsgemäldesammlungen, Inv. WAF 285

Ölhaltiges Bindemittel und Polimentvergoldung auf Fichtenholz (Picea abies), mit Leinwand überklebt, 63,9 x 37,4 cm; oberer Abschluss flach nach aussen gebogen

Inschriften: Auf dem Saum des Mantels der heiligen Anna: «O HAILIGE ANNA DV MVOTER DER MV(OTER GOTTES...) A(...) PIT(...) ST. AN(NA...)»

Zustand
    Ringsum beschnittene Tafelränder; Malfläche nicht beschnitten.

Rückseite
    Etiketten mit Besitzervermerken und Inventarnummern.

Restaurierungen
    Keine Nachrichten.

Der Innenraum entspricht bis auf wenige Details jenem in der «Vision des hl. Bernhard»: gemäss der Tafelform wölbt sich der Bogen hier symmetrisch, und entsprechend ihrer Anordnung im unteren Register der Altarflügel ist die Szene nicht in Untersicht, sondern auf Augenhöhe des Betrachters wiedergegeben. Die Motive des Granatapfelmusters am Thron Marias sind grosszügiger komponiert und im Vergleich zum erwähnten Gemälde verschoben; beide Schnüre, an denen der Baldachin hängt, sind hier sichtbar.

Auch die Kleidung Marias entspricht jener in der Bernhardsvision, nur ist ihr Haupt diesmal nicht vom Mantel bedeckt, sondern mit einer Krone aus goldenem Astwerk bekrönt; der Nimbus besteht ebenfalls aus einer rötlich durchscheinenden Scheibe. Über die blonden Locken, die das ernste, doch mädchenhafte Gesicht mit auffallend hoher Stirn umrahmen, fällt ein weisser Schleier; sein Ende flattert arabeskenhaft nach links. Maria reicht das rundliche Jesuskind der daneben sitzenden Anna; sie stützt es dabei mit der einen, beringten Hand am Oberkörper, mit der andern unter dem Gesäss. Das Kind, wiederum nackt auf der goldbestickten Windel, um den Hals dasselbe Amulett, dreht sich vergnügt nach seiner Mutter um. Es trägt auch hier einen goldenen Kreuznimbus mit Strahlen und Rand. Die heilige Anna ist mit einer entsprechenden Strahlenscheibe nimbiert, die ebenfalls nicht verkürzt ist. Sie blickt zum Kind und nimmt es entgegen; über den Kopf mit Schleier und Wimpel hat sie zusätzlich ihren Mantel geschlagen, der am Saum ein in Gold gesticktes, an sie gerichtetes Gebet zeigt. Nach vorne fällt dieser Mantel, innen dunkel-, aussen hellrot, in einem plastisch durchdachten Faltenwurf auf die Bodenfliesen, deren elfenbeinweisse und bräunliche Farben mit dem Sandstein der Architektur harmonieren. Das rückwärtige Fenster mit dem hellroten Behang über der Brüstung öffnet sich auf Baumkronen, eine helle Wasserfläche, eine Landzunge und den vom Hell- ins Dunkelblau übergehenden Himmel.

Im Vergleich zur «Vision des hl. Bernhard» führt Fries die Unterzeichnung hier mit leichterer Hand und feinerem Pinsel aus (Abb. 74). An der Mantelaussenseite der hl. Anna setzt er helle Lavierung ein. Hier schraffiert er mit grosszügigem Schwung; bei den übrigen Gewändern ist die Strichführung kleinteiliger, oft treten Häkchen und Ösen auf. Der Zipfel des Marienschleiers, der sich im Gemälde über Annas Unterarm legt, ist nicht unterzeichnet. Von Marias Gesicht ist nur der Mund erkennbar; den Rest verdeckt das Blattgold des Hintergrundes, das an dieser Stelle unter der Malschicht liegt. Die Locken fallen in der Unterzeichnung über die Brust der Muttergottes auf ihren Schoss. Die rechte Hand (auf der Brust des Jesuskindes) hält sie hier steiler, die Borte des Ärmels setzt höher an; die Linke reicht weiter über den Schenkel des Kindes hinaus. Letzteres ist mit feiner Strichelung bis hin zu den Details – Zehen, Nabel, Genital – modelliert; einzig am Kopf beschränkt sich die Zeichnung auf summarische Angaben. Von der Ausführung unterscheidet sich seine Armhaltung; ihr genauer Verlauf ist jedoch nicht mehr erkennbar. Das rechte Beinchen biegt es in der Unterzeichnung stärker, wodurch der Fuss weiter links zu liegen kommt. Zumindest am rechten Bildrand ist die unterzeichnete Architektur auf die Pfeilerarkade beschränkt, in deren Öffnung eine Berglandschaft ohne See, dafür mit Kirchturm erscheint. Mit einer Linie ist der Baldachin umrissen.

Im Zusammenhang mit der Kontroverse um die Unbefleckte Empfängnis Marias erhielt ihre Mutter Anna, die in den Evangelien nicht erwähnt wird, im Spätmittelalter plötzlich eine grosse Bedeutung; 1481 nahm Papst Sixtus IV. den Anna-Tag ins römische Kalendarium auf (Réau 1958, S. 90; LCI 1973, Sp. 169). Als Franziskaner stand der Papst mit seinem Orden auf Seite der Immakulisten, welche die Unbeflecktheit der heiligen Anna bei der Empfängnis der Maria vertraten, während die Makulisten, vor allem die Dominikaner, gegenteiliger Ansicht waren (Seybold 1994, S. 521/522). – Der Annakult erlebte von Ende des 15. bis weit ins 16. Jahrhundert einen starken Aufschwung, der um 1500 in einem ersten Höhepunkt gipfelte (siehe dazu Arnold 1993). Massgeblich trugen dazu die Schriften des deutschen Humanisten und Abtes Johannes Trithemius bei, allen voran «De laudibus sanctissime matris Annae tractatus» (1494). Der Berner Stadtarzt Valerius Anshelm kritisiert die überhandnehmende Verehrung der Heiligen in seiner Berner Chronik: «Und hie fürtrefflich, so hat, on glouben, sant Ann (...) al heiligen hindersich gerukt, also dass iren in Tuetschen landen iederman zůschreit: hilf s. Anna selb drit! und uf allen strassen, in stæten und dœrferen bilder, altar, kapelen, kirchen (...) und umundum brůderschaften sind iren ufgericht worden (...)» (Anshelm 1884–1901, Bd. 2, S. 391/392). Eine dieser Anna-Bruderschaften errichtete in der Freiburger Augustinerkirche einen Altar, der 1512 mit einem Ablass begabt wurde (Augustinereremiten 1, S. 105; die Jahresangabe 1508 für die Errichtung ist unsicher). Ebenfalls in Freiburg erbaute man 1511 bei der Johanniterkomturei die St.-Anna-Kapelle als Beinhaus; eine ihrer Glocken trägt die Inschrift «+ hilf + du + he(l)ge + muter + sant + ana + lxx jor» (Effmann 1898, S. 101–103), die dem Gebet auf dem Mantelsaum in Fries' Gemälde sinngemäss entspricht. Anna wurde nicht nur von Kranken und Sterbenden angerufen (auch sie galt als Pestheilige), sondern war zudem Patronin der Mütter und Witwen sowie Angehöriger zahlreicher Berufe, z. B. der in der Saanestadt wichtigen Weber und Gerber.

Üblicherweise trägt die Heilige einen grünen Mantel und ein rotes Kleid (bei Fries ist der Mantel jedoch rot, das Kleid hingegen blau). Das Aussehen einer Matrone erhält sie erst im Zusammenhang mit den Anna-selbdritt-Gruppen, die drei Generationen umfassen: Anna, ihre Tochter Maria und deren Sohn Jesus. Ein Teil dieser Darstellungen entwickelt sich aus dem Bildtypus der thronenden Muttergottes mit dem Kind, wobei Anna entweder hinter Maria eingefügt wird und diese «verdoppelt» oder sitzend ihre Tochter auf dem einen Knie, den Enkel auf dem anderen hält; bei anderen Darstellungen sitzen die beiden Frauen nebeneinander (die Seite scheint dabei keine Rolle zu spielen), das Kind in der Mitte. Diesen Typ, der dem spätgotischen Realismus entgegenkam und besonders nördlich der Alpen beliebt wurde (LCI 1973, Sp. 185–190), hat Fries für sein Gemälde gewählt. Bei ihm wendet sich der Jesusknabe allerdings nicht wie üblich seiner Grossmutter, sondern Maria zu (Kleinschmidt 1930, S. 163). Eine ähnliche Anordnung findet sich auf einem Holzschnitt in Stephanus Gerardus' «Poeta salutaris», 1500 bei Ulrich Zell in Köln gedruckt (Abb. 75, Schramm 1924, S. 5, 17, Tafel 19, Nr. 82). Die etwas ungelenke Darstellung, deren Fries sich möglicherweise bediente, ist auch in den Faltenwürfen mit dem Gemälde verwandt.

Bei Fries fällt die Balance zwischen hieratischer Form und genau beobachtetem Alltag auf: Maria als Himmelskönigin hebt ihr Kind so auf, wie es jede Mutter tut – mit einem geübten Griff, der das Gewicht des Säuglings förmlich spüren lässt. Eindrücklich ist auch, wie raffiniert der Maler mit der reduzierten Farbskala spielt: das Weiss der beiden Schleier und der Windel verklammert die Figuren auf ungezwungene Art miteinander; der hellrote Mantel und sein weinfarbenes Futter bilden einen exquisiten Kontrast. Wie beim Abtstab des hl. Bernhard ahmt Fries das Gold nicht illusionistisch nach, sondern gibt es in altertümlicher Weise mittels Metallauflagen wieder, über die er bei Brokat und Krone eine schwarze Pinselzeichnung legt.

Kelterborn-Haemmerli (S. 34) sieht in diesem Gemälde Ähnlichkeiten mit der Werktagsseite des Freiburger Nelkenmeister-Altars. Wenn auch letztere – entgegen ihrer Meinung – keine nennenswerten schwäbischen Einflüsse aufweist (Gutscher/Villiger 1999, S. 118), gibt es tatsächlich Parallelen zum Hochaltar der Franziskanerkirche, der Fries wie schon erwähnt wohl stark beeinflusste (siehe Kat. 1, S. 92). Fries' Gestalt der Anna scheint mit den Figuren Elisabeths und der trauernden Muttergottes auf dem grossen Altar verwandt; auch die Physiognomie Marias (hohe Stirn; gerade, feine Nase; Mündchen; kleines, jedoch ausgeprägtes Kinn), die bei Fries nicht üblich ist, findet sich dort mehrmals (Gutscher/Villiger 1999, Abb. 1–7). Fries verleiht seiner Darstellung jedoch einen spannungsvolleren Reichtum.

Verena Villiger

Dank an
Daniel Moser, Bern, für die Bestimmung der Pflanzen.

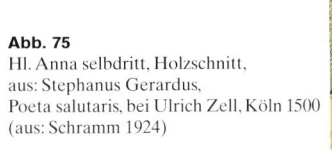

Abb. 75
Hl. Anna selbdritt, Holzschnitt,
aus: Stephanus Gerardus,
Poeta salutaris, bei Ulrich Zell, Köln 1500
(aus: Schramm 1924)

Abb. 76
Kat. 4

Kat. 4
Zwei Tafeln eines «Jüngsten Gerichts», um 1501

Im Jahre 1501 bezahlt die Freiburger Regierung einen (einhändigen) Schreiner für eine Tafel, auf die das Jüngste Gericht gemalt werden soll; das Werk ist für die grosse Ratsstube des alten Rathauses hinter dem Chor der Niklauskirche bestimmt (Q 101/1501). Schon 1468 hatte der sonst in Freiburg unbekannte Meister Gabriel ein – heute verlorenes – «Jüngstes Gericht» für das Rathaus gemalt, und zwar für den kleinen Ratssaal, in dem das Strafgericht tagte (Q 101/1501, Anm.; Gyger 1998, S. 37); Jakob Arsent hatte die Leinwand dazu geliefert. – Als weiteres wichtiges Gemälde befand sich in diesem öffentlichen Gebäude übrigens auch das Bild der Murtenschlacht, das der Berner Maler Heinrich Bichler zusammen mit dem jungen Hans Fries 1480 geliefert hatte (Strub 1964, S. 247–249; siehe auch oben, S. 31).

In den Seckelmeisterrechnungen wird – wenige Folien nach der Bezahlung des Schreiners (1501) – die Summe von 120 Pfund aufgeführt, die Meister Hans, der Maler, als Vorschuss erhält. Die gleiche Summe erscheint auch in der Gutrechnung, die Meister Hans (Fries), den Maler, als Empfänger nennt (Q 102/1501). Eine Stelle im Projektbuch von Ende 1501 bestimmt, dieses «Jüngste Gericht» solle skrupellose Leute, die Meineide ablegen oder falsch aussagen, von ihrem verwerflichen Tun abschrecken (Q 101/1501, Anm.). 1506 bezahlt man einen Vorhang für das «Jüngste Gericht», das nun allerdings in der kleinen Ratsstube erwähnt wird: vielleicht handelt es sich hierbei um das ältere Weltgerichtsbild des Malers Gabriel, das möglicherweise weiterhin beibehalten wird (Troescher 1939, S. 209, nennt Rathäuser mit zwei Darstellungen des Themas). Im selben Jahr werden dem Schlosser Schauenberg (Schowemburg), ein Jahr darauf dem Gipser Petermann Arbeiten bezüglich des Gemäldes – wohl in Zusammenhang mit dessen Befestigung an der Wand – vergütet (Q 101/1501, Anm.).

Man kann vermuten, das 1501 bei Hans Fries in Auftrag gegebene «Jüngste Gericht» sei tatsächlich für die Stube des Grossen Rats bestimmt gewesen und in der Stube des Kleinen Rats habe weiterhin das ältere «Jüngste Gericht» des Malers Gabriel von 1468 gehangen. Diese Annahme stützt auch der Eintrag ins Projektbuch von Ende 1501, der beklagt, dass die Wände in der Stube des Grossen Rats noch von den Wappen der «alten Herrschaft» – wohl der Savoyer oder noch der Österreicher – «befleckt» seien und die Burger, d. h. die Mitglieder des Grossen Rats der Zweihundert, darin wie «in einer unbemalten Kirche» sässen; zugleich wird eine Darstellung des «Jüngsten Gerichts» sowohl für die Stube des Grossen Rats als auch für die «untere Gerichtsstube» wohl des Kleinen Rats gefordert (Q 101/1501, Anm.). Die höchste Rechtsprechung lag effektiv beim Kleinen Rat, der in wechselnder Zusammensetzung als höchstes Gericht des werdenden Stadtstaates Freiburg amtete. Im Kleinen Rat als Judikative – mehr noch denn als Exekutive – verkörpert sich an der Wende vom 15. zum 16. Jahrhundert die höchste Souveränität des Staates, und die Jurisdiktion umfasst denn auch Bereiche wie Blasphemie und Häresie (Hexerei), die früher der Kirche vorbehalten gewesen waren (Gyger 1998, S. 5–48). Die Darstellung des «Jüngsten Gerichts» in der Gerichtsstube sollte nicht nur die Angeklagten reuig stimmen (siehe Gyger 1998, S. 37), sondern das Gericht – bzw. der Kleine Rat – sah sich selber in der Rolle der himmlischen Richter, nahm gewissermassen das himmlische Gericht voraus. Der Anspruch war so umfassend, dass auch der Vergleich mit der Kirche – oder eben der «unbemalten Kirche» – nicht zufällig ist. Der Grosse Rat war für allfällige Begnadigungen zuständig (Gyger 1998, S. 43–44), was offenbar rechtfertigte, dass auch in seiner Stube ein «Jüngstes Gericht» hängen soll. Wenn die beiden Räte aber ihre «normalen» Funktionen – der Kleine Rat die der Exekutive und der Grosse die der Legislative – ausübten, wurden wahrscheinlich Vorhänge vor die Darstellungen des «Jüngsten Gerichts» gezogen; sie sind für beide Stuben belegt.

In das neue, 1518 fertiggestellte Rathaus wird 1522 möglicherweise nur das 1501 bei Hans Fries bestellte «Jüngste Gericht» übergeführt und in der Stube des Kleinen Rats plaziert. Wahrscheinlich wird es 1775 anlässlich der Renovierung des Rathauses entfernt (Andrey/Jordan 2000, S. 78, 81).

Als erster setzt Alexandre Daguet Mitte des 19. Jahrhunderts die Quellen, in denen das «Jüngste Gericht» genannt wird, mit jenen der erwähnten Anzahlung an Fries in Verbindung; er nennt ausserdem

Abb. 77
Hans Mielich (zugeschr.):
Blauer Saal im Rathaus zu Regensburg,
um 1535, aus: Freiheitsbuch
der Stadt Regensburg; Regensburg,
Stadtarchiv

Abb. 78
Kat. 4a und 4b, Tafelrückseiten

41087
41086
Ehemalige Privatsammlungen
König Ludwig I.
Besitzer:
Wittelsbacher Ausgleichsfonds
(Bayerisches Königshaus)
HG285
Ehemalige Privatsammlungen
König Ludwig I.
Besitzer:
Wittelsbacher Ausgleichsfonds
(Bayerisches Königshaus)
HG 280

eine weitere, wenig später erfolgte Bezahlung von 405 Pfund, 2 Solidi und 6 Pfennigen an Fries, die er ebenfalls auf das Tafelbild bezieht (Daguet 1855, S. 56). Während die erste Folgerung von den späteren Autoren übernommen wird, kommt keiner (ausser Burckhardt 1888, S. 124) auf die an zweiter Stelle genannte Quelle zurück, bis Zemp 1905 sie schliesslich als unauffindbar, wenn nicht gar inexistent bezeichnet (S. 498).

Das aktenkundige Gemälde gilt als verloren, bis Haendcke 1890 die Vermutung äussert, bei zwei in Schleissheim aufbewahrten Tafeln könne es sich um Teile des «Jüngsten Gerichts» handeln (S. 173). Er greift hierin auf Burckhardt zurück, der die beiden hochformatigen Gemälde bereits zwei Jahre zuvor erwähnt, sie Fries zuschreibt und sogar andeutet, möglicherweise habe Fries darin sein Weltgerichtsbild wiederholt; die beiden Tafeln gehörten jedoch als Fragmente von Flügel-Aussenseiten zur «Antoniuspredigt» (deren zwei damals zusammengefügte Teile er als Mittelstück des Altars betrachtet; siehe Kat. 9a; Burckhardt 1888, S. 124, 126; Lehmann 1900). Seit Haendckes Publikation gelten die beiden Tafeln als Bestandteile von Hans Fries' «Jüngstem Gericht» für das Freiburger Rathaus.

Es ist nicht bekannt, durch welche Umstände die beiden Gemälde nach Deutschland gelangten; sicher ist jedoch, dass sie Anfang des 19. Jahrhunderts mit den vier 1501 entstandenen Tafeln eines Altärchens (Kat. 3) dem Sammler Josef von Rechberg gehörten und 1815 zusammen mit diesen von ihrem Besitzer an den Fürsten Oettingen-Wallerstein verkauft wurden (also nicht vom Kunsthändler Ruminy, wie Kelterborn-Haemmerli 1927, S. 72, behauptet; siehe hier, S. 99 und 182). Das Grundbuch der Oettingen-Wallersteinischen Galerie enthält eine Beschreibung der beiden Gemälde und weist sie dem noch unbekannten Meister der vier kleinen Tafeln zu (Wallerstein 1817/1818). Die beiden Tafelbilder wurden der «altniederländischen Schule» zugeteilt (Wallerstein 1819) und offensichtlich als so qualitätvoll eingestuft, dass sie beim Kauf der Sammlung Oettingen-Wallerstein durch König Ludwig I. von Bayern nicht mit dem Grossteil der erworbenen Bilder nach Nürnberg kamen, sondern mit einer Auswahl von Meisterwerken in der königlichen Galerie in Schleissheim bei München blieben (Grupp 1917, S. 98). 1911 gelangten sie aus Schleissheim in die Alte Pinakothek – gleichzeitig mit den vier Täfelchen aus Nürnberg, mit denen sie auf Grund ihrer Stilnähe und der ähnlichen Formate zu einem Flügelaltar vereinigt wurden (Kelterborn-Haemmerli 1927, S. 29; Marette 1961; Stange 1965).

Der Brauch, das Jüngste Gericht in Rathäusern (Ratsstuben, Gerichtssälen) darzustellen, lässt sich in Mitteleuropa seit dem 14. Jahrhundert nachweisen und ist hier vom 15. bis ins frühe 18. Jahrhundert weit verbreitet (Troescher 1939; Jacob 1994, S. 59–64). Innerhalb der Gattung der Gerechtigkeitsbilder (LCI 1970, Sp. 134–140), welche auch Szenen aus Bibel, Mythologie und Geschichte enthalten können, ist das Jüngste Gericht das am häufigsten behandelte Thema. Auf mehreren spätmittelalterlichen Abbildungen von Ratssälen sind an der Wand Tafeln mit der Darstellung des richtenden Christus zwischen den Fürbittern Maria und Johannes dem Täufer zu sehen (Abb. 77; Harbison 1976, Abb. 14–17). Nicht nur Gemälde, sondern auch Reliefs dieses Themas sind bekannt, etwa die Supraporte von 1506 aus dem alten Rathaus in Zug (Zürich 1994, S. 349, Kat. 138). Als Grund für das Anbringen derartiger Darstellungen gilt im allgemeinen die Ermahnung der Richter: auch sie werden sich dereinst vor dem höchsten Richter zu verantworten haben. Gerichtsszenen im unteren Teil einiger Tafeln drücken diese Absicht klar aus (Troescher 1939, Abb. 124–128). In Freiburg sollten damit jedoch, wie bereits erwähnt, ausserdem falsche Zeugenaussagen und Meineide verhindert werden.

Auch Tympana mittelalterlicher Kirchenportale, die das Thema früher und bedeutend ausführlicher als in Rathäusern behandeln, stehen in einem juristischen Zusammenhang: vor diesen Portalen fanden Gerichtsverhandlungen statt. In Freiburg sind solche seit 1400 erwähnt; daneben wurden hier auch Anklagen wegen Mordes öffentlich verkündet und Gotteslästerer an den Pranger gestellt (Andrey 1998, S. 8/9).

Bei den zwei Tafeln, die vom Gerichtsbild des Hans Fries erhalten sind, handelt es sich offenbar um fixe seitliche Teile und – wie ihre unbemalte Rückseite (Abb. 78) beweist – nicht um schliessbare Flügel. Zum heute verlorenen Mittelteil lassen sich nur noch Vermutungen anstellen. Was das Format betrifft, ist anzumerken, dass die uns bekannten Gerichtsbilder in Rathäusern um 1500 meistens querrechteckig sind (Troescher 1939, S. 211). Obschon Fries' Tafeln mit ihren steilen Proportionen einer Vorliebe des Malers entsprechen, ist für den Mittelteil auch ein Querformat denkbar. Als oberer Abschluss wird ein Stich- oder Spitzbogen in Erwähnung gezogen (Zemp 1905, S. 500).

Hinsichtlich der möglichen Darstellung auf diesem fehlenden Teil wird in unterschiedlichen Varianten vorgeschlagen, hier den Weltenrichter, den Erzengel Michael als Seelenwäger, Maria und Johannes den Täufer als Fürbitter sowie die zwölf Apostel zu ergänzen (Zemp 1905, S. 500; Kelterborn-Haemmerli 1927, S. 72; Strub 1964; Alte Pinakothek München 1983, S. 212; Schmid 1993, S. 434). Die verlorene Partie kann nicht mit Sicherheit rekonstruiert werden, doch lässt sich aus zahlreichen Beispielen des «Jüngsten Gerichts» in Rathäusern, die Georg Troescher zusammengestellt hat, ein ikonographischer Grundbestand für das späte 15. und frühe 16. Jahrhundert ableiten: der Weltenrichter thront auf dem Regenbogen, zu seiner Rechten kniet Maria, zur Linken Johannes der Täufer; über ihnen schweben oft zwei Engel mit Posaunen. In ausführlicheren Varianten werden zudem die aus ihren Gräbern Auferstehenden wiedergegeben, die nach links ins Paradies, nach rechts in die Hölle gelangen. Endlich schliessen einige Kompositionen auch die Apostel und Michael mit der Seelenwaage ein (zur Ikonographie des Weltgerichts: LCI 1972, Sp. 513–523). Die beiden Seitenteile mit der Auferstehung der Seligen und dem Höllensturz der Verdammten beziehen sich auf das Matthäus-Evangelium: «(…) er wird sie voneinander scheiden, wie der Hirt die Schafe von den Böcken scheidet. Er wird die Schafe zu seiner Rechten versammeln, die Böcke aber zur Linken» (NT, Mt 25, 32/33). Die Tafel mit den Seligen ist demnach zur Rechten des Richters, d. h. vom Betrachter aus links, zu denken, jene mit den Verdammten dann rechts.

Abb. 79
Freiliegendes Tafelholz im Bereich der Querleiste (Kat. 4b)

Ein aus der Nachbarschaft bekanntes Beispiel eines «Jüngsten Gerichtes» hatte Fries im Tympanon der Freiburger Niklauskirche wohl täglich vor Augen (zu dem zwischen 1380 und 1420 entstandenen Tympanon: Kurmann 1998). Allerdings ist zu bezweifeln, dass sich der raffinierte, an komplexe Bildzusammenhänge gewöhnte Maler durch die archaisierenden, versatzstückartigen Reliefs hätte beeinflussen lassen. Mit Sicherheit kannte er jedoch auch die Tympana der Münster in Bern (in den 90er Jahren des 15. Jahrhunderts vollendet; Furrer 1993, S. 323) und Basel (1529 zerstört; Kurmann 1998, S. 32), daneben auch das bereits erwähnte Gemälde von 1468, das sich schon im Freiburger Rathaus befand. Da Weltgerichtsdarstellungen um 1500 allgemein verbreitet waren, darf man bei Fries eine differenzierte Kenntnis der möglichen Bildinhalte voraussetzen. Angesichts der hohen Qualität der erhaltenen Seitenteile stellt sich auch die Frage, ob der Maler nicht mit eigenen Augen den grossen Altar Rogiers van der Weyden im Hospiz zu Beaune gesehen habe (zwischen 1443 und 1451 entstanden; Vos 1999, S. 252–265).

Als merkwürdiges Detail fällt die Querleiste auf, welche jede der beiden Tafeln in eine obere und eine untere Hälfte teilt und schon in der frühesten Beschreibung genannt wird (Wallerstein 1817/1818). Hinsichtlich der Bildkomposition ist diese Trennung, anders als in Kat. 3, unmotiviert, ja störend: sie schneidet Gestalten entzwei. Auch technisch lassen sich die Leisten nicht begründen, denn die Tafelbretter laufen über die ganze Höhe (Abb. 76). Zur Stabilisierung des Bildträgers, etwa als Massnahme gegen Verwerfungen, wäre es ausserdem naheliegender gewesen, Verstrebungen auf der nicht sichtbaren Tafelrückseite anzubringen. Vielleicht nahmen die applizierten Leisten aus formalen Gründen eine entsprechende Trennung des Mittelteils auf.

Fries wird in den Quellen nicht ausdrücklich als Maler des «Jüngsten Gerichts» genannt, erhält aber während der Entstehungszeit einen namhaften, wenn auch nicht näher bezeichneten Vorschuss. Dank Parallelen der beiden Teilstücke mit den vier gesicherten Täfelchen von 1501 (Kat. 3) – gleiche Provenienz, enge stilistische Verwandtschaft in Malerei und Unterzeichnung – darf die Zuschreibung jedoch als sicher gelten. Beim Ende 1501 erwähnten «Jüngsten Gericht» (Q 101/1501) dürfte es sich kaum um das 34 Jahre zuvor entstandene ältere Weltgerichtsbild handeln, sondern um das neue Gemälde. Fries hat es somit damals vollendet und nicht, wie mehrere Autoren vermuten, bis 1506 daran gearbeitet (Daguet 1855, S. 56; Burckhardt 1888, S. 124; Haendcke 1890, S. 174; Kelterborn-Haemmerli 1927, S. 72).

Nicht Gedrucktes
    Wallerstein 1817/1818, § XLV; Wallerstein 1819, S. 40, Nr. 302/59; Wallerstein 1826, S. 66; Wallerstein 1827, Nr. 298.

Literatur
    Daguet 1855, S. 56/57; Nagler 1858–1880, Bd. 4, Nr. 148, S. 54; His-Heusler 1864, S. 57; His-Heusler 1869, S. 55; Rahn 1876, S. 720; Raedlé 1877, S. 94; Woltmann/Woermann 1882, S. 484; Rahn 1883/1884, S. 470; Burckhardt 1888, S. 124, 126; Haendcke 1890, S. 173/174; Haendcke 1893, S. 113–115; Berthier 1898/1; Reber/Bayersdorfer 1899, Nr. 1573; Lehmann 1900, S. 130; Vulliéty 1902, S. 217–222; Zemp 1905, S. 498, 500; Alte Pinakothek München 1911, S. 56; Alte Pinakothek München 1913, S. 53; Leitschuh 1916, S. 479, 481; Wartmann 1921/2; Zürich 1921, S. 14, Nr. 48, 49; Ganz 1922/2, S. 220; Wartmann 1922, S. 24; Ganz 1924, S. 140/141; Kelterborn-Haemmerli 1927, S. 72–81; Abb. 10; Alte Pinakothek München 1936, S. XXXIX, 90; Troescher 1939, S. 170, Nr. 31; Schaffhausen 1947, S. 35, Nr. 44/45; Busch 1950, S. 122–124; Clark 1955, S. 217, Abb. 50; Ganz 1960, S. 355; Marette 1961, S. 207/208, Nr. 348–353; Pfister-Burkhalter 1961, S. 607; Alte Pinakothek München 1963, S. 88–90; Strub 1964, S. 249; Stange 1965, S. 471/472; Pfeiffer-Belli 1969, S. 214/215; Alte Pinakothek München 1983, S. 210–212; Beerli 1993, S. 134; Schmid 1993, S. 343, 345–348, Abb. 3; Zürich 1994, S. 143, Abb. 93; Bertling 1996, S. 171, Abb. 8; Wüthrich 1996, S. 787; Gyger 1998, S. 37, Abb. 3; Schmid 1998/1, S. 352; Andrey/Jordan 2000, S. 78, 81, Abb. 107.

Kat. 4a
Auferstehung der Seligen
(Abb. 76)

München, Bayerische Staatsgemäldesammlungen, Inv. WAF 280

Ölhaltiges Bindemittel und Polimentvergoldung auf vermutlich mit Leinwand überzogenem Fichtenholz (Picea abies), 125,2 x 26,8 cm; oberer Abschluss in nach rechts ansteigendem Bogen; durch leicht gebogene, vor dem Grundieren applizierte Querleiste zweigeteilt

Zustand
    Leicht beschnittene Tafelränder. Malfläche nicht beschnitten. Retuschen im Randbereich und längs der Querleiste. Unter letzterer liegt das Holz frei; ein alter Inventarzettel an dieser Stelle zeigt, dass die Leiste verschiedentlich entfernt wurde.

Rückseite
    Holzsichtig. Etiketten mit Lokalisierungsvermerken; Zollstempel: «II-36» (?) und Schweizerkreuz.

Restaurierungen
    Keine Nachrichten.

Das hohe, schmale Bildfeld bedingt hier wie auch beim Pendant, dem «Höllensturz der Verdammten», eine vertikal angelegte Komposition. Im untern Teil erheben sich Auferstehende aus ihren Gräbern: ein Jüngling, die Hände zum Gebet gefaltet, richtet sich aus einem Erdloch im Grasboden auf; einem zweiten, noch ins Leichentuch gehüllten Mann ist ein Engel behilflich. Links davon trägt ein weiterer stehender Engel eine nackte junge Frau, die sich mit preziöser Geste an seinem Hals festhält; ein Mädchen in Rückenakt sitzt bekränzt und mit wehendem Haar auf dem Arm eines Engels, der vor dem Goldgrund in die Lüfte abhebt. Im oberen Teil werden zwei Männer und drei weibliche Gestalten von Engeln in die Höhe getragen; sie blicken nach oben, um Gott zu schauen (ein blauer Wolkenstreif schiebt sich hier ins Gold). Einige strecken ihre Arme aus – ein Engel weist die Richtung –, andere beten. Alle sind unbekleidet, ihre Körper jugendlich und feingliedrig. Die Frauen haben lange, dunkelblonde Locken und tragen allesamt Kränze; die Männer sind unbekränzt, bald gelockt, bald tonsuriert. Die Engel ihrerseits tragen weite Gewänder in Rot-, Rosa-, Grün- und Blautönen; Kleider und Mäntel blähen sich beim Fliegen, von der Luft aufgewirbelt. Das Gefieder der spitz zulaufenden, bräunlichroten Engelsflügel schimmert wie Seide; die Farbe der langen, spornartigen Randfedern geht in (heute veschwärztes) Blau über. Auch die Engel sind blondgelockt; einige tragen Kränze.

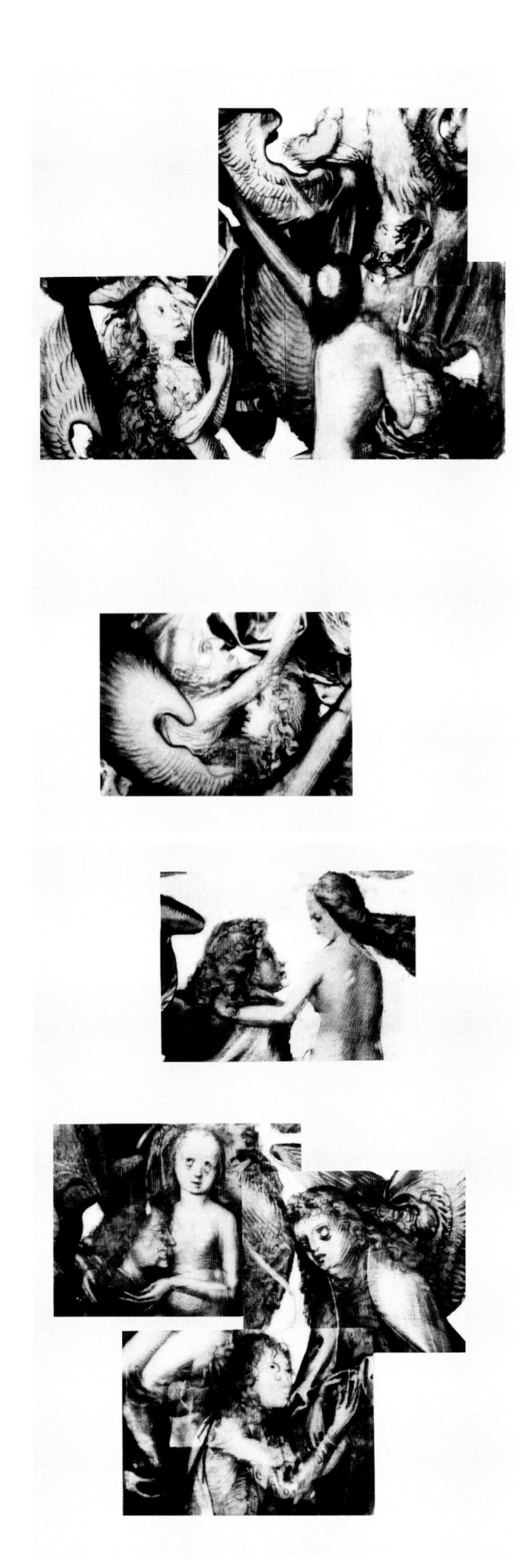

Wie bei Kat. 3 ist die Unterzeichnung grossenteils mit spitzem Pinsel, jedoch zügig ausgeführt (Abb. 80, 81). Die Akte, wohl nach der Natur gezeichnet, sind fein modelliert. Die Silhouetten, selten auch grossflächigere Bereiche wie Kopf und Schulter der zweituntersten männlichen Gestalt, überschneiden sich mit dem Goldgrund, der – offenbar nach der Unterzeichnung – angeschossen wurde. Bei den En-Face- und Dreiviertelprofils-Darstellungen von Gesichtern sind die Augen durch Kreise vorgegeben. Verschiedentlich weicht die Malerei von der Unterzeichnung ab. So ist der zweitunterste Mann offenbar noch vom Leichentuch bedeckt: auf der Fläche seines Körpers sind Falten mit Ösen und Häkchen entworfen. Sein Kopf ist weiter links gezeichnet als ausgeführt, nämlich im Bereich des Schenkels der sitzenden weiblichen Gestalt. Der Engel, der ihn aufnimmt, legt die linke Hand noch auf den Unterarm des Auferstehenden; sein Mantel wird von einer Schliesse über der Brust zusammengefasst, das Gesicht ist kürzer als in der Malerei. Auch bei der jungen Frau links divergiert die Unterzeichnung von der Malerei: der Engel fasst sie nicht ums Gesäss, sondern ums Knie; ihr linker Oberarm ist kürzer, der Ellbogen ist somit höher angesetzt, wie auch die Brüste, die runder sind als in der gemalten Fassung. Ihr Haar lockt sich weiter nach rechts, die Augenkreise in ihrem Gesicht liegen etwas tiefer als ausgeführt. In der oberen Hälfte der Komposition lassen sich am Gesicht des Mönchs, der seinen rechten Arm zum Himmel streckt, ein grösseres, tiefer angesetztes Ohr sowie ein weiter unten liegender Mund (der ihm etwas Greisenhaftes verleiht) beobachten. Der Engel über ihm ist im verlorenen Profil unterzeichnet, die linke Brust der Frau auf seinen Armen nimmt einen Teil der Fläche ein, die sein – gemalter – Kopf bedecken wird. Beim männlichen Auferstehenden rechts davon sitzt die Glatze erst weiter links; über seine Schulter und sein rechtes Handgelenk legt sich eine heute nicht mehr deutbare Form, oberhalb seines Gesichtes erscheint ein kleineres männliches Profil (Hals- und Schulterpartie). Der aufblickende Kopf des Engels, der ihn trägt, ist leicht nach links gedreht.

Abb. 80
Kat. 4a, Unterzeichnungen
Obere Bildhälfte (Infrarot-Reflektographie)

Abb. 81
Kat. 4a, Unterzeichnungen
Untere Bildhälfte (Infrarot-Reflektographie)

Abb. 82
Kat. 4b, Unterzeichnungen:
Untere Bildhälfte (Infrarot-Reflektographie)

Abb. 83
Kat. 4b, Unterzeichnungen:
Obere Bildhälfte (Infrarot-Reflektographie)

Mit Ausnahme der Rasenfläche am unteren Bildrand spielt die Szene in der Luft, vor Goldgrund, der die Gegenwart Gottes evoziert. Die Auferstandenen werden von Engeln in die Nähe des göttlichen Richters – auf dem heute verlorenen Mittelteil des «Jüngsten Gerichts» – gebracht. Im Unterschied zur erwähnten Gerichtsdarstellung Rogiers van der Weyden und jener Hans Memlings, mit der die Tafeln von Fries ebenfalls verglichen werden (Alte Pinakothek München 1983, S. 212; Vos 1994, S. 82–89), gehen die Seligen hier nicht durch eine Pforte ins Paradies ein. Dass sie durch die Luft getragen werden, könnte einerseits auf das Gleichnis vom reichen Mann und vom armen Lazarus zurückgehen (NT, Lk 16, 22): «Als nun der Arme starb, wurde er von den Engeln in Abrahams Schoss getragen». Anderseits handeln die theologischen Kommentare zu den Sentenzen des Petrus Lombardus vom Ort des Jüngsten Gerichts, der auf Grund eines Prophetentextes (AT, Joel 3, 2) im Tal Josaphat nahe des Ölbergs situiert wird. Einige Autoren interpretieren diese Ortsangabe wörtlich; damit sämtliche Auferstandenen im Tal Platz finden, schweben die Seligen hier in der Luft zur Rechten des Richters, die Verdammten jedoch bleiben auf Grund ihrer irdischen Schwere am Boden zu seiner Linken (Dahan 1996, S. 33/34). Ebenfalls in den Sentenzenkommentaren

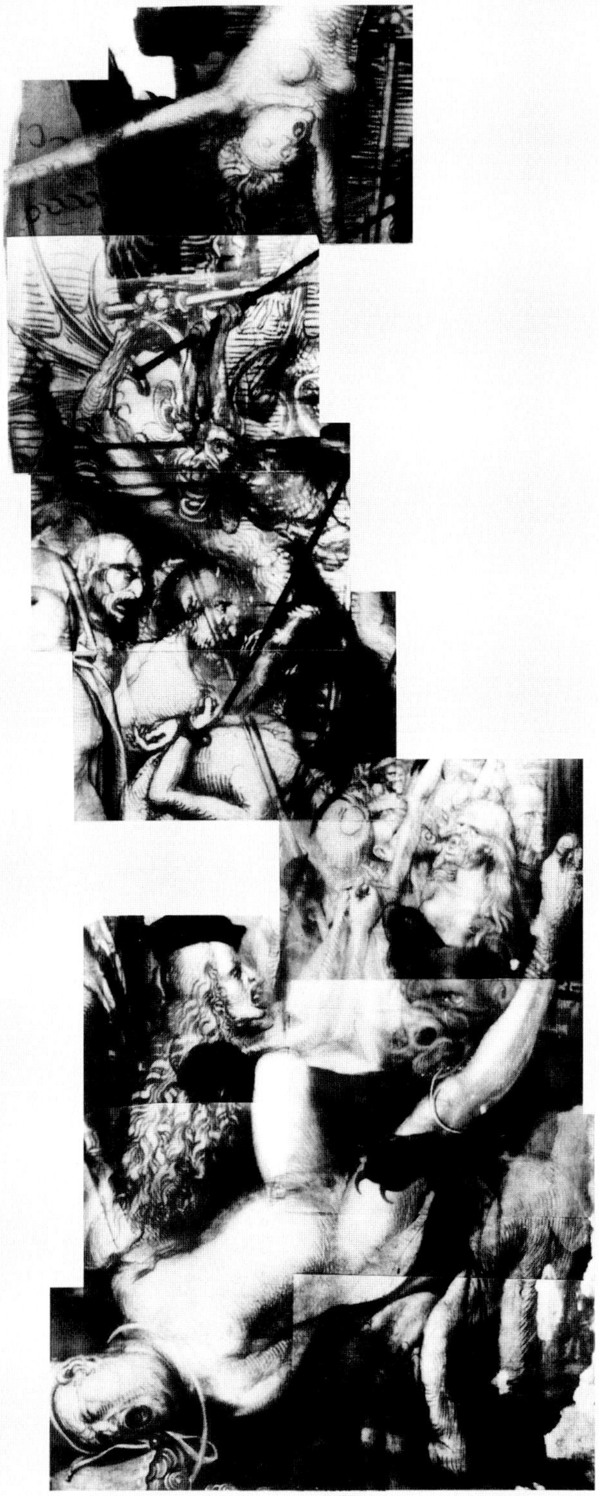

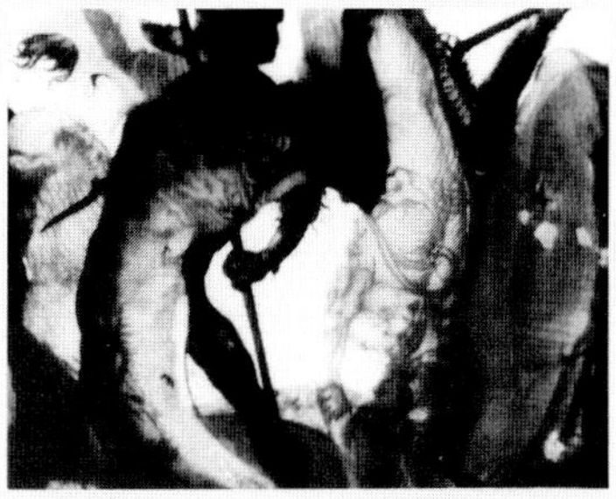

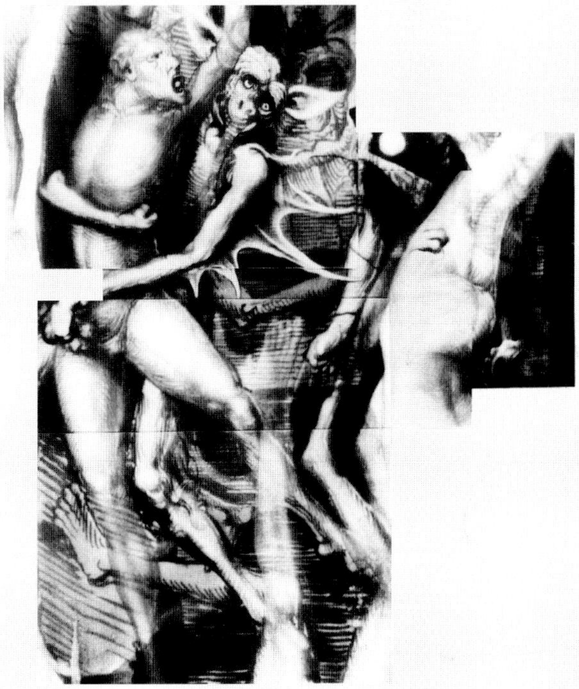

wird die Frage nach dem Aussehen der auferstandenen Seligen beantwortet: Ihr Körper wird makellos schön und strahlend wie die Sonne sein (Dahan 1996, S. 25). Fries gibt diese klare Schönheit in seiner Darstellung wieder.

Die Idee der vertikalen Bildanlage stammt mit grosser Wahrscheinlichkeit vom Maler selbst; ein näheres Vorbild ist hierzu nicht bekannt. Auch das rhythmisch Schwingende und die spannungsvolle Dynamik der Komposition – Eigenschaften, die man mit Musik assoziiert – sind als seine Schöpfung zu betrachten. Wenn hier dennoch auch Druckgraphik einwirkte, wird es sich angesichts der zierlichen Gestalten und der ornamentalen Plastizität der Engelsgewänder wohl eher um Blätter Schongauers als um solche Dürers gehandelt haben; bei letzterem sind die Draperien zu kraus, die Figuren zu sperrig. Die Geschmeidigkeit und Anmut, die gelöste Bewegung und die frische Sinnlichkeit der Akte werden eindrücklich von Wartmann (1921/2) beschrieben. Ob allerdings italienische, ja antike Einflüsse (Kelterborn-Haemmerli 1927, S. 79; Clark 1955) mitspielten, bleibe dahingestellt.

Kat. 4b
Höllensturz der Verdammten
(Abb. 76)

München, Bayerische Staatsgemäldesammlungen, Inv. WAF 281

Ölhaltiges Bindemittel und Polimentvergoldung auf vermutlich mit Leinwand überzogenem Fichtenholz (Picea abies), 124,5 x 26,7 cm; oberer Abschluss in nach links ansteigendem Bogen; durch leicht gebogene, vor dem Grundieren applizierte Querleiste zweigeteilt

Zustand
Leicht beschnittene Tafelränder. Malfläche nicht beschnitten. Retuschen im Randbereich und längs der Querleiste. Unter letzterer liegt das Holz frei (Abb. 79).

Rückseite
Holzsichtig. Etikett mit altem Besitzervermerk und Inventarnummer; Zollstempel: Ziffern «II-36» und Schweizerkreuz; Stempel: «ROMA».

Restaurierungen
Keine Nachrichten.

In Gegenbewegung zum Aufstieg der Seligen werden die Verdammten hier in die Hölle geworfen: dort festliche Schwerelosigkeit, hier Sturz von einem schroffen Felsmassiv, das senkrecht, ja überhängend aufragt und mit seiner bräunlichen Farbe, der geschichteten Struktur und den teils abgeschliffenen, teils behauenen Formen an den Sandstein der Freiburger Gegend erinnert. Von seinem höchsten Punkt aus stossen Teufel mit langen eisernen Gabeln die Verurteilten kopfvoran in die Tiefe. Einige der Verdammten sind nackt, andere tragen eine knappe Bruoch (mittelalterliche Unterhose). Ein rotes Ungeheuer mit Rüssel, stachligen Flügeln, behaarten Beinen und Hufen hat einen schreienden Mann um den Bauch gepackt und reisst ihn mit sich in den Abgrund – als negatives Gegenbild zu den Engeln, welche die Seligen emportragen. Die Formen der Dämonen sind mannigfaltig: bald nähern sie sich der Menschengestalt an, bald jener von reptilienähnlichem Drachengewürm. Lange Zungen, gebleckte Zähne, zottiges Haar und dunkle Körperfarbe kennzeichnen sie; auch eine Teufelin mit Brüsten ist unter ihnen. Im unteren Teil der Komposition schlagen sie mit ihren Stangen auf eine Gruppe ausgemergelter Gestalten ein; zuvorderst wird ein Greis, dessen Hände auf dem Rücken gefesselt sind, durch die Gabel im Nacken niedergezwungen und in eine Höhle – die eigentliche Hölle – gestossen, wo rotglühende Verdammte schreiend und händeringend Qualen erleiden. Links davon fällt eine ältere Frau mit verhärmtem Gesichtsausdruck auf, die noch halb ins Leichentuch gehüllt ist – ein Pendant zum auferstehenden Jüngling, dem der Engel hilft (Kat. 4a). Unten, im Vordergrund, liegt – offenbar auch gefesselt – ein dickbäuchiger, mit der Bruoch bekleideter Mann auf dem Rücken, schreiend den Kopf zur Seite gewandt. Er trägt eine rote Kappe; aus einem gleichfarbigen, offenen Geldbeutel an seinem Hals fallen Goldmünzen. Zwischen die geöffneten Beine dieses Mannes drängt sich ein massiger Teufel, der mit den Krallen seiner Pranke den Schenkel des Geizigen blutig reisst; die andere Teufelspranke liegt auf der Schulter einer Frau, die unmittelbar hinter dem liegenden Mann schreiend die Hände ringt. Man sieht sie im Profil. Lange Locken und ein neckisch in die Stirn gezogenes Barett lassen sie als Dirne erkennen.

Die Unterzeichnung gleicht im Duktus stark jener der «Auferstehung der Seligen», wobei Fries zwischen Unterzeichnung und Malerei erhebliche Änderungen vornimmt (Abb. 82, 83). Unten rechts zeichnet er anstelle der Felsen erst eine kniende Figur, die sich, auf den linken Ellbogen gestützt, diagonal vornüber beugt; der Blick fällt auf ihren Lockenschopf. Der Maler verwirft diese Gestalt, wohl um die Aufmerksamkeit auf den Geizigen zu lenken, übernimmt jedoch ihre linke Schulterpartie und den Oberarm und macht sie zum Rand einer Felsplatte. Sorgfältig, mit dichter Schraffur, ist der Körper des fetten Mannes (noch ohne Bruoch) unterzeichnet. Der ursprüngliche Verlauf seines linken Arms bleibt allerdings unklar und hängt möglicherweise mit schwer zu deutenden Formen links oberhalb der Schulter zusammen. Anscheinend packt der Teufel den Mann zuerst am rechten Fussgelenk. Die Schnauze dieses Teufels ist in der Zeichnung weniger kompakt, dafür mit einer rüsselhaften seitlichen Öffnung vorgegeben. Die Dirne presst in der Unterzeichnung die Arme aneinander. Auch die roten Gestalten werden in der Malerei modifiziert, doch ist die Zeichnung hier schwer lesbar. Der Teufel links darüber ist anfänglich grösser, mit gewaltigen Ohren und Stachelflügeln. Sein rechter Arm – weiter rechts, kräftiger (mit Pranke) – holt mit der Gabel zum Schlag aus. In der Gruppe, auf die er zielt, ist die Gestalt der Frau im Vordergrund etwas weiter oben angelegt, den Kopf wendet sie nach rechts statt nach links. Rechts davon ragt eine (nicht ausgeführte) Gabel über die Köpfe dieser Gruppe hinaus; vermutlich hält sie der grosse Teufel unten rechts. Fries ändert auch die Arm- und Beinstellung der Frau, die im Zentrum des Bildes kopfvoran in die Tiefe stürzt: beide Arme und das rechte Bein sind erst angewinkelt. In der Ausführung werden diese Glieder durchgestreckt; der zappeligen ersten Version zieht der Maler die Gespanntheit der zweiten vor. Auch die Frisur trägt dazu bei: die Haare, erst wild gelockt, werden schliesslich zu einem Zopf gebunden und aufgesteckt. Die Gestalt hat in der Unterzeichnung das Kinn schreiend auf die Brust gedrückt; im Gemälde hält sie den Mund geschlossen und wendet den Kopf in die Tiefe. Beim Mann links über ihr, den ein Teufel umklammert, scheint das rechte Bein unterhalb des Knies in der Zeichnung anstelle der linken Teufelswade zu verlaufen, welche ihrerseits im knorplig gezeichneten, beinahe horizontalen Gebilde weiter rechts zu sehen wäre. Des Teufels Flügel setzen in der Unterzeichnung weiter oben an. Die Figur rechts daneben, in der Ausführung kopfüber mit dem Rücken zum Betrachter, winkelt in der Unterzeichnung die gespreizten Beine an; der übrige Körperverlauf ist unklar. Auch das oberste Figürchen, das einen Kopfsprung macht, weicht von der Malerei ab: es drückt das Kinn auf die Brust; vor seinem Rumpf heben sich Zunge und Stachel des Teufels neben ihm ab (wegen des Goldgrundes ist die Zeichnung hier jedoch nicht klar lesbar).

Abb. 84
Urs Graf: Alter Narr stellt einer nackten Dirne nach, Federzeichnung, um 1516; Basel, Öffentliche Kunstsammlung, Kupferstichkabinett

Abb. 85
Martin Schongauer: Hl. Antonius von Dämonen gepeinigt, Kupferstich

Der «Höllensturz», Pendant zum «Aufstieg der Seligen», wendet dessen Prinzip ins Gegenteil. Beim «Aufstieg» werden die Menschen von Engeln im Goldglanz zur Seligkeit emporgetragen; hier werden sie von Teufeln über rauhe Felsen in den Abgrund der ewigen Verdammung gestossen; dort freuen sie sich, hier sind sie verzweifelt; dort sind sie rein und schön, hier hässlich, mit verzerrten Gesichtern. Im Unterschied zu den Seligen haftet ihnen irdische Schwere an, die sie stürzen lässt. Wegen der Verwerflichkeit irdischer Lust wird bei den männlichen Verdammten die Scham von der Bruoch verdeckt (das knappe Kleidungsstück akzentuiert die Nacktheit der Körper zusätzlich), während die Seligen, frei von Versuchung, völlig unbekleidet dargestellt sind. Dieser Antagonismus, ein fundamentaler Zug der christlichen Jenseitsvorstellung, wurde zu Beginn des 5. Jahrhunderts von Augustinus ausführlich als «civitas dei» (Gemeinschaft der Gottesfürchtigen) einerseits, «civitas diaboli» (Gemeinschaft der Gottlosen) anderseits dargelegt (Hundsbichler 1992, S. 557).

Fries zählt in seinem «Höllensturz» die sieben Hauptsünden nicht vollständig auf. Zwei von ihnen werden jedoch im Vordergrund des Bildes vom grossen Teufel zusammengeführt: der Geiz (als reicher Mann) und die Wollust (als Dirne). Der Geizige, dessen Typ übrigens in der «Predigt des hl. Antonius» von 1506 (Kat. 9a) wiederkehrt (Burckhardt 1888, S. 126), trägt als – geläufiges – Attribut einen Geldbeutel am Hals (Baschet 1993, S. 225). Die Prostituierte hat eine männliche Kopfbedeckung aufgesetzt: Zeichen ihrer Macht über die Männerwelt und – Umkehrung der Geschlechterrollen – Hinweis auf die «verkehrte Welt» im Reich des Bösen (Hundsbichler 1992). Darstellungen von Dirnen mit Barett finden sich zum Beispiel bei Urs Graf (Abb. 84; Andersson 1987, Abb. 9).

Mit einer Höhle im Felsen, in der sich die eigentliche Hölle befindet, ersetzt Fries anscheinend den Rachen des Leviathan, der bei Weltgerichtsdarstellungen selten fehlt und einen Gegenpol zur Paradiespforte bildet. Das Feuer der Hölle geht auf eine alttestamentliche Vorstellung zurück und wird im Matthäus-Evangelium und in der Apokalypse wieder aufgenommen. Nach Augustinus und Gregor dem Grossen ist es anderer Natur als das irdische: es brennt, ohne zu verzehren – sonst wäre die Strafe der Sünder nicht ewig – und ohne zu erhellen, denn Licht charakterisiert die Gottesnähe (Baschet 1993, S. 20, 50/51).

Auch für den «Höllensturz» sind uns keine graphischen Blätter bekannt, aus denen Fries die Idee zu seiner Komposition bezogen hätte. Wie beim «Aufstieg der Seligen» prägt das hohe Format der Tafel die Bildanlage; während des Schaffensprozesses verstärkt der Maler den Eindruck jähen Stürzens sogar noch, indem er fallende Körper, die er mit angewinkelten Gliedern unterzeichnet hat, mit durchgestreckten Armen und Beinen ausführt. – In einem anderen ikonographischen Zusammenhang findet sich das Motiv der von einem Felsen in die Tiefe Stürzenden allerdings auch in der Graphik: als «Marter der Zehntausend», unter anderem in Dürers Holzschnitt (um 1496; Strauss 1980, Nr. 35), den Fries vielleicht kannte. Für die Gestaltung der Teufel griff er möglicherweise auf Schongauers «Hl. Antonius von Dämonen gepeinigt» zurück (Abb. 85; Colmar 1991, S. 268/269, K. 10); Rüssel, stachelbewehrte Flügel, Schuppen, Reptilienschwänze, Klauen und Hufe, ja sogar eine Teufelin mit Brüsten boten sich hier zur Übernahme an.

Zwischen den beiden stimmungsmässig so unterschiedlichen Flügeln schafft Fries, beinahe als Paradox, ein formales Gleichgewicht. Die Verteilung der hellen und dunklen Flächen, ja der Farbwerte, wie Rot, Inkarnat oder Goldgrund, ist dabei ausgeglichen, ohne jedoch die gegenläufige Dynamik – dort Aufstieg, hier Fall – zu beeinträchtigen.

Verena Villiger
Kathrin Utz Tremp (Historische Situation)

Dank an
Helmut Hundsbichler, Krems, für seine Informationen zur Ikonographie.

Mensch gedenck an mich das lid ich als für dich was lidest
du und unsern willen oder noch mich · ANNO D M V II

Kat. 5
Christus unter der Last des Kreuzes, 1502
(Kopie nach Fries?)

(Abb. 86)

Bern, Kunstmuseum, Depositum der Gottfried-Keller-Stiftung 1932, Inv. 1184 (GKS Inv. 778)

Ölhaltiges Bindemittel auf Leinwand, 81 x 164 cm

Datiert am Ende der Inschrift auf dem Spruchband unten links: «ANNO · D(OMINI) · M · V^c · II.»
Inschriften: auf Spruchband unten links: «M(en)sch gedenck an mich' das lid ich als für dich' was lidest. / du (um)b minent willen' oder umb mich.»

Herkunft

Conrad von Mandach entdeckte das Gemälde 1932 im Besitz der Familie Aussedat-Despine in Annecy, wo es zusammen mit einem Werk von Niklaus Manuel Deutsch, dem rechten Retabelflügel des ehemaligen Hochaltars der Antonierkirche in Bern, aufbewahrt wurde. Nach Mandachs Vermutung hatte der letzte Komtur der Berner Antoniter-Niederlassung, Bernhard Mallet, diesen Flügel in seine Heimat Savoyen mitgenommen, als er Bern am 2. März 1528 wegen der Reformation verlassen musste; Mallet stand zu Vorfahren der Familie Aussedat-Despine in Beziehung (Hofer/Mojon 1969, S. 3, 19). Mandach nimmt an, dass auch «Christus unter der Last des Kreuzes» aus der Antonierkirche stamme (Mandach 1932–1945/1, S. 23; die Meinung wird von den späteren Autoren übernommen). Erstaunlicherweise befindet sich bis heute noch eine zweite offensichtlich frühe Version des Bildes in Savoyen. Auch sie ist auf Leinwand gemalt und weist eine deutsche Inschrift auf (siehe Kopie 2). – Im Jahr von Mandachs Entdeckung erwarb die Gottfried-Keller-Stiftung das Gemälde für 12 000.– CHF von Louis Aussedat, dem Vertreter der Besitzer, und deponierte es im Kunstmuseum Bern.

Zustand

Die Leinwand ist relativ grob; unten links scheint sich die Webkante erhalten zu haben. Den Rändern entlang, vor allem unten, viele Retuschen. Die Gewandpartien sind stellenweise verputzt, das Gesicht ist verhältnismässig gut erhalten.

Restaurierungen

1933, Henri Boissonnas, Genf (Doublierung, Freilegung, Reinigung).

Literatur

Protokoll 1933, S. 10; Bern 1936, S. 17, Nr. 36; Bern 1940, S. 66, Nr. 168; Bern 1941, S. 19, Nr. 33; Huggler 1942, S. 168/169; Mandach 1943, S. 212; Mandach 1932–1945/1, S. 21–25; Bern 1946, Tafel 19; Bern 1953, S. 8, Nr. 13; Labò 1953, S. 262, Abb.; Freiburg 1955, S. 8, Nr. 11; Strub 1956/1, S. 148/149, 242; Freiburg 1957, S. 15, Nr. 7; Loertscher 1957, S. 283; Strub 1959, S. 309; Pfister-Burkhalter 1961, S. 608; Bern 1960, Tafel 40; Ulbert-Scheede 1966, S. 77, 124/125, Nr. 81; Hofer/Mojon 1969, S. 24-26; Kunstmuseum Bern 1977, S. 64–66, Abb.; Bern 1979, S. 205, Nr. 46; Altdorf 1982, S. 17; Kunstmuseum Bern 1983, S. 22/23, Nr. 29; Landolt 1990, S. 80, 591; Villiger 1993, S. 185/186; Wüthrich 1996, S. 787; Frauenfelder 1997, S. 85, Abb.; Schmid 1998/2, S. 617.

Das querrechteckige Bildformat wird ausgefüllt von der Gestalt Christi, der vornübergefallen ausgestreckt am Boden liegt. Auf seinem Rücken lastet das mächtige Kreuz; es ist mit einem Strick an seine Taille gebunden. Ein Halseisen mit einer schweren Kette und die Dornenkrone, deren Stacheln sich scharf von der Goldscheibe des Nimbus abheben, vergrössern die Qual des Heilands. Seine ausgestreckten Hände und das leidende Gesicht sind blutbefleckt. Er trägt eine graublaue, ins Violette spielende Tunika, wohl eine Anspielung auf das Purpurgewand und zugleich auf die liturgische Farbe der Karwoche (Kunstmuseum Bern 1977, S. 64). Am Boden spriessen vereinzelt Erdbeeren, Maiglöckchen und Schaumkraut, den Hintergrund bilden sanfte, baumbestandene Hügel, die ein Hohlweg durchquert. Links unten im Vordergrund ist ein Spruchband eingefügt.

Im infraroten Licht wird keine Unterzeichnung sichtbar. Der Nimbus, ohne Zirkel gezogen und deshalb unregelmässig gerundet, ist mit leicht pastosen Ranken und einer ebensolchen Bordüre verziert. Der Pinselduktus an Gewand, Füssen und Landschaft wirkt relativ grob.

Die Darstellung des kreuztragenden Christus entwickelt sich, wahrscheinlich unter dem Einfluss der Bettelorden, seit dem frühen 14. Jahrhundert herausgelöst aus dem Passionsgeschehen, zum Andachtsbild (siehe dazu: Ulbert-Schede 1966). Visionen des kreuztragenden Heilands (hauptsächlich solche dominikanischer Nonnen) und entsprechende Bilder bzw. Skulpturen wurzeln in der Aufforderung an die Gläubigen zur Nachfolge unter dem Kreuz, die auf dem Evangelium beruht (NT, Mk 8, 34: «Wer mein Jünger sein will, der verleugne sich selbst, nehme sein Kreuz auf sich und folge mir nach»; auch: NT, Mt 10, 38; 16, 24; NT, Lk 9, 23; 14, 27). Eine ebenso wichtige Rolle wie die biblischen Quellen dürften bei der Entstehung des Bildtypus jedoch mystische Schriften und fromme Erbauungsliteratur sowie Predigten gespielt haben (Ulbert-Schede 1966, S. 15–21). Die Bildvariante, bei welcher Christus unter dem Kreuz fällt, tritt erst verhältnismässig spät, in der zweiten Hälfte des 15. Jahrhunderts, auf; bei einigen Holzschnitten aus dieser Zeit liegt die Gestalt am Boden und stützt sich auf beide Hände (Abb. 87). Das vorliegende Bild, bei dem sich Jesus nicht auf die Hände, sondern auf die Unterarme stützt, entstand vermutlich nach dem Vorbild eines solchen Blattes; es ist das einzige bekannte Gemälde mit dieser Darstellungsform (Ulbert-Schede 1966, S. 76/77). Nur hier kommen der um Jesu Hals gelegte Eisenring mit Kette und der Strick vor, mit dem das Kreuz an seinen Leib gebunden ist. Eine grössere Anzahl erhaltener Kopien beweist, dass sich dieses Bild – oder vielmehr das ihm zugrunde liegende Original – in den katholischen Gebieten der Westschweiz und in Savoyen grosser Beliebtheit erfreute (siehe unten). Ein ähnlicher Text wie jener auf dem Spruchband findet sich hingegen bereits zu Beginn des 14. Jahrhunderts in der Beschreibung einer Vision der Dominikanerin Anna von Hoche im Kloster Adelhausen (Freiburg i. Br.); ihr erschien das kreuztragende Jesuskind mit den Worten: «Sich dis han ich durch dich erlitte». Aus dem 14. oder 15. Jahrhundert ist eine entsprechende Aussage an die Nonne Mechthild von Sulz im Dominikanerinnenkloster Kirchberg bei Haigerloch überliefert (Ulbert-Schede 1966, S. 20). Der Passus geht letztlich auf eine Darstellung des Gekreuzigten zurück, die sich nach einer Beschreibung der heiligen Stätten aus dem 12. Jahrhundert (Theodoricus: Libellus de Locis Sanctis, 1164–1174) über der Klosterpforte hinter dem lateinischen Bau der Grabeskirche in Jerusalem befand. Der Dargestellte flösste dem Betrachter mit folgender

Abb. 86
Kat. 5

Bildinschrift Mitleid ein: «Aspice qui transis quia tu mihi causa doloris. / Pro te passus ita, pro me noxia vita.» (Sieh mich an, der du vorbeigehst, du bist ja die Ursache meines Leidens; deinetwegen habe ich dies gelitten, nun meide mir zuliebe die Sünde. – Belting 1981, S. 19/20). Dieser Text erscheint in der Graphik des frühen 16. Jahrhunderts wieder (Koepplin 1988, S. 75, 91, Anm. 1).

Beim vorliegenden Gemälde handelt es sich somit nicht um den Teil eines Retabels, sondern um ein Andachtsbild, das den Gläubigen im Sinn der «Imitatio Christi» zur meditativen Versenkung ins Leiden Jesu führen sollte. Auch vom ikonographischen Standpunkt aus ist schlüssig, dass es sich ursprünglich möglicherweise in der Niederlassung der Antoniter befand: dieser Spitalorden pflegte die Opfer des «Antoniusfeuers», des von einer Mutterkornvergiftung verursachten Ergotismus, an die sich das Bild des leidenden Heilands gerichtet haben könnte (Mandach 1932 – 1945/1, S. 23).

Abb. 87
Anonym: Kreuztragender Christus, Augsburg, letztes Viertel 15. Jh., kolorierter Holzschnitt
(Photographie: Jörg P. Anders, Berlin)

Mandach sah in dem Gemälde ein Werk von Hans Fries, auf das alle weiteren Fassungen zurückzuführen seien. Die meisten Autoren folgen ihm bei der Zuschreibung; zwei äussern Zweifel daran (Huggler 1942, S. 169; Hofer/Mojon 1969, S. 26). In der Tat weist Christi Figur Merkmale auf, welche für Fries' Gestalten typisch sind: die etwas unartikulierten Hände mit den langen Fingern finden sich in analogen Stellungen auch im «Giftwunder» des kleinen Johannes-Altars (Kat. 10c) und in der «Heimsuchung» von 1512 (Kat. 13f); das fleischige, zu grosse und zu hoch sitzende Ohr ist eines der oft wiederkehrenden Erkennungszeichen des Malers; die Faltenbildung des Gewandes steht jener der «Stigmatisation des hl. Franziskus» von 1501 (Kat. 3a) besonders nahe (Kunstmuseum Bern 1977, S. 65). Auch die wulstigen, scharf gezeichneten Lippen finden sich in einer der Münchner Tafeln, der «Vision des hl. Bernhard» (Kat. 3c).

Trotz diesen Entsprechungen scheint es sich jedoch nicht um ein Original von Fries zu handeln. Bei der Untersuchung im infraroten Licht liessen sich wie gesagt – im Gegensatz zu den für Fries gesicherten Werken – keine Unterzeichnungen feststellen. Anders als bei den Scheibennimben des Meisters ist der Heiligenschein auf diesem Gemälde nicht mit dem Zirkel gezogen und deshalb etwas «verbeult». Von nahem betrachtet, wirkt die Malerei zu grob, ja zu unbeholfen für Fries; es fehlt ihr nicht nur in der Faltenbildung, sondern auch in den linkisch wiedergegebenen Füssen und der weichen, nicht stilisierten Landschaft an der Spannung und Präzision, welche seine Werke aus dem ersten Jahrzehnt des 16. Jahrhunderts charakterisieren. Wir vermuten, dass Fries im Jahr 1502 tatsächlich das «Urbild» dieser Darstellung gemalt habe, es sich bei der Berner Fassung jedoch um eine Kopie – immerhin wohl die älteste, die sich erhalten hat – handle.

Möglicherweise befand sich das Original in Freiburg, wo der Maler im Entstehungsjahr ja auch lebte; die Anzahl der Kopien, die aus der Umgebung dieser Stadt stammen, sowie die teils französischen Inschriften scheinen auf einen Freiburger Standort hinzuweisen. Auch in der Druckgraphik hinterliess es hier Spuren: 1630 stellte der Freiburger Maler Peter Wuilleret in einem Kupferstich mit dem Martyrium der hl. Wiborada die Gestalt Christi als Supraporten-Relief der Klause dar, allerdings spiegelverkehrt, was auf den Druckvorgang zurückzuführen sein dürfte (Villiger 1993). Interessant ist in diesem Zusammenhang, dass auch die Kopie 10 als Supraporte verwendet wurde. Vielleicht deuten diese Beispiele auf die ursprüngliche Verwendung des Bildtypus hin; die im Zusammenhang mit der Inschrift erwähnte Darstellung des Gekreuzigten in Jerusalem befand sich ebenfalls über einer Pforte.

Unter den elf weiteren, uns bekannten Kopien, die in der Folge aufgeführt werden, weisen die Nummern 1, 2 und 3 eine deutsche, der Berner Fassung entsprechende Inschrift mit dem Datum 1502 auf. Sie sind auf Holz (1, 3; 4 ohne Inschrift) oder auf Leinwand (2) gemalt und im Lauf des 16., möglicherweise auch Anfang des 17. Jahrhunderts entstanden. Bei den Kopien 6, 7 und 8 handelt es sich um Leinwandgemälde; der Text ist hier französisch und enthält keine Jahreszahl. Diese Bilder stammen allem Anschein nach aus dem 17. Jahrhundert. Die Nummern 9 und 10 sind freiere barocke Interpretationen der Vorlage, die signiert und datiert sind – ein Zeichen für künstlerische Ambition. Auch bei den Inschriften wurde hier offensichtlich Wert auf Originalität gelegt; sie folgen dem vorgegebenen Muster nämlich nur noch sinngemäss. Die Kopie 11 schliesslich ist ein Einzelfall aus dem 19. Jahrhundert; sie verdeutlicht die lange Tradition des Bildschemas. Es sei noch angefügt, dass ein von Mandach aufgeführtes Gemälde – der kreuztragende Christus mit der hl. Veronika – nicht zu den Kopien zu zählen ist (Mandach 1932 – 1945/1, S. 25, Nr. 4).

Kopie 1
(Abb. 88)

Freiburg, Kathedrale St. Niklaus

Ölhaltiges Bindemittel auf Holz, 81,5 x 167 cm

Datiert am Ende der Inschrift: «ANNO · D(OMINI) · M · V^C · II ·»
Inschrift auf Spruchband links unten: «Mönsch gedenck an mich· das lid ich als für dich· was lidest. / du· durch minent willen· oder umb mich.»

Herkunft
    Das Gemälde hing bis 1955 über dem Altar der zweiten Kapelle des nördlichen Seitenschiffs (Strub 1956/1, Abb. 96) und befindet sich seither in der Heiliggrab-Kapelle.

Literatur
    Freiburg 1955, S. 8; Strub 1956/1, S. 148/149, Abb. 96; Freiburg 1957, S. 15, Nr. 7; Hofer/Mojon 1969, S. 26, Anm. 4; Kunstmuseum Bern 1977, S. 66, Anm. 13.

Diese offensichtlich alte Kopie entspricht in ihren Massen und in der Farbe des Gewandes Christi der Berner Version, ist jedoch von geringerer Qualität und stammt (entgegen der Meinung Strubs) mit Sicherheit nicht von Fries.

Abb. 88
Christus unter der Last des Kreuzes
(Kopie 1); Freiburg, Kathedrale St. Niklaus

Abb. 89
Christus unter der Last des Kreuzes
(Kopie 2); Kapelle Notre-Dame de la Vie,
St-Martin de Belleville (F)

Abb. 90
Christus unter der Last des Kreuzes
(Kopie 3); Freiburg,
Museum für Kunst und Geschichte

Kopie 2
(Abb. 89)

Kapelle Notre-Dame de la Vie, St-Martin de Belleville (Savoyen)

Ölhaltiges Bindemittel auf Leinwand, 85 x 166 cm

Datiert am Ende der Inschrift: «ANNO · D(OMINI) · M · V^c · II · »
Stifterwappen der savoyischen Familie Trolliet rechts oben.
Inschrift auf Spruchband links unten: «Mönsch gedenck an mich' das lid ich als für dich' was lidest / du' durch minent willen' oder umb mich»

Herkunft
Hudry vermutet, das Gemälde sei von einem in den deutschsprachigen Raum ausgewanderten Savoyer in seine Heimat mitgebracht worden. Vermutlich im 17. Jahrhundert wurde es seitlich des Hochaltars der Wallfahrtskapelle Notre Dame de la Vie in einem barocken Rahmen plaziert. Das Wappen scheint nicht aus der Entstehungszeit des Bildes zu stammen, sondern später hinzugefügt worden zu sein.

Nicht Gedrucktes
Inventaire St-Martin de Belleville.

Literatur
Académie 1930; Hudry 1954, S. 44–46.

Christus trägt ein grauviolettes Kleid. Die frühe, im Vergleich zu den weiteren Kopien qualitätvolle Version steht dem Gemälde im Kunstmuseum Bern nahe, und zwar was Masse und Technik betrifft als auch des savoyischen Standortes wegen. In der Literatur wird das Bild mehrfach als Ex-Voto bezeichnet.

Kopie 3
(Abb. 90)

Freiburg, Museum für Kunst und Geschichte, Inv. 7977

Ölhaltiges Bindemittel auf Nadelholz, 56,5 x 114,5 cm

Datiert am Ende der Inschrift: «ANNO · D(OMINI) · M · V^c · II · »
Inschrift auf Spruchband links unten: «Mönsch gedenck an mich' das lid ich als für dich' was lidest du' durch minent / willen' oder umb mich»

Rückseite
Inschrift: «Dieser Heiland verhere ich in der St. Anna Kapelle den 30. Brachmonat 1830, durch J. Röffer.»

Herkunft
Das Gemälde befand sich Anfang des 19. Jahrhunderts in Privatbesitz (J. Röffer) und wurde am 30. Juni 1830 der Anna-Kapelle in Freiburg geschenkt; 1873 oder 1874 wurde es auf einen Hinweis der «Société des Amis des Beaux-Arts» vom Museum für Kunst und Geschichte Freiburg erworben.

Nicht Gedrucktes
Schaller 1872; Schaller 1873/1; Schaller 1873/2; Schaller 1873/3; Zurich 1941–1943, S. 3; IPR Fribourg, Saint-Jean.

Literatur
Musée cantonal 1882, S. 12, Nr. 22; Mandach 1932–1945/1, S. 24/25, Nr. 2; Freiburg 1955, S. 8, Nr. 11; Strub 1956/1, S. 242, Abb. 18; Freiburg 1957, S. 15, Nr. 7; Hofer/Mojon 1969, S. 26; Kunstmuseum Bern 1977, S. 66, Anm. 12.

Im Unterschied zu den beiden vorhergehenden Versionen ist Christi Kleid hier weiss. Es handelt sich vermutlich um eine Kopie des späten 16. oder frühen 17. Jahrhunderts; kurz nach dem Ankauf durch das Museum wurde sie Sigmund Holbein zugeschrieben (Musée cantonal 1882).

Kopie 4
(Abb. 91)

Freiburg, Kloster Visitation

Ölhaltiges Bindemittel auf Holz, 56,5 x 116,5 cm

Herkunft
Das Inventar der Bilder des Klosters vom Mai 1652 erwähnt «Un grand tableau de notre seigneur portant sa croix» (Inventaire 1652–1858); möglicherweise handelt es sich um das vorliegende Gemälde.

Nicht Gedrucktes
Inventaire 1652–1858, S. 1.

Literatur
Freiburg 1957, S. 15, Nr. 7; Strub 1959, S. 309; Hofer/Mojon 1969, S. 26; Kunstmuseum Bern 1977, S. 66, Anm. 14.

Das Bild besitzt keine Inschrift und unterscheidet sich von den vorhergehenden Versionen auch durch den Hintergrund (rechts), wo eine antikische Architekturstaffage die Stadt Jerusalem darstellt. Es entstand wohl im späten 16. oder im frühen 17. Jahrhundert.

Kopie 5

Heutiger Standort und Besitzer unbekannt
Ölhaltiges Bindemittel auf Leinwand, 85 x 206 cm

Signiert links unten: «HM» (ligiertes Monogramm)
Datiert links unten: «1585»

Herkunft
Das Gemälde befand sich 1932 im Besitz von Josef Martin Lusser.

Literatur
Mandach 1932–1945/1, S. 25, Nr. 3; Hofer/Mojon 1969, S. 26; Kunstmuseum Bern 1977, S. 66, Anm. 15.

Es ist nicht bekannt, ob das heute verschollene Bild eine Inschrift aufwies.

Abb. 91
Christus unter der Last des Kreuzes
(Kopie 4); Freiburg, Kloster Visitation

Abb. 92
Christus unter der Last des Kreuzes
(Kopie 6); La Tour-de-Trême (FR),
Kirche St-Joseph, Sakristei

Abb. 93
Christus unter der Last des Kreuzes
(Kopie 7); Bürglen (UR), Pfarrkirche

Kopie 6
(Abb. 92)

La Tour-de-Trême (FR), Kirche St-Joseph, Sakristei

Ölhaltiges Bindemittel auf Leinwand, 80 x 167 cm

Inschrift auf Spruchband links unten: «Creature . pense a ce . que . iendure . / pour . toy . Regarde . a ce . que . tu endureras / pour . moy»

Herkunft
    Unbekannt.

Nicht Gedrucktes
    RPR Fribourg, La Tour-de-Trême; Dobrusskin 1995.

Christus trägt eine hellgraue Tunika. Es handelt sich um eine barocke Kopie (17. Jahrhundert?), die der Kopie 7 sehr ähnlich ist und gleichzeitig entstanden sein dürfte.

Kopie 7
(Abb. 93)

Bürglen (UR), Pfarrkirche (Kustorei)

Ölhaltiges Bindemittel auf Leinwand, 84 x 171 cm

Inschrift auf Spruchband links unten: «Creature, pense . a . ce . que . jendure / pour . toy . Regarde . a . ce . que . tu . endureras / pour . moy .»

Herkunft
    Das Gemälde stammt vermutlich aus einer Urner Patrizierfamilie, die es in Freiburg erworben haben könnte. Es wurde 1820 vom bischöflichen Kommissar Anton Devaya der Marienkapelle im Riedertal geschenkt, in deren Schiff es bis 1905 hing.

Nicht Gedrucktes
    RPR Fribourg, La Tour-de-Trême; Friedli 1997.

Literatur
    Gisler 1931, S. 28; Mandach 1932–1945/1, S. 25, Nr. 5; Freiburg 1957, S. 15, Nr. 7; Hofer/Mojon 1969, S. 26; Kunstmuseum Bern 1977, S. 66, Anm. 18; Altdorf 1982, S. 16; Frauenfelder 1997, S. 85; Luzern 1999, S. 59/60.

Diese Version ist der Kopie 6 sehr ähnlich und dürfte gleichzeitig entstanden sein. Die Standortangabe «Bourguillon» (Freiburg 1957) ist ein Irrtum; ebenso die Annahme, es handle sich hier um das Bild, das sich heute im Kunstmuseum Bern befindet (Altdorf 1982; Frauenfelder 1997).

Kopie 8
(Abb. 94)

Petite Riedera, Montévraz (FR), Landhaus des Bischofs

Ölhaltiges Bindemittel auf Leinwand, Masse unbekannt

Inschrift in Kartusche links unten: «O CREATURE PENSE EN MOY, / j'ENDURE TOUS CELA POUR TOI, / QU'ESE QUE TU ENDURERA POUR MOY»

Herkunft
    Unbekannt.

Nicht Gedrucktes
    IPR Fribourg, Petite Riedera.

Diese barocke, naiv gemalte Kopie stammt vermutlich aus dem 17. Jahrhundert.

Kopie 9
(Abb. 95)

Dornach, Kapuzinerkirche (Stiftung Kloster Dornach)

Ölhaltiges Bindemittel auf Leinwand, 77 x 164 cm

Signiert neben Stifterwappen oben links: «PCC»
Datiert auf der andern Seite des Wappens: «1656»
Inschrift auf Spruchband links unten: «Die Straff Ligt Auff Im, Auff Dass wir Friden hetten. / Und Durch seine wunden sind wir gesundt worden ISA 53»

Herkunft
    Das Kapuzinerkloster Dornach wurde erst 1672 gegründet; das Gemälde muss somit eine andere Herkunft haben. Möglicherweise ist das Stifterwappen jenes der Familie Rudolf (Wappenbuch 1656, Band 2, S. 55). Mandach vermutet, es handle sich bei dem Gemälde um ein im 17. Jahrhundert übermaltes älteres Bild; Loertscher übernimmt diese Hypothese nicht; bei der kurz vor seiner Publikation erfolgten Restaurierung waren offensichtlich keine grösseren Übermalungen aufgefallen.

Literatur
    Mandach 1932–1945/1, S. 23/24; Loertscher 1957, S. 283; Hofer/Mojon 1969, S. 26; Kunstmuseum Bern 1977, S. 66, Anm. 17.

Nach Loertscher handelt es sich um eine barocke Kopie; die Inschrift stammt vom Propheten Jesaja (AT, Jesaja 53, 5).

Kopie 10
(Abb. 96)

Kloster Hauterive (FR)

Ölhaltiges Bindemittel auf Leinwand, 94 x 184 cm

Signiert rechts unten neben Spruchband: «J. Achert p.»
Datiert in der rechten unteren Ecke, beidseits des infulierten Wappens Fivaz: «1680»

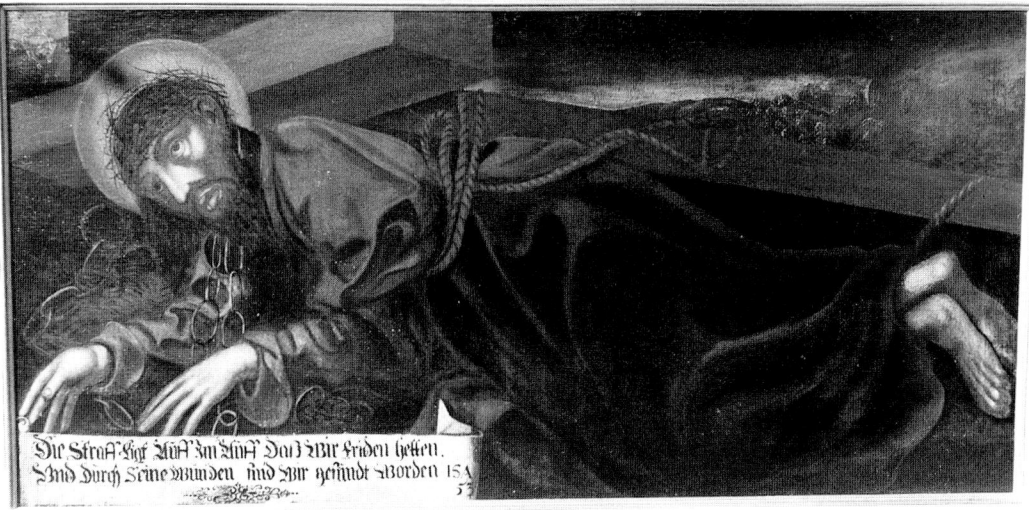

Abb. 94
Christus unter der Last des Kreuzes
(Kopie 8); Petite Riedera, Montévraz (FR),
Bischöfliches Landhaus

Abb. 95
Christus unter der Last des Kreuzes
(Kopie 9); Dornach (SO), Kapuzinerkloster
(Stiftung Kloster Dornach)

Abb. 96
Christus unter der Last des Kreuzes
(Kopie 10); Kloster Hauterive (FR)

Abb. 97
Christus unter der Last des Kreuzes
(Kopie 11); Therwil (BL), Pfarrkirche

Abb. 98
Kat. 6a

Inschriften: Auf Spruchband links unten: «VT STES, HUNC LAPSVM CREBRÔ MEDITARE: TIBIQUE / PRO FVLCRO, CHRISTI SVB CRUCE LAPSVS ERIT» (Damit du sicher stehest, betrachte immer wieder ihn, der gestürzt ist; dann wird dir Christi Stürzen unter dem Kreuz zur Stütze werden)
Auf Spruchband hinter dem Wappen die Devise: «FRVCTIFICANDO SCANDIT»

Herkunft
Das Gemälde von Johann Achert entstand im Auftrag von Candide Fivaz, von 1670 bis 1700 Abt des Klosters Hauterive, vermutlich für die Klosterkirche (Schmid 1998/2, S. 616/617). 1904 befand es sich in der Kirche über dem Eingang zur Sakristei (Monuments).

Nicht Gedrucktes
Monuments, 15. 11. 1904; Pfister 2000.

Literatur
Mandach 1932–1945/1, S. 25, Nr. 6; Freiburg 1957, S. 15, Nr. 7; Hofer/Mojon 1969, S. 26; Kunstmuseum Bern 1977, S. 66, Anm. 16; Schmid 1998/2, S. 617.

Christus trägt ein graublaues Kleid. Im Hintergrund rechts über den Füssen Christi fügt Achert der herkömmlichen Komposition einen bärtigen Mann in weisser Kutte (den Stifter?) bei, der kniend betet, rechts darüber einen Hahn, links davon den an einem Baum erhängten Judas.

Kopie 11
(Abb. 97)

Ehemals Therwil (BL), Pfarrkirche

Ölhaltiges Bindemittel auf Leinwand, Masse unbekannt

Inschrift links unten: «RENOVIRT 1897 unt. Pf. JOSEPH HILBERT»

Herkunft
Das Bild wurde 1839 von Anton Bohrer aus Nenzlingen gemalt; es befand sich ursprünglich im Chor der Pfarrkirche, später auf dem Estrich des Pfarrhauses. Heute ist es verschollen.

Literatur
Heyer 1969, S. 437, Abb. 493.

Gegenüber den älteren Versionen ist die Komposition um den Vordergrund am unteren Bildrand erweitert. Möglicherweise diente hier die Kopie in Dornach (Kopie 9) als Vorlage. Heyer 1969 nennt als Entstehungsjahr des Originals irrtümlich 1507 (statt 1502).

Verena Villiger

Dank an
Urs Friedli, Horw;
Markus Hochstrasser, Solothurn;
Pierre Dumas und Jean-François Laurenceau, Chambéry;
Beatrice Ilg, Bern; Dieter Koepplin, Basel;
Gerold Lusser, Allschwil;
Geneviève de Montleau, Ugine (Savoyen);
Daniel Moser, Bern.

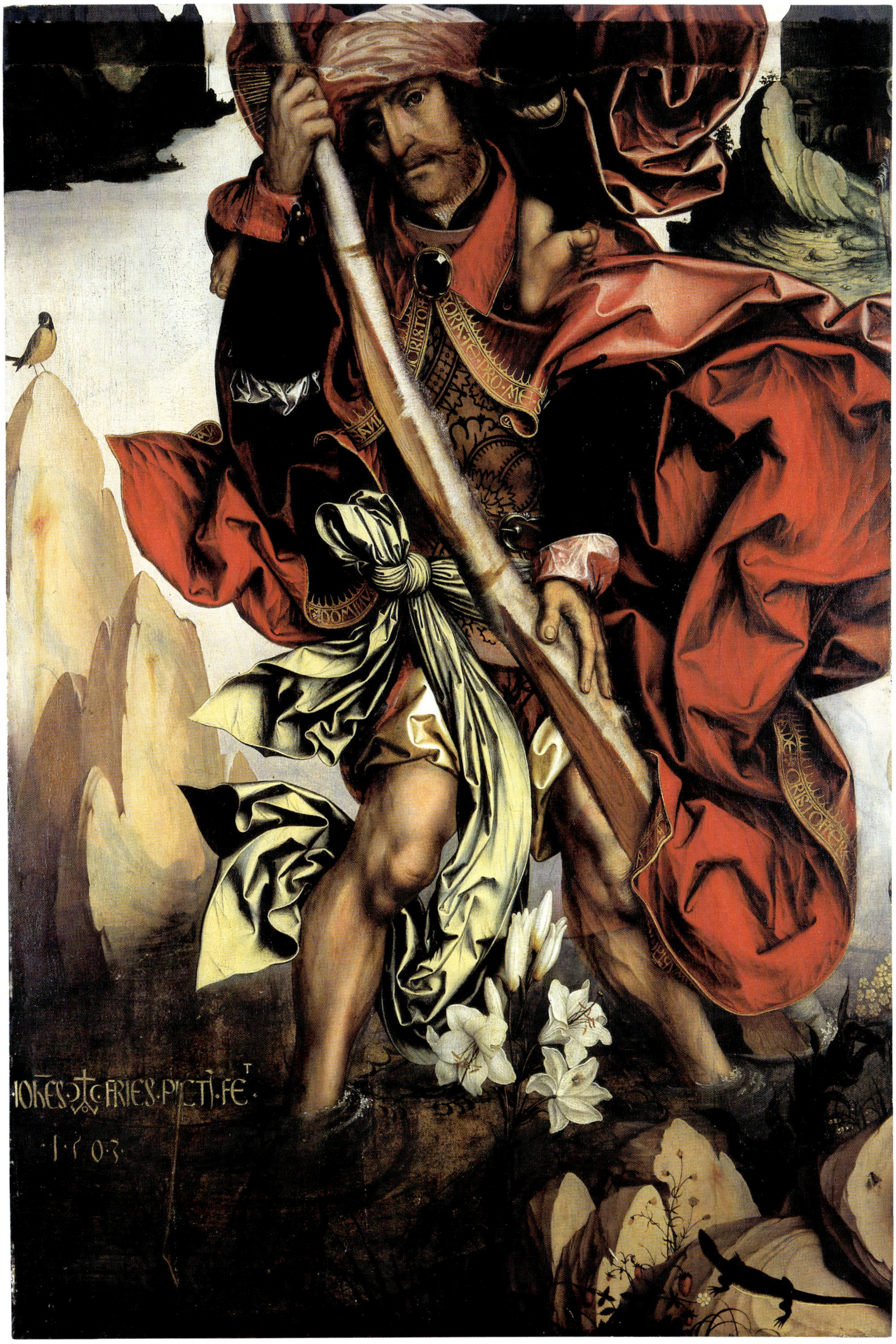
IOHES· FRIES·PICTI·FE
·1·5·0·3·

Kat. 6
Zwei Fragmente vom Flügel eines Altars, 1503

Herkunft

Der «Hl. Christophorus» (6a) und die «Hl. Barbara» (6b) bildeten ursprünglich einen beidseitig bemalten Altarflügel von beträchtlichen Ausmassen. Dies beweisen die gleichen Formate der Tafeln (Höhe der Fragmente ohne Anstückungen: 95 cm), die übereinstimmende Holzstruktur mit den Ästen an den entsprechenden Stellen sowie die korrespondierenden Bretterfugen. Über den ursprünglichen Standort des Retabels wie den Verbleib der anderen Elemente ist nichts bekannt. Wann und wie die Gemälde ins Museum für Kunst und Geschichte Freiburg gelangt sind, weiss man ebenfalls nicht. Eine Inventarliste des Museums aus dem Jahre 1848 erwähnt sie; sie gehören somit zum frühen Bestand der Museumssammlung. Auch das Trennen des Flügels erfolgte vor 1848, denn auf der Inventarliste werden die Teile bereits als separate Tafeln aufgeführt (Zurich 1941–1943, S. 1). Anhand der angeschnittenen Bildelemente lässt sich mutmassen, dass der Flügel am rechten (Christophorus) bzw. linken Rand (Barbara) sowie im oberen Teil erheblich grösser war.

Nicht Gedrucktes

Zurich 1941–1943, S. 1; Aulmann 1941/1; Aulmann 1941/2.

Literatur

Raedlé 1877, S. 100; Musée cantonal 1882, S. 12, Nr. 23/24; Woltmann/Woermann 1882, S. 483; Burckhardt 1888, S. 124/125; Haendcke 1890, S. 174/175; Janitschek 1890, S. 477; Berthier 1892/3; Haendcke 1893, S. 116/117; Vulliéty 1902, S. 222/223; Zemp 1905, S. 500; Leitschuh 1916, S. 481/482; Ganz 1921, Abb.; Zürich 1921, S. 14/15, Nr. 50, 51; Baum 1921/1922, S. 299; Ganz 1922/2, S. 220, Abb.; Wartmann 1922, S. 24; Mandach 1924, S. 129; Paris 1924, S. 26, Nr. 36/37; Kelterborn-Haemmerli 1927, S. 35–40, 52–55, Tafel 3, 5; Reiners 1930, S. 42, Tafel 64; Guenne 1937, S. 176, Abb.; Zürich 1939, S. 38, Nr. 398/399; Kunst in der Schweiz 1940, Abb. 75; Genf 1943, S. 70, Nr. 598/599, Abb.; Fosca 1945, S. 41; Bern 1953, S. 8, Nr. 14/15; Freiburg 1955, S. 6, Nr. 4/5; Freiburg 1957, S. 15/16, Nr. 8/9; Réau 1958/1, S. 175; Basel 1959, S. 15; Pfister-Burkhalter 1961, S. 608; Stange 1965, S. 471/472; Bénézit 1976; Schweizer Lexikon 1992 (Abb.); Beerli 1993, S. 134; Wüthrich 1996, S. 787; Schmid 1998/1, S. 353, Abb.

Kat. 6a
Hl. Christophorus
(Abb. 98)

Freiburg, Museum für Kunst und Geschichte, Inv. 7954

Ölhaltiges Bindemittel auf Holz, 99,8 x 68,7 cm

Signiert unten links: «JOhES· 枾 ·FRIES·PICT·FE^T»
Datiert unter der Signatur: «·1·50·3·»
Inschrift auf dem Mantelsaum des Christophorus:
«AN(...) A · DOMINVS (...) SANN(...) CRISTOFF(...) AORA · TE · PRO · ME · S (...) A (...) VA (...) P (...) ADE · CRISTOFFERE»

Rückseite

Mehrere Etiketten.

Zustand

Die Tafel klebt mittels einer weisslich-gelben Leimschicht auf einer Tischlerplatte, die schon vor der Restaurierung durch Aulmann im Jahre 1941 angebracht wurde (Aulmann 1941/1). Die 1941 seitlich an die Tafel angeschraubten Leisten (Breite: 1,2 cm) können entfernt werden; die Kanten des in der Dicke auf 0,5 cm reduzierten Originals sind zu einem grossen Teil von einer dunklen Schicht bedeckt, die vermutlich von einer Reinigung oder einem Firnis stammt, einem Eingriff, der zu einem unbekannten Datum vor dem Anbringen der Tischlerplatte stattfand. Das vor 1892 (Berthier 1892/4) angestückte Teil am oberen Rand ist mit einem flachen Profil auf dem Rücken des Originals abgestützt, und die Tischlerplatte wurde ihm angepasst.

Restaurierungen

1876, unbekannter Restaurator; 1941, Hans Aulmann, Öffentliche Kunstsammlung Basel (Entfernung von Übermalungen, besonders im Bereich der Wasserfläche; Ergänzung der Fehlstellen).

Der bärtige Heilige steht frontal zum Betrachter in knöcheltiefem bräunlichem Wasser, die weite hellgelbe Seidenhose hat er hochgekrempelt und stützt sich auf einen grob behauenen, diagonal von oben links nach unten rechts verlaufenden Birkenstamm. Schroffe Felsen und zackige Steine säumen die vom Riesen durchschrittene Furt. Hier tummeln sich Tiere zwischen verschiedenen Pflanzen. Im rechten unteren Bildrand sind ein Salamander und zwei Fliegen zwischen Erdbeeren, Maiglöckchen, Glockenblumen, Madonnenlilien und weissem Germer zu erkennen; links, auf dem höchsten Felszacken, sitzt eine Meise und blickt keck aus dem Bild. Nach hinten fällt der Blick auf eine fahlweisse, lagunenartige Wasserfläche, die beiderseits von zerklüfteten Felsen begrenzt wird. Auf der rechten Landzunge ist eine Mühle mit vorgelagerten Mühlsteinen sowie – stark beschnitten – ein Mann mit Stock und Lampe zu erkennen. Auf dem linken Landvorsprung ragt ein Baumstamm neben den steil abfallenden Klippen in die Höhe.

Der mit einem Strahlennimbus ausgezeichnete Christophorus trägt den Jesusknaben, von dem wegen der Beschneidung der Tafel nur noch der untere Teil zu sehen ist. Der barfüssige Knabe sitzt dem Heiligen auf den Schultern. Er trägt einen dunkelgrünen Rock mit Goldborten und darüber einen hellroten Mantel, der im Winde heftig flattert. In der Linken hält er den Reichsapfel. Christophorus neigt sein bärtiges Haupt nach rechts, als Kopfbedeckung hat er einen rötlichen Turban. Bekleidet ist er mit einem weissen Hemd; darüber trägt er ein gegürtetes Wams aus gelbem Brokat mit Ärmelstulpen. Eine Brosche, mit einem grossen geschliffenen Edelstein besetzt, hält den Mantel, den der Wind zu beiden Seiten aufbläht, über seiner Brust zusammen: auf der rechten Seite zu einem Doppelbausch, der von der Schulter bis unters Knie reicht und seitlich weit über den Körper ausgreift, auf der linken Seite zu einem gewundenen Zipfel, der zwischen Hüfte und

Abb. 99
Kat. 6a, Unterzeichnungen (Infrarot-Reflektographie)

Abb. 100
Kat. 6a, Unterzeichnungen: Mann neben Mühlrad, obere Ecke rechts (Infrarot-Reflektographie)

Abb. 101
Meister des hl. Christophorus: Hl. Christophorus, Holzschnitt, 1423; Manchester, Ryland Library (aus: Glaser 1923)

Abb. 102
Martin Schongauer: Hl. Christophorus, Kupferstich (Aufnahme Bibliothèque nationale de France)

129

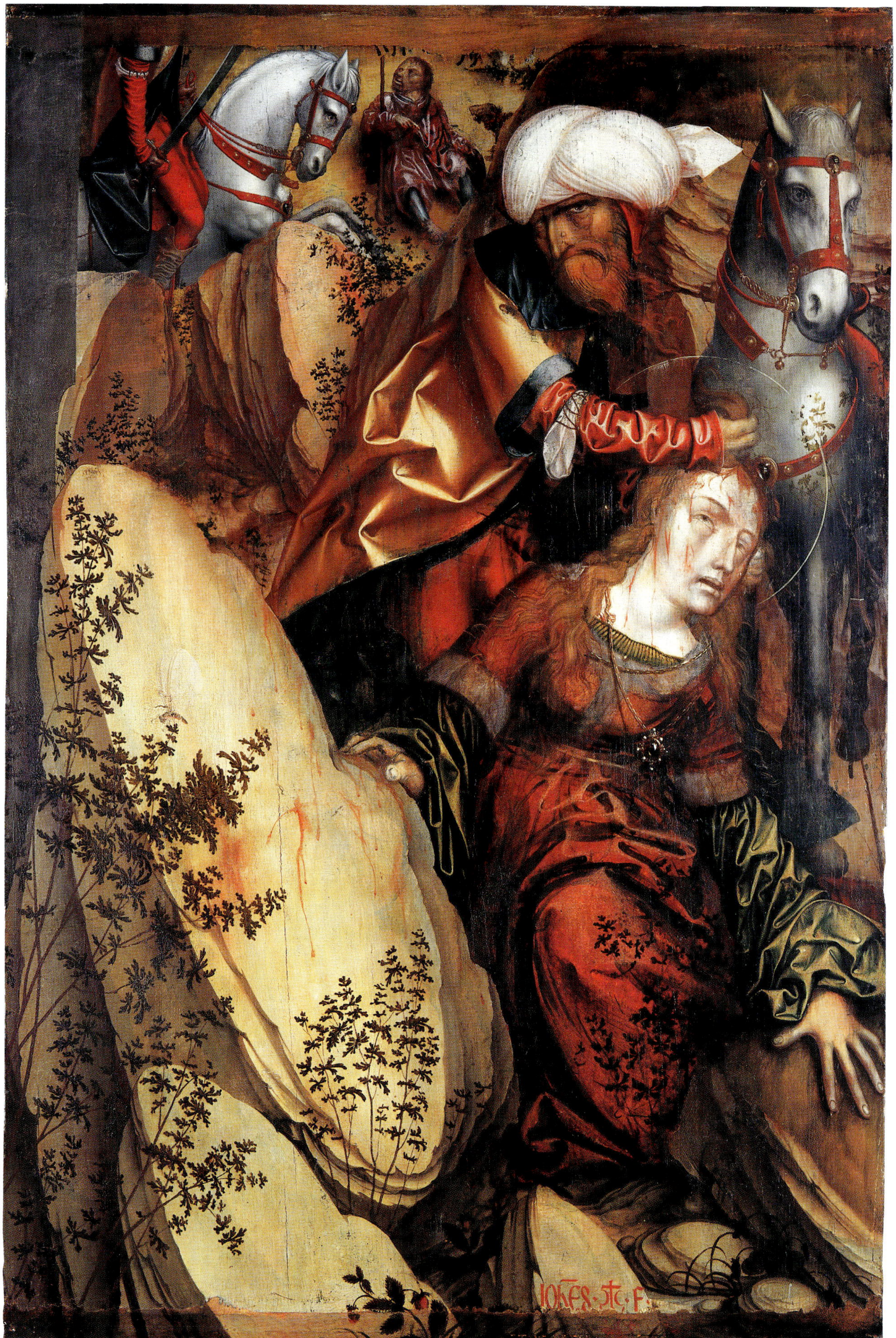
IOHES·STC·F·

Ellbogen nach oben flattert. Die Bewegung ist derart heftig, dass weniger die weinrote Aussenseite des Mantels mit dem in Gelb bestickten Saum denn der hochrote Futterstoff sichtbar wird. Auch die Seidenschärpe, die sich Christophorus um die Hüfte geknotet hat, wird vom Wind heftig gebauscht und umspielt das rechte Bein des Heiligen. Unterhalb der Signatur ist in der linken Bildecke eine schlanke brennende Kerze zu erkennen, die aufgeklebt wirkt und deren Schlagschatten von der Tafel aufgefangen wird.

Zur Malweise lässt sich sagen, dass die dreieckige rötliche Fläche auf der Kniehöhe des linken Beins ein Pentimento ist: ursprünglich hatte Fries hier einen Mantelzipfel gemalt. Der helle Stoff der Gürtelschärpe neben dem linken Bein ist im Arbeitsprozess nach diesem gemalt worden (die Malschicht hebt sich deutlich ab). An Knie und Bart wurde die Malerei mit feiner Pinselzeichnung zusätzlich modelliert.

In der Unterzeichnung (Abb. 99) zeigt sich Fries' zeichnerisches Temperament besonders an den Felsen links, die mit breitem Pinselschwung und stark verdünnter Farbe vorgegeben sind. Die Bildelemente im Wasser (Fische, Füsse des Heiligen) und die wild flatternden Gewandpartien sind rasch und locker skizziert, ohne dass auf Details eingegangen wird. Die Art der Zeichnung entspricht in der Spontaneität derjenigen der «Hl. Barbara» (Kat. 6b).
Lavierende Pinselzüge setzt Fries auch im Gesicht des Heiligen zur Modellierung von Schattenpartien ein. Zuvor gibt er aber mit spitzem Pinsel die grossen Formen an: Augenkreise, Schnurrbart, Barthaar (dieses endet in langen – in der Malerei nicht ausgeführten – Bartlokken auf dem Kragen und den Schultern des Heiligen). Am Turban ist in der Unterzeichnung über der Stirn ein Juwel mit Edelsteinen befestigt. Die Finger der rechten Hand sind mit spärlichen, feinen Strichen unterzeichnet, die der linken mit kraftvollem Pinselzug, wobei Stellung und Länge der Finger in der Malschicht leicht geändert wurden. Bei der Kleidung sind Umrisslinien und wichtigste Faltenverläufe in einem ersten Arbeitsgang mit dezidierten Zügen angegeben, bevor der Maler sie mit verdünnter Farbe und breitem Pinsel zusätzlich modellierte. Die wild flatternden Mantelzipfel hatte er ursprünglich anders vorgesehen: der eine, vom Ellbogen links aufsteigende hätte sich weiter oben hinter der Schulter des Heiligen zum Fels hinunter gesenkt (er ist übrigens in der ganzen Fläche laviert; die ausgeführte Version wurde hier ebenfalls unterzeichnet); der andere, dessen Saum nun auf der rechten Seite über dem Stock rund ausschwingt, setzte sich ursprünglich als spitzeres Stück weiter zum Bildrand hin fort. Auch beim Bein links lässt sich das zweistufige Vorgehen beobachten: zuerst ein konzises Umreissen mit dunkler Farbe, danach grosszügige Schattenlavierung. Das Bein rechts sah ursprünglich anders aus: bei leicht gebeugtem Knie kam der Unterschenkel beinahe senkrecht zu stehen. Im Bereich des Wassers erkennt man die Unterzeichnung von blossem Auge. Möglicherweise ist die Malschicht hier verputzt; Fries, der auffallend sorgfältig malt, dürfte die summarisch skizzierten Füsse kaum als Endzustand angenommen haben. Der Fuss links erscheint in zwei leicht unterschiedlichen Stellungen; vom nicht ausgeführten rechts, überschnitten von den Lilien im Vordergrund, ist die Fussspitze mit den Zehen sichtbar. Drei Fische hat Fries unterzeichnet, dann jedoch verworfen: einen im Bereich der Signatur, einen zweiten hinter dem Lilienstengel und einen dritten unterhalb der Wade des ausgeführten Beines rechts. Zwei rundliche bzw. längsovale Gebilde in der linken unteren Ecke und links neben den Lilienblüten stellen vielleicht Krabben oder Wasserpflanzen dar und wurden ebenfalls nicht ausgeführt. Das Felsmassiv links zeigt in der Unterzeichnung noch nicht seine steil vertikale Flammenform, sondern ist als Platte mit abgerundeten Rändern schräg ins Bildfeld gesetzt (ähnlich wie in der «Hl. Barbara», allerdings kleiner als dort). Auch hier wechseln feine dunkle Linien mit Lavierung; auffallend ist die mit breitem, fast trockenem Pinsel längs über die Fläche gelegte Schraffur. Die Steine im Vordergrund rechts hingegen folgen in der Malerei getreu der Unterzeichnung. Höchst interessant ist die Unterzeichnung im Hintergrund rechts (Abb. 100): neben dem Felssporn und dem Tor in der Mauer, das erst in der Malschicht hinzugefügt wurde, ist ein männliches Figürchen mit einem spitzen Hut unterzeichnet, welches neben einem Mühlrad steht. Dieses ist in eine bogenförmige Struktur montiert, durch welche ein Bächlein fliesst. Bei den runden Formen vor dem Mann könnte es sich um die Mühlsteine handeln, die als einzige Elemente dieser Gruppe in der Malerei ausgeführt wurden. Erstaunlicherweise sind Tiere (Fliegen, Salamander, Meise) und Pflanzen (sogar die Lilie) nicht unterzeichnet, als habe der Maler sie erst gegen Ende des Malvorgangs als schmückendes Beiwerk eingefügt.

Verglichen mit der Wandmalerei aus der Reichengasse in Freiburg (Kat. 2) wird auf dem Tafelbild die Legende des heiligen Christophorus wesentlich detailreicher geschildert. Die Vorgeschichte erscheint am oberen rechten Rand des Bildes: Auf seiner Suche nach Christus traf Christophorus – oder Reprobus, wie er damals noch hiess – auf den Einsiedler Cucufas, der ihn darüber belehrte, wie er Gott am besten dienen könne. Auf Grund seiner riesenhaften Gestalt solle er sich an einen gefährlichen Flussübergang stellen und arme Leute über das Gewässer tragen. Reprobus befolgte den Rat und baute sich in der Nähe eines Flusses eine Hütte. In einer Winternacht – er hatte sich schon zur Ruhe gelegt – hörte er jemanden dreimal bitten, ihn über den Fluss zu tragen. Als er hinausging, fand er einen kleinen Knaben, nahm ihn auf die Schultern, ergriff seinen Stab und stieg in den Fluss. Wie er aber durch das Wasser schritt, wurde ihm das Kind zur gewaltigen Last. Zudem schwoll der Strom mächtig an. Das Kind aber verspürte keine Angst, sondern taufte den Riesen und gab ihm den Namen Christophorus. (Diese Szene ist auf dem Mittelteil der Tafel dargestellt.) Am anderen Ufer angelangt, gab sich ihm der Knabe als Christus zu erkennen und hiess den Riesen seinen Stab in die Erde zu stecken. Als Beweis für die Wahrheit seiner Rede werde der Stab am nächsten Morgen Blätter und Früchte tragen. Der frisch getaufte Christophorus tat, wie ihm das Kind gesagt hatte, und sah dessen Verheissung erfüllt (LCI 1973, Sp. 496–508, Réau 1958/1, S. 304–313). Möglicherweise symbolisiert der Baumstamm im oberen linken Teil der Tafel die Erfüllung der Prophezeiung, doch lässt der fragmentarische Zustand der Tafel keine gesicherte Aussage mehr zu.

Nach der verschollenen, aber archivalisch nachweisbaren Christophorus-Darstellung vom Berntor (1500) und der Wandmalerei **Abb. 103** Kat. 6b
aus der Reichengasse in Freiburg (Kat. 2) handelt es sich hier um die dritte Christophorus-Darstellung des Hans Fries. Vergleiche mit dem Wandgemälde sind nur bedingt möglich, da Komposition und Ausführung zu unterschiedlich sind. Fries hält sich an die seit dem 15. Jahrhundert weit verbreiteten Christophorus-Darstellungen, wobei besonders zum Buxheimer Holzschnitt (1423) des Meisters des hl. Christophorus (Abb. 101; Thieme-Becker, Bd. 37, S. 69) Parallelen in der Ikonographie bestehen: das Land mit der Klause des Einsiedlers, der Hütte des Riesen und einer Wassermühle mit Müller und Esel rahmt ein Gewässer, in dem sich ein Fisch tummelt. Der Einsiedler mit Laterne deutet darauf hin, dass sich die Szene in der Nacht abspielt; er weist Christophorus gleichzeitig den Weg zum sicheren Ufer. Dieser Weg ist mühsam, ja gefährlich, was symbolisch durch Wassertiere angedeutet wird. Die Unterzeichnungen bei Fries belegen, dass er ursprünglich im Wasser Fische vorgesehen hatte, diese in der Ausführung aber weggelassen hat. Anders als bei Fries trägt auf dem Buxheimer Holzschnitt der Gehstock bereits in den Händen des Christophorus Blätter und Früchte.

Auf die Bedeutung des hl. Christophorus im Frömmigkeitswesen des Spätmittelalters wurde bereits bei Kat. 2 eingegangen.
Christophorus wird üblicherweise als Orientale dargestellt, erkennbar an Kleidung und Turban. Fries steigert den Gegensatz zwischen dem Anspruch des Riesen, dem mächtigsten Herrn der Welt zu dienen, und der von ihm verrichteten, sozial niedrig eingestuften Trägerarbeit, indem er ihn mit einem gepflegten Gesicht und aufwendigen, teuren Kleidern versieht. Detailreichtum und höchste Qualität in der Wiedergabe stofflicher Wirklichkeit prägen dieses Werk, das trotz seines fragmentarischen Charakters zu den bemerkenswertesten von Hans Fries gehört. Mit Meisterschaft stellt Fries die Heftigkeit des Windes dar, der die Gewänder bauscht und sie in allen Farbschattierungen aufleuchten lässt, wobei besonders das Spiel mit den verschiedenen Rottönen raffiniert ist. Die vom Wind gepeitschten Kleider

finden ihre Parallele im Mantel der Statue des Auffahrts-Christus von 1503, deren Fassung wahrscheinlich Fries geschaffen hat (Kat. 21). Die tiefen Knitterfalten am Mantel des Jesusknaben wird Fries drei Jahre später im Kleid der vordersten Zuhörerin der Antoniuspredigt sehr ähnlich wieder aufnehmen (9a). Die Draperien erinnern an einen Kupferstich Martin Schongauers, der in zahlreichen Kopien (u. a. von Wenzel von Olmütz und Israhel van Meckenem) zirkulierte und auf ein flämisches Vorbild zurückzugehen scheint (Abb. 102; Colmar 1991, K. 99).

Die weisse Lilie im Vordergrund, in der Achse des Kindes plaziert, ist ein vielfach verwendetes Christussymbol, das oft auch die Taufe im Jordan begleitet (LCI 1971, Sp. 100–102). Der Salamander, der schädliche Feuer löschen und nützliche entfachen soll, gilt ebenfalls als Christussymbol (LCI 1972, Sp. 11–13), während die Erdbeeren als Speise der Seligen und der früh verstorbenen Kinder an Christophorus und seine Rolle als Beistand in der Sterbestunde und Schutz vor dem plötzlichen Tod erinnern könnten (LCI 1968, Sp. 656/657).

Die Präsenz der Fliegen kann verschieden interpretiert werden: einerseits als Symbol der Vergänglichkeit, anderseits könnte Fries einen Trompe-l'œil-Effekt als Beweis seiner Meisterschaft angestrebt haben (Kemp 1997; siehe auch S. 161).

Nicht definitiv geklärt ist die Bedeutung der gewissermassen ins Wasser geklebten Kerze. Vergleichsbeispiele finden sich in Fries' Werk: 1512 beim zwölfjährigen Jesus im Tempel (Kat. 13h) und um 1505/1507 bei der Erscheinung des Menschensohns (Kat. 10b). Auf diesen Tafeln befindet sich je eine Kerze, die mit Fingerdruck an eine Mauer geklebt worden ist. Dieses Motiv lässt sich auch bei anderen zeitgenössischen Malern nachweisen wie beispielsweise auf der um 1482–1485 angesetzten «Anbetung des Kindes» des Meisters des Rohrdorfers Altars (Staatsgalerie Stuttgart 1992, S. 254/255). Handelt es sich dabei um eine Weihekerze, um eines der zu dieser Zeit in grosser Zahl dargebrachten Lichtopfer, wie es auf einer Federzeichnung des Hans Holbein d. J. als Illustration der «Laus stultitiae» von Erasmus von Rotterdam zu sehen ist (Erasmus 1931, Bd. 1, S. 82.)? Eine verlöschende Kerze kann zudem Sinnbild der Vergänglichkeit und des Todes sein, womit eine Verbindung zu Christophorus, dem Patron der Sterbenden, bestünde. Irritierend wirkt allerdings, dass Fries die Kerze losgelöst von der Bilderzählung auf die Ebene der Tafel geklebt hat. Ist es eine virtuose Spielerei des Künstlers, ein Trompe-l'œil als Beweis seiner technischen Fertigkeit?

Charakterisiert wird die Christophorus-Tafel durch eine dynamische Diagonalkomposition, raffiniertes Kolorit, Negierung eines realen Raumes und plastische Behandlung der Details. Laut Hermann Ganz dokumentieren sie in ihrer kraftvoll und genialisch hinreissenden Art «den siegreichen Durchbruch der Persönlichkeit» von Hans Fries (Ganz 1922/2).

Kat. 6b
Hl. Barbara, 1503
(Abb. 103)

Freiburg, Museum für Kunst und Geschichte, Inv. 7953

Ölhaltiges Bindemittel auf Holz; 101,2 x 68,6 cm

Signiert am unteren Bildrand rechts: «IOhES·㐅·F·»

Rückseite
Mehrere Etiketten.

Zustand
Der Tafel des «Hl. Christophorus» (6a) entsprechend. Als nennenswerten Unterschied weist die vorliegende Tafel oben wie unten angestückte Holzleisten auf.

Restaurierungen
1876, unbekannter Restaurator; 1941, Hans Aulmann, Öffentliche Kunstsammlung Basel.

Die Komposition der Tafel wird von Diagonalen beherrscht: einerseits durch schräge Steinblöcke, die den Hauptschauplatz strukturieren und ihn von der Vorgeschichte abgrenzen, in der Gegenrichtung durch Haltung und Gestik der Hauptfiguren.
Die heilige Barbara, durch einen Scheibennimbus gekennzeichnet, ist im Vordergrund des Bildes zu erkennen. Eingezwängt zwischen Steinplatten, an denen sie sich mit ihren überlangen Händen festzuhalten versucht, wird sie von einem hinter ihr stehenden Mann, ihrem Vater, brutal an den langen rötlich-braunen Haaren gepackt. Durch die Wucht des Angriffs ist sie auf ihr linkes Knie gefallen. Über ihr blasses Gesicht mit schmerzverzerrten, nach oben gerichteten Augen und geöffnetem Mund fliessen Rinnsale von Blut. Blutspuren auf dem grossen Stein zeugen davon, dass sie mit dem Kopf hier aufgeschlagen ist. Barbara ist reich gekleidet, eine goldene Doppelkette mit edelsteinbesetztem Anhänger schmückt ihren Hals. Die Heilige trägt ein hochgegürtetes kupferrotes Kleid mit Goldborte und Pelzbesatz, darunter ein moosgrünes Seidenhemd mit weiten, fliessenden Ärmeln. Hasserfüllt und verbissen wirkt der sie packende Vater. Die zusammengekniffenen Augen und die warzenbesetzte Hakennase lassen ihn unsympathisch erscheinen. Er ist bärtig und von dunkler Hautfarbe, was ihn zusammen mit dem Turban als Orientalen ausweist. Auch er ist reich gekleidet. Er trägt einen gelben, nachtblau gefütterten Mantel über einem roten Rock und gleichfarbigen Hosen. Neben ihm steht sein Pferd, ein eleganter Schimmel mit glänzendem Fell und prachtvollem rotem Zaumzeug. In raffinierter Verkürzung von vorne dargestellt, dreht er seinen Kopf nach rechts und wendet seinen Blick von der brutalen Szene ab.

Zwischen den Steinen spriessen Sträucher (Fingerkraut?), und im Vordergrund sind Erdbeerstauden und Rispengräser zu erkennen. Auf dem grossen Stein links im Bild hat sich ein Schmetterling niedergelassen, der wegen seiner zarten blassgelben Farbe kaum von seiner Umgebung zu unterscheiden ist. Auf der linken Seite des Bildes – und wegen der Beschneidung der Tafel nur noch schemenhaft zu erkennen – ragt die Kante eines Gebäudes ins Bild.

Im Hintergrund ist die Vorgeschichte dargestellt, die wegen der starken Beschneidung der Tafel nur mehr bruchstückhaft zu erkennen ist: Der Vater reitet mit gezücktem Schwert auf seinem Schimmel. Ein Mann in violett-roter Kleidung sitzt am Boden und hält einen Stab, der ihn als Hirten auszeichnet. Neben ihm ist der Kopf seines Hundes zu sehen, und am oberen Bildrand – stark beschnitten – ragen noch die Beine der gehüteten Schafe ins Bild. Der Hirt blickt in Richtung des Reiters und weist ihm mit seiner Rechten den Weg zur Hauptszene.

Schon Aulmann 1941/2 erwähnt die durchgewachsene, temperamentvolle Unterzeichnung (Abb. 104, 105). Die dynamische, zügig ausgeführte Pinselzeichnung erinnert durch das Nebeneinander von breit angelegter, transparenter Lavierung und dezidierter Skizze mit dunklerer Farbe an japanische Tuschzeichnungen. Neben souverän in die Fläche gesetzten Formen, wie z. B. die Felsblöcke, stehen Partien mit wilder Strichführung, besonders die kauernde Gestalt der Barbara. Mit ein paar kräftigen Schwüngen, ohne Rücksicht auf Schönlinigkeit, sind die Falten ihres Kleides und die Stellung des linken Knies festgelegt. Die Augen der Heiligen und des Vaters sind als Kreise mit eingefügtem Lid und Iris angegeben. Charakteristisch für Fries sind die Abweichungen zwischen Unterzeichnung und Malschicht bei den Kopfstellungen: Die Heilige richtet ihren Kopf in der Zeichnung nach oben, die Nase ist kürzer als in der Ausführung, das linke Auge weit geöffnet. Die lockige Haarsträhne, die ihr Vater packt, ist in der Unterzeichnung üppiger. Seine Augen sind etwas weiter unten vorgesehen; auch der Turban setzt tiefer an und ist nach rechts hin ausladender als in der Malerei. Der Hirt im Hintergrund hält den Kopf gesenkt, trägt eine Kappe mit Feder und richtet seinen Blick nicht auf den Reiter, sondern auf Barbara (Abb. 105). Auch die Pferdeköpfe sind etwas anders ins Bild gesetzt: der Scheitel des Pferdes im Hintergrund liegt weiter links, die Mähne fällt in Strähnen über den Hals des Tiers. Das vordere trägt den Kopf etwas höher, leicht nach rechts verschoben; seine Ohren sind steil aufgerichtet. Ein Kreis auf seiner Stirn deutet wohl einen Schmuck am Zaumzeug an. – Die Finger an Barbaras linker Hand sind in der Unterzeichnung weniger lang als in der ausgeführten Malerei, der Zeigfinger krallt sich gebogen am Fels fest. Meisterhaft ist die rechte Hand in Verkürzung wiedergegeben. Am linken Bildrand ragt die senkrechte Mauer des oben vorkragenden Turms 2 cm weiter als ausgeführt ins Bild hinein.

Abb. 104
Kat. 6b, Unterzeichnungen (Infrarot-Reflektographie)

Abb. 105
Kat. 6b, Unterzeichnungen: Hirt (Infrarot-Reflektographie)

Die Tafel zeigt eine Episode aus der Legende der heiligen Barbara. Sie lebte im 3. Jahrhundert als Tochter eines reichen und vornehmen Mannes, Dioscorus von Nikomedien, am Marmarameer, und wurde von ihm in einem Wohnturm in Gewahrsam gehalten, weil er fremde – christliche – Einflüsse von ihr fernhalten wollte. Ausführlich berichtet die Legenda aurea über ihre Schönheit und ihren scharfen Verstand. Von den Eltern wollte sie wissen, ob die Götter Menschen gewesen seien und warum man diese und nicht eine unsterbliche Gottheit anbete. Da sie keine befriedigende Antwort erhielt, richtete sie ihre Frage an Origenes, einen der gelehrtesten Männer von Alexandrien. Der schickte ihr durch den Priester Valentius seine Antwort. Da dieser von Barbara als Priester bezeichnet wurde, erlaubte ihr der Vater, ihn zu empfangen. Valentius unterwies Barbara im christlichen Glauben und taufte sie. In das an ihrem Wohnturm angebaute Badehaus liess sie als Symbol der Trinität ein drittes Fenster brechen und an der Wand ein Kreuz anbringen. Dem von einer Reise zurückgekehrten Vater, der sie empört über den veränderten Bau zur Rede stellte, offenbarte sie sich als Christin. Er wollte sie erschlagen, sie konnte aber entfliehen, und ein Felsspalt öffnete sich, um sie zu verbergen. Von einem Hirten verraten, fand sie der Vater (diese Szene wird auf der vorliegenden Tafel dargestellt). An den Haaren schleppte er sie zum Statthalter Marcianus, der sie einkerkerte, mit Ruten geisseln und mit Fackeln brennen liess. Doch Barbara betete für alle, die der Passion Christi und ihrer eigenen Marter gedächten, und bat für sie um Bewahrung vor Pest, Tod und dem Gericht Gottes. Schliesslich wurde sie vom eigenen Vater enthauptet, den daraufhin der Blitz erschlug.

Die hl. Barbara ist eine der beliebtesten und am häufigsten dargestellten Heiligen. In Freiburg zählt sie gemeinsam mit Nikolaus von Myra und Katharina von Alexandrien zu den Hauptpatronen. Sie gehört zu den 14 Nothelfern; wie Christophorus ist sie Fürbitterin der Sterbenden und Beistand bei einem plötzlichen Tod. Seit dem Ausgang des Mittelalters wird sie auch als Patronin des Bergbaus und der Bergknappen verehrt und zusammen mit Margareta und Katharina als Bauernpatronin verehrt; gemeinsam mit Dorothea bilden sie zudem das Quartett der «Kardinaljungfrauen».

Ungewöhnlich ist, dass Fries nicht das Martyrium der Heiligen darstellt, sondern die Vorszenen: den Verrat durch den Hirten und die Entdeckung durch den Vater. Den Turm, Attribut der Heiligen, rückt er als rahmendes Element an den Rand der Tafel. Unvergleichlich ist die Dramatik, die vom Kontrast zwischen der Brutalität der Handlung in karger Szenerie und dem Reichtum der Kleider lebt. Der Schmetterling könnte symbolische Bedeutung haben, auf Tod und Auferstehung hinweisen (LCI 1972, Sp. 96). Dass er auf der Unterzeichnung fehlt, spricht allerdings gegen eine lang vorausgeplante Symbolik; er wäre eher schmückendes Beiwerk in der Art eines Trompe-l'œil.

Wie die Christophorus-Tafel wird auch die der hl. Barbara von einer dynamischen Diagonalkomposition geprägt. Mangels zentralperspektivischer Gesamtorganisation werden die Räume, dem Erzählstrang folgend, schichtend übereinander gestellt. Die Farbpalette ist dunkeltoniger als beim «Hl. Christophorus», wird aber mit demselben Raffinement eingesetzt. Die Negierung eines realen Raums in der Gesamtanlage wird überlagert vom temperamentvollen Charakter der Komposition und der narrativen Kraft der plastisch behandelten Details.

Raoul Blanchard
Verena Villiger (Unterzeichnungen)

Dank an
Daniel Moser, Bern, für die Bestimmung der Pflanzen.

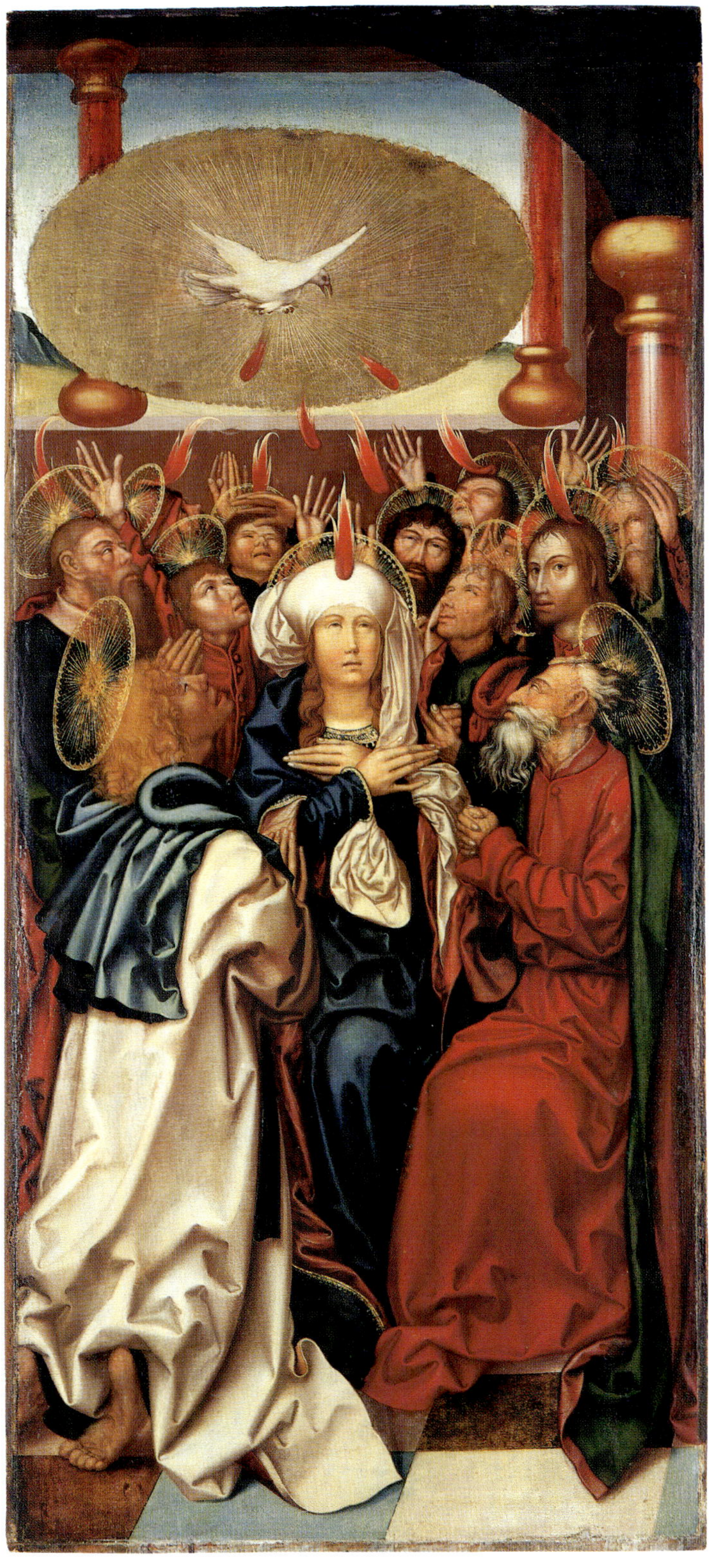
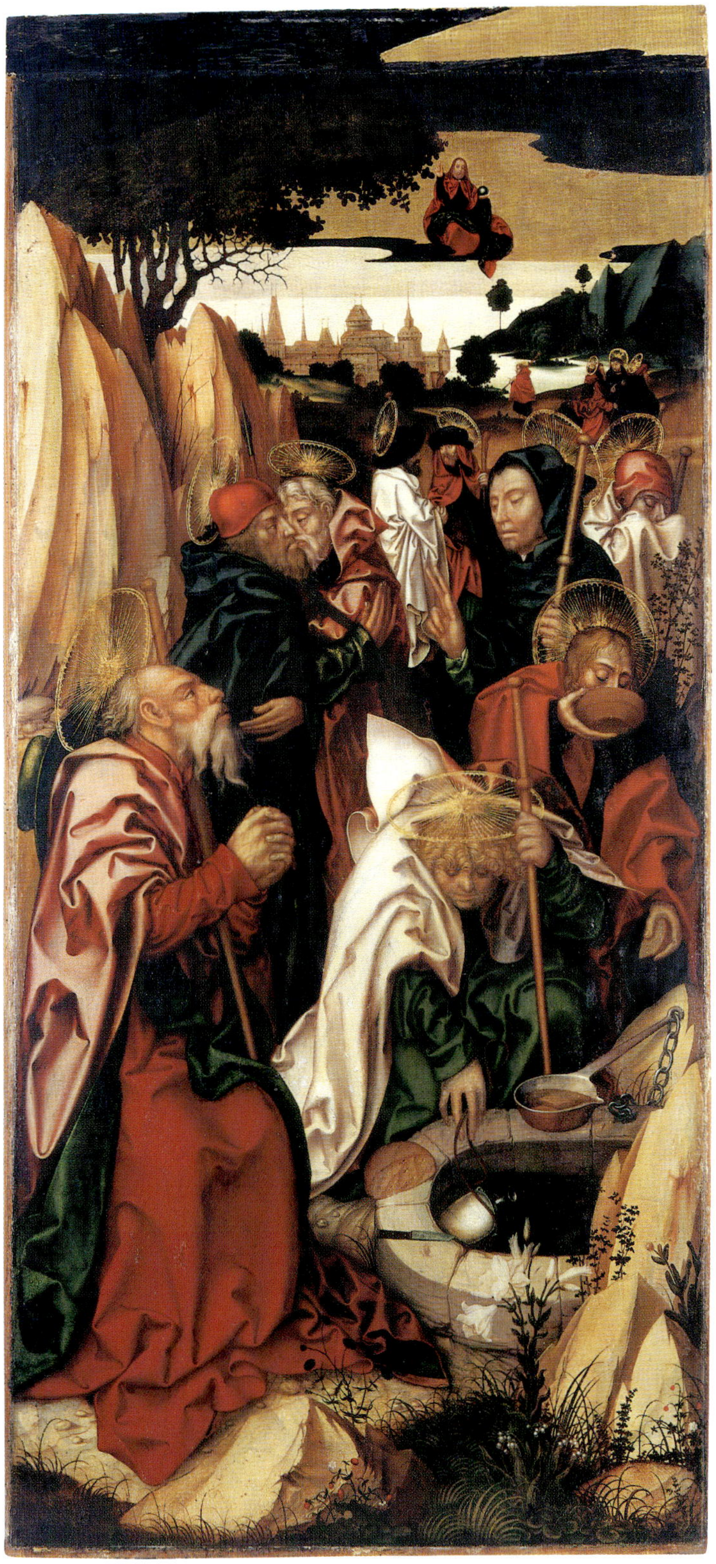

Kat. 7
Bugnon-Altar, um 1505

Herkunft

Die beiden Tafeln bildeten die Flügel eines Altars, dessen ursprünglicher Standort nicht mit völliger Sicherheit geklärt ist. Die Literatur geht aber allgemein davon aus, dass er in der Niklauskirche in Freiburg gestanden habe. Einige Autoren bringen die Tafeln in Zusammenhang mit dem Marien-Altar im Chor, für welchen Fries im Jahre 1509 die Summe von 42 Pfund erhielt und auf dem er die «scheydung gottes von Maria», wohl den Abschied Jesu von seiner Mutter, dargestellt hatte (Büchi 1927, S. 15; Huggler 1942, S. 169: datiert die Tafeln aber 1503–1505; Pfister-Burkhalter 1961; Stange 1965; zum Marien-Altar: Q 147/1509, Q 148/1509, Q 149/1509, Q 152/1509). Bereits Josef Zemp lehnt diese These aus ikonographischen Gründen ab und bringt die Tafeln eher mit dem Altar der Heiliggeistbruderschaft in Verbindung (Zemp 1905, S. 501). Seinen Argumenten schliesst sich die Mehrheit der Autoren an. Zudem werden die Tafeln von ihnen früher angesetzt, wobei die Datierung zwischen 1503 und 1507 variiert (Mandach 1932–1945/2, S. 37/38; Strub 1959, S. 427; Strub 1969, S. 245; Landolt 1990, S. 84, 591/592, Abb. 25/26; Wüthrich 1996, S. 787). Eine letzte Gruppe von Autoren setzt aus stilistischen Gründen die Aussenseiten der Tafeln früher an als die Innenseiten (Leitschuh 1916, S. 480 und 482) und hält sie wegen ihres (damals) schlechten Erhaltungszustandes lediglich für den Entwurf eines heute verlorenen Werkes (Berthier 1893/3; Kelterborn-Haemmerli 1927, S. 50).

Wie schon Zemp dargelegt hat, passt die Ikonographie des Bugnon-Altars mit der Darstellung von Pfingsten und den «Werken der Barmherzigkeit» ausgezeichnet zu einem Altar der Heiliggeistbruderschaft. Wie aus ihren Rechnungen hervorgeht, wurde um 1505 in der Niklauskirche ein Heiliggeist-Altar errichtet. Die Arbeiten mussten zu diesem Zeitpunkt schon weit fortgeschritten sein, denn beispielsweise erhielt der «tischmacher in der Linden» bereits den Lohn für die fertiggestellte Abschrankung. Zudem sollten die Tafeln des Altars «gefasst» (offenbar gerahmt) werden, doch fehlt die Angabe des Betrages in den Rechnungen. Es kann somit angenommen werden, dass die Tafeln damals entweder schon vollendet oder kurz vor der Fertigstellung waren (Q 127/1505; Mandach 1932–1945/2, S. 37/38). Demnach könnten sie um 1505 gemalt worden sein, wobei sich diese Datierung mit dem dendrochronologischen Befund deckt (LRD 1). Leider können die Quellen keinen genaueren Beleg für diese Datierung liefern, da die Rechnungen der Bruderschaft aus den Jahren 1504/1505 fehlen.

Ende des 18. Jahrhunderts befanden sich die Tafeln im Besitz des Chorherrn Charles-Aloyse Fontaine (1753–1834), der sie – wie es heisst – auf dem Dachboden der Niklauskirche gefunden habe (Zemp 1905, S. 499). Fontaine gehört zu den bedeutendsten Persönlichkeiten Freiburgs um 1800. Von seinen zahlreichen Sammlungen soll an dieser Stelle nur die Gemäldesammlung erwähnt werden. Auf einer Inventarliste führt er die beiden Tafeln auf, wobei er die Aussenseiten wegen ihres schlechten Erhaltungszustandes übergeht und lediglich die Innenseiten erwähnt (Galerie Fontaine, S. 1, Nr. 11). Fontaine schreibt sie als erster Hans Fries zu. Nach dem Tod des Chorherrn 1834 gelangte die Gemäldesammlung an seine Grossnichte Pauline Fontaine (1802–1875). Diese war seit 1822 mit François de Weck verheiratet, und so gingen die Gemälde des Chorherrn in den Besitz der Familie de Weck über. Die Tafeln von Hans Fries wurden in der Kapelle des Landgutes Bugnon bei Freiburg plaziert, weshalb sie noch heute den Namen «Bugnon-Altar» tragen. Anlässlich der Landesausstellungen von Genf 1896 und Zürich 1939 wurden die Tafeln in einem nationalen Umfeld gezeigt. Nach dem Tod Hippolyte de Wecks boten seine Erben sie 1940 der Gottfried-Keller-Stiftung zum Kauf an. Conrad von Mandach, Präsident der Stiftung und gleichzeitig Direktor des Kunstmuseums in Bern, wollte sie mit finanzieller Beteiligung des Kunstmuseums für die Gottfried-Keller-Stiftung kaufen und im Berner Kunstmuseum deponieren (Protokoll 1940/1, S. 5). Gegen diesen Standort wandten sich aber nicht nur einige der Erben, sondern auch die Kommission des Museums für Kunst und Geschichte in Freiburg, vertreten durch ihren Präsidenten Pierre de Zurich, und die Freiburger Regierung, angeführt durch Staats- und Ständerat Joseph Piller (Protokoll 1940/2, S. 2/3; Protokoll 1940/3, S. 1–3). In der Folge entwickelte sich eine immer heftiger geführte Debatte zwischen den beiden Lagern. Die Vertreter der «Freiburger Seite» argumentierten, Hans Fries sei Freiburger und habe die Tafeln für die Kirche St. Niklaus in Freiburg gemalt, weshalb sie in seiner Vaterstadt zu bleiben hätten. Für die «Parteigänger» Berns zählte vor allem das Argument der besseren musealen Unterbringung im Kunstmuseum, wo die Tafeln nicht isoliert wären, sondern in den Kreis der bedeutendsten Schweizer Maler des frühen 16. Jahrhunderts eingereiht werden könnten. Schliesslich musste gar Bundesrat Philipp Etter, Vorsteher des Departements des Innern, am 18. November 1940 schlichtend vor der Kommission der Stiftung auftreten. Er unterstützte die Ansprüche Freiburgs mit dem Argument, die Gottfried-Keller-Stiftung habe «von jeher den Grundsatz befolgt, ihre Neuerwerbungen, soweit dieselben historischen Charakter haben, nicht aus ihrem kunstgeschichtlichen Entstehungskreis zu entfernen, vielmehr wieder in ihn zurückzuführen» (Protokoll 1940/3, S. 2). Er verwies zudem auf das sich in Vorbereitung befindende eidgenössische Kunstschutzgesetz, das ebenfalls in diese Richtung ziele, worauf sich die Kommission diesem Votum wohl oder übel beugen musste. Als Kaufpreis wurden 40 000.– CHF mit der Familie de Weck ausgehandelt, wobei die Hälfte der Summe als Subvention à fonds perdu vom Kanton Freiburg aufgebracht wurde (Protokoll 1940/3, S. 2). Die Tafeln wurden durch Henri Boissonnas in Zürich restauriert (Protokoll 1940/4, S. 2–4). Dieser lieferte sie nach Beendigung der Arbeit Ende Juli 1941 im Kunstmuseum Bern ab, wo sie vorerst in der Ausstellung «450 Jahre bernische Kunst» zu sehen waren. Am 9. Dezember 1941 hiess schliesslich der Bundesrat den Antrag der Kommission der Gottfried-Keller-Stiftung gut, die Bugnon-Tafeln im neuen Gebäude der Universität Freiburg zu deponieren (Protokoll 1941/1, S. 2; Protokoll 1941/2, S. 3; Protokoll 1942/1, S. 3). Dort blieben sie, bis sie 1964 anlässlich der Erweiterung des Museums für Kunst und Geschichte Freiburg in den sogenannten «Ratzehof» übergeführt wurden, wo sie sich noch heute befinden.

Abb. 106
Kat. 7a

Abb. 107
Kat. 7b

Nicht Gedrucktes

Galerie Fontaine, S. 1, Nr. 11; Nyffenegger 1993, S. 43, Abb. 30.

Literatur

Daguet 1855, S. 379/380; Berthier 1893/1; Berthier 1893/2; Berthier 1893/3; Berthier 1893/4; Genf 1896/1, S. 22, Nr. 294, 295; Genf 1896/2, Tafel 4; Zemp 1905, S. 499 und 501; Leitschuh 1916, S. 480 und 482; Zürich 1921, S. 15, Nr. 56–58; Ganz 1921, Abb.; Ganz 1922/2, Abb.; Ganz 1924, S. 142, Tafel 100; Kelterborn-Haemmerli 1927, S. 44–55,

Tafel 26, 27; Benesch 1928, S. 59; Mandach 1932–1945/2, S. 26–38; Protokoll 1940/1, S. 5; Protokoll 1940/2, S. 2/3; Protokoll 1940/3, S. 1–3; Bern 1941, S. 19, Nr. 34/35; Protokoll 1941/1, S. 2; Protokoll 1941/2, S. 3; Protokoll 1942/1, S. 3; Huggler 1942, S. 169; Bern 1953, S. 9, Nr. 17–20; Freiburg 1955, S. 7, Nr. 8; Reinle 1956, S. 54; Freiburg 1957, S. 17, Nr. 15; Niquille 1957, Abb. 18; Basel 1959, S. 15; Strub 1959, S. 427, Abb. 409 und 410; Pfister-Burkhalter 1961, S. 608; Stange 1965, S. 472; Scheidegger 1965, S. 34/35; Strub 1966, Abb. S. 105; Morard 1987, S. 287; Landolt 1990, S. 84, Abb. 25/26; Freiburg 1992, S. 88–91; Schmid 1993, S. 351–353; Zürich 1994, S. 20, Abb. 11; Roda 1995, S. 120; Vovelle 1996, S. 64, Abb. 18; Bertling 1996, S. 167; Wüthrich 1996, S. 787; Bern 2000, S. 200/201, Abb. 16.

Obschon die Gemälde der beiden Altarflügel nicht signiert sind und auch keine archivalischen Belege für die Autorschaft von Hans Fries existieren, wurde nie bezweifelt, dass es sich um seine Werke handelt. Berthier zählt den Bugnon-Altar zu den bemerkenswertesten Arbeiten des Malers dank ihrer Harmonie und Einfachheit in der Komposition und ihrem reichen Kolorit (Berthier 1893/3). Huggler dagegen bemängelt, die Vorderseiten mit Pfingsten und Abschied der Apostel hätten «etwas Gedrängtes, Unfreies in der Komposition, in der widerstrebende Kräfte zu einem räumlich geschlossenen und einheitlichen Bildgefüge gezwungen sind» (Huggler 1942, S. 169). Kelterborn-Haemmerli schreibt die freie perspektivische Raumentwicklung – besonders in den «Werken der Barmherzigkeit» – tiefgreifenden italienischen Eindrücken zu, die Fries einerseits auf einer italienischen Reise aufgenommen haben könnte, die anderseits auch auf einen italienischen Gehilfen in seiner Werkstatt zurückzuführen sein könnten. Für die Existenz dieses Gehilfen liefert sie allerdings nicht den geringsten Beweis (Kelterborn-Haemmerli 1927, S. 54/55). Neben italienischen Einflüssen erkennt sie die Wirkung Hans Holbeins d. Ä., die sich besonders in der «raffinierten malerischen Durchführung (...) der auf die Spitze getriebenen Plastik der Einzelheiten» äussert (Kelterborn-Haemmerli 1927, S. 52). Den Einfluss der oberdeutschen Schule spürt Mandach und sieht Verbindungen nicht nur zu den Werken Holbeins, sondern auch zu Bildern aus dem Umkreis Michael Wolgemuts. Bei allen Vergleichen betont er aber, die Kunst von Hans Fries habe einen sehr persönlichen Charakter. Er verbinde «mit einer gewissen Derbheit der Formen einen ausgesprochenen Sinn für Ausdrucksstimmung und starker (!) Farbenharmonie». Die Malweise zählt er zu den technisch besten der Zeit, inhaltlich sieht er Fries stark der spätmittelalterlichen Tradition verbunden. Wegen seiner ausserordentlichen Qualität stuft Mandach den Bugnon-Altar – gemeinsam mit den Johannestafeln im Landesmuseum in Zürich (Kat. 10) – als höchste Leistungen von Fries ein (Mandach 1932–1945/2, S. 35–38).

Auch Strub schätzt die Tafeln als Meisterwerk des Künstlers, unterstreicht deren Originalität, Perfektion in Komposition, Zeichnung und malerischer Ausführung und spürt im Kolorit beinahe venezianische Qualitäten. Trotz ihres «germanisch-gotischen» Charakters möchte er diese Tafeln im Rang eines Kunstwerks klassischer Prägung sehen (Strub 1959, S. 427). Laut Schmid verfügt Fries in den Bugnon-Tafeln, mehr noch als beim Antonius-Altar, «über die bildnerischen Mittel, die sein Werk glaubhaft machen und für den Betrachter zum Erlebnis werden lassen» (Schmid 1993, S. 352).

Kat. 7a
Ausgiessung des Heiligen Geistes
(Abb. 106)

Freiburg, Museum für Kunst und Geschichte, Depositum der Gottfried-Keller-Stiftung 1941 (GKS Inv. 899.1; Innenseite des linken Flügels)

Ölhaltiges Bindemittel und Polimentvergoldung auf Fichtenholz (Picea abies), mit Leinwand überklebt, 162 x 75,7 cm (Höhe des originalen Fragments: 156 cm)

Inschriften: Auf dem Halsausschnitt des Marienkleides: «A·AVE·MARI»

Zustand
Der Bildträger wurde dendrochronologisch untersucht (LRD 1). Er besteht aus drei Brettern, die eine Stärke von 1,3 cm aufweisen; das Holz stammt aus der Gegend von Freiburg und lässt sich gut datieren. Um die Bretter vor Insektenfrass zu schützen, wurde bei der Herstellung allerdings das Splintholz entfernt, weshalb das genaue Fälldatum nur geschätzt werden kann. Der Baum wurde nicht vor 1488 geschlagen, am wahrscheinlichsten ist ein Fälldatum um 1495.
Zu einem unbekannten Zeitpunkt wurde die Tafel an ihrem oberen Rand um etwa 16 cm beschnitten und neu gerahmt. Wahrscheinlich geschah beides anlässlich der Plazierung der Tafeln in der Bugnon-Kapelle (nach 1834). Durch das Verkürzen der Tafeln ist das durchbrochen gearbeitete, vergoldete gotische Rankenwerk verlorengegangen, das mit grosser Wahrscheinlichkeit auf der Altarinnenseite den ober-

sten Teil der Tafelbilder bedeckte. Anlässlich der Restaurierung 1940 wurde die Tafel gereinigt, der obere, abgesägte Teil durch eine abnehmbare Leiste von 6 cm Höhe ersetzt; darauf wurden die Formen (Säulenkapitell, Gewölbe) summarisch ergänzt. Zudem entfernte man den Rahmen des 19. Jahrhunderts. Die Firma W. Knöll in Zürich fertigte einen neuen an, für den der spätgotische Rahmen des Antonius-Altars von Niklaus Manuel als Modell diente (Protokoll 1941/2, S. 3). Der Zustand der Malfläche ist allgemein gut.

Restaurierungen
1941, Henri Boissonnas, Zürich (Reinigung, Anfügen einer 5,5 cm hohen Leiste an der Oberkante, Retuschen; neuer Rahmen durch die Firma W. Knöll, Zürich).

Die Szene spielt sich in einem Innenraum ab. Dieser wird begrenzt von einem Fliesenboden im Farbendreiklang Blau-Weiss-Braun, einer bildparallel verlaufenden Rückwand mit breitem, säulenbestandenem Fenster auf eine summarisch wiedergegebene Landschaft mit einem Berg und einer Säule als Gewölbeableger auf der rechten Seite. Auf der linken Bildseite bleibt der Raum hingegen offen. Die Schar der Apostel umringt eng gedrängt Maria. Über ihnen schwebt, aus der Achse etwas nach links gerückt, die Heiliggeisttaube in einer grossen, ovalen Strahlengloriole. Sie schickt bewegte, rot-gelbe Flammenzungen auf die Schar der Erwählten aus, die alle mit perspektivischen Strahlennimben ausgezeichnet sind. In Frontalansicht sitzt Maria in ihrer Mitte, die Augen zur Flamme auf ihrem Haupt gerichtet. Sie hält die Arme mit den schlanken, überlangen Händen flach vor der Brust gekreuzt. Unter dem rotgefütterten blauen Mantel trägt sie ein ebenfalls blaues Kleid mit Goldborte und Zierfries. Auf dem Besatz des Halsausschnittes sind die Worte «A·AVE·MARI» (Ave Maria) zu lesen. Um ihr Haupt hat sich Maria ein weisses, turbanartiges Kopftuch gebunden, das nur wenig von ihrem braunen Haar freigibt und ihr kaskadenähnlich bis unter die Brust fällt. Rund um Maria gruppieren sich die Apostel. Johannes, in Rückenansicht, kniet zu ihrer Rechten und hat die Hände vor der Brust zusammengelegt. Er hebt seinen Kopf mit den langen lockigen Haaren und blickt mit halb geöffnetem Mund zur Taube auf. Sein weisser Mantel staut sich in schweren, blechartig wirkenden Falten über seinen nackten Füssen. Auf den Schultern trägt er ein blaues Tuch. Zur Linken der Madonna sitzt Petrus in einem roten Kleid, über dem er einen grünen Mantel trägt. Seine spärlichen Kopf-

haare sind grau wie auch sein Bart. Er faltet die Hände und blickt nach oben. Hinter dieser Dreiergruppe haben sich alle anderen Apostel versammelt. Da sie ohne persönliche Attribute ausgestattet sind, lassen sie sich nicht identifizieren. Mehrere heben die Hände in die Höhe, manche falten sie zum Gebet oder greifen sich an den Kopf, auf dem die lodernde Flamme schwebt. Alle blicken zum Himmel empor ausser einem, der in der rechten Ecke hinter Petrus steht; sein feines bärtiges Gesicht wirkt bleich, seine Augen sind deutlich gerändert.

Abb. 108
Kat. 7a, Unterzeichnungen (Infrarot-Reflektographie)

Abb. 109
Kat. 7a, Unterzeichnungen: Kopf der Maria (Infrarot-Reflektographie)

Abb. 110
Kat. 7a, Unterzeichnungen: aus dem Bild blickender Apostel (Infrarot-Reflektographie)

Die Unterzeichnung (Abb. 108) wurde vor der Gravierung des Kreidegrundes bzw. der Vergoldung ausgeführt; bei den Strahlen der Gloriole wurde auf die Taube Rücksicht genommen. Auf dem Bugnon-Altar finden sich die verschiedenen Arten, in denen Fries unterzeichnet, in ihrer ganzen Vielfalt: von der sehr summarischen, ja spärlichen Unterzeichnung im rechten Teil der «Werke der Barmherzigkeit» über den schwungvoll («modern») skizzierten linken Teil derselben Komposition hin zum «Abschied der Apostel», wo er neben breiten, dezidierten Pinselzügen auch feinere Schraffen mit der Pinselspitze einsetzt, schliesslich zur «Ausgiessung des Hl. Geistes», deren Mittelpartie (Gesichter und Oberkörper der Gestalten), besonders das Haupt der Maria, an die Basler Zeichnung «Maria auf der Rasenbank» (Kat. 18) erinnert. Möglicherweise wurde dieser Flügel den Auftraggebern in solchem Zustand vorgeführt und diente somit nicht nur als Gedankenstütze für den Maler.
Während die Bildanlage im oberen und unteren Drittel der Komposition nur in wenigen Linien angegeben ist, verdichtet sich die Zeichnung im mittleren Teil (Köpfe und Hände der Gestalten) und erreicht im Haupt der Maria (Abb. 109) die Ausführlichkeit einer Meisterzeichnung. Das Mariengesicht zeigt auch – anders als die übrigen bekannten Unterzeichnungen von Fries – Verwandschaft mit weiblichen Gesichtern in der Unterzeichnung des Nelkenmeister-Altars der Freiburger Franziskanerkirche (siehe Gutscher/Villiger 1999, Abb. 132, 162). Auffallend sind die langen, geschwungenen Schraffen, welche nicht nur Wangen und Hals, sondern auch Kinn- und Augenpartien modellieren. Auf die Unterzeichnung der Apostelköpfe hat der Maler

weniger Sorgfalt verwendet, aber gerade deshalb zeigt sich in ihnen sein überragendes zeichnerisches Talent. Locker, so scheint es, spielt er mit dem Pinsel und markiert in wenigen Strichen die oft kompliziert verkürzten Gesichtszüge. Die Ergriffenheit des Petrus (am rechten Bildrand) drückt sich in wild geschwungener, gewissermassen kalligraphischer Linienführung aus. Sein riesiges, viel zu hoch angelegtes Ohr wird in der Malerei etwas reduziert und versetzt. Es fragt sich, wie der Maler das Gedränge der Figuren mit unterschiedlichen Kopfhaltungen ohne grössere Korrekturen unterzeichnen konnte; man muss wohl – dies gilt für alle uns bekannten Gemälde von Fries – einen Entwurf ausserhalb der Tafel annehmen (siehe dazu auch: Gutscher/Villiger 1999, S. 61, 106). Ein einziger Kopf wurde in der Ausführung geändert: jener des Apostels, der den Betrachter fixiert; er blickt in der Unterzeichnung frontal aus dem Bild (Abb. 110). Auch die Hände weisen bloss geringe Abweichungen – Verkürzung bzw. Verlängerung der Finger – auf. Nur die Handhaltung des Jüngers zwischen Maria und Petrus wird völlig verändert. (Interessant ist übrigens die linke Hand Marias: für Fries erstaunlich artikuliert, gleicht sie den Händen in der oben erwähnten Basler Federzeichnung.) Die Flamme auf dem Nimbus des Apostels rechts oben (vor der Säule) erhält in der Malerei einen andern Platz, wahrscheinlich, um die Hand der benachbarten Gestalt nicht zu verunklären. Ähnlich wie die Apostelgesichter sind Ärmelfalten und Gewandbäusche (nicht zu vergessen die Haube der Maria mit ihrem Zackensaum) im mittleren Bilddrittel modelliert. Weiter unten sind die Kleider allenfalls in breiter, heller Lavierung vorgegeben, etwa im Mantel des knienden Johannes (dessen Fusssohle ebenfalls leicht skizziert ist). Auch im oberen Bilddrittel werden nur die grossen Formen angegeben: die Säulen mit ihren Basen und Kapitellen, die Taube sowie ihre ovale Aureole, letztere mit einer geringen Abweichung in der Malschicht.

Pfingsten wurde wahrscheinlich schon in apostolischer Zeit am 50. Tag nach Ostern als Abschluss der österlichen Periode und als Erinnerung an den Tag der Ausgiessung des Heiligen Geistes gefeiert. Als zentrales Thema der Heiliggeistbruderschaften sind Pfingstdarstellungen im Spätmittelalter häufig auf den Bruderschafts-Altären anzutreffen (Réau 1957, S. 596). Das ikonographische Programm richtet sich meist nach den ersten drei Versen des 2. Kapitels der Apostelgeschichte: die Apostel sitzen einmütig beieinander und empfangen den Heiligen Geist, der in «Zungen zerteilt wie von Feuer» aus dem Himmel hervorbricht und sich «auf jeglichen unter ihnen» setzt. Es sind in der Regel zwölf Apostel, und der Heilige Geist erscheint ihnen in der Gestalt der Taube (NT, Lk 3, 22). Maria wird im Pfingstbericht nicht ausdrücklich erwähnt, sie gehört aber von Anfang an zur Urgemeinde (NT, Apg 1, 14). Die Darstellung Marias als zentraler Person im Kreise der Apostel lässt sie Personifikation der Ecclesia werden, und die Erhöhung der Mutter Gottes am Gründungstage der Kirche soll auf die Ebenbildlichkeit von Maria und Ecclesia hindeuten (LCI 1971, Sp. 415–423; Réau 1957, 591–596).

Dem trägt Fries Rechnung: Maria ist in der Mitte der Apostel als einzige frontal dargestellt. Auch die feurigen Zungen betonen die Hoheit der Mutter Christi: während sich bei ihr bereits eine aufrecht auf der Stirn festgesetzt hat, gehen die anderen erst auf den Köpfen der Apostel nieder. Auch das Gegenüberstellen der Apostel Petrus und Johannes als raumbegrenzender Elemente im Vordergrund entspricht einem oft verwendeten Schema (LCI 1971, Sp. 421, Abb.). Petrus ist die Zentralfigur unter den Aposteln: er hält die grosse Predigt und bestätigt auf diese Weise das Wort Jesu Christi (NT, Apg 2, 14–36). Mit der Ausgiessung des Heiligen Geistes und der Predigt Petri beginnt die Kirche Christi auf Erden. Auch Johannes, der Lieblingsjünger Jesu, nimmt eine wichtige Stellung ein. Mit Maria steht Johannes allein unter dem Kreuz, seiner Obhut empfiehlt Christus Maria, und er nimmt sie als Mutter zu sich (NT, Jo 19, 26).

Kelterborn-Haemmerli sieht im Bugnon-Altar stilistische Beziehungen zu Werken Hans Holbeins d. Ä., wobei sie besonders die «Ausgiessung des Heiligen Geistes» mit dem um 1500/1501 entstandenen «Tod der Maria» in der Öffentlichen Kunstsammlung in Basel (Geelhaar 1992, S. 39, Abb. 12) vergleicht und dabei Analogien in der Komposition sieht: Jünger, die sich um die aufrecht sitzende, die Hände über der Brust kreuzende Maria scharen, und Unbestimmbarkeit des Raumes mit den roten Säulen. Dennoch weist sie auf die gegensätzlichen Temperamente der beiden Maler hin (Kelterborn-Haemmerli 1927, S. 52). Die ähnlich gedrängte Anordnung der Personen in einem wenig definierten Raum findet sich aber auch beim Kupferstich mit dem Pfingstwunder des Meister E. S. (L. 35, Abb. 111) sowie dem «Tod Marias» von Martin Schongauer (Colmar 1991, S. 266/267, K. 9). Ausserdem scheint Fries von Albrecht Dürer inspiriert worden zu sein, der 1498 eine deutsche und eine lateinische Ausgabe der Geheimen Offenbarung mit 15 ganzseitigen Holzschnittillustrationen als Folioband herausgegeben hatte (Strauss 1980, S. 153; Krüger 1996, S. 30). Fries fand offensichtlich Zugang zu diesem Druck oder besass ihn gar selbst; er benutzte ihn um 1505–1507 für den kleinen Johannes-Altar (Kat. 10) und arbeitete noch 1514 in enger Anlehnung daran für den grossen Johannes-Altar (Kat. 14). Im vorliegenden Gemälde kombiniert er beispielsweise den knienden Johannes aus der Darstellung der Leuchtervision (Abb. 141) und «Johannes vor Gott und den Ältesten» (Abb. 137). Von diesem Blatt übernimmt er auch die Gestalt des Petrus. Doch Fries kopiert nicht einfach, sondern wählt oft einige Elemente dieser Druckfolge aus und kombiniert sie neu. Durch die Reduktion des realen Raumes auf ein enges Bildfeld erreicht er eine formal wie bedeutungsmässig gedrängte Konzentration auf den Bildinhalt. Wie schon von Mandach betont hat, gehören der prachtvolle Kolorit und die plastische Behandlung der Gewänder zu den grossen Qualitäten dieser Tafel. Die Stoffe leuchten in warmem Rot, saftigem Grün und verbinden sich harmonisch miteinander. Besonders bemerkenswert sind die weissen Gewänder, die wie bei anderen Tafeln von Hans Fries mit Rosa- und Lilatönen irisieren (Mandach 1932–1945, S. 32/33; vgl. beispielsweise dazu den kleinen Johannes-Altar, Kat. 10). Die von Paul Ganz geäusserte Vermutung, bei dem Jünger hinter Petrus, der als einziger aus dem Bilde blickt, könnte es sich um ein Porträt, möglicherweise gar ein Selbstporträt handeln, kann nicht stichhaltig geklärt werden (Ganz 1924, S. 142).

Kat. 7b
Der Abschied der Apostel
(Abb. 107)

Freiburg, Museum für Kunst und Geschichte, Depositum der Gottfried-Keller-Stiftung 1941 (GKS Inv. 899.2; Innenseite des rechten Flügels)

Ölhaltiges Bindemittel und Polimentvergoldung auf Fichtenholz (Picea abies), mit Leinwand überklebt, 162 x 76 cm (Höhe des originalen Fragments: 156 cm)

Zustand
Der Bildträger wurde dendrochronologisch untersucht (LRD 1). Wie der linke Flügel besteht auch er aus drei Brettern, die eine Stärke von 1,3 cm aufweisen. Das Holz stammt aus der Gegend von Freiburg und ist gut datierbar. Da das Splintholz aber bei der Herstellung entfernt worden ist, kann das genaue Fälldatum nur geschätzt werden. Für diesen Flügel wurde das Holz nicht vor 1491 geschlagen, am wahrscheinlichsten ist ein Fälldatum von 1495.
Der weitere Befund deckt sich mit dem des linken Flügels (siehe Kat. 7a).

Restaurierungen
1941, Henri Boissonnas, Zürich (Reinigung, Anfügen einer 5,5 cm hohen Leiste an der Oberkante, Retuschen; neuer Rahmen durch die Firma W. Knöll, Zürich).

Die Jünger Jesu nehmen voneinander Abschied. Die Szene spielt sich in einer Landschaft mit hoch liegendem Horizont ab. Links ragt eine Eiche zwischen zerklüfteten Felsen empor. In der Ferne breitet sich ein See aus, an dessen Ufer sich eine mit Türmen reich versehene Stadt abzeichnet. Rechts davon erheben sich zackige bläuliche Berge, auf denen übergrosse Bäume zu erkennen sind. Der goldene Himmel ist von dunkelblauen Wolkenstreifen durchzogen. Auf einem davon erscheint Christus, den Reichsapfel in der Linken, mit der Rechten die Jünger segnend. Alle tragen einen perspektivischen Strahlennimbus und gruppieren sich in gestaffelten Reihen. Im Vordergrund befindet sich ein halbrund gemauerter Sodbrunnen, neben dem Erdbeeren, Waldmeister, Maiglöckchen und eine Madonnenlilie wachsen. Drei Jünger haben sich um den Brunnen versammelt. Links ist Petrus zu erkennen. Er trägt ein Kleid von kräftig roter Farbe unter einem blassroten Mantel mit grünem Futter. Den grünen Pilgerhut hat er an den Rücken gehängt. Die Hände hält er gefaltet, der Wanderstab lehnt an der linken Schulter. Rechts neben ihm bückt sich Johannes, auf seinen Wanderstab gestützt, um die Feldflasche im Brunnen zu füllen. Er trägt ein grünes Kleid und einen weissen Mantel, der in schweren Falten auf den Boden fällt, während ein oberer Zipfel infolge einer heftigen Bewegung steil emporflattert. Auf dem Brunnenrand liegt ein Brot und – an einer Kette befestigt – steht eine mit Wasser gefüllte Kupferpfanne, in der ein Stück Brot zum Aufweichen schwimmt. Hinter Johannes trinkt ein Jünger Wasser aus einem runden Gefäss und hält in seiner Linken ein Stück Brot. In der zweiten Reihe umarmen sich zwei Apostel zum Abschied. Der hintere von ihnen trägt eine Lanze statt eines Wanderstocks; es könnte Thomas sein. Ein dritter, der von der Physiognomie her an den aus dem Bild blickenden Jünger der Pfingsttafel erinnert, hat die Kapuze seines grünen Mantels über den Kopf gezogen und erhebt feierlich die Hand zum Segen; ein vierter weint vor Abschiedsschmerz und zieht seinen Mantel vor das Gesicht. Weiter hinten verabschieden sich zwei voneinander mit einem Händedruck. In der Ferne erkennt man weitere Apostel, die einen Teil des Weges gemeinsam zurückgelegt haben und sich nun trennen werden. Einer von ihnen hat sich schon auf den Weg zur Stadt im Hintergrund gemacht.

In der Unterzeichnung dieses Gemäldes (Abb. 113) setzt Fries neben breiten, dezidierten Pinselzügen auch feinere Schraffen ein. Während

Abb. 111
Meister E. S.: Ausgiessung des Hl. Geistes, Kupferstich (L. 35)

Abb. 112
Kat. 7b, Unterzeichnungen: Stadt im Hintergrund (Infrarot-Reflektographie)

Abb. 113
Kat. 7b, Unterzeichnungen (Infrarot-Reflektographie)

gewisse Elemente (einige Gesichter der Apostel, Stadt im Hintergrund) ähnlich wie in der «Ausgiessung des Heiligen Geistes» in rascher Linienführung mit der Pinselspitze unterzeichnet sind, wird der Rest mit breiterem Pinsel und verdünnter Farbe vorgegeben. Für die tiefen Falten der Gewänder braucht der Maler energische Striche, teils mit Häkchen und Ösen; im weissen Mantel des Johannes laviert er grössere Schattenflächen hell. Ebenfalls mit breiterem Pinsel ist der prachtvolle Kopf des Johannes, auf die elementaren Formen reduziert, entworfen. Auch die flammenförmig zulaufenden, in Platten geschichteten Felsen sind mit grosszügigem Strich angelegt; schattiert wird hier mit horizontalen Schraffen, beim Felsen am linken oberen Bildrand auch mit einer Zickzacklinie. Abweichungen von der Malschicht finden sich hauptsächlich am Boden im Vordergrund, wo sich das Gewand des Petrus in der Unterzeichnung weiter nach links ausbreitet und der Stein vor ihm niedriger ist als in der Ausführung, dafür zeigt sich jedoch sein rechter Fuss. Der Brotlaib auf dem Brunnenrand wird erst in der Malerei hinzugefügt, die angekettete Pfanne daneben wird verändert. Der Jünger, der aus einer Schale trinkt, trägt zuerst eine Kappe, auf die Fries später verzichtet. Beim Gefährten links darüber lassen sich die kreisförmigen Augenpartien – oder möglicherweise eine Brille – ausmachen. Auch die befestigte Stadt im Hintergrund (Abb. 112) unterscheidet sich teilweise vom gemalten Endzustand: eine schlanke Spitze anstelle des hohen Turmdachs links; der massige Turm in der Mitte nicht hinter, sondern vor dem bollwerkartigen Bau; die flache Kuppel noch ohne Dachreiter und der Erkerturm rechts aussen kleiner. Etwas anders vorgesehen sind auch die Bäume im Hintergrund. Der für den Maler typische Himmel ist mit horizontalen Streifen angegeben; es scheint, als habe Fries die Landzunge rechts hinten nicht geplant.

Der Abschied der Apostel wird in den apokryphen Texten erzählt: In den «Acta Joannis» wird berichtet, dass sich die Apostel gleich nach der Himmelfahrt in Jerusalem versammelten und Petrus an den Missionsauftrag erinnerte. Dann bestimmte das Los für jeden Apostel ein Tätigkeitsgebiet und einen der 72 Jünger als Begleiter. Dieses Ereignis blieb im Kirchenjahr des Ostens weitgehend unbeachtet, sein Kult wurde aber in der westlichen Kirche durch das im 11. Jahrhundert eingeführte Fest des Apostelabschieds (Divisio apostolorum) belebt. Die Legende des Apostelabschieds gab der spätmittelalterlichen Kunst reichlich Stoff zum Entfalten genrehafter Züge. In der Regel werden die reisefertigen Apostel dargestellt, wie sie noch Wasser aus einer Quelle in die Feldflaschen füllen und sich anschliessend voneinander verabschieden (LCI 1968, Sp. 168/169; Katzenellenbogen 1949, S. 81–98).

Fries hält sich an dieses Grundschema und schildert die Szene in einer Landschaft von lyrischer Stimmung. Bemerkenswert ist die technisch sorgsame und gekonnte Behandlung der Gebrauchsgegenstände (Schöpfgefäss, Brot, gemauerter Sodbrunnen) und die detailreiche Behandlung der Flora, die an die «Stigmatisation des hl. Franziskus» und das «Martyrium des hl. Sebastian» von 1501 (Kat. 3a, 3b) sowie an die Christophorus- und die Barbara-Tafel von 1503 (Kat. 6) erinnert. Die weisse Lilie im Vordergrund, in der Achse mit Johannes dem Evangelisten und Christus plaziert, ist ein vielfach verwendetes Christussymbol (LCI 1971, Sp. 100–102), während die Erdbeere als Speise der Seligen und der früh verstorbenen Kinder gilt (LCI 1968, Sp. 656/657). Kelterborn-Haemmerli stösst sich am «Widerspruch zwischen der unkomplizierten, bäurisch-tiefen Gefühlswelt des Bildes und seiner raffinierten malerischen Durchführung» (Kelterborn-Haemmerli 1927, S. 49). In der Tat dominiert die akribische Wiedergabe der Stofflichkeit und die Kraft von Mimik und Gestik, die Körper unter den Gewändern werden nur angedeutet. Typisch für Fries sind die schroffen, gezackten Felsen, die sich auch beim «Hl. Christophorus» und bei der «Hl. Barbara» aus dem Jahre 1503 finden (Kat. 6). Subtil ist die Behandlung des Hintergrundes, der sanfte Übergang in den Weisstönen vom Wasser zum Himmel. Dieser, von Goldzonen aufgerissen, findet sich sehr ähnlich auf dem 1505 durch Thüring Fricker gestifteten Allerseelenaltar (Abb. 15, 16; Nyffenegger 1993, S. 17; Bern 2000, S. 204/205). – Ein Element auf dem vorliegenden Gemälde mutet allerdings seltsam an: Fries hat dreizehn statt zwölf Apostel gemalt, was bei einem derart akribisch arbeitenden Künstler kein Zufall sein kann. Auch Niklaus Manuel Deutsch hat 1516–1518 auf der Tafel der «Aussendung der Apostel» für den Hochaltar der Dominikanerkirche in Bern dreizehn Apostel dargestellt (Bern, Kunstmuseum; Bern 1979, S. 239/240, Nr. 86, Abb. 49). Der Grund dafür bleibt vorläufig ungeklärt, doch findet sich eine ähnliche Ungereimtheit auf dem kleinen Johannes-Altar von Hans Fries aus den Jahren 1505–1507, auf welchem er bei der Erscheinung des Menschensohnes nur sechs statt der sieben Leuchter darstellt (Kat. 10b).

Der polnische Maler Józef Mehoffer kopierte das Gemälde um 1895 in einer Skizze; die Zeichnung entstand im Zuge seiner Vorbereitungen zu den Langhausfenstern von St. Niklaus in Freiburg (Abb. 2; Adamowicz 1982, Abb. 4).

Kat 7c
Die Werke der Barmherzigkeit
(Abb. 116)

Freiburg, Museum für Kunst und Geschichte, Depositum der Gottfried-Keller-Stiftung 1941 (GKS Inv. 899.1, 899.2; Aussenseiten der beiden Flügel)

Ölhaltiges Bindemittel und Polimentvergoldung auf Fichtenholz (Picea abies), 899.1: 162 x 75,7 cm, 899.2: 162 x 76 cm (Höhe der originalen Fragmente: je 156 cm)

Zustand
Die Ergebnisse der dendrochronologischen Untersuchung finden sich auf S. 136, 139. – Im Gegensatz zu den kostbareren Innenseiten (Festtagsseiten) wurde die Holzfläche der Werktagsseiten vor dem Grundieren nicht mit Leinwand überklebt. Das Schwinden des Holzes führte im Verlaufe der Zeit zum Abblättern der Malschicht. Wegen ihres fragmentarischen Zustandes werden die Aussenseiten im Inventar des Chorherrn Fontaine gar nicht erwähnt. Hundert Jahre später vermutet Berthier, dass es sich dabei lediglich um einen Entwurf handle, der nie fertiggestellt worden sei (Berthier 1893/3; Abb. 117, 118). Dem pflichtet auch Kelterborn-Haemmerli bei, glaubt aber ausserdem, dass es sich ursprünglich um eine einzige Tafel gehandelt habe, die erst später durch Fries halbiert und auf das Format der Aposteltafeln zugeschnitten worden sei (Kelterborn-Haemmerli 1927, S. 50). Erst die Restaurierung durch Henri Boissonnas, bei welcher nach einer Reinigung der Tafeln die fehlenden Farbteile sorgfältig ergänzt wurden, brachte die Qualität der Malerei wieder zur Geltung. Zudem wurde dabei der obere, abgesägte Teil durch eine abnehmbare Leiste von 6 cm Höhe ersetzt und darauf die Formen (Köpfe der Engel und der erlösten Seelen) summarisch ergänzt.

Abb. 114
Kat. 7c, Unterzeichnungen: Linker Flügel (Infrarot-Reflektographie)

Abb. 115
Kat. 7c, Unterzeichnungen: Rechter Flügel (Infrarot-Reflektographie)

Restaurierungen
1941, Henri Boissonnas, Zürich (Reinigung, Anfügen einer 5,5 cm hohen Leiste an der Oberkante, Retuschen; neuer Rahmen durch die Firma W. Knöll, Zürich); 1951, Henri Boissonnas, Zürich (Festigung der Malschicht); 1956, Hans Aulmann, Basel (Festigung der Malschicht).

Die Verteilung der Spenden an die Menge spielt sich in einem Hof vor einem in perspektivischer Verkürzung wiedergegebenen Stadtpalast ab. Die Architektur des zweigeschossigen Gebäudes steht im Übergang zwischen Spätgotik und Frührenaissance. Hier hat Fries in der Malerei zahlreiche Änderungen (Pentimenti) vorgenommen: der grosse Rundbogen hatte zuerst die Form eines – höheren – Stichbogens; in ihrem sichtbaren Zwickel befand sich ursprünglich ein

141

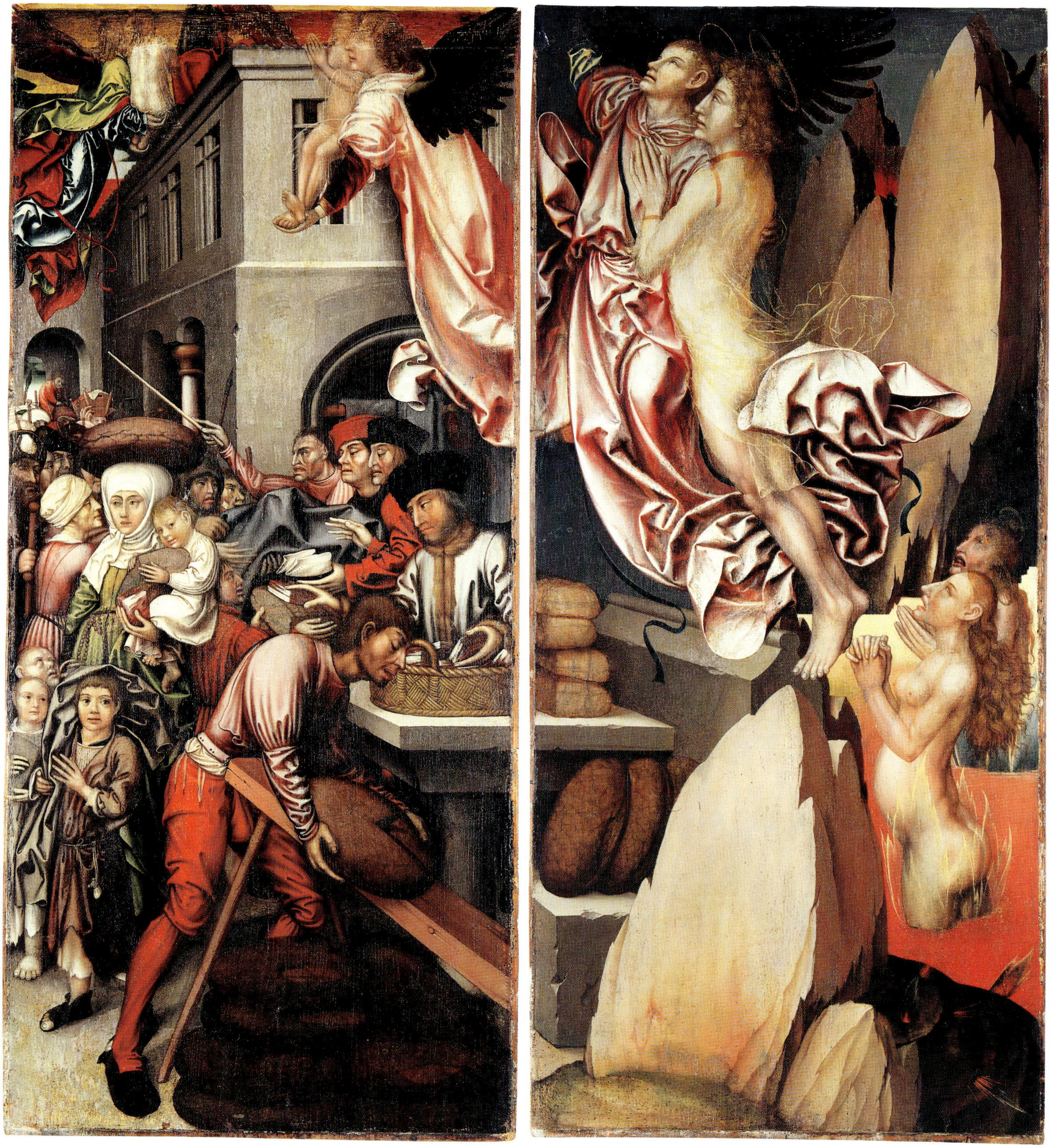

Abb. 116
Kat. 7c

Abb. 117
Kat. 7c, linker Flügel, Zustand um 1893
(Photographie aus: Berthier 1893/3

Abb. 118
Kat. 7c, rechter Flügel, Zustand um 1893
(Photographie aus: Berthier 1893/4

Abb. 119
Kat. 7c, Unterzeichnungen: Linker Flügel,
Gesicht des Jungen im Vordergrund
(Infrarot-Reflektographie)

Abb. 120
Kat. 7c, Unterzeichnungen: Rechter Flügel,
aus dem Fegefeuer Erlöster (Infrarot-
Reflektographie)

Medaillon, und weiter unten an der Fassade ist eine Art Umzäunung zu erkennen, die in der Folge übermalt wurde. – Der profilierte Bogen des Erdgeschosses öffnet sich auf einen Laden, in dem Tücher aufgehängt sind. Die seitliche Flucht des Gebäudes weist eine Doppelarkade auf, die sich auf eine Säule abstützt. Das leicht zurückversetzte Obergeschoss weist regelmässig angeordnete Kreuzstockfenster auf. Über dem profilierten Kranzgesims setzt ein flaches, ziegelgedecktes Walmdach an. Von links strömt Volk aus einem rundbogigen Durchgang auf den Platz. Zu erkennen sind ein Pilger mit der Jakobsmuschel am Hut, Krieger und Verletzte. Eine Frau trägt eine Wiege auf dem Kopf, ein Mann einen Knaben auf der Schulter. Auf der rechten Bildseite sorgt ein Mann mit seinem Stock für Ordnung in der Menge. Neben ihm stehen drei Vertreter der Bruderschaft hinter einer steinernen Tischplatte und verteilen ihre Gaben. Der vorderste, mit einem grauen, pelzbesetzten Mantel und einem schwarzen Barett bekleidet, nimmt Speckstücke aus einem geflochtenen Weidenkorb und übergibt sie einem Jüngling. Der zweite, in Rot gekleidet und mit der gleichen Kopfbedeckung ausgestattet, schenkt dem Jüngling ein Paar Schuhe, derweil der dritte Mann, in dunkler Kleidung und mit roter Kappe, ein graublaues Tuch spendet, das von einer alten Frau und einem Mann gleichzeitig ergriffen wird.

Vor dem Steintisch halbiert ein Gehilfe mit einem Brettmesser Brotlaibe. Er trägt ein graurosa Wams über einem weissen Hemd, rote, an den Unterschenkeln eng anliegende Pluderhosen und schwarze Schuhe («Kuhmäuler»). Hinter ihm steht eine Frau, die ihr Kind im Arm trägt. Beide sind schon beschenkt worden. Die Mutter, angetan mit einem grünen Kleid und einem weissen Kopftuch, balanciert einen mächtigen Brotlaib auf dem Kopf und hält ein Stück Speck in der linken Hand. Das barfüssige Kind, ein Brotstück fest an seine Brust gedrückt, schmiegt seinen Kopf an die Wange der Mutter. Links von ihr befinden sich zwei grössere Kinder, und davor schreitet, ein grosses Stück graues Tuch über die Schulter geworfen, ein ärmlich gekleideter Junge und blickt stolz aus dem Bild.

Der Gabentisch reicht bis in die rechte Tafel hinein. Auf der Tischplatte liegen geviertelte Brote, darunter sind weitere Laibe aufgereiht. Eine Mauer mit zweiseitig gekehlter Brüstung und ein mächtiger, den Vordergrund verbauender Steinblock schliessen die Szene der Gabenverteilung ab. Der Schlund des Fegefeuers wird im Hintergrund von mehreren messerförmig zugespitzten Felsen begrenzt. Das Feuer besteht aus einer glühenden Masse, die an flüssiges Metall oder Lava erinnert. Fontänen glühender Materie spritzen aus dem Felsen im Vordergrund. Zwei weibliche Gestalten stehen bis zu den Oberschenkeln in diesem rotflammenden See. Die Figur im Vordergrund ist im Profil dargestellt. Sie wirft den Kopf in den Nacken, blickt ergriffen nach oben, öffnet den Mund zum Hilferuf und faltet die Hände zum Gebet. Jene hinter ihr schaut ebenfalls flehend in den Himmel. Beide sind mit perspektivischen Nimben ausgezeichnet. Über ihnen schwebt ein Engel und führt eine gerettete Seele ins Paradies. Der Engel kann sich dank mächtigen Flügeln in die Luft erheben. Er trägt ein hellrotes Gewand, das kräftig im Wind flattert und auch den Körper des Geretteten umspielt. Dieser ist als Akt dargestellt, dessen Körper durch den mit Goldborten versehenen Schleier mehr betont als verhüllt wird. Engel und Geretteter sind nimbiert. Der Himmelsbote weist mit seiner linken Hand nach oben und folgt zwei weiteren, die in perspektivischer Verkürzung auf der linken Tafel zu erkennen sind. Der erste trägt ein rotes Kleid und einen lilagetönten Mantel, der andere ein grauweisses Kleid unter einem grauen, rotgefütterten Mantel. Jeder hält eine gerettete Seele in seinen Armen, die wiederum als Akt, nur mit einem durchsichtigen Schleier bekleidet, dargestellt wird.

Die rechte Tafel weist eine sehr summarische, ja spärliche Unterzeichnung auf, wobei der Maler die Aktfiguren beinahe nur in Silhouetten antönt, während der linke Flügel schwungvoll, für das heutige Empfinden «modern», skizziert ist (Abb. 114, 115, 119, 120). Es scheint, als habe Fries die Aussenseite der Flügel für seinen eigenen Gebrauch unterzeichnet und nicht, wie auf der Feiertagsseite, um damit seinem Auftraggeber die vorgesehene Darstellung zu präsentieren. Der Zeichenstil wirkt sehr frei; jede Schönlinigkeit fehlt. Es ist fast durchgehend Pinsellavierung, deren Formen – auch auf Grund des schlechten Erhaltungszustands dieser Tafelseiten – nicht immer leicht zu lesen sind. Rasch sind im Vordergrund die Brotlaibe skizziert, wobei jeweils auch die Stelle wiedergegeben ist, an der sie beim Backen aneinander klebten. Das Brett, auf dem sie zerschnitten werden, ist mit einer Zickzacklinie schattiert; das Messer war darauf ursprünglich weiter oben angebracht. Den Korb auf dem Tisch konstruiert Fries aus dem Oval der Bodenfläche. Die Brote rechts davon sind noch nicht geviertelt, sondern als ganze Laibe an der Kante gestapelt und mit Schnüren zusammengebunden. Die Gesichter der Wohltäter und das des Brotschneidenden werden in der Unterzeichnung einzig durch lavierte Schattenflächen modelliert. Die Gestalten der Engel und Seligen sind bloss umrisshaft, was besonders bei den Aktfiguren erstaunt, die ihr Relief erst durch die Malerei erhalten. Der Rückenakt, der oben links über das Hausdach entschwindet, scheint überhaupt nicht vorgesehen zu sein; unklar ist, wozu die Linien der Unterzeichnung im Bereich seines Körpers gehören. Hingegen wird beim Engel, der ihn trägt, die Binnenstruktur des Flügels erst durch die Unterzeichnung klar. Das rosa Kleid des Engels in der Mitte der Komposition wird mit flüssigem Duktus fein modelliert. Der nackten weiblichen Gestalt auf seinem Arm zieht Fries in der Malerei (wie übrigens auch den beiden andern Erlösten) ein durchsichtiges weisses Hemd über. Bei dem aus dem Fegefeuer erlösten Mann rechts sucht der Maler offensichtlich mit dem Pinsel nach der Form: die Silhouette wird hier unbestimmt-fahrig (Abb. 120). Die Schulter ist im Vergleich zur Malerei nach rechts versetzt, der Arm ist kürzer und dünner als in der Ausführung; im Verhältnis zum Rest des Körpers wirkt er unproportioniert. Allerdings ist auch der Rumpf des Mannes ursprünglich feiner vorgesehen; die linke Hand des Engels liegt zuerst nicht auf seiner Schulter, sondern auf der Hüfte. Den Kopf des Engels, der ihn trägt, hat Fries anfänglich wohl in frontaler Stellung und weiter rechts vorgesehen. Offensichtlich liegen auch bei Gesichtern und Körpern der Seelen im Fegefeuer Abweichungen vor; Rücken- und Gesässlinie der Frau im Vordergrund zumindest sind weiter rechts vorgesehen als ausgeführt. Die Zeichnung, soweit überhaupt sichtbar, ist hier aber nicht eindeutig zu interpretieren.

Die Darstellung der «Werke der Barmherzigkeit» basiert auf der Textstelle des Matthäus-Evangeliums, in welcher Jesus das Weltgericht voraussagt (NT, Mt 25, 31). Dabei werden die Gerechten in den Himmel aufgenommen, da sie dem Hungrigen zu essen und dem Durstigen zu trinken gegeben, den Fremden beherbergt, den Nackten bekleidet sowie den Kranken und den Gefangenen besucht haben. Ins ewige Feuer weist Jesus hingegen jene, welche diese Werke an ihren Nächsten und damit an ihm unterlassen haben. Zu diesen sechs von Matthäus erwähnten Werken kommt im Verlaufe des 3. Jahrhunderts noch ein siebtes hinzu: das Begraben der Toten (LCI 1968, S. 245–251).

Fries schildert auf den beiden Tafeln nicht alle guten Werke, sondern reduziert sie auf Speisung und Bekleidung der Bedürftigen, die er der Errettung der armen Seelen gegenüberstellt. Diese Almosenvergabe gehört zu den typischen Handlungen einer Heiliggeistbruderschaft, die in Freiburg schon 1264 nachgewiesen werden kann. Dabei handelte es sich weniger um eine kirchliche denn um eine städtische, staatliche Institution, deren Vorsteher nicht etwa von den Bruderschaftsmitgliedern, sondern von der alljährlichen Bürgerversammlung am 24. Juni (Johannis baptiste) gewählt wurden, ebenso wie auch der Vorsteher des städtischen Spitals und alle anderen städtischen Funktionäre. Entsprechend gehörte die Stelle des Vorstehers der Heiliggeistbruderschaft auch in den «cursus honorum» der städtischen Ämter; seine Amtsdauer wurde 1413 wie die aller übrigen städtischen Amtsinhaber auf drei Jahre beschränkt. Die Heiliggeistbruderschaft wurde sehr bald auch «Grosse Bruderschaft» ohne weitere Spezifizierung genannt, ein Beweis dafür, dass sie wichtiger war als alle anderen Bruderschaften. Vom 13. bis zum 15. Jahrhundert gibt es kaum ein Testament in der Stadt Freiburg, in dem sie nicht erwähnt wird. Auf diese Weise kam sie zu grossem Vermögen und wurde zum Verteiler wichtiger Spenden, die bezeichnenderweise seit Anfang des 14. Jahrhunderts als «confratria» oder «confrérie» bezeichnet wurden, im 13. Jahrhundert als «dona» oder «larga» (hier und im folgenden nach Niquille 1925; Niquille 1957; Morard 1987).

Am 23. Juni 1296 vermachte Johannes Velga der Heiliggeistbruderschaft einen jährlichen Zins von 4 Mütt Korn (1 Mütt entspricht etwa 100 bis 120 Litern, siehe: Dubler 1975, S. 33), aus welchem jedes Jahr an seinem Todestag allen herbeiströmenden Armen eine Brotspende («larga de pane») ausgerichtet werden sollte (Spital II/4). Im März 1367 (neuer Stil) vermachte Mermet von Asti der Bruderschaft die grosse Summe von 700 Florentiner Gulden, damit den Armen jedes Jahr eine Spende in Schweinefleisch («larga sive confrarie … in carnibus porcinis») gereicht werden könne, und zwar am Sonntag vor der Fastenwoche zwischen Matutin und Hauptmesse in der Liebfrauenkirche, die als Spitalkirche diente (Spital II/79). Eine weitere Spende Schweinefleisch, auszurichten am Dienstag der Fastenwoche, wurde am 6. Juli 1378 von Johannes von Affry mit 400 Goldgulden gestiftet (Stadtsachen A, Nr. 80). Am 31. Dezember 1381 schliesslich verfügte Johannes Moudilli neben einer Brotspende, dass der Vorsteher der Heiliggeistbruderschaft jedes Jahr sechs arme Personen mit je drei Ellen Tuch kleiden und sechs weitere Bedürftige mit guten Schuhen versorgen sollte, und zwar beides in den vierzehn Tagen vor dem 24. Juni (Johannis baptiste). Diese Vergabung sollte jedoch nicht zu Lasten jener Kleider und Schuhe gehen, die der Vorsteher der Heiliggeistbruderschaft jedes Jahr um Allerheiligen an die Armen verteilte (Spital II/98).

Die Spende fand also durchaus saisongerecht statt: das Fleisch vor der Fastenzeit, das Tuch und die Schuhe vor dem Winter. Brot gab es das ganze Jahr: im 15. Jahrhundert zählte man insgesamt 18 Brotspenden während des Jahres, bei denen jeweils mindestens 2000 runde Brotleibe (französich «miches») verteilt wurden – wie sie auf der Tafel mit der Darstellung der Werke der Barmherzigkeit des Bugnon-Altars dargestellt sind. Ausserdem wurde jeden Montag Geld gegeben, jedem Armen ein Pfennig; zu dieser Spende waren nur die Armen der Stadt zugelassen, von denen sich jeweils rund 300 einstellten. Im Jahr 1445 verfügte die Heiliggeistbruderschaft über ein Vermögen von 20 000 Pfund, das sie gegen Zinsen auslieh, so dass man auch schon von einer «banque du Saint-Esprit» gesprochen hat (Morard 1987, S. 290). Der Hauptnutzniesser dieser «Bank» war die Stadt Freiburg, die sich insbesondere in ihren Geldnöten um die Mitte des 15. Jahrhunderts ausserordentlich günstige Kredite (zu $2^{1}/_{2}$ statt 5%) gewähren liess. Die Spenden wurden wahrscheinlich in und um die Liebfrauenkirche verteilt; der Altar der Heiliggeistbruderschaft, der Heiliggeist-Altar, für den Hans Fries vermutlich seine Altartafeln geschaffen hat, befand sich jedoch in der Pfarrkirche St. Niklaus.

Seit Ende des 15. Jahrhunderts sind die Rechnungen überliefert, die der Vorsteher der Heiliggeistbruderschaft alljährlich im Sommer abzulegen hatte, allerdings nicht kontinuierlich (25 Rechnungen für die Jahre 1481–1569). So erfahren wir fast zufällig, dass die Bruderschaft 1505 einen neuen Altar erhalten hatte, der schon so weit fortgeschritten war, dass er «erhoben» und mit einer Abschrankung versehen werden konnte (Q 127/1505). Aus der Rechnung geht aber auch hervor, dass die Beiträge der Bruderschaftsmitglieder, Männer und Frauen, viermal im Jahr, an Allerheiligen (1. November), Weihnachten, Ostern und Pfingsten, vor St. Niklaus eingesammelt wurden, also wohl nach dem gemeinsamen Kirchgang. Brotspenden wurden am Jakobstag (25. Juli), an Assumptionis Marie (15. August), im Herbst, an Allerheiligen, um den Andreastag (30. November), um Purificationis Marie (2. Februar) und an Pfingsten verteilt, doch erfahren wir nur von denen, wo Brot übrigblieb und verkauft werden konnte. Für die Verteilung an Allerheiligen (Schuhe und Tuch) wurden 134 Paar Schuhe und rund 100 «Stab» Tuch eingekauft, für die beiden Fleischspenden in der Fastnachtswoche 74 lebende Schweine, die anschliessend geschlachtet, eingesalzen und unter Aufsicht von Amtsleuten verteilt wurden. Die Heiliggeistbruderschaft bezahlte nicht nur dem Kaplan des Heiliggeist-Altars den Lohn, sondern auch weiteren Kaplänen der Niklauskirche (Rechnung Heiliggeistbruderschaft 7).

Aus all dem ergibt sich, dass die Altartafel mit der Darstellung der «Werke der Barmherzigkeit» einen ganz realen zeitgenössischen und spezifisch freiburgischen Hintergrund hat. Von den Spenden an Brot, Fleisch, Schuhen und Tuch hat Fries keine einzige vergessen, er konzentriert sie aber, wie bereits Jeanne Niquille bemerkt hat, auf einen einzigen Augenblick, während sie in Wirklichkeit über das ganze Jahr verteilt gereicht wurden (Niquille 1957, S. 239). In dem Mann mit dem Stock kündigt sich aber auch schon an, dass die Freiburger Regierung der Grosszügigkeit der Bruderschaft gerade an der Wende vom 15. zum 16. Jahrhundert zunehmend engere Schranken setzte, indem sie verfügte, dass von den fremden Bettlern nur mehr die Jakobspilger (auf der Altartafel ebenfalls vertreten) in den Genuss der Spenden kommen dürften und von den einheimischen nur jene, die ein bestimmtes Abzeichen trügen (auf der Tafel nicht erkennbar). Im Jahr 1500 erhielten die vier Venner den Befehl, bei den Verteilungen anwesend zu sein und diejenigen zu entlarven, die versuchten, sich unrechtmässig eine Unterstützung zu ergattern (Niquille 1925, S. 202; Niquille 1957, S. 241); einer von ihnen ist vielleicht in dem Mann mit dem Stock verkörpert.

Die Qualen, welche die armen Seelen im Fegefeuer zu erleiden haben, sind den Höllenqualen gleichzusetzen. In feuriger Hitze und von Durst geplagt, haben sie ihre Busse zu leisten. In einem wichtigen Punkt unterscheidet sich die Leidenszeit im Fegefeuer allerdings grundlegend von derjenigen in der Hölle: während die Verdammten in der Hölle in Ewigkeit und ohne Hoffnung auf ein gutes Ende zu leiden haben, hört die Busszeit der armen Seelen im Fegefeuer einmal auf. Fries stellt dar, wie die Seelen dank der barmherzigen Werke, die an den Armen vollbracht werden, aus dem Fegefeuer erlöst werden. Das Feuer, das im Hintergrund aus den gezackten Felsen hervorlodert, könnte somit ein Hinweis auf die Hölle und die ewige Verdammnis sein.

Die Vermutung Mandachs, dass es sich bei den zwei Gestalten im Vordergrund um Adam und Eva handle, lässt sich nicht aufrechterhalten (Mandach 1932–1945/2, S. 35). Ihre Nimben sind Zeichen der göttlichen Gnade.

Die Aussenseiten der Flügel sind freier gemalt als die Innenseiten, sie wirken lebendiger und unmittelbarer. Die Farben sind gedämpfter, die Materialien weniger kostbar als auf der Feiertagsseite, Fries konnte hier ungezwungener schaffen. Sein Programm scheint nicht an direkte Vorbilder gebunden zu sein. Bemerkenswert ist die Perspektive des Gebäudes im Hintergrund, die Kelterborn-Haemmerli mit Werken von Michael Pacher vergleicht, ohne aber von einer direkten Beeinflussung zu sprechen (Getreideverteilung auf dem Altar von St. Wolfgang, Abb. in: Neustift 1998, S. 48, Abb. 1; Kelterborn-Haemmerli 1927, S. 50). Das Motiv der seelentragenden Engel findet sich ebenfalls 1505 in verwandter Art, jedoch weniger qualitätvoll, auf den Werktagsseiten des bereits erwähnten Allerseelenaltars aus dem Berner Münster (S. 40; Abb. 15, 16; Nyffenegger 1993, S. 16). Eine der erstaunlichsten Leistungen auf den Tafeln betrifft die naturalistische Behandlung des nackten menschlichen Körpers und die Darstellung des Feuers. Raffiniert ist auch, wie Schleier an die Stelle der transparenten Feuerzungen bei den bereits Geretteten treten. Detailreichtum und höchste Qualität in der Wiedergabe stofflicher Wirklichkeit prägen dieses Werk. Mit Meisterschaft stellt Fries die Heftigkeit des Windes dar, der das Kleid des Engels auf der rechten Tafel bauscht und es in allen Farbschattierungen aufleuchten lässt, wobei das Spiel mit den verschiedenen Rottönen von ausserordentlicher Qualität ist. Die vom Wind aufgewirbelten Kleider finden ihre Parallele in der Statue des Auffahrts-Christus von 1503, deren Fassung wahrscheinlich Fries geschaffen hat (Kat. 21), sowie in der Tafel des heiligen Christophorus aus demselben Jahr (Kat. 6a). Eine dynamische Diagonalkomposition, raffiniertes Kolorit und die plastische Behandlung der Details prägen die Aussenseiten des Bugnon-Altars. Dies teilen sie einerseits mit der Christophorus- und der Barbara-Tafel (Kat. 6). Aber auch mit der Antonius-Predigt aus dem Jahre 1506 in der Franziskanerkirche haben die «Werke der Barmherzigkeit» Eigenschaften gemein: die perspektivisch behandelte, von der Renaissance beeinflusste Architektur, das dichtgedrängte Volk, die quer über beide Tafeln hinweg fliegenden Wesen sowie die blechern wirkenden Falten.

Raoul Blanchard
Verena Villiger (Unterzeichnungen)
Kathrin Utz Tremp (Beitrag zur Heiliggeistbruderschaft)

Dank an
Daniel Moser, Bern, für die Bestimmung der Pflanzen.

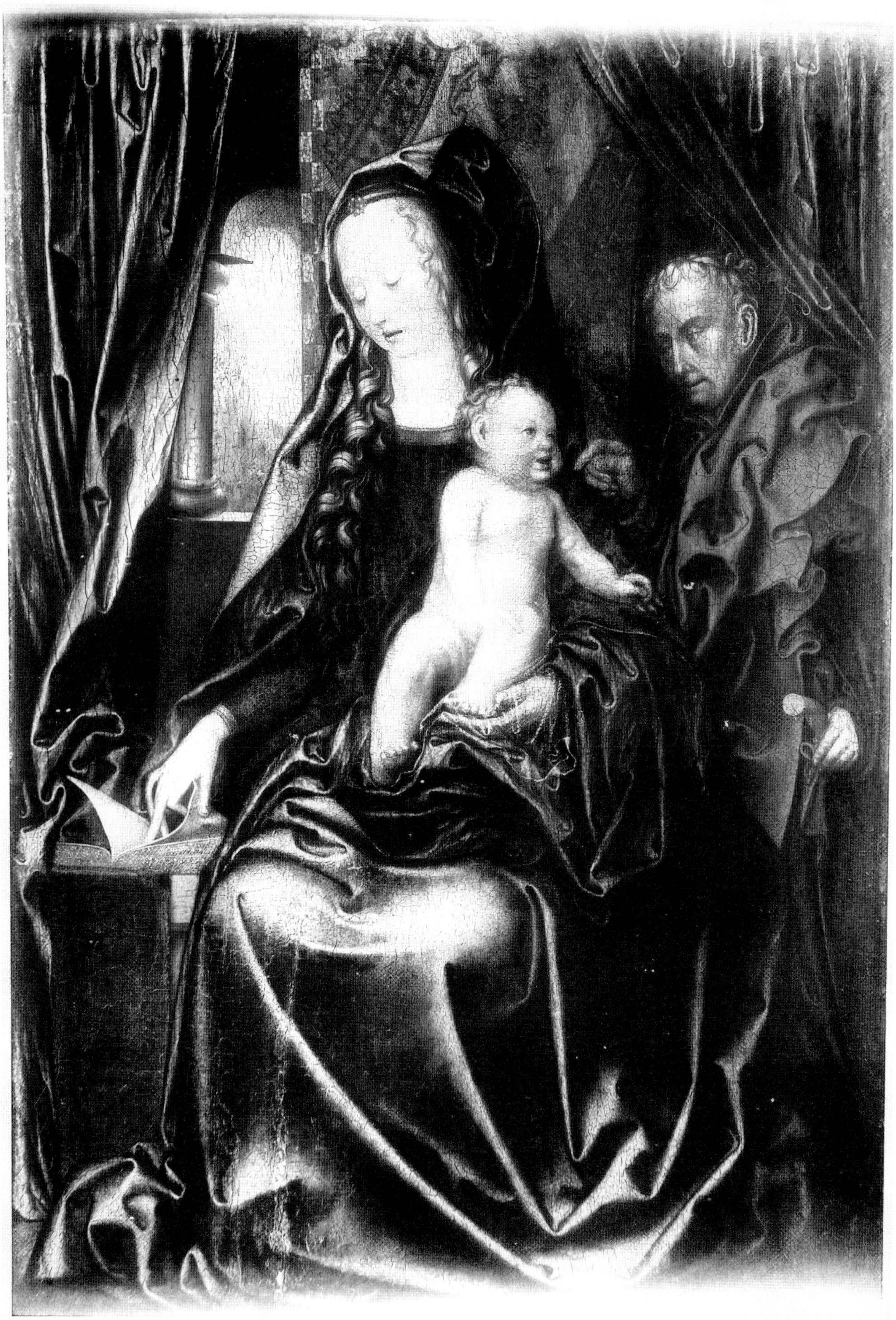

Kat. 8
Maria mit Kind und hl. Joseph, um 1505
(Abb. 121)

Jetziger Besitzer und Standort unbekannt

Ölhaltiges Bindemittel auf Holz (?), 25 x 17 cm (Pinacoteca Lochis 1858); 26 x 19 cm (Berthier 1898/3)

Herkunft

Es ist ungewiss, ob die kleine Tafel für einen grösseren Zusammenhang geschaffen wurde; eher handelt es sich um ein privates Andachtsbild. Nach einer Notiz auf der Rückseite befand sich das Gemälde von einem unbestimmten Zeitpunkt an bis 1817 im Besitz der bernischen Patrizierfamilie von Erlach, die es am 16. Dezember 1817 (Kelterborn-Haemmerli 1927, S. 85: irrtümlich Oktober) an Johann Franz Anton von Olry verkaufte. Olry, der aus dem Elsass stammte, war von 1807 bis 1827 bayerischer Gesandter in Bern, wo er durch konservative Haltung und militanten Katholizismus auffiel (Raab 1969; siehe auch S. 99). Ab 1842 lässt sich das Gemälde in der Sammlung des Grafen Guglielmo Lochis de Castello Sannazaro (1821–1859; Treccani 1995, S. 857) bei Bergamo belegen, nach dessen Tod erscheint es 1866 in einer Liste von Werken der Sammlung, die zum Verkauf angeboten werden; der Wert des Bildes, das sich im Antikenkabinett der gräflichen Villa befand, wurde damals auf 50 Florin oder 170 österreichische Pfund geschätzt. Nach der rückseitigen Notiz verblieb das Gemälde wohl im Besitz von Carlo Lochis, bis es 1874 durch John Charles Robinson (1824–1913; Dictionary 1927, S. 471/472) angekauft wurde. Robinson hatte von 1852 bis 1869 die Kunstsammlungen des South Kensington Museums in London geleitet, besass eine umfangreiche Privatsammlung und nahm seine Ankäufe als ausgezeichneter Kenner der Kunst des Mittelalters und der Renaissance oft in Italien vor. Anlässlich der Exposition nationale in Genf (1896) befand sich das dort präsentierte Gemälde jedenfalls in seinem Besitz, wobei nicht bekannt ist, auf welche Weise die Organisatoren der Ausstellung davon erfahren hatten (mehrere Komiteemitglieder der Sektion Kunst kannten Werke von Fries: Johann Rudolf Rahn, Max de Diesbach und Max de Techtermann; ausserdem half auch der in London tätige Diplomat C.-D. Bourcart bei der Beschaffung der Exponate; Genf 1896/1, p. XI–XIII). Kurz darauf, so scheint es, gelangte es in die Sammlung von Joseph Benjamin Robinson (1840–1929), einem Diamantminenbesitzer in Südafrika, der ab 1894 in London Kunst zu sammeln begann und hier Dudley House als Galeriegebäude für seine Sammlung erwarb (Cannon-Brookes 1989; Dictionary 1937, S. 725/726). Nach seinem Tod 1929 ging das Bild nach Südafrika an seine Tochter, Prinzessin Ida Labia (Witt 14.680). Möglicherweise wurde es gegen Mitte des 20. Jahrhunderts unter der Hand verkauft; es konnte bis heute nicht wiedergefunden werden.

Zustand

Nach den beiden uns bekannten Aufnahmen zu schliessen (Genf 1896/2; Berthier 1898/3, hier abgebildet) ist die Tafel vielleicht am oberen Rand beschnitten. Die Malschicht scheint trotz Craquelé gut erhalten zu sein; links unten weisen zwei schmale senkrechte Streifen auf Risse im Holz hin.

Rückseite

Berthier 1898/3 erwähnt zwei Zettel und zitiert deren Text. Auf dem grösseren: «Tableau qui fut trouvé dans la tente de Charles-le-Téméraire et qui tomba en partage, après la bataille de Morat, à un membre de la famille d'Erlach, qui le posséda jusqu'au 16 10bre 1817, où il fut vendu à son Excellence M. le chevalier d'Olry, ministre de S. M. le roi de Bavière. – Peint par Van Eich.» Dieser Text wird nahezu identisch bereits von Lochis wiedergegeben mit der Bemerkung, er stamme von Olry (Pinacoteca Lochis 1858). – Auf dem kleineren, unterhalb des ersten plazierten Zettel: «Afterwars (sic) (1874) in the collection of conte Lochis of Bergamo.»

Restaurierungen

1842, Alessandro Brisson, Mailand.

Nicht Gedrucktes

Epistolario Lochis; Witt 14.680.

Literatur

Pinacoteca Lochis 1846; Pinacoteca Lochis 1858, S. 167/168, Nr. 285; Genf 1896/1, S. 29, Kat. 367; Genf 1896/2, Tafel 6; Berthier 1898/3; Zemp 1905, S. 500; Leitschuh 1916, S. 481; Wartmann 1921/2; Ganz 1924, S. 140; Kelterborn-Haemmerli 1927, S. 85–87; Pfister-Burkhalter 1961, S. 608.

Abb. 121
Kat. 8 (Photographie aus: Berthier 1898/3)

Unter einem beidseits gerafften Vorhang sitzt Maria auf einer Bank; ihre Gestalt ist von einem Ehrentuch aus Brokatstoff mit Schachbrettbordüre hinterfangen. Über ihren linken Arm fällt eine durchsichtige Windel; darauf sitzt das nackte Jesuskind, das eine Händchen aufs Knie gestützt. Es wendet sich nach rechts zu Joseph, der mit der Rechten auf es deutet. Mit der Linken stützt sich der betagte, in einen weiten Mantel gehüllte Nährvater auf einen Stock. Die Muttergottes ihrerseits wendet sich vom Kind nach links ab, den Blick auf ein Buch geheftet, das neben ihr auf der Bank liegt. Eben wendet sie eine Seite, scheint jedoch mit dem Mittelfinger der Rechten eine Textstelle festzuhalten. Sie trägt ein Kleid mit rundem Ausschnitt, der – wie auch der Ärmel – von einer glänzenden Borte gesäumt wird. Den weiten Mantel mit üppigem Faltenwurf hat sie über den Kopf gezogen, wo er sich seitlich bauscht. Darunter quellen lange, zapfenzieherartige Locken hervor; ihre Stirn ist mit einem Diadem geschmückt, in dessen Mitte ein blümchenförmiges Kleinod sitzt. – Mit einem doppelten säulengestützten Rundbogenfenster, dessen eine Hälfte vom Vorhang verdeckt wird, öffnet sich der bühnenartig enge Raum auf eine baumbestandene Landschaft mit See.

Hinsichtlich der Farben sind wir auf die Beschreibung Berthiers angewiesen, der das Gemälde offenbar an der Landesausstellung in Genf gesehen hat: «Die Jungfrau (…) trägt ein blaues Kleid und einen grossen, purpurfarbenen Mantel, der dunkelgrün gefüttert ist (…). Der hl. Joseph ist mit einem grossen roten Mantel bekleidet, der dunkelblau gefüttert ist. Er (…) hat graues Haar. Über der Gruppe öffnen sich zwei grüne Vorhänge und lassen im Hintergrund (…) ein Rundbogenfenster mit roter Säule erkennen (…). Das gesamte Kolorit ist sehr warm und differenziert» (Berthier 1898/3). Wenn auch zu vermuten ist, dass ein vergilbter Firnis die Farben wärmer wirken lässt, als sie in Wirklichkeit sein mögen, scheinen dennoch Rot- und Grüntöne in der Komposition vorzuherrschen.

Trotz seinem kleinen Format hat das Bild einen überaus noblen Charakter. Die Komposition wird von der Madonna beherrscht, deren Gestalt die Figur Josephs geradezu an den Rand drängt. Hoheitsformen – der Vorhang, der wohl zu einem (vielleicht durch Beschneidung der Tafel verlorengegangenen) Baldachin gehört, und das brokatene Ehrentuch – verleihen dem Interieur einen höfischen Anstrich. Das Zeremonielle wird jedoch durch die Blicke und Bewegungen der drei Figuren gebrochen: Maria, die den Jesusknaben hält, ist mit Lesen beschäftigt; das Kind wendet sich seinerseits dem alten Vater zu, dessen Handbewegung wiederum spielerisch wirkt.

Darstellungen der Heiligen Familie entwickelten sich im Spätmittelalter aus der «Ruhe auf der Flucht nach Ägypten»; statt in einer Landschaft können sie auch in einem Innenraum situiert sein. Besonders beliebt sind dabei genrehafte Beschreibungen des häuslichen Lebens (LCI 1970, Sp. 6). Abgesehen vom Spiel zwischen Joseph und dem Kind fehlt auf dem vorliegenden Gemälde jedoch dieser anekdotische Zug. Es scheint, als sei die ursprüngliche Bildidee jene einer Muttergottes mit Kind gewesen und der Nährvater sei erst nachträglich beigefügt worden, was auch aus dem repräsentativen und nicht narrativen Charakter der Szene hervorgeht. Derartige Mariendarstellungen sind in der spätmittelalterlichen Malerei nördlich der Alpen offenbar meistens auf kleinformatigen Werken – Hausaltärchen und Andachtsbildern – anzutreffen (LCI 1971, Sp. 191). Auch in Jan van Eycks Madonnenbild in Melbourne wird Marias Würde von rangerhöhenden Elementen – Ehrentuch, Baldachin – hervorgehoben, wobei die Gottesmutter nicht auf einem Thron, sondern auf einer einfachen Bank sitzt und somit neben Hoheit zugleich Demut vor Augen führt. In diesem Gemälde ist ihr Mantel übrigens ebenfalls rot, worin Panofsky eine Anspielung auf die Passion vermutet (Panofsky 1958, Bd. 1, S. 183, Bd. 2, Abb. 243). Für Fries ist wiederum bezeichnend, dass Mutter und Kind unterschiedliche Bezugspunkte haben und sich der Jesusknabe nicht für das Buch zu interessieren scheint.

Obschon keine direkten Vorlagen zu diesem Gemälde bekannt sind, steht es jedoch Schongauers «Madonna mit dem Papagei» nahe (Abb. 123; Colmar 1991, K. 1, S. 248/249), wo die Jungfrau ebenfalls im Buch blättert und das Kind sich, anderweitig beschäftigt, von ihr abwendet. Die Idee zu diesen beiden Gestalten, der Ausblick durchs Fenster links und das Ehrentuch hinter Maria könnten aus diesem Kupferstich übernommen sein. Möglicherweise empfing der Maler aber auch Anregungen aus einem Holzschnitt Albrecht Dürers, der um 1496 entstandenen «Heiligen Familie mit den Hasen» (Abb. 122; Strauss 1980, S. 141–143), und zwar nicht nur hinsichtlich der Anordnung der Personen, sondern auch in bezug auf Details wie die Zapfenzieherlocken der Jungfrau, die sonst bei Fries nicht anzutreffen sind, und den in einen weiten Mantel gehüllten Joseph, der sich auf einen Stock stützt. Des weiteren findet sich ein auffälliges Motiv des Gemäldes, der über den Kopf gelegte Mantelbausch Marias, häufig an Skulpturen des ausgehenden 15. und beginnenden 16. Jahrhunderts, welche unter oberrheinischem Einfluss entstanden sind (Paris/Freiburg 1998, Abb. 51–54, 61, 86, 116, 125).

Die Sammler Olry und Lochis betrachteten das Gemälde als Werk Jan van Eycks (Pinacoteca Lochis 1858, S. 185); an der Genfer Landesausstellung figurierte es erst als eines von Antonello da Messina, im etwas später erschienenen Album wurde jedoch Hans Fries als Künstler erwogen (Genf 1896/1; Genf 1896/2). Die Zuschreibung an Fries dürfte unseres Erachtens ausser Frage stehen, nicht nur auf Grund stilistischer Merkmale – gedrängte Komposition, Faltenwürfe, Körperbildung –, sondern wegen Details, die auch in anderen Gemälden des Malers erscheinen: Das Diadem mit dem blümchenförmigen Schmuck ziert die Gottesmutter auch in zwei Zeichnungen, der «Himmelfahrt der Maria» (Kat. 20) und der Münchner «Maria auf der Rasenbank» (Kat. 19); der wie ein Schachbrett gemusterte Saum taucht ebenso in der «Vision des hl. Bernhard» (Kat. 3c) und der «Hl. Anna selbdritt» (Kat. 3d) auf. – Zemp vermutete, Fries habe ein niederländisches Gemälde kopiert, was Ganz in der Folge als gesichert annahm (Zemp 1905; Ganz 1924). Offensichtlich waren alle Autoren von der Grazie der kleinformatigen Malerei beeindruckt und betrachteten sie als ein Jugendwerk, das noch vor 1500 zu datieren sei. Einzig Kelterborn-Haemmerli schlug eine relativ späte Datierung zwischen 1507 und 1512 vor und glaubte eine stilistische Ähnlichkeit mit den Gemälden des Marienzyklus von 1512 (Kat. 13) zu erkennen.

Uns scheint die Bewegung der Figuren in diesem Bild gelöster als in den – ebenfalls kleinformatigen – Tafeln von 1501 in München (Kat. 3). Zugleich erinnert die Vielfalt der Draperiemotive, aus denen die Komposition hauptsächlich besteht, in ihrem krausen Reichtum stärker an die «Predigt des hl. Antonius von Padua» von 1506 (Kat. 9a) und an die «Ausgiessung des Hl. Geistes» (Kat. 7a), die um 1505 anzusetzen ist. Wir schlagen deshalb eine Datierung in die Mitte des ersten Jahrzehnts des 16. Jahrhunderts vor.

Verena Villiger

Abb. 122
Albrecht Dürer: Die Hl. Familie mit den Hasen, Holzschnitt, um 1498

Abb. 123
Martin Schongauer: Die Madonna mit dem Papagei, Kupferstich

Abb. 124
Kat. 9

Dank an folgende Personen für die Herkunftsbestimmung:
Peter Cannon-Brookes, Oxford;
Mauro Natale, Genf; Francesco Rossi, Bergamo (zur Sammlung Lochis).

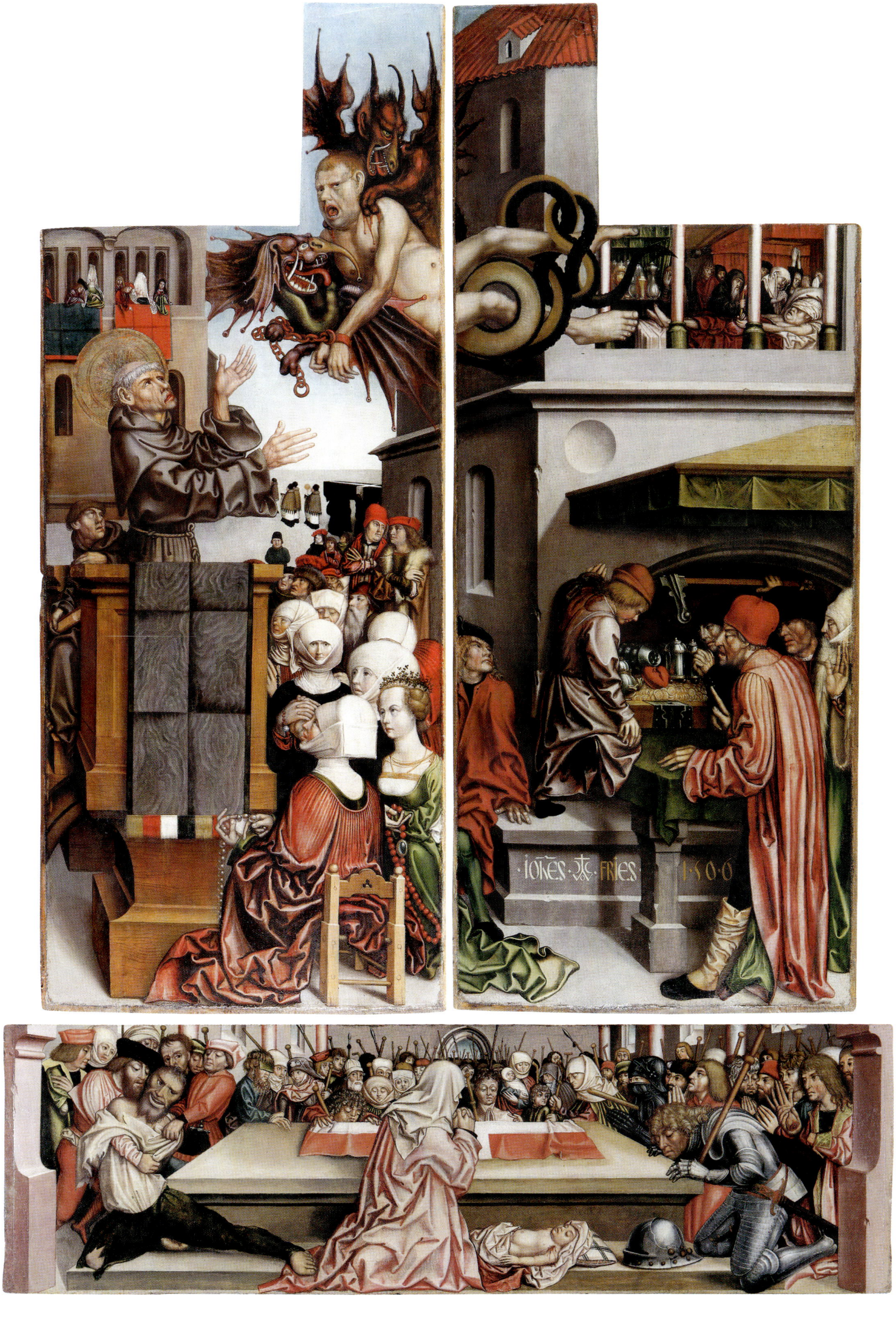
·IOHES· ·FRIES·
1·5·0·6

Kat. 9
Antonius-Altar, 1506

Herkunft

Der Hypothese zum ursprünglichen Standort des Altars seien einige Überlegungen vorangestellt, bei denen wir davon ausgehen, dass das Retabel für die Freiburger Franziskanerkirche geschaffen worden sei.

Als einer der wichtigsten Vertreter des Franziskanerordens ist Antonius von Padua auf der Mitteltafel des 1479/80 entstandenen Hochaltars in der Kirche des Freiburger Klosters dargestellt (Gutscher/Villiger, S. 183–186). Erst in nachmittelalterlicher Zeit lässt sich in dieser Kirche jedoch auch ein ihm geweihter Altar nachweisen: 1687 rühmt der Chronist Fuchs einen solchen (Raemy de Bertigny 1852), und im gleichen Jahr wird er mehrfach in den Anweisungen für den Sakristan der Kirche genannt (Informationes, ab Neupaginierung S. 6, 7, 21, 22, 121, 130, 171, 189, 199). Das gegen 1518 entstandene «Anniversarium» des Klosters hingegen erwähnt nur eine dem hl. Antonius dem Einsiedler geweihte Kapelle: «(…) dedicatio sacelli illorum burgesium qui vocantur Mercier. Et est consecratum in honore sancti Antonii abbatis» (mit «Mercier» ist wohl die Gesellschaft der Krämer gemeint, die von Moullet 1943, S. 13, angegebenen Stellen scheinen auf einem Irrtum zu beruhen); vermutlich im 17. Jahrhundert wurde der Name des Heiligen durchgestrichen und daneben notiert: «nunc S. Antonii Paduani» (jetzt des hl. Antonius von Padua; Anniversarium, S. 51). Dass mit Kapelle auch ein Altar gemeint sein kann, geht aus den «Informationes» (S. 27) hervor; man hatte also nach 1518 das Altarpatrozinium von Antonius Eremita auf Antonius von Padua übertragen. Im 17. Jahrhundert besass Antonius der Einsiedler keinen eigenen Altar mehr, sondern nur noch eine steinerne Statue an einem Pfeiler der Kirche (Informationes, ab Neupaginierung S. 121). – Wie es scheint, befand sich der Platz des Antonius-Altars am vordersten Pfeiler des Südschiffs, unmittelbar vor dem Lettner (Fonds Raedlé, Nr. 34–38). Nachdem das mittelalterliche Kirchenschiff 1745 wegen Baufälligkeit einem barocken gewichen war, errichtete der Laienbruder Anton Pfister im Zuge der Neuausstattung das noch heute bestehende Stuckretabel für den Antonius-Altar, der – möglicherweise analog zu seinem ursprünglichen Standort – in die vorderste Kapelle der Südseite gesetzt wurde (Strub 1959, S. 8, 40/41).

Wir vermuten, dass es sich bei den 1506 datierten, von Fries signierten Retabelflügeln und der dazugehörenden Predella um Teile des mittelalterlichen Altars handelt, der Antonius dem Einsiedler geweiht war. Für diese Hypothese spricht auch eine Stelle in den «Informationes», die erwähnt, dass die Schmiedezunft jeweils am Fest der hl. Maria Magdalena eine Messe singen liess, und zwar am Altar des hl. Antonius von Padua (ab Neupaginierung S. 171). Nun stellt eines der beiden erhaltenen Reliefs, die sich ursprünglich auf der Rückseite der Friesschen Altarflügel befanden, mit grosser Wahrscheinlichkeit die heilige Maria Magdalena dar (siehe unten). Es scheint, dass der Altar anfangs des 16. Jahrhunderts zwar noch unter dem Patrozinium des Einsiedlers Antonius stand, jedoch auch andern Heiligen wie Maria Magdalena und vor allem Antonius von Padua Raum bot. Seine Verehrung, die stetig wuchs, übertraf im späten 17. Jahrhundert auch in Freiburg jene des Einsiedlers bei weitem (siehe: Informationes, ab Neupaginierung S. 6, 121, 130, 159/160; siehe auch: Raemy de Bertigny 1852, S. 235; Kleinschmidt 1931, S. 336–341), bis sie offenbar den erwähnten Patrozinienwechsel bewirkte. Zur Zeit, als die Friesschen Gemälde entstanden, war der Altar hingegen wohl noch Antonius dem Einsiedler geweiht gewesen.

1506, im Entstehungsjahr des Retabels, stand das Freiburger Franziskanerkloster wahrscheinlich unter dem Guardianat von Jean Joly, einem hochgebildeten und weitgereisten Kleriker (Gutscher/Villiger 1999, S. 101–103). Joly hatte vermutlich schon 1479/80 das Bildprogramm für den Altar des Nelkenmeisters festgelegt, und es ist naheliegend, dass er ein Vierteljahrhundert später auch Hans Fries mit seinem Wissen zur Seite stand, ja ihm (wohl über literarische Quellen) zu Bildthemen verhalf, die nördlich der Alpen nicht verbreitet waren.

Das spätmittelalterliche Retabel wurde unseres Erachtens bei der barocken Neuausstattung zerlegt. Darauf fügte man die bemalten Aussenseiten der Flügel in der Mitte zusammen, änderte die Oberkante mit dem ursprünglich überhöhten Mittelteil dem Zeitgeschmack entsprechend zu einem Konvexbogen ab und fasste die zusammengesetzte Tafel in einem Rahmen mit Wulstprofil (Abb. 125); auch die Predella wurde neu gerahmt. Beide Gemälde blieben im Kloster, waren jedoch räumlich voneinander getrennt, so dass man ihren ursprünglichen Zusammenhang vergass. In ähnlicher Weise war man hier ein halbes Jahrhundert zuvor mit dem Altar des Nelkenmeisters verfahren; siehe Gutscher/Villiger 1999, S. 67–78. Ab Mitte des 19. Jahrhunderts lässt sich das Hauptbild in der Hauskapelle des Klosters nachweisen (Daguet 1855, S. 58), während die Predella erstmals 1890 in einem Fremdenzimmer erwähnt wird (Haendcke 1890, S. 178). Nachdem Burckhardt 1888 das erstere mit den Tafeln des Jüngsten Gerichts in Zusammenhang gebracht hatte – eine Behauptung, die Haendcke kurz darauf als Irrtum bezeichnete (siehe S. 112; auch bei Lehmann 1900) –, erkannte Josef Zemp 1903, dass es sich dabei um die Gemälde eines einzigen Altars handelte, hielt das grössere der beiden jedoch für dessen Mittelbild. Hierauf wurden die zwei Tafeln in der Klosterbibliothek zusammengeführt (Leitschuh 1916), wo Anna Kelterborn-Haemmerli sie in den 20er Jahren untersuchte und aus den Reliefspuren auf der Rückseite des «Mittelbildes» auf zwei nachträglich zusammengekittete Flügel schloss. Gleichzeitig mit dem Nelkenmeister-Altar (Gutscher/Villiger 1999, S. 87) – stellte Alfred Blailé 1936 die ursprüngliche Form der Gemälde wieder her.

Abb. 125
Kat. 9a, Flügel in barockem Rahmen zusammengefügt
(Photographie aus: Berthier 1891/3

Abb. 126
Kat. 9a, Rückseiten der Flügel mit Heiligen-Reliefs (Photomontage)

Das Retabel zeigte bei geschlossenem Zustand die Gemälde von Hans Fries, bei geöffnetem auf beiden Flügeln je zwei Reliefs. Es ist anzunehmen, dass der Schrein selbst entweder ein Relief oder aber drei Statuen beherbergte, deren mittlere angesichts der überhöhten Schreinform grösser als die übrigen war. Auch über die Ikonographie der Skulpturen lässt sich hier nur mutmassen. Maurice Moullet dachte 1943 auf Grund der Reliefumrisse auf den Flügelrückseiten an franziskanische Heilige: Franz von Assisi und Bonaventura auf der einen, Klara von Assisi und Elisabeth von Ungarn auf der andern Seite. Fünfzehn Jahre später identifizierte Marcel Strub zwei Reliefs, die 1947 aus einer Nische an der Freiburger Altbrunnengasse in die Annakapelle verbracht worden waren, als zu den Flügeln gehörend (Strub 1958/2; heute im Museum für Kunst und Geschichte Freiburg deponiert). Die beiden Gestalten sind dem Meister der grossen Nasen zuzuschreiben (siehe Kat. 21) und passen genau auf zwei der vorhandenen Silhouetten: bei der jungen weiblichen Heiligen mit offenem Haar und koketter Kleidung handelt es sich nach Strub um Maria Magdalena, bei dem älteren, bärtigen Mann hingegen um Petrus – also nicht um franziskanische Heilige. Aufgrund des eingangs erläuterten ursprünglichen Altarpatroziniums scheint uns zudem wahrscheinlich, dass die Hauptfigur im Schrein den hl. Antonius Eremita darstellte.

Seit ihrer frühesten Erwähnung gelten die Altargemälde als Hauptwerke von Hans Fries, wobei den Flügeln (ausser bei Ganz 1924) grössere Bedeutung zugemessen wird als der Predella. Hoch bewertet werden von den meisten Autoren die Darstellung des seelischen Ausdrucks und die Originalität der Komposition, in die der Maler den komplexen Inhalt gebracht hat und die insgesamt ruhiger wirkt als bei früher entstandenen Werken; bemängelt werden hingegen die starken Verkürzungen, die Perspektive und die knittrigen Gewanddraperien.

Literatur

Raemy de Bertigny 1852, S. 234/235; Daguet 1855, S. 58–61; Nagler 1858–1880, Nr. 148, S. 54; His-Heusler 1864, S. 57–59; Nagler 1858–1880, Bd. 4, S. 54, Nr. 148; His-Heusler 1869, S. 56; Freiburg 1874, S. 6, Nr. 19; Raedlé 1877, S. 96/97, 100; Raedlé 1882–1883, S. 166–168; Woltmann/Woermann 1882, S. 483; Rahn 1883, S. 416–418; Burckhardt 1888, S. 126–128; Haendcke 1890, S. 176–178; Janitschek 1890, S. 477/478; Berthier 1891/3; Berthier 1892/3; Haendcke 1893, S. 114, 119–121; Lehmann 1900, S. 130; Vulliéty 1902, S. 223/224, 227, Abb. 471; Zemp 1903, S. 227; Zemp 1905, S. 501; Leitschuh 1916, S. 480, 482; Fleury 1921, S. 290; Ganz 1921, S. 407, Abb.; Zürich 1921, S. 15, Nr. 54, 55; Baum 1921/1922, S. 299; Ganz 1922/2, Abb.; Wartmann 1922, S. 23; Ganz 1924, S. 141/142, Tafel 99; Mandach 1924, S. 129/130; Paris 1924, S. 26, Nr. 38/39; Kelterborn-Haemmerli 1927, S. 60–65, S. 69–72, Tafel 24, 25; Benesch 1928, S. 59; Reiners 1930, S. 42, Tafel 65; Kleinschmidt 1931, S. 197; Kunst in der Schweiz 1940, S. 20; Dominique/Moullet 1941, S. 52; Moullet 1943, S. 13/14; Cingria 1943, S. 107–116; Rütsche 1943; Fosca 1945, S. 41; Hodgkin 1949, S. 53, 123, Abb.; Ganz 1950, S. 125, Abb.; Bern 1953, S. 9, Nr. 16; Freiburg 1955, S. 6, Nr. 6; Reinle 1956, S. 54; Freiburg 1957, S. 16, Nr. 12; Strub 1958/2; Basel 1959, S. 15; Strub 1959, S. 48–51; Ganz 1960, S. 355; Strub 1960, S. 74, 81/82, Nr. 2; Pfister-Burkhalter 1961, S. 608; Strub 1966, p. 80; Lüthy 1968, S. 177; Hütt 1973, S. 408; Osten 1973, S. 111; Roethlisberger 1975, S. 48,

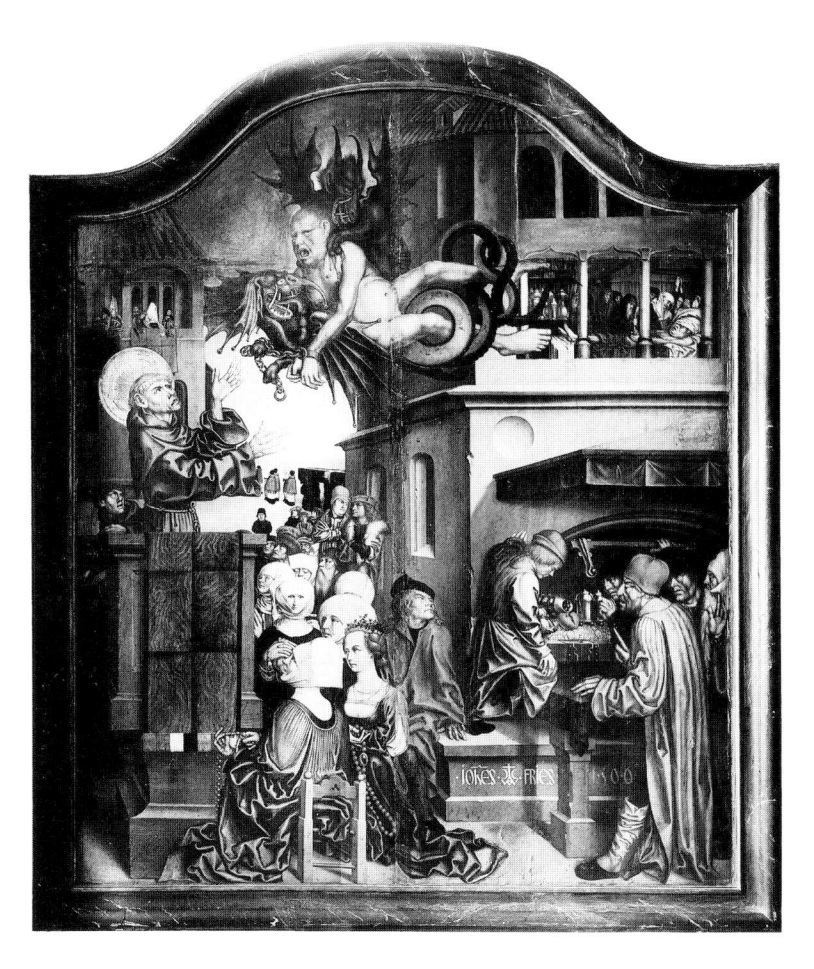

Abb.; Schmid 1992, S. 34/35; Beerli 1993, S. 134; Schmid 1993, S. 350/351; Zürich 1994, Abb. 92; Schmid 1995; Tremp 1995, S. 119; Bertling 1996, S. 168; Wüthrich 1996, S. 787; Gutscher/Villiger 1999, S. 89, 103.

Kat. 9a
Predigt des hl. Antonius von Padua
(Abb. 124)

Freiburg, Franziskanerkirche

Ölhaltiges Bindemittel und Polimentvergoldung auf Fichtenholz (Picea abies), mit Leinwand überklebt, 179 x 74 cm (linker Flügel), 179 x 75 cm (rechter Flügel; beide Flügel zu einer Mittelüberhöhung gestuft)

Signiert unten rechts auf der Sockelbank: «IOhES · 来 · FRIES · ».
Datiert neben der Signatur: «1·50·6»
Inschriften: Auf der Schildkonsole des Hauses links: «来»

Zustand

Der Bildträger wurde dendrochronologisch untersucht (LRD 2); er besteht aus zweimal drei Brettern, die eine Stärke von 0,7 bis 0,8 cm und folgende Breiten aufweisen (von links nach rechts): 30 cm; 25 cm; 19 cm; 21 cm; 25 cm; 29 cm. Das Holz ist vermutlich gleicher Provenienz wie jenes des «Lebenden Kreuzes» (Kat. 12, S. 174) und stammt von einem einzigen Baum, der in einer Höhe über 1000 m ü. M. wuchs. Das Splintholz wurde entfernt; der letzte vorhandene Jahrring ist 1499 gewachsen. – Die ausgesparten Ecken weisen Sägespuren auf; ihre waagrechten Kanten sind nur geringfügig beschnitten (Grundierungskante an jener des rechten Flügels teilweise erhalten), an den senkrechten fehlt möglicherweise ein grösseres Stück, wie sich aus den angeschnittenen Elementen der Malerei (Teufelsflügel, Fuss der Seele) schliessen lässt. Die Mittelüberhöhung wurde 1936 ergänzt; ihre genaue ursprüngliche Höhe ist nicht bekannt. – Mit Ausnahme kleiner Fehlstellen und von Kratzern (Vandalismus) im Sockel der Kanzel ist die Malfläche gut erhalten.

Rückseite

Auf jedem der beiden Flügel sind die Silhouetten von zwei Heiligenreliefs ausgespart; pro Flügel hat sich je eines erhalten (siehe S. 150; Abb. 126). Der Hintergrund ist summarisch bemalt: im oberen Teil ein bis ins Weiss abgestufter blauer Himmel; im Bereich der Figuren ein Brokat mit abschliessender Bordüre, in Ocker, Krapplack(?), Schwarz(?) und Weiss. Die Nimben weisen Reste einer Blattvergoldung auf. Kleine Löcher rühren von der Befestigung der Reliefs her.

Restaurierungen

Unbekannter Zeitpunkt, wohl um 1745 (Zusammenfügung der beiden Flügel, Änderung der Oberkante zu einem Konvexbogen); 1936, Alfred Blailé (Rekonstruktion der Flügelform, Restaurierung); zwischen 1936 und 1991 (Übermalungen); 1991, Claude Rossier, Museum für Kunst und Geschichte Freiburg (Freilegung und Reinigung).

In der linken Bildhälfte steht Antonius von Padua predigend auf einer hölzernen Kanzel, über deren Stirnseite ein Tuch aus grauem Seidenmoiré mit bunten Fransen fällt. Vor der Kanzel hören ihm Frauen in weissen Hauben zu, in den Händen den Rosenkranz. Die vorderste von ihnen sitzt in Rückenansicht auf einem Stühlchen mit geschweifter Lehne, an der sich ihr rotes Kleid zu einem reichen Faltenwurf staut. Auch ihre junge Nachbarin blickt andächtig zum Prediger empor. Als einzige trägt sie keine Haube, sondern auf den aufgesteckten Zöpfen einen juwelengeschmückten Reif, der mit Zweiglein bekränzt ist. Ihre Schönheit wird vom ausgeschnittenen grünen Kleid mit geschlitzen Ärmeln und weissem, goldgesäumtem Hemd sowie dem Goldgeschmeide an ihrem Hals unterstrichen. Ein grosser, bläulicher Cabochon schmückt ihren Rosenkranz. Unter den übrigen Frauen fällt eine weitere auf, die frontal zum Betrachter blickt. Weiter hinten stehen die männlichen Zuhörer, die einen aufmerksam, andere – zwei gutgekleidete Herren – plaudernd; etwas abseits hat eine rundliche Gestalt die Hände auf dem Rücken verschränkt. Aus den Fenstern eines vornehmen Gebäudes, das den Platz nach hinten begrenzt, neigt sich ein nobles Publikum; die Kopfbedeckung der Damen – Hennin und Hörnerfrisur – erinnert an die burgundische Mode des 15. Jahrhunderts. Kaum sichtbar erscheint im Schild einer Konsole am mittleren Fensterpfosten nochmals die Friessche Hausmarke. Über die Fensterbrüstungen fallen ein roter und ein grüner Teppich. Hinter Antonius sitzt ein Mitbruder, wohl der «socius sancti Antonii» Luca Belludi (dazu: Costa 1986), auf der Kanzeltreppe, ein Buch auf dem Schoss, und blickt entsetzt in die Höhe, wohin der Heilige mit beiden Händen deutet: zwei geflügelte Teufel entführen dort eine in Ketten gelegte, nackte männliche Gestalt durch die Lüfte, die Seele eines reichen Mannes, dessen Tod auf dem rechten Flügel dargestellt wird. Im oberen Stockwerk eines stattlichen zweistöckigen Hauses liegt er auf einem Bett mit rotem Himmel in den letzten Zügen, die Stirn bedeckt ein Wickel; ein Mönch setzt eine Kerze in seine Hände, klagende Frauen und trauernde Männer stehen dabei. Unter einem zweiten, grünen Baldachin am Fussende des Bettes ist Geschirr aus Gold und Silber aufgereiht. Im Erdgeschoss, in dessen Fassade ein Tondo eingetieft ist, öffnet sich unter einem hölzernen Vordach eine breite Arkade, durch die der Blick in die Schatzkammer fällt. Eine Truhe mit mächtigem Schloss wird eben geöffnet; sie ist bis zum Rand mit Goldmünzen und kostbaren Gefässen gefüllt. Mittendrin liegt prall und rot das Herz des Verstorbenen, zum Erstaunen und Schrecken der Umstehenden, dreier wohlhabend gekleideter Männer und einer Frau; ein Mönch weint beim Anblick händeringend; ein Junge ist auf die Sockelbank des Hauses geklettert, stützt sich mit einem Knie auf den steinernen, von einem grünen Tuch bedeckten Tisch vor dem Gewölbe und beugt sich neugierig über den grausigen Fund. – Auf dem weiten Platz zwischen den beiden Häusern tragen schwarzgekleidete Gestalten einen Sarg, der von einem schwarzen Bahrtuch mit weissem Kreuz bedeckt ist. Davor gehen vier Chorherren im Pelzumhang; einer von ihnen trägt einen Weihwasserwedel.

Die Unterzeichnungen auf den Flügeln (Abb. 129) gehören zu den schönsten und vielfältigsten im Werk von Fries. Gesichter, Kleidung und Körper sind bald akkurat modellierend, bald in grosszügiger Lavierung vorgegeben; der Maler skizziert aber auch linear – teils schwungvoll, teils krakelig-nervös.
Mit rapiden Pinselschwüngen umreisst er die Züge des Heiligen und schraffiert darüber fein die Schatten. Die Anatomie der Hände ist (im Vergleich zu den häufig amorphen Händen der Friesschen Gestalten) ausgesprochen artikuliert; die rechte ist kleiner und etwas gespreizter gezeichnet als ausgeführt, die linke hingegen eine Spur grösser. Auch der Kopf des Mitbruders wird erst umrissen, dann dicht schraffiert. Ein scheibenförmiger, nicht ausgeführter Gegenstand links über seinem Kopf scheint das Zifferblatt einer Uhr darzustellen, deren Zeiger auf Zwölf steht. Es handelt sich wahrscheinlich um die öffentliche astronomische Uhr, die Jacopo Dondi um 1350 für den Palazzo del Capitanato in Padua geschaffen hat (Poulle 2001); ein zifferblattförmiger antonianischer Wunderzeiger, als der diese Form auch gedeutet werden könnte, ist uns erst aus dem Jahre 1663 bekannt (Kleinschmidt 1931, S. 351/352).

Abb. 127
Kat. 9a, linker Flügel, Unterzeichnungen: Architektur im Hintergrund (Infrarot-Reflektographie)

Abb. 128
Kat. 9a, linker Flügel, Unterzeichnungen: junge Frau rechts unten (Infrarot-Reflektographie)

Sorgfältig unterzeichnet Fries auch das weibliche Auditorium. Den prachtvollen Faltenwurf im Vordergrund modelliert er ausführlicher als gewohnt, allerdings nicht besonders schönlinig. Auch das Stühlchen ist skizziert; drei Nägel statt einem einzigen fixieren die Lehne. In regelmässiger Schraffierung formt Fries locker die Köpfe der Frauen und rundet Hälse, Wangen, Hauben. Die kugelige Haube der frontal aus dem Bild Blickenden ist ausladender vorgesehen als ausgeführt. Geradezu abenteuerlich mutet die Aufmachung der jungen Frau rechts vorne an (Abb. 128): statt dem – später gemalten – schlichten Goldschmuck trägt sie ein prächtiges Halsband aus ornamentierten, sich überlappenden Medaillons mit Abhänglingen, dazu eine doppelte Kette aus grossen Ringen mit einem Anhänger. An ihrem Haar ist ein Kopfputz (Federbusch?) mit einer Brosche befestigt, an der ein weiteres Kleinod hängt.
Bei den Männern wird die Zeichnung mit zunehmender Entfernung summarischer. Einzig das Gesicht des jüngeren Mannes mit dem Pelzkragen ist fein modelliert; eine kreisrunde Form an seiner Hutkrempe könnte ein Schmuckstück sein, das Fries nicht ausführt. Die Zuhörerschaft setzt sich in der Unterzeichnung auf der Platzfläche nach links fort; wo in der Malerei einzig der kleine Mann rechts über der Kanzel steht, drängen sich hier Köpfe mit Federbaretten. Fries verzichtet offenbar auf diese Gruppe, um räumliche Weite zu schaffen. Zwar wird der – knapp umrissene – Leichenzug als wichtiges ikonographisches Element ausgeführt; auf die Kirche, zu der er sich hinbewegt, verzichtet der Maler in der Ausführung jedoch zugunsten einer leeren Platzfläche mit surreal anmutendem blankem Horizont, über dem sich der Himmel wölbt. Die Kirche der Unterzeichnung (Abb. 127) ist architektonisch höchst interessant: links ein spitz zulaufender, von Fialen bekrönter Turm mit Portal, Balustrade und Rose (?); nach rechts ein befenstertes Langhaus mit Strebepfeilern, die über die Traufe hinausführen und in Türmchen enden, und einem Satteldach mit Lukarnen; anschliessend ein viel höherer, polygonaler Hallenchor mit Lanzettfenstern, Strebepfeilern und einer umlaufenden «Attikazone» oder Balustrade unter dem Dach. Hinter diesem Chor erscheint links ein weiterer Bau. Die Kirche ist von einer Mauer mit Strebepfeilern umgeben. Rechts davon weitet sich ein belebter Platz: auf einer Bank sitzt eine Mutter mit ihrem Kind; zwei grössere Kinder (?) raufen sich, zwei Erwachsene schöpfen Wasser aus einem Brunnen, dessen rundes Becken aus einem fialenförmigen Brunnenstock gespeist wird. Kürzelhaft werden auch die kleinen Figürchen der vornehmen Gesellschaft in den Fenstern links oben notiert; bei der Dame in der Mitte der rechten Gruppe sind die Brüste als kleine Kreise angegeben.
An der Seele des Gestorbenen wird wiederum deutlich, wie Fries mit spitzem Pinsel und konzentrierter Farbe Gesicht und Körper umreisst, um sie in einem zweiten Arbeitsgang mit grosszügigem Lavis zu modellieren. Die Wangen des Geizigen sind erst feister, seine Finger weiter geöffnet; die Hände scheinen nicht mit Handschellen, sondern mit einem Strick gefesselt zu sein, der mit zwei Schlaufen in einem Knoten endet. Analog unterzeichnet der Maler die beiden Teufel: geringfügige Abweichungen von der Malschicht erscheinen an den Silhouetten ihrer Flügel sowie an den Hörnern und der Vorderpranke des oberen Ungeheuers; sein linkes Bein ist zunächst diagonal nach oben gestreckt (rechter Altarflügel). – Die kleinformatige Sterbeszene ist in der Unterzeichnung stark vereinfacht wiedergegeben. Immerhin lassen sich zwei Abweichungen von der Malschicht feststellen: die rechte Hand des Sterbenden ist sichtbar und liegt flach auf der Bettdecke; und die Gestalt, welche links von einer Säule angeschnitten erscheint, verbirgt ihr Gesicht nicht in der Hand, sondern blickt zum Betrachter.

154

Von grosser Schönheit ist wiederum die Gruppe, welche das Herz in der Schatztruhe entdeckt. Der sitzende Mann, der sich in der Unterzeichnung mit der Rechten an den Kopf greift, ist trotz komplizierten Verkürzungen rasch skizziert: am Gesicht mit spitzem Pinsel und dunkler Farbe, die Augenkreise weiter unten liegend als in der Ausführung; am Kleid in wenigen, hell lavierten Zügen. Der Junge, dessen Gewandfalten der Maler in energischen Strichen festlegt, trägt noch keine Mütze auf dem Lockenschopf. Ähnlich wie sein Kleid ist der Mantel des Mannes vor dem Tisch gezeichnet; neben den grosszügigen Faltenbahnen auf seinem Rücken (anders als in der Malerei brechen sie sich am Boden nicht) wirkt die Skizze des Ärmels und der Gamasche nervös (die Strichführung weist Ösen, Häkchen und Stecknadelknöpfe auf).
Für den Nimbus des Antonius verwendet Fries einen Zirkel, von dem die kleine Delle im Zentrum der konzentrischen Kreise zeugt. Rillen und Strahlen wurden vor dem Vergolden in den Kreidegrund graviert.

Dargestellt wird hier eines der berühmtesten und merkwürdigsten Wunder des Heiligen, eine Episode, die in der hagiographischen Literatur mehrfach überliefert ist und auf Quellen des späten 12. Jahrhunderts zurückgeht. Sie kommt bei Servasanto da Faenza, in der Legenda Florentina, bei Bartolomeo da Pisa, in der Handschrift Vat. Lat. 7592 und bei Surius vor. Diese Autoren erzählen, wie Antonius von Padua am Begräbnis eines Wucherers über das Wort Christi: «Denn wo dein Schatz ist, da ist auch dein Herz» (NT, Mt 6, 21) predigte. Antonius sagte dabei, dieser reiche Mann sei gestorben und in der Hölle begraben. Nach der Beerdigung hiess er die Verwandten des Hingeschiedenen, in seinen Schätzen nachzuschauen; dort würden sie sein Herz entdecken, das nicht im Leib geblieben sei. Sie gehorchten und fanden das Herz noch warm inmitten des Geldes. Sicco Polentone, der das Ereignis ebenfalls erzählt, lokalisiert es in der Toscana, zitiert das Lukas-Evangelium (NT, Lk 12, 34) und spricht nicht von einem Wucherer, sondern von einem reichen Geizhals (Liber miraculorum, S. 643). – Das Wunder wurde im 15. Jahrhundert von Donatello auf einem der Bronzereliefs zum Altar des «Santo», der Antoniusbasilika in Padua, dargestellt; es ist im Vertrag zwischen dem Bildhauer und der Bauhütte des «Santo» erwähnt (Kleinschmidt 1931, S. 171, Abb. 139; Liber miraculorum, S. 643). In dieser wie in späteren, davon abhängigen Darstellungen sucht jedoch ein Arzt im Körper des Wucherers vergeblich nach dem Herzen, das in einer seitlich stehenden Truhe gefunden wird.

Gegen den asozialen Umgang mit dem Geld, allem voran Wucher und Geiz, hatte Antonius von Padua häufig gepredigt. In Freiburg scheint zu Beginn des 15. Jahrhunderts eine erste Diskussion über den Wucher stattgefunden zu haben, und zwar in Anschluss an die Predigten, die der berühmte spanische Wanderprediger Vinzenz Ferrer vom 9. bis zum 21. März 1404 in Freiburg und den umliegenden Kleinstädten Murten, Payerne, Avenches und Estavayer-le-Lac hielt (hier und im folgenden nach Utz Tremp 1995, insbesondere S. 91 ff.). Ferrer war damals im freiburgischen Franziskanerkloster untergebracht, und seine Predigten wurden von Friedrich von Amberg aufgezeichnet, der an der Wende vom 14. zum 15. Jahrhundert Guardian des Freiburger Franziskanerkonvents und Provinzial der Oberdeutschen Minoritenprovinz war. Vinzenz Ferrer aber predigte nicht nur gegen Geiz und Wucher, sondern auch gegen jede Art der Zinsnahme; er hielt an einem absoluten Zinsverbot fest, während ein Zinssatz von 5% längst das Übliche war und von der offiziellen Kirche zumindest toleriert wurde. In der Folge von Ferrers Predigten scheint es in Freiburg zu richtigen Bekehrungen gekommen zu sein; so ordnete der Schneider Hensli von Heitenwil in seinem Testament (eröffnet um 1410) an, dass allen, welchen er vor der Ankunft des guten Predigers Vinzenz Ferrer sein Geld zu Wucherzinsen geliehen habe, nämlich 20 Schilling für 2 Schilling, von jener Zeit an 12 Denar von jedem Pfund nachzulassen seien.

Die Erinnerung an Vinzenz Ferrer und seine wortgewaltigen Predigten hielt sich in Freiburg nachweisbar bis mindestens 1430, wo wir in den Akten des Freiburger Waldenserprozesses von 1430 eine Reminiszenz haben. Nur wenige Jahre später, nämlich in der zweiten Hälfte des Jahres 1438, wurde in Freiburg ein Spiel «vom schlechten Reichen» aufgeführt, von dem wir nur Kenntnis haben, weil die Stadt einen Beitrag an die «Logen» leistete: «Item eis clers qui firont l'istaire dou maulvais riche, en aytaire deis missions que lour hont heus pour faire les loges, ordonne par messeigneurs, 4 lb» (Büchi 1925, S. 224).

Abb. 129
Kat. 9a, Unterzeichnungen (Infrarot-Reflektographie)

Abb. 130
Reymond kommt auf seiner Irrfahrt zu dem Turstbrunnen, an dem ihm Melusine sein Schicksal voraussagt (aus: Melusine, erschienen bei Bernhard Richel, Basel, um 1475)

Um einen «schlechten Reichen» handelt es sich im Grund auch bei dem auf den Tafeln des Antonius-Altars dargestellten Sterbenden, dessen Herz sich in seinem Tresor statt in seiner Brust befindet. Der Altar selbst ist so der beste Beweis dafür, dass das Wucherthema in Freiburg über das 15. Jahrhundert hinaus aktuell geblieben ist, es gibt aber auch noch andere Indizien. Friedrich von Amberg hatte nicht nur Predigten gesammelt, sondern auch selber eine Exempla-Sammlung angelegt (Freiburg, Franziskanerkloster, Codex 82), die mit einem Wucherexempel beginnt. Hier bereut der Wucherer allerdings seine Sünden und will noch im letzten Augenblick den rechtmässigen Besitzern sein Vermögen zurückgeben. Deshalb siegen im Kampf um seine Seele zwischen vier Engeln und vier Teufeln schliesslich die guten Mächte, und er kommt glimpflich davon. Die Exempla Friedrichs von Amberg wurden zusammen mit anderen solchen Sammlungen im Freiburger Franziskanerkloster aufbewahrt, und wahrscheinlich haben die hiesigen Franziskaner in ihren Predigten häufig daraus geschöpft (Tremp 1995, S. 119/120).

Im Vergleich zu Italien scheinen nördlich der Alpen Darstellungen des Heiligen aus vorbarocker Zeit selten zu sein. Im vorliegenden Werk lassen architektonische Details – der eingetiefte Tondo und die Säulenloggia – wie auch die Teppiche an den Fensterbrüstungen an italienischen Einfluss denken. Die Komposition von Fries ist jedoch eigenständig und gleicht den aus Italien bekannten Darstellungen des Wunders nicht (dazu: Mandach 1899, S. 224–230). Einzig die Darstellung einer Predigt auf den Glasgemälden der Antoniuskapelle von San Francesco in Assisi weist mit dem hochformatigen Bildfeld, der links vor einer Stadtkulisse aufgestellten Kanzel und der zum Predi-

Abb. 131
Kat. 9b, Unterzeichnungen (Infrarot-Reflektographie)

genden aufblickenden Zuhörerschaft gewisse Ähnlichkeiten auf. Nach Mandach handelt es sich hier um die Predigt beim Tod des Wucherers, was Martin jedoch bezweifelt: es sei naheliegender, hierin die Predigt zu sehen, die einem andern, unmittelbar daneben dargestellten Wunder (der Heilung des abgehauenen Beines) vorausgehe (Mandach 1899, S. 188/189; Martin 1997, S. 313). Möglicherweise entwickelte Fries seine Bildidee auf Grund literarischer Quellen, wobei er sich in einzelnen Bereichen an bereits vorhandenen Bildschemen orientierte: für die Szene der Predigt etwa konnte er auf eine verwandte Darstellung am Johannes-Altar eines Berner Nelkenmeisters zurückgreifen (Abb. 195). Die Gruppe der Teufel mit der Seele des Wucherers ist vielleicht von Schongauers Stich «Hl. Antonius von Dämonen gepeinigt» (Abb. 85; Colmar 1991, K. 10; dazu schon His-Heusler 1869) beeinflusst. Burgundische Damenmode mit Hörnerfrisuren und hohen Hennins, die der Szene wohl einen grossstädtischen Anstrich geben sollte, erscheint in Buchillustrationen wie jenen zu Jean d'Arras' «Melusina» (Basel, Richel, um 1476; Abb. 130). Verschiedentlich wird in der Literatur ein möglicher Einfluss der «Basilika San Paolo fuori le mura» von Hans Holbein d. Ä. erwägt (Burckhardt 1888, S. 126; Janitschek 1890; zum Gemälde: München 2000, S. 70–83); diese Vermutung wird zwar von Haendcke (1893, S. 120) und Zemp (1905) zurückgewiesen, von Kelterborn-Haemmerli 1927 jedoch wieder aufgenommen. Abgesehen von den Motiven des Predigers und der Frau auf dem Stühlchen wie auch von der Tatsache, dass es sich in beiden Bildern um Simultandarstellungen handelt, wirken Gesamtkomposition und Einzelformen bei Fries bedeutend spannungsvoller und plastischer, ja geradezu sperrig im Vergleich zur zarten Malweise Holbeins, was Leitschuh 1916 an Michael Pacher denken liess.

Auch in chromatischer Hinsicht wurde wiederholt ein augsburgischer Einfluss auf Fries postuliert. Der «Burgkmairsche Goldton» (Burckhardt 1888, S. 126; Leitschuh 1916) lag jedoch, wie bereits Zemp 1905 vermutete, am vergilbten Firnis; im gereinigten Bild ist die Farbskala abgesehen von den roten Partien nämlich hell und eher kühl.

Die Formensprache des Malers variiert hier zwischen ruhigen, sich weitenden Oberflächen (Architektur, Platz, Himmel) und kraus bewegten Partien (Gestalten und Gewanddraperien), die sich an der Figur des Heiligen und an der Teufelsgruppe zu dramatischer Erregtheit steigern. Die dadurch erzeugte Spannung wird vom Maler sorgfältig abgewogen; das sieht man vor allem daran, dass er den ursprünglich vorgesehenen Hintergrund mit einer Kirche und Menschengruppen zugunsten eines sich weit öffnenden Platzes weglässt. Nach seiner prominenten Signatur zu schliessen, muss sich Fries des künstlerischen Wertes dieses Gemäldes durchaus bewusst gewesen sein.

Um 1894/1895 kopierte Józef Mehoffer in einer Skizze den Mann im Vordergrund rechts (Abb. 3); das kleine Blatt stammt aus dem Skizzenbuch Nr. 29 und befindet sich im Besitz der Familie des Künstlers.

Kat. 9b
Wunder am Grab des hl. Antonius
(Abb. 124)

Freiburg, Franziskanerkirche

Ölhaltiges Bindemittel auf Fichtenholz (Picea abies), mit Leinwand überklebt, 50 x 170 cm

Zustand
Der Bildträger wurde dendrochronologisch untersucht (LRD 2); er besteht aus zwei horizontalen Brettern, die eine ungefähre Stärke von 3 cm und eine durchschnittliche Breite von 8 cm (unten) und 42 cm (oben) aufweisen. Das Holz ist anderer Provenienz (tiefere Lage) als jenes der Flügel und stammt von zwei Bäumen. Das Splintholz wurde entfernt; der letzte vorhandene Jahrring ist 1500 gewachsen. – An den Längskanten finden sich je fünf Dübellöcher, an der rechten Seitenkante ein Eisennagel neueren Datums. Am unteren Bildrand (unterhalb der Schulter des toten Kindes) ist ein dreieckiges, möglicherweise originales Flickstück ins Holz eingelassen. – Die Malschicht führt bis an die Tafelränder; oben rechts steht sie in der Art einer Grundierungskante leicht auf. Offenliegende Wurmfrassgänge an der Oberkante und ein angeschnittenes Bildelement (Medaillon) links aussen lassen auf eine Beschneidung der Ränder schliessen, wobei an den Seiten ein grösseres Stück fehlen könnte; möglicherweise entfernte man dabei einen angestückten Rahmen. Rund 2 cm parallel zu den Seitenrändern wurde in späterer Zeit eine Linie in die Malschicht geritzt. – Mit Ausnahme kleiner Fehlstellen ist die Malfläche gut erhalten.

Rückseite
Waagrechte Bearbeitungsspuren durch einen Schrupphobel. Parallel zu den Seitenrändern ist eine vertikale Holzleiste in eine Nut eingelassen und mit Holzdübeln befestigt (Abb. 22).

Restaurierungen
Unbekannter Zeitpunkt, wohl um 1745 (Beschneidung); 1936, Alfred Blailé (Rekonstruktion der Retabelform, Restaurierung); zwischen 1936 und 1991 (Übermalungen); 1991, Claude Rossier, Museum für Kunst und Geschichte Freiburg (Freilegung und Reinigung).

In einem Kirchenraum drängen Pilger und Hilfesuchende vom Portal her durch das Schiff zum Grab des Antonius, das – nach zwei seitlichen Wandvorlagen zu schliessen – am Eingang zum Chor liegt. Die breite, niedrige «Tumba» ist von einer Stufe umgeben; ein rotes Tuch mit weissem Kreuz, das auf ihrem Deckel liegt, fällt über die eine Längskante ab, wo es ein Pilger küsst. Vier Hauptpersonen agieren vor dem Grab: Begleitet von seinen Angehörigen, wird links ein Besessener durch zwei Männer festgehalten; er windet sich in einem Anfall, seine Kleider – ein weisses Zwangshemd und eine grüne Hose – sind zerrissen. In der Bildmitte kniet eine betende Frau, die dem Betrachter den

Rücken zuwendet; sie ist in einen rosa Mantel und einen weissen Schleier gehüllt. Vor ihr liegt, lose in ein Tuch gewickelt, ein totes Kind; an seiner linken Schulter klafft eine blutende Wunde, ein weisses, blau kariertes Kissen stützt seinen Kopf. Rechts beugt sich ein Krieger in Rüstung zum inbrünstigen Kuss über die Grabplatte; den Helm hat er ehrfurchtsvoll abgenommen und neben sich auf die Stufe gestellt. Ausser dem Schwert trägt er auch einen Pilgerstab. Direkt hinter ihm hält ein elegant gekleideter Mann in der rechten Hand seine abgehauene Linke und weist den Armstumpf vor.

Etwas nach hinten versetzt, betet ein zweiter Geharnischter mit halbgeschlossenem Helm; eine abgebrochene Lanze durchbohrt seine Brust. Weiter links in der Menge steht ein Jüngling mit verbundener Backe – er leidet wohl an Zahnweh; neben ihm hilft eine Pilgerin einem Blinden, dessen Augen von einer Klappe bedeckt sind, seine Hand auf die Grabplatte des wundertätigen Heiligen zu legen. In der Menge erkennt man eine ebenfalls blinde, von einem Jungen geführte ältere Frau, eine Mutter mit einem Säugling, einen Einsiedler; von einem erhöhten Standpunkt aus ergattern sich Burschen die Sicht auf das Ziel ihrer Pilgerfahrt. Frauen in Hauben, Männer jedes Alters mit Pilgerstäben, Lanzen und Krücken füllen die Kirche. Der einfache Raum ist stark verkürzt wiedergegeben; rosarote, säulenartige Dienste schmücken die Seitenwände zwischen den Fenstern; durch das Westportal mit dem profilierten Spitzbogen scheint blauer Himmel herein.

In der Unterzeichnung (Abb. 131) finden sich an 13 Stellen Farbangaben (siehe S. 61 ff.). Einige davon sind ausführlich («liecht stein farb») und präzisieren zum Teil auch das Bildelement, auf das sie sich beziehen und dem sie mit einer Linie zugeordnet sind («grien hosen», «grien rockh»). In den meisten Fällen sind sie jedoch einfach innerhalb der betreffenden Fläche notiert. Im Unterschied zu den Angaben auf dem Johannes-Altar von 1514 (Kat. 14) handelt es sich hier (auf Grund der genauen Umschreibung und der deutlichen Schrift) wohl um Anweisungen für einen Gehilfen.

Auf Mitarbeit eines solchen dürfte auch die Art der Unterzeichnung hinweisen: Fries gibt die gesamte Bildanlage mit einer Vollständigkeit vor, die in seinem Werk einzigartig bleibt. Zwar ist der Strich nicht besonders gepflegt, sondern wirkt impulsiv; aber Raum und Grab, Körper- und Gesichtsformen der Figuren sowie die Faltenwürfe ihrer Kleidung sind komplett unterzeichnet. Der Pinsel wird meist in mittlerer Stärke und ohne Lavis verwendet. Bis ins Detail zeichnet der Maler die grossen Gestalten im Vordergrund vor; mit gerundeten Schraffen modelliert er hier die Wangenpartien, beim toten Kind auch den Körper, während die Personen hinter dem Grab zwar präzise, jedoch summarischer unterzeichnet sind; häufig weisen ihre Gesichter Augenkreise auf. – Mantel und Schleier der vor dem Altar knienden Frau sowie das Tuch, in welches das Kind gehüllt ist, skizziert er temperamentvoll mit Faltengraten (Strichführung mit Häkchen und Ösen) und Schattierung in Parallel- oder Kreuzschraffur. Detailliert unterzeichnet er auch das Hemd des Besessenen und seine Hose; diese reicht in einer ersten Fassung bis unter das Knie, wo sie mit einer Schleife gebunden wird. Schon in der Unterzeichnung wird sie jedoch zu langen Beinlingen geändert. Vom Mund des Mannes führen rankenartige Linien zu einem kleinen Drachen auf der Grabplatte; dieser Dämon wird in der Ausführung weggelassen. Weitere Änderungen an den Figuren sind eine rund geführte Linie am Kopf der Frau links aussen (vielleicht ein erster, näher am Bildrand geplanter Umriss des Kopfes), das Gesicht der Figur mit dem Turban eng anschliessend nach rechts (hier ist die ursprüngliche Zeichnung nicht klar zu deuten), ein nicht ausgeführter Riemen über der Schulter des Kriegers im Vordergrund und die Finger der gesunden Hand, mit welcher der Mann rechts aussen seine abgeschnittene Linke hält. An Pilgerstäben, Krücken und Lanzen ist in der Unterzeichnung mehr vorhanden als ausgeführt; der Stab des Kriegers rechts vorn führt ursprünglich in der Verlängerung seiner Schräge vor Helm und Grab durch. – Die Architektur des Raumes ist linear entworfen; nicht ausgeführt wird ein Konsolengesims an der Rückwand.

Mit einer feinen Spitze ist die Silhouette des Heiligengrabes in der Grundierung vorgeritzt (Abb. 28). Der Pilgerstab des Mannes in Rüstung aussen rechts läuft nicht nur in der Unterzeichnung vor dem Grab durch, sondern wird auch in der Malerei ausgeführt, später jedoch korrigiert (Pentimento).

In der frühesten Erwähnung ist von einem «Heiligen Grab» die Rede (Haendcke 1890); Berthier und später Zemp identifizieren das eigentliche Thema. – Bis heute ist das Grab des Heiligen in Padua eine stark besuchte Wallfahrtsstätte; in der Hoffnung auf das wunderbare Wirken des Thaumaturgen berühren es die Gläubigen. Die unzähligen Wunder, die Antonius von Padua nach seinem Tod gewirkt haben soll, werden in der hagiographischen Literatur des Mittelalters jeweils gesondert aufgeführt (siehe: Liber miraculorum). Mehrfach erzählen die Mirakelberichte von geheilten Besessenen oder Epileptikern; von Kindern, die, ertrunken oder an einer Krankheit gestorben, erweckt wurden; von einem ungläubigen, durch ein Wunder bekehrten Ritter und einem weiteren Edelmann, dessen schwer verletzter Arm von Antonius geheilt wurde. Auf der Freiburger Predella allerdings stimmen die Darstellungen mit keinem der überlieferten Wunder so genau überein, dass sich dafür eine eindeutige Textvorlage ausfindig machen liesse. Wahrscheinlich stützte sich Fries nicht auf Beschreibungen einzelner Wundertaten, sondern auf Texte, welche deren grosse Zahl zusammenfassen, etwa das Responsorium «Si quaeris» (Kleinschmidt 1931, S. 345–355); entsprechende Passagen auch im Liber miraculorum, S. 44/45). – Eher unwahrscheinlich ist schliesslich, dass die Kirche des Freiburger Franziskanerklosters dem Maler als Vorlage für den paduanischen «Santo» gedient habe (Dominique/Moullet 1941); beim dargestellten Raum handelt es sich nicht um eine dreischiffige Basilika, sondern um einen Saal.

Mit kompositorischem Geschick stellt der Maler das mächtige Grab des Heiligen in den Mittelpunkt des Geschehens. Als ähnliche, ebenfalls mit einem Kreuz versehene «Tumba» ist die Grabstätte der Daphnis in der Strassburger Vergil-Ausgabe von 1502 gestaltet (Panofsky 1964, S. 59, Abb. 206). Zusammen mit dem strengen Kastenraum der Kirche strukturiert der Block des Sarkophags die Darstellung der Menschenmenge und legt sich zugleich als Riegel zwischen die Masse der Pilger und den Betrachter. Die Grabstufe bildet eine Art Bühne, auf der wenige ausgewählte Personen agieren. Sie sind massstäblich grösser als die übrigen Figuren und führen so die Länge des stark verkürzten Kirchenschiffes vor Augen. Erster Blickfang für den Betrachter ist – ähnlich wie auf den Flügeln – der reiche Faltenwurf der Frau im Vordergrund.

Trotz der originellen Komposition reicht die malerische Qualität der Predella nicht an jene der Retabelflügel heran; zahlreiche Gestalten sind zwar in lebensnaher Frische, doch ohne das grosse Raffinement der «Predigt» dargestellt (eine andere Meinung hinsichtlich der Qualität vertritt Ganz 1924). Vermutlich mass der Künstler der Predella weniger Gewicht bei als den Flügeln und malte hier deshalb schneller und illustrativer. Einige Autoren vermuten die Mitarbeit von Gesellen an diesem Gemälde (Kelterborn-Haemmerli 1927, S. 65; Schmid 1993, S. 350), was sich wie erwähnt durch die Art der Unterzeichnung und die deutlich lesbaren Farbangaben bestätigen lässt: Fries hätte hier die Arbeit für einen ausführenden Gehilfen vorbereitet.

Anderthalb Jahrhunderte später orientierte sich der Freiburger Glasmaler Jost Hermann offenbar an dieser Predella: seine Darstellung von Pilgern am Grab des hl. Homobonus, Teil einer Bildscheibe von 1643, zeigt ebenfalls den quergestellten Sarkophag, der von einem Tuch mit Kreuz bedeckt ist, um den sich auch Menschen scharen (Boesch 1952, Tafel 39).

Verena Villiger
Kathrin Utz Tremp (Beitrag zum Wucher)

Dank an
P. Luciano Bertazzo, Padua, für den Hinweis auf die hagiographischen Quellen, Raoul Blanchard, Greyerz, für seinen Beitrag zur Dokumentation, Hortensia v. Roda, Basel, für die Information zur Zeichnung von Mehoffer.

Abb. 132
Kat. 10a

Abb. 133
Kat. 10b

Kat. 10
Kleiner Johannes-Altar, um 1505–1507

Herkunft
   Die beiden Tafeln bildeten die Flügel eines Altars, über dessen ursprünglichen Standort sich die Forscher nicht einig sind. Einerseits wird vermutet, das Werk sei für die Freiburger Johanniterkomturei geschaffen worden (Schmid 1993; siehe auch Kat. 14); andere Autoren sehen darin ein Retabel für den Altar des Evangelisten Johannes, der gegen 1431 in der Freiburger Niklauskirche errichtet worden war (Wüthrich 1969, S. 19; Bern 1979, S. 206; Wüthrich 1996; zum Altar: Waeber 1945, S. 35, 41, 46, 51, 77, 79, 99). Nach einer dritten Hypothese könnte es sich um die kleine Tafel handeln, die Jakob Fegely 1518 in der Liebfrauenkirche aufstellen liess (Leitschuh 1916, S. 480/481; Q 187/Apokryphe, Q 188/Apokryphe). Fries wird jedoch im Zusammenhang mit dieser Tafel (in welcher Leitschuh ausserdem das letzte Vermächtnis des Malers an seine Vaterstadt sieht) gar nicht genannt. Die von Leitschuh erwähnten verwandtschaftlichen Beziehungen zwischen den Familien Fegely und de Maillardoz wären hingegen auch bei einer Bestimmung des Retabels für St. Niklaus von Bedeutung: der dortige Johannes-Altar wurde vom späten 16. bis ins 18. Jahrhundert durch die Familie Fegely von Seedorf finanziert. Gegen Ende des 19. Jahrhunderts befanden sich die beiden Tafeln im Besitz der Familie Maillardoz (Berthier 1891/1; Haendcke 1893, S. 115; Leitschuh 1916, S. 481), in die sie vermutlich durch die Heirat von Marie de Fegely mit Romain de Maillardoz (1806–1868; Genealogie Maillardoz) gelangt waren; danach gingen sie an Aloisia, die jüngere Tochter des Paares, und deren Gatten Arthur von Techtermann über, der die Altarflügel im Januar 1896 für eine stattliche Summe ans Schweizerische Landesmuseum in Zürich verkaufte (Eingangsbuch SLM, 1896, S. 120; Genealogie Techtermann).

Die Behauptung, die Tafeln seien seitlich beschnitten und deshalb so steil proportioniert, liess sich am Original widerlegen: der ursprüngliche Rand der Malfläche, eine mit scharfer Klinge gerissene Linie, hat sich an sämtlichen Kanten erhalten. Ganz allgemein scheint Fries für seine Kompositionen hohe, schmale Bildfelder zu schätzen (Zürich 1994, S. 372). – Über den verlorenen Mittelteil des Retabels ist nichts bekannt. Goldspuren am Rand der linken Flügelaussenseite weisen auf eine ursprüngliche Rahmenvergoldung hin. Beim rechten Flügel ist ein unsorgfältiger Einschnitt an dem Tafelrand, der bei geschlossenem Altar innen liegt, wohl auf einen späteren Eingriff zurückzuführen, nicht auf die originale Schliessvorrichtung (Berthier 1891/1), zumal auch am äussern Rand eine solche Einbuchtung vorhanden ist.

Obschon die Gemälde der beiden Altarflügel nicht signiert sind, wurde nie bezweifelt, dass es sich um Werke des Hans Fries handelt. Seit ihrer ersten Erwähnung in der Literatur gelten die Innenseiten der Tafeln mit den Darstellungen aus der Geheimen Offenbarung als Höhepunkt, ja Juwel im Schaffen des Malers: «Hier hatte der Meister von seinen glücklichsten Stunden; schöneres wurde zu Beginn des 16. Jahrhunderts in der Schweiz nicht gemalt» (Zemp 1906). Beinahe alle Autoren datieren die Gemälde um 1505 (zuerst Zemp 1905, S. 500) beziehungsweise 1505/1507 (zuerst Freiburg 1957; Inventarnummern hier irrtümlich); die stilistische Nähe zum Bugnon-Altar (um 1505, Kat. 7) und zum Antonius-Altar von 1506 (Kat. 9) gelten dabei als zusätzliches Argument (Strub 1959, S. 435; Wüthrich 1969, S. 19). Einzig Leitschuh (S. 482) sieht in den Tafeln ein Spätwerk, dessen Entstehung er auf Grund der bereits erwähnten Quelle ins Jahr 1518 setzt.

Nicht Gedrucktes
   Eingangsbuch SLM.

Literatur
   Berthier 1891/1; Berthier 1891/2; Haendcke 1893, S. 115/116; Jahresbericht 1896, S. 60; Vulliéty 1902, S. 222; Zemp 1905, S. 500/501; Zemp 1906; Voss 1908/1, S. 98; Leitschuh 1916, S. 481/482; Ganz 1921, Abb.; Wartmann 1921/2; Zürich 1921, S. 15, Nr. 52/53; Wartmann 1922, S. 23; Ganz 1924, S. 141, Tafel 98; Mandach 1924, S. 129; Paris 1924, S. 26, Nr. 40; Kelterborn-Haemmerli 1927, S. 55–60, Abb. 14, 29; Schmidt/Cetto 1940, S. 21, Abb. 36; Fosca 1945, S. 40/41; Schweizerisches Landesmuseum Zürich 1948, S. 219, Tafel 112; Reinle 1956, S. 54, Abb. 41; Freiburg 1957, S. 17, Nr. 13; Réau 1958/2, S. 718; Basel 1959, S. 15; Strub 1959, S. 434/435, Abb. 424–427; Ganz 1960, S. 355; Pfister-Burkhalter 1961, S. 608; Stange 1965, S. 472; Wüthrich 1969, S. 19/20; Hütt 1973, S. 408; Bénézit 1976; Bern 1979, S. 205/206, Abb. 14; Beerli 1993, S. 133/134, Abb.; Schmid 1993, S. 348/349, Abb. 3; Zürich 1994, S. 372/373, Nr. 156, Abb.; Roda 1995, S. 58; Schweizerisches Landesmuseum Zürich 1996, S. 50/51, Tafel 7; Wüthrich 1996, S. 787, Abb.; Luzern 1999, S. 60.

Kat. 10a
Erscheinung des Apokalyptischen Weibes
(Abb. 132)

Zürich, Schweizerisches Landesmuseum, Inv. LM 1893a (Innenseite des linken Flügels)

Ölhaltiges Bindemittel und Polimentvergoldung auf Holz, mit Leinwand überklebt, 130 x 32 cm

Inschrift im Goldgrund unterhalb des Apokalyptischen Weibes: «NON ERIT VLTRA TEMPVS / GRACIE SED IVSTICIE»
Text im Buch, linke Seite: «In d(em) anvang / wa(s da)s wort / vnd das wort / was bey got vnd / got was daß / wort das da / was im anfang / bey got vnd alle / ding sint beschafen / durch den (?) wort, / und an [ohne] das ist / beschafendt nutz / vnd das beschafen / ist in dem wordt»; rechte Seite: «was (das) / leben vn(d) / das ist (das) / licht der (welt) / vnd das lie(cht) / lücht in der v / vinsternuß vnd / die vinsternuß / habent es nit / begrifen Einer / was gesant / von got des nam / was Johanes der / kam zuo getzugnus / das er gezugnus / geb von dem lichtt»

Zustand
   Die Malfläche ist nicht beschnitten. Die dunkelblaue Farbschicht der Wolken, die auf dem Goldgrund liegt, blättert leicht. Bei der Marienkrone scheint die schwarze Zeichnung nachgezogen: an Stellen, wo das Gold abgerieben ist, liegt sie direkt auf dem Bolus. Es finden sich nur wenige – retuschierte – Fehlstellen: im Mantel des Johannes, im Gras, an den Felsen und am linken Rand des Buches.

Restaurierungen
   1978/1979, Linda Broggini und Geneviève Teoh, Schweizerisches Landesmuseum Zürich.

Auf halber Höhe teilt ein hellgrauer Himmelsstreifen die Tafel in eine obere, himmlische und eine untere, irdische Partie. Letztere zeigt die jäh zum bewegten Meer abfallende Uferlandschaft der Insel Patmos, in der Johannes zwischen einem grazilen Bäumchen linker Hand und schroffen, rötlichen Felsen rechter Hand auf dem Gras kniet – zwischen Maiglöckchen, Erdbeeren, Goldpippau, einer Distel, Waldmeister, Glockenblumen (mit weissem Schmetterling) und einem Stein, auf dem eine Fliege sitzt. Der Evangelist hat den weissen, rot gefütterten Mantel, der in üppigen Falten über den Rücken fällt, unter dem rechten Arm gerafft, so dass sein grünes Kleid mit gefältelten Ärmeln erscheint. Auf einem grasbewachsenen Felsenpult liegt vor ihm ein offenes Buch, in das er den Beginn seines Evangeliums (NT, Joh 1, 1–7) geschrieben hat. Eben hält er inne, in der Rechten die tintengeschwärzte Feder, die Linke in einem Gestus des Erstaunens erhoben, und wendet das blondgelockte Haupt, von einer transparenten Scheibe nimbiert, nach oben. Die obere Tafelhälfte ist mit Goldgrund hinterlegt, an dessen Ecken sich dunkelblaue Wolken in die Bildfläche schieben. Im Zentrum erscheint das Apokalyptische Weib in Gestalt der Muttergottes mit dem – nackten – Kind, das bäuchlings auf ihrer Hand die Ärmchen nach Johannes ausstreckt. Maria klemmt das Zepter in den Ellbogen, um mit der freien Hand die Füsse ihres Sohnes zu stützen; sie blickt auf den rundlichen Säugling und weiter zu Johannes. Über dem dunkelblauen Kleid trägt sie einen gleichfarbigen Mantel mit rotem Futter; auf ihren offenen Locken sitzt eine Krone mit zwölf Sternen über einem wallenden feinen Schleier. Die Madonna steht auf der Mondsichel, deren Spitzen nach unten zeigen. Nicht nur der Mond und die Sterne der Krone sind in den Goldgrund graviert, sondern auch die Strahlen der Gestalt und deren Glorie; letztere hat einen gelappten Rand und ist mit vierzehn grossen Sternen geschmückt, die ebenfalls strahlen; Sternchen füllen die Zwischenräume.

Das Gemälde weist bloss spärliche Unterzeichnung auf (Abb. 134, 135). Der flüssige Duktus und die transparenten Lavierungen mit breitem Pinsel (vor allem an den Felsen und im Mantel des Johannes) erinnern an den «Hl. Christophorus» bzw. die «Hl. Barbara» (Abb. 99, 104), wobei die Strichführung hier ruhiger wirkt.
Johannes richtet seinen Kopf etwas stärker nach oben als in der Ausführung; sein Haar ist üppiger. Die rechte Hand hält nicht die Feder, sondern ist – überdimensioniert – im Gebet parallel zur linken gehalten; die Form des dazugehörigen Ärmels erscheint im Gemälde als runder Schatten auf dem kleineren der beiden Felsen. Der Mantelbausch unter seinem rechten Arm reicht weiter nach links; die Mantelfalten weichen von der Ausführung ab. Auch der Felsen, der dem Heiligen als Schreibpult dient, ist anders geformt. Nicht ausgeführt sind ein Wölkchen am Horizont und eine nicht zu deutende Form (Zweig oder Felssilhouette?) zwischen dem Kopf des Johannes und dem Bäumchen linker Hand. Im roten Mantelfutter sind Faltengrate und Parallelschraffierung hingegen deutlich zu erkennen. Die Unterzeichnung von Marias Gesicht mutet den heutigen Betrachter modern an, ähnlich wie das Knabengesicht in den «Werken der Barmherzigkeit» (Abb. 119) oder dasjenige des «Hl. Nikolaus» (Abb. 149). Mit wenigen Linien umreisst Fries Augen, Nasenrücken und Mund. Gesicht und Arme des Jesuskindes sind mit spitzem Pinsel skizziert; die Beinchen modelliert der Künstler mit weicher Lavierung.
Das Dunkelblau der Wolken am oberen Bildrand liegt auf dem Goldgrund. Auf letzterem sind auch Marienschleier, Mondsichel und Inschrift mit feinen Pinselzügen weiss gehöht. In Marias Haar erscheint

rechts eine weisse, nahezu senkrechte Strichelung, deren Sinn unklar ist. Das Blauschwarz des Marienmantels bildet heute eine unplastisch wirkende Fläche; es handelt sich – wie übrigens auch bei den Wolken – um verschwärztes Azurit, das ursprünglich tiefblau war und zweifellos eine Modellierung aufwies (Berthier 1891/2 bemerkte das Phänomen, vermutet jedoch eine Übermalung; siehe S. 61).

Der Evangelist Johannes wurde unter Kaiser Domitian (81–96) auf die griechische Insel Patmos verbannt, wo er die Geheime Offenbarung verfasst haben soll. Entsprechende Darstellungen sind sehr häufig; wie bei Fries schreibt er dabei oft den Beginn des Johannes-Evangeliums ins Buch (LCI 1974/2, Sp. 123/124). Letzteres bedeutet – wie auch die Schreibutensilien daneben – zugleich sein Attribut. Das Gemälde zeigt ihn einerseits als Schriftsteller, anderseits ergriffen von der Vision, einer Episode aus der Apokalypse: «Dann erschien ein grosses Zeichen am Himmel: eine Frau, mit der Sonne bekleidet; der Mond war unter ihren Füssen und ein Kranz von zwölf Sternen auf ihrem Haupt» (NT, Offb 12, 1). Die Frau, so berichtet der Text, ist schwanger und wird von einem Drachen bedroht, der ihr Kind bei der Geburt verschlingen will. «Und sie gebar ein Kind, einen Sohn, der über alle Völker mit eisernem Zepter herrschen wird.» Das Kind wird zu Gott entrückt, die Frau flieht in die Wüste. In der Folge werden Michael und seine Engel gegen den Drachen (Teufel) kämpfen und ihn stürzen (NT, Offb 12, 2–9).

Schon frühchristliche Autoren brachten die Gestalt der Frau mit Maria in Verbindung. Im 12. Jahrhundert wurde das Apokalyptische Weib zum Madonnenbild, löste sich in der Folge aus dem Zusammenhang der Vision und verselbständigte sich als Bildtyp der mit Sternen bekrönten, von Strahlen umgebenen Maria mit dem Kind, die auf der Mondsichel steht (Vetter 1958/1959, S. 34/35). Als solche kehrt die Gestalt wiederum in die Apokalypse-Darstellungen zurück, unter anderem bei Fries (siehe auch Kat. 14c).

Abb. 134
Kat. 10a, Unterzeichnungen: Maria mit Kind (Infrarot-Photographie)

Abb. 135
Kat. 10a, Unterzeichnungen: Johannes (Infrarot-Photographie)

Abb. 136
Martin Schongauer: Johannes auf Patmos, Kupferstich

Auch die lateinische Inschrift unterhalb der Erscheinung entstammt dem apokalyptisch-visionären Zusammenhang, dem sie formal durch den Goldgrund zugeordnet ist. Mit «Non erit ultra tempus gracie sed iusticie» («Es wird nicht mehr eine Zeit der Gnade, sondern des Gerichts sein») wird die Weissagung des Starken Engels paraphrasiert, der das Jüngste Gericht ankündigt: «Tempus amplius non erit, sed in diebus vocis septimi angeli, cum coeperit tuba canere, et consummatum est mysterium Dei (…)» («Es wird keine Zeit mehr bleiben, denn in den Tagen, da der siebte Engel seine Stimme erhebt und seine Posaune bläst, wird auch das Geheimnis Gottes vollendet sein […]», NTL und NT, Offb 10, 5–7). Darauf gibt der Engel Johannes das kleine Buch und heisst ihn, es zu essen. – Die Inschrift vertritt in Fries' Gemälde gewissermassen den Engel.

Unklar ist, was der Maler mit der Fliege im Vordergrund des Bildes beabsichtigte. Wie beim Schmetterling, der Tod und Auferstehung bedeuten kann (LCI 1972, Sp. 96), lässt sich auch in dem kleinen Insekt ein symbolischer Gehalt vermuten. Allerdings schrieb man der Fliege im Mittelalter bald negative, bald positive Eigenschaften ohne ersichtlichen Zusammenhang mit dem vorliegenden Bildinhalt zu (Kemp 1997). Wahrscheinlicher ist deshalb, dass Fries wie andere Maler seiner Zeit damit eine Augentäuschung anstrebte (Kemp 1997, Sp. 1210/1211). Dennoch mutet eigenartig an, dass die Fliege in allen drei Bildern des kleinen Johannes-Altars vorkommt, als habe Fries sie hier – vielleicht in Anspielung auf seinen Namen – als ein persönliches Signet verwendet.

Der Meister E. S. stellte die Vision des Apokalyptischen Weibes durch Johannes zweimal dar (L. 150, 151). Beidemal kniet der Heilige schreibend in einer von Tieren belebten Landschaft, der Adler als sein Evangelistensymbol neben ihm, und blickt zum Himmel, wo von ferne Maria mit dem Kind erscheint. Bei Schongauer (Colmar 1991, K. 103) wiederum ist der Evangelist im Profil und sitzend dargestellt, im Schreiben von der himmlischen Erscheinung aufgeschreckt (Abb. 136). Offenbar übernimmt Fries diesen Moment aus dem Kupferstich. Auch die knorrige kleine Eiche Schongauers fügt er seiner Komposition ein, den Adler hingegen lässt er beiseite. Wenn auch Johannes gewisse Ähnlichkeiten mit jenem Schongauers zeigt, so ist sein Gesicht doch herber; es entspricht einem weiteren Vorbild, das den Maler nicht nur im vorliegenden Werk massgeblich beeinflussen wird: der Dürerschen «Apokalypse». 1498 hatte Albrecht Dürer eine deutsche und eine lateinische Ausgabe der Geheimen Offenbarung mit 15 ganzseitigen Holzschnittillustrationen als Folioband herausgegeben. Das Buch, in welchem er dem Text eine komplexe, dramatische Bild-Erzählung gegenüberstellte, machte ihn schlagartig berühmt (Strauss 1980, S. 153; Krüger 1996, S. 30). Hans Fries hatte offensichtlich Zugang zu diesem Druck oder besass ihn gar selbst; noch 1514 arbeitete er in enger Anlehnung daran (siehe Kat. 14d). Im vorliegenden Gemälde vermutete bereits Zemp (1906) den Einfluss der «Apokalypse» Dürers; auch spätere Autoren weisen darauf hin, ohne jedoch detaillierte Vergleiche anzustellen. Bei näherer Betrachtung zeigt sich, dass die Gestalt des Evangelisten von Dürers «Johannes vor Gott und den Ältesten» (Abb. 137; Strauss 1980, Nr. 43) beeinflusst ist, wenn auch seitenverkehrt: die kniende Stellung, der männliche Gesichtstyp (der in weiteren Blättern der Folge noch deutlicher zutage tritt), der unter dem Arm durchgeführte Mantel. In der Unterzeichnung entsprach auch die rechte Hand dem Holzschnitt (Abb. 135). Aus dem «Apokalyptischen Weib» (Abb. 138; Strauss 1980, Nr. 47) übernimmt Fries die Sterne, die Himmelsglanz evozieren, und die Sternkrone der Frau. Während Dürer seine Erzählung jedoch mit Impetus vorträgt und in der bildlichen Umsetzung eng an der dichten Erzählung des Textes bleibt, wählt Fries wenige ihm wesentlich scheinende Elemente, in denen er die Ausstrahlung des Bildes konzentriert; durch Mittel wie die – stellvertretende – Inschrift im Goldgrund erreicht er eine Reduktion auf die Essenz des Bildgeschehens. Die Spannung baut sich inhaltlich wie formal im engen Bildfeld zwischen dem Heiligen und Maria auf, die mit bedrängender Präsenz als «grosses Zeichen» die obere

Tafelhälfte füllt. Das Motiv der Muttergottes, deren Kind sich bäuchlings nach unten zum Lieblingsjünger streckt (Zürich 1994), führt Kelterborn-Haemmerli (S. 60) auf nürnbergische Plastik zurück. In der Sammlung des Museums für Kunst und Geschichte Freiburg findet sich jedoch die Statue einer Madonna, die das Kind in analoger Weise trägt (Abb. 139; Inv. 8936). Die Skulptur, deren Herkunft unbekannt ist, wurde von Strub dem Bildhauer Martin Gramp zugeschrieben und ohne nähere Begründung um 1520-1524 datiert (Strub 1960, S. 75, 87, Nr. 16). Der Autor sah in Gramp den bisher namenlosen «Meister der grossen Nasen», wurde jedoch kürzlich widerlegt (Andrey 1992). Zur (stilistisch homogenen) Werkgruppe dieses vorderhand anonym bleibenden Meisters gehört nicht nur die erwähnte Marienstatue (deren späte Datierung auf Grund der erwähnten Widerlegung hinfällig werden könnte), sondern auch der Auffahrts-Christus von 1503, dessen Fassung vermutlich Fries geschaffen hat (Kat. 21), was wiederum den Kontakt des Malers zum Bildhauer bezeugt.

Koloristisch drückt sich die Noblesse des Gemäldes im dominierenden Zweiklang von Gold und Weiss beziehungsweise Hellgrau aus, in welchen der Maler sparsam, jedoch um so wirkungsvoller die Farben Rot, Grün oder Blau setzt. Neben kompositioneller Verwandtschaft ist es diese raffinierte Farbharmonie, welche die Tafel mit ihrem Pendant verknüpft. – Einen weissen Mantel trägt Johannes übrigens auch in Hans Burgkmairs «Basilika San Giovanni in Laterano» (1502; München 2000, S. 60).

Kat. 10b
Erscheinung des Menschensohns
(Abb. 133)

Zürich, Schweizerisches Landesmuseum, Inv. LM 1893a (Innenseite des rechten Flügels)

Ölhaltiges Bindemittel und Polimentvergoldung auf Holz, mit Leinwand überklebt, 130 x 32 cm

Text im Buch, linke Seite: «In dem an- / fang was / das wort, / vnd das w- / ort was bey / got vnd got / was das w- / ort das da / was im an- / vang by got / vnd das da / beschafen ist in / wort was / liecht vnd»; rechte Seite: «das liech(t) lüchtte / in der vinster, / vnd die vinster / habent es nit / begrifen Einer / was gesant von / got des namen / was johanes / das er getzugnus / geb von dem / liecht er was / nit das liecht / sunder das er ez [dessen] getzugnus geb»

Zustand
    Malfläche nicht beschnitten. Wenige retuschierte Fehlstellen in den Felsen, im Mantel des Johannes (Kratzer) und im Himmel.

Restaurierungen
    1978/1979, Linda Broggini und Geneviève Teoh, Schweizerisches Landesmuseum Zürich.

Über einem Felsengestade mit Ausblick auf eine Meeresbucht und ein Schiff mit geblähtem Segel und Ruderern schwebt Johannes, in Anbetung aus dem Diesseits in himmlische Sphären entrückt. Wie auf der vorhergehenden Tafel trägt er über einem grünen Kleid einen rot gefütterten weissen Mantel, der in ungestümen Falten über seinen Rücken fällt, am Saum vom Wind aufgewühlt. Der Himmel, im unteren Teil hellgrau, öffnet sich über einer scharfen Trennlinie auf eine goldene Zone, die analog zum vorhergehenden Bild durch dunkelblaue Wolken in den vier Ecken verankert wird. Von rechts aussen schiebt sich zudem eine weisse Wolke ins Bild. Sechs grosse, goldene Leuchter mit brennenden Kerzen stehen vor einem doppelten Regenbogen, der gelb, rot und grün auf den Goldgrund gelüstert ist und den Thron beziehungsweise den Fussschemel für den Menschensohn bildet. Dieser ist in eine Albe mit goldenem Kragen gekleidet, die über ein purpurnes Samtkleid mit goldenen Manschetten fällt und in der Taille von einem goldenen Gürtel gerafft wird; seine Schuhe sind dunkelrot. In der linken Hand hält er das geöffnete Buch, wiederum – wie bei der vorhergehenden Tafel – mit dem Anfang des Johannes-Evangeliums (NT, Joh 1, 1–8). Er erhebt seine offene Rechte. Sein Haar ist weiss, und von seinem Mund geht ein Schwert aus; das Haupt ist von einer Scheibe nimbiert. Letztere ist wie die Strahlen um die Gestalt und sieben als Bogen angeordnete Sterne in den Goldgrund graviert. – Ein eigenartiges, bei Fries mehrmals auftretendes Element ist die Kerze, die mit Fingerdruck an den Felsen links unten geklebt ist (Kat. 6a, 13h). Auch hier sitzt im Vordergrund eine Fliege auf einem Stein.

Die Art der Unterzeichnung ist jener des Pendants nahe verwandt: sparsame, doch elegante Linienführung, verdünnte Lavierung. Im Unterschied zu dort erfährt jedoch die Gestalt des Johannes (abgesehen von Falten in der oberen Mantelpartie) keine Änderung im Gemälde. Auch die Unterzeichnung des Menschensohnes stimmt mit der Malerei überein – bis auf Kopf- und Schulterpartie, wo Augen, Nase, Mund und Halsausschnitt zuerst deutlich tiefer sitzen. Die Felsstaffage im Vordergrund weicht etwas von der Ausführung ab. Das Schiff hat sein Segel tiefer gesetzt, und das Heck läuft spitz zu. Eine Landzunge, ein Inselchen mit Baum und eine weitere Insel (mit Gebäuden) lässt der Maler bei der Ausführung beiseite.

Dieses Gemälde und sein Pendant sind nicht, wie Zemp (1906) glaubte, völlig auf Gold gemalt; der Goldgrund wurde (mit wenigen Ausnahmen) unter Aussparen der Farbflächen vor dem Malprozess aufgebracht. Überschneidungen von Gold und Farbschicht erscheinen im infraroten Licht am Kopf und an den Händen des Johannes (Abb. 140).

Abb. 137
Albrecht Dürer: Johannes vor Gottvater und den Ältesten, Holzschnitt aus der Apokalypse, 1496–1498

Abb. 138
Albrecht Dürer: Das Sonnenweib und der siebenköpfige Drache, Holzschnitt aus der Apokalypse, 1496–1498

Abb. 139
Meister der grossen Nasen: Madonna mit Kind, Anfang 16. Jh.; Freiburg, Museum für Kunst und Geschichte

Auch auf dieser Tafel ist eine Vision aus der Apokalypse dargestellt: «Als ich mich umwandte, sah ich sieben goldene Leuchter und mitten unter den Leuchtern einen, der wie ein Mensch aussah; er war bekleidet mit einem Gewand, das bis auf die Füsse reichte, und um die Brust trug er einen Gürtel aus Gold. Sein Haupt und seine Haare waren weiss wie weisse Wolle, leuchtend weiss wie Schnee (...). In seiner Rechten hielt er sieben Sterne, und aus seinem Mund kam ein scharfes, zweischneidiges Schwert, und sein Gesicht leuchtete wie die machtvoll strahlende Sonne» (NT, Offb 1, 12–16).

Stärker noch als bei der «Erscheinung des Apokalyptischen Weibes» hält sich Fries hier an Dürers «Apokalypse», besonders an die Darstellung der Leuchter-Vision, mit der die Offenbarung in der Holzschnittfolge beginnt (Abb. 141, Strauss 1980, Nr. 55; Krüger 1996, S. 51). Den «Menschensohn» übernimmt er mit geringen Abweichungen aus der Vorlage; allerdings wirkt er bei ihm durch Frontalität und gestraffte Form ruhiger als in Dürers bewegter Bilderzählung (Zemp 1906; Schmidt/Cetto 1940). Die Flammen der Augen, die Dürer textgetreu abbildet, lässt Fries beiseite; anstatt die sieben Sterne um die rechte Hand anzuordnen, bildet er damit eine Art Thronlehne (zur Schwierigkeit, dieses Motiv dem Text entsprechend darzustellen: Réau 1957, S. 686/687). Davon abgesehen sind die Entsprechungen jedoch frappant, bis hin zum (seitenverkehrt wiedergegebenen) Gürtel oder den beiden Regenbogen, über deren unteren ein Zipfel der Tunika fällt.

Im Unterschied zur Figur des Menschensohnes dürfte jene des Johannes grösstenteils von Fries selbst stammen, auch wenn die Kopfhaltung aus Schongauers Stich (Abb. 136) übernommen ist und die beiden Dürerschen Johannes-Gestalten darin anklingen: jene aus der «Anbetung des Lammes» (Abb. 142; Strauss 1980, Nr. 42) und aus «Johannes vor Gott und den 24 Ältesten» (Abb. 137; Strauss 1980, Nr. 43). Auch das freie Schweben des Evangelisten in der Luft – ohne Halt durch eine Wolkenbank – und sein unvermitteltes Eindringen in den Goldglanz der Ewigkeit, derweil das irdische Leben seinen Lauf nichtsahnend fortsetzt, scheint eine Bild-Erfindung des Malers zu sein. Eigenartig ist die Zahl der Leuchter im Gemälde – sechs statt der sieben, welche im Text die sieben Gemeinden in der Provinz Asien bedeuten (NT, Offb 1, 4; 1, 20). Die links unten klebende Kerze stellt kaum die fehlende siebte dar: erstens ist im Text ausdrücklich von Leuchtern die Rede – und ein solcher fehlt hier –; zweitens gehört diese Kerze wohl als eine Art Trompe-l'œil zur Welt des Betrachters und nicht zu jener der Vision (siehe S. 132). Nebenbei sei bemerkt, dass Józef Mehoffer um 1895 für eines seiner «Apostelfenster» in St. Niklaus, Freiburg, auf Hans Fries zurückgriff und dabei ebenfalls nur sechs Leuchter darstellte (Roda 1995).

Die weisse Wolke am rechten Bildrand fand bis anhin keine Erwähnung in der Literatur. Ähnlich wie die lateinische Inschrift in der «Erscheinung des Apokalyptischen Weibes» bezieht sie sich auf eine weitere Stelle in der Offenbarung: «Dann sah ich eine weisse Wolke. Auf der Wolke thronte einer, der wie ein Menschensohn aussah.» Er erntet mit einer scharfen Sichel die Erde ab (Offb 14, 14–16). Wie in der vorhergehenden Tafel spielt Fries somit auf das Jüngste Gericht an, obschon seine Komposition auch hier eine abgehobene Ruhe ausstrahlt.

In beiden Gemälden der Flügel-Innenseiten erscheint in einem offenen Buch der Anfang des Johannes-Evangeliums. Es bleibe nicht unerwähnt, dass diesem Text schon im 11. Jahrhundert eine apotropäische Wirkung zugeschrieben wurde. Man las ihn am Ende der Messe als Schlussevangelium; der Augustinereremit Johannes Bechofen führt ihn in seiner Messerklärung, die 1505 in Basel erschien, als ein wirksames Mittel zur Abwehr des Teufels und seiner Nachstellungen auf (Franz 1902, S. 150, 595).

Das formal wichtigste Element der Komposition ist der Mantel des Johannes: auch hier zeugt die tief zerfurchte Faltenlandschaft mit der kalligraphisch ausschwingenden Saumlinie von der plastischen Begabung des Malers. Stärker noch als im «Apokalyptischen Weib» spielt Fries mit dem Zweiklang Weiss und Gold. Letzteres füllt mehr als die Hälfte des Tafelgrundes und findet sein Gegengewicht im warmen Farbton der Felsen. Exquisit sind die weissen Partien moduliert – strahlend am Kleid des Menschensohnes, mit differenzierter Tönung bei der Meeresfläche und dem Mantel des Evangelisten. An ihm setzt es sich eierschalenfarbig gegen den hellgrauen Himmel ab, um im Schatten als perlmuttriges Violett zu schimmern. Mit Finesse ist die weisse Aussenseite am Mantelsaum nach innen umgelegt, wo sie sich als schmale Borte vom roten Futter absetzt.

Kat. 10c
Giftwunder des Evangelisten Johannes
(Abb. 143)

Zürich, Schweizerisches Landesmuseum, Inv. LM 1893a (Aussenseiten der beiden Flügel)

Ölhaltiges Bindemittel auf Holz, mit Leinwand überklebt, beide Tafeln je 130 x 32 cm

Zustand
Malfläche nicht beschnitten (siehe S. 159). Spuren von Vandalismus (Kratzer) im Gesicht des Johannes, des Aristodemus und seines Begleiters – auch an den Händen dieser beiden – sowie einiger Nebenfiguren, besonders des Zuschauers mit aufgestütztem Ellbogen. Die beschädigten Partien wurden retuschiert beziehungsweise bei Johannes und dem Zuschauer übermalt; auf der ganzen Malfläche sind Fehlstellen (retuschiert) zu beobachten. Der Umriss der rechten Hand des vorderen Toten ist nachgezogen.

Abb. 140
Kat. 10b, Unterzeichnungen (Infrarot-Photographie)

Abb. 141
Albrecht Dürer: Johannes erblickt die sieben Leuchter, Holzschnitt aus der Apokalypse, 1496–1498

Abb. 142
Albrecht Dürer: Anbetung des Lammes, Holzschnitt aus der Apokalypse, 1496–1498

Restaurierungen
1978/1979, Linda Broggini und Geneviève Teoh, Schweizerisches Landesmuseum Zürich.

Die zwei Aussenseiten der Flügel bilden bei geschlossenem Altar eine einzige Darstellung. Rechts sitzt Aristodemus, der Oberpriester des Diana-Heiligtums in Ephesus, auf einem reich skulpierten, steinernen Thron unter einem roten Baldachin, der mit goldfarbenem Damast gefüttert ist. Der Priester, ein älterer Mann mit schlaffen Wangen und Doppelkinn, trägt einen rosa Mantel (wohl ausgebleichter Krapplack) mit Pelzkragen und eine schwere Goldkette mit einem Anhänger. Auf seinem Haupt sitzt über einer roten Kappe, die dem päpstlichen Camauro gleicht, eine juwelengeschmückte Krone mit einer Mitra aus weissem Damast, die wie die weissen Handschuhe, über denen er Ringe trägt, an den Ornat eines Bischofs erinnert. Mit einem Stab oder Zepter in der Linken weist er auf Johannes ihm gegenüber; gleichzeitig scheint er auf seinen Begleiter zu hören. Dieser Würdenträger, wohl der in der Legenda aurea erwähnte Landpfleger, der in einen langen, ebenfalls pelzbesetzten Mantel gekleidet und mit einer ähnlichen Kette wie Aristodemus geschmückt ist, wirkt dank einem weissen Turban mit grünem Fez, dem Schnurrbart und den grauen Bartlocken exotisch. Auch er hält einen Stab; mit der Rechten weist er auf Johannes, mit der Linken auf die Toten. Johannes (in der linken Bildhälfte) ist wie auf den Flügel-Innenseiten in ein grünes Kleid und einen weissen, rot gefütterten Mantel gekleidet. Er geht barfuss und trägt in der einen Hand ein dunkelrotes Beutelbuch, mit der andern setzt er einen goldenen Kelch an die Lippen. Seine dunkelblonden

Locken fallen ihm über die Schultern; eine mit dem Zirkel gezogene, vergoldete und gravierte Scheibe nimbiert sein Haupt. Im Vordergrund liegen zwei wilde Kerle mit gebrochenem Blick, der eine nach links, der andere nach rechts, beide mit struppigen Bärten. Diese Toten tragen schwarze beziehungsweise grüne Hosen und weisse Hemden (das des einen klafft über dem nackten Bauch), der vordere ist beschuht und hat eine rote Jacke übergezogen. Bodenplatten in Weiss und Hellbraun bilden ein dezentes Schachbrettmuster, auf das sich eine Fliege gesetzt hat. Die Szene spielt im Aussenraum, der jedoch von einer Mauer mit links anschliessendem, turmartigem Gebäude begrenzt ist. Von der andern Seite drängen sich Schaulustige an dieser Mauer, manche mit Hellebarden und Lanzen bewaffnet; unter ihnen fallen ein Krieger in Rüstung und ein Bärtiger auf, der seinen Ellbogen auf die Brüstung stützt, den Kopf in die Hand gelegt. Im Hintergrund, zwischen Bauwerken (links ein hoher, runder Turm auf einem Sockel, dahinter eine Mauer mit Zinne und ein Gebäude mit Pultdach; rechts eine Wand) weitet sich ein Platz, der durch eine Brüstung vom Meer getrennt ist. An diese Brüstung sind links mehrere Mühlsteine gelehnt (ihre Bedeutung ist unklar), dahinter stösst ein hügeliges Ufer an die helle Wasserfläche; rechts steht eine Säule mit der Statue eines Kriegers – wohl ein Götterbild.

Fries unterzeichnet hier detaillierter als auf der Innenseite der Flügel (Abb. 144). Zwar laviert er ebenfalls mit teils breitem Pinsel, modelliert jedoch bei den zwei Hauptfiguren mit feiner Pinselspitze die Gesichter und – etwas gröber – die Kleidung. Dem Antlitz des Johannes verleiht er seine jugendlich glatte Form durch konzentrische Rundschraffen (ähnlich wie in der Pfingstdarstellung des Bugnon-Altars); bei Aristodemus setzt er Parallelschraffur ein. Der Mantel des Johannes entspricht bis auf wenige Falten der Malerei; die Schliesse des Beutelbuches sitzt in der Zeichnung höher. Auch das schwungvoll skizzierte Gewand des Aristodemus unterscheidet sich nur geringfügig vom ausgeführten Gemälde (Tütenfalte und Saum rechts unten). Statt dem Zepter hält der Priester in der Unterzeichnung einen langen, auf den Boden gestützten Stab. An der Stirnseite seines Thrones, wo rechts eine schlenkernde Zickzacklinie auffällt, sieht Fries ein feines Säulchen vor, das die Armlehne optisch stützt; in der Ausführung wird es zu einem weichen Profil verschliffen. Summarischer sind die beiden Toten unterzeichnet: schattiert wird hier durch Lavierung. Die offene Jacke des vorderen steht beidseits vom Körper ab und verdeckt, anders als in der Malerei, teilweise den Fuss seines Gefährten; seine auf dem Boden liegende Hand ist grösser vorgesehen als ausgeführt. Eine dunkle Fläche zwischen seinen Füssen ist nicht klar zu deuten. Der andere Tote legt den linken Arm in der Unterzeichnung über die Brust. An den Zuschauern im Hintergrund ist wenig Unterzeichnung zu erkennen. Flüchtig sind einige Gesichtsformen und das Gewand des Mannes, der sich auf die Mauer stützt, angegeben. Fries' meisterhaft reduzierte Zeichenweise wird besonders an einem (später verworfenen) Zuschauer augenfällig, der durchs Fenster des Gebäudes links auf das Geschehen blickt. Das Dach dieses Baus setzt in der Unterzeichnung tiefer an und ist niedriger als ausgeführt; etwas weiter rechts, wo sich in der Malerei die Silhouette des Turms vor dem Wasser abhebt, erkennt man eine unterzeichnete Hellebarde. Gleich daneben, auf dem Platz im Hintergrund, deuten bewegte Linien wohl eine gestikulierende Gestalt an, auf die der Maler später – bezeichnenderweise zugunsten eines offeneren Horizontes - verzichtet. Im Hintergrund rechts sieht er ausser der ausgeführten Hellebarde noch weitere Waffen, einen Bogen und eine Gabel, vor.

Das dargestellte Ereignis galt irrtümlicherweise, wohl auf Grund einer Verwechslung mit dem Ölwunder (Kat. 14d), über längere Zeit als eine Szene des Heiligen mit dem römischen Kaiser Domitian (Berthier 1891/1; Jahresbericht SLM 1896; Ganz 1924, S. 141; Kelterborn-Haemmerli 1927, S. 55/56); Zemp (1906) sah darin den Tod des Heiligen. Erst 1957 wurde es als Episode aus der Legenda Aurea identifiziert (Freiburg 1957): Als Johannes in Ephesus predigte, bewirkte er durch sein Gebet die Zerstörung des Diana-Tempels; darauf brach Streit aus zwischen den Anhängern der alten Religion, angeführt vom Oberpriester Aristodemus, und jenen des neuen Bekenntnisses. Um des Priesters Zorn zu besänftigen, trank der Evangelist auf dessen

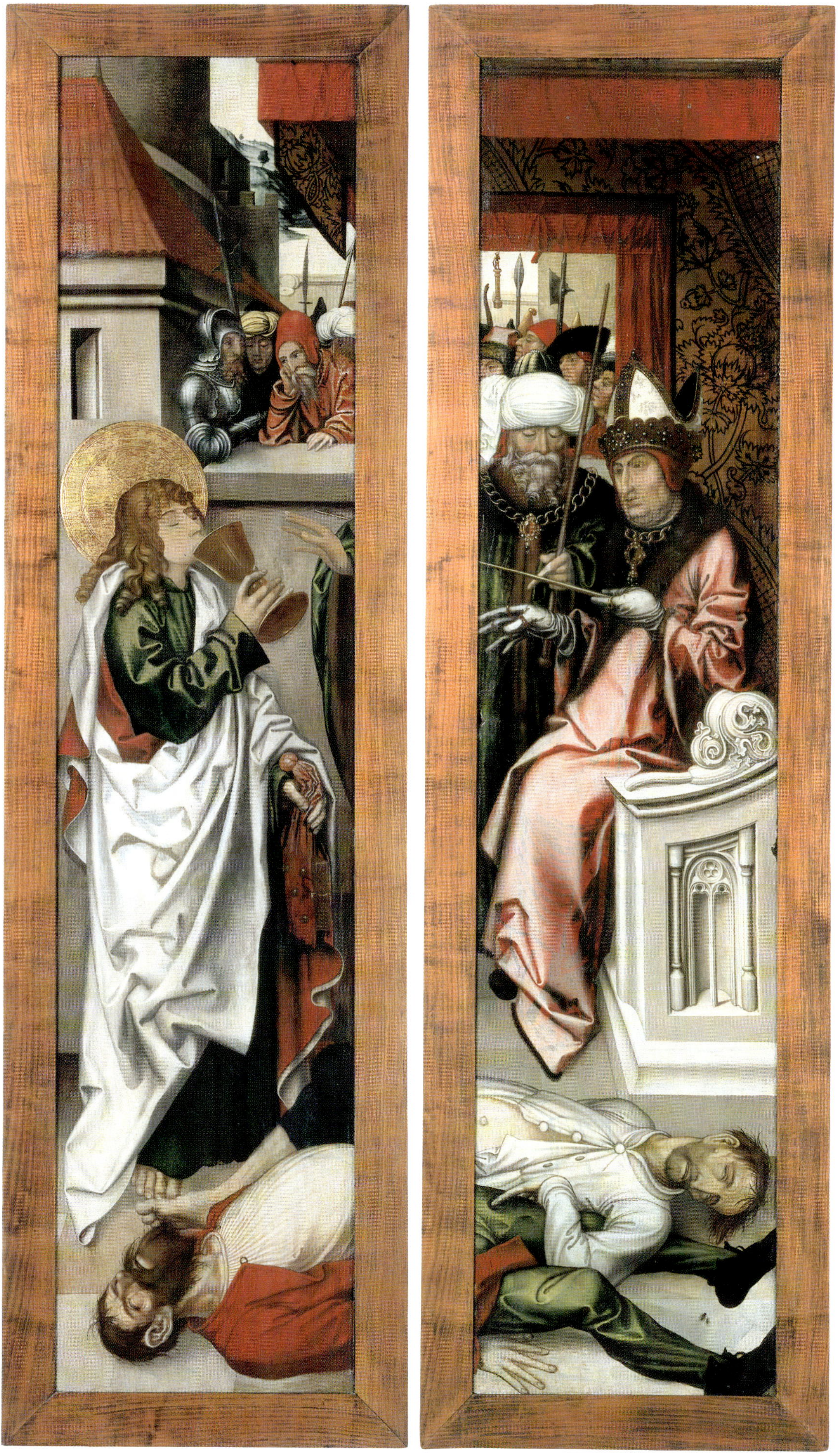

Abb. 143
Kat. 10c

Abb. 144
Kat. 10c, Unterzeichnungen
(Infrarot-Photographie)

167

Geheiss einen Kelch mit Gift; durch diese Probe sollte sich erweisen, welcher Gott der wahre sei. Zwei zum Tode Verurteilte, an denen man das Gift erprobt hatte, waren daran gestorben; Johannes jedoch machte das Kreuzzeichen über dem Becher und leerte ihn daraufhin unbehelligt. Als er ausserdem die beiden Toten zum Leben erweckte, bekehrten sich auch Aristodemus und der Landpfleger zum Christentum (Voragine 1993, S. 69/70). Diese Legende dürfte in zwei Stellen der Evangelien wurzeln (Réau 1958/2, S. 718). In der ersten sagt Jesus zu den Söhnen des Zebedäus, Jakobus und Johannes: «Ihr werdet meinen Kelch trinken (…)» (NT, Mt 20, 23); in der zweiten entsendet der Auferstandene die Apostel zur Mission in die Welt und versichert ihnen für die Getauften: «(…) wenn sie tödliches Gift trinken, wird es ihnen nicht schaden (…)» (NT, Mk 16, 18). Als Erzählung erscheint die Legende schon in gnostischen Schriften (Lipsius 1883, S. 428/429).

Auch für dieses Werk greift Fries auf einen Holzschnitt aus der «Apokalypse» Dürers zurück: das Vorblatt der Folge mit dem «Martyrium» im siedenden Öl (Abb. 203; Strauss 1980, Nr. 54). Von dieser Vorlage zeugt die Figur des Landpflegers, dessen Turban bei Dürers Domitian und seinem Begleiter vorkommt. Auch Barttracht und Kette dürften auf die Gestalt des Domitian im Holzschnitt zurückgehen. Ebenfalls schon bei Dürer erscheint der Brokat hinter dem Thron. Frappant sind die Ähnlichkeiten schliesslich bei der Mauer, die beide Bildräume der Breite nach teilt, und bei den zwei erwähnten Zuschauern, dem Krieger und dem Mann mit aufgestütztem Arm, die sich (seitenverkehrt) schon bei Dürer finden. Zur Ausgestaltung der Thronwange lieferte jedoch ein weiterer Künstler das Vorbild: Schongauer in seinem Kupferstich «Christus vor Hannas» (Colmar 1991, K. 86), woher die grosse Krabbe an der Armlehne und die beiden masswerkverzierten Blendarkaden vermutlich stammen.

Verglichen mit der Innenseite der Altarflügel, wirken die Malereien der Aussenseite narrativ. Offenbar fanden der Maler und seine Auftraggeber die volkstümliche Wunderszene aus der Legenda aurea geeigneter für ein werktags sichtbares Gemälde als die theologisch verschlüsselten, hieratischen Darstellungen aus der Apokalypse, die nur an Festtagen in Erscheinung traten. Der unterschiedliche Wert, den man den zwei Zuständen beimass, drückt sich einerseits in der Maltechnik aus, die aussen weniger aufwendig und gepflegt ist als innen; anderseits im Stil, der auf der Innenseite kostbar, aber auch statisch wirkt, während er auf der Aussenseite der unbefangenen Erzählung der Legende folgt. Deshalb scheint es den Maler hier wohl auch nicht weiter zu kümmern, wenn die räumlichen Verhältnisse beim Innern des Thronhimmels sowie die Höhe und Entfernung der quer durchs Bild verlaufenden Mauer unklar bleiben.

Verena Villiger

Dank an
Yves Christe, Genf, für die Identifizierung der lateinischen Inschrift,
Daniel Moser, Bern, für die Bestimmung der Pflanzen,
Denis de Techtermann, Nyon, für die genealogische Auskunft,
Leo Villiger-Hitzig, Zürich, für die Transkription der deutschen Bibeltexte

Abb. 145
Kat. 11a

Abb. 146
Kat. 11b

Kat. 11
Zwei Flügel eines Altars, um 1507/1508

Herkunft

Im Museum für Kunst und Geschichte Freiburg befinden sich zwei Tafeln, von denen zumindest eine beidseitig bemalt war (Kelterborn-Haemmerli 1927, S. 83/84). Sie gehörten zu einem kleinen Altar, dessen ursprünglicher Standort wie auch der Auftraggeber unbekannt sind. Die ältesten heute bekannten schriftlichen Quellen, in denen die Werke erwähnt werden, stammen aus dem 19. Jahrhundert; die Tafeln befanden sich damals in der Pfarrkirche von Attalens, die 1863 durch einen Neubau ersetzt wurde. Auf die Tafeln aufmerksam geworden, kaufte sie der Staat Freiburg 1865 der Pfarrei für die Summe von 80.– CHF ab und übergab sie dem Museum für Kunst und Geschichte Freiburg (Manual 1865; Zurich 1940).

Der gegenwärtige Stand der Forschung erlaubt nur Hypothesen zu ihrer Erstellung. Sollten sie für die Kirche von Attalens geschaffen worden sein, könnte dies mit der Stiftung des Notars Wilhelm Bise an die Nikolauskapelle (25. Juni 1508) im Zusammenhang stehen (Dellion 1884, S. 175; im Staatsarchiv Freiburg blieb das Originaldokument unauffindbar). Da aber die Rechte über die Nikolauskapelle ab 1609 bei der Zisterzienserabtei Hauterive lagen, könnten der Altar oder Teile davon erst zu einem späteren Zeitpunkt durch Vermittlung dieses Klosters nach Attalens gelangt sein (Dellion 1884, S. 177).

Abb. 147
Kat. 11a und 11b in neugotischen Rahmen
(Photographie aus: Berthier 1894/1)

Einen weiteren Hinweis zum Standort des Altars liefert die Ikonographie der beiden Tafeln: der heilige Nikolaus ist der Patron der heiratsfähigen Frauen, die heilige Margarethe kümmert sich um die Schwangeren und Gebärenden. Dass die heilige Margarethe als Pilgerin dargestellt ist, stützt die Hypothese eines vornehmlich von Frauen besuchten Wallfahrtsortes. Da Attalens eine weit zurückreichende Tradition als Marienwallfahrtsort innehat, könnte der Altar durchaus für diese Pfarrei geschaffen worden sein (Magnin 1928, S. 439–444).

Die ursprüngliche Montierung lässt sich durch Beobachtungen an den Tafeln teilweise rekonstruieren. Am rechten (Margarethe) bzw. linken (Nikolaus) Tafelrand deutet die Negativform eines Architekturprofils in Form einer Säulenbasis auf einen plastisch gestalteten Rahmen hin. Die beiden Tafeln bildeten somit die Innenseiten der Flügel eines kleinen Altars, wobei sich – auch nach der Perspektive der Nische zu schliessen – Margarethe wohl links und Nikolaus rechts befanden.

Nicht Gedrucktes
Manual 1865, S. 465; Zurich 1940; Zurich 1941–1943, S. 2.

Literatur
Freiburg 1874, S. 6, Nr. 21/22; Raedlé 1877, S. 100; Musée cantonal 1882, S. 12, Nr. 25 und 26; Woltmann/Woermann 1882, S. 483; Haendcke 1890, S. 175/176; Janitschek 1890, S. 477; Haendcke 1893, S. 117/118; Berthier 1894/1; Vulliéty 1902, S. 222/223; Zemp 1905, S. 500; Leitschuh 1916, S. 481; Wartmann 1921/2; Kelterborn-Haemmerli 1927, S. 81–85; Zürich 1939, S. 38, Nr. 400/401; Freiburg 1955, S. 7, Nr. 9/10; Freiburg 1957, S. 17/18, Nr. 16, 17; Pfister-Burkhalter 1961, S. 608; Stange 1965, S. 472; Wüthrich 1996, S. 787; Luzern 1999, S. 60/61, Abb. 58.

Während die Autorschaft der Tafeln dank Fries' Signatur auf der Nikolaustafel gesichert ist, variiert die Datierung: Die ersten Autoren, die sich damit beschäftigen, nennen kein Entstehungsjahr (Raedlé 1877; Musée cantonal 1882; Woltmann/Woermann 1882). Haendcke und Janitschek setzen die Gemälde um 1503 an, während Zemp sie «circa 1505» datiert; diese Annahme wird in der Folge mehrmals übernommen (Leitschuh 1916; Pfister-Burkhalter 1961; Stange 1965; Wüthrich 1996). Kelterborn-Haemmerli sieht die Tafeln «koloristisch genau auf der Stufe der Antoniuspredigt [Kat. 9, 1506], mit der sie Farbwahl, Licht- und Schattengebung teilen», während sie ihrer Ansicht nach in der Formensprache dem Marienzyklus von 1512 (Kat. 13) näher stehen. Sie tendiert deshalb zu einer Datierung zwischen 1507 und 1512 (Kelterborn-Haemmerli 1927, S. 84). Das Jahr 1507 für die Entstehung der Tafeln wird schliesslich auch anlässlich der Ausstellung zum Jubiläum der Stadtgründung übernommen (Freiburg 1957). Eine Datierung um 1507/1508 ist heute sowohl formal wie quellenmässig (möglicher Zusammenhang mit der Stiftung des Notars Wilhelm Bise) am besten zu vertreten.

Die Würdigung der Tafeln fällt unterschiedlich aus. Janitschek 1890 bezeichnet sie als «bäurisch», Haendcke 1890 spürt «eine Ruhe und eine gewisse grossartige, wenn auch etwas tote Würde (…)». Kelterborn-Haemmerli 1927 schätzt besonders die Margarethen-Tafel und zählt sie zu den reizvollsten Schöpfungen von Fries, bemängelt aber bei den rahmenden Nischen die inkonsequent gehandhabte Perspektive (Kelterborn-Haemmerli 1927, S. 82, 85).
Trotz ihrer unverkennbaren Qualitäten, besonders die für Fries typische, akribische Wiedergabe der zahlreichen Details, werden die kleinen Tafeln aus Attalens von der Kritik meist wenig beachtet und stehen im Schatten grösserer Werke des Künstlers.

Kat. 11a
Hl. Margarethe
(Abb. 145)

Freiburg, Museum für Kunst und Geschichte, Inv. 7955

Ölhaltiges Bindemittel auf Holz, mit Leinwand überklebt,
100 x 29,7 cm (heutige Höhe der originalen Tafel: 94,7 cm)

Zustand
Im Unterschied zu anderen Werken von Fries wurde diese Tafel bereits vor dem Bekleben mit Leinwand und dem Grundieren im Rahmen montiert, was die aufstehenden Grundierungskanten entlang des heute fehlenden Rahmenprofils beweisen. Darauf wurde die Unterzeichnung ausgeführt, der Kreidegrund graviert (die konzentrischen Rillen des Nimbus enden an Schleier und Pilgerhut; eine kleine Delle im Zentrum des Kreises zeigt, dass Fries einen Zirkel benutzte), der Rahmen vergoldet und schliesslich die Malerei ausgeführt. Zu einem unbekannten Zeitpunkt, vielleicht bei der Aufnahme ins Museum, jedoch vor 1894 (Berthier 1894/1) wurde die Tafel am oberen Rand beschnitten und wurden die beiden oberen Ecken gekappt, offenbar um die gemalte Nischenwölbung zu entfernen und das Gemälde in einen gotisierenden Rahmen einzupassen (Abb. 147). Später doppelte man die heute sehr dünne originale Platte (5 mm) auf Sperrholz auf und hobelte ihre Ränder leicht ab.

Rückseite
Etikette des Museums für Kunst und Geschichte Freiburg.

Restaurierungen
1941, Hans Aulmann, Basel, Öffentliche Kunstsammlung (Abnahme von Firnis und Übermalungen; Anstückung am oberen Tafelrand; Ergänzung der Malerei).

Die Heilige mit einem goldenen Scheibennimbus steht, leicht nach rechts gewandt, in einer Nische unter einem fast bis zur Unkenntlichkeit gedrückten Dreipassbogen. Obschon auf Raumwirkung ausgelegt, ist die Nische nicht konsequent dargestellt: sie verschwindet im unteren Teil des Bildes und macht einem Fliesenboden Platz, dessen grüne und graue Platten im Schachbrett verlegt sind und sich nach hinten perspektivisch verjüngen.
Margarethe trägt ein blaugrünes Kleid unter einem roten Mantel, der auf Höhe der Brust von einem Ledergürtel zusammengehalten wird. Die Kopfbedeckung ist ein weisser Schleier und darüber ein schwarzer Pilgerhut, dessen hochgeklappte Stirnkrempe mit Pilgerzeichen oder Ex-Votos besetzt ist. Im linken Arm hält sie einen Stab und ein Kruzifix, wobei sie mit der linken Hand den Längsbalken des Kreuzes stützt; Christus, mit einem Scheibennimbus ausgezeichnet, hängt leblos daran. Der Titulus, der das Tau-Kreuz überhöht, ist in einer Drahtschlinge angebracht. Rote Blutbahnen überziehen den Körper des Gekreuzigten und das weisse, seitlich geknotete Lendentuch. Margarethe hält mit der Rechten ihren Mantel, bauscht ihn und umschliesst auf diese Art das Kruzifix schützend vor dem braunen Drachen, auf dem sie steht. Das Ungeheuer liegt mit hochgezogenen Beinen auf dem Rücken, den Kopf – mit grünfunkelnden Augen, menschenähnlichen Ohren und kurzen Hörnern – etwas erhoben. Die lange Schnauze gibt das mit einem mächtigen Hauer bestückte Gebiss frei; der gelb und schwarz längsgestreifte Schwanz wird vom linken Bildrand überschnitten und ist erst mit der Spitze wieder sichtbar. Das Untier versucht sich gegen die Heilige aufzubäumen und krallt sich mit seiner linken Pranke in ihren Mantel.

Fries unterzeichnet die Darstellung nur in groben Zügen (Abb. 148). Dank der etwas transparenten Farbschicht auf dem Mantel der Heiligen lässt sich hier dessen Unterzeichnung von blossem Auge erkennen. Mit flüssigem Lavis gibt der Maler den Faltenverlauf an, bisweilen setzt er Ösen und Häkchen, einmal parallel gelegte Kurzschraffen ein. Während des Malvorgangs ändert er den Faltenbausch in den Fängen des Drachen und den Schleier. Der Stab ist in der Zeichnung noch nicht vom Mantel verdeckt und hat einen grösseren Knauf. Schleier, Mantelsaum und -falten nehmen in der Unterzeichnung noch nicht Bezug auf die linke Hand und das Kreuz, sondern laufen darunter weiter. Das Gesicht der Heiligen ist in wenigen Linien skizziert: ins Rund des Wimpels, das der Maler mit ein paar feineren Schwüngen angibt, setzt er Augen (hier in den Kreisen auch Iris und Pupillen, deren Blick sich nach rechts richtet), Nase (im Vergleich mit der Ausführung etwas nach links versetzt) und Mund, wo er durch Schatten und eine feine Linie die Lippen bildet und mit zwei senkrechten kleinen Schraffen ein seitliches Grübchen andeutet. Mit feinem Pinselstrich, jedoch ebenfalls nur sehr summarisch, wird der Körper am Kreuz vorgegeben.

Eine Röntgenuntersuchung des Gemäldes im November 2000 ergab, dass die Tafelrückseite keine Bemalung (mehr) aufweist.

Die hl. Margarethe von Antiochien wurde in der griechischen Kirche schon früh verehrt; im Westen verbreitete sich ihre Legende seit dem 7. Jahrhundert und wurde in späterer Zeit in immer stärkerem Masse ausgeschmückt.
Laut dieser lebte Margarethe, eine schöne christliche Jungfrau, Anfang des 4. Jahrhunderts zur Zeit der Christenverfolgungen unter Kaiser Diokletian in Antiochia. Der Stadtpräfekt Olybrius sah sie beim Schafhüten und begehrte sie zur Frau. Sie schlug seine Werbung aus, da sie ihrem Glauben nicht entsagen wollte. Aus Rache liess Olybrius sie mit eisernen Kämmen reissen, mit Fackeln brennen und ins Gefängnis werfen. Mehrfach erschien ihr der Teufel in der Gestalt eines riesigen Drachen, wand sich um sie und wollte sie verschlingen. Margarethe machte das Kreuzzeichen über ihm, wodurch der Drache regelrecht platzte und sie seinen Krallen unverletzt entstieg. Zur Richtstätte geführt, betete sie vor ihrer Enthauptung für ihre Verfolger und alle, die ihr Gedächtnis anrufen würden, in besonderem Masse Frauen in Kindsnöten. Daher gilt sie als Nothelferin für schwangere und gebärende Frauen. Häufig tritt sie zusammen mit Barbara und Katharina als Dreiergruppe von Nothelferinnen auf; kommt noch Dorothea dazu, werden sie die vier «Kardinaljungfrauen» (Virgines capitales) genannt (LCI 1974/2, Sp. 494–500; Réau 1958/2, S. 877–882).

Fries zeigt Margarethe in dem Augenblick, da sie sich mit Hilfe des Kreuzes aus den Pranken des Drachen befreien kann. Ihre typischen Attribute sind das Handkreuz und der Drache. Ungewöhnlich ist jedoch, dass Fries sie als Pilgerin darstellt. Dies könnte darauf hinweisen, dass sich der Altar vornehmlich an Pilgerinnen richtete. Der Gürtel, den Margarethe über dem Mantel trägt, erinnert an den Brauch, Gebärenden einen mit Reliquien bzw. Amuletten besetzten Gürtel umzubinden (Berthier 1894/1). Auf der Tafel trägt Margarethe die Amulette nicht auf dem Gürtel, sondern auf der Stirnkrempe des Hutes.

Schon Berthier lobt die hohe Qualität der Tafel, hebt die Eleganz der Margarethe hervor und erwähnt die für Fries typischen überlangen Finger der Heiligen (Berthier 1894/1). Haendcke zieht Parallelen zu Bildern des schwäbischen Malers Bartholomäus Zeitblom, ohne allerdings einen direkten Einfluss nachweisen zu wollen (Haendcke 1890). Dieser Ansicht widerspricht Kelterborn-Haemmerli. Sie möchte die Tafel lieber mit dem Zeitblom-Schüler Bernhard Strigel in Verbindung sehen. Besonders der Faltenwurf und die profilierte Nische, «über die das Gewand hinausdrängt», erinnern sie an Strigel. Sie stösst sich an den scheibenförmigen Goldnimben, die nach ihrer Ansicht mit dem fein durchdachten Kolorit kontrastieren, ja schwer und altertümlich wirken (Kelterborn-Haemmerli 1927, S. 81). Koloristisch reiht sie das Gemälde auf der Stufe der Antoniuspredigt (Kat. 9) ein, mit der es Farbwahl, Licht- und Schattengebung teile, während es in der Formensprache und dem erhöhten perspektivischen Interesse dem Marienzyklus näher stehe (Kat. 13). Für die Architekturnische, ein bei Retabelflügeln oft anzutreffendes Motiv – in Freiburg beim Nelkenmeister-Altar in der Franziskanerkirche (1479/80) besonders prominent vertreten –, vermutet Kelterborn-Haemmerli auf Grund der unklaren Ausführung allerdings eine Gesellenhand (S. 82).

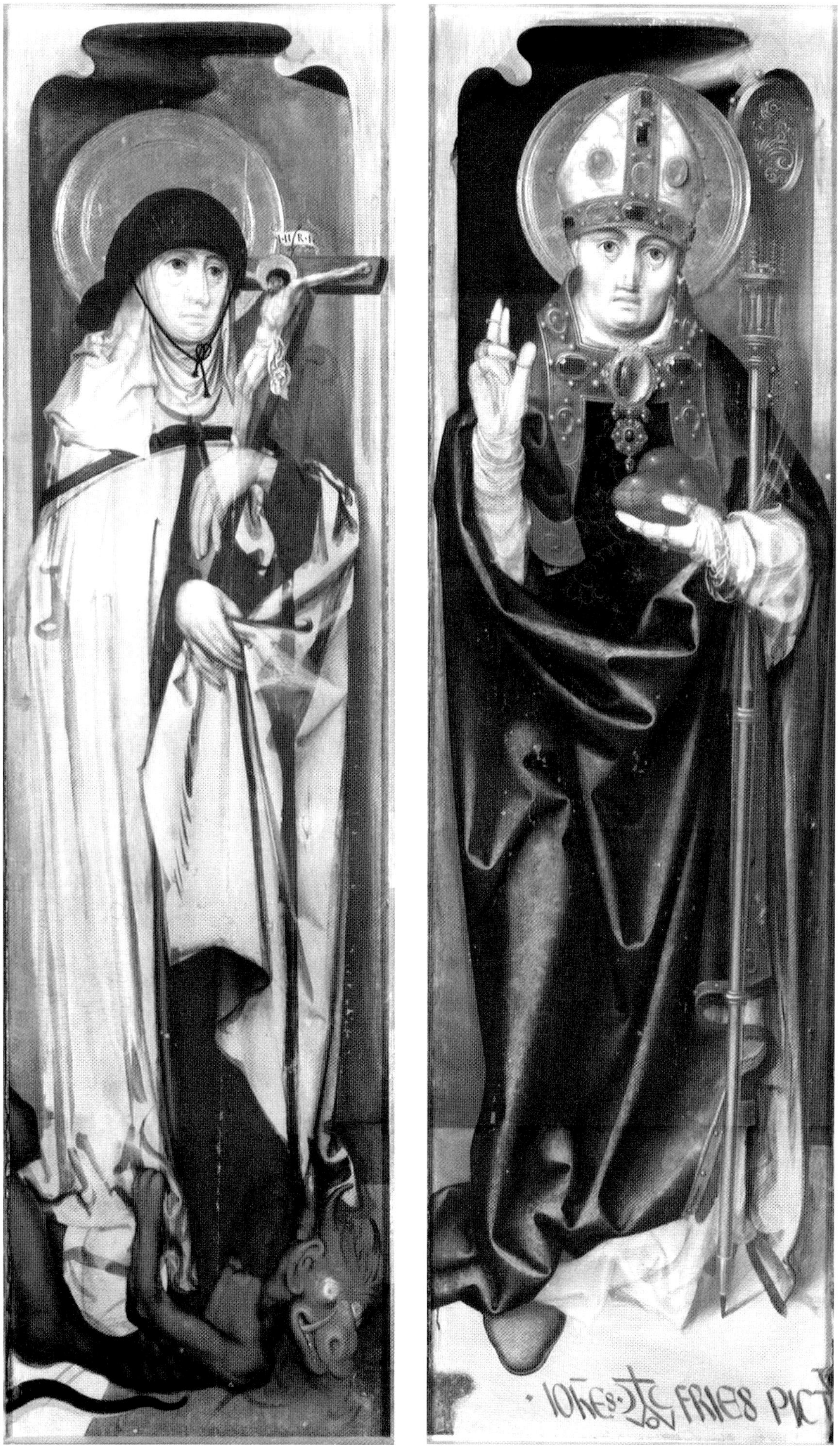
FRIES PICT

Unseres Erachtens zeichnen die Ruhe in der Komposition sowie die Meisterschaft und Erzählfreude in der Wiedergabe inhaltlicher Details die kleine Altartafel als reifes Werk von Hans Fries aus.

Kat. 11b
Hl. Nikolaus
(Abb. 146)

Freiburg, Museum für Kunst und Geschichte, Inv. 7956

Ölhaltiges Bindemittel auf Holz, mit Leinwand überklebt, 99 x 29,7 cm (heutige Höhe der originalen Tafel: 95,5 cm)

Signiert unten auf dem Fliesenboden: «·IOhES·来 FRIES PICT-»

Zustand
Die Tafel wurde ihrem Pendant (Kat. 11a) entsprechend für das Malen vorbereitet. Wie jene wurde sie am oberen Rand beschnitten, wohl gedünnt (heutige Stärke: 4 bis 5 mm) und auf eine Tischlerplatte aufgedoppelt; die Ränder behobelte man leicht. Dies geschah vermutlich in den 20er oder 30er Jahren des 20. Jahrhunderts, denn Kelterborn-Haemmerli erwähnt in ihrer 1927 erschienenen Dissertation noch die Malereien auf der Rückseite der Nikolaustafel (die sie wohl einige Jahre vor Veröffentlichung ihrer Arbeit gesehen hatte), der Restaurator Hans Aulmann erwähnt 1941 hingegen schon, dass die Tafeln aufgedoppelt seien.

Restaurierungen
1941, Hans Aulmann, Basel, Öffentliche Kunstsammlung (Firnisabnahme sowie Entfernung grüner Flecke und rosafarbener Ornamente auf dem Mantel, nach Meinung von Experten spätere Zutaten, von anderer Seite jedoch kontrovers beurteilt; Anstückung am oberen Tafelrand; Ergänzung der Malerei).

Der Bildaufbau entspricht der «Hl. Margarethe»: Der Heilige, mit einem goldenen Scheibennimbus gekennzeichnet, steht in Frontalansicht unter dem flachen Dreipassbogen der Nische. Auch hier wird die Nische im unteren Teil des Bildes nicht weitergeführt, sondern macht einem Plattenboden mit roten und weissen Fliesen Platz. Die illusionistisch gemalte Beschädigung an der Nischenkante oben links ist symptomatisch für die bei diesem Gemälde in fast exzessivem Masse ausgelebte Lust des Malers am Detail. Der heilige Nikolaus präsentiert sich im prachtvollen Bischofsornat: Über der weissen Albe trägt er eine schwarze brokatgemusterte Kasel sowie ein grünes, rot gefüttertes Pluviale. Pectorale und Borten sind reich mit Gold, Perlen und funkelnden Edelsteinen besetzt, wie auch die Mitra aus weissem Damast. Der Bischof hat hellrote Handschuhe, darüber an jedem Finger mindestens einen edelsteinbesetzten Ring. Die Rechte erhebt er zum Segen, mit der Linken hält er drei matt schimmernde Kugeln – sein persönliches Attribut. Als Zeichen seiner Bischofswürde hält er im linken Arm ein Pedum mit transparentem Stab, einem architektonisch gestalteten Knauf mit Pannisellus und einer goldenen, rankengeschmückten Krümme.
Kelterborn-Haemmerli erwähnt Malereien («Ölstudien») auf der Rückseite der Tafel, die durch eine Querleiste in zwei Hälften geteilt wurde. Sie waren in dünner Farbe auf den Kreidegrund gesetzt und stellten Architekturnischen dar, in denen sich oben ein Buch, unten eine Glocke und eine erloschene Kerze befanden (Kelterborn-Haemmerli 1927, S. 83/84; zum Symbol der Kerze bei Fries vgl. Kat. 13h, 10b, 6a). Leider wurden diese Gemälde durch die Aufdoppelung der Tafel zerstört; bei der im November 2000 durchgeführten Röntgen-Untersuchung liessen sich keine Spuren mehr feststellen.

Nur spärliche Unterzeichnung ist auf dieser Tafel zu erkennen (Abb. 149); Fries hat hier offensichtlich bloss summarisch unterzeichnet. Mit relativ breitem Pinselstrich gibt er die Form der Nische und die Silhouette von Gestalt (sichtbar links im untern Teil) und Nimbus (gut sichtbar unten rechts) an. Die schwungvoll hingeworfenen Falten stimmen nicht mit der gemalten Ausführung überein. Am Kopf lässt sich nachvollziehen, wie Fries ein Gesicht konstruiert, bevor er ins Detail geht: er legt die Augen mit Kreisen, Nase und Mund mit kantigen Linien fest.

Der hl. Nikolaus gehört zu den populärsten Heiligen. Er wird in der griechisch-orthodoxen, der russisch-orthodoxen wie der lateinisch-westlichen Kirche gleichermassen verehrt, auch wenn er historisch kaum fassbar ist. Er soll zwischen 270 und 342 gelebt haben und Bischof der Hafenstadt Myra in der römischen Provinz Lykien (in der heutigen Südtürkei) gewesen sein. Seine Reliquien wurden 1087 durch Kaufleute von Myra nach Bari übergeführt. Die historische Unsicherheit seiner Existenz tat weder seiner Verehrung noch der Legendenbildung Abbruch. In Freiburg wurde die erste Kirche in der Stadt, die als Eigenkirche dem Stadtgründer Berthold IV. gehörte, dem Heiligen geweiht. Nikolaus wurde, begleitet von den weiblichen Heiligen Katharina von Alexandrien und Barbara von Nikomedien, zum Stadtpatron von Freiburg.

Eine der volkstümlichsten Legenden erzählt, wie er drei armen Mädchen zu einer Aussteuer verhalf: In Myra lebte ein verarmter Mann, der seine Töchter kaum noch ernähren, geschweige denn das Geld für ihre Mitgift aufbringen konnte. In dieser ausweglosen Situation redete er den Mädchen zu, sich zu prostituieren. Zufällig hörte Nikolaus dieses Gespräch mit an und beschloss zu helfen. Er nahm seinen Geldbeutel – nach einer anderen Version handelt es sich um einen Goldklumpen – und warf ihn durchs offene Fenster einem der Mädchen zu. Dies wiederholte er an zwei folgenden Abenden. Da nun alle drei Mädchen finanziell gut versorgt waren, stand ihrer Verheiratung nichts mehr im Wege.

Abb. 148
Kat. 11a, Unterzeichnungen (Infrarot-Reflektographie)

Abb. 149
Kat. 11b, Unterzeichnungen (Infrarot-Reflektographie)

Diese Legende liess den Bischof von Myra zum Patron der heiratsfähigen und heiratswilligen Mädchen werden und dürfte auch Ausgangspunkt des Volksbrauchs sein, wonach er an seinem Fest, dem 6. Dezember, als Gabenbringer zu den Kindern kommt (LCI 1976, Sp. 45–58; Réau 1958/2, S. 976–988).

Die Nikolaus-Tafel wird geprägt von einem meisterhaften Raffinement der plastisch behandelten, fast im Überfluss vorhandenen Details. Qualität wie Opulenz der Friesschen Darstellung kommen besonders gut zur Geltung bei einem Vergleich mit der bieder-braven, 1515 von Jakob Boden gemalten Nikolaus-Darstellung, die sich heute im Kunstmuseum Bern befindet (Wagner 1977, S. 86–89, Abb.).

Raoul Blanchard
Verena Villiger (Unterzeichnungen)

Kat. 12
Lebendes Kreuz, um 1510–1512
(Abb. 152)

Freiburg, Museum für Kunst und Geschichte, Inv. 7957

Ölhaltiges Bindemittel und Polimentvergoldung auf Fichtenholz (Picea abies), teils mit Leinwand und Werg überklebt, 150,2 x 97,6 cm

Signiert unten rechts: «(H ·) 朿 · F»
Datiert rechts von der Signatur: «· 1(…)»
Inschrift: Rechts von Signatur und Datum : «R 1725» (Datum einer Restaurierung)

Herkunft

Über den ursprünglichen Standort des Gemäldes sind wir im ungewissen. Erstmals wurde 1881 darauf hingewiesen, als es sich in der Kirche von Cugy befand: es handle sich um eine Darstellung des hl. Eligius (!) und sei ein Werk des Malers Fries, entstanden im Auftrag des Klosters Hauterive, das die Kollatur über Cugy innehatte (Schaller 1881). 1882 veröffentlichte Johann Rudolf Rahn die Tafel unter stilistischen und ikonographischen Aspekten in einer Notiz (Rahn 1882). Ende desselben Jahres kam die kantonale Erziehungsdirektion mit der Eligius-Bruderschaft in Cugy überein, dass diese dem Freiburger Museum das Gemälde abtrete, jene hingegen als Ersatz ein neues Altarbild von François Bonnet malen lasse (Projet 1882; Convention 1882; Schaller 1882; Compte-rendu 1882, S. 141). Die Akquisition erscheint bereits im Katalog des Museums, der im gleichen Jahr publiziert wird (Musée cantonal 1882, S. 12, Nr. 27).

Bis zum Ende des 16. Jahrhunderts bildete Cugy zusammen mit mehreren umliegenden Gemeinden eine grosse Pfarrei (Waeber 1957/1, S. 156). Eine Pfarrkirche, dem hl. Martin geweiht, ist schon im 12. Jahrhundert erwähnt (Benzerath 1913, S. 109). Ab 1230 hatte das Kloster Hauterive die Kollatur inne; zu Beginn des 16. Jahrhunderts machte sie der Klerus von St. Niklaus (Freiburg) dem Kloster streitig, was zu einer längeren, erst 1522 beigelegten Auseinandersetzung mit der Abtei führte. Schliesslich blieb Cugy jedoch bis 1848 beim Kloster (Dellion 1885, S. 452–454). – Im späten Mittelalter, vermutlich Anfang des 16. Jahrhunderts, wurde eine neue Pfarrkirche erbaut, und zwar im Dorf und nicht wie bisher am Weg nach Vesin (Abb. 150); Dellion 1885, S. 457). Nach verschiedenen Umbauarbeiten riss man sie 1906 ab und weihte 1907 die heutige Kirche (Waeber 1957/1, S. 156/157).

Die Bruderschaft des hl. Eligius in Cugy wird erstmals 1525 bei der Stiftung einer Messe fassbar (Carquillat, Fondations); zu einem unbekannten Zeitpunkt scheint man dem bereits bestehenden Antonius-Altar eine Stiftung zu Ehren dieses Heiligen angegliedert zu haben (Waeber 1940, S. 39; Waeber 1942, S. 267; Dellion 1885, S. 458). Zu welchem Zeitpunkt die inschriftlich 1522 datierte Kapelle dem hl. Eligius geweiht wurde, ist unbekannt; 1689 nennt ein Visitationsbericht sie unter dieser Vokabel (Visitation 1689–1703, p. 57).

Dass es sich beim «Lebenden Kreuz» um das ursprüngliche Altarbild dieser Eligius-Kapelle handelt, scheint aus verschiedenen Gründen fragwürdig. Zum einen lässt sich das Gemälde auf Grund stilistischer Merkmale vor dem Bau der Kapelle datieren. Zweitens weist die Darstellung keinerlei Bezüge zum hl. Eligius auf. Drittens mutet ihre Ikonographie für eine Dorfkirche ungewöhnlich komplex an.
Es lässt sich nicht klären, ob das Bild ursprünglich für einen andern Altar in derselben Kirche vorgesehen war. Der Hochaltar ist dem hl. Martin geweiht, und für die vier Seitenaltäre werden kurz nach 1580 folgende Patrozinien genannt: Johannes der Täufer und Maria; Nikolaus; Antonius; Eligius (Waeber 1940, S. 39): für keines davon bietet sich – zumindest vordergründig – eine Darstellung des «Lebenden Kreuzes» an. Denkbar ist, dass das Gemälde im Auftrag des Kollators geschaffen wurde, vielleicht nicht für Cugy, sondern für Hauterive selbst. Die Annahme Büchis, das «Lebende Kreuz» sei im Auftrag des Freiburger Rats entstanden und 1508 bezahlt worden, beruht auf einem Lesefehler: in der entsprechenden Seckelmeisterrechnung ist nämlich nicht von einem «werk» die Rede, sondern von einem «rock» (Büchi 1927; Villiger 1997; Q 142/1508).

Abb. 150
Joseph Emmanuel Curty:
Ansicht des «Château de la Cour» in Cugy, Aquarell, um 1790; Freiburg, Museum für Kunst und Geschichte

Abb. 151
Kat. 12, Fehlstellen vor der Retusche 1944

Es ist anzunehmen, dass die Tafel ursprünglich zu einem Altar gehörte, wobei ihre Stellung innerhalb eines grösseren Ganzen ungewiss bleibt; die originale Rückseite, welche diesbezügliche Schlüsse erlaubt hätte, wurde im Lauf der zahlreichen Restaurierungen abgehobelt. Die symmetrische Komposition des Bildes und sein Inhalt, in welchem die zentralen christlichen Glaubenswahrheiten zusammengefasst werden, lassen vermuten, es handle sich hier um das Mittelstück oder um das einzige Gemälde eines Altars.

Zustand

Der Bildträger wurde dendrochronologisch untersucht (LRD 1); er besteht aus vier Brettern, die folgende Breiten aufweisen (von links nach rechts): 24,5; 26,5; 26,5; 18 cm. Das Holz ist vermutlich gleicher Provenienz wie jenes der «Predigt des hl. Antonius von Padua» (Kat. 9a) und stammt von einem einzigen Baum, der in einer Höhe über 1000 m ü. M. wuchs; wahrscheinlich handelte es sich um ein langes Brett, das in vier Stücke zersägt wurde. Das Splintholz wurde entfernt; der letzte vorhandene Jahrring ist 1497 gewachsen. Fries bemalte die Stamm-Innenseite des Holzes; die sich daraus ergebende konkave Wölbung des Bildträgers führte grossenteils zum schlechten Erhaltungszustand des Bildes.
Vor Auftragen der Grundierung wurde die Tafel kreuzweise eingeritzt, um ein besseres Haften der Malerei zu gewährleisten. Sämtliche Tafelränder weisen eine Grundierungskante auf; das Gemälde ist also

nicht beschnitten. Der Eingriff von 1725 und Klagen der Eligius-Bruderschaft über ständige Restaurierungskosten (Comptes St-Eloi, 1881) zeigen, dass sich das Gemälde seit langem in prekärem Zustand befand. Um den Bildträger zu stabilisieren, hobelte man seine Rückseite bis auf eine Stärke von 0,5 bis 0,7 cm ab und parkettierte sie. Verluste erlitt die Malschicht hauptsächlich im Bereich des Hintergrundes; die Fehlstellen sind ausgekittet und ergänzt (Abb. 151). Das Gemälde wurde ausserdem durch unsachgemässe frühere Reinigungen beschädigt.

Rückseite
Parkettierung (1944).

Restaurierungen
1725, Unbekannt; 1884, François Bonnet, Freiburg; 1899, Josef Regel, Freiburg (?, Parkettierung durch den Schreiner César Winckler); 1900, Joseph Reichlen (Retuschen); 1905, Josef Regel, Zürich; 1944, Henri Boissonnas, Zürich (Parkettierung ersetzt, Freilegung, Reinigung, Ergänzungen); 1967–1970, Théo-Antoine Hermanès, Basel, Öffentliche Kunstsammlung (Freilegung, Reinigung, Ergänzungen); 1983/1984, Jan Horky, Freiburg, Museum für Kunst und Geschichte (Festigung).

Nicht Gedrucktes
Comptes St-Eloi; Schaller 1881; Convention 1882; Projet 1882; Schaller 1882; Bonnet 1884; Techtermann 1899/1; Techtermann 1899/2; Techtermann 1899/3; Winckler 1900; Procès-verbaux, 8. 4. 1905; Comptes MAHF 1900; Comptes MAHF 1906; Boissonnas 1944.

Literatur
Musée cantonal 1882, S. 12; Rahn 1882, S. 305/306; Dellion 1885, S. 458; Burckhardt 1888, S. 129/130; Haendcke 1890, S. 181/182; Janitschek 1890, S. 477/478; Berthier 1892/1; Haendcke 1893, S. 126/127; Weber 1894, S. 118/119; Zemp 1905, S. 502/503; Leitschuh 1916, S. 480–482; Sauer 1920, S. 340; Ganz 1921, Abb.; Zürich 1921, S. 17, Nr. 66, Tafel 15; Baum 1921/1922, S. 299; Castella 1922, Tafel 10; Ganz 1922/2, S. 220; Ganz 1924, S. 144, Tafel 105; Mandach 1924, S. 129; Paris 1924, S. 26, Nr. 35; Büchi 1927, S. 17; Kelterborn-Haemmerli 1927, S. 65–70, Tafel 4; Reiners 1930, S. 42; Guenne 1937, S. 176, Abb.; Vloberg 1946, S. 60, 69/70; Bern 1953, S. 9, Nr. 21; Freiburg 1955, S. 7, Nr. 6; Freiburg 1957, S. 17, Nr. 14; Waeber 1957/1, S. 157; Thoby 1959, S. 223, Abb. 376; Ganz 1960, S. 356; München 1960, S. 50, Tafel 10; Pfister-Burkhalter 1961, S. 608; Füglister 1964, S. 58–61; Stange 1965, S. 472; Schiller 1968, S. 173, 535, Abb. 530; Lankheit 1973, Sp. 199, 214, Abb. 27; Lehnherr 1974, S. 7, Abb. S. 13; Monssen 1981, S. 135, Abb. 9; Nürnberg 1983, S. 350/351, Nr. 466; Beerli 1993, S. 134; Bertling 1996, S. 167; Wüthrich 1996, S. 787; Villiger 1997.

Im Zentrum der Komposition hängt Christus am Kreuz; sein blutüberströmter Körper zeigt die Spuren grausamer Misshandlung: Geisselwunden, Wundmale und Dornenkrone. Vier nimbierte Hände an den Enden der Kreuzbalken zeigen die Wirkung des Opfers: Die Hand über dem Haupt Christi hält einen Schlüssel und öffnet damit den Himmel, der golden aus den Wolken glänzt.
Auf der entgegengesetzten Seite, zu Füssen des Gekreuzigten, zertrümmert die zweite Hand mit einem Hammer die Höllenpforte. Gleich neben ihr erscheint Jesus nochmals, nur mit einem roten, grün gefütterten Mantel bekleidet; als Sieger über den Tod hält er die Fahne der Auferstehung. Er stösst einem grossen Teufel ihren Schaft in die Brust und befreit dadurch eine Schar von Männern und Frauen, die in der Vorhölle (Limbus der Väter) der Erlösung harren: Adam, den greisen Stammvater der Menschheit; die junge Eva an seiner Seite; Johannes den Täufer, den Vorläufer Christi, der als einziger der Gruppe einen Heiligenschein trägt. Gegenüber öffnet sich ein weiterer Limbus, in dem sich die ungetauften Kinder drängen.
Neben dem rechten Kreuzesarm (von Christus aus links) reitet eine Frau in prachtvollem grünem Kleid auf einem Esel mit geknickten Vorderbeinen und einer Wunde am Hals; er leckt den Kreuzesstamm. Die Hand darüber stösst der Frau ein Schwert durch den Hals. Sterbend neigt sie den Kopf; die Krone, das Zeichen ihrer Macht, fällt ihr vom Haupt. Es ist die Synagoge als Verkörperung des Alten Bundes, der durch das Opfer am Kreuz beendet wird. Die Binde, die sie zuvor für das Kommen des Messias blind machte, ist von ihren Augen

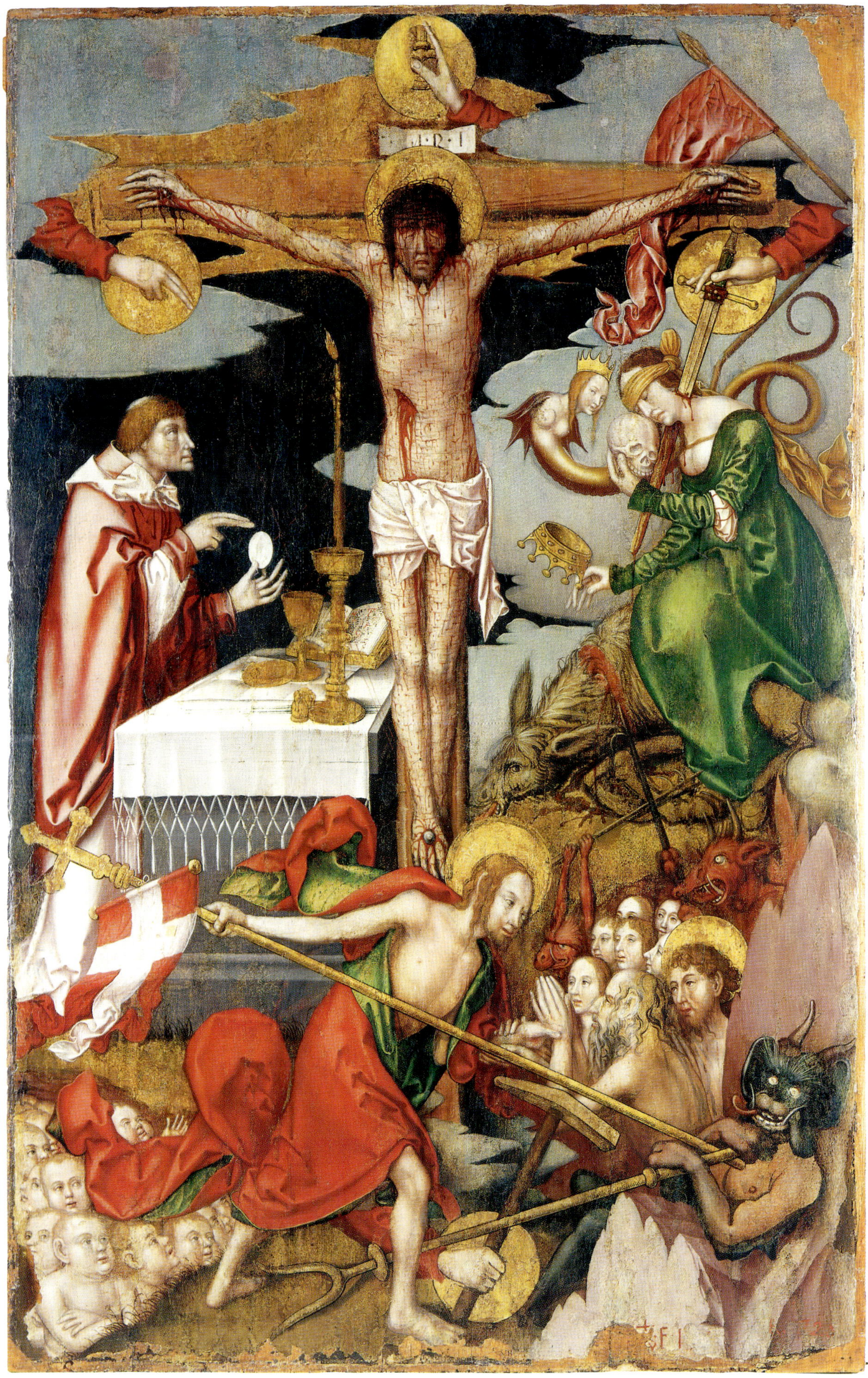

Abb. 152
Kat. 12

Abb. 153
Kat. 12, Unterzeichnungen
(Infrarot-Reflektographie)

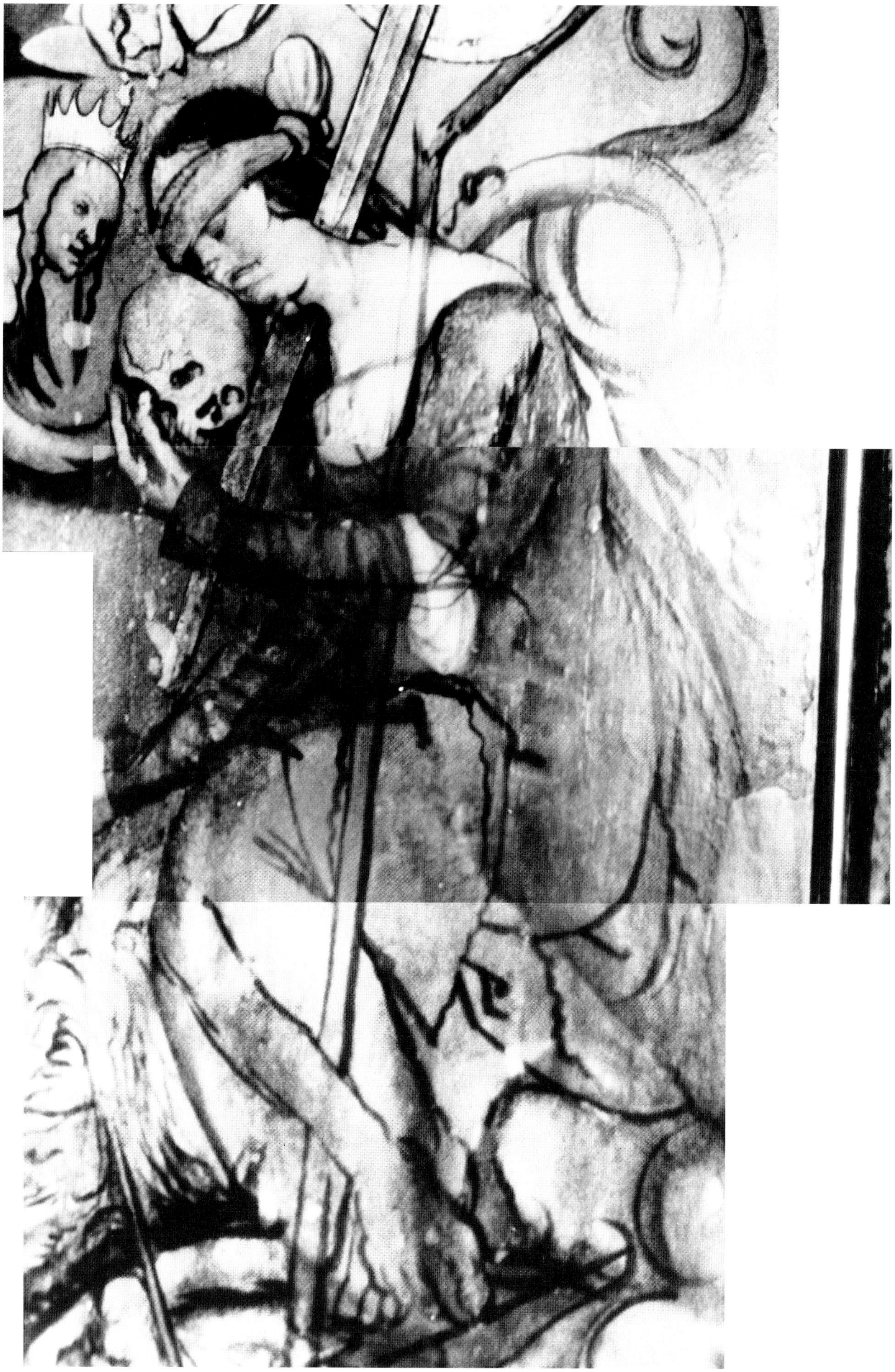

geglitten. In der Unterzeichnung hatte Fries hier anfänglich die nackte Eva vorgesehen, und noch in der Malerei deuten einige Attribute auf die Stammutter der Menschheit hin: ähnlich wie diese den Apfel, hält sie einen Schädel als Zeichen des Todes; die Schlange, gekrönt und geflügelt, flüstert ihr ins Ohr. An einem gebrochenen Schaft flattert eine Fahne über ihr.

Zur Rechten des Gekreuzigten zelebriert ein Priester als Bild der Kirche an einem Altar die Eucharistie. Brot und Wein, Hostie und Kelch sind in der Wiederholung des Opfers durch Blutstrahlen mit Christi Wundmalen verbunden. Die vierte Hand, beim linken Kreuzbalken, segnet diese Szene.

Die Unterzeichnung wirkt hier linear, mit spitzem Pinsel ausgeführt (Abb. 153). Einzige Ausnahme bildet der Mantel der Christus-Gestalt in der Vorhölle. Zwischen Unterzeichnung und Malerei wurden mehrere inhaltlich relevante Änderungen vorgenommen, als habe der Maler die Darstellung auf Wunsch eines theologisch versierten Beraters (vielleicht des Auftraggebers) revidiert. So ist der Kopf des Gekreuzigten in der Unterzeichnung im Unterschied zur Malschicht gesenkt. Ausserdem wird die auf dem Esel reitende Frau zuerst nackt wiedergegeben (Abb. 154); auf der Fahne über ihr steht das Wort «EVA». Als Antithese zu Eva sah Fries ursprünglich wohl Maria vor; jedenfalls zeichnet er gegenüber der erwähnten Fahne eine zweite, deren (ungebrochener) Schaft nicht wie bei der ersten in eine Lanzenspitze, sondern in ein Kreuz mündet; auf ihr steht in verschlungenen Lettern «AVE». Als Zeichen des neuen Bundes stellt der Maler schliesslich schon in der Unterzeichnung einen Priester dar, der an einem Altar die Eucharistie zelebriert. Auf seiner Kasel, deren Falten er mit krakeligen Pinselstrichen, teils mit Häkchen, vorgibt, zeichnet er rückseitig ein Kreuz, das er in der Folge jedoch nicht ausführt. Weitere Änderungen haben wohl eher formale Gründe: das nachträgliche Vertauschen der Füsse Christi (in der Vorhölle), die Verkürzung der Nase Adams, Details am Kopf des Höllenfürsten unten rechts (Krümmung der Hörner, gekröseartige Ohren) und die Zipfel der Fahne, mit deren Schaft Christus den Teufel rammt. Im oberen Teil der Kerze auf dem Altar erscheinen Linien, deren Bedeutung unklar ist. Sonst sind die Figuren präzise umrissen und zum Teil durch Binnenzeichnung modelliert, vornehmlich in den Gewanddraperien und Fahnen. Besonders fein ist die Modellierung im Gesicht der Christus-Gestalt in der Vorhölle, wo die Rundung der Wangen, die Augenhöhlen u. ä. mit geschwungenen Schraffen angegeben werden. Expressiv wirkt die Unterzeichnung der Kinder im Limbus; souverän skizziert Fries ihre aneinandergedrängten Köpfe, wobei er als Konstruktionshilfe Augenkreise und Mittelachsen einsetzt. Derartige Achsen sind übrigens auch am Körper von Christus in der Vorhölle zu beobachten, und die hier wartenden Gestalten weisen ebenfalls Augenkreise auf, die bisweilen im Vergleich zur Malschicht leicht verschoben sind. – Die Unterzeichnung gleicht in ihrer Art jener der «Ausgiessung des Hl. Geistes» (Abb. 108).

Abb. 154
Kat. 12, Unterzeichnungen:
Synagoge/Eva (Infrarot-Reflektographie)

Abb. 155
Martin Schongauer: Höllenfahrt,
Kupferstich

Abb. 156
Albrecht Dürer: Christus in der Vorhölle,
Holzschnitt aus der grossen Passion, 1510

Bereits 1882 interpretiert Rahn die ikonographischen Hauptlinien des Bildes richtig, so dass es erstaunt, wenn Daniel Burckhardt sechs Jahre später der Darstellung verständnislos gegenübersteht (1888, S. 130). Ganz sieht 1924 darin den Ausdruck krankhafter religiöser Schwärmerei oder plötzlich ausgebrochener Schwermut, während Kelterborn-Haemmerli den Einfluss elsässischer Mystik vermutet (1927, S. 66). Noch 1946 empfindet Vloberg die Ikonographie als verworren (S. 69/70). Die Grundlagen zum Verständnis der Bildidee wurden endlich 1964 von Füglister in einer umfassenden Studie beigebracht; er stellte rund dreissig europäische Werke aus dem Zeitraum von 1400 bis 1700 zusammen, auf denen jedesmal vier Hände, vom Kreuz ausgehend, Christi Erlösungswerk demonstrieren: durch seinen Kreuzestod setzt der Heiland dem Alten Bund ein Ende und begründet die Kirche. Indem er sich opfert, besiegt er den Tod und öffnet der Menschheit den Himmel. Typisch für diese Bildkonstruktion ist eine symmetrische Anlage; die Mittelachse, der Kreuzesstamm, teilt das antithetische Paar des Alten und des Neuen Bundes. Zumindest in einzelnen Elementen scheint dieses Schema auf Texten zu fussen (Füglister 1964, S. 167; siehe auch: Schiller 1968, S. 171/172); das ursprünglich vorgesehene Anagramm «EVA–AVE», das die Urheberin des Sündenfalls der Gottesmutter gegenüberstellt, findet sich schon im Hymnus «Ave, maris stella» von Paulus Diaconus (Blume 1908, S. 140). Unter den bei Füglister zusammengestellten Werken gibt es jedoch keines, das der Friesschen Komposition gesamthaft als Vorbild gedient hätte, also sämtliche in ihr auftretenden Bildelemente enthielte. Die meisten dieser Elemente erscheinen zwar bereits in früheren Werken, sind aber auf mehrere Darstellungen verteilt (die zahlreichen Bildvarianten entsprechen der typisch spätmittelalterlichen individuellen Abwandlung eines ikonographischen Schemas, scheinen für die vorliegende Ikonographie jedoch besonders ausgeprägt zu sein: Füglister 1964, S. 111). Schon im Fresko des Giovanni da Modena von 1421 halten drei Hände je Schlüssel, Schwert und Hammer (Bologna, San Petronio; Füglister 1964, IV B). Eine um 1440 entstandene deutsche Zeichnung bildet als Reittier der Synagoge den am Hals verletzten Esel ab (Rom, Biblioteca Casanatense; Füglister 1964, VI). Mit eingeknickten Beinen (kniend?) gibt ihn ein deutscher Einblattholzschnitt wieder; neben der Synagoge erscheint hier übrigens auch die nackte Eva mit Schädel und Schlange (Pavia, Museo Civico, um 1465; Füglister 1964, IX). In drei Darstellungen aus dem Ende des 15. Jahrhunderts öffnet Christus die Vorhölle (Füglister 1964, X–XII); wahrscheinlich benutzte Fries bei diesem Motiv zudem Schongauers «Höllenfahrt» (Abb. 155; Colmar 1991, K. 94): die zierliche Gestalt Christi und die feine, etwas krause Faltenbildung seines Mantels finden sich schon in seinem Kupferstich; der Greis und Johannes der Täufer im Limbus sind eindeutig aus diesem übernommen. Der Priester, der die Messe zelebriert, ist bereits am Tympanon der Martinskirche in Landshut vorgegeben (Mitte 15. Jh.; Füglister 1964, V; Lankheit 1973, Sp. 214; Kurmann/Kurmann-Schwarz 1985, S. 94).

Das letztgenannte Beispiel interessiert in unserem Zusammenhang besonders. Wenn in der Eucharistiefeier in Landshut und bei Fries auch keine Martins-Messe dargestellt zu sein scheint (Füglister 1964, S. 128; Réau 1958/2, S. 910/911), existiert möglicherweise doch ein Zusammenhang dieser Bildvariante mit dem Martins-Patrozinium – auch die Kirche von Cugy ist ja dem hl. Martin geweiht. In diesem Zusammenhang kommen wir nochmals auf die bereits erörterte Frage nach dem ursprünglichen Standort des Gemäldes zurück. Anlässlich der Visitation von 1625 wird in Cugy der Zustand eines Tafelgemäldes auf dem Hochaltar bemängelt: «Tabella depicta in magno altari ex parte combusta est» («Die gemalte Tafel auf dem Hochaltar ist teilweise verbrannt»; Waeber 1942, S. 267). Es wäre verlockend, in dieser Tafel das «Lebende Kreuz» zu sehen. Ratlos lässt einen die Bemerkung jedoch, weil auf dem Hochaltar der Kirche seit den zwanziger Jahren des 16. Jahrhunderts offenbar ein grosses Skulpturenretabel stand (Strub 1962, S. 55–57).

Etwas aufschlussreicher scheinen die Nachrichten aus dem beginnenden 18. Jahrhundert. Am 1. Dezember 1724 (Fest des hl. Eligius) wird das Bruderschaftsmitglied Jean Maquet beauftragt, Teile des Eligius-Altars nach Freiburg – und von dort wieder zurück – zu bringen: vermutlich sollte der Altar repariert werden. Zwei Jahre später vermerkt die Bruderschaft eine Summe, die Joseph Pochon an die Renovation der Kapelle gestiftet hat (Comptes St-Eloi). Die Inschrift «R 1725» auf dem Gemälde könnte mit diesen Erneuerungsarbeiten zusammenhängen. Nicht zu klären ist aber, ob sich das Werk zuvor bereits in der Kirche, ja in der Kapelle befand oder ob es zwischen 1724 und 1726 von einem andern Ort nach Cugy gebracht wurde. Dem damaligen Pfarrer Jean Gindroux (1722–1748), einem höchst gebildeten Mann, war die komplexe Ikonographie des spätgotischen Werkes bestimmt nicht unverständlich.

Die Signatur, vor den modernen Restaurierungen wohl durch Übermalungen beeinträchtigt, wird in der Literatur oft als gefälscht bezeichnet. Auch wenn sie heute nur noch teilweise erhalten ist, scheint sie uns mit grösster Wahrscheinlichkeit original. Nie wurde bezweifelt, dass es sich bei dem Gemälde um ein Werk von Hans Fries handle. Hingegen divergieren die Autoren betreffs der Datierung deutlich; die Vorschläge zur Entstehungszeit des Bildes reichen von den Jahren vor 1499 (Leitschuh 1916) bis zur Spätzeit des Malers um 1518 oder danach (Zemp 1905). Am häufigsten wird das Werk stilistisch jedoch mit den Antonius-Gemälden von 1506 (Kat. 9) verglichen und ähnlich wie diese datiert. Hinsichtlich der Datierung gehen wir davon aus, dass die für Fries typischen Stilmerkmale – ein in flächige Kompartimente aufgeteilter Wolkenhimmel aus Gold, Hell- und Dunkelblau, flammenförmige Felssilhouetten und kantig-knittrige Gewandfalten – in die Zeit vor Entstehung des Marienaltars (1512, Kat. 13) weisen. Die dendrochronologische Untersuchung wiederum lässt keine Datierung vor etwa 1504 zu. Ausserdem scheint der gehörnte Teufel in Fries' Gemälde (unmittelbar über Johannes dem Täufer) aus Dürers «Höllenfahrt Christi» zu stammen, einem 1510 datierten Holzschnitt (Abb. 156; Strauss 1980, S. 433–435), was zusammen mit den anderen Annahmen auf eine Entstehung des Gemäldes zwischen 1510 und 1512 deuten würde.

Verena Villiger

Dank an
Raoul Blanchard, Greyerz, für seinen Beitrag zur Dokumentation, Anna Bugnon, Cugy, für die Bereitstellung der archivalischen Quellen.

Abb. 157
Kat. 13a

Kat. 13
Marienzyklus, 1512

Herkunft

Von neun Tafeln mit Szenen aus dem Marienleben befinden sich sechs in Basel, zwei in Nürnberg und eine in Hamburg. Seit den Forschungen von His-Heusler geht man davon aus, dass die Tafeln «Überreste eines grösseren Altarwerkes» sind (His-Heusler 1864, S. 52). Auch Josef Zemp, der für das Schweizerische Künstlerlexikon den ersten umfassenden Artikel über Fries verfasste, nahm an, dass die Bilder ursprünglich wohl zu einem grösseren Marien-Altar gehörten (Zemp 1905, S. 501), so auch Kelterborn-Haemmerli 1927, S. 88. Paul Leonhard Ganz schlug Jahrzehnte später eine mögliche Rekonstruktion eines Flügelaltars vor, dessen Flügel insgesamt 16 Szenen aus dem Marienleben zeigten (Ganz 1952). Ohne sich für einen Altar oder einen Zyklus zu entscheiden, spricht Christian Geelhaar einerseits von sechs Bildern aus dem Marienleben, anderseits auch von einem «Marien-Altar» (Geelhaar 1992, S. 30, 42/43). Zum ursprünglichen Standort des mutmasslichen Altars und zum Ort seiner Entstehung wurden unterschiedliche Meinungen geäussert (siehe unten). Die sechs Basler Bilder (Kat. 13a–c, f–h) werden im Katalog der Öffentlichen Kunstsammlung Basel 1866 erstmals als Werke des Hans Fries aufgeführt mit dem Hinweis, in Nürnberg befänden sich zwei weitere Tafeln der Folge. Diese aufschlussreiche Notiz ist His-Heusler zu verdanken, der in einem 1863 gehaltenen Vortrag (His-Heusler 1864) vorerst die sechs Basler Tafeln und in einem später publizierten Beitrag auch die beiden irrtümlicherweise Hans Burgkmair zugeschriebenen Nürnberger Stücke (Kat. 13d–e) als Werke von Hans Fries identifiziert hatte (His-Heusler 1869, S. 57/58). Auf das Hamburger Bild (Kat. 13i) machte erstmals Hermann Ganz im Feuilleton der NZZ aufmerksam (Ganz 1922/1).

Die neun Tafeln wurden – wohl während des Bildersturms – vor der Vernichtung gerettet und gelangten auf unterschiedlichen Wegen an ihre heutigen Standorte:
Erste Belege für die sechs Basler Tafeln liefert ein 1772 erstelltes Inventar der vom Basler Rechtsgelehrten Remigius Faesch (1595–1667) angelegten Sammlung (Faeschisches Inventar C, 1772; nach Major 1908, S. 47). Faesch hatte in seinem Haus am Petersplatz in Basel während Jahrzehnten ein weit über Basel hinaus bekanntes Kunstkabinett eingerichtet, das sogar Sandrart 1675 in seiner «Teutschen Akademie» bewundernd erwähnte (Sandrart 1675, S. 322). Später erscheinen zwei der sechs Basler Bilder in einem 1810 von Johann Rudolf Faesch verfassten «raisonnirenden» Verzeichnis als Werke Dürers (Faeschisches Inventar E, 1772; nach Major 1908, S. 67). Ob die in den Inventaren aufgelisteten Tafeln von Remigius Faesch selbst angeschafft oder aus älterem Familienbesitz übernommen wurden, ist nicht bekannt. Ebenso fehlt die Quelle für die Angabe Zemps, wonach die Tafeln «vor 1670» in die Faeschische Sammlung gelangt seien (Zemp 1905, S. 501). Kraft seines 1667 verfassten Testamentes vermachte Remigius Faesch das Faeschische «Museum» 1823 der Universität Basel, die es an die Öffentliche Kunstsammlung der Stadt überantwortete (Major 1908, S. 1/2, 24). In den Sammlungskatalogen der Öffentlichen Kunstsammlung Basel erscheinen die Tafeln als Werke Sigmund Holbeins (1849) und des «Meisters HF von Bern» (1862); im Sammlungskatalog von 1866 schliesslich als Werke von Hans Fries.

Die beiden heute in Nürnberg aufbewahrten Tafeln hatte Fürst Ludwig von Oettingen-Wallerstein Ende des 18. Jahrhunderts «zusammen mit vier anderen» von einem Kunsthändler (?) namens Ruminy in Zürich gekauft. Die in der Literatur ab und zu aufscheinenden Namen «Ruming» oder «Ruring» an Stelle von «Ruminy» beruhen auf einer falschen Lesung der Quelle. Das Wallersteinsche «Grundbuch», ein erstes Inventar der fürstlichen Sammlung, listet beide Bilder mit den Bezeichnungen «Mariae Opferung» (Kat. 13d) und «Vermählung Mariae» (Kat. 13e) als Werke von Hans Burgkmair auf (Wallerstein 1817/1818, § CXXXV und CXXXVI). Grupp schreibt in seinem Aufsatz über die Sammlung Oettingen-Wallerstein, der Fürst habe in Zürich «einen Fries» gekauft (Grupp 1917, S. 97). Diese Angabe ist insofern irritierend, als nur von einer Tafel die Rede ist, wo die erwähnten Inventare doch zwei Bilder aufführen. Offenbar ist Grupp hier ein Irrtum unterlaufen, denn die jüngste dendrochronologische Untersuchung der Tafel mit dem Tempelgang Marias (Kat. 13d) ergab, dass die beiden für die Parkettierung verwendeten Fichtenbretter von einem 1702 oder kurz danach gefällten Baum stammen (Klein 2001). Oettingen-Wallerstein erwarb somit wahrscheinlich zwei – wohl schon im frühen 18. Jahrhundert getrennte und parkettierte – Bilder. Zu jenem Zeitpunkt wurden möglicherweise auch Signatur und Jahrzahl auf der «Vermählung Mariae» (Kat. 13e) wie das Monogramm auf «Mariae Tempelgang» gefälscht (Kat. 13d). Dem «Grundbuch» entnehmen wir, dass die beiden Werke von Fries nicht in der 1816 in den oberen Räumen des Schlosses Wallerstein eingerichteten Sammlung, sondern im «Oratorium der St. Anna-Schlosskapelle zu Wallerstein» ausgestellt waren (Wallerstein 1817/1818, § CXXXV). 1815 gelangten weitere Tafeln von Fries in den Besitz des Fürsten (Kat. 3 und 4). Am 1. Juni 1828 erwarb König Ludwig I. von Bayern sämtliche altdeutschen Bilder aus der Sammlung Oettingen-Wallerstein (Grupp 1917, S. 107). Zusammen mit anderen Werken der «deutschen Schule» waren auch die beiden Tafeln von Fries ab 1829 in einem eigens dafür eingerichteten «Bildersaal» in der Moritzkapelle neben der Sebalduskirche in Nürnberg ausgestellt (Moritzkapelle 1829, S. 20, Nr. 121). 1882 wurden sie zusammen mit anderen an verschiedenen Orten der Stadt untergebrachten Kunstbeständen in das Germanische Nationalmuseum übergeführt (Germanisches Nationalmuseum Nürnberg 1997, S. 8).

Die Hamburger Tafel mit der «Marienkrönung» (Kat. 13i) soll der Hamburger Sammler Siegfried Wedells (1848–1919) im Jahr 1913 in Mailand gekauft haben (Ganz 1922/1). Nach seinem Tode gingen sein Haus an der Neuen Rabenstrasse in Hamburg und seine Gemäldesammlung als Vermächtnis an die Freie und Hansestadt Hamburg (freundliche Auskunft von Ulrich Luckhardt, Hamburger Kunsthalle). Das Kurzinventar zum Vermächtnis Wedells verzeichnet die Tafel mit «Hans Fries, Krönung einer Heiligen» (Wedells 1919, Nr. 89). Die irrige Angabe bei Ganz 1922/2, wonach das Bild in einer Berliner Privatsammlung entdeckt worden sei, beruht wohl auf einer Verwechslung von Berlin mit Hamburg. Unrichtig ist auch die Angabe von Kelterborn-Haemmerli, die auf Grund eines falsch interpretierten Quellenzitats (angeblich aus Wallerstein 1817/1818) glaubte, die Tafel stamme aus der Sammlung Oettingen-Wallerstein (Kelterborn-Haemmerli 1927, S. 106/107). Die von Kelterborn-Haemmerli genannte Marienkrönung wird aber erst in Wallerstein 1826, S. 28, genannt und bezieht sich – wie die Massangaben zur Tafel beweisen – nicht auf das Bild von Fries. Mit Bezug auf Kelterborn-Haemmerli nennen auch Ganz 1952 und der jüngste Sammlungskatalog der Hamburger Kunsthalle (Hamburger Kunsthalle 1966) fälschlicherweise den Fürsten Oettingen-

Abb. 158
Paul Leonhard Ganz: Rekonstruktion des Marienaltars von Hans Fries (Ganz 1952)

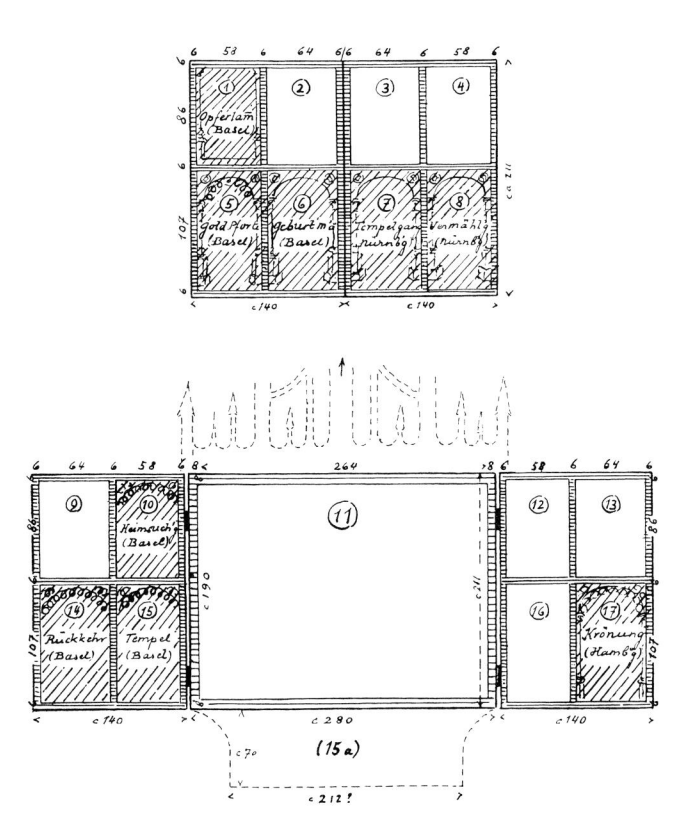

Wallerstein als früheren Besitzer der Tafel. Im Jahr 1937 war die Sammlung Wedells nach wie vor an ihrem angestammten Ort im Haus an der Rabenstrasse öffentlich zugänglich (Pauli 1937, S. 133). Aus konservatorischen Gründen waren einzelne Bilder bereits in den zwanziger Jahren in die Kunsthalle gebracht worden. 1949 gelangten schliesslich 42 Werke, darunter auch die Marienkrönung von Fries, als Leihgaben in die Kunsthalle Hamburg (freundliche Auskunft von Ulrich Luckhardt, Hamburger Kunsthalle).

Zur Rekonstruktion

Nebenbei vermerkt der Katalog der Öffentlichen Kunstsammlung Basel 1862 unter Nr. 49, dass «je drei und drei [der sechs Basler Tafeln] zusammengehörend, sämtliche Theile eines grossen Altarbildes» gewesen seien. Zemp spricht in bezug auf die ihm bekannten acht Tafeln (Basel, Nürnberg) zum ersten Mal ausdrücklich von einem «grossen Marien-Altar, dessen beidseitig bemalte Flügel später auseinander genommen und zersägt wurden», und hegt erste Vermutungen über eine mögliche ursprüngliche Anordnung der Tafeln (Zemp 1905, S. 501). Bei Waagen (1845, No. 48–53) lesen wir von einer «Folge von sechs Bildern aus dem Leben Mariae», bei Haendcke 1890, S. 180, von einer «Bildfolge», und selbst His-Heusler, der das Zusammengehören der Tafeln in Basel und Nürnberg erkannt hatte, dachte bei der «Folge aus dem Leben der Maria» offenbar nicht nur an einen Flügelaltar (His-Heusler 1869, S. 57). Die Forschung nach Zemp 1905 geht dann allgemein davon aus, dass die erhaltenen Tafeln Teile eines Marien-Altars sind, wobei weder Ganz 1924 noch Kelterborn-Haemmerli 1927 den Versuch einer Rekonstruktion vornehmen; Pauli 1937, S. 138, vermutet unter den fehlenden Teilen zwar ein Mittelstück mit einer Geburt Christi, kann sich aber «über die Anordnung der verschiedensten Fragmente [...] keine Vorstellung machen [...]». Schliesslich publiziert Paul Leonhard Ganz einen plausiblen und trotz offener Fragen auch heute nachvollziehbaren Rekonstruktionsversuch, den er aus einleuchtenden Analysen der unterschiedlichen Rahmungen, der Verschiedenartigkeit der Perspektiven, der ikonographisch sinnvollen Reihenfolge und der Masse der Tafeln heraus entwickelt (Ganz 1952). Er geht von einem möglichen ikonographischen Programm aus, das für «die Werktagsseite die aus den apokryphen Evangelien stammende und dem Alten Bund zuzurechnende Zeit der Vorgeschichte und Jugend Marias bis zu ihrer Vermählung (Kat. 13a–e), für die Festtagsseite die Erfüllung und Belohnung von Marias Bestimmung als Mutter Gottes» vorsieht (Kat. 13f–i; Ganz 1952, S. 106/107). In Ergänzung zu den erhaltenen Tafeln schlägt Ganz für die Aussenseite drei und für die Innenseite vier Szenen aus dem Leben von Joachim und Anna bzw. Maria vor; zwischen den beiden Flügeln denkt er sich eine gemalte Mitteltafel, vielleicht mit einer Anbetung der drei Könige (Ganz 1952, S. 108). Die neu entdeckten Unterzeichnungen und die jüngsten fallweise vorgenommenen Untersuchungen an den jeweiligen Bildträgern (Übereinstimmung der Jahrringe an den Tafelkanten, sich entsprechende Astlöcher) widersprechen der von Ganz vorgeschlagenen Anordnung der erhaltenen Tafeln nur geringfügig (im Detail bei den einzelnen Katalognummern aufgeführt). Folgen wir den Ausführungen von Ganz, so ergibt die Rekonstruktion einen Altar von beträchtlichen Dimensionen, der bei voller Öffnung etwa 5,50 m breit gewesen wäre und vom Altartisch aus gemessen mit einer Predella und einem Gesprenge eine Höhe von etwa 8 m erreicht hätte (Abb. 158).

Die thematische Spannweite des ursprünglichen ikonographischen Programms ist wegen der offensichtlich fragmentarischen Überlieferung des Zyklus nicht eindeutig zu eruieren. Die chronologische Abfolge der Ereignisse, so wie sie die Schriften schildern, ergibt für die erhaltenen Tafeln folgende Reihe: «Wahl des Opferlamms» (Kat. 13a), «Joachim und Anna an der Goldenen Pforte» (Kat. 13b), «Die Geburt Marias» (Kat. 13c), «Der Tempelgang Marias» (Kat. 13d), «Die Vermählung Marias» (Kat. 13e), «Die Heimsuchung der Elisabeth durch Maria» (Kat. 13f), «Die Rückkehr aus Ägypten» (Kat. 13g), «Der zwölfjährige Jesus im Tempel» (Kat. 13h), «Die Krönung Marias» (13i). Wenn auch die Tafel mit dem «Tempelgang Marias» eine bemalte Rückseite besass, muss die Folge, vom Ganzschen Rekonstruktionsversuch abgesehen, aus mindestens fünf Tafeln mit zehn Szenen bestanden haben. Wie viele Szenen noch zu ergänzen wären, ist auch bei näherer Betrachtung der ikonographischen Inhalte nicht schlüssig zu beantworten. Es fällt auf, dass Fries (oder der Auftraggeber) neben den gängigen Hauptszenen, die in einem Marienleben nicht fehlen dürfen, den nur selten dargestellten Nebenschauplatz mit der «Rückkehr aus Ägypten» und die offenbar eigene Bild-Erfindung der «Wahl des Opferlamms» mit einbezieht.

Eine völlig andere Rekonstruktion ist nicht auszuschliessen, zumal die grossen Dimensionen des von Ganz vorgeschlagenen Altars die Auswahl der möglichen ehemaligen Standorte ziemlich einschränken (siehe unten). Besass der vermutete Marien-Altar vielleicht weniger als 16 Tafeln? War ein mutmasslicher Altar überhaupt der Jungfrau

183

Abb. 159
Kat. 13b

Maria geweiht, oder handelte es sich vielleicht um eine Bilderfolge, die mehr auf die Thematik der Heiligen Familie bzw der Heiligen Sippe zielte? Gehörten die Tafeln überhaupt zu einem Flügelaltar, oder handelte es sich um eine räumlich anders angeordnete Folge von Einzelbildern im Sinne eines Zyklus? Technologische Untersuchungen weisen gewisse Bilder eindeutig als Vorder- und Rückseite derselben Tafel aus, so zumindest die sechs Basler Bilder, die zusammen ursprünglich drei Tafeln ausmachten (Kat. 13c/13g, 13b/13h, 13a/13f). Ob das Bild mit dem «Tempelgang» in Nürnberg (Kat. 13d) zusammen mit der Hamburger «Krönung» (Kat. 13i), wie Ganz vorschlägt, tatsächlich eine vierte Tafel ergibt, ist fraglich, da – trotz gleichen Tafelmassen – die Anzahl der verleimten Bretter und deren Breite bei den beiden Tafeln nicht übereinzustimmen scheinen (leider erlauben die aufgedoppelte Rückseite und ein nicht zu entfernender Rahmen bei der Tafel in Hamburg derzeit keine schlüssige Untersuchung des Sachverhalts). Von einer fünften Tafel (Kat. 13e) besitzen wir mit der «Vermählung Marias» nur noch eine der bemalten Seiten.

Ältere Zuschreibungen, Auftraggeber, Bestimmung,
Ort der Entstehung

Gefälschte und originale Signaturen, aber auch das unterschiedliche Schicksal der einzelnen Tafeln seit ihrer Rettung, schufen für mannigfache Zuschreibungen Raum. Das Zusammengehören des originalen Monogramms HF mit Hauszeichen von Hans Fries auf dem rechten Arkadensockel der «Geburt Marias» in Basel (Kat. 13c) und der ebenfalls originalen Jahrzahl 1512 auf dem linken Arkadensockel der Tafel mit «Tempelgang Marias» in Nürnberg (Kat. 13d), die gemäss Rekonstruktion von Ganz bei geschlossenen Flügeln nebeneinander zu denken wären, wurde lange Zeit nicht erkannt, weil die Tafeln, so wie heute, an verschiedenen Orten aufbewahrt wurden. Im ersten Faeschischen Inventar C von 1772 bleiben die Basler Tafeln anonym, während das zweite Inventar E von 1810 bei der «Heimsuchung» vermerkt, dass es sich um ein «Dürerisches Gemälde» handle. Waagen 1845, Nr. 48–53, erkennt bei den Basler Tafeln eine Verwandtschaft mit «dem grossen Martin Schongauer». Jacob Burckhardt, der die zweite Auflage von Kuglers Handbuch der Geschichte der Malerei bearbeitete, schrieb die Basler Bilder Sigmund Holbein zu. Die Gemälde schienen Burckhardt in ihrem «Colorit» eine Beziehung zur Augsburger Schule aufzuweisen; entsprechend naheliegend war es, das Monogramm HF als «Holbein Fecit» zu verstehen (Kugler 1847, S. 186). Die Kataloge der Öffentlichen Kunstsammlung Basel von 1849, 1850 und 1852 und auch die dritte, 1867 erschienene Auflage von Kuglers Handbuch übernahmen diese Zuschreibung. Der Basler Sammlungskatalog von 1862 führt die Tafeln als Werke des Meisters «H ⚐ F aus Bern». Naglers Aufschlüsselung der Initialen HF mit einem angeblich von Bern gebürtigen Heinrich Fassner (Nagler 1858–1880, Bd. 3, Nr. 915) beruhte auf der falschen Lesung einer Basler Quelle und wurde von His-Heusler 1864 (bzw. 1869, S. 51) richtiggestellt und von Nagler im Anhang des dritten Bandes der «Monogrammisten» entsprechend korrigiert (Nagler 1858-1880, Bd. 3, Nr. 2934).

Die beiden Nürnberger Tafeln hielt man seit den Wallersteinschen Grundbüchern und bis in die sechziger Jahre des 19. Jahrhunderts für Werke von Hans Burgkmair (Parthey 1863, S. 219); Lotz 1863, S. 338, weist sie der Werkstatt Burgkmairs zu. Erst der 1879 erschienene Katalog der Moritzkapelle Nürnberg übernimmt die neuen Erkenntnisse von His-Heusler und vermerkt «Hans Fries von Basel» (mit einem Hinweis auf die gefälschte Signatur). Die heute unbestrittene Fälschung der Initialen «HB» auf der Tafel mit Mariae Tempelgang (Kat. 13d) und den gleichen Initialen sowie der Jahrzahl «1512» auf der Tafel mit der Vermählung (13e) könnte gut in die Zeit Oettingen-Wallersteins zurückreichen. Grupp weiss nämlich zu berichten, dass der Wallersteinsche Zeichnungslehrer und Hofmaler Franz Xaver Schmidt als «Direktor oder Inspektor der Bildergalerie» bis 1820 «seine Schützlinge pflegte, ein krankes Bild nach dem anderen […] restaurierte und [weil er alles Altdeutsche verachtete] wider Willen der Zweite Vater seiner Feinde wurde» (Grupp 1917, S. 78). Eine allfällige «Restaurierung» der beiden Tafeln von Fries könnte darin bestanden haben, sie zur Beglaubigung einer gerne angenommenen Autorschaft Hans Burgkmairs in formaler Anlehnung an die vorhandene originale Jahrzahl 1512 mit den Initialen HB zu versehen (Kat. 13d) und Tafel 13e, die ursprünglich weder datiert noch signiert war, entsprechend zu ergänzen.

Die erst 1913 in Mailand wieder aufgetauchte Tafel mit der «Krönung Marias» (Kat. 13i) wurde bereits damals von Wedells als Werk des Hans Fries gekauft.

Die Frage nach dem Auftraggeber, nach der ursprünglichen Bestimmung und dem Ort der Entstehung der Tafeln ist vorderhand nicht zu beantworten. Die gesicherten schriftlichen Nachrichten über Hans Fries brechen im Jahr 1511 ab, und es scheint, dass er damals Freiburg verlassen hat. Eine Notiz im Freiburger Ratsprotokoll vom 27. Juli 1517, die bescheinigt, dass der Rat dem Maler die Verlängerung seines auswärtigen Aufenthaltes erlaube, bestärkt diese Annahme. Im Jahr 1518 wird der Maler im Testament des Chronisten Hans Fries als «jetz gesessenn zů Bernn» abermals genannt. Ob Hans Fries bereits um 1511/12 nach Bern übersiedelte, wissen wir nicht. In Kenntnis der genannten archivalischen Belege deutete His-Heusler den auf der Basler Tafel mit der «Geburt Marias» aufgemalten Berner Batzen als «Zeugnis» für das Schaffen des Hans Fries «in der neuen Heimat» und schliesst daraus, dass die Tafeln des Marien-Altars «ohne Zweifel in Bern gemalt wurden» (His-Heusler 1864, S. 61, siehe Kat. 13c). Auch Ganz 1952, S. 109, spricht sich auf Grund der für Fries verbürgten Kontakte mit Bern und dem erwähnten Berner Batzen für den Entstehungsort Bern aus. Da wir aber nicht zweifelsfrei wissen, wo sich Fries in den Jahren nach 1511/12 niedergelassen hatte, bleiben dies Vermutungen.

Noch schwieriger ist die Frage nach dem ursprünglichen Standort des mutmasslichen Marien-Altars zu beantworten. Sollten die Tafeln tatsächlich in Bern entstanden sein, ist die von His-Heusler geäusserte Meinung, sie seien auch für eine Berner Kirche gemalt worden, naheliegend (His-Heusler 1869, S. 57). Ganz widerspricht dieser Auffassung mit guten und ausführlich dargelegten Gründen, wobei er bei seinen Überlegungen stets seine eigene Rekonstruktion eines grossen Marien-Altars vor Augen hat (Ganz 1952, S. 109–111). Ein dem Altarwerk angemessener Standort wäre das Berner Münster gewesen, doch befanden sich dort im zweiten Jahrzehnt des 16. Jahrhunderts bereits über zwanzig Altäre, deren zwei sicher und vielleicht ein dritter bereits Maria geweiht waren (Türler 1896, S. 73, 99–102, 108, 112/113). Auch der um 1500 errichtete Chorlettner kommt für die Aufstellung eines Marien-Altars nicht in Frage, zumal sich im mittleren Durchgang des Lettners schon der Pfarraltar mit einer Marienstatue befand (Mojon 1960, S. 117–122). Diesen Zustand lässt zumindest der von Werkmeister Erhart Küng stammende Riss erkennen, den Niklaus Manuel um 1510 mit Figuren ergänzte (Kurmann 1999, S. 436). Ganz spricht sich wiederum mit guten Argumenten auch gegen einen Standort in der Berner Dominikanerkirche aus, «von den sonstigen Ordens- und Quartierskirchen» in Bern komme «aus Patrozinats- oder Raumgründen keine mehr in Betracht» (Ganz 1952, S. 111). Ob die Tatsache genügt, dass sich sechs Tafeln seit langer Zeit in Basel befanden und spärliche schriftliche Quellen in den Jahren 1487/88 einen Aufenthalt von Fries in Basel bezeugen, um einen möglichen Aufstellungsort in einer Basler Kirche anzunehmen, bleibe dahingestellt (Ganz 1952, S. 111). Verfolgt man die Hypothese, die Tafeln seien in Bern und für Bern entstanden, käme als Standort vielleicht noch das 1468 auf oder neben den östlichen Ausgang der Plattform beim Berner Münster erbaute und Unserer Lieben Frau geweihte zweite Beinhaus in Frage, welches 1528 geräumt und 1534 abgerissen wurde (Mojon 1960, S. 423 und 430/431). In diesem Beinhaus hatte die von den Meistern des Baderhandwerks gebildete Bruderschaft «Unserer Lieben Frau auf dem Gebein» ihren Altar (Türler 1896, S. 117). Da wir jedoch über die Grösse und das Aussehen dieser abgegangenen Kapelle nicht unterrichtet sind, ist es müssig, hier weiter zu spekulieren, zumal offen bleibt, ob die Bilderfolge möglicherweise gar nicht einen Marientitulus trug, sondern der Heiligen Familie geweiht war (siehe oben). Die Annahme, dass Niklaus Manuel zumindest die «Begegnung an der Goldenen Pforte» und die «Geburt der Maria» gekannt und studiert habe, bewegt Wagner 1979, S. 20, zur Aussage, dass der vielteilige Marien-Altar «wohl im Auftrag einer bernischen Kirche» und in Bern entstanden sein «muss».

Abb. 160
Arche Noah, Glasgemälde, um 1430/31;
Ulm, Münster, Besserer-Kapelle

Ikonographie und Stil

Die Vorgeschichte zum Marienleben und Berichte zur Kindheit und Jugend Mariae überliefern uns apokryphe Schriften, namentlich das Protoevangelium des Jakobus (auch Pseudo-Jakobus genannt), auf das sich vorerst die Bildtradition der östlichen Kirche bezieht (Schiller 1980, S. 31/32). Im Westen beruhten bildliche Darstellungen der Marienlegende im frühen und hohen Mittelalter weniger auf der Kenntnis der apokryphen Texte als vielmehr auf entsprechenden theologischen Verarbeitungen in unterschiedlichen Dichtungen oder aber unmittelbar auf der östlichen Bildtradition. Über verschiedene literarische Zwischenstufen gingen die Schilderungen der apokryphen Schriften zum einen in die «Legenda aurea» ein (Schiller 1980, S. 39–54); zum anderen lehnte sich auch die spezifische und oft ausgeschmückte Erbauungsliteratur, wie etwa die in franziskanischen Kreisen um 1300–1320 verfassten «Meditationes vitae Christi», an die Erzählungen der apokryphen Schriften. Mit der wachsenden Marienverehrung und dem im späten 15. Jahrhundert aufkommenden Anna-Kult erfuhren die Legenden eine weite Verbreitung.

Joachim aus Nazareth und Anna aus Bethlehem waren zwanzig Jahre verheiratet und kinderlos geblieben. Als Joachim im Tempel sein Opfer darbringen will, wird dieses wegen Joachims Kinderlosigkeit vom Hohepriester zurückgewiesen. Betrübt darüber verbringt Joachim darauf vierzig Tage mit Fasten und Gebet in der Wüste. Unterdessen beklagt daheim auch Anna ihr Unglück. Beiden erscheint ein Engel, der ihnen die Geburt eines Kindes voraussagt und sie anweist, sich an der Goldenen Pforte zu Jerusalem zu begegnen. Gemäss legendärer Überlieferung soll bei dieser Begegnung die (im späten Mittelalter nicht unbestrittene) unbefleckte Empfängnis Mariae erfolgt sein. Maria wird geboren und als Mädchen von zehn Jahren (nach der Legenda aurea schon nach drei Jahren) dem Tempel zur Erziehung übergeben. Als Maria vierzehn wird, widersetzt sie sich dem Ansinnen des Hohepriesters, sie zu verheiraten. Sie wird schliesslich dem alten, aus dem königlichen Geschlecht Davids stammenden Joseph angetraut. Es folgen die Verkündigung an Maria, die Begegnung von Maria und Elisabeth (Heimsuchung), die Geburt Jesu, die Beschneidung Jesu und die Darbringung im Tempel. Wie bei Matthäus 1, 19–24, schliessen sich häufig die Szenen mit der Anbetung des Kindes durch die Weisen, dem Kindermord, der Flucht nach Ägypten, der Ruhe auf der Flucht und der Rückkehr aus Ägypten an. Als letztes der Bilder, die das Jugendleben Jesu – in einen grösseren Kontext eingebunden aber auch das Marienleben – betreffen, folgt nach Lukas 2, 41–52 die Szene des zwölfjährigen Jesus mit den Schriftgelehrten im Tempel. Je nach Ausführlichkeit können weitere Ereignisse das Leben Marias illustrieren, so etwa der Abschied Jesu von Maria. Zu den grossen und häufig dargestellten Themen sind schliesslich der Marientod, die Himmelfahrt und die Krönung Marias zu zählen.

Für das ikonologische Verständnis der von Fries gemalten Bilderfolge ist es bedeutsam zu wissen, dass er – wie die Unterzeichnungen zeigen – für den oberen Abschluss aller (erhaltenen) Szenen ursprünglich die eigenartig metallen wirkenden Ranken ohne Blätter vorsieht. Bei der «Vermählung» (Kat. 13e), der «Geburt Marias» (Kat. 13c) und dem «Tempelgang» (Kat. 13d) wird das Astwerk durch eine massiv gemauerte Arkade ersetzt; die Arkade bei der «Begegnung an der Goldenen Pforte» (Kat. 13b) erscheint in Verbindung mit zusätzlichem Rankenwerk schliesslich als Kompromiss. Völlig aus der Reihe fällt die «Wahl des Opferlamms» (Kat. 13a), die in der endgültigen Ausführung ganz ohne Arkade und Astwerk auskommt. Zweifellos setzte Fries die rahmende Arkade und die Ranken als gestalterisches Mittel ein. Die Tatsache, dass ursprünglich bei jeder Szene die krönenden Ranken vorgesehen waren, diese aber namentlich bei der «Heimsuchung» und der «Rückkehr aus Ägypten» ohne konkrete Verbindung zu realen Gegenständen des Bildes und in stark abstrahierender Ausführung in Erscheinung treten, verleiht dem Motiv einen zusätzlichen tieferen Sinn: Die ausgesprochen «familiäre», ja «häusliche» Konnotation aller Szenen, welche die gegenseitige Zuneigung der dargestellten Hauptfiguren in den Vordergrund stellt, betont gleichermassen auch ihre sipphafte verwandtschaftliche Zusammengehörigkeit, eigentlich das Ehe- und Familienthema, dessen Bedeutung an der Wende zur Neuzeit allgemein zunahm (Dörfler-Dierken 1992, S. 206/207). Im weitesten Sinn thematisieren die Szenen aber auch den Stammbaum Christi und seiner Familie, der über David, Salomon und Jesse bis zu Adam zurückreicht. Die Genealogie Christi, die als eigenes Bildthema üblicherweise in Darstellungen der Wurzel Jesse Gestalt annimmt, scheint in subtiler Variierung und mehr oder weniger explizit häufig auch in anderen Bildzusammenhängen durch. So verbindet beispielsweise Dürer in seinem Holzschnitt mit der «Begegnung an der Goldenen Pforte» auf der rahmenden Arkade das letztlich an die Wurzel Jesse erinnernde Astwerk mit den Figurinen von Moses, von drei Propheten, David und Gideon und würdigt damit die hohe Abstammung der Hauptfiguren (Panofsky 1977, S. 134). Auch auf dem Blatt mit der «Beschneidung Christi» (Abb. 162) im Dürerschen Marienleben erscheint an der Rückwand des Raumes ein reiches Rankenwerk mit vier eingesetzten Figuren: Judith als Präfiguration von Maria, Moses als Gesetzgeber, der Löwe von Juda und ein nacktes Kind, das «natürlich niemand anders als der Messias ist» (Panofsky 1977, S. 139). In diesem ikonologischen Zusammenhang ist auch das Rankenwerk auf den Bildern hier zu sehen. Im einzelnen berücksichtigen sie Joachim, Anna, Joseph, Maria, Jesus und die mit Johannes schwangere Elisabeth; in Gemeinschaft enthält die Folge deshalb auch die Thematik der Heiligen Familie und – sub voce in den Ranken verkörpert – ihrer Vorfahren, so wie sie in Matthäus 1, 1–17, als dreimal 14 Generationen aufgezählt, erscheinen. Diese Deutung erlaubt uns auch, für die Folge bzw. für einen mutmasslichen Altar anstatt des Marienpatroziniums allenfalls dasjenige der Heiligen Familie anzunehmen, womit heute fehlende Bilder durch andere Szenen ergänzt werden könnten, als sie Ganz mit Blick auf einen Marien-Altar in Erwägung zog. Namentlich für das möglicherweise einmal vorhandene Mittelstück (gemalt oder geschnitzt) kämen eine Heilige Familie oder gar Anna selbdritt in Frage. Aus einer solchen Hypothese heraus würden sich auch für die Suche nach möglichen Auftraggebern und dem ehemaligen Standort des Zyklus neue Perspektiven eröffnen.

Die rahmende Architektur ist selbstverständlich auch gestalterisches Mittel: Die flankierenden Säulen mit und ohne gemauerte Arkadenbogen bilden jeweils den ziemlich massiv in Erscheinung tretenden Vordergrund, der mit deutlichem Bemühen um eine wirklichkeitsgetreue Wiedergabe als Repoussoir den Blick in die Tiefe leitet. Die Hauptszene spielt im knapp dahinterliegenden Mittelgrund, der meist mit Assistenzfiguren belebt wird. Der Hintergrund – eine Landschaft oder eine Architekturstaffage – entspricht jeweils dem in den Erzählungen überlieferten Ort der Handlung. Dieses bildnerische Mittel wird im Spätmittelalter südlich und nördlich der Alpen von vielen Malern und Glasmalern angewandt und hat eine sehr lange Tradition, deren Entwicklung hier nicht nachgezeichnet werden kann. Es sei lediglich darauf hingewiesen, dass das rahmende Arkadenmotiv – häufig im Anklang an spätgotische Portalarchitektur – in der altniederländischen Malerei schon im frühen 15. Jahrhundert einen hoch entwickelten Stand der Darstellungsweise erreichte (vergleiche z.B. Rogier van der Weyden, Miraflores-Altar von 1442–1445, Gemäldegalerie der Staatlichen Museen Preussischer Kulturbesitz Berlin; siehe Vos 1999, S. 226–233). Die grosse Anzahl der Gemälde, Glasmalereien und graphischen Blätter, die dieses kompositorische Motiv zeigen, ist an der Wende zur Neuzeit kaum zu überblicken (Beispiele beim Meister E. S.). Bemerkenswert ist, dass auch Dürer in seiner Holzschnittfolge zum Marienleben, die für Fries ohnehin zur Referenz wird, das Motiv der Arkade als «Scheidebogen» mehrfach und variantenreich verwendet (Osten 1973, S. 58). In der Glasmalerei wird das Kompositionsschema, namentlich für Kabinettscheiben des beginnenden 16. Jahrhunderts, zum Prototyp schlechthin (Schneider 1970, S. 17); als frühes Beispiel für das in der Glasmalerei verwendete Motiv der rahmenden Arkade mit antikischen runden Zwickelmedaillons wäre etwa die um 1410 datierte «Arche Noah» in einem Fenster der Besserer-Kapelle im Ulmer Münster zu nennen, das möglicherweise über mailändische Vermittlung nach Ulm gelangte (Scholz 1994, S. 145; Abb. 160). Auch die in den Bogenzwickeln eingelassenen Tondi mit Schilden sind nicht aussergewöhnlich. Als Motiv erscheinen leere und figurierte Tondi bereits in der antiken Architektur. Die gotische Architektur und Malerei kennen die verschieden ausgebildeten Füllformen in den Bogenzwickeln; im Quattrocento sind sie beliebt und treten häufig auch in der gemalten Architektur auf (vergleiche z. B. Masaccios Trinitätsfresko in Santa Maria Novella in Florenz, um 1426/27). Zu zahlreich sind im 15. und 16. Jahrhundert neben den bereits erwähnten Beispielen Zwickeltondi oder -schilde, als dass wir hier auf weitere konkrete Einzelbelege hinweisen müssten (Dirk Bouts, Petrus Christus, Hans Memling u.v.a.m.). Ein frühes Beispiel für Zwickeltondi mit Wappenschilden, die den Friesschen sehr ähnlich sind, finden wir auf der 1438 entstandenen «Zurückweisung des Opfers Joachims und Annas» des Meisters des Albrechtsaltars, der als Wiener Hofmaler «mit der Kunst des toskanischen Trecento, der französischen Buchmalerei um 1400 und dem neuen, aus den Niederlanden kommenden Realismus vertraut war» (Österreichische Galerie Wien 1971, S. 42). Erheblicher ist die Tatsache, dass Fries das Motiv in übereinstimmender Weise – vielleicht von ähnlichen Tondi auf dem Hochaltar der Freiburger Franziskanerkirche inspiriert (1480) – bereits in seiner 1505 datierten Zeichnung mit der hl. Klara erprobt (Abb. 210). Aus demselben Jahr stammt der Bugnon-Altar, wo Fries bei den «Werken der Barmherzigkeit» (Abb. 116) das zuerst vorgesehene Motiv schliesslich übermalt. Auf der rechten Tafel des Antonius-Altars von 1506 (Abb. 124) hingegen erscheint es auch in der Ausführung. Vermutlich kannte Fries den Berner Allerseelen-Altar von 1505 ebenfalls, wo auf der Aussenseite des rechten Flügels Zwickeltondi zu sehen sind (Abb. 16). Auch im näheren Umfeld von Fries stösst das Motiv auf Anklang: Niklaus Manuel verwendet die konkav eingetieften Tondi mit und ohne Wappenschilden für seinen Totentanz, den er 1516/17 und 1519/20 an die Umfassungsmauer beim Predigerkloster in Bern malt (1660 abgebrochen), und scheint die Vorbildungen von Fries (vielleicht sogar den Marienzyklus) gekannt zu haben (Bern 1979, S. 259).

Von älteren Zuschreibungen war oben schon die Rede. Die bereits von Kugler bzw. Burckhardt und His-Heusler beobachtete Eigenheit in der Farbgebung des Zyklus, welche auf die Augsburger Schule weist, fällt auch Janitschek auf (Kugler 1867, S. 186; Kugler 1869, S. 52; Janitschek 1890, S. 479). Für ihn stammt aus den Jahren 1512 und 1514 sogar «das Beste, was Fries geleistet hat», somit auch der Marienzyklus. Allgemein fällt den genannten Autoren die eher gedrängte Komposition, der zuweilen knittrige Faltenwurf und die Anmut gewisser Frauenköpfe auf. Dem Urteil von Ganz 1924, S. 142, wonach das Bestreben des Malers nach naturgetreuer Wiedergabe auf eine Versteifung und auf «zu harte Formen» hinauslaufe und deswegen «die geistige Belebung von innen heraus» fehle, können wir nicht folgen. Zemp 1905, S. 502, ist da anderer Auffassung und erkennt bei Fries eine «massive Wahrheitsliebe», die sich gerade nicht mit «Formeln» begnügt. Mit «strenger und rechtschaffener» Gläubigkeit denke sich der Maler jeweils derart in die Situationen hinein, «dass sie für ein nervenstarkes Volk zur überzeugenden Wahrheit werden mussten». Gegenüber früheren Beurteilungen, die Fries in starker Abhängigkeit anderer Maler sahen, warnt Zemp davor, «bei diesem starken und eigenwilligen Talente die fremden Einflüsse etwas allzu stark in Rechnung zu bringen» (Zemp 1905, S. 503). Kelterborn-Haemmerli 1927 analysiert die Marienbilder im Einzelnen und ortet im Kolorit mit tonigen und raumbildenden Farben ganz allgemein «eine enge Beziehung zur venezianischen Malerei» (S. 110). Im Bildaufbau orientiere sich Fries deutlich an deutschen Meistern; Kelterborn-Hammerli nennt Friedrich Herlin, Bernhard Strigel und Hans Strigel d. Ä., wobei sie bei allen von ihr beobachteten Verwandtschaften betont, Fries habe nur den Gedanken, aber nicht die «formelle Ausführung» entlehnt (Kelterborn-Haemmerli 1927, S. 110–112). Man wird heute diese Annäherungen etwas relativieren müssen, da ja die für Fries immer wieder erwogene Wanderschaft in deutsche Gebiete nicht zu belegen ist. Ebenso vorsichtig wird man mit der Überinterpretation der «tonigen» Farben sein müssen, weil ein vergilbter Firnis die ursprüngliche Farbigkeit verfälschen kann. Die dem Zyklus allgemein innewohnende «Friedlichkeit und innere Ruhe» setzt Kelterborn-Haemmerli 1927, S. 165, gegenüber früheren Werken des Malers einer «inneren Verarmung» gleich. Uns scheint diese Wertung dem Zyklus nicht gerecht zu werden, da namentlich in der Bewältigung des (Innen-) Raums und der zeitweilig einheitlichen und satten Farbgebung mehr eine Bereicherung als eine Verarmung abzulesen ist. Geradezu fortschrittlich und modern ist die Landschaftsdarstellung (Heimsuchung, Rückkehr aus Ägypten), welche farb- und luftperspektivisch gekonnt wirklichkeitsnahe Naturformen abbildet und den besten gemalten Landschafen seiner Generation ebenbürtig ist.

Eine Beobachtung Wagners, die im Marienzyklus «noch ganz spätgotische Formen» ortet, bedarf hier eines kurzen Kommentars: Die Stellung des wohl noch spätmittelalterlichen und doch an der Wende zur Neuzeit arbeitenden Fries ist in vielem greifbar. Die noch gotische, üppig drapierte Gewandfigur, die den Körper der Gestalten kaum in Erscheinung treten lässt, überwiegt. Erstaunlich ist dennoch, dass Fries sie mit der modernsten zeitgenössischen Mode zu koppeln weiss (man vergleiche etwa die Maria in der «Vermählung»). So gotisch die Architektur im Marienzyklus auch anmutet, sie ist es eigentlich nicht. Vielmehr präsentiert Fries eine romanisch empfundene Architektur, die in etwas eigentümlich wiedergegebenen Einzelheiten auch an Elemente erinnert, die mehr in der Renaissance verhaftet sind. Während die scharfkantigen Sockel durchaus gotische Züge aufweisen, gehören die rahmenden Säulen mit ihren «attischen» Basen mehr zum Formenrepertoire des Quattrocento. Selbst die scharf profilierten Säulenbasen in der «Marienkrönung» sind in Kombination mit runden Säulenschäften kaum gotisch und lassen mehr an Pfeiler denken, wie sie Bernardo Rossellino etwa im Dom von Pienza (1460–63) oder der Prismeller Ulrich Ruffiner 1517 in der Pfarrkirche zu Raron errichteten. Inwieweit Fries am Anfang der Neuzeit für den Marienzyklus bewusst «alte» Bauformen verwendet, um auf die zeitlich weit zurückliegenden Ereignisse der Schilderungen hinzuweisen und etwa in der «Vermählung» eine Säule mit einem exotischen Blattkapitell versieht, ist schwer abzuschätzen.

Wie wir allfällige Abhängigkeiten des Marienzyklus von denkbaren Vorbildern auch einschätzen mögen, offenbart sich Fries in ihm als erfindungsreicher und selbständiger Maler, der auf der Suche nach Neuem die zu schildernden Szenen auf das Wesentliche reduziert und mit grossem handwerklichem Können und erstaunlicher Überzeugungskraft ins Bild setzt. Sprechende Gesichtsausdrücke, eine explizite Gebärdensprache, eine solide lastende Architektur und vortreffliche Landschaften sprechen für den Maler. Möglich, dass in der «für die Ewigkeit» wie eingemeisselt gemalten Signatur mit Hauszeichen auf dem rechten Sockel der «Geburt Marias» etwas vom robusten und künstlerisch doch feinfühligen Selbstverständnis des Künstlers durchschimmert, der sich damit auch in der Nähe der mit ihrem Zeichen prominent signierenden Steinmetz- und Werkmeister sieht.

Nicht Gedrucktes
Wallerstein 1817/1818, § CXXXV, § CXXXVI; Wallerstein 1819, S. 74, 75, Nr. 186/20, 187/19; Wallerstein 1826, S. 42, Nr. 186, 187; Wallerstein 1827, Nr. 186, 187; Wedells 1919, Nr. 89; Bartl 1995; Klein 2001.

Literatur
Moritzkapelle Nürnberg 1829, S. 20, 23, Nr. 121, 138; Moritzkapelle Nürnberg 1832, S. 28, 31, Nr. 121, 138; Waagen 1843, S. 195, 198, Nr. 121, 138; Waagen 1845, S. 281/282; Moritzkapelle Nürnberg 1846, S. 27, 30, Nr. 121, 138; Kugler 1847, S. 186; Öffentliche Kunstsammlung Basel 1849, S. 13/14, Nr. 8–13; Öffentliche Kunstsammlung Basel 1850, S. 13/14, Nr. 8–13; Öffentliche Kunstsammlung Basel 1852, S. 13/14, Nr. 8–13; Nagler 1858–1880, Bd. 3, Nr. 915, 2934, Bd. 4, Nr. 148; Öffentliche Kunstsammlung Basel 1862, S. 22, Nr. 44–49; Lotz 1863, S. 338, Nr. 121, 138; Parthey 1863, S. 219, Nr. 5; Öffentliche Kunstsammlung Basel 1866, S. 22/23, Nr. 46–51; Kugler 1867, S. 450; Öffentliche Kunstsammlung Basel 1868, S. 32, Nr. 46–51; His-Heusler 1864, S. 52–54; His-Heusler 1869, S. 51/52, 57–58; Raedlé 1877, S. 97/98, 100; Moritzkapelle Nürnberg 1879, S. 14/15, Nr. 140, 141; Moritzkapelle Nürnberg 1880, S. 14, Nr. 140, 141; Germanisches Nationalmuseum Nürnberg 1882, S. 15; Woltmann/Woermann 1882, S. 483/484; Germanisches Nationalmuseum Nürnberg 1885, S. 23; Burckhardt 1888, S. 130; Janitschek 1890, S. 479, Abb.; Haendcke 1890, S. 179/180; Germanisches Nationalmuseum Nürnberg 1893, S. 31; Haendcke 1893, S. 122/123; Berthier 1900/1; Berthier 1900/2; Lehmann 1900, S. 130; Berthier 1901/1; Berthier 1901/2; Berthier 1901/3; Berthier 1902/1; Berthier 1902/3; Berthier 1902/4; Zemp 1905, S. 499, 501; Major 1908, S. 47, 68; Leitschuh 1916, S. 480–482; Grupp 1917, S. 97; Ganz 1921, S. 408, 2 Abb.; Wartmann 1921/1, S. 393/394; Zürich 1921, S. 15/16, Nr. 58–63, Tafel 14; Ganz 1922/1; Ganz 1922/2, Abb.; Wartmann 1922, S. 23/24; Ganz 1924, S. 142/143, Tafel 101–103; Kelterborn-Haemmerli 1927, S. 87–90, 91/92, 94–112, Tafel 2, 12, 13, 15–20; Benesch 1928, S. 59; Kleinschmidt 1930, S. 354, Abb. 261; Germanisches Nationalmuseum Nürnberg 1937, S. 65/66, Abb. 249, 250; Guenne 1937, S. 179; Pauli 1937, S. 138, Tafel; Zürich 1939, S. 38, Nr. 402; Bern 1940, S. 32, Nr. 22–24; Bern 1941, S. 20, Nr. 36–41; Genf 1943, S. 70, Nr. 597; Fosca 1945, S. 41; Ganz 1950, S. 125; Ganz 1952, S. 103–111, Tafel 37, 38; Hamburger Kunsthalle 1956, S. 65, Nr. 750; Reinle 1956, S. 54; Freiburg 1957, S. 18–20, Nr. 19–22, 24–26; Réau 1957, S. 280, 287; Basel 1959, S. 15; Ganz 1960, S. 355/356, Abb. 246, 247; Pfister-Burkhalter 1961, S. 607; Stange 1965, S. 472; Öffentliche Kunstsammlung Basel 1966, S. 30/31, Inv. Nr. 226–231; Hamburger Kunsthalle 1966, S. 67; LCI 1971, Sp. 231/232; Hütt 1973, S. 408; LCI 1973, Sp. 181; Roethlisberger 1975, S. 49; Bénézit 1976, S. 530; Bern 1979, S. 20, 224, 259; Schmid 1981, S. 478; Billeter 1990, S. 27–29; Geelhaar 1992, S. 30/31, 42/43, Abb. 16–19; Beerli 1993, S. 134; Schmid 1993, S. 345; Wüthrich 1996, S. 788; Basel 1997/1, S. 295; Germanisches Nationalmuseum Nürnberg 1997, S. 234–238; Konrad 1998, S. 251/252; Schmid 1998/1, S. 352.

Kat. 13a
Wahl des Opferlamms
(Abb. 157)

Basel, Öffentliche Kunstsammlung, Inv. 226

Ölhaltiges Bindemittel auf mit Leinwand überzogenem Nadelholz (Tanne?), 87,5 x 56,5 cm

Zustand
Dieses Gemälde und die «Heimsuchung» (Kat. 13f) bildeten ursprünglich Vorder- und Rückseite ein und derselben Tafel. Nach Friederike Steckling, Restauratorin an der Öffentlichen Kunstsammlung Basel, entsprechen sich die Masse der Tafeln, die Astlöcher korrespondieren, und die Jahrringe an den oberen und unteren Tafelkanten stimmen überein. Beim vorliegenden Bild wurden zu unbekanntem Zweitpunkt zwei Astlöcher mit einem Holzstück ausgefüllt. Die Tafelränder links und rechts sind wie bei der «Heimsuchung» leicht beschnitten, möglicherweise auch oben und unten. Am unteren Rand links ist parallel zum Bildrand eine gerissene oder durch einen Rahmen eingedrückte Linie sichtbar. Die Leinwand – hier mit Köperbindung (Fischgrat) – reicht, wie bei den übrigen Tafeln, eigentlich nie bis zum Rand. Diese Tafel ist als einzige der sechs in Basel nur parkettiert und nicht aufgedoppelt, so dass rückseitig das originale Holz sichtbar wird.

Restaurierungen
Fred Bentz, Öffentliche Kunstsammlung Basel, 1914/15; Hans Aulmann, Öffentliche Kunstsammlung Basel, 1940er Jahre (Festigung).

Aus ziemlicher Untersicht blicken wir in ein glatt verputztes Gemach, das vorne von zwei auf hellen Postamenten stehenden rot glänzend polierten Säulen mit bauchigen grünen Basen und Kapitellen flankiert wird. Bei der linken ist sichtbar, dass sie vor einem scharfkantigen rechteckigen Pfeiler steht, der vom Sockel aus in die Höhe steigt. Der Raum, in den man über einen am unteren Bildrand erkennbaren Tritt gelangen kann, hat eine Tonnenwölbung, die über einem von zwei

Konsolen gestützten Gesimse ansetzt. Spärliches Tageslicht dringt durch ein schmales Rundbogenfenster, das in der bildparallelen Rückwand eingelassen ist. Links öffnet sich in der nach hinten verkürzt wiedergegebenen Längswand eine rechteckige Tür, die innen von einer breiten und mit einem flachen Korbbogen überspannten Laibung gerahmt wird. Vom nicht sichtbaren Gewölbescheitel herunter hängt an einer Schnur ein kreisrunder, vielleicht aus Kupfer getriebener Leuchter, der sich aus einem unten konisch zulaufenden Teller mit im Rund angeordneten Kerzenhaltern und einem glockenähnlichen Baldachin zusammensetzt.

Die im Gemach spielende Szene wird von der Figur des vorne rechts auf einem zinnoberroten Kissen sitzenden Joachim dominiert, der sich zu einem Hirten wendet. Dieser präsentiert ihm halbwegs kniend und sich leicht nach vorne beugend ein weisses Lamm. Hinter den beiden Männern steht in der Bildmitte Anna. Vom vorderen Hirten und dem linken Pfeiler teilweise verdeckt, blickt ein zweiter Hirte mit einem weiteren Lamm im Arm zur Türe herein. In seiner rechten Hand hält Joachim die zusammengebundenen Vorderbeine des Tiers und deutet mit ausgestrecktem linkem Zeigefinger an, dass er das dargereichte Lamm für das Opfer auswählt. Sein rotes Kleid mit Pelzbordüren, Gurt und daran befestigter plissierter Tasche mit Metallverschluss fällt schwer und faltenreich. Ein dunkelblaues Kopftuch bedeckt den breiten, leicht nach vorne geneigten Kopf. Der ruhige Blick, ein strähniger langer Bart und eine markante Nase prägen das würdevolle Gesicht. In ihrem blauen Kleid mit rotem Schultertuch zeigt auch Anna mit der Linken auf das ausgewählte Lamm. Auf dem Kopf trägt sie eine in der zeitgenössischen bürgerlichen Frauentracht übliche Haube mit offenem weissem Schleier. Über den Häuptern von Joachim und Anna schweben in perspektivischer Verkürzung flache und durchsichtige Scheibennimben. Die Bekleidung der beiden Hirten mit Pelzmütze und schlappem Filzhut ist ärmlich und teilweise zerschlissen.

Abb. 161
Kat. 13a, Unterzeichnungen (Infrarot-Photographie)

Die Unterzeichnung (Abb. 161) zeigt, dass Fries am oberen Bildabschluss ursprünglich rahmendes Rankenwerk vorsieht und dieses schliesslich verwirft. Die «Wahl des Opferlamms» ist die einzige Tafel, bei der er weder Rankenwerk noch eine Arkade ausführt. Er unterzeichnet mit der Pinselspitze, die er von fein bis mittelbreit variiert. Auffallend sind einige dünne, im Vergleich zu seiner üblichen Zeichenart fahrig wirkende Linien (Faltenverlauf im Kleid des Joachim, Arm des Hirten). Die Formen weichen nur gering von der Ausführung ab, in den Gesichtern bleibt Fries summarisch. Besonders deutlich wird dies bei Anna, deren Kopf er mit wenigen Strichen umreisst (Augenkreise). Ausser bei der erwähnten Rahmung weicht die Unterzeichnung an folgenden Stellen von der Malerei ab: An der Rückwand läuft auf Höhe des Lampentellers ein horizontales Band, das in der leicht nach rechts verschobenen Ecke des Raums von einer Konsole gestützt wird. Das Fenster in dieser Wand liegt etwas weiter links. Die vordere Ecke des linken Sockels ist abgefast. Joachims Gewand bildet unterhalb des Gürtels anstelle der ausgeführten breiten Drapierung feine, aber unsichere Parallelfalten. In Joachims Gesicht sitzt das rechte Auge höher, die Nase ist kürzer, das Kopftuch baucht sich über der Stirn etwas mehr, die Scheibe des Nimbus ist grösser und perspektivisch stärker verkürzt. Unklar ist die Lage seiner linken Hand. Das Kinn des vorderen Hirten läuft in der Unterzeichnung weniger spitz zu; die Nase ist kürzer. Statt der zerschlissenen Hose trägt er Strümpfe mit Knieband. Der Kopf des Opferlamms ist kürzer, seine Hufe sind stärker nach innen gebogen.

Die «Wahl des Opferlamms» ist im Rahmen der bildlichen Schilderungen zum Leben von Joachim und Anna eine Seltenheit; die hier besprochene scheint sogar die einzige bekannte Darstellung der Szene zu sein. Explizit kommt die «Wahl des Opferlamms» weder in den Texten noch in anderen bekannten mittelalterlichen Bilderzyklen vor. Offenbar ist sie eine Erfindung von Hans Fries, der – in Kenntnis der Legende – das literarisch überlieferte Geschehen mit dieser durchaus plausiblen Szene ergänzt. Selbst ausführliche Bilderzyklen, wie zum Beispiel Giottos Malereien in der Arenakapelle in Padua (1305–1307) oder der szenenreiche Freskenzyklus von Ugolino d'Illario im Dom von Orvieto (1357–1364), beginnen mit der südlich und nördlich der Alpen zur Norm gewordenen Darstellung der Zurückweisung von Joachims Opfer durch den Hohepriester. Das Bild wäre auch als selbständige, aus dem narrativen Marienleben herausgelöste Nebenszene in der spätmittelalterlichen Malerei ein Einzelfall. Aber nicht nur die dargestellte Szene ist aussergewöhnlich. Fries weicht mit dem blauen Kleid Annas vom sonst üblichen Rot ab, und anstatt eines grünen Mantels gibt er ihr ein leuchtend rotes Schultertuch.

Trotz redlicher Bemühung, der Szene Raum und Tiefe zu verleihen, gelingt Fries keine perspektivisch genaue Konstruktion mit konsequent konvergierenden Fluchtlinien. Dieser Mangel wird jedoch mit einer schräg geführten Untersicht des Innenraums und einer geschickten Behandlung der Lichter und Schatten überspielt: Die Architektur, der in den Raum gehängte Leuchter, die gestaffelte und überlappende Darstellung der einzelnen Figuren, das Spiel des Lichtes auf den Gewändern und der Glanz der polierten Säulen verleihen der Szene als Ganzes Plastizität und stimmige Konturen. Deshalb irritiert die im Verhältnis zu den anderen Personen übergrosse Figur von Joachim kaum. Das Weiss der beiden Lämmer, Annas heller Schleier und ihr leuchtend rotes Schultertuch setzen im sonst von zurückhaltend dumpfen Farbtönen dominierten Bild farbliche Akzente. Die realitätsnahe Darstellung von Details, wie etwa abgeschlagene Kanten an den Sockeln im Vordergrund, die mit Perlen umschnürte Quaste des Kissens oder die Schliesse der Gürteltasche Joachims, kontrastiert mit der etwas unwirklichen und leblosen Behandlung der rückwärtigen Wandoberflächen und den glasig immateriellen Säulenschäften mit ihren eigenartig kugeligen Basen und Kapitellen. Kompositorisch ist die Szene auf die Mitte ausgerichtet. Dies veranschaulicht auch die Gebärdensprache der vielen Hände, die sich im Zentrum des Bildes beim Kopf des Opferlamms finden oder ausdrücklich auf ihn weisen.

Wie bei anderen seiner Werke scheint sich Fries auch für die «Wahl des Opferlamms» an einzelne Blätter des Dürerschen Marienlebens anzulehnen. Namentlich die sich nach hinten verjüngende Seitenwand mit der Tür und dem Gewölbeansatz findet sich seitenverkehrt in ähnlicher Art auf dem um 1505 datierten Dürer-Holzschnitt mit «Beschneidung» (Abb. 162). Vielleicht liess sich Fries auch beim Kerzenleuchter vom formal und typologisch ähnlichen Leuchter auf Dürers Blatt mit der «Rückweisung des Opfers» (Abb. 163) inspirieren. Besonders auffällig ist sodann die grosse Ähnlichkeit von Joachims Kopf zu dem des Zacharias auf der Tafel mit der «Namengebung des Johannes», die zum Johannes-Altar des Berner Nelkenmeisters gehört und ins letzte Jahrzehnt des 15. Jahrhunderts datiert wird (Abb. 164; Kunstmuseum Bern 1977, S. 38–39). Die Überlieferung, dass dieser Johannes-Altar einstmals im Berner Münster stand, ist nicht belegt; ebenso wenig die Annahme von Hofer und Stange, es habe sich um den Hochaltar der Dominikanerkirche in Bern gehandelt (Kunstmuseum Bern 1977, S. 48). Wir dürfen jedoch vermuten, dass der Johannes-Altar in einer Berner Kirche stand und Fries ihn gekannt hat. Bereits Haendcke 1890, S. 173, weist auf die perspektivisch verkürzten Nimben hin, die seines Wissens zur Entstehungszeit der Marienbilder in Deutschland unbekannt gewesen und nur in Italien vorgekommen seien. Zemp ergänzt und hält fest, dass Fries zusammen mit dem älteren Holbein diesseits der Alpen zumindest zu den ersten gehörte, welche Heiligenscheine «perspektivisch» zeichneten. Giotto malt in der Arenakapelle in Padua als erster perspektivisch verkürzte, aber noch als ausgefüllte Scheiben ausgebildete Nimben. Die dadurch entstehenden Überdeckungsprobleme löst kurz vor der Mitte des 15. Jahrhunderts Domenico Veneziano, der die Nimben vollkommen durchsichtig macht, indem er sie lediglich mit hauchdünnen Reifen anzeigt und damit das Immaterielle und eigentlich nicht Darstellbare veranschaulicht. Sehr ähnliche Nimben wie im Marienzyklus von Fries finden sich auf Gemälden Filippo Lippis (LCI 1971, Sp. 329–331).

Auch die Untersicht, die den Fussboden des Gemachs und die Füsse der Figuren verschwinden lässt, ist für die Malerei nördlich der Alpen eine Novität, die zuerst bei den Gestalten von Adam und Eva auf dem Genter Altar der Brüder van Eyck und in der Schweiz erstmals 1501 in den Wandbildern des Nelkenmeisters in der Vorhalle des Berner Münsters erscheint (Zemp 1905, S. 502). Damit rückt in der «Wahl des Opferlamms» die Bewältigung des Räumlichen in den Vordergrund.

189

Die Szene selbst ist wenig dramatisch und strahlt Ruhe und Behaglichkeit aus. Kelterborn-Haemmerli spricht gar von einer «patriarchalischen Genreszene» (Kelterborn-Haemmerli 1927, S. 90).

Kat. 13b
Die Begegnung an der Goldenen Pforte
(Abb. 159)

Basel, Öffentliche Kunstsammlung, Inv. 227

Ölhaltiges Bindemittel auf mit Leinwand überzogenem Nadelholz (Tanne?), 107 x 58 cm

Zustand

Dieses Gemälde und «Der zwölfjährige Jesus im Tempel» (Kat. 13h) bildeten ursprünglich Vorder- und Rückseite ein und derselben Tafel; die Masse der Tafeln und die Astlöcher korrespondieren. Am unteren Bildrand ist die Malkante sichtbar, und es scheint, dass der Künstler das Bild zum Malen in einen Rahmen montiert habe. Eine Einkerbung am rechten Rand wurde möglicherweise mit einem Lineal und einem spitzen Gegenstand gemacht.

Restaurierungen

Fred Bentz, Öffentliche Kunstsammlung Basel, 1914/15 (Aufdoppelung; Tafeln zuvor mit dickem Eichenholz schlecht parkettiert. Die Tafeldicke variiert wegen des Durchsägens; Bentz hobelt die zu dicken Stellen ab und überklebt die dünnen mit Furnier); Hans Aulmann, Öffentliche Kunstsammlung Basel, 1940 (nach Ausstellung Bern 1940), 1952, 1953 (Festigung); Paolo Cadorin, 1957 (Kittungen ausgebessert und Malschicht gefestigt).

Abb. 162
Albrecht Dürer: Beschneidung, Holzschnitt aus dem Marienleben, 1501–1510

Abb. 163
Albrecht Dürer: Joachims Opfer wird zurückgewiesen, Holzschnitt aus dem Marienleben, 1501–1510

Abb. 164
Berner Nelkenmeister, Die Namengebung des Johannes; Bern, Kunstmuseum

Die Tafel zeigt Joachims Begegnung mit Anna an der Goldenen Pforte. Eine massive Arkade mit gedrücktem Rundbogen über zwei seitlichen Säulen, die auf mehrfach profilierten Sockeln ruhen, rahmt das Bild. In den Zwickeln des aus rotem Sandstein mit gelben Ziersteinen gefügten Arkadenabschlusses sind zwei Tondi mit reliefierten, aber leeren Schilden eingelassen. Am vorderen Rand der profilierten Arkadenlaibung ist in Kreisen gezogenes Astwerk eingespannt, das sich in der Mitte knotenartig verflicht. Durch die Arkade blicken wir ins halbdunkle Innere eines mittelalterlichen Tores, dessen Boden mit hellen und braunen Platten belegt ist. Sein Durchgang links und der untere Teil eines grossen Fensters in der rückwärtigen Mauer öffnen sich ins Freie, wo hinter Baumkronen einzelne Gebäude einer Stadt und ein klarblauer Himmel sichtbar werden. Joachim, der – wie schon in der «Wahl des Opferlamms» – ein rotes Kleid mit grünem Futter und Pelzbordüren trägt, hat sein blaues Kopftuch über die Schulter gelegt, ist eben zum Tor hereingeschritten und schickt sich an, seine Gattin Anna zu umarmen. Anna steht ruhig im Torraum, umfasst mit ihren langen und zarten Händen liebevoll den rechten Arm ihres Mannes und lehnt ihren Kopf an seine Schläfe. Ihr dunkelblaues Kleid und der umgelegte rote Mantel, der am Hals mit einer kleinen goldenen Brosche zusammengehalten wird, bauschen sich faltenreich. Wie in der «Wahl des Opferlamms» trägt Anna eine weisse Haube mit gelöstem Schleier, der hier, unter das Kinn gezogen und um den Kopf geschlagen, in bewegten Falten hinter dem Körper wieder zum Vorschein kommt. Über beiden Häuptern schweben zwei durchsichtige und mit wenigen Glanzlichtern umrissene Scheibennimben. Zwei Nebenfiguren beleben im Hintergrund den Torraum: Links hinter Joachim erscheint mit Filzhut und Stab der Hirt, den Fries mit gleicher Physiognomie bereits in der «Wahl des Opferlamms» gemalt hat; rechts wartet, artig unter der Brust die Arme kreuzend, eine junge Frau mit feinem Haarnetz, Stirnband und aufgesteckten Zöpfen. Über

190

einem purpurroten Unterrock trägt sie einen modischen grünen Ärmelrock mit gradlinigem Ausschnitt, an dem eine goldene Brosche befestigt ist.

Die Unterzeichnung (Abb. 165, 166) belegt, dass Fries auch bei der «Begegnung an der Goldenen Pforte» an Stelle der ausgeführten Arkade mit beigefügten Ranken zuerst – analog zur «Marienkrönung» in Hamburg – nur zwei Säulen mit sich kringelndem Astwerk vorgesehen hatte. Die unterzeichneten Kapitelle und Basen haben Schaftring und Blattkranz und entsprechen der ausgeführten Säule im Hintergrund der «Vermählung Marias» in Nürnberg. Ein (nicht gemaltes) Säulchen mit Würfelbasis und einem Schaftring begrenzt links die Fensteröffnung. Weiter unten, im Bereich der Hände der jungen Frau, lässt sich eine Pfeilerbasis ausmachen, die zu einer weiter links vorgesehenen, aber nicht ausgeführten Türöffnung gehört. Offenbar wurde die junge Frau erst nachträglich in die Komposition mit einbezogen. Die Köpfe der Hauptpersonen sind mit einigen Strichen vorgegeben; bei Anna liegt das Gesicht (Augenkreise, Nasenkuppe, Mund) etwas höher als ausgeführt. Die Enden ihres Schleiers verlaufen anders als in der Ausführung: das eine legt sich über die Brust, das andere überschneidet die rechte Säule. Joachims rechter Fuss schiebt sich – eindrücklich gross – unter dem Saum seines Mantels weiter nach vorne. Das blaue Kopftuch bauscht sich in der Zeichnung weiter nach hinten und überschneidet das Kinn des Hirten. Der Ärmel ist länger und fällt mit seinem Besatz über Joachims Hand. Der Hirt trägt in der Unterzeichnung noch keinen Hut, und seine Nase ist etwas stumpfer.

Die Begegnung Joachims und Annas an der Goldenen Pforte gehört im Zusammenhang des Marienlebens zu den beliebtesten und verbreitetsten Szenen. Nachdem der Hohepriester dem zwanzig Jahre kinderlos gebliebenen Ehepaar das Opfer zurückgewiesen hatte, verbrachte Joachim vierzig Tage mit Fasten und Gebet in der Wüste. Dort erschien ein Engel und verkündete ihm, Gott habe seine Bitte um Nachkommenschaft erhört, er solle zurück nach Jerusalem und Anna unter der Goldenen Pforte begegnen. Unterdessen erschien der Engel auch seiner Gattin Anna und hiess sie, an derselben Pforte auf Joachim zu warten. Im Abendland verband sich mit der Begrüssung an der Goldenen Pforte seit etwa 1300 die Auffassung, im Augenblick der Umarmung und des Kusses sei die Empfängnis bzw. die später auch bestrittene unbefleckte Empfängnis Mariens erfolgt (Schiller 1980, S. 61–63). Neun Monate nach der Begegnung an der Goldenen Pforte kam Maria zur Welt. Seit Giottos Darstellung der Szene in der Arenakapelle in Padua erscheinen neben den beiden Hauptfiguren weitere Personen. Hier ist Joachim von einem seiner Hirten begleitet, Anna hat ihre Magd mitgebracht. Es ist bemerkenswert, dass der Hirt und die Magd nicht die Umarmung von Joachim und Anna beobachten, sondern ihre Blicke züchtig abwenden und einander anschauen. Der Hirt lüftet seinen Hut für die Magd. Damit malt Fries im hinteren Register des Bildes eine zweite Begrüssung, die gewissermassen auf dem tieferen sozialen Niveau der Dienerschaft prosaisch das überwirkliche Geschehen des eigentlichen Bildgegenstands wiederholt. Die rahmende Arkade ist hier nicht nur ein zeichnerisch und kompositionell geschickt eingesetztes Motiv, das die Tiefenwirkung steigert;

sie ist auch rangerhöhendes Symbol und Teil der Goldenen Pforte zugleich. Im Vergleich zu den Ranken in der oberen Zone anderer Bilder der Folge hat Fries sie hier im Zentrum zu einem kunstvollen Knoten verflochten, dessen Windungen kaum «irgendein geheimes Zeichen» (Ganz 1952, S. 107) verbergen, sondern die verschlungenen Buchstaben M und A zeichnen, die den Bezug zum Namen Annas (?) und besonders zum Namen der verheissenen Tochter Maria herstellen (zur Verwendung und Bedeutung des Rankenwerks auf allen Bildern siehe S. 186).

Fries erreicht in diesem Gemälde ein hohes Mass an Plastizität und räumlicher Wirkung. Eine korrekt und konsequent konstruierte Perspektive fehlt, doch weiss Fries diesbezügliche Ungereimtheiten meisterhaft zu kaschieren; einmal mehr setzt er eine subtile Farbperspektive ein, die von einem beleuchteten Vordergrund über eine im Halbschatten liegende mittlere Bildzone in den wiederum hellen Hintergrund führt. Die üppigen Gewänder der Hauptfiguren sind raumgreifend und brechen mit ihrem bewegten, die Körperformen kaum betonenden Faltenspiel die dem wunderlichen Ereignis innewohnende Ruhe. Viel Sorgfalt verwendet Fries auf die möglichst naturalistische Wiedergabe der Architektur: Die verschiedenen Gesteine zeigen materielle und farbliche Nuancen; fein gezogene Quaderfugen und abgeschlagene Kanten verraten die Lust am Illusionismus. Umso mehr irritiert das Immaterielle der metallen und unnatürlich wirkenden Ranken, die ohne sichtbare Befestigung am Arkadenbogen zu kleben scheinen. Fries spielt mit einer wohlüberlegten Farbigkeit der Szenographie, die als Ganzes in gedämpft zurückhaltenden Tönen die Aufmerksamkeit auf das leuchtende und fein schattierte Rot der Hauptpersonen lenkt. Die Komposition des Gemäldes ist im Vergleich mit anderen zeitgenössischen Darstellungen der «Begegnung an der Goldenen Pforte» eine weitgehend selbständige Erfindung von Fries. Freilich lassen sich in der Anlage des Motivs zweier sich begegnender Personen auch bei ihm durchaus ähnliche Figurengruppen finden (z.B. bei der «Heimsuchung»). Allein die Tatsache, dass selbst in der entsprechenden Szene in Dürers Marienleben, welches den Bildern von Fries in manchem nahe steht, kaum frappante Ähnlichkeiten zu finden sind, spricht für eine eigenständige Invention. Während Dürer die Begegnung auf einem freien Platz stattfinden lässt, entwickelt Fries sie im Inneren des Torraums, der in Verbindung mit der rahmenden Arkade in doppelter Weise das Pfortenthema variiert. Die Szene atmet Gelassenheit und Stille und charakterisiert Fries als einfühlsamen Erzähler, der detailfreudig schildert, sich dennoch nicht in Nebensächlichkeiten verliert und dabei das Geheimnisvolle der Begegnung wahrt, die im Spätmittelalter zum unverzichtbaren Teil des Heilsgeschehens wird.

Kat. 13c
Die Geburt Marias
(Abb. 170)

Basel, Öffentliche Kunstsammlung, Inv. 228

Ölhaltiges Bindemittel auf mit Leinwand überzogenem Nadelholz (Tanne?), 107 x 64,5 cm

Signiert auf Sockel der Säule rechts: «H 來 F»

Zustand
Dieses Gemälde und «Die Rückkehr aus Ägypten» (Kat. 13g) bildeten ursprünglich Vorder- und Rückseite ein und derselben Tafel; die Masse der Tafeln und die Astlöcher korrespondieren.

Restaurierungen
Fred Bentz, Öffentliche Kunstsammlung Basel, 1914/15 (Aufdoppelung der gesprungenen Tafel) und 1929; Hans Aulmann, Öffentliche Kunstsammlung Basel, 1940er Jahre (Festigung).

Auch die «Geburt Marias» ist von einer massiven Arkade mit zwei flankierenden Säulen gerahmt. Sie ist ausgestattet mit dem von der «Begegnung an der Goldenen Pforte» her bekannten profilierten, gedrückten Bogen aus roten Sandsteinquadern mit einigen ockerfarbenen Ziersteinen und in den Zwickeln eingetieften Tondi mit leeren Schilden. Der Arkadenabschluss lastet auf den beiden dunkelrot glänzenden Säulen mit grünen bauchigen Kapitellen und Basen. Diese stehen ihrerseits auf profilierten polygonalen Sockeln, die jeweils aus einem Block gehauen zu sein scheinen. An der vorderen Fläche des rechten Postaments malt Fries wie eingemeisselt die Initialen HF und seine Hausmarke. Vom vorderen Bildrand weg, wo auf dem Fussboden eine einzelne Münze liegt, führen schachbrettartig angeordnete helle und dunklere Bodenplatten in die Wochenstube der heiligen Anna. Im düsteren Hintergrund des Gemachs wird eine rechteckige Türöffnung sichtbar, durch die das weiche Licht eines noch weiter zurück eingelassenen schmalen Korridorfensters schimmert. Im Mittelgrund dieser schräg nach hinten verlaufenden Raumfolge steht, von der Arkade links und rechts teilweise verdeckt, ein grosses Bett mit einem waagrechten roten Stoffhimmel, einer dunkelroten Brokatrückwand und grünen Vorhängen. Zwischen das Bett und die Arkade schiebt sich auf der linken Seite ein niedriger rechteckiger Zargentisch mit einem hellen Tischtuch. Ein Laib Brot, ein offenes Salzfass, ein Zinnteller mit zwei grossen Eiern, ein flacher Untersatz, ein teilweise gefülltes Glas und ein Messer sind darauf bereitgestellt. Anna sitzt aufrecht an ein grosses Rückenkissen gelehnt im Bett und gibt dem bis auf das Gesicht in ein enges Tuch mit gekreuzten Bändern gewickelten Marienkind die Brust. Über den Köpfen von Mutter und Tochter schweben feine, durchsichtige und perspektivisch wiedergegebene Scheibennimben. Eine stark faltige rote Decke mit gelbem Futter ist über das Bett und den Unterkörper von Anna geworfen. Die matronenhafte und doch jugendliche Mutter trägt ein weisses, vorne plissiertes Untergewand und lässt ihren offenen Schleier lose über die Schultern fallen. Eine junge Magd mit straff gezogener Frisur und durchsichtigem feinem Schleier schreitet von rechts zur stillenden Anna. Sie trägt ein stark tailliertes, oben eng anliegendes und unten faltenreich bauschendes rotes Kleid mit kurzen Ärmeln. Breite Pelzmanschetten zieren die langen Ärmel des Unterkleids, das aus einem glänzend dunklen Seidenstoff gefertigt scheint. In ihrer Linken hält die Magd eine bauchige Zinnkanne mit Deckel, die sie offenbar auf den Tisch stellen will. Auf der flachen Hand ihres angewinkelten rechten Arms bringt sie Anna einen grossen flachen Zinnteller mit Deckel und darübergebreiteter Serviette – offenbar eine warme Mahlzeit. Im Hintergrund schickt sich eine weitere, dunkel gekleidete Magd mit rotem Schultertuch und offenem Schleier an, Anna das Kind abzunehmen, damit sie essen kann.

Abb. 165
Kat. 13b, Unterzeichnungen (Infrarot-Photographie)

Abb. 166
Kat. 13b, Unterzeichnungen: Bogen mit Rankenwerk (Infrarot-Reflektographie)

Abb.167
Kat. 13c, Unterzeichnungen (Infrarot-Photographie)

Auch für die «Geburt Marias» sieht Fries in der Unterzeichnung (Abb. 167) am oberen Abschluss des Bildes Rankenwerk vor, führt es aber nicht aus. Die Säule links plant er zuerst nicht angeschnitten, sondern freistehend etwas weiter rechts (auch in dieser Änderung gegengleich zum «Tempelgang Marias» in Nürnberg, Kat. 13d). Die Form des Kapitells bleibt jedoch in der Ausführung gleich. Ein paar Linien legen die Gestalt der heiligen Anna fest, deren Schleier erst tiefer in die Stirn fällt; sein Ende legt sich über ihre Brüste, deren linke, leicht nach unten verschobene, sie dem Kind reicht. Im Unterschied zur Ausführung trinkt der Säugling nicht, sondern erwidert den Blick der Mutter, das runde Gesicht ins Dreiviertelprofil gedreht (die Mittelachse ist als Konstruktionslinie angegeben). Die Magd, welche von rechts Speis und Trank bringt, ist erst aufgerichtet und streng im Profil vorgesehen; ihr Kopf, den die Säule leicht anschneidet, erinnert an Groteskenmotive (Abb. 168). In der Rechten trägt sie mit eleganter Geste anstatt des bedeckten Tellers ein bauchiges Gefäss mit Fuss; die Kanne in ihrer Linken (mit abweichender Fingerstellung) hat einen Deckelknauf, ihr Bauch ist nicht birnenförmig, der Henkel etwas grösser als ausgeführt. Der Tisch im Vordergrund hat keine Beine, sondern den durchgehenden Fuss eines Schragentischs (ähnliche Möbel siehe z. B. bei Pfaff 1991, S. 142, 206, 207). Die Speisen auf dem Tisch sind anders angeordnet als in der Malerei. Von links nach rechts reihen sich an ein Weinblatt (?) das Glas (anstelle des Brotlaibs), die Eier (von denen das rechte vorn liegt) und der Brotlaib (anstelle des Glases).

193

Abb. 168
Kat. 13c, Unterzeichnungen: Zwei
Nebenfiguren (Infrarot-Reflektographie)

Abb. 169
Albrecht Dürer: Geburt der Maria,
Holzschnitt aus dem Marienleben,
1501–1510

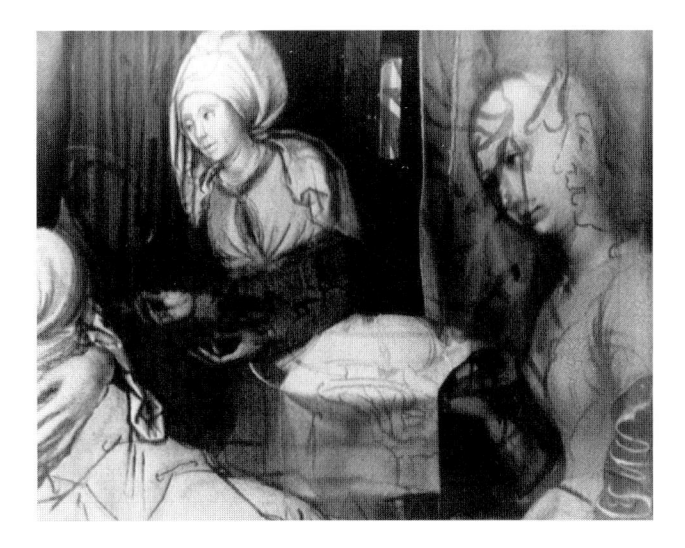

Von der Geburt Marias berichten kurz Pseudo-Jakobus 5,2 und Pseudo-Matthäus 4. Knapp fasst sich auch die Legenda aurea: «Also empfing Anna und gebar eine Tochter, die nannte sie Maria mit Namen» (Voragine 1993, S. 683). Der bildnerischen Ausgestaltung des Ereignisses war deshalb von vornherein grosse Freiheit gegeben. Die Geburt Marias wird bereits im frühen Mittelalter dargestellt. Häufig wird das Geschehen mit weiteren Figuren, wie etwa Frauen, die Geschenke oder Speisen bringen oder das neugeborene Kind baden, bereichert. Um den sakralen Charakter der Geburt hervorzuheben, wird sie seit Giotto (Arenakapelle in Padua) und namentlich in Italien öfters in einem Nebenraum einer Kirche oder in der Kirche selbst gezeigt. Diesen Gedanken nimmt nördlich der Alpen auch Albrecht Altdorfer auf, der die Szene unmittelbar in einen grosszügigen Kirchenraum verlegt («Geburt Mariae», nach 1518, Alte Pinakothek München, Abb. in: Alte Pinakothek München 1983, S. 37). Ganz allgemein erfährt das Geburtsgeschehen im Spätmittelalter eine reiche Ausschmückung mit Assistenzfiguren. Nicht selten ähnelt es gar – wie in Dürers Marienleben – einem gastmahlähnlichen Anlass (Abb. 169). In dieser Zeit entwickelt sich die «Geburt Marias» mehr und mehr zu einer eigentlichen Genreszene, die gleichzeitig eine willkommene Gelegenheit bietet, die Wochenstube als bürgerliches Interieur zu schildern. Als solche erscheint sie uns auch im Gemälde von Hans Fries: Die Szene ist klar erzählt und gibt uns kaum Rätsel auf – wenn die auf dem Fussboden liegende Münze nicht wäre, die His-Heusler 1869, S. 51, und die spätere Forschung als Berner Batzen identifizieren. Die Interpretation His-Heuslers, die Münze sei Teil der Signatur und damit als Hinweis auf die bernische «Heimath» des Malers zu verstehen, ist nicht von der Hand zu weisen. Es handelt sich tatsächlich um einen Berner Batzen, der 1492 als Silberprägung in Umlauf gebracht wurde und in Bern bis 1850 die massgebende Währungseinheit blieb (Kapossy 1969, S. 100). Etwas irritierend ist, dass Fries für seine «Signatur» diesen niederen Wert und nicht eine kostbarere und repräsentativere Münze wie etwa einen Taler oder einen Goldgulden wählte, deren Vorderseiten ebenfalls einen gut erkennbaren Berner Schild zeigen. Vielleicht meint Berthier deshalb, Fries habe mit der Münze den Auftraggebern vorwerfen wollen, sie hätten das Werk unter seinem Wert abgegolten (Berthier 1901/1). Ähnlich wie dem Astwerk weiter oben über seine dekorative Funktion hinaus eine tiefere Bedeutung beigemessen wurde, mag auch die Münze eine originelle, mehr theologische Erklärung erfahren. Im frühen 16. Jahrhundert wird nördlich der Alpen bei der «Verweigerung des Opfers» als Opferspende an Stelle eines Lamms nämlich die Münze üblich (Schiller 1980, S. 56): Holbein d. Ä. malt auf dem Weingärtner Altar von 1493 (Augsburg) den Hohepriester, der die von Joachim gespendete Münze auf den Boden geworfen hat, und ähnlich verfährt Quentin Massys, der auf seinem Sippenaltar von 1509 (Brüssel) das gerade auf den Boden fallende Geld zeigt. So wie Fries in der «Begegnung an der Goldenen Pforte» mit dem verschlungenen Marienmonogramm im Astwerk die Geburt der Maria antizipiert und gleichsam den Akt der Verheissung illustriert, mag das Geldstück, in Anlehnung an das gängige Motiv der am Boden liegenden Münze, rückblickend den Hohepriester Lügen strafen, der seinerzeit das Opfer Joachims zurückgewiesen hatte.

Auch für die «Geburt Marias» greift Fries in einzelnen Bildbestandteilen vermutlich auf Vorlagen zurück, bleibt aber in der gesamten Gestaltung und Komposition selbständig. Das Himmelbett mit Vorhängen gehört in Darstellungen des späteren Mittelalters zur gängigen Ausstattung einer bürgerlichen Schlafkammer und kommt sowohl in Darstellungen der Geburt wie des Todes von Maria häufig vor. Mit dem Gemälde von Fries wäre etwa die Geburt Marias auf dem Pfullendorfer Altar vergleichbar (Meister des Pfullendorfer Altars, um 1500, Abb. in: Staatsgalerie Stuttgart 1992, S. 247), die ähnlich angelegt ist und gleiche Bildtopoi zeigt (Anna lehnt sich an ein grosses Rückenkissen; sie wird verpflegt; Himmelbett mit Vorhang). Dürers Holzschnitt mit der Geburt Mariens (Abb. 169) zeigt gesamthaft eine ganz andere Anlage, und Fries scheint sich einzig für die Magd mit dem Krug, die er vorne rechts prominent ins Bild setzt, von der Dürerschen Magd in der Bildmitte inspirieren zu lassen. Die wirklichkeitsnahe Wiedergabe gewisser Details, namentlich des Tischtuchs und der gewobenen Serviette mit Streifen, lehnt sich stark an den bereits bei der «Wahl des Opferlamms» zitierten «Johannes-Altar» des Berner Nelkenmeisters an, wo auf den Tafeln mit der «Verkündigung an Zacharias» und dem «Tanz der Salome» gleich gemustertes und ähnlich gewobenes Leinen vorkommt (Abb. in: Kunstmuseum Bern 1977, S. 26 und 37). Auch der gedeckte Tisch mit bereitgestellten Speisen erinnert an jenen beim «Tanz der Salome» des Nelkenmeisters.

Die «Geburt Marias» reiht sich gestalterisch in die Folge der übrigen Szenen. Die kompositorische Formel, die agierenden Figuren hinter die Arkade in den Mittelgrund zu stellen, bewährt sich. Mit der geschickt angeordneten und sich farblich nach hinten verdunkelnden Raumstaffelung schafft Fries eine wirksame Tiefenwirkung. Die Lichter und die zuweilen sanft, manchmal hart modellierenden Schatten verleihen den Figuren, der Architektur und der ganzen Ausstattung ein hohes Mass an Plastizität. Im differenzierten Kolorit, das die mehr dumpfen und erdigen Farben mit wenig leuchtendem Rot, Grün und Gelb kombiniert, entspricht die «Geburt Marias», mit Ausnahme der etwas aus der Reihe fallenden «Marienkrönung» in Hamburg, den übrigen Bildern der Folge. Noch stärker als bei der «Begegnung an der Goldenen Pforte» tritt beim Geburtsgeschehen die Vorstellung der bürgerlichen Genreszene in den Vordergrund. Fries reduziert die Begebenheit auf wenige Personen in zeitgenössischer Kleidung und schildert sie in diesseitiger Innigkeit und beschaulicher Ruhe.

Kat. 13d
Der Tempelgang Marias
(Abb. 171)

Nürnberg, Germanisches Nationalmuseum, Inv. Gm 338 (Wittelsbacher Ausgleichsfonds / Bayerische Staatsgemäldesammlungen Inv. WAF 287)

Ölhaltiges Bindemittel auf mit Leinwand überzogenem Tannenholz (Abies), 106,5 x 63,4 cm

Datiert an der Front des Säulensockels links «1512·» (original)
Inschriften: Auf der Front des Säulensockels rechts «H BH» (B und H ligiert; dieses Monogramm ist nach Auskunft von Martina Homolka, ehemals Restauratorin am Germanischen Nationalmuseum Nürnberg, neueren Datums und wurde vielleicht in den ersten beiden Jahrzehnten des 19. Jahrhunderts angebracht; siehe S. 185)

Rückseite
Vermerke bzw. Zettel WAF von 1936, H.G. 287, Inv.S.Nr. 634; unten rechts R 122; unten links 338.

Zustand
Der Bildträger besteht aus drei Brettern und wurde dendrochronologisch untersucht; der letzte vorhandene Jahrring stammt von 1496; die Parkettierung aus Fichtenholz (Picea abies) wurde kurz nach 1702 angebracht (Klein 2001).
Der Vorschlag von Ganz 1952, S. 107, dieses Gemälde bilde zusammen mit der «Krönung Marias» (Kat. 13i) ein und dieselbe Tafel, ist auf Grund technologischer Beobachtungen (Anzahl und Masse der Bretter) fragwürdig. Ecke rechts unten ausgebrochen und mit Holzkitt ergänzt. Bildseite: Spuren einer Grundierungs- und Malkante am oberen Rand.

Restaurierungen
Nürnberg, 1912 (rückseitig drei aufgeleimte Querleisten abgenommen; siehe: Germanisches Nationalmuseum 1997, S. 236); Nürnberg, 1949; Nürnberg, 1957 (Transportschaden).

Fries rahmt die Szene des «Tempelgangs Mariae» mit einer Arkade, die in derselben Faktur auch auf der Tafel mit der «Begegnung an der Goldenen Pforte» vorkommt: Über scharfkantigen polygonalen Sokkeln aus einem hellgrauen Stein erheben sich rot bis dunkelrot glänzende Säulen mit wulstigen grünen Basen und Kapitellen, die einen massiven Arkadenbogen aus präzis behauenen Werksteinen tragen. Der rötliche Sandsteinbogen hat eine am vorderen Rand gekehlte Laibung und eine fein gefugte Front mit Wappentondi in den beiden Zwickeln. Im Bogen und unmittelbar dahinter steht die Figurengruppe mit Anna und Joachim, einer älteren und einer jüngeren Frau. Der Fussboden mit geschachten hellen und braunen Fliesen reicht bis an eine grosszügige Treppe, die unter einem roten, runden Baldachin und an zwei Säulenschäften vorbei zum Tempeleingang hinaufführt. Auf halbem Weg zum oberen Treppenabsatz steigt die kleine Maria zum Priester, der sie in Begleitung eines Dieners und zweier Männer erwartet. Die graue, verkürzt wiedergegebene Tempelwand, in der ein

dreibahniges Fenster eingelassen ist, flieht rechts von dieser Gruppe in den Hintergrund. Gleichsam als Pendant dazu öffnet sich, vom Arkadenbogen beschnitten, rechts ein weiteres Fenster, das bildparallel in einer dunklen, kaum erkennbaren Wand sitzt.
Joachim, der zum Priester hinaufblickt, trägt sein bereits aus der «Wahl des Opferlamms» und der «Begegnung an der Goldenen Pforte» bekanntes Kleid aus weinrotem Stoff mit Pelzbesätzen. Es fällt fast ohne Falten über den linken Schuh bis auf den Boden. In der Linken hält er das blaue Kopftuch; den grüngefütterten Mantel, unter dem kaum sichtbar die Gürteltasche hervorguckt, hat er über die uns zugewandte Schulter geworfen. Mit der rechten Hand weist er auf Maria. Anna hat ihren roten und ebenfalls mit grünem Stoff gefütterten Mantel anbehalten, kreuzt vor dem Körper gelassen die Hände und blickt demütig auf ihre Tochter. Auf dem Kopf trägt sie eine weisse Haube mit einem Schleier, den sie unter dem Kinn gebunden hat und auf den rechten Oberarm fallen lässt. Eine ältere Frau mit tief in die Stirn gezogener weisser Haube steht gleich hinter Anna und hebt ihre Hände, ängstlich und besorgt, die kleine Maria könnte hinfallen. Aus dem dunklen Grund zwischen Joachim und der rechten Säule blickt eine junge Frau mit eng gebundenem Schleier aus dem Bild heraus. Dieser vorderen Gruppe von hohen Gestalten gehört auch der Mann mit rotem Mantel und dunklem Kopftuch an, der am Rand der Treppe seinen linken Arm um die Säule schlingt und erwartungsvoll seinen Blick auf Maria richtet. Die zierliche, in einen langen blauen Rock mit rundem Ausschnitt gekleidete Maria schreitet mit spitzen Schuhen zielstrebig die Treppe zum Tempel hinauf. Sie hält die betenden Hände vor die Brust und lässt das offene blonde Haar wie im Wind in langen Locken flattern. Über den Häuptern von Maria, Anna und Joachim schweben kunstvoll transparente und perspektivisch zu Ellipsen verkürzte Scheibennimben. Oben wird das Mädchen vom Hohepriester erwartet, der ihr zum Empfang die offenen Arme entgegenstreckt. Über einem weissen, bis auf die Schulter fallenden Kopftuch trägt er die den jüdischen Priestern eigene Hörnermitra und blickt mit würdiger Mine zu Maria hinab. Unter der prächtigen Kasel aus ziegelrotem Brokatstoff mit Granatapfelmuster, die an der Taille mit einem seitlich geknöpften weissen Tuch umgürtet ist, trägt er eine Albe. Kostbar erscheint auch der leuchtend rote Mantel mit breitem Pelzkragen, den der neben ihm stehende Mann mit roter Mütze trägt. Von den beiden Begleitern im Hintergrund sind nur die Gesichter und die roten Kopfbedeckungen sichtbar.

Wie bei den anderen Tafeln des Zyklus plant Fries auch hier Rankenwerk in der Unterzeichnung (Abb. 172). In der Ausführung lässt er es aber weg und ersetzt es – analog zu den Tafeln mit der «Geburt Marias» und der «Vermählung» – durch einen gemauerten Arkadenbogen. Beim vorliegenden Bild (wie auch bei der «Vermählung») kombiniert er jedoch bereits in der Unterzeichnung die Ranken mit einem gemauerten Bogen, der aber noch keine Zwickeltondi aufweist. Unklar ist, ob Maria schon in der Unterzeichnung am selben Ort auf der Treppe vorgesehen ist; feine Linien scheinen zwar ihren Locken zu entsprechen, anderseits lässt eine Diagonale (Fluchtlinie eines Treppenquaders) im Bereich ihres – ausgeführten – Gesichts daran zweifeln. Vielleicht sind undeutliche Formen zwischen ihrer gemalten Gestalt und der Säule links mit einer früheren Plazierung in Verbindung zu bringen. Die Gesichter von Anna und der Frau, die aus dem Bild blickt, sind etwa eine halbe Gesichtslänge unterhalb ihrer ausgeführten Lage vorgesehen. Annas Handstellung weicht von der Malerei ab. Erst in der Malerei wird der Begleiter links neben dem Hohepriester hinzugefügt.

Der «Tempelgang Marias» oder die «Opferung Marias im Tempel» geht auf die apokryphen Schriften zurück (Pseudo-Jacobus 7 und 8, Pseudo-Matthäus 4 u.a. sowie Voragine 1993, S. 681). Es wird berichtet, dass Anna im flehentlichen Gebet um ein Kind gelobte, dieses Kind Gott darzubringen, damit es ihm ein Leben lang diene. Als Maria drei (oder zehn) Jahre alt war, brachten sie ihre Eltern zum Tempel, wo sie in wunderlicher Weise, ohne fremde Hilfe und «als wäre sie vollkommenen Alters» die fünfzehn Treppenstufen hinaufstieg. Diesen Augenblick hält Fries in seiner Darstellung fest. Die Gestaltung der Architektur illustriert die in der Legende überlieferte hohe Lage

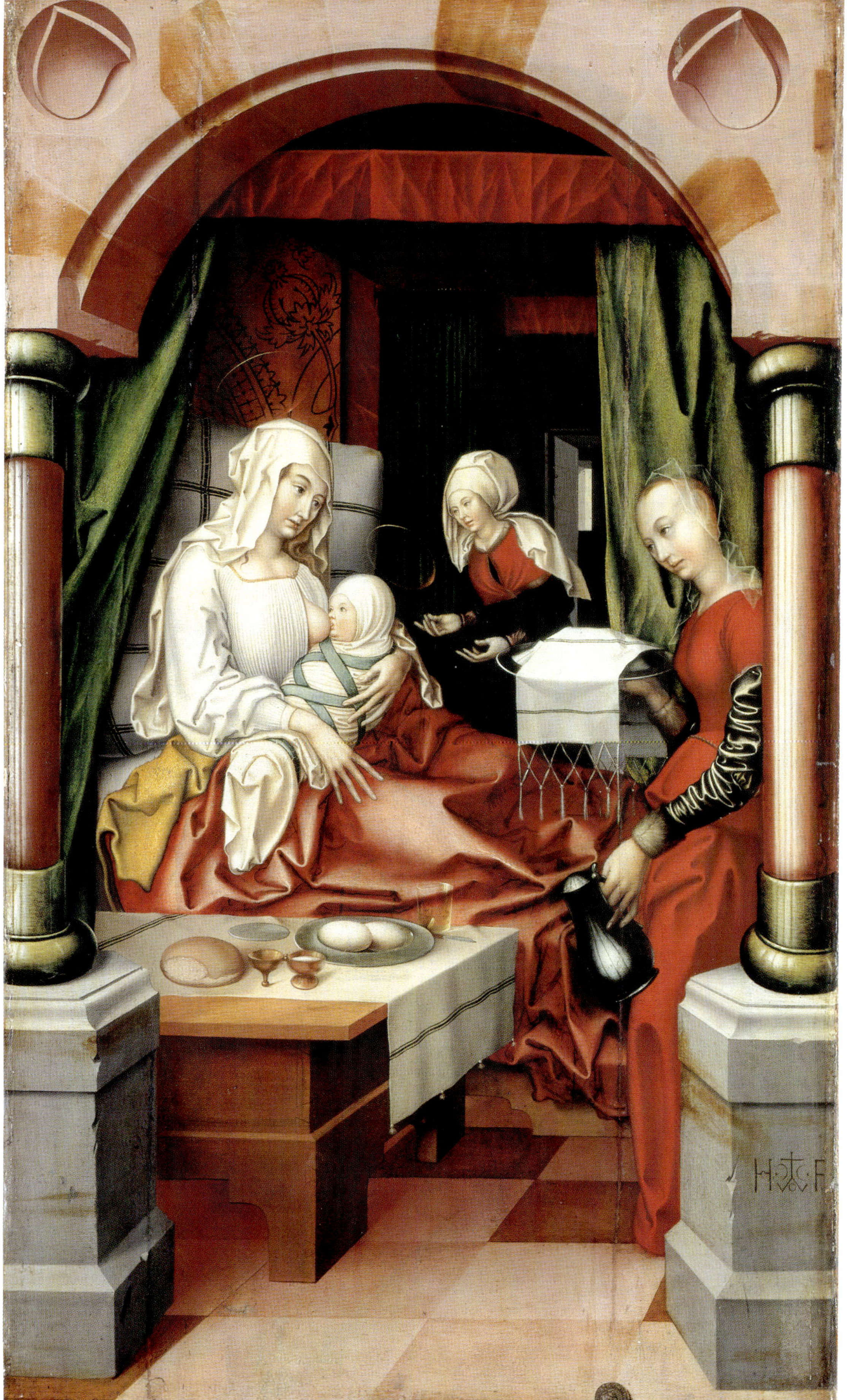

Abb. 170
Kat. 13c

Abb. 171
Kat. 13d

disponierte Figurengruppen in gegenläufiger Richtung den wundersamen Tempelgang Mariens verfolgen. Die vorgelagerte rahmende Arkade wirkt stärker als bei anderen Bildern der Folge als Repoussoir und lässt den Blick über den perspektivisch verkürzten Fussboden in die Bildtiefe gleiten. Die in den Raum gestellten Säulen und der Baldachin sind keineswegs «unmotiviert» (Kelterborn-Haemmerli 1927, S. 100). In Verbindung mit einer meisterhaften Lichtführung, die gleichermassen feine Farbschatten und matt glänzende Schimmer moduliert, schaffen sie eine erstaunliche räumliche Tiefenwirkung, die Fries mit der geschickten Farbgebung von grellem Rot und pastosem Grün über nuanciertes Weiss bis zu den mehr stumpfen, bräunlich grauen Tönen des Innenraums zu beleben weiss. Geradezu akribisch bemüht sich Fries um eine möglichst realistische Wiedergabe der Materialien und Details: Der feinkörnige rote Sandstein und die leicht gemaserten Oberflächen der grauen Sockel verblüffen ebenso wie die abgeschlagenen Steinkanten, der gläserne Glanz der Säulenschäfte und die Stofflichkeit des Baldachins. «Die im richtigen Massstab in einem Wandelgang stehenden Figuren des Priesters, seines ersten Begleiters und der beiden in Ausschnitten sichtbaren Gefolgsmänner sind das Beste, was Fries in solchen verkleinerten Mittelgrundsgruppen geleistet hat» (Kelterborn-Haemmerli 1927, S. 100). Das Brokatmuster der Priesterkasel entspricht in verkleinertem Massstab exakt demjenigen auf der Kasel in der «Vermählung» (siehe Abb. 175). Die Vermutung Berthiers, der Kopf eines der drei begleitenden Männer könnte ein Selbstbildnis von Fries sein, ist nicht von der Hand zu weisen (Berthier 1901/2), zumal der Kopf links hinter dem Priester gemäss Erkenntnissen aus der Unterzeichnung erst in der Malerei hinzugefügt wurde.

Kat. 13e
Die Vermählung Marias
(Abb. 174)

Nürnberg, Germanisches Nationalmuseum, Inv. Gm 339 (Wittelsbacher Ausgleichsfonds / Bayerische Staatsgemäldesammlungen Inv. WAF 286)

Ölhaltiges Bindemittel und Metallauflagen auf mit Leinwand überzogenem Tannenholz (Abies), 107 x 56 cm

Inschriften: Auf dem Fuss des Säulensockels links: «1512·», auf dem Fuss des Säulensockels rechts: «H BH» (B und H ligiert); nach Auskunft von Martina Homolka, ehemals Restauratorin am Germanischen Nationalmuseum Nürnberg, sind weder Signatur noch Datum original)

Rückseite
Vermerke: WAF von 1936, H.G. 286, Inv.S.Nr. 635, unten links 339.

Zustand
Format allseits vermutlich geringfügig beschnitten. Aufgedoppelt und parkettiert. Riss vom oberen Rand zur Bildmitte, auf der Rückseite durch Holzklötzchen gesichert. Gesichter und Haare teilweise verputzt und retuschiert. Grossflächige Ergänzungen im Mauerwerk. Sich stark durchdrückende Leinwandstruktur und Äste, vermutlich infolge eines Pressvorganges (Bartl 1995).

Restaurierungen
Nürnberg, 1912 (Querleisten abgenommen, Sprünge geleimt; siehe: Germanisches Nationalmuseum Nürnberg 1997, S. 236); Nürnberg, 1949; Karl Barfuss sen., Germanisches Nationalmuseum Nürnberg, 1957 (Transportschaden).

Die rahmende Säulenarkade ist jener auf den Tafeln mit der Geburt und dem Tempelgang Mariens sehr ähnlich: Über hüfthohen polygonalen Sockeln mit abgefastem Fuss und profilierter Deckplatte erhe-

des Tempels. Die kleine Maria wendet sich nicht um und steigt allein die Treppe hoch. Die Texte sprechen zwar explizit von fünfzehn Stufen, und die Legenda aurea deutet diese Anzahl gar als Sinnbild der fünfzehn Stufenpsalmen, doch werden im Mittelalter schon früh auch drei, sieben und zwölf, gelegentlich – wie bei Giotto – auch zehn Stufen dargestellt (Schiller 1980, S. 68). Bei Fries erwartet der Hohepriester Maria auf der zehnten Stufe. So wichtig das eigentliche Ereignis mit der treppensteigenden Maria ist, deren Hoheit mit dem roten Baldachin angezeigt wird, liegt es Fries offensichtlich daran, den auch familiären Kontext in den Vordergrund zu rücken: die Eltern Marias sind dominant ins Bild gesetzt. Die ältere Frau hinter der jugendlich dargestellten Anna ist möglicherweise ihre Mutter Emerentia, vielleicht auch Elisabeth; ein weiteres Familienmitglied steht hinter Joachim. Auch der Mann hinter der Säule gehört wohl zum kleinen Familienkreis, und vom Hohepriester berichten die Protoevangelien, er sei Zacharias, der Gatte Elisabeths, wodurch sich der Kreis der hier versammelten kleinen Heiligen Sippe schliessen würde.

Dass sich Fries auch beim «Tempelgang» an Dürers Marienleben orientierte, ist offensichtlich. Die nämliche Szene auf Dürers Blatt zeigt im Grossen die gleiche Anlage (Abb. 173). Einzelne Bildmotive, wie die kleine Gruppe mit dem Priester am Tempeleingang und Maria mit wehendem Haar auf der Treppe, übernimmt Fries im Detail; der Baldachin ist bei Fries anders geformt und demjenigen in Dürers Holzschnitt mit der «Vermählung Marias» ähnlich (Abb. 174). Gegenüber dem Dürerschen Holzschnitt mit viel Volk, einem Vorplatz mit Nebenszenen, einer Aussenarchitektur und einem Ausblick in eine Landschaft, verleiht Fries dem Ereignis mehr Intimität. Es spielt sich im geschützten Inneren einer im Halbdunkel liegenden Vorhalle zum Tempel ab, wo zwei dicht gedrängte, im Vorder- und im Hintergrund

ben sich links und rechts je eine Säule mit dunkelrot glänzenden Schäften und wulstig runden Basen und Kapitellen. Auf ihnen lastet ein aus rötlichen Sandsteinquadern gefügter Bogen, dessen Front in den Zwickeln eingelassene Tondi mit leeren Schilden zeigt. Unmittelbar hinter der Arkade drängen sich vor einem dunkelgrünen, an einer waagrechten Stange aufgehängten Vorhang und einem in seiner architektonischen Struktur nicht in allen Teilen schlüssigen Innenraum insgesamt neun Figuren. Ein oben links in die rückwärtige Mauer eingelassenes Rundbogenfenster lässt fahles Licht herein und beleuchtet zusammen mit einer brennenden Fackel oder Kerze eine aus Holztafeln gezimmerte Brüstung einer Empore, die von einer rot schimmernden Säule mit einem Schaftring und orangefarbenem Blattkapitell gestützt wird. Von einer weiter vorne stehenden grünen Säule ist nur schemenhaft der dunkle Schaft sichtbar, dessen hart gezogene rechte Begrenzung mit dem Licht eines dahinterliegenden Rundbogenfensters kontrastiert.

Der vom «Tempelgang Marias» her bekannte Priester in feierlichem Ornat trägt eine mit vielen glänzenden Perlen besetzte Hörnermitra, deren Stirnseite mit einer liegenden Mondsichel verziert ist. Sein klar geschnittenes bärtiges Haupt ist in eine weisse, weit über die Schultern fallende Cappa gehüllt und neigt sich Maria zu. Vor seiner Brust ist an der Kasel aus weinrotem Brokatstoff mit Granatapfelmuster eine grosse Brosche mit vier Perlen und einem geschliffenen Stein befestigt. Das weisse Untergewand des Priesters staut sich am Boden bis über die Spitze seines linken Schuhs. Mit seiner Rechten umfasst er das Handgelenk von Joseph, seine Linke hält den rechten Unterarm von Maria. Braut und Bräutigam stehen sich gegenüber, blicken einander an und geben sich die rechte Hand. Joseph ist entgegen der Überlieferung jung. Er hat strähnig lockiges Haar und einen Bart, eine gerade Nase und – wie viele Figuren von Fries – auffallend grosse Ohren. Der blättersspriessende Zweig in seiner Linken lehnt am rechten Arm. Sein roter Mantel mit dunklen Pelzbesätzen fällt in ruhigen Falten. In leichtem Ausfallschritt hat Joseph den rechten Fuss vorgeschoben, der in einem klumpig grossen Schuh steckt. Die jugendliche Maria trägt ein (ehemals) dunkelblaues, modisch tailliertes Kleid mit Hermelinbesatz, das sie mit der linken Hand manierlich schürzt. Es ist kurzärmlig, gegürtet, und an seinem rund geschnittenen Decolleté mit weiss plissiertem Rand ist vorne eine zierliche Perlenbrosche befestigt. Das rotsamtene Unterkleid ist langärmlig. Ein zweifarbig geflochtenes Stoffband ziert die offen getragene Haartracht Marias. Über den Häuptern von Maria und Joseph schweben die bekannten durchsichtigen Scheibennimben.

Abb. 172
Kat. 13d, Unterzeichnungen (Infrarot-Photographie)

Abb. 173
Albrecht Dürer: Tempelgang Marias, Holzschnitt aus dem Marienleben, 1501–1510

Abb. 174
Albrecht Dürer: Vermählung Marias, Holzschnitt aus dem Marienleben, 1501–1510

An den zwei weiteren Heiligenscheinen sind auch die Eltern Marias zu erkennen: Joachim mit Bart und dunklem Kopftuch zwischen den Köpfen von Joseph und dem des Priesters, Anna mit Haube und gebundenem Schleier zwischen Maria und der rechten Säule. Eine weitere Frau mit Haube sieht man zwischen Maria und Anna; drei Freier, von denen zwei rote Mützen tragen und ein anderer am linken Rand aus dem Bild herausschaut, ergänzen die Runde der Nebenfiguren.

Das in der Unterzeichnung (Abb. 177–179) auch für diese Szene am oberen Bildabschluss vorgesehene Rankenwerk führt Fries nicht aus. Er blendet die Ranken bereits in der Unterzeichnung vor einen gemauerten Bogen, der allerdings keine Zwickeltondi aufweist, und variiert somit das bei der «Begegnung an der Goldenen Pforte» ausgeführte Motiv. Auch die Säulen sind bereits unterzeichnet, ihre Basen und Kapitelle mit einem Blattkranz geschmückt.

Maria und Joseph werden mit wenigen Linien umrissen. Bei Maria schattiert Fries mit grober Schraffur Wange und Nacken; sonst ist ihr Gesicht – typisch für den Marienzyklus – sehr linear skizziert. Der Ausschnitt ihres Kleides ist von Perlen gesäumt. Bei Annas Begleiterin setzt Fries die Längsachse des Gesichts als Konstruktionshilfe ein. Der Hohepriester wendet sich in der Unterzeichnung Joseph (statt, wie in der Malerei, Maria) zu; der Mann zwischen ihm und Maria steht weiter links. Unklar bleibt, wo Joachim in der Zeichnung vorgesehen

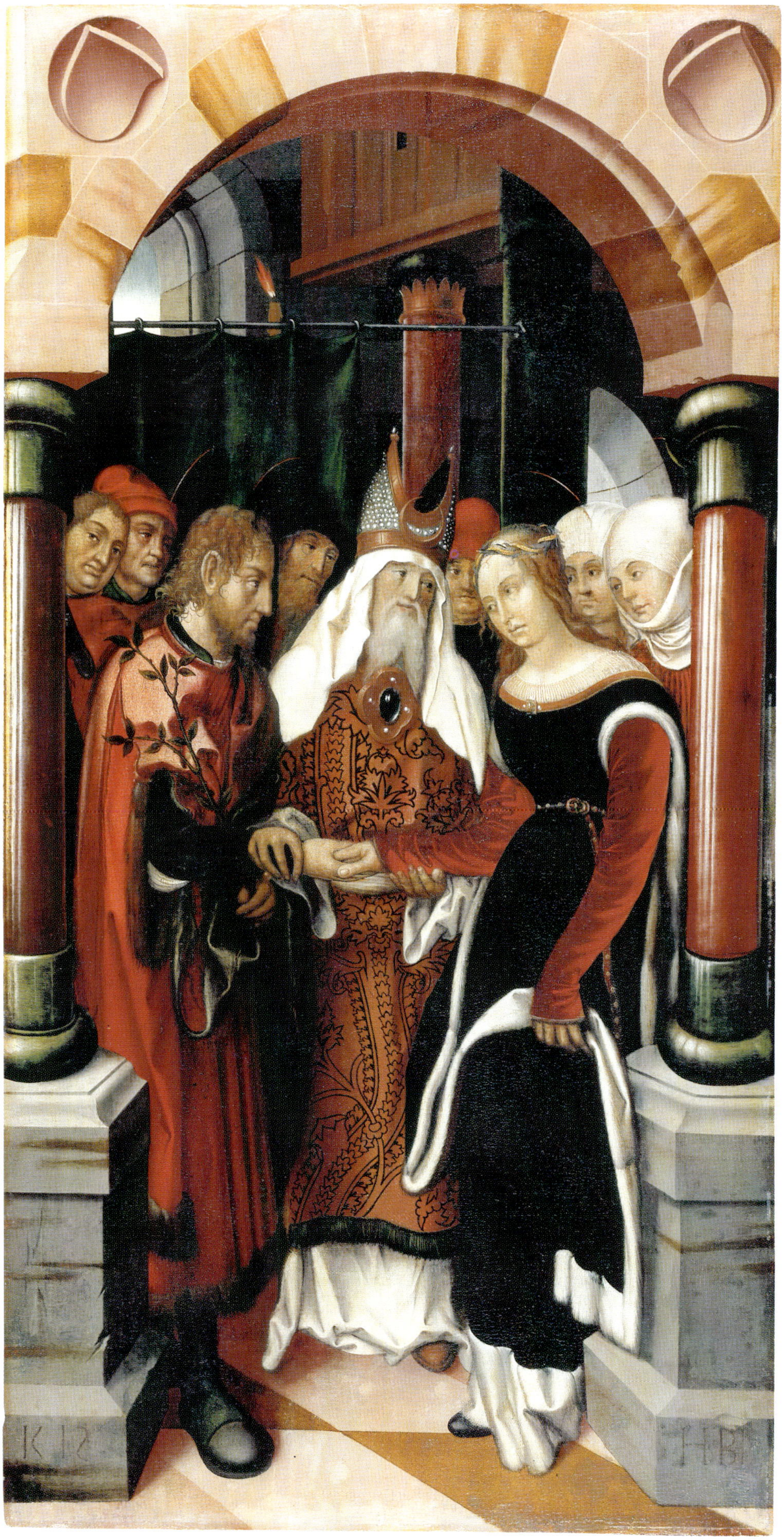

Abb. 175
Kat. 13e

Abb. 176
Kat. 13f

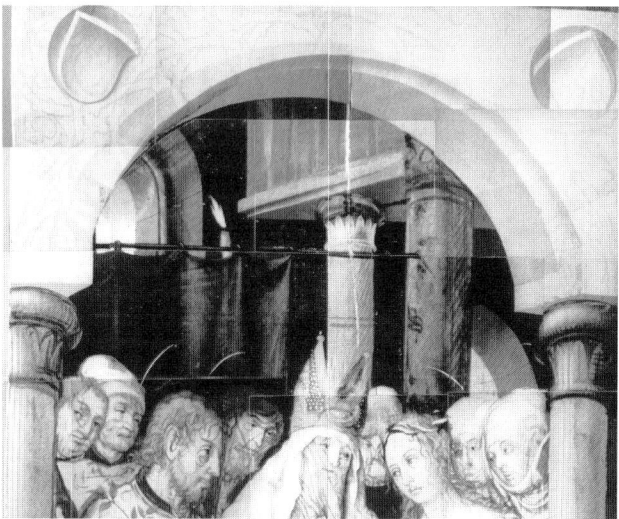

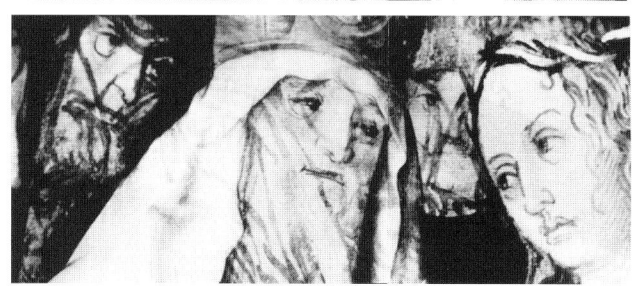

S. 680). Da Maria aber Keuschheit gelobt hatte und nicht an eine Heirat dachte, beriet Zacharias der Priester, was mit ihr geschehen solle. Ein Engel wies ihn an, die Witwer des Volkes zusammenzurufen (gemäss Legenda aurea alle noch nicht verheirateten Männer; Voragine 1993, S. 681). Jeder solle einen Stab mitbringen, und derjenige Mann, an dessen Stab sich ein Wunder ereignete, solle Maria heimführen (gemäss Legenda aurea nicht ein Stab, sondern eine Rute; Voragine 1993, S. 681). Nachdem alle Freier im Tempel gebetet hatten, blühte als einzige die Rute in der Hand Josephs. Dieses wunderbare Zeichen bedeutete, dass die junge Maria dem alten Joseph zur Frau gegeben werden solle.

Die in der Literatur mehrfach erwähnte Ähnlichkeit der «Vermählung» von Fries mit der nämlichen Szene in Dürers Holzschnitt des Marienlebens ist besonders bei den drei Hauptfiguren evident (Abb. 174): Die Gruppe ist – wenn auch enger – gleich angeordnet, der Priester und Maria sind in derselben Haltung wiedergegeben. Bis hin zu gewissen Details, wie die Stellung der Arme und Hände, die Kleidung des Priesters oder das Kleid Marias, hat sich Fries an die Vorlage Dürers gehalten. Auch die Struktur des Tempelinneren mit den Säulen, namentlich der Säule hinter der Mitra des Priesters, mag sich an Dürers Vorbild anlehnen. Der mit Ringen an einer Stange befestigte Vorhang ist ein weiteres Indiz für die Nähe zum Marienleben von Dürer. Gleichsam als Versatzstück übernimmt ihn Fries aus Dürers «Zurückweisung des Opferlamms» (Abb. 163) oder auch aus der «Beschneidung Christi» (Abb. 162). Bis ins 16. Jahrhundert fanden Eheschliessungen nicht im Tempel bzw. in der Kirche selber, sondern vor der Kirche «in facie ecclesiae» statt (Carlen 1997, S. 140). Während Dürer für seine «Vermählung» ausdrücklich diesen Ort wählt und im Hintergrund die «Brauttür» zeigt, findet das Ereignis bei Fries mehr im Inneren statt. Dass er die Vermählung aber ganz nahe an – halbwegs sogar unter – die Arkade rückt, verleiht dieser gleichzeitig auch die Bedeutung des Portals zum Tempel.

Abb. 177
Kat. 13e, Unterzeichnungen: Der Hohepriester, Joseph und die Freier (Infrarot-Reflektographie)

Abb. 178
Kat. 13e, Unterzeichnungen: Obere Bildhälfte (Infrarot-Reflektographie)

Abb. 179
Kat. 13e, Unterzeichnungen: Der Hohepriester und Maria (Infrarot-Reflektographie)

Abb. 180
Kat. 13f, Unterzeichnungen (Infrarot-Photographie)

Wie bei der «Heimsuchung» bestimmt auch hier eine vertikale Mittelachse die Komposition. Die drei Figuren im Vordergrund bilden von den Schultern Josephs und Marias zur Mitra des Priesters eine flache Pyramide, die mit dem manifesten Parallelismus der Säulen und der auf gleicher Höhe angeordneten Köpfe kombiniert wird. Trotz angestrebter Raumtiefe wirkt die Szene aber flach. Das im Vergleich zu Dürers Vorlage viel schmalere Bildformat zwang Fries, die Assistenzfiguren, auf die er nicht verzichten wollte, so dicht zu drängen, dass Überschneidungen nicht mehr die gewünschte Wirkung tun. Die vorhandene Verkürzung des Raums kommt durch die etwas konfus angeordneten Glieder der Architektur kaum zum Tragen. – Während der Mantel Josephs einen eher summarischen Eindruck macht, wendet Fries bei der Ausführung der Gewänder des Priesters und Marias mehr Sorgfalt auf, obschon auch bei ihnen die gewohnt scharfe Zeichnung und die stark körperhafte Modellierung fehlen. Das Brokatmuster der Priesterkasel übernimmt Fries in grösserem Massstab für die entsprechende Kasel im «Tempelgang Marias». Im Vergleich zur rahmenden Arkade, die detailreich und sorgsam illusionistisch gemalt ist, wirkt die Darstellung der Personen etwas karg. Trotzdem wertet Reinle die Gestalt der Maria als «modernste Figur im Werke [von] Fries» (Reinle 1956, S. 54). Die Führung des Lichtes ist unkompliziert, legt den Akzent auf den Vordergrund und schafft im übrigen eine etwas düstere Atmosphäre. Die positiv konnotierte Ruhe, die anderen Szenen der Folge innewohnt, kippt hier mehr in Langeweile. Der verdriessliche Ausdruck der Protagonisten entspricht den verständlicherweise missmutigen Mienen der nicht auserwählten Freier. Insgesamt fehlt dem Gemälde die Spannung und Ausdrucksstärke, welche andere Tafeln der Folge auszeichnen. Zu einer ähnlichen Beurteilung des Bildes kommt auch Kelterborn-Haemmerli, welche die Tafel gar als nicht eigenhändiges Werk von Fries, sondern als Arbeit von mehreren Gesellen einstuft (Kelterborn-Haemmerli 1927, S. 106).

ist. Auch bei den zwei Freiern links im Hintergrund weicht die Unterzeichnung von der Malerei ab. Die Stange des Tempelvorhangs sitzt weiter unten als ausgeführt. Das Marienkleid, heute fast schwarz, ist durch Faltenzeichnung strukturiert – ein weiterer Beweis dafür, dass dieses bei Fries wiederholt zu beobachtende, undifferenzierte Schwarzblau ursprünglich ein helleres, durch Licht und Schatten moduliertes Blau war. – Auch im Gewand Josephs ist eine kräftige Unterzeichnung des Faltenreliefs sichtbar. Die grünende Rute ist senkrecht und weiter rechts vorgesehen.

Die Vermählung von Maria und Joseph geht auf die apokryphen Schriften zurück (Schiller 1980, S. 76) und gehört im Abendland zu den bevorzugten Szenen in Marienzyklen. Der eigentlichen Vermählung geht das sogenannte Stabwunder voraus: Wie alle anderen Mädchen musste auch Maria den Tempeldienst mit zwölf Jahren verlassen (gemäss Legenda aurea erst mit vierzehn Jahren; Voragine 1993,

Kat. 13f
Die Heimsuchung der Elisabeth durch Maria
(Abb. 176)

Basel, Öffentliche Kunstsammlung, Inv. 229

Ölhaltiges Bindemittel auf mit Leinwand überzogenem Nadelholz (Tanne?), 87 x 56 cm

Zustand

Dieses Gemälde und die «Wahl des Opferlamms» (Kat. 13a) waren ursprünglich Vorder- und Rückseite ein und derselben Tafel; die Masse der Tafeln und die Astlöcher korrespondieren, und die Jahrringe an den oberen und unteren Kanten stimmen überein. Die Ränder sind wie bei der «Wahl des Opferlamms» links und rechts leicht beschnitten. Eine Linie parallel zum oberen Bildrand ist gerissen oder durch einen Rahmen eingedrückt.

Restaurierungen

Fred Bentz, Öffentliche Kunstsammlung Basel, 1914/15 (Aufdoppelung; Bericht: Karton und Querleisten von Rückseite entfernt, auf 1 cm dicke Holzplatte geleimt und diese parkettiert); Hans Aulmann, Öffentliche Kunstsammlung Basel, 1947, 1951 (Festigung).

Das Haus der Elisabeth, vor dem die Begegnung der beiden schwangeren Frauen stattfindet, steht rechts vor einer teilweise mit Fichten bewaldeten und im Hintergrund felsigen Landschaft mit verschneitem Hochgebirge. Symmetrisch sich im Rund ringelndes Astwerk zeichnet im oberen Bildteil einen transparent rahmenden Bogen. Wie bei der «Wahl des Opferlamms» wählt Fries auch für die «Heimsuchung» insgesamt eine leichte Untersicht, die besonders in der Architektur augenfällig wird, bei den Figuren aber kaum in Erscheinung tritt. Auf den Stufen zu ihrem Haus begrüsst Elisabeth die eben angekommene Jungfrau Maria, die von drei Frauen begleitet ist. Im Schatten des Hauses ist auch Elisabeths bärtiger Gatte Zacharias zugegen und schaut mit etwas trägem Blick zu, wie sich die beiden Frauen in die Arme schliessen. Auf einem Absatz des Haussockels macht ein zotteliger kleiner Hund wunderfitzig das Männlein. Die Aufmerksamkeit der beiden Männer, die an erhöhtem Standort aus dem Fenster des rückwärtigen Gebäudeteils blicken, gilt mehr den drei Begleiterinnen Marias, die mit Gepäck beladen des Weges kommen. Maria, Elisabeth und Zacharias sind mit einer durchsichtigen, perspektivisch verkürzten Scheibe nimbiert. Über einem dunkelblauen Kleid trägt Maria einen langen weinroten Mantel, der in steifen, hinten gestauten und gebrochenen Falten schleppenartig bis auf die unterste Stufe des Treppchens fällt. Hinter ihrem Rücken bauscht sich der flattrige offene Schleier, den sie von ihrer weissen Haube weg um ihre Schultern gelegt hat. Vertraulich wendet sie ihr zartes Antlitz der sichtlich älteren Elisabeth zu, die ihren Kopf bis auf ihr scharf im Profil wiedergegebenes Gesicht ganz in einen weissen Schleier gehüllt hat. Elisabeth schürzt ihr grünes langärmliges Kleid, unter dem ein wohl aus Pelzstücken genähter Unterrock schwer bis zum Boden fällt, zur Brust; ihr kurzärmliger Mantel ist rot und mit weissem Pelz gefüttert. Auch die drei Begleiterinnen Marias sind in lange Mäntel gehüllt und tragen Hauben mit Schleier. Die eine balanciert auf ihrem Kopf ein in Stoff geschnürtes Paket, die andere vielleicht einen Korb; die dritte hält in ihrer Rechten eine Tasche. Maria und ihre Mägde haben einen sich von hinten her schlängelnden Weg genommen, dessen Anfang sich zwischen den Bäumen am Fuss der steil aufragenden Felsen verliert. Vor einem klar blauen Himmel leuchten am Horizont die gleissend weissen Flanken hoher Schneeberge.

Die Unterzeichnung (Abb. 180) weicht von der Malerei teilweise ab; die Ranken bilden im Bogenscheitel eine kleine Schleife. Wie auf den andern Tafeln der Folge ist die Unterzeichnung eher linear und summarisch. Maria ist nicht im Dreiviertelprofil, sondern mit etwas schräg gehaltenem, beinahe frontalem Kopf wiedergegeben; die Augen sind gesenkt. Eine Art Wimpel ergänzt ihre Haube. Kleine Vierecke über Elisabeths Knie bedeuten vielleicht ein Stoffmuster, das Fries später als fein gezogene Nähte ausführt. Die Hände der begleitenden Mägde

weichen von der Malerei ab: Die vorderste weist mit der Linken nach vorn, ohne den Mantelsaum zu fassen. Jene rechts daneben hält, ohne das Bündel auf ihrem Kopf zu stützen, in der Rechten einen Wanderstab. Der Boden vorne links ist stärker kompartimentiert; im Hintergrund nähert sich auf dem Weg ein Männchen, einen Stock über die Schulter gelegt. Der rechte der beiden männlichen Zuschauer ist bärtig unterzeichnet, der linke steht nicht vor, sondern leicht hinter der Säule. Drollig wirkt in der Unterzeichnung der Hund (Abb. 181): er wendet seinen wuscheligen Kopf zum Betrachter; Schnauze, melancholische Augen und zottige Ohren unter dem zerzausten Pelz sind mit Verve entworfen.

Die Schilderung der Szene der Begegnung Marias mit ihrer Verwandten Elisabeth geht auf Lukas 1, 39–56, zurück. Als der Engel Maria die Geburt ihres Sohnes verkündete, berichtete er ihr auch, dass die für unfruchtbar gehaltene Elisabeth im sechsten Monat schwanger sei. Danach machte sich Maria auf den Weg, um Elisabeth in einer Stadt im Bergland Judäa zu besuchen. Bei ihrer Begrüssung spürte Elisabeth, wie ihr Kind in ihrem Leib hüpfte. Da wurde Elisabeth vom Heiligen Geist erfüllt. Maria soll nach Lukas 1,56 «etwa drei Monate» bei ihr geblieben sein. Im Spätmittelalter wird die Heimsuchung ein entscheidendes Ereignis im Marienleben und repräsentiert die körperliche und visuelle Erkenntnis der Menschwerdung Christi (LCI 1970, Sp. 230). Wie viele andere spätmittelalterliche Darstellungen der Heimsuchung ist auch die von Fries eigentlich schriftwidrig, weil es sich nach biblischem Bericht um ein grosses Geheimnis handelt, das sich nur zwischen den beiden Frauen abspielt. Die hier anwesenden Assistenzfiguren widerspiegeln die besonders im späten Mittelalter übliche Haltung, die einzelnen Begebenheiten erzählend mit weiteren Personen zu beleben und mit Beiwerk auszuschmücken. Dass Maria gleich mit drei Mägden unterwegs ist, soll ihre Hoheit und Würde unterstreichen. Im übrigen hält sich Fries mit einer eigenen Vorstellung des bei Lukas geschilderten «Berglandes Judäa» als alpines Hochgebirge an die legendäre Überlieferung. Das dekorativ wie vor das Bild eingespannte Astwerk erreicht in dieser Tafel einen hohen Abstraktionsgrad und steht in seiner unnatürlichen Art im schroffen Gegensatz zur materialgerechten Stofflichkeit der dargestellten Dinge. Auch hier mögen die Ranken – wie bei der «Begegnung an der Goldenen Pforte» und mehr als in anderen Szenen – symbolisch auf die nahe Verwandtschaft von Maria und Elisabeth und den Stammbaum der Heiligen Familie hinweisen (siehe S. 186). Analog zur «Begegnung an der Goldenen Pforte» schildert Fries hinter der Begegnung der beiden Hauptfiguren eine zweite Begegnung: Der Mann mit roter Mütze am Fenster zeigt aufgeregt auf die ankommenden Frauen, während der andere in die gewiesene Richtung starrt. Gleichzeitig macht die hinterste Magd mit einem diskreten Fingerzeig ihre Gefährtinnen auf die beiden Männer am Fenster aufmerksam. Die Assistenzfiguren nehmen an der Begegnung von Maria und Elisabeth nicht eigentlich teil. Dadurch wahrt Fries taktvoll die angemessene Intimität der geheimnisvollen Begrüssung und variiert mit der doppelten Begegnung zugleich in subtiler Weise das Bildthema.

Abb. 181
Kat. 13f, Unterzeichnungen: Hund (Infrarot-Reflektographie)

Abb. 182
Albrecht Dürer: Heimsuchung, Holzschnitt aus dem Marienleben, 1501–1510

Abb. 183
Kat. 13g

Auf die wahrscheinlichen und naheliegenden Vorbilder, die Fries in Dürers Marienleben vorgefunden hat, weist bereits Kelterborn-Haemmerli 1927, S. 111/112, hin: In der Anlage und in der Bildidee ist Fries nahe am Dürerschen Blatt mit der nämlichen Szene, die sich (seitenverkehrt) vor einer ähnlich gebirgigen Landschaft, ebenfalls vor dem Haus der Elisabeth und im Beisein Zacharias' und dreier Mägde, abspielt (Abb. 182). Aber auch in Einzelheiten mag Fries sich stark an Dürers Vorbild angelehnt haben, so etwa bei der engen Gruppierung der drei Begleiterinnen, beim barhäuptigen Zacharias mit dem Hut, bei dem nach hinten wehenden Schleier Marias und beim kleinen Hund im Vordergrund. Dennoch verarbeitet Fries die genannten Elemente frei und selbständig, fügt weitere Personen und Gebäudeteile hinzu und bevorzugt – im Gegensatz zu Dürer, der einen erhöhten Blickpunkt einnimmt, – die Untersicht. Damit gelingt ihm in abgestimmter Farbperspektive eine räumliche Tiefenwirkung, die den Blick vom Hauptereignis über die Nebenszenen, die Windungen des Weges und die Felsen bis zum Horizont lenkt. Die Wiedergabe der Landschaft, wie sie in Stufen vom flachen Land über das Vorgebirge bis zu den höchsten Gipfeln aufsteigt, zeugt von eigener Anschauung und übertrifft die meist phantastischen Vorstellungen anderer zeitgenössischer Gebirgsdarstellungen an Wirklichkeit. Die Komposition der Darstellung ist auf eine mittlere vertikale Achse hin ausgerichtet. Die Nasenspitzen und damit die Häupter von Maria und Elisabeth befinden sich genau in dieser Bildmitte. Farblich spielt Fries mit den bevorzugten Rot-, Grün- und Brauntönen der Kleidungen und der Landschaft. Der klar blaue Himmel und das leuchtende Weiss der Schleier und Berge setzen die gewollten Akzente. Die Darstellung verrät kaum Bewegung, die Landschaft ruht, niemand spricht. Behutsam lässt uns Fries am Mysterium teilhaben, das – wie bei der «Begegnung an der Goldenen Pforte» – vom stummen Zwiegespräch lebt.

Kat. 13g
Die Rückkehr aus Ägypten
(Abb. 183)

Basel, Öffentliche Kunstsammlung, Inv. 230

Ölhaltiges Bindemittel auf mit Leinwand überzogenem Nadelholz (Tanne?), 107,5 x 65 cm

Zustand

Dieses Gemälde und die «Geburt Marias» (Kat. 13c) bildeten ursprünglich die beiden Seiten ein und derselben Tafel. Nach Friederike Steckling, Restauratorin an der Öffentlichen Kunstsammlung Basel, entsprechen sich die Masse der Tafeln, die Astlöcher und Fugenrisse korrespondieren. Am oberen Rand sind Spuren eines eingedrückten Rahmens sichtbar, ebenso am Rand rechts; hier scheint auch eine Linie gerissen zu sein.

Restaurierungen

Fred Bentz, Öffentliche Kunstsammlung Basel, 1914/15 (Aufdoppelung); Hans Aulmann, Öffentliche Kunstsammlung Basel, 1940 («Infolge der aussergewöhnlichen Lufttrockenheit im Kunstmuseum Bern alter Riss geöffnet»), 1952 (Festigung); Paolo Cadorin, Öffentliche Kunstsammlung Basel, 1957 (Reinigung, Entfernung alter Retuschen, Kitten und Retuschieren).

Joseph, Maria und das Jesuskind kehren aus Ägypten nach Nazareth zurück. Die Gruppe wird von Joseph angeführt, der den dunkelgrauen Esel, auf dem Jesus und Maria reiten, an einer Leine hält. Ein oben abgerundetes Mäuerchen begrenzt den steinigen, vorne bewachsenen Weg, der sie zum Stadttor bringt. Dort lüftet ein geharnischter Wächter mit einer langen Lanze seinen Hut zum Gruss. Am rechten Bildrand wird eine Seite des aus hellen Quadern gemauerten Stadttors

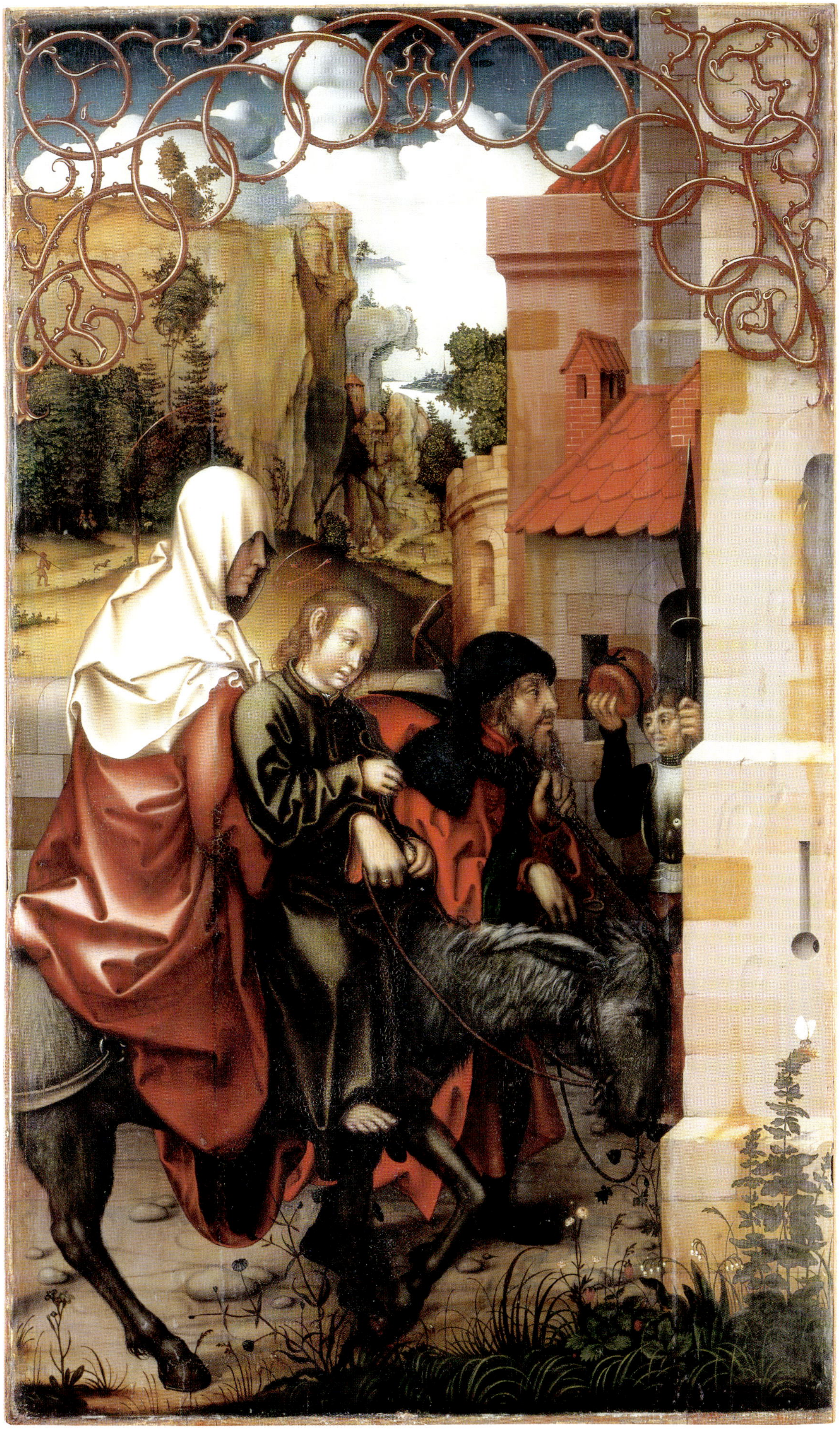

sichtbar, das sich von den dahinterliegenden Teilen anderer Gebäude abhebt: gleich hinter dem Soldaten wohl ein Wächterhäuschen mit rotem Ziegeldach, einer Lukarne und einem Schornstein, dahinter ein weiteres Haus mit einem massiven Attikagesimse und Walmdach, und als letztes ein zinnenbewehrter abgerundeter Turm mit einem trichterförmig eingelassenen Rundbogenfenster. Im Hintergrund öffnet sich eine weite Landschaft: kuppige Matten mit einem Wäldchen am Fuss steil aufragender Felswände führen zu einem Flusstal. Am tiefblauen Himmel steigen hohe Kumuluswolken auf, die mit dem detailreich und naturalistisch wiedergegebenen Horizont kontrastieren. Das spannungsreiche Gelände offenbart sich bei genauerem Hinsehen als vielstimmig belebte Landschaft. Vorne links, in der Nähe eines Bildstöckleins, zieht ein Bauer mit Wanderstab und geschultertem Bündel des Weges. Zwei Reiter auf einem Schimmel und einem Fuchs entschwinden bei den ersten Bäumen in den Wald. Hinter dem Turm, wo sich der Weg zu einem befestigten Tor windet, entdecken wir noch zwei winzige Gestalten, deren vordere ein Bündel auf dem Kopf trägt. Eine Burg ragt am oberen Rand des vorderen Felsens ins Bild, und auf dem hinteren Überhang äst im Hohllicht an gefährlicher Stelle einsam ein Wildtier. Am Fluss erkennen wir die fein geschnittene Silhouette eines Dorfes mit hochaufragendem Kirchturm. Analog zur «Heimsuchung» ist dem Bild am oberen Abschluss bogenförmig geschwungenes und symmetrisch sich kringelndes Astwerk vorgeblendet, das – so unwirklich es auch wirkt – am Gemäuer des Stadttors leichte Schatten wirft.

Maria sitzt seitlich mit von uns abgewendeten Beinen auf der Kruppe des Esels. Ihr scharf im Profil gezeichnetes Gesicht verbirgt sich im Schatten des satt anliegenden weissen Schleiers, der in gebrochenen Falten über die Schultern bis zum Rücken fällt. Ebenso bewegt reicht die Fülle ihres weinroten Mantels weit über die Flanke des Esels hinab. Den rechten Arm hat Maria um den vor ihr rittlings sitzenden Jesusknaben gelegt und hält den rechten Zügel in der Hand. Jesus trägt ein dunkelgrünes Gewand, hält den Kopf leicht nach vorne gebeugt und spielt mit beiden Händen am linken Zügel, während Joseph in seinem leuchtend roten Reisemantel nebenher schreitet. Den Wanderstab hat er schräg über die linke Schulter gelegt und schaut mit müdem Blick dem Ziel entgegen. Über den Köpfen von Maria und Joseph schweben durchsichtige Scheibennimben, ein kleinerer, verkürzt wiedergegebener Heiligenschein mit einem Kreuz zeichnet den Jesusknaben aus.

Wie bei Kat. 13f, 13h und 13i führt Fries den Rankenbogen aus. Dennoch weicht hier die Unterzeichnung (Abb. 184) leicht von der Malerei ab. Im Vergleich zu den insgesamt summarischen Unterzeichnungen am Marienzyklus ist der Faltenwurf des Marienmantels auf dieser Tafel erstaunlich detailliert wiedergegeben: mit Kreuzschraffuren und Zickzacklinie, Ösen und Häkchen. Nur spärlich unterzeichnet ist hingegen das Gesicht der Muttergottes. Das Gesicht des Jesusknaben zeichnet Fries kindlicher als in der Malerei: er modelliert die Formen runder, bildet die Nase kürzer und setzt den Mund höher. Bei Joseph sitzt das Auge in der Unterzeichnung höher; ausserdem trägt er noch keine Kappe. Der grüssende Wächter lüftet hier keinen Hut, sondern eine flache Mütze. Der Kopf des Esels ist etwas länger und läuft weniger spitz zu; sein Auge, schräggestellt, sitzt höher und weiter hinten. Ausserdem sitzt der Gurt des Hintergeschirrs höher. Im Vordergrund rechts skizziert Fries (wenn auch flüchtig) ein paar Blumen und Gräser – ein seltener Fall von unterzeichnetem Beiwerk. Ansonsten lassen sich verschiedene Abweichungen im Hintergrund erkennen: am Ziegeldach des hohen Gebäudes im Mittelgrund rechts springt eine Art Lukarne vor; anstatt der Halbinsel riegelt eine befestigte Landzunge die Wasserfläche ab, und die Burg auf dem Felsvorsprung links oben ist mit spitzen Türmen, einer Kapelle (?) und einer zu dieser führenden Felsentreppe pittoresker gestaltet als in der Ausführung.

Nach der Geburt Jesu flüchtet die kleine Heilige Familie nach Ägypten, um Herodes zu entgehen, der das Kind töten will. In den Evangelien berichtet einzig Matthäus 2, 13–15 kurz von der Flucht nach Ägypten. In Matthäus 2, 19–23 sowie Lukas 2, 39 ist sodann von der Rückkehr nach Nazareth die Rede. Eine Reihe neutestamentlicher apokrypher Schriften, namentlich Pseudo-Matthäus 20 f., beschreiben die Ereignisse ausführlicher und schmücken sie mit allerlei Wundern aus. Die Dauer des ägyptischen Exils ist in den Schriften unterschiedlich fixiert und reicht von einem Jahr bis zu sieben Jahren. Auf der Tafel von Fries ist das knabenhafte Alter des Christuskindes der einzige Hinweis dafür, dass es sich nicht um die Flucht nach Ägypten, sondern um die Rückkehr aus Ägypten mit der Ankunft in Nazareth handelt. Die «Rückkehr aus Ägypten» ist selten und meist nur in ausgedehnten Zyklen dargestellt (Schiller 1981, S. 134; LCI 1970, Sp. 46). Da das Kind bereits gross ist, gehen auch Maria und Jesus meist zu Fuss, es sei denn, Vater Joseph trage das Kind auf seinen Schultern; nicht so bei Fries, der das für die Flucht nach Ägypten gängige Motiv mit Maria und Jesus auf dem Esel übernimmt. In einigen Teilen mag Fries der «Flucht nach Ägypten» aus Dürers Marienleben gefolgt sein: Joseph, der seinen Stab auf die linke Schulter gelegt hat, der hinter dem Kopf flatternde Mantelzipfel, der Schritt des Esels mit Hintergeschirr und die seitlich auf dem Rücken des Esels sitzende Mutter mit einem weit über den Körper des Tiers herunterfallenden Mantel sind im Dürerschen Holzschnitt vorgebildet; dieser geht seinerseits auf Motive bei Schongauers «Flucht nach Ägypten» zurück (Abb. 185); Strauss 1980, S. 307). Die Frage, inwieweit die Pflanzen im Vordergrund symbolisch zu verstehen sind, ist nicht schlüssig zu beantworten. Sie lassen sich identifizieren: Maiglöckchen, Erdbeere, Hahnenfuss, Schaumkraut und Malve. Vielleicht weisen die Maiglöckchen auf die Tugenden Marias hin (LCI 1972, Sp. 640). Zu den Mariensymbolen gehört überdies die zugleich blühende und fruchttragende Erdbeere, die mit ihrer Dreiblättrigkeit auch auf die Trinität hindeuten kann (LCI 1968, Sp. 656). Zuoberst auf der langen Malve hat sich ein weisser Schmetterling niedergelassen, der im Christentum zum Auferstehungssymbol wurde (LCI 1972, Sp. 96).

Abb. 184
Kat. 13g, Unterzeichnungen
(Infrarot-Photographie)

Abb. 185
Albrecht Dürer: Die Flucht nach Ägypten,
Holzschnitt aus dem Marienleben,
1501–1510

In der Bildanlage wiederholt Fries getreulich die Komposition seiner «Heimsuchung»: im linken und mittleren Bildteil Figuren, rechts Architektur und im Hintergrund eine Landschaft. Die Farbigkeit bewegt sich in den gewohnt zurückhaltenden rot- und grünbraunen Tönen. Mit Ausnahme des weissen Schleiers von Maria, des leuchtend roten Mantels Josephs, der hellen Mauer vorne rechts und der aufgetürmten Wolken am Himmel werden kaum Akzente gesetzt. Mit Recht weist Kelterborn-Haemmerli 1927, S. 93, auf die ungewöhnliche Schattengebung hin, die das Gesicht Marias ins Dunkel taucht, sich aber auch in der Landschaft findet. Diese bildet in sich eine geschlossene Einheit, die «nicht abstrakt gedacht, sondern sinnlich gesehen» ist (Kelterborn-Haemmerli 1927, S. 149). Die illusionistische Darstellung der Quadersteine am Stadttor, die Pflanzen im Vordergrund und die Landschaft weisen Fries einmal mehr als genauen Beobachter aus. Im Vergleich zur «Heimsuchung» wird der Realitätsgrad der Landschaft gesteigert: Ein schroff abfallendes Felsplateau ersetzt die abstrahierend flammigen Felstürme; mit Meisterschaft modelliert Fries die wirklichkeitsnahen Wolkenbäusche, die zusammen mit dem spiegelnden Flusslauf eine atmosphärische Tiefenwirkung schaffen. Diese Art von Landschaftsmalerei ist zweifellos aus der eigenen Anschauung des Malers gewachsen und den besten gemalten Landschaften seiner Zeitgenossen ebenbürtig.

Kat. 13h
Der zwölfjährige Jesus im Tempel
(Abb. 186)

Basel, Öffentliche Kunstsammlung, Inv. 231

Ölhaltiges Bindemittel auf mit Leinwand überzogenem Nadelholz (Tanne?), 107 x 57,5 cm

Zustand

Dieses Gemälde und «Die Begegnung an der Goldenen Pforte» (Kat. 13b) bildeten ursprünglich Vorder- und Rückseite ein und derselben Tafel. Nach Friederike Steckling, Restauratorin an der Öffentlichen Kunstsammlung Basel, entsprechen sich die Masse der Tafeln, und die Astlöcher korrespondieren. Am linken Rand sind Spuren eines eingedrückten Rahmens sichtbar.

Restaurierungen

Fred Bentz, Öffentliche Kunstsammlung Basel, 1914/15 (Aufdopplung); Hans Aulmann, Öffentliche Kunstsammlung Basel, 1940er Jahre (Festigung).

Die Szene mit dem zwölfjährigen Christus bei den Schriftgelehrten ist im Inneren eines romanisch anmutenden Tempelraums dargestellt, von dem nicht mehr als die rückwärtige Zone sichtbar ist. Eine verkürzt wiedergegebene Seitenwand links trifft auf eine bildparallele Schultermauer, die an eine grosse halbrunde Bogenöffnung grenzt. Links der präzise abgefassten Arkadenecke ragt ein metallener Kerzenhalter mit einer nicht brennenden Kerze in den Raum. In Dunkelheit getaucht, öffnet sich im Hintergrund ein kapellenartiger Nebenraum mit einer kaum sichtbaren Ecksäule und darüber aufsteigender Wulstrippe, die auf eine Wölbung hinweist. In der Kapellenrückwand öffnet sich ein Zwillingsfenster mit eingestellter Säule. Zwei Gelehrte, ein älterer und ein jüngerer, sitzen vorne links und rechts auf Bänken, die, aus bräunlichem Gestein gehauen, profilierte Sockel und Deckplatten aufweisen. Wie der in den Raum gleitende Fliesenboden folgen auch die Sockel der perspektivischen Verkürzung, die den flankierenden Figuren Raum gibt. An der Front der linken Bank, über die eine gemusterte Brokat- oder Damastdecke fällt, wirft eine fest angedrückte schlanke Kerze ihren spitzen Schatten. Der Gelehrte mit Brille trägt ein rotes Kleid mit leichtem Stehkragen und auffällig eingesetzten Ärmeln. Der Stoff fällt in parallelen, unten sich stauenden Falten bis über die Bankkante. Den Kopf mit eng anliegender roter Mütze wendet er im Profil zur Bildmitte hin. In der Rechten hält er ein aufgeschlagenes Buch, während er mit dem linken Zeigefinger argumentiert. Den weinroten Mantel hat er über die Schulter geworfen. Der rechts sitzende junge Mann mit einem prächtig gebauschten rotgrünen Mantel und roter turbanartiger Mütze blickt aus dem Bild. Von seinem violetten Samtwams ist der linke Ärmel sichtbar, am Unterarm eng anliegend und vom Ellenbogen an in regelmässigen Falten gepufft. Seine linke Hand greift zu einem Buch mit Schliesse, das auf der Sitzbank liegt. Der vorne zwischen den beiden Sockeln fest auf den Boden gesetzte grosse Fuss steckt in einem klumpigen Schlupfschuh mit schwarzer Lederkappe. Feine, dunkle Locken säumen sein breites energisches Gesicht. Im Zentrum sitzt leicht zurückversetzt in einem grünen, langärmligen und mit einer einfachen Schnur gegürteten Kleid der zwölfjährige Jesus. Über seinem Haupt schwebt ein durchsichtiger, verkürzt gezeichneter Scheibennimbus mit Kreuz. Der nach oben ausgestreckte Zeigefinger Jesu belehrt die Anwesenden, während seine linke Hand gelassen auf dem Oberschenkel ruht. Sein markant geschnittenes Gesicht mit hoher Stirn und strengem Blick ist im Profil nach links gedreht; die strähnigen braunen Haare fallen zu beiden Seiten seines langen Ohres bis zum Schulteransatz. Hinter dem Jesusknaben ragt unter einem waagrechten Stoffbaldachin mit einem Quastensaum eine lesepultartige Kanzel ins Bild, an deren Front eine damastene Decke mit Granatapfelmuster herunterhängt. Der am Lesepult stehende Gelehrte mit rotem Schlapphut ist in einen üppig knitternden rot/weinroten Mantel gehüllt und hat seine Lektüre im dicken Buch unterbrochen. Über seine schwarze Lesebrille hinweg mustert er mit finsterem Blick die eben eingetretenen

207

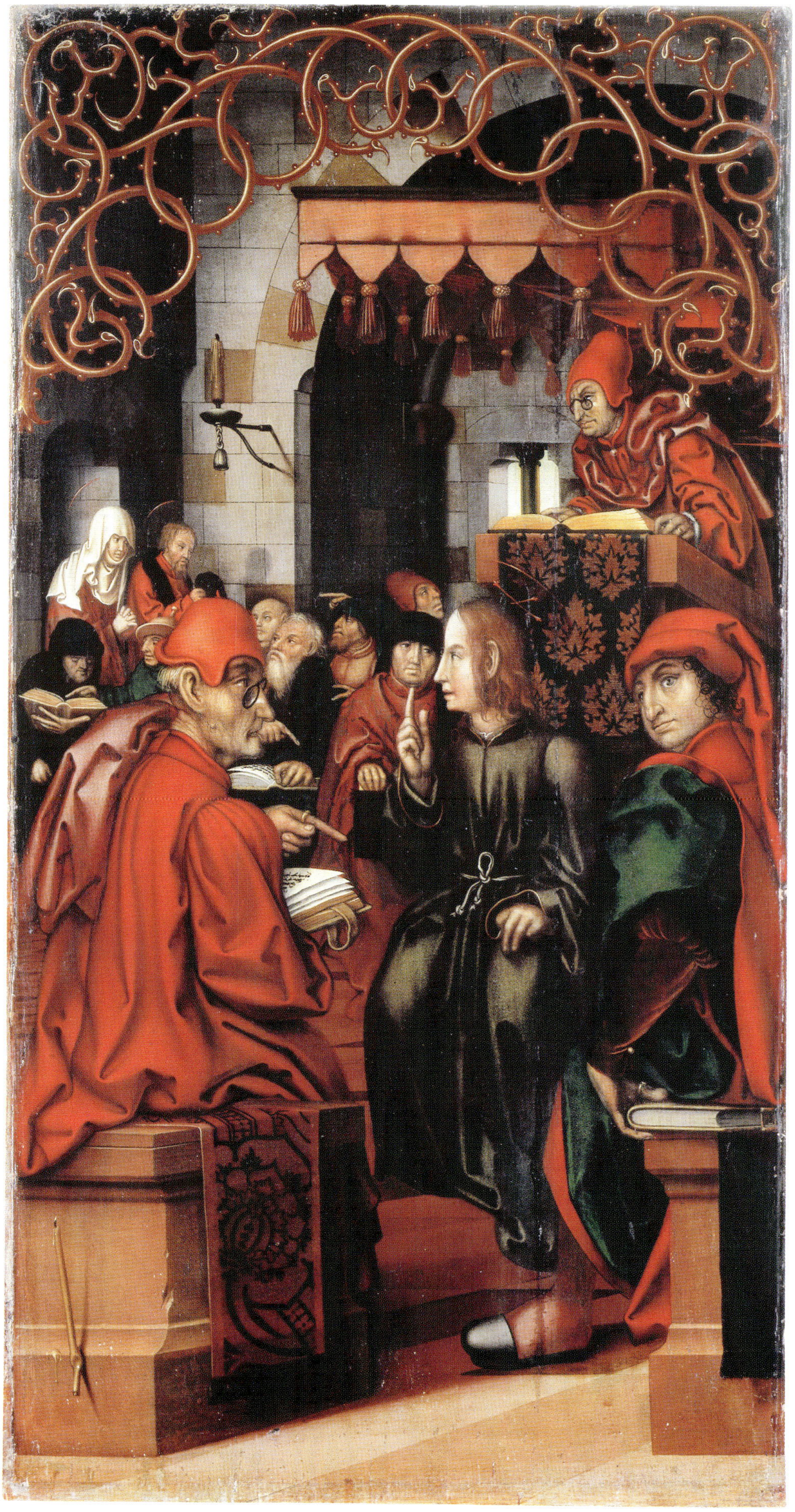

Eltern des Jesusknaben, auf die ganz hinten ein zum Pult aufschauender Lehrer gestikulierend aufmerksam macht. Im Mittelgrund nimmt eine Gruppe weiterer Gelehrter, deren zwei mit ihren aufgeschlagenen Büchern beschäftigt sind, am lebendigen Disput teil. Demütig und schweigend wohnen Jesu Eltern, die mit Scheibennimben ausgezeichnet sind, den Erörterungen bei. Beide tragen rote Mäntel; Joseph hält den Hut in der Hand, Maria (mit weissem Schleier) faltet zum Dank die Hände und scheint den Auseinandersetzungen zu lauschen. Dem ganzen Geschehen blendet Fries in der oberen Bildzone wiederum einen sich symmetrisch kringelnden Astwerkbogen vor, der abstrahierend metallen keine direkte Verbindung zur Architektur hat.

Abb. 186
Kat. 13h

Abb. 187
Kat. 13h, Unterzeichnungen: Jesus mit Gelehrten (Infrarot-Reflektographie)

Für das Astwerk ist auf dem vorliegenden Gemälde – vielleicht wegen einer dickeren Malschicht – keine Unterzeichnung sichtbar. Im übrigen scheinen sich hier Zeichnung und Malerei stärker zu entsprechen, als es die komplexe Bildanlage erwarten liesse. Die Unterzeichnung (Abb. 187) beschränkt sich auf das Nötige, wobei etwa Jesu Gesicht mit feinen Schraffen modelliert ist. Der Knabe kehrt dem Betrachter offenbar erst den Rücken zu. Der Gelehrte gleich dahinter hält sein Buch nicht senk-, sondern waagrecht. Die Kerze neben der Arkade ist weiter unten gezeichnet und leicht nach rechts verschoben; der Kerzenhalter hat einen rankenförmigen Arm mit einem kelchförmigen Teller. Die links unten an den Sockel geklebte Kerze ist nicht unterzeichnet – vielleicht ist sie als schmückendes Beiwerk zu verstehen. Beim Gelehrten rechts aussen, der aus dem Bild blickt, modelliert Fries das Gesicht ebenfalls, setzt die Augen höher an, die Locken üppiger als ausgeführt. Seine Linke greift das Buch nicht, sondern legt sich mit dem Handrücken nach unten darauf. Durchs Fenster in der Rückwand fällt der Blick auf eine Architekturstaffage.

Nach Lukas 2, 41–51 pilgert der zwölfjährige Jesus mit seinen Eltern nach Jerusalem zum Passahfest. Maria und Joseph machen sich nach dem Fest allein wieder auf den Heimweg, weil sie denken, Jesus ziehe mit einer anderen Pilgergruppe. Unterwegs vermissen sie ihn aber und reisen nach Jerusalem zurück, um ihn zu suchen. Dort entdecken sie ihren Sohn, wie er im Tempel mit den Schriftgelehrten disputiert: «Alle, die ihn hörten, waren erstaunt über sein Verständnis und über seine Antworten» (NT, Lk 2, 47). Das Ereignis beschliesst in der Regel das Jugendleben Christi und will im Kern sein frühes Sendungsbewusstsein hervorheben: «Warum habt ihr mich gesucht? Wusstet ihr nicht, dass ich in dem sein muss, was meines Vaters ist?» (NT, Lk 2, 49). Zusammen mit der Verkündigung, der Heimsuchung, der Geburt Christi, der Anbetung der Könige, der Begegnung Marias mit Simeon und der Krönung bildet die Szene die Sieben Freuden Marias. Fries stellt Jesus mehr lehrend als diskutierend dar. Mit den ernsten Mienen der Schriftgelehrten, den vielen Büchern und den Brillen gibt uns der Maler zu verstehen, dass es hier um Gewichtiges geht. Die üppigen Kleidungen, die Ringe an den Fingern dreier Gelehrter, aber auch Brokat- und Damaststoffe, die Respekt einflössende Kanzel und der prominente Baldachin verleihen dem Augenblick die angemessene Würde. Fries mag sich auch beim vorliegenden Gemälde in Einzelheiten an Dürers Marienleben gehalten haben: der «Rückweisung des Opfers» (Abb. 163) entnimmt er möglicherweise den Hintergrund mit der grossen Arkade, die in einen Nebenraum führt, sowie den an der Wand befestigten Kerzenhalter. Auf demselben Blatt nimmt Anna eine ähnliche Haltung ein wie Maria bei Fries. Der Baldachinabschluss mit Quasten ist auf Dürers «Geburt Marias» zu finden (Abb. 169). Dürers zwölfjähriger Jesus im Tempel sitzt selbst am Lesepult, das allerdings vorne ebenfalls mit einem Tuch behangen ist; Maria tritt mit ähnlichem Gestus in den Tempel, und im Vordergrund rechts sehen wir bei Dürer einen Mann mit Tuchmütze, der dem jungen Gelehrten, den Fries zum Bild herausschauen lässt, nicht unähnlich ist.

Die Komposition des Bildes entspricht jener in der «Vermählung Marias»: Drei Figuren, von denen die mittlere leicht zurückversetzt ist, bestimmen den Vordergrund. Die beiden Gelehrten auf Sockeln ersetzen die rahmende Arkade mit den flankierenden Säulen. Trotz grösserer Breite der Tafel herrscht auch hier im Mittelgrund Gedränge. Im Vergleich zur «Vermählung» ist hier die Tiefenwirkung stärker. Die perspektivische Verkürzung der Bodenfliesen und der beiden Sockel, die in den Raum gestellte Kanzel mit Baldachin und die rückwärtige Staffelung der Architektur folgen dem bewährten Kompositionsprinzip anderer Tafeln. Eine subtil eingesetzte Farbperspektive, welche Präsenz und Zurückhaltung variiert, den Figuren mit Licht und Schatten Plastizität verleiht, stützt die räumliche Illusion. Auch in diesem Bild weist sich Fries als scharfer Beobachter aus: Die naturalistische Darstellung der Materialien, von den steinernen Sockeln über die verschiedenen Stoffe bis hin zu den Schlagschatten (Joseph, Kerzenhalter), belegt es. Schliesslich sind es auch die ausdrucksstarken Physiognomien der Personen und die auffallend bewegte Gebärdensprache, die der Szene Leben verleihen. Nur auf dieser Tafel kombiniert Fries das Astwerk mit einem Innenraum, der vorne weder von Säulen noch von einer Arkade gerahmt wird. Dieser Rankenbogen gehört wohl zu den eigenartigsten der ganzen Folge. Wie andere ist er der eigentlichen Szene vorgeblendet und wie in den Rahmen eingespannt, ohne reale Verbindung zur Architektur. Die Ranke ist im Verhältnis zu den Sockeln und dem vordersten Bodenstreifen noch weiter in den Vordergrund gerückt und erscheint wie das Gitter eines Fensters, das dem Beschauer den Blick auf die Szene öffnet. Als Ganzes gehört die Tafel mit dem «Zwölfjährigen Jesus im Tempel» zu den stimmungsreichsten der ganzen Folge.

Kat. 13i
Die Krönung der Maria
(Abb. 188)

Hamburg, Hamburger Kunsthalle, Inv. 750

Ölhaltiges Bindemittel auf mit Leinwand überzogenem Nadelholz (Tanne?), 106,5 x 63,5 cm

Zustand

Ob dieses Bild, wie Ganz 1952, S. 107, vorschlägt, zusammen mit dem «Tempelgang» in Nürnberg (Kat. 13d) tatsächlich die Vorder- und Rückseite ein und derselben Tafel ausmachte, lässt sich anhand eingeschränkter technologischer Beobachtungen nicht eindeutig bestätigen (siehe Einleitung). Die Tafel ist aufgedoppelt und wird schon von Kelterborn-Haemmerli 1927 als stark übermalt bezeichnet, bis heute ist sie durch zahlreiche teils grossflächige Retuschen und Übermalungen verunstaltet (Maria; Darstellung der Füsse von Gott Vater und Sohn; Köpfe des Engels hinter Maria und der drei Engel im Hintergrund).

Restaurierungen

Victor Bauer, Hamburg, 1939 (freundliche Mitteilung von Jenns Howoldt, Hamburger Kunsthalle).

Dicht nebeneinander auf einem Thron sitzend, krönen Gottvater und Christus im Beisein der Heiliggeisttaube die vor ihnen auf einem Damastkissen kniende Maria. Sechs Engel assistieren etwas zurückversetzt der Krönung. Zwei auf niedrigen Podesten stehende Säulen mit scharf profilierten Basen, glänzend dunkelgrünen Schäften und bauchigen Kapitellen flankieren das Bild im Vordergrund. Verbunden sind sie vor dunklem Hintergrund durch einen sich kringelnden Rankenbogen mit regelmässigen Windungen, in denen sich putzige musizierende Engelchen zum lobpreisenden Konzert eingefunden haben. Unter dem Rankenbogen und über dem Thron und den Häuptern der Hauptfiguren schwebt in weit ausladendem und flatterndem weinrotem Gewand ein Engel, der die Laute spielt. In der hintersten Bildzone glänzt Goldgrund. Bei genauerer Analyse irritiert die Konstruktion des etwas steif geratenen Thrones, dessen Stufe vorne mit dem Sockel der rechten Säule verbunden ist, eine nach hinten verkürzte Rückenlehne mit einer rosa-dunkelgelben Damastdecke sehen lässt und seitlich von zwei senkrechten Pfosten begrenzt wird. Eine mit schwarzgelbem Damaststoff behangene Abschrankung führt bildparallel von der Seitenwange des Throns hinter die linke Säule. Gottvater und Christus sind gleich gekleidet. Sie tragen ein rotes, innen braun gefüttertes Pluviale, das vorne und am Kragen, formal dem Rationale und dem Pallium ähnlich, reich mit Perlen und Edelsteinen geschmückt ist. In der Mitte der Brustschliesse prangt ein dunkles, facettiert geschliffenes Juwel mit einer figürlichen Darstellung, vielleicht dem Drachenkampf Michaels. Die ebenfalls rote Dalmatik mit Fransensaum fällt in bauschig gebrochenen Falten über die Knie und bedeckt bis auf einige Zipfel die als Untergewand getragene Albe, unter der die nackten Füsse hervorschauen. Beide Personen tragen eine weisse Tiara mit Kronreif und Bügel, auf dem winzig das Kreuz mit Weltkugel schimmert. Ihre sich sehr ähnelnden, würdig bleichen Antlitze wenden sie mit schweren Lidern Maria zu. Gottvater hält in seiner Linken den kupfern glänzenden Reichsapfel mit einem geschliffenen Kristall(?)-kreuz, dessen Mitte ein durchsichtiger runder Stein ziert. Seine rechte Hand hält zusammen mit der Rechten Christi die für Maria bestimmte perlen- und edelsteinverzierte Krone. Christus führt in der linken Hand das schlanke, leicht schräg zu den Händen Marias gewendete Zepter. Zwischen den Tiaren schwebt die weisse Taube des Heiligen Geistes. Maria, die auf einem ockerfarbenen Damastkissen mit perlenumschnürten Quasten kniet, hält ihre Hände demütig vor die Brust und neigt ihr Haupt mit gesenktem Blick zur Krone hin. Ein kaum mehr erkennbarer durchsichtiger Schleier mit einem feinen Perlenblümchen fällt über ihr offenes blondes Haar, dessen Locken bis über die knittrigen Falten des weinroten Mantels reichen. Das heute fast schwarz nachgedunkelte Kleid dürfte ursprünglich dunkelblau gewesen sein. Der junge blondschopfige Engel unmittelbar hinter Maria hält eine Lilie mit vier weissen, zart rötlich gefleckten Blüten und ist vermutlich der Erzengel Gabriel. Bei der Dreifaltigkeit und Maria sind durch leichte Lichthöhungen nur andeutungsweise durchsichtige Nimben erhalten.

In einen hellroten Mantel mit weissem Humerale gehüllt, reckt hinter der Abschrankung der Erzengel Michael ein langes Schwert in die Höhe. Neben und hinter ihm drängeln sich weitere dunkel gekleidete Engelfiguren, deren spitz zulaufende Flügel in die Vergoldung des Hintergrunds stechen. Dreizehn Engelchen, die mit ihren Instrumenten aus den Windungen der Ranken lugen, erfüllen die Pracht und Festlichkeit der Szene mit Musik und begleiten den vor ihnen schwebenden Lautenengel. Die Instrumente lassen sich ohne weiteres identifizieren, von links nach rechts: Schalmei, Fiedel, Leier, drei Businen, Triangel, Sackpfeife und Querflöte. Zwei Engelchen halten Notenblätter mit Quadratnotation vor sich und singen – auf Grund des erkennbaren Schlüssels – vielleicht einen gregorianischen Choral. Dieser Reigen kontrastiert mit dem Dunkel der sich unruhig vermengenden Gewänder und zeichnet im flachen Bogen die fehlende Arkade nach.

In der Unterzeichnung (Abb. 189, 190) entsprechen der Rankenbogen und die Engelköpfchen weitgehend der Ausführung; Sockel und Basis der Säule rechts kragen in der Unterzeichnung etwas weiter ins Bild vor. Wichtige Abweichungen lassen sich bei den Hauptpersonen beobachten: statt zwei göttlichen Personen und der Taube des Heiligen Geistes plant Fries die Dreieinigkeit anfänglich als drei Männer, welche der Jungfrau gemeinsam die Krone aufsetzen: hier findet zwischen Unterzeichnung und Ausführung eine ikonographisch weitreichende Änderung statt. Der Kopf rechts ist gegenüber der Ausführung beinahe um Hauptslänge nach unten verschoben, der Blick gesenkt. Wie die zwei andern Gestalten trägt auch sie eine Bügelkrone mit Zacken. Ihr Mantel, dessen Falten teils mit Kreuzschraffur schattiert sind, wird von einer Schliesse zusammengehalten, die seitlich an zwei Rundscheiben befestigt ist; der Ärmel ist stärker gerafft, eine Stola kreuzt sich über der Brust. Die linke Hand hält ein Zepter (?), die rechte setzt die Krone (ebenfalls eine Bügelkrone mit Zacken und abschliessendem Kreuz) auf Marias Haupt. Die mittlere göttliche Person entspricht der Ausführung bis auf die Krone (bei der gesamten Dreieinigkeit durchgehend der gleiche Typ) und darauf, dass ihre linke Hand nicht das Zepter, sondern die Marienkrone hält. Dieser Gestalt leicht zugewandt sitzt weiter links in Spiegelsymmetrie die (nicht ausgeführte) dritte Person der Trinität; sie hält die Krone mit der Rechten. Der Ärmel und die anschliessende Mantelpartie werfen reiche Falten. Im ausgeführten Gemälde befinden sich an dieser Stelle Haar und Mantel Marias. In der Unterzeichnung ist die Jungfrau jedoch weiter rechts vorgesehen; sie trägt die Krone bereits auf dem Haupt, ihr zierliches Gesicht ist im Profil dargestellt, üppige Locken fallen über Stirn und Schultern bis zu den Knien. Hier hält Maria den Reichsapfel (etwas kleiner als der ausgeführte, mit einem Kreuzchen). Auch die Engel, welche die Szene begleiten, weichen zum Teil von der Ausführung ab. Beim Engel mit der Laute im Scheitel der Rankenarkade, dessen komplizierte Stellung souverän skizziert ist, trifft dies zwar nur am Kopf zu: der Blick fällt auf den Lockenschopf; das Gesicht ist stärker verkürzt, jedoch nicht nach links gewandt, wiedergegeben. Zwischen den beiden später ausgeführten Personen der Dreifaltigkeit erscheinen anstelle der Taube (welche inhaltlich die dritte Person ersetzt) zwei Engelsköpfe. Auch zwischen der rechten Gestalt und der Säule am Bildrand plant Fries erst zwei Engel: der eine, den Kopf im Profil auf Höhe des Kapitells, leicht von der Säule überschnitten, hält eine Kerze; der andere, links daneben, ist ins Dreiviertelprofil gewendet. Statt dem Engel, der den Lilienzweig trägt, neigt sich ein kleinerer Lockenschopf hinter der Säule ins Bild hinein; mit der Rechten rafft er den Mantel der dritten (nicht ausgeführten) göttlichen Person.

Entgegen den Erwartungen, die man bei einer im Mittelalter so häufig vorkommenden Darstellung hegen könnte, geht die Marienkrönung weder explizit auf die Bibel noch auf eine ausgearbeitete Erzählung zurück. In der Legenda aurea wird die Krönung nicht beschrieben; andere Texte, wie etwa Psalm 44, 10, schliessen sie zwar ein, erwähnen sie aber kaum, und auch in den apokryphen Evangelien und Marienlegenden fehlt sie. Vielmehr liegen die Quellen zur Krönung Mariae im allgemeinen in den Homilien und in Hymnen (LCI 1970, Sp. 671). Der auslösende Gedanke für diesen Aspekt der Marienverherrlichung stammt aus der Brautsymbolik, wie sie auf die genannte Psalmstelle oder das Hohelied 4, 8 zurückgeht und in die Festliturgie aufgenommen wurde. Monumentale Darstellungen setzen im 13. Jahrhundert in der französischen Kathedralplastik ein. Als Teil zyklischer Darstellungen in der deutschen Altarmalerei hat es die Krönung vermutlich nicht in grösserem Umfang gegeben; häufiger tritt sie seit dem 15. Jahrhundert zusammen mit dem Marientod als Hauptszene auf (Schiller 1980, S. 123). Die Varianten der Krönung sind vielfältig: Maria wird von Christus und/oder Gottvater gekrönt, manchmal empfängt sie die Krone, in anderen Beispielen trägt sie bereits eine Krone und wird von Christus gesegnet. Seit etwa 1400 ist in der Tafelmalerei die Krönung durch die Trinität nachzuweisen, wobei auch hier die Darstellung variiert. Die Dreifaltigkeit erscheint zuweilen in Gestalt dreier Personen (vgl. z.B. das vielleicht französische, mit I. M. signierte und 1457 datierte Krönungsbild in der Öffentlichen Kunstsammlung Basel; Jean Fouquets Marienkrönung in den «Heures d'Etienne Chevalier» von 1452/60, Musée Condé, Chantilly; Jan Pollacks Marienkrönung auf dem Blutenburger Altar von 1491 u.a.m.; Abb. in: Schiller 1980, S. 419–423, Abb. 735, 741, 744a) oder aber zweier Personen in Begleitung der Taube des Heiligen Geistes (vgl. z.B. die Krönung Marias von Hans Holbein d. Ä. in der Bischöflichen

Abb. 188
Kat. 13i

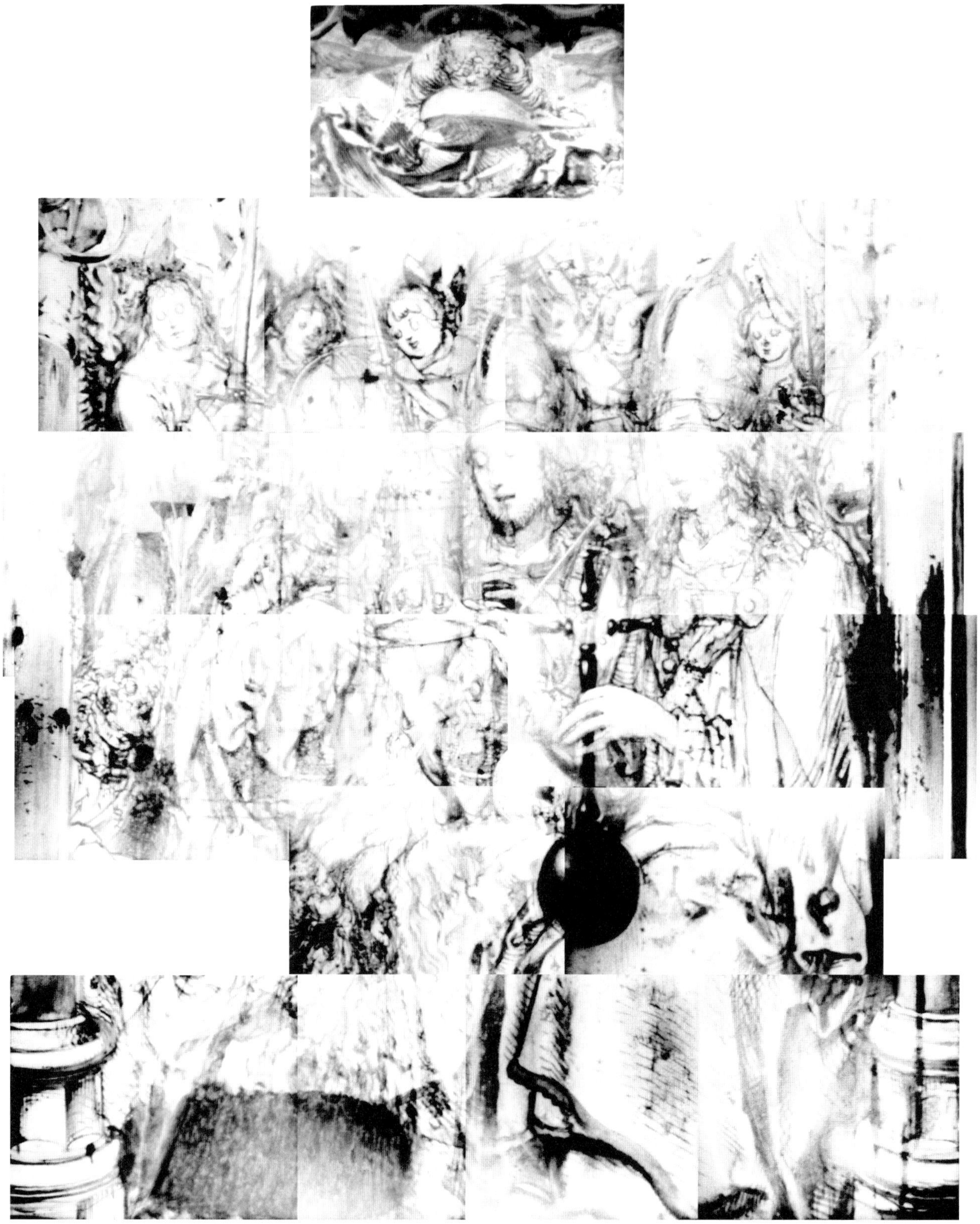

Kapelle zu Eichstätt, 1496; Abb. in: Augsburg 1965, Abb. 4). Zu den bedeutenden Beispielen einer Krönung durch zwei Personen und die Taube gehört Enguerrand Quartons (Charontons) Marienkrönung in Villeneuve-lès-Avignon, Musée de l'Hospice, 1453/54, für die das genaue ikonographische Programm von einem Priester vertraglich festgelegt wurde: In der Darstellung der Heiligen Dreifaltigkeit soll zwischen dem Vater und dem Sohn keinerlei Unterschied bestehen, der Heilige Geist soll in Gestalt einer Taube gezeigt werden (Schiller 1980, S. 151; Sterling 1983, S. 38–79). Während die identische Gestalt dreier Personen auf die Einheit der Trinität hinweist, nimmt die Variante mit zwei Personen und der Taube auf das 1438 am Konzil von Florenz erlassene «Dekret der Einheit» Bezug, in dem festgehalten wird, dass der Heilige Geist sowohl vom Vater als auch vom Sohn ausgehe. Dieser Hinweis ist insofern relevant, als Fries in der Unterzeichnung drei Personen vorsieht, in der Ausführung aber den Typus mit zwei beinahe identischen Personen und der gleichermassen dem Vater und dem Sohn zugeordneten Taube realisiert. Es ist deshalb gut möglich, dass hier der direkte Einfluss eines Theologen bzw. des Auftraggebers fassbar wird, der mit dem von Fries vorgeschlagenen Konzept nicht einverstanden war. Im übrigen ist auch das Bild von Fries mit allen stereotypen Hoheits- und Herrschaftssymbolen, die zum feierlichen Akt gehören, ausgestattet: Thron, Kreuz mit Reichsapfel, Zepter, Kissen, die Erzengel Gabriel und Michael sowie die musizierende Engelschar. Sie und der sonst nirgends auf den Tafeln des Zyklus vorkommende Goldgrund bezeichnen ohne Zweifel die himmlische Sphäre. Bemerkenswert ist, dass Fries für die Krönung weder formal noch inhaltlich Bezug auf Dürers Marienkrönung aus dem Marienleben nimmt, der sie mit der Himmelfahrt kombiniert.

Auf die eigenartige Komposition des Bildes, die Fries – wohl auf Grund einer Intervention des Auftraggebers – ursprünglich nicht so geplant hatte, wurde eingangs bereits hingewiesen. Trotz eingreifender Änderung von drei Trinitätsfiguren zu zwei Personen mit Taube wollte Fries offenbar möglichst viel von seiner Vorzeichnung für die neue Inszenierung wiederverwenden. Gottvater und Christus wurden beibehalten, wobei die Stellung der Arme und Hände angepasst werden musste. Aus einer frontal ausgeglichenen, mit einer in der Bildmitte knienden Maria und symmetrisch angeordneten Engeln am Thronabschluss entstand eine diagonal nach hinten verkürzte und etwas «gebastelte» Thronarchitektur mit dicht gedrängter Trinität und einer recht eingeengten Engelsgruppe im linken Mittelgrund. Die raummässige Erschliessung bleibt unklar, es fehlt an Bewegungsfreiheit. Der schlechte Zustand der Tafel und die vielen Übermalungen erschweren eine angemessene Würdigung ihrer Farbigkeit. In Unkenntnis der Unterzeichnungen plädierte Kelterborn-Haemmerli 1927, S. 108 und 110, für eine Gesellenarbeit, da die «spannungslose Komposition mit eigenhändigen Fries-Werken nicht zu messen» sei. Dies ist nicht ganz auszuschliessen. Was aber die Bild-Erfindung, die malerische Qualität der noch originalen Substanz und das offensichtliche Bestreben des Künstlers nach wirklichkeitsnaher Darstellung angeht, überwiegen doch die Argumente für eine eigenhändige Ausführung, zumal der massive Eingriff in die geplante Komposition – ohne erneute Unterzeichnung – dem Maler einiges abverlangte. Das in andern Fällen ausgereifte Spiel mit Licht und Schatten gelingt hier nur in der vorderen Bildzone: bei den Basen und Sockeln der Säulen, beim Mantel Marias, den Gewändern von Gottvater und Sohn und besonders beim Damastkissen, es sei denn, die grossen Verluste an originaler Malschicht (und die dadurch notwendig gewordenen Übermalungen) belehrt uns eines anderen.

Die Sorge des Malers um Wirklichkeitstreue äussert sich aber nicht nur in der darstellerischen Bewältigung der Gegenstände und Figuren. Auffällig ist die wörtlich genommene Instrumentierung der musizierenden Engel. Das im Zusammenhang mit der Marienverehrung besonders häufig vorkommende musikalische Geleit, das noch im 14. Jahrhundert – selbst mit Instrumenten – in der Regel den «süssen» himmlischen Gesang versinnbildlichte (Hammerstein 1990, S. 223), nähert sich hier der realen Aufführungspraxis. Wie einige andere Darstellungen musizierender Engel, namentlich bei den frühen Niederländern (Hammerstein 1990, S. 239), besitzt wahrscheinlich auch diejenige bei Fries ausführungspraktischen Quellenwert. Fries stellt mit seinen kleinen Musikanten ein konkretes Ensemble dar. Die Wahl der oben im einzelnen genannten Instrumente ist plausibel, die konzentriert musizierenden Engel spielen, wie dies in der Praxis geläufig war, auswendig, während die beiden Sänger, in die Melodie versunken, mit Inbrunst auf ihr Notenblatt mit Texturung schauen. Wenn Fries seine Darstellung auch nahe an der musikgeschichtlichen Wirklichkeit hält, mit dem Einbezug notenlesender Engel die Verbindung zur Liturgie und die Assoziation zur praktizierten Kirchenmusik herstellt, so bleibt dennoch die Konnotation zu den himmlisch-spirituellen und sphärischen Klängen. Die drei Businen in der Bildmitte – namentlich die beiden wie ein heraldisches Motiv gekreuzten im Zentrum – dürfen auch als königlich-fürstliches Zeichen, das auf Allmacht und Glanz deutet, verstanden werden.

Bei aller Herrlichkeit, die den Akt der Krönung auszeichnet, ist die auf kleinem Raum eingeengte Szene von grosser Intimität. Die Hauptgruppe ist nicht, wie Kelterborn-Haemmerli 1927, S. 108, kommentiert, «plump hingestellt» und die Puttenschar «virtuos bewegt», aber doch «lose hingeworfen». Vielmehr gelingt es Fries, aus einer eingreifenden konzeptionellen Änderung heraus den Glanz der Krönung mit der Vertraulichkeit eines Kabinetts zu verbinden und den sonst üblichen Topos herrlich schmetternder Tuben durch den Kammerton eines entspannten Hauskonzertes zu ersetzen. Damit atmet auch diese Tafel die Ruhe und Beschaulichkeit der übrigen Szenen der Reihe.

Nott Caviezel
Verena Villiger (Unterzeichnungen)

Abb. 189
Kat. 13i, Unterzeichnungen (Infrarot-Reflektographie)

Abb. 190
Kat. 13i, Verdeutlichende Skizze zu den Unterzeichnungen

Dank an
Daniel Moser, Bern, für die Bestimmung der Pflanzen

ir gebürt nit zehaben das uñ dies brudes

Kat. 14
Grosser Johannes-Altar, 1514

Herkunft

Die zwei beidseitig bemalten Tafeln bildeten ursprünglich die Flügel des Hochaltars der Johanniterkirche auf den Matten in Freiburg; das Retabel war 1514 im Auftrag des Komturs Peter von Englisberg geschaffen worden (siehe S. 69 ff. und Abb. 192). Bevor Ivan Andrey 1995 die Bestimmung der Gemälde eindeutig eruieren konnte, galten sie als Flügel des Altars aus der Hauskapelle der Johanniterkomturei (Zemp 1905, S. 499; Schmidt/Cetto 1940; Öffentliche Kunstsammlung Basel 1966) oder der Anna-Kapelle neben der Johanneskirche (Strub 1956/1; Freiburg 1957). – Das gotische Retabel des Hochaltars wurde um 1712 durch ein barockes ersetzt, wobei sich nicht ausschliessen lässt, dass es schon im 17. Jahrhundert Veränderungen erfahren hatte (Andrey 1995, S. 200). Nach ihrer Entfernung, ja vermutlich erst nach Abzug der Johanniter im Jahre 1828, befanden sich die Flügel – wohl beide – im Besitz eines Töpfers, der den heute stark beschädigten als Ofentür verwendete (Daguet 1855, S. 377/378). Aus dieser Zeit rühren wahrscheinlich die kleinen Metallpartikeln her, mit denen die Oberflächen der Gemälde – offenbar auf Grund einer Explosion – bespickt sind (Mitteilung von Amelie Jensen, Restauratorin an der Öffentlichen Kunstsammlung Basel). Bis gegen 1853 gehörten die Tafeln dem Kantonsrichter François-Philippe von der Weid de Hattenberg-de Chollet; danach befanden sie sich beim Freiburger Lithographen Meyer, der sie anscheinend einige Jahre später nach Paris verkaufte. Von dort gelangten sie über den Antiquitätenhändler Wolf nach Basel und wurden am 6. 5. 1863 auf Vorschlag von Eduard His-Heusler, damals Mitglied der Kunstkommission, durch die Öffentliche Kunstsammlung Basel erworben (Andrey 1995, S. 214; Bornet 1853, S. 276; Daguet 1856, S. 177; His-Heusler 1869, S. 53; siehe auch oben S. 15). Ihre Herkunft aus der Johanniterkomturei, ihre ursprüngliche Funktion als Altarflügel und die Autorschaft von Hans Fries waren bereits Daguet bekannt.

Beobachtungen an den Flügeln sowie ein Inventar des Kirchenmobiliars aus dem Ende des 17. Jahrhunderts erlauben Rückschlüsse auf die ursprüngliche Form des Retabels. Die Tafeln sind am oberen Rand stark verkürzt. Die Figur des Apokalyptischen Weibes auf der Patmos-Szene (Kat. 14c) ist entzweigeschnitten; daraus lässt sich eine zusätzliche Höhe von rund 30 bis 40 cm rekonstruieren. Möglicherweise beschnitt man die Gemälde, um ihnen anstelle des steilen Hochformats üblichere Proportionen zu verleihen; ein ähnliches Vorgehen lässt sich bei den Tafeln des Freiburger Nelkenmeister-Altars beobachten (Gutscher/Villiger 1999, S. 68). Den Schrein, die Predella und das Gesprenge des Retabels schmückten Skulpturen, die sich noch heute zum grossen Teil in der Kirche befinden. Ihre Anordnung lässt sich aus dem 1693 erstellten Inventar ableiten: «Le Maistre Autel soit grand Autel nostre Dame au milieu, saint Jean Baptiste ala droite, Et saint Jean Apostre Evangeliste ala gauche. Et plus en haut Nostre Seigneur apparoissant ala Magdelaine en façon de Jardinier, ala droitte saint Estienne, et saint laurent ala gauche...» (Inventaire 1693; Andrey 1995, S. 200). Wenn hier auch nicht ausdrücklich von den Flügeln die Rede ist, so dürfen wir doch annehmen, dass diese sich den Skulpturen thematisch anschlossen. Wenn man allerdings die Körperhaltung der plastischen Bildwerke beachtet, scheint Johannes der Täufer vom Betrachter aus sich ursprünglich links befunden zu haben, Johannes der Evangelist hingegen rechts, was der heutigen Aufstellung der mittelalterlichen Statuen im barocken Altar entspräche (Strub 1956/1, Abb. 237). Das Jesuskind hätte sich in dieser Disposition seinem Lieblingsjünger zugeneigt, und die Hintergründe der Flügel hätten (besonders bei geschlossenem Altar) eine Einheit gebildet. Möglicherweise ging das zitierte Inventar vom Standort der Maria aus, oder es verwechselte rechts und links. – Durch Hintergrund, Farbskala und gleichwertige Themen sind je zwei Gemälde verwandt: einerseits die beiden Martyrien (Kat. 14b, 14d), vermutlich die Flügel-Innenseiten; andererseits die Herodes- und die Patmos-Szene (Kat. 14a, 14c) auf den Aussenseiten. Die Signatur des Malers und das Entstehungsdatum erscheinen einmal bei geschlossenem, das andere Mal bei geöffnetem Zustand des Retabels (Abb. 44, 45).

Johannes der Täufer und Johannes der Evangelist wurden schon in der Spätantike wegen ihres Namens und ihrer wichtigen Stellung innerhalb der Heilsgeschichte aufeinander bezogen: der eine als Vorläufer Christi, der andere als dessen Lieblingsjünger; im 5. Jahrhundert

Abb. 191
Kat. 14a

Abb. 192
Grabmal des Peter von Englisberg, 1544/1545; Freiburg, Kirche St. Johann

errichtete Papst Hilarius am Lateransbaptisterium in Rom zwei sich gegenüberliegende Kapellen, die den beiden geweiht waren. Ebenfalls im Lateran wurden die zwei Heiligen auf mehreren frühchristlichen Mosaiken dargestellt. Seit dem Mittelalter werden Dastellungen der zwei Johannes häufig auf Tympana oder Retabeln kombiniert, wobei sie als isolierte Figuren oder in Szenen aus ihren Viten auftreten können (Réau 1956, S. 441; Masseron 1957, S. 153–159).

Die Gemälde der beiden Retabelflügel sind die spätesten im Original überlieferten Werke von Hans Fries. Schon Daguet äussert sich über ihren Stil, empfindet die Zeichnung als schwach, die Posen der Figuren als steif und die Kenntnis der Perspektive als mangelhaft (dies allerdings, merkt er entschuldigend an, gelte ganz allgemein für die altdeutsche Malerei). Zugleich lobt er jedoch Farbgebung, Eleganz der Faltenwürfe und Wiedergabe des jeweiligen Gesichtsausdrucks. 1890 bemerken Janitschek und Haendcke den Einfluss Dürers in den Darstellungen; Haendcke beurteilt die (damals durch einen vergilbten Firnis entstellte) Farbigkeit. 1893 behauptet er, der Einfluss Dürers sei über den Maler des Furno-Altars gegen 1510 nach Freiburg gelangt, worin ihm Zemp widerspricht – allerdings in der Annahme, die Aussenseiten dieses kleinen Retabels stammten von Hans Boden und seien um 1520 entstanden (zum Altar: Gutscher/Villiger 1999, S. 95). Zemp erwähnt ebenfalls den Dürerschen Einfluss, wie auch Leitschuh, Kelterborn-Haemmerli (die erstmals das auffallend helle, ihrer Ansicht nach fränkische Kolorit erwähnt) und Stange. Sehen die Autoren in den Tafeln einerseits eine fortschrittliche Stilstufe, so sind sie anderseits durch die expressive Formensprache insbesondere der Gewanddraperien irritiert, die sie als rückständig empfinden (Reinle); besonders ungnädig äussert sich Ganz 1924 über die Gemälde: er spricht ihnen jeglichen inneren Ausdruck ab. Schmid 1998/1 weist auf eine Beruhigung der Formen hin.

Nicht Gedrucktes
Inventaire 1693, S. 12.

Literatur
Daguet 1855, S. 377–379; His-Heusler 1864, S. 54/55; Nagler 1858–1880, Bd. 4, S. 52–54, Nr. 148; Öffentliche Kunstsammlung Basel 1866, S. 23; Öffentliche Kunstsammlung Basel 1868, S. 32; His-Heusler 1869, S. 53/54, 58; Raedlé 1877, S. 98, 101; Woltmann/Woermann 1882, S. 484; Burckhardt 1888, S. 130; Haendcke 1890, S. 180/181; Janitschek 1890, S. 479; Haendcke 1893, S. 123–125, Abb.; Berthier 1899/1; Berthier 1899/2; Berthier 1899/3; Zemp 1905, S. 499, 501–503; Voss 1908/2, S. 761, Abb. 8; Leitschuh 1916, S. 482; Ganz 1921, Abb.; Zürich 1921, S. 16, Nr. 64, 65; Ganz 1922/2, S. 220; Wartmann 1922, S. 23/24, 27/28, Abb. 35; Ganz 1924, S. 143/144, Tafel 104; Kelterborn-Haemmerli 1927, S. 112–122, Tafel 21–23; Plus 1937, Abb. S. 89; Bern 1940, S. 32/33, Nr. 25/26; Schmidt/Cetto 1940, S. XX/XXI, Tafel 33; Bern 1941, S. 20, Nr. 42–45; Genf 1943, S. 70, Nr. 596; Fosca 1945, S. 41; Hodgkin 1949, S. 45, Abb.; Réau 1956, S. 452; Reinle 1956, S. 54, Abb. 40; Strub 1956/1, S. 244/245, Abb. 265–267; Freiburg 1957, S. 20, Nr. 29, 30; Réau 1958/2, S. 715; Basel 1959, S. 15; Ganz 1960, S. 356; Pfister-Burkhalter 1961, S. 608; Stange 1965, S. 472; Öffentliche Kunstsammlung Basel 1966, S. 32; Lüthy 1968; Huggler 1972, S. 176; Roethlisberger 1975, S. 49, Abb.; Bénézit 1976; Bern 1979, S. 219; Beerli 1993, S. 134; Schmid 1993, S. 348; Andrey 1995, besonders S. 133–136, 195, 197, 200–216, Abb. 3–7, Farbabb.; Wüthrich 1996, S. 788; Schmid 1998/1, S. 353; London 2000, Abb.

Kat. 14a
Johannes der Täufer tadelt Herodes
(Abb. 191)

Basel, Öffentliche Kunstsammlung, Inv. 224 recto (Aussenseite des linken Flügels)

Ölhaltiges Bindemittel auf Nadelholz, 124 x 76 cm

Inschriften: Auf dem Spruchband über Johannes: «Dir gebürt nit zehaben das wib di(n)es bruoders».

Zustand
Tafelränder seitlich leicht beschnitten, am oberen Rand um 30 bis 40 cm verkürzt und abgefast.

Restaurierungen
1616 (Teilrenovierung des Hochaltars); 1684–1693 (Renovierung des Hochaltars); 1913/1914, Fred Bentz, Basel, Öffentliche Kunstsammlung; 1940, Hans Aulmann, Basel, Öffentliche Kunstsammlung (Konservierungsmassnahmen); 1952, Hans Aulmann, Basel, Öffentliche Kunstsammlung (Konservierungsmassnahmen); 1957, Paolo Cadorin, Basel, Öffentliche Kunstsammlung; 1993, Amelie Jensen, Basel, Öffentliche Kunstsammlung.

In einer Berglandschaft mit Ausblick aufs Meer steht auf einer graswachsenen Felsstufe Johannes der Täufer. Er stützt sich auf den Aststumpf einer Eiche, als wäre es eine Kanzelbrüstung. Seine asketische Gestalt ist ins härene Gewand gekleidet, über das ein roter, grün gefütterter Mantel fällt (LCI 1974/2, Sp. 166). Über seinem Haupt schwebt als Nimbus eine Strahlenscheibe; mit der Rechten weist er auf ein Spruchband, dessen Text sich an den König Herodes im Publikum richtet: Du hast nicht das Recht, die Frau deines Bruders zur Frau zu nehmen (NT, Mk 6, 18). Links im Bild, dem Täufer gegenüber, sitzt Herodes Antipas und wendet ihm das noch jugendliche, gelockte Haupt zu, das eine perlengeschmückte Krone mit eingepasstem Barett schmückt. Seine Hände liegen auf den Knien; in der Rechten hält er das goldene Zepter, den Daumen der Linken ziert ein Ring. Der hellgrüne, ärmellose Pelzrock fällt über ein dunkelrotes Wams mit kurzen Ärmeln, unter dessen waagrechtem Ausschnitt ein weisses, am Hals goldgesäumtes Hemd mit weiten Ärmeln hervorscheint. Eine doppelte Goldkette mit Anhänger schmückt die Brust. Die Füsse stecken in roten Strümpfen und in Schuhen mit runden Kappen.
Neben Herodes sitzen drei Frauen: Herodias, über Johannes erzürnt – ihrem Ränkespiel wird er später zum Opfer fallen –, blickt als einzige aus dem Bild; sie trägt die Haube der verheirateten Frau, deren Kinnbinde jedoch gelöst und kokett um den Nacken gelegt ist, so dass der Blick auf das kostbare Perlengeschmeide am Hals fällt. Im Ausschnitt des blaugrünen Kleides ist perlengesäumter, rot eingefasster Brokat eingesetzt; ein solcher ziert auch die breiten Manschetten und säumt den Schlitz am Ärmel. Gleich hinter Herodias erscheint im Profil die junge Salome, ein Perlenkrönchen auf dem Haar. Rechts davon sitzt frontal eine Gestalt mit mächtiger Haube, wie Fries sie ähnlich auch unter den Zuhörern in der «Predigt des hl. Antonius» (Kat. 9a) darstellt. Durch geschlossene Kleidung und züchtige Miene hebt sie sich von der kecken Herodias ab.
Dahinter gruppiert sich das männliche Gefolge, unter dem links aussen ein Orientale mit Turban und Brokatfez, Ohrring, weissem Bart und Schnurrbart auffällt – vermutlich ein Ratgeber des Herodes. Auch der hohe schwarze Hut eines Höflings im Hintergrund mutet fremdländisch an; eine Lanze, die aus der Gruppe aufragt, ist Zeichen der königlichen Gewalt.

In der Unterzeichnung (Abb. 193) finden sich an zehn Stellen Farbangaben (Abb. 37).
Die Zeichnung ist durchgehend linear (ohne Lavierungen), wirkt jedoch weniger schematisch als jene am Marienzyklus von 1512. Schattiert wird hauptsächlich an den Köpfen, und zwar mit Parallelschraffen. Frontal wiedergegebene Gesichter konstruiert der Maler mit Hilfe einer Mittellinie (Nasenrücken); mehrfach verwendet er Augenkreise.
Vor allem bei der Gestalt des Herodes unterscheidet sich die Unterzeichnung von der Ausführung: das Profil ist hier etwas steiler ausgerichtet, und er trägt einen Bart. Die Hände und das Zepter liegen zwar in einer ähnlichen Stellung wie der ausgeführten, jedoch deutlich höher. Eine nur unterzeichnete halbrunde Form auf der Wange der Herodias lugt unter ihrer Haube hervor – vermutlich das Haar oder ein lappiges Element des Kopfputzes.

Abb. 193
Kat. 14a, Unterzeichnungen (Infrarot-Photographie)

Abb. 194
Hans Schäufelein: Die Predigt Johannes' des Täufers, um 1510

Abb. 195
Berner Nelkenmeister: Johannes der Täufer tadelt Herodes; Bern, Kunstmuseum

Gefangennahme und Hinrichtung des Täufers werden in den Evangelien des Matthäus und des Markus erzählt, während sich Lukas mit einem Hinweis begnügt (NT, Mt 14, 3–12; NT, Mk 6, 17–29; NT, Lk 3, 19): Johannes tadelte Herodes Antipas, weil dieser Herodias, die Frau seines Bruders Philippus, geheiratet hatte, und zog sich so den Zorn der Frau zu. Als Salome (in den Evangelien nur als die Tochter der Herodias erwähnt; ihr Namen erscheint in den «Jüdischen Altertümern» des Josephus Flavius, XVIII/136) eines Tages vor dem König tanzte, gefiel sie ihm so sehr, dass er ihr einen Wunsch freigab. Auf Einflüsterung ihrer Mutter verlangte sie den Kopf des Täufers auf einer Schale. Herodes, der sein Versprechen halten musste, liess Johannes enthaupten und seinen Kopf dem Mädchen bringen, das ihn der Herodias gab. – In der Legenda aurea wird der Tanz der Salome zum Teil eines abgekarteten Spiels, mit dem das Königspaar dem Täufer nach dem Leben trachtet (Voragine 1993, S. 656).

Fries stützt sich in seiner Bildidee offenbar auf das Gemälde eines Berner Nelkenmeisters, das zu einem grossen Johannes-Altar aus dem ausgehenden 15. Jahrhundert gehörte (Abb. 195; Kunstmuseum Bern 1977, S. 32–34). Dies wird aus der Gestalt der Herodias, ihrer Kleidung, der Haube mit lose umgelegter Kinnbinde und dem königlichen Berater im Turban ersichtlich. Dass Fries dieses Retabel kannte – wahrscheinlich wohnte er zur Entstehungszeit des grossen Johannes-Altars ja in Bern –, zeigt sich auch in der Verwandtschaft der «Enthauptung Johannes' des Täufers» mit der entsprechenden Tafel des älteren Altars (Kat. 14b; Ganz 1924, S. 143; Kelterborn-Haemmerli 1927, S. 122). Das Gemälde des Nelkenmeisters, auf dem der Täufer von einer Kanzel zum thronenden, von seiner Gefolgschaft umgebenen König predigt, gilt als ikonographischer Sonderfall (LCI 1974/2, Sp. 183). Auch Fries stellt eine Predigtszene dar; wie in Bern ist der Vorwurf des Johannes auf einem Spruchband zu lesen, allerdings nicht in lateinischer, sondern in deutscher Sprache; anders als in Bern findet das Ereignis in freier Natur statt. Der Baum, der als Kanzel dient, weist mit seinem schütteren Laub und dem abgebrochenen Ast darauf hin, dass hier noch eine andere Episode aus dem Leben des Täufers

Abb. 196
Kat. 14b

Abb. 197
Kat. 14d

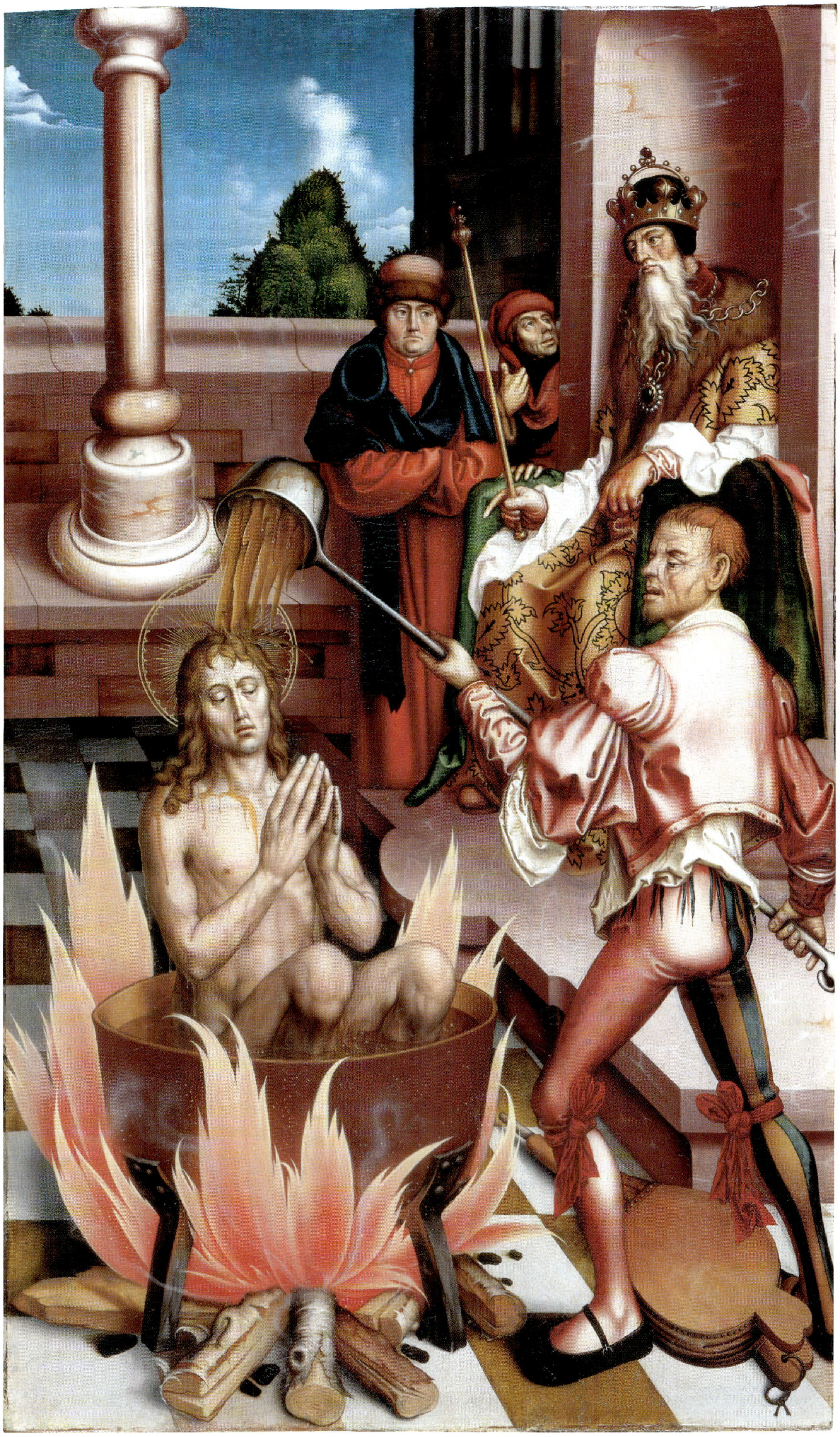

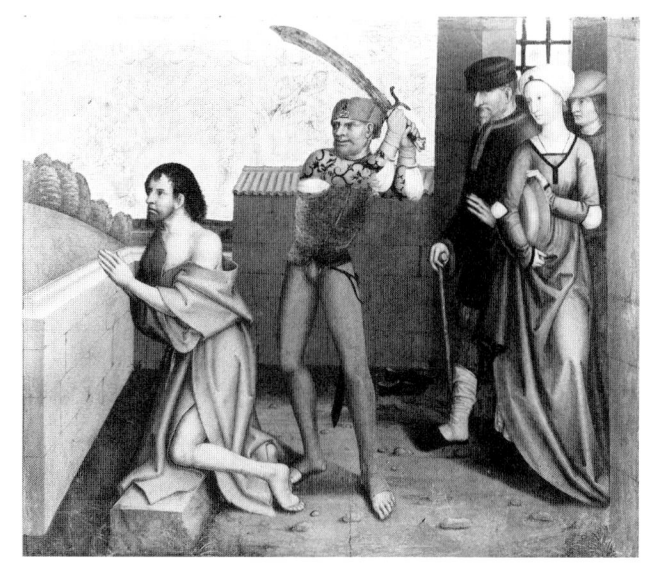

mitschwingt: bei der Busspredigt in der Wüste spricht Johannes vom Baum, der keine gute Frucht trägt: er wird umgehauen und ins Feuer geworfen (NT, Mt 3, 2–10; NT, Lk 3, 3–9; LCI 1974/2, Sp. 169; siehe auch Berthier 1899/1). Eine Predigt im Freien mit einer improvisierten, aus unbehauenen Ästen gebildeten Kanzel findet sich übrigens in Hans Schäufeleins Holzschnitt «Die Predigt Johannes' des Täufers» (um 1510). Vermutlich kannte Fries dieses Blatt; die Geste, wie sich Johannes auf den waagrechten Ast stützt, und der übers Holz gelegte Gewandbausch treten auch bei ihm auf (Abb. 194; Schäufelein 1990, Nr. 398).

Der König trägt die (idealisierten) Züge des Habsburgers Maximilian I., der seit 1486 deutscher König war und 1508 zum Kaiser gekrönt wurde. Es ist nicht bekannt, durch welche Vorlagen Fries Kenntnis vom Aussehen des Herrschers hatte, fest steht nur, dass sich dieser häufig porträtieren liess (Innsbruck 1992).

Es fällt auf, dass Fries Landschaft und Himmel naturalistischer darstellt als in früheren Werken. Die Stilisierung von Hintergrund und Gewanddraperien, die für den Maler so typisch ist, fällt hier grossenteils weg. Angesichts des raffinierten Zusammenspiels der zarten, beinahe irisierenden Farbtöne von Wolken und Wasser sowie der Behandlung der Felsen, einer malerischen Überhöhung realer Naturbeobachtung, fühlt man sich an Niklaus Manuel erinnert (siehe S. 223).

Kat. 14b
Enthauptung Johannes' des Täufers
(Abb. 196)

Basel, Öffentliche Kunstsammlung, Inv. 224 verso (Innenseite des linken Flügels)

Ölhaltiges Bindemittel auf Nadelholz, 124 x 76 cm

Signiert unten rechts auf dem Sockel des Exekutionsblocks:
«IOh̄· 太 ·F»
Datiert unter der Signatur: «· 1514»

Zustand
Tafelränder seitlich leicht beschnitten, am oberen Rand um 30 bis 40 cm verkürzt und abgefast.

Restaurierungen
1616 (Teilrenovierung des Hochaltars); 1684–1693 (Renovierung des Hochaltars); 1913/1914, Fred Bentz, Basel, Öffentliche Kunstsammlung; 1940, Hans Aulmann, Basel, Öffentliche Kunstsammlung (Konservierungsmassnahmen); 1952, Hans Aulmann, Basel, Öffentliche Kunstsammlung (Konservierungsmassnahmen); 1957, Paolo Cadorin, Basel, Öffentliche Kunstsammlung; 1993, Amelie Jensen, Basel, Öffentliche Kunstsammlung.

In einem Hof kniet Johannes, die Hände auf dem Rücken gefesselt, vor einem rötlichen Steinblock. Sein Fellkleid ist zerrissen, der Hals für die Hinrichtung entblösst. Unter dem roten, grün gefütterten Mantel des Täufers schauen die hageren Beine hervor. Der Heilige blickt leidend zum Betrachter; von hinten hat ihn der Henker am Haar gepackt und schwingt das Richtschwert. Der verhärmte Gesichtsausdruck des Henkers steht in merkwürdigem Kontrast zu seiner stutzerhaften Kleidung, einem knappen, taillierten Wams aus grünem Samt und Goldbrokat mit appliziertem rotem Kragen, rosafarbenen Ärmeln, die in der ausholenden Bewegung wild flattern, und einem auf der Hüfte sitzenden Gürtel aus Leder und Eisenringen. Die Füsse stecken in engen, hellbraunen Stulpenstiefeln mit Kuhmaulform, die Beine in anliegenden rosa Strümpfen mit auffälliger Schamkapsel, die Hände in Handschuhen aus weichem Leder. Den Kopf bedeckt ein hoher, hellroter Hut mit Zottel. Die rote Schwertscheide hängt diagonal nach hinten. – Am linken Bildrand steht Salome und hält die silberne, teils vergoldete Schale für das Haupt bereit. Sie trägt ein hochgegürtetes Kleid aus hellblauer, leicht knitternder Seide mit goldenen Säumen und mehrfach gepufften Ärmeln. Der geraffte Rock ist rot gefüttert; im Ausschnitt erscheint ein durchsichtiges Hemd, ebenfalls mit Goldborte. Ein kreuzförmiges Kleinod an feiner Goldkette schmückt ihren Hals; das schöne, melancholische Gesicht wird von aufgesteckten Zöpfen sowie einem Perlendiadem mit Cabochon und Blätterkranz gerahmt. Angesichts der zierlichen Erscheinung überrascht ihr klobiger Schuh. – Von hinten legt ihr ein jüngerer Mann seine Hand auf die Schulter. Er gleicht einem Zuschauer aus «Johannes der Täufer tadelt Herodes» (Kat. 14a), von dem er sich jedoch durch ein weisses Hemd, einen Pelzkragen und eine Brosche an der Krempe des Baretts unterscheidet. Im erwähnten Bild erscheint bereits auch der stupsnasige Lanzenträger, welcher in der «Enthauptung» hinter Salome und ihrem Begleiter steht, bekleidet mit einer spitzen braunen Mütze mit roter Krempe und einem olivgrünen Gewand. Beide Männer weisen mit der Hand auf die Enthauptung hin.

Der Hof, schachbrettartig mit weissen und hell- oder dunkelbraunen Platten gepflastert, wird nach hinten von einer Mauer mit geschweifter Brüstung begrenzt. Links stösst diese Mauer an ein turmartiges Gebäude mit hohem Rundbogenportal (es ist der Palast, wie sich in der Unterzeichnung auch an der Wappenpyramide über dem Portal zeigt), rechts an einen kleineren ziegelgedeckten Bau aus rötlichem Stein, wohl das Verlies. Die schmale Fensteröffnung erinnert an eine Schiessscharte; neben der offenen Pforte sind zwei eiserne Ösen in die Mauer eingelassen. Eine Sitzbank läuft den Wänden entlang. Zwei Bäume und ein blauer, leicht bewölkter Himmel bilden den Hintergrund.

Abb. 198
Kat. 14b, Unterzeichnungen (Infrarot-Photographie)

Abb. 199
Berner Nelkenmeister: Enthauptung Johannes' des Täufers; Zürich, Kunsthaus

In der Unterzeichnung (Abb. 198) finden sich an zehn Stellen Farbangaben (Abb. 38).
Auch hier handelt es sich um eine Linienzeichnung; die fädig-nervöse Strichführung, welche vereinzelt bereits am Marienaltar von 1512 auftritt (Gewand des Joachim in der «Wahl des Opferlammes», siehe S. 189), lässt sich nun besonders deutlich in der Schattierung des Henkerärmels beobachten. Im Vergleich zu früheren Gemälden wirkt die Zeichenweise spröd und scheint ausschliesslich als Vorbereitung für den Malprozess zu dienen.

Nur in wenigen Punkten weicht die Unterzeichnung von der Ausführung ab: Die Hände des Johannes, auf dem Rücken gefesselt, sind sichtbar, Salomes rechte Schulter sitzt etwas tiefer, ihre Finger und jene ihres Begleiters divergieren leicht von der Malerei. Die drei Wappenschilde über dem Tor des Gebäudes links, pyramidenförmig angeordnet und von einem Spruchband bekrönt, sind nicht ausgeführt.

Die Enthauptung des Täufers wird im Matthäus- und im Markus-Evangelium erwähnt und seit der Spätantike am 29. August als liturgisches Fest gefeiert (NT, Mt 14, 10; NT, Mk 6, 27; LCI 1974/2, Sp. 165). In der Tafelmalerei des Mittelalters ist die Szene ein häufiges Thema; meist wartet Salome neben dem Scharfrichter und seinem Opfer mit einer Schale auf das Haupt. Die Evangelien erwähnen die Prinzessin bei der Hinrichtung jedoch nicht. Zu einer Hauptperson der Szene wird sie zuerst in der östlichen Kunst, seit dem 15. Jahrhundert auch in jener des Westens (Masseron 1957, S. 116). Bei Hans Fries geht die Gestalt auf die Salome aus einer weiteren Tafel des bereits erwähnten bernischen Johannes-Altars zurück, diesmal mit der «Enthauptung Johannes' des Täufers» (Abb. 199; Kunstmuseum Bern 1977, S. 34–36; Voss 1908; Kelterborn-Haemmerli 1927, S. 122; siehe oben S. 217). Diese Gestalt zeigt spiegelverkehrt in Stellung und Figur, ja bis zur Schüssel unter dem Arm hin so grosse Ähnlichkeit mit der Friesschen Salome, dass sie als deren eigentliches Vorbild gelten darf. Wie bei Fries wirkt hier ihr zum Täufer gewandtes Gesicht mitleidig. Überhaupt entspricht die gesamte Komposition des Nelkenmeisters in ihren Grundlinien gegengleich dem Gemälde von Hans Fries: der von einer Mauer umfasste Hof, der kniend und mit zerrissenem Gewand den Todesstreich erwartende Täufer und der zum Schlag ausholende Henker. Unterschiedlich ist jedoch die Stimmung der beiden Gemälde: ruhig, etwas bieder beim Nelkenmeister; erregt bei Fries. Zur vollendeten Wirkung trägt hier nicht nur die ungestüme Bewegung und das spannungsgeladene Licht bei, sondern auch der Kontrast zwischen dem todgeweihten Asketen und den luxuriösen Gewändern von Prinzessin und Scharfrichter. Bei diesem entspricht die auffallende Kleidung seiner ambivalenten Stellung – als zugleich Ausführender der höchsten Gewalt und sozial Ausgegrenzter (Oppelt 1993, S. 82).

Erstaunlich ist auch in dieser Tafel die stimmungsvolle Naturnähe der Himmelsdarstellung; sie ist zwar anders geartet als auf der Aussenseite, jedoch ebenfalls nicht mehr stilisiert. Die Architektur ist summarischer behandelt als in früheren Werken; nur die mit Putz ausgefüllten Löcher für die Türangeln in den Quadern der Gefängnismauer erinnern an die akribische Wiedergabe von beschädigtem Haustein. Im Unterschied zu den übrigen drei Gemälden des Altars scheint in der «Enthauptung» die Vehemenz gewisser früherer Werke des Malers wieder auf: des «Martyriums des hl. Sebastian» von 1501 (Kat. 3b) und der «Hl. Barbara» von 1503 (Kat. 6b). Für die Friessche Farbskala ungewohnt, jedoch von bestechender Schönheit ist das schimmernde Hellblau des Kleides der Salome.

Kat. 14c
Johannes der Evangelist auf Patmos
(Abb. 200)

Basel, Öffentliche Kunstsammlung, Inv. 225 verso (Aussenseite des rechten Flügels)

Ölhaltiges Bindemittel auf Nadelholz, 125 x 75 cm

Signiert unten links: «IOH 灰 F»
Datiert unten rechts: «1514»
Inschriften: Auf Buchzeichen: «(…)DER(…)»; die Adresse auf dem Briefumschlag und der Text im Buch nicht zu entziffern.

Zustand
Tafelränder seitlich leicht beschnitten, links abgefast; am oberen Rand um 30 oder 40 cm verkürzt und abgefast. Das Gemälde ist ruinös, die Malschicht vielerorts abgeblättert oder abgerieben; an den Fehlstellen tritt die Kreidegrundierung oder die kreuzweise eingeritzte Holztafel zutage. Kratzspuren auf dem erhaltenen Teil der Mariengestalt. In der Mitte des oberen Drittels hochrechteckige Fläche mit Rest des alten Firnisses.

Restaurierungen
1616 (Teilrenovierung des Hochaltars); 1684–1693 (Renovierung des Hochaltars); 1913/1914, Fred Bentz, Basel, Öffentliche Kunstsammlung; 1940, Hans Aulmann, Basel, Öffentliche Kunstsammlung (Konservierungsmassnahmen); 1952, Hans Aulmann, Basel, Öffentliche Kunstsammlung (Konservierungsmassnahmen); 1957, Paolo Cadorin, Basel, Öffentliche Kunstsammlung; 1993, Amelie Jensen, Basel, Öffentliche Kunstsammlung.

Über einer Meeresbucht sitzt der Evangelist, nach vorne links gewandt. Er blickt zum apokalyptischen Weib auf, das links oben in einer ockerfarbenen (ursprünglich vergoldeten?) Glorie mit mehrfach gelapptem, weiss gehöhtem Rand erscheint. Wegen der Beschneidung der Tafel ist von der Figur nur der untere Teil des rosaroten Kleides erhalten. Rosa ist auch der Mantel des Johannes, das Futter hingegen hell graublau; wie in Kat. 10b bildet der umgeschlagene Saum dabei ein dekoratives Element. Das Kleid des Heiligen ist von hellem, doch

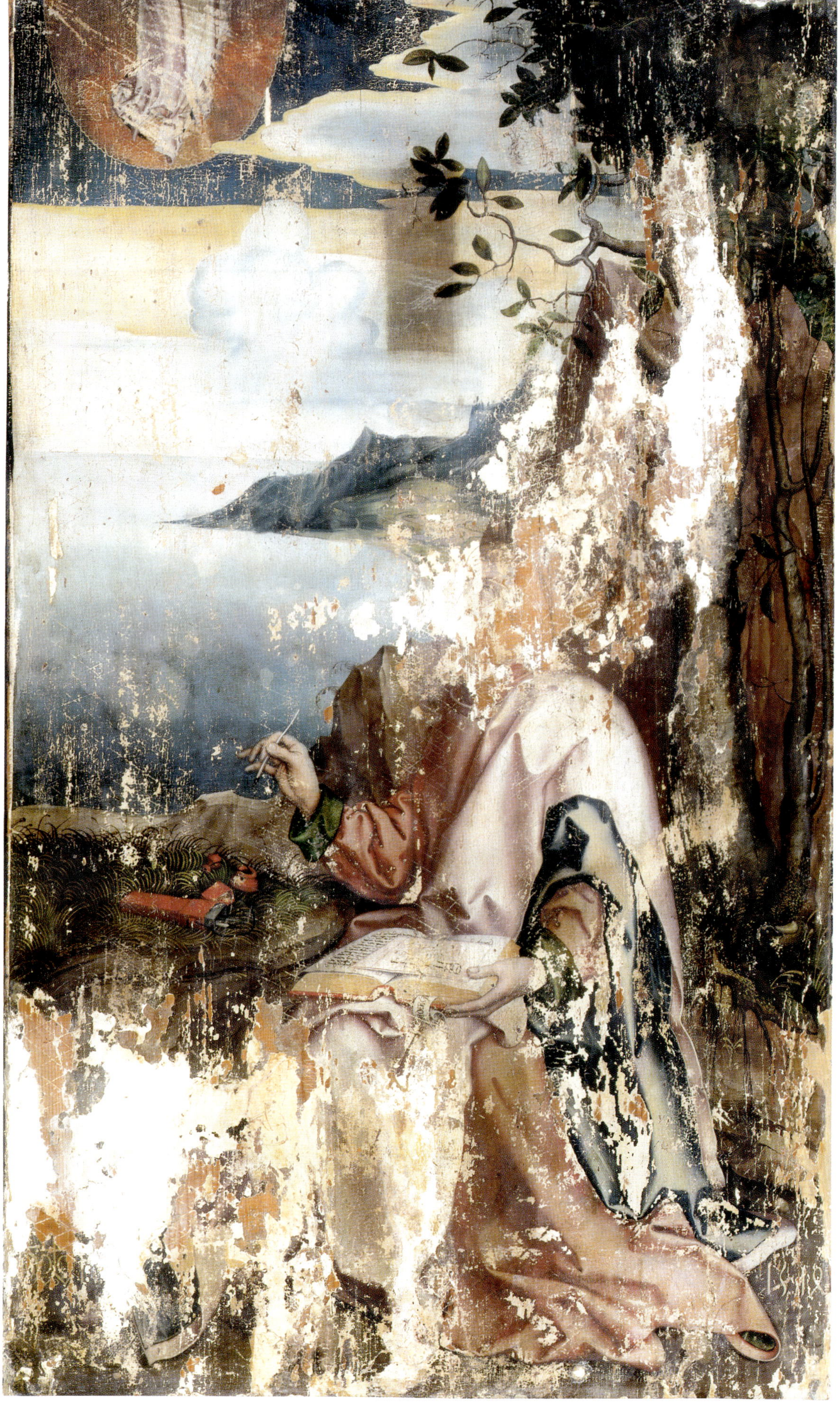

einer der Briefe gemeint, mit denen die Apokalypse beginnt: entweder die Einleitung, in der sich Johannes an die sieben Provinzen Asiens wendet (NT, Offb 1, 4–8), oder eines der Sendschreiben an die sieben Gemeinden, die Johannes auf Geheiss des Menschensohnes verfasst (NT, Offb 1, 9–3, 22).

Neben den drei anderen Gemälden des Retabels, auf deren helle Buntheit schon Kelterborn-Haemmerli hinweist, fällt bei diesem eine verfeinerte Farbskala auf. Wie in früheren Werken setzt der Maler ähnliche Farben nebeneinander (das Rosa des Mantels neben das Hellrot des Kleides; das Blaugrau des Mantelfutters neben das Grün der Manschetten) und spielt mit den subtilen Unterschieden. Raffiniert hebt er die hell beleuchtete Schulter des Evangelisten vom dunklen Hintergrund ab. Der Himmel entspricht jenem des Pendants (Kat. 14a), mit dem er sich bei geschlossenem Retabel zu einem Gesamtbild zusammenschliesst. Allerdings öffnet sich hier im Bereich des Apokalyptischen Weibes eine überirdische Himmelsregion mit dunklerem Blau und Wolken, deren Ränder gelb leuchten, vergleichbar den stilisierten, in Tiefblau und Gold aufgeteilten Hintergründen auf früheren Werken des Malers. Der irdische Himmel in perlmuttrig schimmernden Farben, das Meer und die von Wegen durchzogene Landzunge erinnern an die etwa gleichzeitig entstandene «Enthauptung Johannes' des Täufers» des bernischen Malers Niklaus Manuel Deutsch, ebenfalls Teil eines Johannes-Altars (Bern 1979, Kat. 66, S. 218–220, Abb. 17, 29). Entgegen der bisherigen Annahme, die beiden Maler hätten ihre Altäre zur gleichen Zeit, jedoch gänzlich unabhängig voneinander geschaffen (Bern 1979, S. 219), scheint es uns wahrscheinlicher, dass jeder die Arbeit des andern zwar kannte, aber ähnliche Bildanlagen vermied. Der für Fries ungewohnte Hintergrund hingegen dürfte unseres Erachtens in Anlehnung an Manuel entstanden sein. – Angesichts der offensichtlichen Verstümmelung der Tafeln erübrigt sich die Idee, die halbierte Figur des Apokalyptischen Weibes beruhe auf einem «bizarren Einfluss Friesscher Phantasie» (Kelterborn-Haemmerli 1927, S. 118).

stumpfem Rot, die Manschetten sind grün. Auf den Knien fasst er das geöffnete Buch, in dem ein Buchzeichen mit Inschrift steckt, und adressiert einen Briefumschlag. Angesichts der Erscheinung hält er mit der Feder in der erhobenen Rechten im Schreiben inne. Im Gras neben ihm steht das rote Tintenfass mit der Federschachtel. Hinter dem Heiligen reckt ein Bäumchen seine Äste in den Himmel; spitze rötliche Felsen ragen auf. Weiter entfernt fällt der Blick auf eine Bucht, die in eine hügelige, von Wegen durchzogene Landzunge ausläuft.

Der schlechte Erhaltungszustand dieser Tafel verunmöglicht eine Beurteilung der Unterzeichnung (Abb. 201). Immerhin lässt sich feststellen, dass die Uferlinie der Landzunge im Hintergrund höher angelegt ist als in der Ausführung. Soweit erkennbar, finden sich auf diesem Gemälde keine Farbangaben.

Fries stellte den Evangelisten Johannes auf Patmos mit der Erscheinung des apokalyptischen Weibes bereits im kleinen Johannes-Altar dar (Kat. 10a; zur Ikonographie siehe S. 161). Hatte er schon dort einzelne Elemente aus Schongauers Kupferstich verwendet, so übernimmt er diesmal auch dessen Bildanlage (Abb. 136; Colmar 1991, K. 103; als Vorlage zuerst erwähnt bei Haendcke 1890, S. 180/181). Allerdings fehlt der Adler, das Bäumchen ist aus dem Zentrum der Komposition an den Rand gerückt, und der Evangelist sitzt nicht im Profil, sondern leicht zum Betrachter gewandt, was hinsichtlich der Vision seltsame Raumverhältnisse ergibt: sie erscheint nicht vor seinen Augen, sondern in seinem Rücken. Eine ikonographisch bedeutende Änderung ist, dass Johannes nicht ins Buch schreibt, sondern einen darauf liegenden Briefumschlag adressiert. Wahrscheinlich ist damit

Abb. 200
Kat. 14c

Abb. 201
Kat. 14c, Unterzeichnungen (Infrarot-Photographie)

Kat. 14d
Johannes der Evangelist im Ölkessel
(Abb. 197)

Basel, Öffentliche Kunstsammlung, Inv. 225 recto (Innenseite des rechten Flügels)

Ölhaltiges Bindemittel auf Nadelholz, 125 x 75 cm

Inschriften: Auf dem Rand der Sitzbank neben dem Kopf des Johannes: «1(?)1(?)», ausserdem Reste einer dem Monogramm entsprechenden Signatur (beides nicht original).

Zustand
  Tafelränder seitlich leicht beschnitten, am oberen Rand um 30 bis 40 cm verkürzt und abgefast.

Restaurierungen
  1616 (Teilrenovierung des Hochaltars); 1684–1693 (Renovierung des Hochaltars); 1913/1914, Fred Bentz, Basel, Öffentliche Kunstsammlung; 1940, Hans Aulmann, Basel, Öffentliche Kunstsammlung (Konservierungsmassnahmen); 1952, Hans Aulmann, Basel, Öffentliche Kunstsammlung (Konservierungsmassnahmen); 1957, Paolo Cadorin, Basel, Öffentliche Kunstsammlung; 1993, Amelie Jensen, Basel, Öffentliche Kunstsammlung.

In einem mit Öl gefüllten Kupferkessel, unter dem ein Feuer lodert, sitzt der nackte Evangelist, die Hände zum Gebet gefaltet. Als Spuren der Qual treten an seinem jugendlichen Körper Adern und Rippen hervor; der Blick ist gesenkt. Über das Haupt mit den langen Locken, das von einer transparenten Strahlenscheibe nimbiert ist, giesst eben

Analog zur «Enthauptung» (Kat. 14b) sind die Bodenplatten im Schachbrett verlegt und verjüngen sich nach hinten perspektivisch. Auch hier schliesst eine Mauer mit geschweifter Brüstung und Sitzbank (auf welcher diesmal eine Marmorsäule steht) den eigentlichen Bildraum ab. Über der Brüstung weitet sich auch hier der leichtbewölkte Himmel hinter einigen Baumkronen. Rechts wird der Ausschnitt von der Fassade des Palastes begrenzt.

In der Unterzeichnung (Abb. 202) finden sich an zwölf Stellen Farbangaben (siehe Abb. 39).
Wie auf den anderen Gemälden dieses Altars wirkt die Zeichnung auch hier trocken-linear. Interessant ist das Schema zur Konstruktion der Gesichter, das sich am Haupt des Johannes gut beobachten lässt: mit kurzen Schraffen wird der Umriss von Kinn und Wangen festgehalten, die Augen sind durch Kreise angegeben, Nase und Mund mit geraden Strichen markiert. Insgesamt sitzt hier die Unterzeichnung etwas höher als das ausgeführte Gesicht. Ausserdem ist der rechte Schenkel des Heiligen kräftiger als in der Malerei. Interessant sind die Änderungen an den Händen des Herrschers: in der Unterzeichnung ist der kleine Finger der Rechten abgespreizt, und der Zeigefinger der Linken weist auf Johannes. An der Stirnwand der Thronnische entwirft der Zeichner links vom Kaiser eine antikisch gekleidete Statuette auf kleinem Sockel, die er jedoch nicht ausführt.

Die Episode aus der Johannes-Vita, in welcher der Evangelist auf Geheiss des Kaisers Domitian in siedendes Öl geworfen wird, jedoch unversehrt bleibt, gehört der Legende an. Wie das Giftwunder (S. 168) scheint sie aus gnostischen Quellen zu stammen, die das Ereignis in Ephesus stattfinden lassen (Lipsius 1883, S. 175). Der lateinische Kirchenschriftsteller Tertullian lokalisiert es hingegen in Rom: «(...) ubi apostolus Iohannes posteaquam in oleum igneum demersus nihil passus est (...)» («wo der Apostel Johannes in siedendes Öl getaucht wird, ohne Schaden zu nehmen»; De praescriptione haereticorum, 36); später wird die Porta Latina zum Ort des Geschehens auserkoren. Im Mittelalter entwickelt sich die Ölmarter, die auch in der Legenda aurea überliefert ist (Voragine 1993, S. 358/359), zu einer häufig dargestellten Szene. Hinter der Legendenbildung steht vermutlich die Absicht, Johannes, dem Lieblingsjünger Jesu, der als einziger Apostel eines natürlichen Todes starb, zu einem (wenn auch nicht tödlichen) Martyrium zu verhelfen und damit seinen Kult zu fördern (LCI 1974/2, Sp. 110). Bezeichnenderweise bildet das Gemälde von Hans Fries denn auch das Pendant zum Martyrium Johannes' des Täufers auf dem andern Altarflügel.

Abb. 202
Kat. 14d, Unterzeichnungen (Infrarot-Photographie)

Abb. 203
Albrecht Dürer: Martyrium des Evangelisten Johannes, Holzschnitt aus der Apokalypse, 1496–1498

Abb. 204
Albrecht Dürer: Martyrium der hl. Katharina, Holzschnitt, 1496/1497

ein Folterknecht eine Pfanne heissen Öls aus. Der Scherge, ein derber Kerl, erinnert in seiner stutzerhaften Kleidung an einen Reisläufer: anliegende Beinkleider in Mi-Parti (zur einen Hälfte rosa, zur andern blau-gelb gestreift) werden unter dem Knie von roten Strumpfbändern gehalten; die Füsse stecken in breiten «Kuhmäulern» mit Riemchen, die über den Rist führen. An der Taille hängen vom weissen, weiten Hemd paarweise Bändel herab; ein kurzes rosa Wams, dessen gepuffte Ärmel am Ellenbogen geschlitzt sind, vervollständigt die Tracht. Der Knecht hält den langen Stiel der Ölpfanne mit preziös abgespreiztem kleinem Finger. Zwischen seinen Füssen liegt ein grosser Blasbalg, mit dem er die Flammen der Holzscheiter angefacht hat. Rechts sitzt in einer Thronnische über einem Podest aus rosafarbenem Marmor der römische Kaiser Domitian, auf dessen Geheiss Johannes gemartert wird. Der alte Herrscher mit dem wallenden weissen Bart trägt eine perlenverzierte Bügelkrone über einer schwarzen Kappe. Seine Linke liegt auf der Armlehne des Throns, über die ein roter, grün gefütterter Mantel gebreitet ist; mit der Rechten hält der Kaiser das Zepter und weist mit dem Zeigefinger auf Johannes. Er trägt einen brokatenen Rock mit Pelzkragen, darunter ein purpurnes Wams. Am Handgelenk unter den weiten Ärmeln seines weissen Hemdes erscheinen rosa Manschetten eines Untergewandes. Eine goldene Kette mit grossen Ringen und einem mit Perlen gefassten Cabochon-Anhänger sowie eine weitere, feine Halskette schmücken den Herrscher. Neben dem Thron stehen zwei Zuschauer. Der eine, halb von der Nische verdeckte könnte seiner Kopfbedeckung (Gugel) nach ein Bauer, der lebhaften Mimik nach auch ein Narr sein. Der andere, ein begehäbiger Mann mit mürrischem Gesichtsausdruck, trägt einen langen roten Rock mit Stehkragen; den blauen Überwurf, eine Art Glocke, hat er als Schal um die Schultern gelegt. Ein runder Hut mit Pelzkrempe bedeckt seinen Kopf.

Wie schon Janitschek und Haendcke 1890 bemerkten, benutzte der Maler als direkte Vorlage Dürers Holzschnitt des gleichen Themas, welcher der 1498 erschienenen Folge der Apokalypse vorangestellt ist (Abb. 203; Strauss 1980, S. 198–200). Dieses Blatt hatte Fries bereits im Jahrzehnt zuvor für die Darstellung des Giftwunders benutzt (Kat. 10c, S. 168). Er übernimmt daraus nun den Kessel mit den angenieteten Füssen, die Art der Holzscheiter und Flammen, das Thronpodest und den Heiligen, der sich – wie die Komposition als solche – zur Vorlage spiegelbildlich verhält. Geht der Maler mit der Vorlage recht frei um, so wird etwa am Öl auf der Schulter des Evangelisten erkennbar, wie genau er sich bestimmter Details daraus bedient. Auch das locker gebauschte Hemd des Schergen mit den paarweise herabhängenden Bändeln und der mit Doppelpunkten verzierte Wamssaum stammen von Dürer; sie finden sich beim Henker im «Martyrium der hl. Katharina» (um 1498; Abb. 204; Strauss 1980, S. 206–208). – Zwei Darstellungen auf einem 1512 datierten Altarflügel eines süddeutschen Malers, Johannes auf Patmos und Johannes im Ölkessel, gehen übrigens auf dieselben graphischen Vorlagen des gleichen Themas zurück, die auch Fries benutzt – Schongauer im ersten, Dürer im zweiten Fall (Musée d'Unterlinden 1990, Nr. 520).

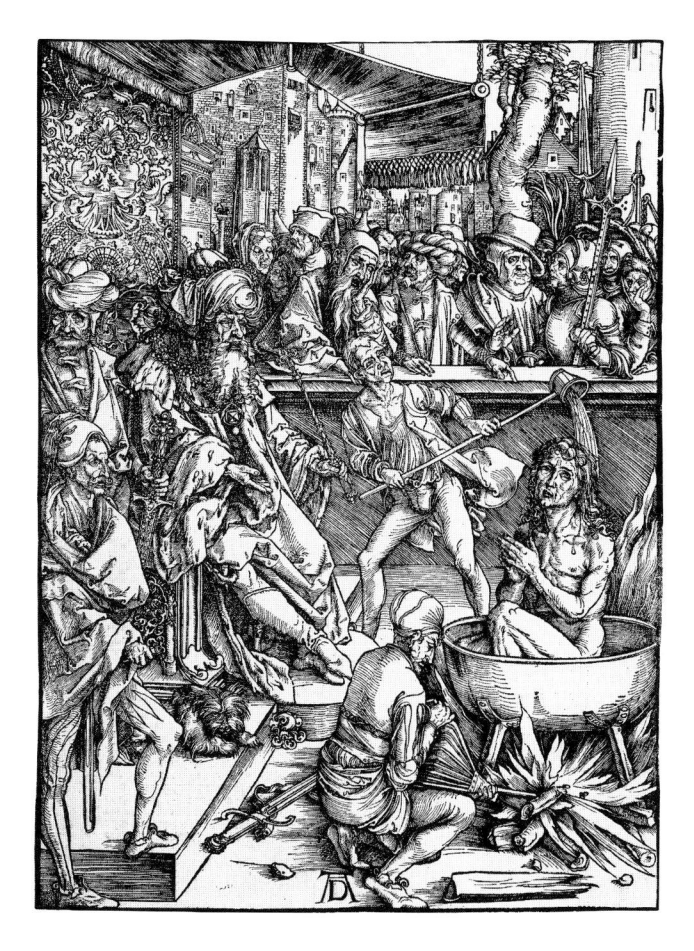

Wie schon beim Pendant zu diesem Gemälde, der «Enthauptung Johannes' des Täufers» (Kat. 14b), fällt der Unterschied auf zwischen der summarischen Ausführung des Hintergrundes und der akribischen Beobachtung bei wichtigeren Bildelementen: das Körperrelief des Heiligen; die Öltropfen, die über seine Haut rinnen; die aufgewirbelte Glut und die silbrig glänzende Rinde der Scheiter; die feinen Rauchringe über dem Feuer und die transparente Ölschicht auf der Unterseite der eben eingetauchten Kelle; das Bändchen zum Aufhängen des Blasbalgs und, gleich daneben, der Verschluss des Schuhriemchens. Eindrücklich ist die Stilisierung der Flammen (sie wirken wie aus Pappe geschnitten) und des Öls, das aus der Giesspfanne auf das Haupt des Evangelisten fällt.

Fries lebt in der Entstehungszeit des Altars offenbar in Bern (S. 28), das Werk ist jedoch für Freiburg bestimmt. Der Auftraggeber des Retabels, Peter von Englisberg, war Komtur nicht nur der Freiburger Johanniter, sondern gleichzeitig einer Reihe weiterer Niederlassungen des Ordens, zu denen seit 1505 auch die Komturei von Münchenbuchsee gehörte; wie es scheint, zog er letztere den andern als Wohnort vor (Andrey 1995, S. 193). Möglicherweise erteilte er den Auftrag nicht zuletzt aus Gründen der Solidarität unter Freiburgern seinem in Bern ansässigen Landsmann Hans Fries.

Abschliessend sei die Frage nach Mitarbeitern an den Gemälden des Johannes-Altars gestellt; die schriftlichen Farbangaben in der Unterzeichnung könnten dafür ein Indiz sein. Im Unterschied zur Predella des Antonius-Altars (Kat. 9b) sind diese Angaben jedoch ziemlich unleserlich notiert und finden sich hauptsächlich bei den Gewändern, wo Futter und Aussenseite beziehungsweise kompliziert geschichtete Kleidungsstücke bei der richtigen Farbwahl Verwirrung stiften könnten. Fries hat die Farben demnach möglicherweise für sich selber notiert. Vielleicht sind jedoch die summarisch ausgeführten Architekturstaffagen und der Himmel auf den Innenseiten der Flügel unter Mitwirkung von Gehilfen entstanden (siehe auch Kelterborn-Haemmerli 1927, S. 114).

Verena Villiger

Dank an
Daniel Moser, Bern, für die Bestimmung der Pflanzen.

Abb. 205
Kat. 15 (Kopie 1)

Abbildung
Der waren gestalt vnd Bildnuß des seligen Bruder
Niclaußen Zu Vnderwalden gantz gerecht contrafeht
Jm Leben. Durch Joan: frieß. 1578.

Kat. 15
Bildnis des Niklaus von Flüe, 1517 (Kopien nach Fries)

Das Bildnis scheint nur in Kopien erhalten zu sein; auch in der Literatur, die sich seit Ende des 19. Jahrhunderts mit dem Gemälde beschäftigt, werden stets nur sie erwähnt.

Kopie 1
(Abb. 205)

Freiburg, Museum für Kunst und Geschichte, Inv. 1965–24

Ölhaltiges Bindemittel auf Leinwand, 69 x 48,5 cm

Signiert rechts der Inschrift: «IŌF ·», unterhalb des Monogramms: «汞»
Datiert am Ende der Inschrift: «1517 ·»
Inschrift: Auf weissem Band am oberen Rand des Bildformats: «Abbildung / Der waren gestalt und Bildnuß des seligen Bruder / Niclausen zu Underwalden gantz gerecht contrafeht / Im Leben. Durch Joan: Frieß.»

Herkunft
Die Kopie, die wahrscheinlich Ende des 17. Jahrhunderts von einem unbekannten Künstler gemalt wurde, stammt aus der Erbschaft Techtermann de Bionnens und wurde zu einem unbekannten Zeitpunkt im Staatsarchiv Freiburg deponiert (Durrer 1917–1921, S. 1079/1080). Das Bild gelangte später in den Besitz von Caroline von der Weid, die es 1957 (ohne Erfolg) der Gottfried-Keller-Stiftung zum Kauf anbot und es 1965 dem Museum für Kunst und Geschichte Freiburg vermachte.

Zustand
Gut.

Restaurierungen
1965, Théo-Antoine Hermanès (Reinigung).

Literatur
Haendcke 1893, S. 127; Vulliéty 1902, S. 224; Zemp 1905, S. 502; Durrer 1899–1928, S. 505; Durrer 1917–1921, Bd. 1, Tafel 12, Bd. 2, S. 1079/1080; Büchi 1917/1, S. 5, Abb. 2A; Kelterborn-Haemmerli 1927, S. 123; Reiners 1940; Hilber/Schmid 1943, S. 81, Nr. 205; Protokoll 1957/1, S. 13; Protokoll 1957/2, S. 11; Protokoll 1958/1, S. 7; Ganz 1960, S. 356; Pfister-Burkhalter 1961, S. 608; Strub 1968/1; Strub 1968/2; Amschwand 1987, S. 249.

Bruder Klaus ist als Halbfigur vor einer baumbestandenen Landschaft dargestellt. Er trägt eine graue Kutte und erscheint im halben Profil nach links gewendet, die Hände über der Brust gekreuzt. Mit der Linken hält er den Hakenstock, mit der Rechten den Rosenkranz. Die Nase ist markant, der Blick aufwärtsgerichtet, der Mund leicht geöffnet. Das wirre Haar ist nach hinten gestrichen, der Vollbart ist zweigeteilt ohne Schnurrbart (Réau 1958/2, S. 991; LCI 1976, Sp. 45).

Bruder Klaus, der Eremit aus dem Ranft, kann der mittelalterlichen Laienbewegung der Waldbrüder zugeordnet werden (siehe Helvetia Sacra 1995, S. 479). Er gilt als Mann des Friedens, als Mahner für Gerechtigkeit und Eintracht. Schon zu Lebzeiten war er hochgeachtet und vielbesucht; vom Stanser Verkommnis (1481) bis zu seinem Tod 1487 befand er sich im Zenit seiner Popularität. Zahlreiche Autoren berichten über sein Eremitendasein und sein Wunderfasten (u. a.: Hans von Waldheim, 1474; Albrecht von Bonstetten, 1478; Petrus Schott, 1487). Heinrich Gundelfinger verfasste 1488 erstmals seine Biographie, und 1501 bestellte die Regierung von Obwalden beim Berner Chorherrn Heinrich Wölflin die erste amtliche Lebensbeschreibung des Anachoreten (Durrer 1917–1921, S. 56–67, 79–90, 397–399, 418–458, 496/497, 522–555). Bruder Klaus wurde 1669 selig-, 1947 heiliggesprochen. Doch die religiöse Verehrung setzte wesentlich früher ein. Schon zu Lebzeiten stand er im Ruch der Heiligkeit, und nach seinem Tod wurden seine Zelle im Ranft und sein Grab in Sachseln zu vielbesuchten Wallfahrtsorten. Das «Offizium» Heinrich Gundelfingers aus dem Jahre 1488 bezeichnet ihn bereits als Heiligen (Durrer, S. 445), und 1492 – lediglich fünf Jahre nach seinem Tod – ziert sein Bildnis den Hochaltar der Pfarrkirche von Sachseln (Omlin 1946, S. 130).

Bruder Klaus war nicht ein weltabgewandter Eremit, sondern eine politisch engagierte Persönlichkeit, deren Bedeutung nach dem Tode noch zunahm. Die Mahnung an die Eidgenossen sowie die Abneigung gegen das Pensionenwesen waren zur Zeit der Italienzüge im frühen 16. Jahrhundert von brennender Aktualität (siehe Walder 1987/1988). Die Niederlage von Marignano (1515) führte vielen Eidgenossen die Richtigkeit seiner Aussagen vor Augen, und zahlreiche reformatorische Vordenker wie Huldrych Zwingli und Heinrich Bullinger, die sich für die Unabhängigkeit der eidgenössischen Politik von ausländischen Interessen einsetzten, fanden in den Mahnungen des patriotischen Einsiedlers eine Bestätigung ihrer Ansichten (Durrer 1917–1921, S. 633–651).

Nach Ephrem Omlin gehen alle Darstellungen des Niklaus von Flüe auf zwei Urtypen zurück, deren wichtigste und künstlerisch beste Vertreter das Sachsler Hochaltarbild von 1492 und die Ranftstatuette aus dem Jahre 1504 sind (Omlin 1946, S. 168).
Das Bildnis von Hans Fries lässt sich der Gruppe um das Sachsler Altarbild zuordnen; laut Inschrift entstand es im Jahre 1517. Nach heutigem Wissen handelt es sich um das einzige als solches bezeichnete Porträt im Werk des Malers. Weder ein Auftraggeber noch die Umstände der Entstehung sind bekannt; möglicherweise wurde es anlässlich des Geburtstags von Bruder Klaus, der sich 1517 zum hundertsten Mal jährte, geschaffen. Da Fries sich 1517 in Bern aufhielt, könnte der Auftraggeber von hier stammen (Q 177/1517, Q 179/1518). Aber auch eine Bestellung aus Freiburg wäre denkbar, denn hier wurde Bruder Klaus wegen seiner Vermittlung beim Stanser Verkommnis von 1481 in besonderem Masse verehrt; als Geschenk für seine Hilfe hatte ihm der Rat der Stadt am 4. Mai 1482 ein weisses und ein graues Stück Tuch geschickt – Erzeugnisse der berühmten Freiburger Tuchfabrikation, die der Saanestadt im 15. Jahrhundert Reichtum und Bedeutung gebracht hatte (Durrer 1917–1921, S. 192/193). Nach Aussagen von Zeitgenossen wurde das graue Tuch zur Herstellung einer Kutte verwendet (Durrer 1917–1921, S. 87), doch auf den Bildnissen ist die Kutte meistens braun. Wichtige Ausnahmen bilden hierin das vorliegende

Abb. 206
Kat. 15 (Kopie 2)

Abb. 207
Kat. 15 (Kopie 3)

Porträt und das Hochaltarbild der Pfarrkirche von Sachseln (Omlin 1946, S. 159). Schon Reiners erwog die Frage, ob Fries Bruder Klaus besucht und dabei eine Bildnisskizze angefertigt haben könnte (Reiners 1941, S. 170). Vom Maler Thoman Burgkmair ist zum Beispiel bekannt, dass er 1452 als achtjähriger Knabe den Wanderprediger Johannes Capistranus gesehen hatte, ihn aber erst Jahrzehnte danach in einem Bildnis festhielt (Prag, Provinzialat der Franziskaner; Buchner 1928, S. 76–79). Fries war beim Tod von Bruder Klaus bereits erwachsen, was diese Hypothese rein zeitlich möglich machen würde. Wahrscheinlicher ist, dass Fries das Bildnis nach einer als authentisch geltenden Vorlage schuf. Das würde die Verwandtschaft zum Sachsler Hochaltarbild sowie Ähnlichkeiten mit den druckgraphischen Porträts des Bruders aus dem frühen 16. Jahrhundert erklären (Hilber/Schmid 1943, S. 40).

Von den Niederlanden ausgehend, wird im 15. Jahrhundert die Wiedererkennbarkeit der dargestellten Person zu einer grundlegenden Forderung der abendländischen Porträtmalerei; im deutschen Kunstgebiet lässt sich dieses Phänomen ab Mitte des 15. Jahrhunderts in grösserem Umfang beobachten (Rave 1948, Sp. 658). Heiligenbildnisse mit Porträtähnlichkeit sind seit Bernhardin von Siena bekannt, dessen Darstellungstypus sich unmittelbar nach seinem Tod (1444) ausbildete und bis zur Zeit der katholischen Reform in der zweiten Hälfte des 16. Jahrhunderts beibehalten wurde (LCI 1973, Sp. 389–392). Ähnlich verhält es sich mit dem Bildnis des Bruder Klaus, das ebenfalls zum Typus der «Vera effigies» gehört, wie die Inschrift auf der Tafel nahelegt: «… gantz gerecht contrafeht / Im Leben. Durch Joan: Frieß. 1517». Die Inschrift besagt zwar, dass das Bildnis Porträtcharakter hat; der Maler muss den Dargestellten jedoch nicht gekannt haben. Von Bruder Klaus existieren nämlich zahlreiche Porträts, die ähnliche Inschriften tragen, aber Jahrhunderte nach seinem Tod geschaffen wurden (Hilber/Schmid 1943, Nr. 46, 187, 197, 260, 269, 272, 274, 373 u. a. m.). Da er zudem kurz nach seinem Tod meist als selig oder gar heilig bezeichnet wurde, dürfte der Wortlaut der Inschrift original und nicht – wie von Kelterborn-Haemmerli vermutet – erst vom Kopisten hinzugefügt worden sein (Kelterborn-Haemmerli 1927, S. 123).

Die Bedeutung dieses Bildnisses lässt sich daran ermessen, dass es bis ins 19. Jahrhundert mehrmals kopiert wurde. Dabei scheinen die beiden späteren Kopien (2, 3) auf der früheren (1) zu beruhen.

Kopie 2
(Abb. 206)

Privatbesitz

Ölhaltiges Bindemittel auf Leinwand, 90 x 72 cm

Signiert rechts der Inschrift: «IŌF·», unterhalb des Monogramms: «㡌»
Datiert am Ende der Inschrift: «1517.»
Inschrift: Auf weissem Band am oberen Rand des Bildformats: «Abbildung / Der waren gestalt und Bildnuß des seligen Bruder Niclausen zu / Underwalden gantz gerecht contrafeht Im Leben. Durch Joan: Früß.»

Zustand
Leinwand stark verbeult, Firnis vergilbt.

Herkunft
Die Kopie stammt von der Hand eines unbekannten Künstlers und dürfte in der ersten Hälfte des 18. Jahrhunderts entstanden sein. Sie wurde vermutlich von der Familie Techtermann in Auftrag gegeben, in deren Besitz sie sich heute befindet.

Literatur
Zemp 1905, S. 502; Durrer 1917–1921, Bd. 2, S. 1079/1080; Kelterborn-Haemmerli 1927, S. 123; Reiners 1941, S. 172/173; Hilber/Schmid 1943, S. 82, Nr. 222.

Es handelt um eine vergrösserte Wiederholung der Kopie 1. Die Bildanlage stimmt mit dieser überein, ausser dass der Hakenstock nun durch eine getreue Wiedergabe des silberbeschlagenen Stabes des Seligen ersetzt wurde. Dieser Stab gelangte nach dem Tod von Bruder Klaus ins Kloster Muri, wurde aber bei dessen Plünderung durch Berner Truppen anlässlich des Ersten Kappeler Krieges 1531 entwendet. Später erwarb ihn der Freiburger Kanzler Wilhelm Techtermann (1551–1618; Raemy 1915, S. 424–426). Er befindet sich seither im Besitz dieser Familie.

Kopie 3
(Abb. 207)

Freiburg, Museum für Kunst und Geschichte, Inv. 4645

Bleistift auf Papier, 63 x 45 cm

Signiert rechts aussen am Ende der Inschrift: «IŌF·», unterhalb des Monogramms: «㡌»
Signiert durch den Kopisten unten rechts: «Fréd. Schaller / 1880»
Datiert zwischen Inschrift und Fries-Monogramm: «1517.»
Inschrift: Am oberen Rand: «Der waren gestalt und Bildnuß des / seligen Bruder Niclausen zu Underwalden gantz gerecht / contrafeht im Leben. Durch Joan Frieß . 1517 . »

Zustand
Gut.

Herkunft
Die Zeichnung, 1880 von Frédéric de Schaller (1853–1917) geschaffen, befindet sich spätestens seit 1902 in der Sammlung des Museums (Vulliéty 1902; zu Frédéric de Schaller siehe: Freiburg 1999, S. 12).

Literatur
Vulliéty 1902, S. 224.

Raoul Blanchard

Abb. 208
Kat. 16

Kat. 16
Hl. Wenzel zwischen Engeln als Schildhaltern
(Psalterium Olomucense, 1499)

(Abb. 208)

Zemský Archiv Opava (Landesarchiv Troppau), Zweigstelle Olomouc (Olmütz)

Holzschnitt auf Papier, 22,8 x 12,1 cm

Signiert rechts unten: «·H🝞F·»
Inschrift: Auf Spruchband rechts aussen (in Spiegelschrift): «SANTTVS·WE(N)S(ESLAUS)»; am oberen Rand (handschriftlich): «Sancte Venceslae ora p(ro) nobis dom(inum) I(h?)esum christum amen»

Herkunft
    1499 druckte Konrad Stahel in Brünn auf eigene Kosten das «Psalterium Olomucense»; er widmete es dem Olmützer Bischof Stanislaus Thurzo (hierzu irrtümlich: Kletzl 1931/1932). Dem Widmungstext zufolge hatte der Brünner Chorherr Pavel Reyhel aus Ivančice den Text korrigiert.
Der Drucker Konrad Stahel (Chalbys) aus Blaubeuren – nach der Widmung im Psalter aus Memmingen stammend und Priester der Diözese Augsburg – arbeitete 1482 als Gesellschafter von Benedikt Mayr in Passau; zwei Jahre später war er in Venedig tätig. Von hier aus begab er sich nach Brünn und gründete dort mit Matthias Preinlein, der ebenfalls in Venedig gewirkt hatte, die erste Buchdruckerei (Geldner 1970, S. 354). Stanislaus Thurzo (1471–1540) wurde in Krakau geboren; seine Familie stammte aus Ungarn und war im Kupferhandel mit den Fuggern reich geworden. Thurzo wurde 1497 von Papst Alexander VI. (Borgia) als Bischof von Olmütz eingesetzt, förderte während seiner langen Amtszeit den Humanismus in Mähren und bekämpfte die aus hussitischen und waldensischen Strömungen entstandene Brüdergemeinde. Als wichtiges Mittel hierzu dienten ihm gedruckte Bücher, die er meistens im Ausland herstellen liess – möglicherweise der Beweggrund zu Stahels Präsent (Hlobil/Petrů 1999, S. 165–167). Nach der Widmungsinschrift im Psalter liess der Drucker das Bild des hl. Wenzel für das Titelblatt zeichnen (wörtlich: malen): «(…) sancto Wenceslao (…), cuius yamaginem data opera in huius operis inicio depingi feci (…)» (Hlobil 1998, S. 250, 256).
Das vorliegende Exemplar ist Teil der alten Dombibliothek von Olmütz, die aus Schenkungen und Vermächtnissen von Mitgliedern des Domkapitels entstand.

Zustand
    Gut.

Restaurierungen
    Keine Nachrichten.

Literatur
    Kletzl 1931/1932, S. 295; Tobolka 1932, S. 8/9; Hlobil 1976; Hlobil 1998, Nr. 70; Hlobil/Petrů 1999, S. 167/168.

In der Mittelachse des hochrechteckigen Bildfelds steht der hl. Wenzel, frontal zum Betrachter gewandt, und setzt den rechten Fuss auf einen vor ihm auf den Bodenplatten liegenden Löwen. Er trägt eine Plattenrüstung, darüber einen weiten Mantel mit Kragen, der am Halsausschnitt durch ein Band zwischen zwei sternförmigen Broschen gehalten wird. Sein bärtiges Haupt hebt sich vom scheibenförmigen Nimbus ab. Die gepanzerte Rechte des Heiligen liegt am Knauf des Degens, den er – wie auch das Schwert – gegürtet hat, mit der Linken umfasst er die Lanze, an der ein Wimpel mit einem Adler, seinem Wahrzeichen, flattert. Auch der Schild, der an seinem linken Bein lehnt, ist mit dem Adler geschmückt. Zwei Engel flankieren die ritterliche Gestalt, deren Mantel sie mit der einen Hand raffen. Mit der andern halten sie Wappenschilde: der linke, welcher eine über der Brust gekreuzte Stola trägt, zeigt das Wappen des Kapitels von Olmütz, der rechte jenes des Bischofs Stanislaus Thurzo und der Diözese Olmütz. Ranken aus Astwerk und palmettenartigen Blättern schmücken den oberen Teil des Bildes; eine doppelte Linie rahmt die gesamte Komposition.

Der hl. Wenzel (Wenzeslaus, um 910–929/935), der sich als junger Herzog für Böhmens Christianisierung und den Anschluss an das Deutsche Reich einsetzte, wurde von seinem Bruder ermordet (LCI 1976, Sp. 595–599). Bald jedoch entstand ein Kult um sein Grab, der sich in der Folge auf ganz Böhmen und Mähren, ja auf Deutschland ausdehnte. Unter Kaiser Karl IV. wurde der Wenzels-Kult besonders gefördert. Die Kirche berief sich ab dem späten 15. Jahrhundert im Kampf gegen die Böhmischen Brüder auf den Heiligen; aus diesem Grund figuriert sein Bild auch im Olmützer Psalter (Hlobil 1998, S. 256). Um 1500 liess Bischof Stanislaus Thurzo für die Kathedrale von Olmütz, die Wenzel geweiht ist, eine monumentale Steinplastik des Kirchenpatrons schaffen (Hlobil 1998, S. 250, 253, Abb. 2). Seine Darstellung als Krieger mit Wehrgehänge und Adlerwappen ist typisch für Böhmen und Mähren; im Westen wird er dagegen auch als Asket oder milder König wiedergegeben.

Die Engel, die ihm auf dem Holzschnitt zur Seite stehen, sind nicht nur Schildhalter, sondern spielen auch in seiner Legende eine Rolle; in der bildenden Kunst begleiten sie den Heiligen schon auf einer Münze des 12. Jahrhunderts und treten als Wandgemälde besonders prominent neben seiner 1373 entstandenen Skulptur in der Wenzelskapelle des Prager Veitsdomes auf (um 1470; Hlobil 1976, S. 337, 343, Abb. 7, 9; Köln 1978, S. 653/654; Hlobil 1998, S. 250–252). Auf dem vorliegenden Holzschnitt trägt der hl. Wenzel nicht wie üblich den Herzogshut, sondern eine Kappe mit umlaufendem Kronreif, wie eine im Wappenbuch des Conrad von Grünenberg (Konstanz 1483) den Kopf eines Kurfürsten bedeckt. Bei diesem scheint es sich um den König von Böhmen zu handeln, dessen Kurhut hier von der gewohnten Form abweicht (Hoffmann 1982, S. Kat. Nr. 40, S. 120, Abb. 27). Der böhmische Herrscher gehörte zwar zu den Kurfürsten, sein Wahlrecht war jedoch umstritten, und über längere Perioden konnte er es nicht ausüben (Thomas 1992). Vielleicht drückt die vorliegende Darstellung nicht zuletzt eben diesen Anspruch darauf aus (zum Thema siehe: Hlobil 1982).

Die auf einem Löwen stehende Figur erinnert an mittelalterliche Grabskulpturen, wo die Verstorbenen – unklar, ob liegend oder stehend – ihre Füsse auf Löwen setzen (Beispiele bei Hlobil 1999, S. 168). Auch wenn die Bedeutung dieser Löwen als Zeichen hoher Würde oder als Verkörperung überwundener Gewalt umstritten ist, sind sie zunächst königlichen, später auch adligen Personen vorbehalten (Bauch 1976, S. 73/74). Dem repräsentativen Habitus des Holzschnittes eignet zudem etwas ausgesprochen Heraldisches, und zwar nicht nur auf Grund der Wappen, sondern auch wegen der Frontalität des Heiligen, der Symmetrie der Komposition und der ornamental flatternden Bänder.

Die Figuren sind schlank und hochgewachsen, ihre Hände feingliedrig mit langen Fingern: dieses Merkmal könnte auf Fries hinweisen. Gewandbäusche und flatternde Stoffzipfel haben ausserdem Parallelen in zwei Gemälden des Malers, die 1501 entstanden sind: dem «Martyrium des hl. Sebastian» (Kat. 3b, Lendentuch) und der «Hl. Anna selbdritt» (Kat. 3d, Marienschleier, Windel).

Schattiert wird hauptsächlich in horizontalen Parallellagen; nur selten kommt Kreuzschraffur zur Anwendung, ähnlich wie z.B. im «Hl. Hieronymus» von Albrecht Dürer (1492; Strauss 1980, S. 38–40) oder in den Illustrationen zum «Ritter vom Thurn», 1493 bei Michael Furter in Basel erschienen (Schramm 1940, Tafel 121–129).

Aus anderen als stilistischen Gründen mag man jedoch bezweifeln, dass es sich bei dem Blatt mit dem hl. Wenzel um ein Werk von Hans Fries handelt: Dies wäre sein einziger gegenwärtig bekannter Holzschnitt, zudem für einen von Freiburg weit entfernten Ort geschaffen. Im Unterschied zur früheren Hypothese einer ausgedehnten Wanderschaft des Malers (siehe S. 17/18) neigen wir heute eher zur Annahme, er habe sich kaum ausserhalb des Dreiecks Freiburg, Bern, Basel bewegt. Dieser Meinung könnte die Darstellung des böhmischen Heiligen widersprechen.

Nun ist ausser Fries jedoch kein Künstler (oder Formschneider) bekannt, der das auf dem Holzschnitt erscheinende Monogramm mit dem Hauszeichen verwendet. Die geringen Abweichungen (Fehlen von Kreis und Halbmonden) dürften einer Technik anzulasten sein, die weniger Feinheiten als der Pinsel erlaubt. Auch hinsichtlich der Entstehungszeit des Blattes, die auf Grund des Widmungstextes wohl unmittelbar vor dem Druck anzusetzen ist, darf Fries als Schöpfer ernsthaft in Betracht gezogen werden. Völlig ungewiss bleibt allerdings, ob er die Darstellung nur gezeichnet oder auch in Holz geschnitten hat. Der spiegelbildliche Schriftzug mit der Anrufung des Heiligen weist allenfalls auf einen etwas ungeübten Formschneider hin.

Möglicherweise stand der Drucker Stahel, der gemäss dem Widmungstext das Bild in Auftrag gegeben hatte, über seine süddeutsche Heimat in Kontakt zu Basel bzw. zu schweizerischen Gebieten und kannte Fries. Darauf könnte die Tatsache hinweisen, dass Johannes Grüninger in Strassburg 1499 ein «Breviarium iuxta ordinem ecclesie Olomucensis dyocesis» druckte, als dessen Herausgeber Pavel Reyhel figuriert, der ja bekanntlich das «Psalterium» korrigiert hatte (Hlobil 1998, S. 285, Nr. 71; zu Grüninger: Geldner 1968, S. 71–75). Auch auf dem Titelblatt dieses Breviers erscheint der hl. Wenzel zwischen zwei wappenhaltenden Engeln (Abb. 209); die beiden Holzschnitte sind zwar stilistisch voneinander verschieden, entsprechen sich jedoch ikonographisch bis in kleine Details – der heraldisch anmutende Zug und der Löwe unter den Füssen inbegriffen. Da sie im gleichen Jahr gedruckt wurden, das genaue Datum jedoch nur beim Brevier erwähnt ist (21. Oktober), lässt sich nicht feststellen, ob eine der Darstellungen von der anderen abhängt oder ob sie auf ein gemeinsames Vorbild zurückzuführen sind. Es ist denkbar, dass Fries – vielleicht indirekt – in Kontakt zu dem Strassburger Drucker stand.

Abb. 209
Breviarium iuxta ordinem ecclesie Olomucensis dyocesis, erschienen bei Johannes Grüninger, Strassburg, 21. Oktober 1499; Prag, Nationalmuseum

Abb. 210
Kat. 17

Dem Holzschnitt im «Psalterium Olomucense» war in Mähren Erfolg beschieden: zum einen verwendete der in Olmütz tätige Drucker Konrad Baumgarten den Holzstock zwischen 1500 und 1502 in mindestens drei Drucken wieder; er entfernte dazu das Monogramm bis auf den linken Schaft des «H» und ersetzte das Wappen rechts durch einen neuen Schild, wo er den Löwen auf die andere Seite wendete und Mitra mit Bischofstab überhöhend beifügte (Hlobil 1998, S. 260–263, Nr. 73–75; zu Baumgarten: Geldner 1970, S. 356). Derselbe Baumgarten liess das Bild für das Buch «De secta Waldensium» von Augustinus Moravus (1500) in kleinerem Format neu in Holz schneiden, wobei das Friessche Monogramm, allerdings vereinfacht, kopiert wurde (Hlobil 1998, S. 259, Nr. 72; Geldner 1970, S. 357, Abb. 154). Noch 1505 benutzte man das Bildschema für ein «Missale Olomucense», das Johannes Winterburger in Wien druckte; dieser Holzschnitt zeigt jedoch einen fortschrittlicheren Stil mit bewegteren Formen (Hlobil 1998, S. 265, Nr. 76; zu Winterburger: Geldner 1968, S. 253–255).

Verena Villiger

Dank an
Ivo Hlobil, Prag, für seine zahlreichen Informationen.

Sancta · dara
1505

Kat. 17
Hl. Klara, 1505
(Abb. 210)

Freiburg, Museum für Kunst und Geschichte, Inv. 8403, Depositum des Franziskanerklosters Freiburg

Feder und Pinsellavierung in brauner Russtinte (Bister) auf weissem Papier, 32,5 x 22,3 cm

Signiert auf Säulenbasis links: «· IO · 來 F»
Datiert auf Säulenbasis rechts: «1505»
Inschrift auf Tafel am unteren Bildrand: «sancta · clara»

Zustand
   Das Blatt ist links beschnitten, die Tinte an einigen Stellen abgeblättert; Tintenfrass.

Restaurierungen
   P. Otho Raymann, Freiburg, 1995 (Trockenreinigung, Ergänzung eines Loches und kleinerer Fehlstellen).

Herkunft
   Gegen 1940 (Freiburg 1957 gibt irrtümlicherweise 1950 an) entdeckte der Bibliothekar des Freiburger Franziskanerklosters, P. Nicolas Bongard, die Zeichnung in einem gedruckten Buch aus dem 16. Jahrhundert. Wahrscheinlich hatte man das Werk damals als Makulatur betrachtet und in der hauseigenen Buchbinderei als Spiegelblatt auf der Innenseite eines Buchdeckels verwendet. (Wie es scheint, löste diese Entdeckung in der Bibliothek des Franziskanerklosters eine eigentliche Schatzsuche aus, in deren Lauf zahlreiche Einbände des 16. Jahrhunderts beschädigt wurden.)

Literatur
   Schmidt/Cetto 1940, S. XXI; Dominique/Moullet 1941, S. 50–54, Abb. 1; Ganz 1952, S. 104; Reinle 1956, S. 56; Freiburg 1957, S. 16, Kat. 10; Basel 1959, S. 16; Strub 1959, S. 87, 91, Abb. 82; Pfister-Burkhalter 1961, S. 608; Anderes 1963, S. 89–91, Abb. 54; Wüthrich 1996, S. 788; Gutscher/Villiger 1999, S. 228/229, Abb. 192.

Unter einer Arkade steht die Heilige, nach links gewandt, wie auf einer kleinen Bühne. Sie ist in die Tracht des von ihr gegründeten Klarissenordens gekleidet; die Kutte wird nahezu gänzlich vom weiten Mantel verhüllt, eine Quaste des Zingulums lugt neben dem linken Fuss unter dem Saum hervor. Der Kopf der Gestalt ist in Weihel und Wimpel gehüllt, in den Händen trägt sie eine reichgeschmückte dreistöckige Turmmonstranz.
Gerahmt wird die Figur von zwei gedrungenen Säulen, die unten und oben am Schaft einen Ring aufweisen und auf hohen Basen stehen. Ihre Kapitelle werden von einem Band und einem Kranz aneinandergereihter Kugeln gebildet. Darüber wölbt sich ein flacher Bogen, mit einer Hohlkehle und einer kleinen Schräge profiliert. Die Zwickel des Bogens sind mit zwei schüsselförmig eingetieften Tondi bestückt, denen sich leere Wappenschilde einpassen. Die Arkade öffnet sich auf einen Raum mit gerader Rückwand; der Boden ist vorne zweistufig abgetreppt.

Klara wurde 1194 in der Adelsfamilie Offreduccio in Assisi geboren und beschloss schon als Mädchen, ihr Leben Gott zu weihen. Beeindruckt von den Predigten des um zwölf Jahre älteren Händlerssohns Franziskus, denen sie in ihrer Heimatstadt beiwohnte, floh sie eines Nachts aus ihrem Elternhaus zur Marienkapelle der Portiuncula, wo Franziskus lebte, und gelobte bei ihm Armut, Keuschheit und Gehorsam. In der Folge gründete er für sie den später nach ihr genannten Klarissenorden. Klara wurde schon zwei Jahre nach ihrem Tod 1253 heiliggesprochen; ihr Orden erfuhr darauf auch nördlich der Alpen eine grosse Verbreitung (Keller 1975, S. 313–315).

Die Monstranz, die sie auf der Zeichnung hält, geht auf eine Legende zurück: Als die Sarazenen 1240 die Stadt Assisi belagerten und bereits über die Mauern des vor der Stadt liegenden Klösterchens San Damiano kletterten, liess sich die schwerkranke Äbtissin vor die Pforte tragen, hielt betend das Sakrament empor und schlug dadurch die Feinde in die Flucht.

Schon kurz nach Entdeckung der Zeichnung wird darauf hingewiesen, dass die Figur jener der hl. Klara auf dem Hochaltar der Franziskanerkirche, dem sog. Nelkenmeister-Altar von 1479/1480, gleicht (Abb. 7; Dominique/Moullet 1941, S. 52/53). Die Heilige wendet sich hier zwar nach rechts, ist jedoch ebenfalls im Dreiviertelprofil wiedergegeben und hält die Monstranz; Details wie Quaste und Fussspitze entsprechen sich in beiden Darstellungen. Auch von der hl. Elisabeth, dem Pendant Klaras auf dem Altar, übernahm Fries einige Motive: etwa den am Halsausschnitt geschlossenen Mantel, dessen Verschluss vom Wimpel verdeckt wird, oder den Mantelbausch, den die Heilige mit dem linken Arm rafft – der dadurch entstehende Faltenwurf bildet den plastischen Blickfang der Zeichnung. Weitere Ähnlichkeiten zwischen den beiden Werken sind die Abtreppung am unteren Bildrand sowie der Bogen, der die Darstellung überhöht und in dessen Zwickel ehemals auch beim Altar zwei Tondi sassen (Gutscher/Villiger, S. 64/65, Abb. 24). Angesichts dieser Parallelen dürfen wir annehmen, Fries habe die «Hl. Klara» in Anlehnung an den Nelkenmeister-Altar geschaffen, dessen Gemälde ihn vermutlich schon in früheren Jahren entscheidend beeinflusst hatten (siehe Kat. 1, S. 92). – Ein Kapitell, das jenen auf der Zeichnung gleicht, findet sich übrigens auf einem rheinländischen Glasgemälde (Geisselung Christi, um 1480/90, The Cloisters, New York; abgebildet bei Deuchler 1972, S. 136).

Nicht nur aus der Verwandtschaft der Zeichnung mit dem Altarbild, sondern auch aus ihrer Ikonographie und dem Fundort lässt sich schliessen, dass Fries sie für das Freiburger Franziskanerkloster geschaffen hat, dessen Guardian Jean Joly wohl massgeblich an der Entstehung des Nelkenmeister-Retabels beteiligt gewesen war (siehe Gutscher/Villiger 1999, S. 101–103). 1506, ein Jahr nach der Zeichnung, entstanden – sehr wahrscheinlich im Auftrag desselben Klosters – die Altargemälde mit Wundern des hl. Antonius von Padua (Kat. 9).

Wegen ihrer summarischen Ausführung wird die Zeichnung in der Literatur meist als Entwurf bezeichnet; wiederholt wird die Vermutung geäussert, es handle sich um einen Scheibenriss (Strub 1959, S. 87; Anderes 1963). Diese Hypothese ist jedoch nicht unbestritten. Format und Gesamtkomposition entsprechen zwar einem Scheibenriss, das Blatt weist jedoch keine Gebrauchsspuren (Rötelmarkierungen) auf.

Überdies ist die gedrungene Architektur atypisch für einen Scheibenriss. Glasscheiben aus dem Anfang des 16. Jahrhunderts haben zudem meistens einen Hintergrund mit Damastmuster, wobei in den vorbereitenden Rissen der entsprechende Platz leergelassen wird. Fries schattiert jedoch den Hintergrund und verleiht ihm dadurch Räumlichkeit. Schliesslich spricht gegen eine Funktion als Scheibenriss auch, dass die Zeichnung offenbar im Franziskanerkloster blieb; Scheibenrisse gingen aber (zumindest auf schweizerischem Gebiet) üblicherweise in den Besitz der ausführenden Glasmaler über.

Anna Maria Cetto, die das Blatt als erste veröffentlichte, sieht darin einen Entwurf zu einer Altartafel (Schmidt/Cetto 1940). Angesichts der Tatsache, dass Fries die «Hl. Klara» nur kurze Zeit vor seinen Altargemälden für das Franziskanerkloster (Kat. 9) und offensichtlich in Anlehnung an den Hochaltar der Klosterkirche schuf, muss man diese Vermutung ernsthaft in Betracht ziehen. Ausserdem zeigen mehrere Tafeln des Marienzyklus von 1512 (Kat. 13) Ähnlichkeiten in rahmender Architektur, Bildaufbau und Raum. Möglicherweise überliess der Maler den Franziskanern die Zeichnung als Vorschlag zu einem Bild.

Der Künstler legte die Grobform seiner Darstellung offenbar erst mit Bleistift an, von dem sich an den Seiten der Schrifttafel und links oberhalb der Quaste winzige Spuren finden. Dann zog er den Umriss der Formen mit der Feder, wobei er auch Lineal (Säulen) und Zirkel (Nimbus, Bogen, Tondi) einsetzte. Die Gestalt der Heiligen modelliert er lavierend, mit spitzem Pinsel, und verleiht ihr dadurch stärkere Körperlichkeit als der Umgebung, die er nur mit Federschraffen modelliert (siehe auch S. 53).

Wegen der summarischen Ausführung bezeichnet Georg Schmidt (Basel 1959) das Blatt als grobe Werkstattkopie. Heute, da die Unterzeichnungen des Künstlers bekannt sind, befremdet die geradezu modern anmutende Strichführung weniger: sie ist zur Genüge aus den Skizzen bekannt, mit denen Fries seine Kompositionen auf den Bildtafeln vorbereitete; als Beispiel sei der souverän entworfene Kopf eines Jungen aus den «Werken der Barmherzigkeit» (Abb. 119) angeführt. Es gibt unseres Erachtens keinen Grund, an der Autorschaft des Malers zu zweifeln.

Verena Villiger

Dank an
Rolf Hasler, Romont, für die Beurteilung einer möglichen Funktion der Zeichnung als Scheibenriss, P. Otho Raymann, Freiburg, für seine Informationen zu Herkunft und Zustand des Blattes und Marie-Claire Berkemeier-Favre, Basel, für den Hinweis auf das rheinländische Glasgemälde.

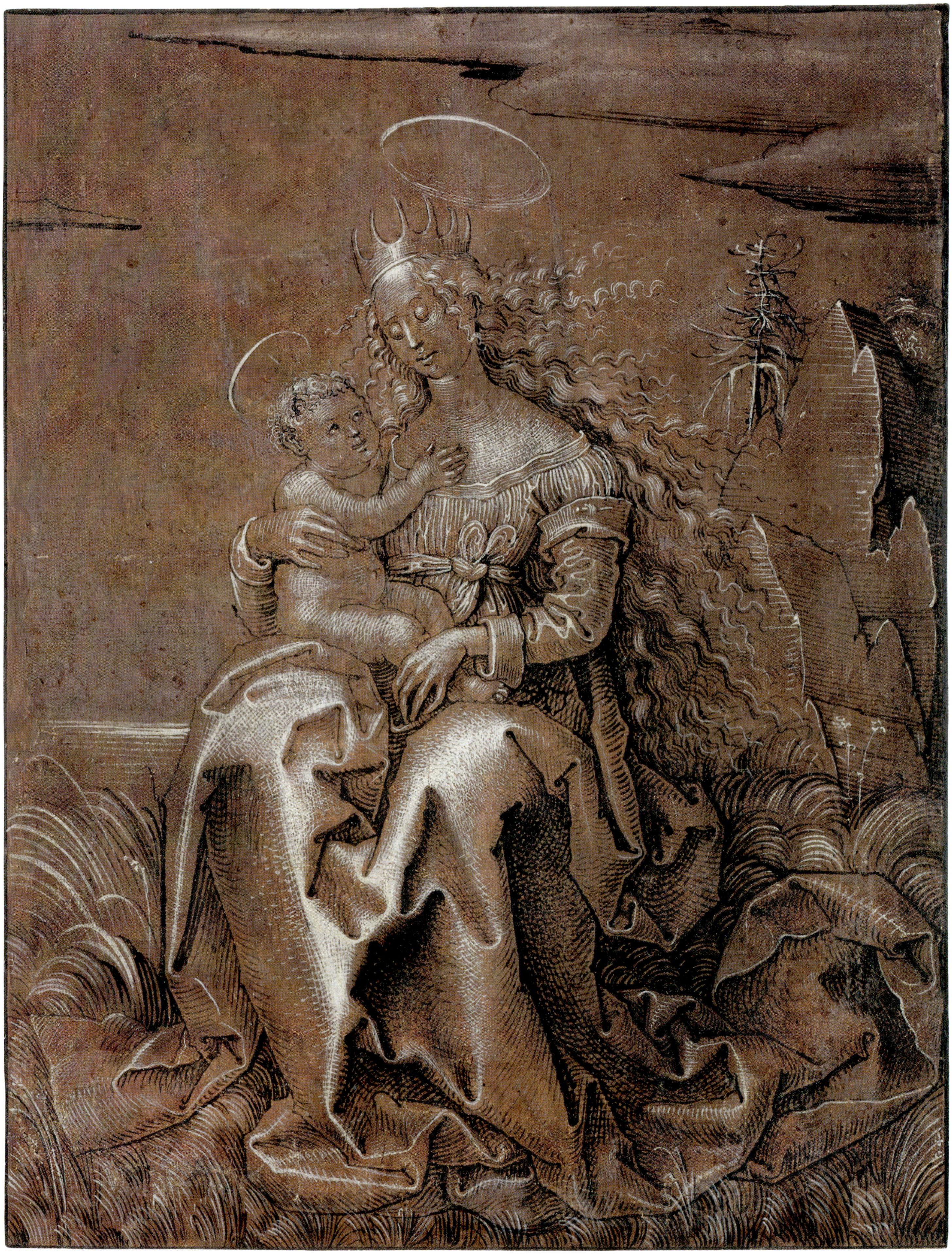

Kat. 18
Maria mit dem Kind in einer Landschaft, um 1510
(Abb. 211)

Abb. 211
Kat. 18

Basel, Öffentliche Kunstsammlung, Kupferstichkabinett, Inv. 1959.103

Feder in Schwarz, weiss gehöht, auf rotbraun grundiertem Papier, 25,2 x 19,7 cm

Wasserzeichen: nicht feststellbar
Inschriften: Oben links (quer, überdeckt): «R H Lando / 1605» (Basel 1997)

Rückseite
　Sammlerstempel der Sammler Karl Eduard von Liphart (1808–1891) und Reinhold von Liphart (Lugt 1921/1956, Nr. 1687, 1758).

Zustand
　Auf Papier geklebt, ringsum ergänzt und retuschiert, Weisshöhung stellenweise überarbeitet.

Restaurierungen
　Keine Nachrichten.

Herkunft
　Die Zeichnung gehörte laut Vermerk seit 1605 dem bernischen Glasmaler Hans Rudolf Lando (1584–1646). Lando erwarb in diesem Jahr eine grosse Anzahl Zeichnungen von seinem Berner Berufskollegen Ludwig Koch (Hasler 1996, S. 12), darunter vermutlich auch die vorliegende. Zu einer möglichen Herkunft der Zeichnung sei hier angemerkt, dass sich unter den von Koch an Lando verkauften Blättern solche aus dem Besitz des Glasmalers Thüring Walther befanden, der auch Fries' «Himmelfahrt der Maria» (Kat. 20) besessen hatte. Thürings Vater Mathias (I., 1517–1601) war ebenfalls Glasmaler, sein Grossvater Elisäus hingegen ein aus Nördlingen stammender Maler, der von 1512 bis 1555 in Bern bezeugt ist (Biografisches Lexikon, Bd. 2, S. 1096/1097). Möglicherweise hatte Hans Fries während seines Berner Aufenthalts Kontakt zu Elisäus Walther. – Im 19. Jahrhundert fand sich das Blatt in der Sammlung von Karl Eduard von Liphart, später in jener seines Enkels und Erben, des Freiherrn Reinhold von Liphart; 1899 wurde es bei Boerner in Leipzig versteigert und gelangte anschliessend als Besitz des Fürsten Liechtenstein in die Albertina nach Wien. Über Walter Feilchenfeldt in Zürich (1949) welchselte es in die Sammlung der Ciba AG, Basel; 1959 wurde es anlässlich des Firmenjubiläums zusammen mit 14 weiteren schweizerischen und deutschen Zeichnungen des 15. und 16. Jahrhunderts der Öffentlichen Kunstsammlung Basel geschenkt.

Literatur
　Schönbrunner/Meder 1896–1908, Bd. 9, Nr. 1048; Boerner 1899; Leitschuh 1916, S. 481; Kelterborn-Haemmerli 1927, S. 125/126; Hugelshofer 1928, S. 15, 27, Tafel I/10; Schmidt/Cetto 1940, S. XXI, S. 21, Abb. 35; Dominique/Moullet 1941, S. 53/54; Winzinger 1956, S. 38, Nr. X; Freiburg 1957, S. 18, Nr. 18; Basel 1959, S. 15–17, Nr. 3; Pfister-Burkhalter 1961, S. 608; Washington 1967, S. 21, Nr. 3; Landolt 1972, Nr. 44; Wüthrich 1996, S. 788; Basel 1997, S. 296/297, Nr. 20.1.

Vor steil aufragenden Felsen sitzt Maria mit dem Kind auf einer grasbewachsenen Kuppe; im Hintergrund glänzt eine Wasserfläche. Längliche Wolken durchziehen den Himmel, ein struppiges Bäumchen und einzelne Blumen vervollständigen die bukolische Szenerie. Die Muttergottes, leicht nach links gewandt, erwidert den Blick des Kindes auf ihrem Schoss, das seine Ärmchen um sie schlingt. Das Kleid der Madonna hat einen weiten Ausschnitt mit locker fallender Borte, ein fein gefälteltes Oberteil mit Puffärmelchen, deren hochgeschlagener Saum von einer Nadel festgeheftet wird; lange Ärmel verhüllen die Arme. Ein Band mit Schleife gürtet das weite Gewand, das sich am Boden zu einem zerklüfteten Faltenrelief staut. Maria trägt eine Krone, deren Zacken sich leicht nach innen wölben; ihre üppigen Locken bilden, vom Wind nach hinten geweht, eine Art Strahlenkranz. Mutter und Kind sind mit transparenten, perspektivisch verkürzten Scheiben nimbiert.

Bereits auf Darstellungen vom Beginn des 11. Jahrhunderts thront die gekrönte Gottesmutter mit dem Kind im blumenbestandenen Paradies (sog. Kostbares Evangeliar Bernwards von Hildesheim; Schiller 1980, S. 185/186, 448, Abb. 794). Ein kleines Tafelbild, um 1330 im Umkreis des Simone Martini entstanden, zeigt die stillende Muttergottes auf einem Kissen am Boden sitzend; es gilt als frühestes Beispiel der «Madonna dell'Umiltà» oder Demutsmadonna (Meiss 1936, S. 434, Abb. 1). Mit ihrer Demut bei der Verkündigung – sie antwortet dem Engel Gabriel «Ich bin die Magd des Herrn» – willigt sie in ihr Mitwirken im göttlichen Heilsplan ein; die demütige Haltung ist somit Voraussetzung für ihre Verherrlichung als Himmelskönigin (Schiller 1980, S. 192). Die erwähnten Elemente finden sich auf Fries' Zeichnung wieder: die Landschaft evoziert das Paradies; Maria sitzt mütterlich-demütig mit dem nackten Kind auf der Wiese; die Krone zeichnet sie als Himmelskönigin aus.

Zu Recht wurde kürzlich auf die Verwandtschaft der Zeichnung mit einem frühen Holzschnitt Hans Baldungs, «Maria mit dem Kind auf der Rasenbank», hingewiesen (Abb. 212; Basel 1997). Spiegelverkehrt findet sich hier eine ähnliche Haltung von Mutter und Kind, die wehenden Locken und der gesenkte Blick Marias. Auch hier weitet sich die Landschaft, ohne dass eine Mauer oder Hecke die Jungfrau umgäbe; Fries legt in seiner Komposition den Horizont allerdings tiefer und erreicht damit gegenüber Baldung einen hieratischeren Ausdruck. Im Holzschnitt wiederum ist die Krone prächtiger gestaltet, und die Madonna sitzt auf einer Rasenbank (dieses Detail wird Fries in einer weiteren Zeichnung, Kat. 19, übernehmen).

Die Zeichnung figuriert bei Boerner 1899 unter dem Künstlernamen Albrecht Altdorfer, «in der Art des Hans Frankenberger»; die Zuschreibung an Fries stammt von Meder (Schönbrunner/Meder 1896–1908). Sie ist mit feinen, teils gestrichelten, teils zügigen Federschraffen ausgeführt; einzelne Faltengrate und Saumlinien sind dezidiert mit breiterem Strich gezogen. Weisshöhungen verleihen dem Blatt einen irisierenden Schimmer und eine leicht gewitterhafte Stimmung; Georg Schmidt nennt die Funktion des Lichts auf dieser Zeichnung «nicht nur für Fries bahnbrechend» (Basel 1959). Das Werk wird in der Literatur unterschiedlich datiert, von einigen Autoren früh (Hugelshofer 1928: um 1500; Basel 1959, Landolt 1972: um 1503); Kelterborn-Haemmerli schlägt die Zeit um 1506 vor. Zwar erscheinen flammenförmige Felsplatten, wie sie im Hintergrund vorkommen, in Gemälden von Fries mindestens seit den «Werken der Barmherzigkeit» (um 1505, Kat. 7c); die Gewandfalten entsprechen jedoch am ehesten jenen des Kleides der Synagoge im «Lebenden Kreuz» (um

237

1510/1512, Kat. 12): ein stark modelliertes, eher kleinteiliges Relief mit tiefen Kerben und leicht geblähten Erhöhungen. Das «Lebende Kreuz» ist übrigens das späteste Werk des Malers, auf dem sich die erwähnten flammenförmigen Felsen beobachten lassen; auch die Wolkenbänke – langgezogen und spitz zulaufend, mit Licht- und Schattenseiten – sind auf diesem Gemälde jenen in der Zeichnung ähnlich. Eine Datierung des Blattes um 1510 (Winzinger 1956; Freiburg 1957; Basel 1997) scheint deshalb angebracht.

Bei dieser schönsten Zeichnung, die uns von Fries erhalten ist, dürfte es sich nicht um einen Entwurf, sondern um ein vom Künstler als autonomes Kunstwerk gedachtes Blatt handeln, um eine – übrigens besonders frühe – Meisterzeichnung. Darauf weist neben der künstlerischen Qualität auch seine Ikonographie hin, die für private Andachtsbilder charakteristisch ist (siehe auch Kat. 8, 19).

Verena Villiger

Dank an
Rolf Hasler, Romont, für seine Informationen zu den Berner Glasmalern.

Kat. 19
Maria mit dem Kind auf der Rasenbank, um 1512
(Abb. 213)

München, Staatliche Graphische Sammlung, Inv. 5624

Feder und Pinsellavierung in brauner Russtinte (Bister) auf leicht getöntem Papier, 26,1 x 18,9 cm

Signiert in der Mitte unten: «H 来 F»
Inschrift: Rechts unten: «8862» (frühere Inventarnummer)

Herkunft
Das Blatt wurde 1824 auf Befehl König Maximilians I. mit 313 weiteren Zeichnungen aus dem Nachlass von Georg Freiherr von Stengel, Ministerialrat am bayerischen Hof, erworben (zur Sammlung Stengel siehe: Pallmann 1908, S. 35/36) und ging im frühen 20. Jahrhundert in die Staatliche Graphische Sammlung über.

Rückseite
Bleistiftnotiz aus dem 19. Jahrhundert: «A. Hirschvogel»; Inventarnummer 5624 in roter Tinte; Stempel: «K. Bair. Zeichnungs Cabinet» (Lugt 1921/1956, Nr. 2673).

Abb. 212
Hans Baldung: Maria mit dem Kind auf der Rasenbank, Holzschnitt, um 1505/1507 (2. Zustand, mit Dürer-Monogramm)

Zustand
Das Blatt ist mit dickem Papier kaschiert, fleckig und von Rissen, kleinen Fehlstellen und Knitterspuren durchsetzt, die Zeichnung stellenweise berieben. Einzelne Umrisse, Falten und Weisshöhungen sind nachgezogen, das Gesicht der Madonna ist retuschiert.

Restaurierungen
Zu einem frühen, jedoch unbekannten Zeitpunkt restauriert (Kaschierung, Retusche).

Nicht Gedrucktes
Schmidt 1884, Nr. 42.

Literatur
Nagler 1858–1880, Bd. 3, S. 1119, Nr. 2935; Bruckmann-Druck Nr. 75 (nach Hugelshofer 1928; entspricht vermutlich Schmidt 1884–1900); Haendcke 1893, S. 113; Schmid 1898, S. 310; Berthier 1904; Zemp 1905, S. 502; Leitschuh 1916, S. 481; Kelterborn-Haemmerli 1927, S. 124/125; Hugelshofer 1928, S. 15, 27, Tafel I/9; Dominique/Moullet 1941, S. 53/54, Abb. 3; Freiburg 1957, p. 16; Basel 1959, S. 16; Pfister-Burkhalter 1961, S. 608; Roethlisberger 1975, S. 48, Abb.; Hlobil 1976, S. 334/335, Abb. 5.

Auf einer Rasenbank inmitten einer Wiese sitzt die Madonna und stillt das Kind auf ihren Knien. Mit der einen Hand stützt sie es, mit der andern reicht sie ihm die Brust. Dazu hat sie den Ausschnitt ihres Gewandes geöffnet; ein Mittelschlitz im gefältelten Hemd darunter, der von einer blümchenförmigen Schliesse am Halsausschnitt zusammengehalten wird, ermöglicht das Stillen. Über dem langärmligen Kleid trägt Maria einen weiten Mantel; das Kind liegt auf einem Tuch. Das Haar der Jungfrau wird auf der Stirn von einem Band mit einem Schmuckstück in Blütenform gehalten und fällt in langen Locken über Schultern und Rücken, wo es vom Wind gezaust wird. Der Windstoss bläht auch Marias Kleidung, die sich in Falten am Boden staut. Arabeskenhaft flattern die Gewänder von zwei Engelchen, die in der Luft schweben und eine Zackenkrone mit Fleurons über das Haupt der Madonna halten. Das linke trägt zudem einen Reichsapfel mit Kreuz, das rechte ein Zepter. Ihre Lockenschöpfe sind mit perspektivisch verkürzten transparenten Scheiben nimbiert; beim Jesuskind ist der Scheibe das Kreuz eingefügt. Marias Heiligenschein besteht hingegen aus Strahlen, die von ihrem Kopf ausgehen.

Ähnlich wie bei der «Madonna mit dem Kind in einer Landschaft» (Kat. 18) drückt sich die Demut Marias hier dadurch aus, dass die Jungfrau nicht thront, sondern auf einer einfachen Sitzgelegenheit inmitten einer Wiese – hier einer Rasenbank, dort einer Bodenwelle – Platz genommen hat. Nicht nur dieses Motiv, sondern auch das Stillen des Kindes gehört zum Typus der «Madonna dell'Umiltà»; die Darstellung des Gottessohnes als Säugling weist auf seine Menschwerdung hin (siehe dazu: Meiss 1936). Wie bereits erläutert (S. 237), ist die demütige Haltung Marias Voraussetzung für ihre Verherrlichung; auf ihr Königtum verweisen in der vorliegenden Zeichnung die Reichsinsignien, welche die Engelchen (Nachfahren der hochmittelalterlichen Thronpaladine: Schiller 1980, S. 186, 448, Abb. 794) über ihr Haupt halten. Zur hoheitsvollen Erscheinung Marias trägt auch der tiefe Horizont der Komposition bei, vor dem sich ihre Gestalt eindrücklich abhebt.

Elemente der Demut und der Herrschaft halten sich hier die Waage. Auch auf einer Hans Holbein d. Ä. zugeschriebenen Zeichnung flankieren zwei Engel mit Zepter und Reichsapfel die gekrönte, am Boden sitzende Muttergottes mit dem Kind (Weimar, Kunstsammlungen; Abb.: Old Master Drawings 1930, S. 15). Fries jedoch wurde vermutlich von zwei Holzschnitten angeregt, auf denen die bukolische Note überwiegt, nämlich von Baldungs «Maria mit dem Kind auf der Rasenbank» (Abb. 212) und von Dürers «Hl. Familie mit den Hasen» (Abb. 122). Von Baldung, dessen Holzschnitt er wahrscheinlich auch für Kat. 18 vor Augen hatte, übernimmt er offensichtlich die Rasenbank, die Haltung des Kindes, das Tuch, mit dem die Mutter es umfängt, Marias Locken und die Art ihrer Gewanddraperie (den Mantelzipfel über dem Knie, den Verlauf der Saumlinie, die sich am Boden stauenden Falten). Von Dürer könnte anderseits die Idee zu den beiden Engeln mit den kurzen Kleidchen und den flatternden Gürtelschärpen stammen.

Die Zeichnung wurde auf Grund des Monogramms erstmals von Nagler als Werk des Hans Fries bezeichnet (zwischen 1863 und 1880); ihm folgte 1884 Wilhelm Schmidt. Wahrscheinlich handelt es sich bei der von Cust 1893 (S. 201) erwähnten «Madonna», die sich als Reproduktion im British Museum befand, um dieses Blatt; Kat. 18 und 20 wurden nämlich erst ab Ende des 19. Jahrhunderts als Werke von Fries betrachtet.

Der schlechte Erhaltungszustand und plumpe Retuschen entstellen heute die Feinheiten von Feder- und Pinselführung. Einige ungeschickt wiedergegebene Formen sind auch dem Künstler selbst anzulasten, etwa Hände, Köpfe und Nimben der Engel; die Mariengestalt hingegen ist von grosser Würde. Mehrere Details finden sich in andern

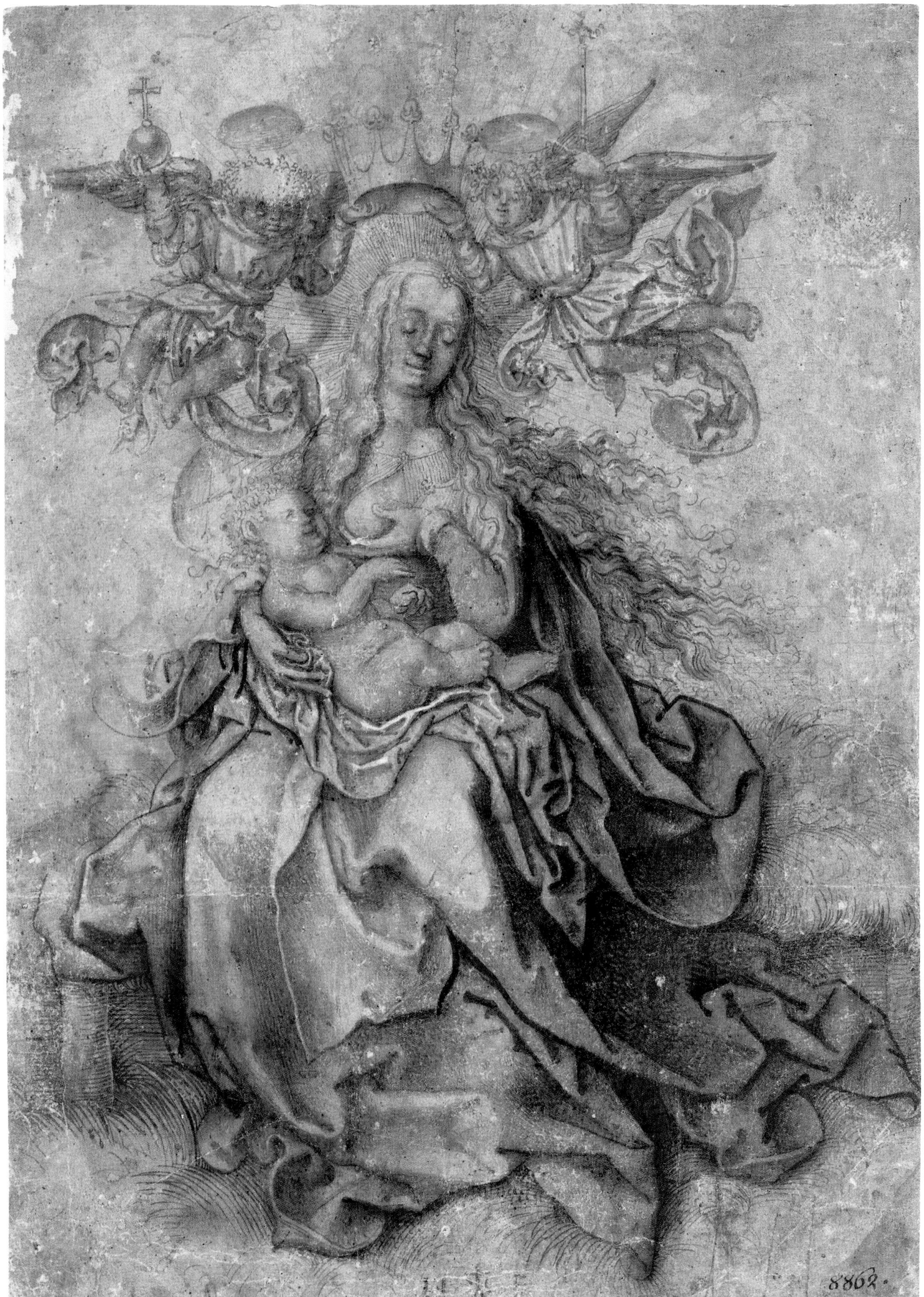
8862.

Werken von Fries wieder: das Haarband mit dem Blümchen (Kat. 8, 20) oder das Hemd, das sich zum Stillen über der Brust öffnen lässt (Kat. 13c). In der «Geburt Mariae» von 1512, wo ein solches vorkommt, gleichen ausserdem die Falten denen der vorliegenden Zeichnung: sie erinnern an Wolltuch, sind weich und schwer. Überhaupt findet sich die behäbige Stimmung des Marienzyklus (Kat. 13) in der «Madonna auf der Rasenbank» wieder; wir schlagen deshalb eine Datierung um 1512 vor.

Trotz offensichtlichem Qualitätsunterschied steht das Blatt auf Grund von Ikonographie und Format der «Maria mit dem Kind in einer Landschaft» (Kat. 18) nahe. Angesichts ihrer gepflegten, ausführlichen Fertigung diente wohl auch die Münchner Zeichnung nicht als Entwurf, sondern war als autonomes Kunstwerk gedacht (Hugelshofer 1928). Wie schon bei Kat. 18 könnte es sich hier abermals um ein kleines Andachtsbild gehandelt haben, was auch das Bildthema nahelegt.

Verena Villiger

Abb. 213
Kat. 19

Dank an
Kurt Zeitler, München, für seine Informationen.

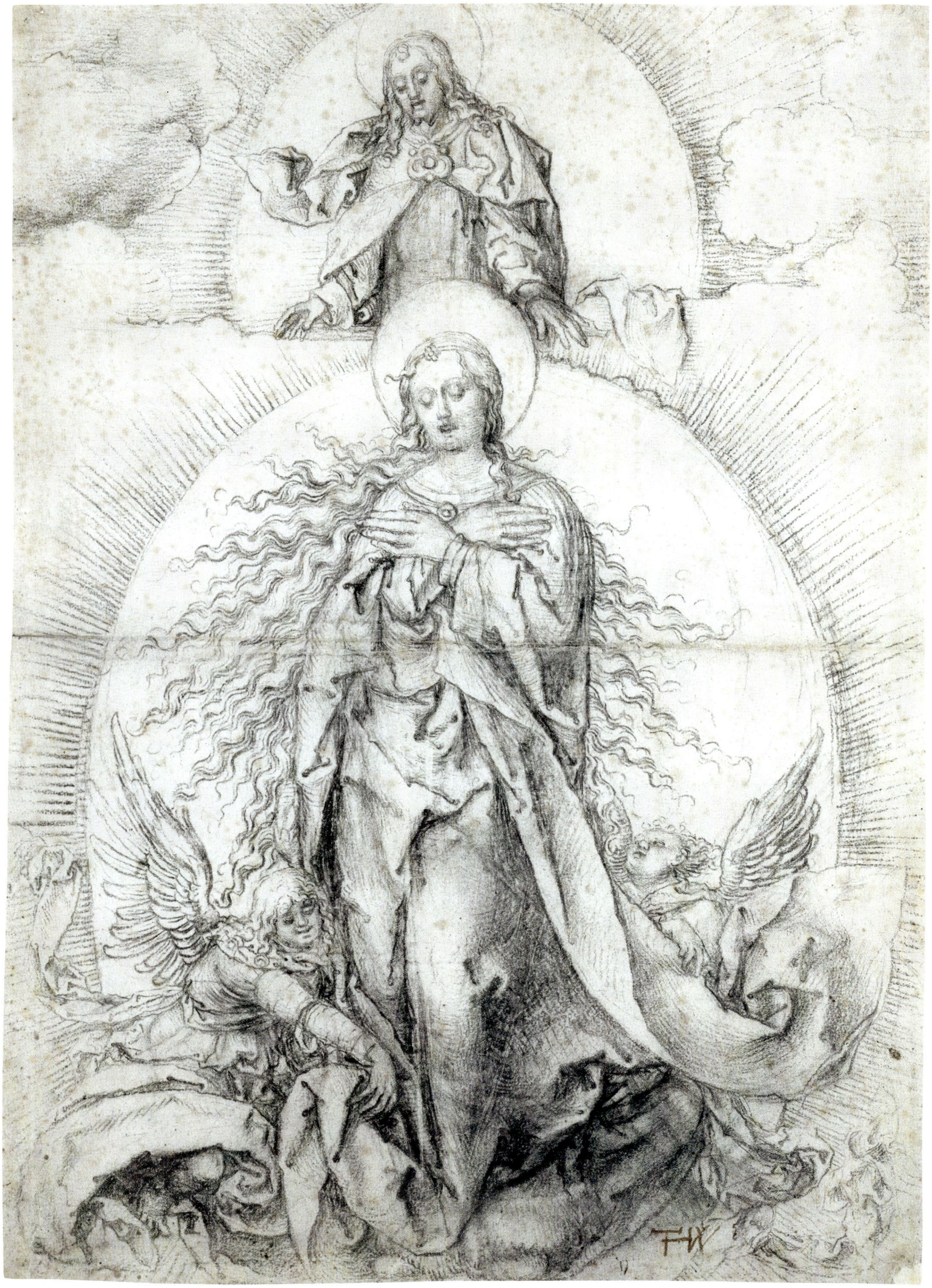

Kat. 20
Himmelfahrt der Maria, um 1512

(Abb. 214)

Basel, Öffentliche Kunstsammlung, Kupferstichkabinett, U.I.32 (=U.XVI.34)

Kohle oder schwarze Kreide auf Papier, 43,1 x 32,2 cm

Wasserzeichen: Hohe Krone (Piccard 1961, S. 47, Gruppe XII, 45 b)
Inschriften: Rechts unten jüngeres Monogramm mit brauner Feder: «THW»

Zustand
Stockfleckig, waagrechte Mittelfalte; mit Japanpapier kaschiert; Ecke rechts unten ausgerissen.

Restaurierungen
Keine Nachrichten.

Herkunft
Wie nach dem Monogramm zu schliessen ist, gehörte die Zeichnung vermutlich dem Berner Glasmaler Thüring Walther (1546–1616; zu Walther siehe: Hasler 1996, S. 12/13) – ein ähnlicher Fall wie Kat. 18. Später befand sie sich im Faeschischen Museum in Basel, aus dem sie in die Öffentliche Kunstsammlung überging (Landolt 1972; Basel 1997; zur Sammlung Faesch siehe S. 182).

Literatur
Térey 1894–1896, Nr. 7, Textband, S. VIII; Stiassny 1897/1898, S. 31; Schmid 1898, S. 310; Ganz 1904–1908, Bd. 3, Abb. 33; Berthier 1909/2; Kelterborn-Haemmerli 1927, S. 126–128, Tafel 28; Hugelshofer 1928, S. 15, 27; Freiburg 1957, S. 20; Basel 1959, S. 16; Pfister-Burkhalter 1961, S. 608; Landolt 1972, Nr. 45; Bätschmann 1989, S. 14/15; Wüthrich 1996, S. 788; Basel 1997, S. 298/299.

Zwei übereinandergesetzte, nahezu kreisförmige Glorien verleihen der Komposition eine geometrische Grundstruktur. In der unteren, grösseren Glorie tragen zwei Engel die Madonna in die Höhe; in der oberen erwartet Christus über einer Wolkenbrüstung seine Mutter. Maria, dem Betrachter zugewandt, hat die Arme über der Brust gekreuzt und neigt den Kopf gesenkten Blickes leicht nach links. Ihr Haar wird auf der Stirn von einem Band mit Blümchenschmuck gehalten (ebenso: Kat. 8 und 19); wie in der Münchner Zeichnung fällt eine gelockte Strähne in die Stirn. Die übrige Lockenpracht wird vom Wind ausgebreitet und bildet einen zweiten, natürlichen Strahlenkranz. Die weiten Gewänder der Jungfrau – ein langärmliges Kleid und ein Mantel, der über den Schultern gefältet ist – lassen den Verlauf der Beine erahnen, verhüllen die Körperformen am Rumpf jedoch mit Faltennestern. Die Säume schwingen in der Bewegung aus, sie bauschen und blähen sich und werden mit den Engelskleidern zu einer komplexen Plastik; die Flügelchen schliessen sie ornamental ab. Im oberen Teil der Zeichnung bilden Wolkenmassen ein kompositionelles Gegengewicht dazu. Sie formen auch die Brüstung, auf die sich Christus stützt; ein Zipfel seines Gewandes hat sich darübergelegt. Jesus trägt eine langärmlige Tunika und einen Mantel, der auf der Brust von einer Schliesse in Form eines Dreipasses (Symbol der Dreifaltigkeit) zusammengehalten wird und über beide Schultern zurückgeschlagen ist, ein loses Saumende flattert in der Luft. Mutter und Sohn tragen Scheibennimben.

Dargestellt wird nicht, wie Berthier vermutet, das Weib in der Sonne, sondern die «Assumptio corporis», die leibliche Himmelfahrt Marias, wobei der Künstler (entgegen seiner Gewohnheit) auf narrative Elemente wie zum Beispiel das Grab oder die Apostel verzichtet. Die Muttergottes wird, in einem überzeitlichen Raum zwischen dem Himmel (wo ihr Sohn sie erwartet) und der Erde schwebend, verherrlicht; die Engel schmücken sie eher, als dass sie sie trügen.
Das Bild der «Assumptio» kommt seit dem 13. Jahrhundert in Oberitalien auf und wird während der darauffolgenden Jahrhunderte in Siena und Florenz weiterentwickelt (Schiller 1980, S. 143). Auf einem Gemälde des Gualtieri di Giovanni da Pisa schwebt Maria, frontal zum Betrachter gewandt, in einem Strahlenkranz inmitten von Engeln; senkrecht über ihr erwartet sie in einer kreisrunden Glorie ihr Sohn, mit ausgebreiteten Armen auf eine Wolkenbrüstung gestützt (Ende 14. Jahrhundert; Schiller 1980, S. 406, Abb. 714). Fries' Zeichnung steht dieser Darstellung in der Struktur erstaunlich nahe; ein direkter italienischer Einfluss auf den Künstler dürfte allerdings fraglich sein. In den Details (Faltenbildung, Gesichtstypen usw.) entspricht die Formensprache des Blattes seiner Entstehungszeit; die symmetrische Bildanlage, die Frontalität der Gestalten und die ornamentale Aufteilung der Fläche mittels ausgeprägter Glorien wirken jedoch altertümlich und erinnern an hochmittelalterliche Kompositionen in der Buch- und Wandmalerei; durch diese Elemente und den statischen Charakter unterscheidet sich die Komposition grundsätzlich von den üblicherweise dynamischen Bildschöpfungen des Malers.

Abb. 214
Kat. 20

Die Zeichnung wird in der Literatur erst als Werk von Hans Baldung (Térey 1894–1896), dann als solches von Hans Dürer (Stiassny 1897/1898) betrachtet. 1898 vergleicht sie Heinrich A. Schmid mit der Münchner Zeichnung (Kat. 19) und schreibt sie Fries zu, worin ihm die späteren Autoren folgen. Im allgemeinen wird sie um 1512 datiert (Kelterborn-Haemmerli 1927; Hugelshofer 1928; Freiburg 1957; Basel 1997/1); einzig Landolt setzt ihre Entstehung um 1504 an. Gewisse formale Ähnlichkeiten mit Gemälden des Malers unterstützen diese Datierung: Kumuluswolken verwendet Fries auch 1512 in der «Rückkehr aus Ägypten» (Kat. 13g) und 1514 an den Aussenseiten des grossen Johannes-Altars (Kat. 14a, 14c); Faltenwürfe, bei denen kurze, tiefe Furchen in leicht geblähte Gewandpartien einkerben, finden sich an den Gewändern der Synagoge und des die Vorhölle öffnenden Christus im «Lebenden Kreuz» (Kat. 12), das um 1510-1512 entstanden sein dürfte, sowie am Mantel des Joachim im «Tempelgang Mariae» (Kat. 13d). Verschiedene Motive, die sich in seinen Gemälden wiederfinden, wandte der Künstler jedoch über längere Zeit an: den gelappten Rand der Glorie (Kat. 7a, 10a, 14c), den am Halsausschnitt gefältelten Mantel (Kat. 9a, 13b, 13d, 14a), die grossen Hände (Kat. 11a, 13, 17, 19).

Die malerisch tonige Zeichnung ist das einzige uns bekannte Werk von Fries, bei dem er mit Kohle (oder Kreide) arbeitet. Die subtile Behandlung von Licht- und Schattenpartien zeigt jedoch, dass er in dieser Technik geübt war und ihre Reize zu nutzen wusste. An wenigen

Stellen, den Händen Christi und jenen der Engel, ist die Strichführung ungeschickt. – Möglicherweise diente das Blatt als Entwurf für ein Tafelbild oder, allerdings mit geringerer Wahrscheinlichkeit, für ein Glasgemälde (Hugelshofer 1928, S. 15: unklar ist, worum es sich bei dem hier erwähnten, von Ernst Buchner entdeckten Gemälde handeln soll; Basel 1997).

Verena Villiger

Dank an
Rolf Hasler, Romont, für die Beurteilung einer möglichen Bestimmung des Blattes als Entwurf zu einem Glasgemälde.

Kat. 21
Himmelfahrts-Christus (Fassung), 1503
(Abb. 215)

Freiburg, Museum für Kunst und Geschichte, Inv. 2448

Skulptur: Lindenholz, teilweise mit Leinwand überklebt; Polychromie: Wässrige sowie ölhaltige Bindemittel und Polimentvergoldung auf Kreidegrund;
116 (120,5 mit Ring) x 55,3 x 37,2 cm

Datiert auf dem schmiedeeisernen Ring (eingraviert): «1503»

Herkunft
In der Kirchmeierrechnung von St. Niklaus in Freiburg findet sich 1502–1503 der Eintrag, ein Bildhauer habe 18 Pfund zur Herstellung eines Werkes für Pfingsten und Christi Himmelfahrt erhalten. Im darauffolgenden Jahr wird vermerkt, dass «meister Hansen, dem maler» für die Bemalung und Vergoldung der «engel und bilder der uffart» 35 Gulden ausbezahlt worden sind. Zudem erhält der Schmied Niklaus Schauenberg (Schowemberg) 4 Pfund für Schmiedearbeiten (Q 113/1503).
Der Ausdruck «bild» bezeichnet laut damaligem Sprachgebrauch in der Regel eine Skulptur. Die Angaben in den Kirchmeierrechnungen beziehen sich somit auf eine Gruppe von Skulpturen, mit der Christi Himmelfahrt in der Stadtkirche St. Niklaus nachgespielt wurde. Von dieser Gruppe ist heute nur noch der Auffahrts-Christus bekannt. Das Himmelfahrtsschauspiel wird in Freiburg lange Zeit beibehalten, wie die Einträge in den Kirchmeierrechnungen belegen. 1560/61 wird ein neues Seil dafür gekauft (Q 113/1503). Der 1627–1631 errichtete Chor von St. Niklaus weist im Gewölbe eine eigens dafür geschaffene kreisrunde Öffnung – das sogenannte «Himmelsloch» – auf, und noch heute kann man im Dachstock der Kirche das grosse Laufrad sehen, mit dessen Hilfe die Figuren hochgezogen wurden. 1724/25 wird die Skulptur von «Malerinnen» für die Summe von 21 Pfund aufgefrischt, wobei der Rechnungseintrag das hohe Alter des Stückes betont, irrtümlich aber 1523 statt 1503 als Herstellungsjahr angibt (Q 113/1503). Bei den Malerinnen handelt es sich um die aus Morteau in der Freigrafschaft stammenden Schwestern Richard, die sich zwischen 1698 und 1740 in Freiburg aufhielten (Andrey 1994). Der Bericht des aus Frankreich emigrierten Priesters Lambert beweist, dass der Brauch auch Ende des 18. Jahrhunderts noch praktiziert wurde: «Bei meinem Aufenthalt in Freiburg sah ich das Schauspiel der Auffahrt in der Kathedrale. Eine Christusfigur aus Pappe wurde an einer Schnur über dem Hochaltar emporgezogen und verschwand durch ein rundes Loch im Gewölbe: aus diesem Loch schwebte an Pfingsten ein Hl. Geist in Form einer Kartontaube nieder, gefolgt von lebenden Tauben, die durch die ganze Kirche flatterten (…) So unterwies man im 13. Jahrhundert unsere Vorfahren in der Religion, und mir gefiel dieser Rest eines alten Brauchs. Er ist Zeichen eines einfachen Glaubens, der nicht schlechter war als das religiöse Halbwissen unserer Zeit; wenn man ihn auch kritisieren mag, richtet er wenigstens kein Übel an. Aus diesen Überlegungen machte ich mich über das Lächerliche der Zeremonie, der ich beiwohnte, nicht lustig» (Raemy 1935, S. 94/95). Bei der von Lambert beschriebenen Skulptur muss es sich um den Himmelfahrts-Christus von 1503 handeln. Die Annahme Lamberts, sie bestehe aus Pappe, basiert nicht auf genauer Materialkenntnis, sondern ist eher Ausdruck seiner Skepsis und Verwunderung. Der Himmelfahrtsbrauch überdauerte auch die Zeit der Veränderungen des frühen 19. Jahrhunderts, und noch 1835 kann Franz Kuenlin – in ironischem Ton – darüber berichten: «Zu den noch jährlich vorkommenden Raritäten gehören: Das Auffahrtsfest, wo im Chor ein hölzerner Herrgott die Kinder und alten Weiber sehr ergötzt, so wie am Pfingstfeste die hölzerne Taube, welche die Chorherren mit Zungen begabt; schade, jammerschade, dass der heilige Niklaus, die heilige Katharina, das Fest der heiligen drei Könige, und der Palmesel schon längst verschwunden sind; das wären noch Augenweiden, der frommen Chorherren und Freiburger würdig (…)» (Kuenlin 1835, S. 43). Wann genau die szenische Himmelfahrtsdarstellung in Freiburg aufgegeben wurde, ist vorläufig nicht bekannt. Es könnte in der Folge des Sonderbundskrieges 1847 geschehen sein. 1882 jedenfalls wurde die Statue von einer Frau Egger dem Museum für Kunst und Geschichte Freiburg als Geschenk übergeben, wo man sie unter «Objets historiques, curiosités» einordnete (Grangier 1882).

Zustand
Die Statue weist, bedingt durch den Gebrauch, einige Beschädigungen an Rücken und Mantelsaum auf. Die Polychromie des Kopfhaars ist grösstenteils verloren. Es fehlt der linke Arm, der wahrscheinlich einen Kreuzstab oder eine Kreuzesfahne hielt. Die rechte Hand hat ausser dem Daumen keine Finger mehr; am linken Fuss ist nur noch der kleine Zeh vorhanden. Auf einen ursprünglichen Strahlennimbus weisen drei Aussparungen am Kopf hin.

Restaurierungen
1944, Maurice Moullet, Freiburg; 1964, Théo-Antoine Hermanès, Freiburg (Freilegung der originalen Polychromie; Wiederherstellung bzw. Ergänzung von Skulptur und Polychromie im Bereich des Abdomens).

Nicht Gedrucktes
Grangier 1882, S. 366, Nr. 360.

Literatur
Kuenlin 1835, S. 43; Zemp 1903, S. 229; Zemp 1905, S. 498–500; Sattler 1913, S. 16; Leitschuh 1916, S. 479/480; Zürich 1921, S. 61, Nr. 243, Tafel 1; Büchi 1927, S. 17; Raemy 1935, S. 94/95; Rott 1936, S. 280; Zürich 1939, S. 77, Nr. 895; Moullet 1941, S. 13/14; Strub 1956/1, S. 155/156; Freiburg 1957, S. 46, Nr. 127; Strub 1960, S. 66–70, S. 84/85, Nr. 10; Strub 1969, S. 243–249; Schöpfer 1981, S. 452, Abb.; Weber 1987, S. 203, 209; Weber 1991, S. 46, Abb. 1; Freiburg 1992, S. 88/89; Wüthrich 1996, S. 788; Schmid 1998/1, S. 352; Tripps 1998, S. 177, Abb. 45.

Die vollplastische Figur des Himmelfahrts-Christus steht auf einem flachen Sockel. Die Fussstellung im Spreizschritt verleiht ihr etwas beschwingt Tänzerisches. Sie hat die rechte Hand zum Segensgestus erhoben; der linke Arm fehlt und lässt sich lediglich durch das Zapfenloch lokalisieren. Die roten Wundmale sind gut sichtbar. Christus ist bärtig und trägt die braunen gelockten Haare schulterlang. In den Kopf ist der schmiedeeiserne Ring eingelassen, der zum Hochziehen der Statue gedient hat. Auffällig sind die markante Nase und die weit geöffneten braunen Augen. Spuren eines tiefer gesetzten Augenlids lassen vermuten, dass diese ursprünglich weniger weit offen waren. Der Heiland trägt einen langen Mantel, auf den er mit beiden Füssen

Abb. 215
Kat. 21

tritt, der ihn wild umflattert und dabei seinen nackten Oberkörper und die Beine freigibt. Die Aussenseite des Mantels, die von einer breiten Goldborte und einem Zierfries gesäumt wird, zeigt auf weissem Grund stilisierte goldene Akeleien. Die helle Farbe des Mantels unterstützt den zarten Elfenbeinton des Inkarnates. Im Kontrast dazu steht das tiefblaue Futter, dessen schmale Goldborte von grauen Spirallinien begleitet wird. Die textile Wirkung des Mantels wird optisch verstärkt, indem das Holz mit grober Leinwand überspannt wird, während das Inkarnat, meist direkt auf Kreidegrund und Holz appliziert, im Kontrast dazu sehr glatt wirkt. Nur an wenigen Körperstellen – beispielsweise im Bereich der Füsse – findet sich ebenfalls eine Überspannung des Holzes mit allerdings sehr feiner Leinwand. Es ist nicht geklärt, ob es sich dabei um eine originale Verstärkung eines angestückten Elementes oder um eine spätere Reparatur handelt.

Berichte über die Himmelfahrt Christi finden sich in den Evangelien des Markus (NT, Mk 16, 19) und Lukas (NT, Lk 24, 50–53), in der Apostelgeschichte (NT, Apg 1, 9–12) sowie in apokryphen Texten. Sie gehören zu den ältesten Dogmen des Christentums und werden bereits in den frühesten Formen des Apostolischen Glaubensbekenntnisses aufgeführt (LCI 1970, Sp. 268–276; Réau 1957, S. 582–590). Darin überschneiden sich die überirdische, transzendente und die irdische, räumlich und zeitlich gebundene Dimension Christi. Der Himmelfahrtskult wird inhaltlich von der engen Verklammerung mit Ostern geprägt, was sich in formalen Analogien etwa zu den Palmeselprozessionen und den Heilig-Grab-Riten ausdrückt (Tripps 1998, S. 89–141). Die Vergegenwärtigung der Himmelfahrt Christi durch das Hochziehen einer Statue in der zeichenhaften Liturgie, «functiones sacrae» genannt, erweitert die Botschaft um die optisch-rituelle Komponente. Die Statue wird zum «handelnden Bild», das laut Definition des Thomas von Aquin (1225–1274) drei Hauptfunktionen zu erfüllen hat, nämlich jene der Belehrung, der Erinnerung an das Geheimnis der Menschwerdung und an die Vorbilder der Heiligen sowie jene der Stärkung der Frömmigkeit (Weber 1987, S. 47/48).

Wann der Brauch der figürlichen Himmelfahrtsdarstellung entstanden ist, lässt sich nicht mit Gewissheit sagen, doch ist er bereits im frühen 13. Jahrhundert nachweisbar (Tripps 1998, S. 141–144, Abb. 53–55; Bern 2000, S. 240/241). Einen Höhepunkt erreicht er Ende des 15. und zu Beginn des 16. Jahrhunderts; entsprechend heftig fällt die Kritik aus, die humanistische und reformatorische Schriften an dieser Zeremonie üben (Weber 1987, S. 81–83, 209–227; Paris 1991/1, S. 194–196).

Josef Zemp brachte 1903 als erster die Polychromie dieser Statue mit Hans Fries in Verbindung und erkannte die Qualität der Arbeit. Er war es auch, der die Bildhauerarbeit, die er als von «flüchtiger, roher Form» einschätzte, dem Bildhauer Martin Gramp zuwies (Zemp 1903, S. 229). Die Zuschreibung an Hans Fries und Martin Gramp wurde in der Folge von den meisten Autoren übernommen, wobei sich Marcel Strub ausführlich mit diesem Stück auseinandersetzte (Strub 1969). Neue Forschungen stellen hingegen die bisherigen Zuschreibungen an Martin Gramp mit stichhaltigen Argumenten in Frage. Die von Marcel Strub zusammengestellte Werkreihe hat zwar in weiten Zügen immer noch Bestand (Strub 1960), doch ist der ausführende Künstler wieder in die Anonymität gefallen. Vorderhand muss für ihn deshalb der alte Notname «Meister der grossen Nasen» verwendet werden (Andrey 1992). Nicht auszuschliessen ist eine Autorschaft des Basler Bildhauers Lienhard Thurneysen, der bereits bei der Figur des Christophorus am Berntor mit Hans Fries (?) zusammengearbeitet hat (Q 97/1500) und der somit auf Grund der stilistischen Analogien auch für die Reliefs des Antonius-Altars zuständig wäre (Kat. 9). Doch vorläufig bleibt diese Zuschreibung eine Hypothese, die durch vertiefte Forschung erst noch bewiesen werden muss.

Die Frage, wem die Fassung der Statue zuzuschreiben ist, wird aber von der Suche nach dem Bildhauer nicht tangiert. In der Literatur sind sich so gut wie alle Autoren darin einig, dass es Hans Fries ist. Einzig Hans Rott lässt die Möglichkeit offen, dass mit «maler Hans» sowohl Hans Fries wie auch Hans Rott gemeint sein könnte (Rott 1936, S. 280).

Doch an Argumenten für die Zuschreibung an Fries gibt es keinen Mangel. Die flach und trocken aufgelegten Vergoldungen erinnern an die Gloriole der Pfingsttaube auf dem Bugnon-Altar (Kat. 7a), die floralen Elemente finden in zahlreichen anderen Tafeln von Fries, wie im «Abschied der Apostel» des Bugnon-Altars (Kat. 7b), in den hll. Christophorus und Barbara (Kat. 6), ihre Entsprechung. Für Fries spricht auch die hohe Qualität der Ausführung des Inkarnats. Die helle Haut ist äusserst zart und von einer Glattheit, die an Porzellan erinnert. Während die darunter liegenden Adern nur angedeutet sind, werden die Rötungen der Wangen subtil aufgesetzt. Auffällig sind neben den grossen Augen die naturalistische, detailverliebte Behandlung von Augenbrauen und Haaren, die bis zur Wiedergabe einzelner Brusthaare reicht. Die rauhe, ausgeprägt textile Behandlung des Mantels steht in einem betonten Kontrast zur Glattheit der Haut. Die Faltenwürfe, die in ihrer Aufwendigkeit grandios wirken und barockes Empfinden vorwegnehmen, finden sich in sehr ähnlicher Art auf der gleichzeitig entstandenen Tafel des hl. Christophorus. Wie schon Marcel Strub zu Recht betont hat, bilden sie das Schlüsselelement der kongenialen Zusammenarbeit zwischen dem Bildhauer und dem Maler (Strub 1969, S. 247). Die Fassung der Statue des Himmelfahrts-Christus wird von einem Raffinement geprägt, das von der Tafelmalerei des Hans Fries her bekannt ist. Diese Statue wäre zudem das einzige erhaltene Beispiel für die zahlreichen Fassarbeiten, die Hans Fries ausgeführt hat.

Raoul Blanchard

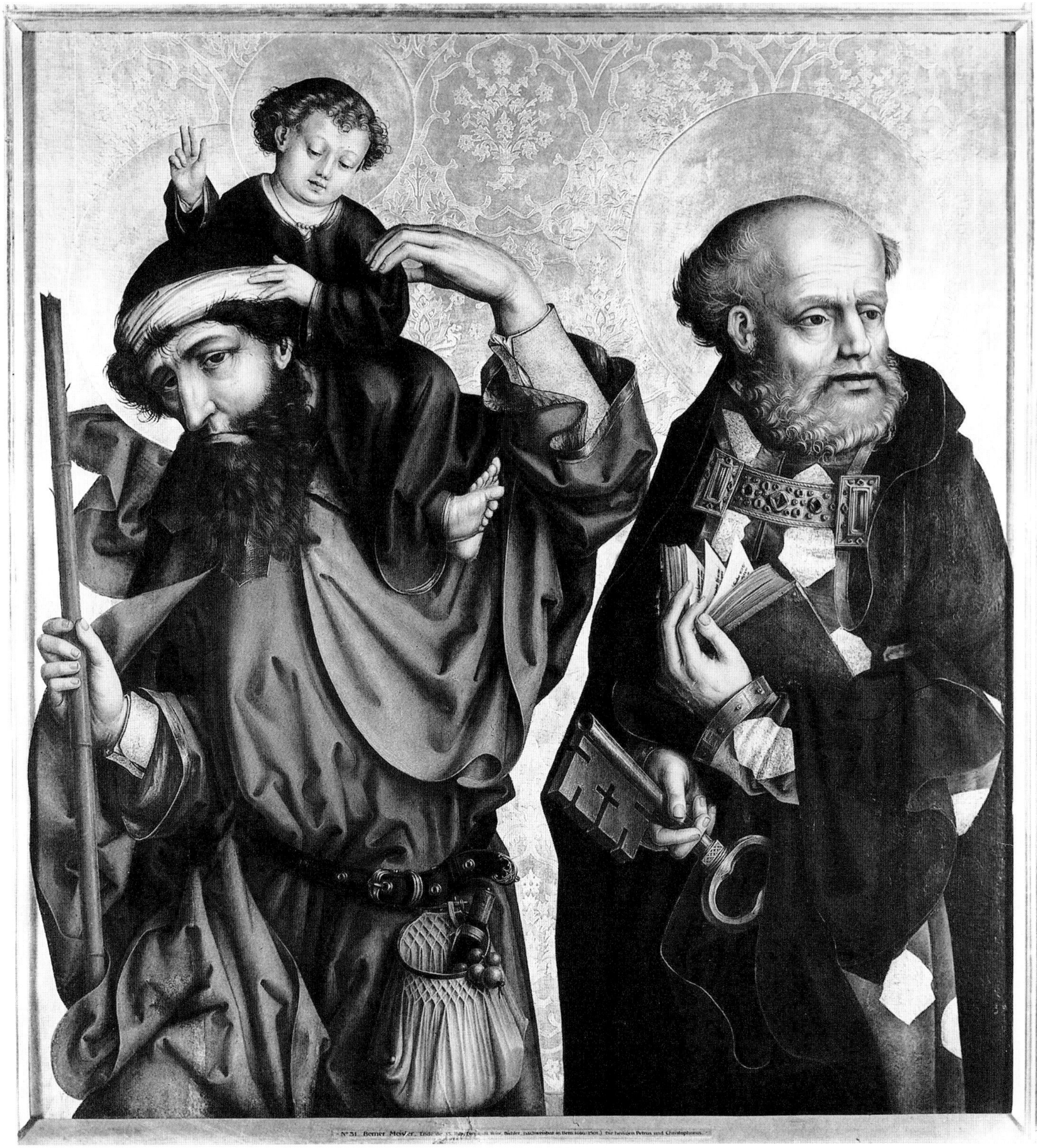

Falsche Zuschreibungen

Seit der Wiederentdeckung des Malers Hans Fries im 19. Jahrhundert vermutete man seine Autorschaft auch bei einer Reihe von Gemälden oder Zeichnungen, die heute mit stichhaltigen Gründen anderen, teils anonymen Künstlern zugeschrieben werden. Soweit sie als Werke von Fries publiziert wurden, führen wir sie mit knappen Hinweisen versehen in alphabetischer Reihenfolge ihrer heutigen Standorte auf. Im Fall der Molsheim-Chronik wird eingehender begründet, wieso die darin enthaltenen Illustrationen unseres Erachtens nicht von Fries stammen. Einige Werke, deren Zuschreibung an Fries heute nur noch für die Rezeptionsgeschichte von Bedeutung ist, wurden nicht in die Liste aufgenommen. Es handelt sich um die bereits erwähnten barocken Gemälde mit Aposteln und Propheten im Langhaus von St. Niklaus, Freiburg (S. 14), die Malereien am Furno-Altar (Raedlé 1873, S. 242; Burckhardt 1888, S. 131; Strub 1959, S. 44–46, Abb. 38) und das grosse Nelkenmeister-Retabel der Freiburger Franziskanerkirche (Gutscher/Villiger 1999, S. 25).

Die Verzückung der hl. Maria Magdalena
um 1510–1512
Basel, Öffentliche Kunstsammlung, Kupferstichkabinett
Hans Baldung Grien
Schwarze, stellenweise bräunliche Kreide auf Papier, 41,6 x 29,1 cm
U.XV.38

Die Zeichnung wurde von Ganz (1904–1908, Bd. 1, Tafel 49) Hans Fries zugeschrieben; Berthier 1909/3 folgt ihm darin, während Leitschuh 1916, S. 481, und Kelterborn-Haemmerli 1927, S. 130–132, die Zuschreibung bezweifeln. Heute wird die Zeichnung als Werk Hans Baldungs betrachtet (Basel 1978, S. 51, Nr. 15).
Auf Grund der hier vermuteten Autorschaft von Fries wurde auch ein Glasgemälde des gleichen Themas (Victoria and Albert Museum, London), welches das Stadtwappen von Baden/Schweiz trägt, mit dem Maler indirekt in Verbindung gebracht (Etrennes 1924, Abb.; Rackham 1936, S. 91, Tafel 53). Bernhard Anderes weist aber einen Zusammenhang mit Fries zurück (Anderes 1963, S. 90, Anm. 1). Sowohl Glasgemälde wie Zeichnung gehen möglicherweise auf Dürers Holzschnitt mit der hl. Maria Magdalena zurück (um 1504/1505; Strauss 1980, S. 298/299).

Jüngstes Gericht
1450–1459
Bern, Französische Kirche
Anonym
Seccomalerei auf Putz (Triumphbogen)

Das fragmentarisch erhaltene Wandgemälde wurde mit den Berner Nelkenmeistern in Verbindung gebracht (Descoeudres/Utz Tremp 1993, S. 77–79), bevor Claudia Bertling Biaggini es Hans Fries zuschrieb (Bertling 1996). Nicole Aeby widerlegte beide Aussagen durch eine ausführliche Untersuchung, derzufolge die Malereien bedeutend früher als angenommen zu datieren sind (Aeby 1997).

Die hll. Christophorus und Petrus
(Abb. 216)
Bern, Kunstmuseum
Anonym
Mischtechnik auf Eschenholz, mit Leinwand beklebt, 145 x 132 cm
Burgergemeinde Bern, Inv. 31

Das Fragment stammt vermutlich von der Innenseite eines Altarflügels; Herkunft, Datierung und Zuschreibung sind umstritten (Zusammenfassung der kontroversen Beurteilungen: Kunstmuseum Bern 1977, S. 22–24). Wartmann 1921/2 widerspricht älteren Vermutungen, wonach es sich um ein frühes Werk von Hans Fries handle; Kelterborn-Haemmerli 1927, S. 137–139, greift diese Zuschreibung jedoch wieder auf. In der Folge wird das Gemälde verschiedentlich Heinrich Bichler, dem mutmasslichen Lehrmeister von Fries, zu- und auch wieder abgesprochen; von Bichler ist kein einziges gesichertes Werk bekannt (Gutscher 1998). Wagner nimmt an, dass die Tafel für Bern bestimmt war und wahrscheinlich auch hier entstand; er datiert sie um 1480 (Kunstmuseum Bern 1977, S. 19).

Abb. 216
Die hll. Christophorus und Petrus, ölhaltiges Bindemittel auf Eschenholz, mit Leinwand überklebt; Bern, Kunstmuseum

Hl. Sebastian
(Abb. 217)
Dijon, Musée des Beaux-Arts
Anonym
Ölhaltiges Bindemittel und Polimentvergoldung auf Holz, 119 x 49 cm
Inv. D 51

Die Herkunft der Tafel aus der Sammlung Dard lässt eine schweizerische Provenienz vermuten. Réau schrieb das Gemälde Hans Fries zu (Réau 1929, S. 356); Hugelshofer 1932, S. 56, bezeichnete es als oberdeutsch. Einige Jahre später wird erneut Fries vorgeschlagen (Bern 1936). Der Friesschen Formensprache entsprechen jedoch weder Gesichtstypus und Körperbildung des Heiligen noch der Faltenwurf seines Lendentuchs.

Hl. Christophorus
Frankfurt a. M., Städelsches Kunstinstitut
Anonym
Feder in Schwarz, Pinsel, graue Tusche, weiss gehöht auf braun grundiertem Papier, 27,4 x 19 cm
Inv. 13624

Der Bestandeskatalog des Museums vermutet eine schweizerische Herkunft des Blattes und erwähnt mit Vorbehalt Hans Fries (Städelsches Kunstinstitut 1973, S. 25, 31, Nr. 110, Abb.). Die Qualität dieser Zeichnung ist jedoch geringer, der Strich fahriger, die Formen unbestimmter als in den uns bekannten Blättern von Fries. Ausserdem entsprechen weder Körperformen noch Faltenbildung dem Repertoire unseres Malers.

Illustrationen zur Chronik des Peter von Molsheim
um 1480 (oder wenig später)
Freiburg, Kantons- und Universitätsbibliothek
Anonym
Manuskript, in Leder gebunden, in 4° (295 x 215 cm)
Ökonomische Gesellschaft Freiburg, D 410

Die genaue Herkunft der Chronik ist nicht bekannt. Laut Bleistifteintragung (p. 1) wurde sie für die 1813 gegründete Bibliothek der Ökonomischen Gesellschaft Freiburg an einer Auktion gekauft («Constat ab auctione 1,5 fr.»).

Das Manuskript enthält 35 Vorseiten und einen Hauptteil von 212 paginierten und 27 nicht paginierten (leeren) Blättern mit geläufiger, aber nicht besonders leserlicher Schrift des ausgehenden 15. Jahrhunderts. Der Einband besteht aus gepresstem Leder mit Holzdeckeln und (heute fehlendem) Metallverschluss, vermutlich aus der Abfassungszeit. Die Blindstempelverzierung des Einbandes ist identisch mit zeitgenössischen Produkten von Nürnberger Herkunft (Himmelsbach 1999, S. 244). Schnitt und Einband sind jünger als die zahlreichen Randbemerkungen, die dem Buchbinder teilweise zum Opfer fielen. Die farbigen Initialen sind mit Federzeichnungen verziert; die roten Kapitelüberschriften scheinen erst nachträglich eingefügt worden zu sein. Als Wasserzeichen der beschriebenen Blätter erscheint der Leuchter mit daraufgestelltem Kreuz (seit 1471 in Frankreich, 1481 in Sitten, 1483 in Freiburg nachweisbar), auf den leeren Blättern am Schluss Lockenkopf und Kreuz auf einer Stange (seit 1478 in Freiburg nachweisbar).

Auf das Vorwort des Verfassers folgt ein historischer Exkurs, der von der Errichtung der Stadt Freiburg bis zum Übergang ans Reich und zur Verpfändung der Herrschaft Montenach im November 1478 reicht. Daran schliessen das Inhaltsverzeichnis und zehn leere Blätter an. Nach der Einleitung beginnt der Text der Chronik. Die Handschrift enthält zudem das Volkslied auf den Zug von Pontarlier und Veit Webers Lied von der Schlacht bei Murten. Zusätze am Rande sind zum Teil blosse Hinweise auf Jahreszahlen und Kapitelüberschriften, zum Teil aber Ergänzungen und Verbesserungen des Inhalts. Solche grösseren Einschübe, die speziell freiburgischen Charakter haben, sind von derselben Hand geschrieben, aber mit etwas anderer Tinte; sie sind über das ganze Werk verstreut.
Die Handschrift ist undatiert, der Verfasser ungenannt. Die meisten Autoren halten sich an die von Büchi vorgeschlagene Datierung zwischen 1477 und 1480 für den Schriftteil (Büchi 1914, S. 243).

Die Chronik wird geprägt vom alten System der Initialornamentik, wie man es in mittelalterlichen liturgischen Handschriften findet. In den Körper der Buchstaben sind mit der Feder kleine Szenen und Figuren eingezeichnet; teilweise sind diese geschickt komponierten Initialbilder auch illuminiert, einzelne in lebhaften, deckenden Farben, andere laviert. Die Initiale selbst ist jedoch in vielen Fällen nur ein Vorwand, um Figuren aller Art, religiöse und profane, in frischer, flüchtiger Darstellung anzubringen. Die Rahmen der Initialen werden auch häufig überwuchert durch das Anhängsel der grotesken Tier- und Menschenköpfe, der kecken Buchstabenschnörkel, die den leeren Raum füllen. Dazu gesellen sich noch Zierinitialen, die mit naturalistischen und geometrischen Formen gefüllt sind und stetig wechselnde ornamentale Motive aufweisen.

Folgende Probleme sind bis heute offen: Die Autorschaft Peter von Molsheims kann auf der Basis von Schriftvergleichen stichhaltig belegt werden, doch gibt es keinen definitiven Beweis, dass es sich bei dieser Chronik wirklich um das amtliche Exemplar der Burgunderchronik der Stadt Freiburg handelt, das 1479 durch den Rat der Stadt von «Peter Johanntey» (Peter von Molsheim) für 25 Pfund Freiburger Währung gekauft worden ist. Nimmt man dies an, bleibt zudem die Frage, warum die amtliche Freiburger Chronik einen Nürnberger Einband hat.

Büchi verfügt zwar über keine Angaben zu den früheren Besitzern, meint jedoch, dass der Codex «stets in Freiburgischen Händen war und nur so in den Besitz der Ökonomischen Gesellschaft kam» (Büchi 1914, S. 279). Dem widerspricht – wenigstens teilweise – die Herkunftsangabe der Ökonomischen Gesellschaft, die das Buch öffentlich ersteigert hat und keinen Freiburger Vorbesitzer erwähnt.

Bisher wurde das Wappen auf Blatt 140 immer nur mit dem Maler Hans Fries in Verbindung gebracht. Es handelt sich dabei aber nicht um das persönliche Signet von Hans Fries, sondern um das Hauszeichen, das zu dieser Zeit auch von anderen Familienmitgliedern verwendet wurde. Als Beweis sei das Notariatsregister Nr. 96 (Staatsarchiv Freiburg) betreffend Heini Fries und den Chronisten Hans Fries angeführt, das Einträge seit dem 16. September 1466 enthält (Q 18/ 1466) und auf seinem Ledereinband ebenfalls das Hauszeichen der Fries aufweist. Es wäre somit möglich, dass sich das Hauszeichen «Fries» in der Chronik auf einen Besitzer der Chronik oder einen Mitarbeiter daran bezöge. Allenfalls könnte Peter von Molsheim eine Version der Chronik für ein Mitglied der Familie Fries hergestellt haben.

Abb. 217
Hl. Sebastian;
Dijon, Musée des Beaux-Arts

Abb. 218
Bilgri von Heudorf überfällt die eidgenössischen Kaufleute auf dem Rhein, Molsheim-Chronik, f. 8r; Freiburg, Kantons- und Universitätsbibliothek

Abb. 219
Tür mit Grisaillemalerei, um 1519; Freiburg, Museum für Kunst und Geschichte

Hinsichtlich der Datierung der Illustrationen meint Leitschuh, Hans Fries habe die Chronik in mehreren Etappen – zwischen 1480 und dem frühen 16. Jahrhundert – illustriert, was die qualitativen Unterschiede in der Ausführung erklären würde (Leitschuh 1914, S. 318/ 319). Es ist jedoch unwahrscheinlich, dass die amtliche Freiburger Chronik während zwanzig Jahren einem Maler als «Probeobjekt» zur Verfügung gestanden hat.

Offensichtlich arbeiteten mehrere Personen unterschiedlicher Begabung an dieser Chronik, was auch von Leitschuh nicht bestritten wird (Leitschuh 1914, S. 320). Kaum einleuchtend ist jedoch seine These, wonach die Illustrationen – nicht aber der Schmuck der Initialen – fast ausschliesslich von Hans Fries stammen sollen. Als Frühwerk von Fries bezeichnet er beispielsweise die einzige ganzseitige Illustration, den «Überfall der eidgenössischen Kaufleute auf dem Rhein durch Bilgri von Heudorf» (Abb. 218). Diese Darstellung ist jedoch zu naiv für einen begabten jungen Zeichner – Fries wäre um 1480 zwischen fünfzehn und zwanzig Jahre alt gewesen.

Beim vorliegenden Manuskript handelt es sich nicht zwingend um das amtliche Exemplar – es gibt noch andere Chroniken aus Molsheims Hand –, sondern vielleicht um eine wenig später verfasste Version, worauf auch die Wasserzeichen deuten. Wie erwähnt, bezieht sich das Familienwappen Fries nicht unbedingt auf den Maler Hans Fries. Es kann auch ein anderes Familienmitglied bezeichnen, das als Besteller, Mitarbeiter o.ä. mit der Abschrift der Chronik zu tun gehabt hätte.

Literatur
Büchi 1905, S. 236–240; Leitschuh 1913, S. 469–475, Tafel 111–114; Leitschuh 1914; Leitschuh 1916, S. 479, 482/483; Kelterborn-Haemmerli 1927, S. 9; Dominique/Moullet 1941, S. 53; Pfister-Burkhalter 1961, S. 607; Baumann 1971, S. 36, 90–93, 95, Abb. 53–59; Kunstwissenschaft 1976, S. 65; Feller 1979, Bd. 1, S. 96/97; Schmid 1981, S. 465; Bertling 1996, S. 168–170; Wüthrich 1996, S. 788; Schmid 1998/1, S. 352, 353; Himmelsbach 1999, S. 25–57, 229–231, 238–245.

Tür mit Grisaillemalereien
(Abb. 219)
Freiburg, Museum für Kunst und Geschichte
Anonym
Tempera auf Nadelholz, 188 x 92,5 cm
Inv. 1950–6

Die bemalte Tür stammt aus einem Haus, das von 1422 bis 1553 der Familie Englisberg als herrschaftlicher Wohnsitz diente. Die von Rankenwerk gerahmte Szene aus dem frühen 16. Jahrhundert stellt einen

252

eleganten Herrn dar, dem ein sitzender Mann eine Rolle überreicht. Die Malerei wurde Hans Boden und – mit Vorbehalt – auch Hans Fries zugeschrieben (Freiburg 1957, S. 21, Nr. 31; Pfister-Burkhalter 1961, S. 608); die neulich entdeckten Unterzeichnungen auf den Gemälden von Fries lassen sich hinsichtlich der Technik (Pinsel) und des Formats mit der Tür vergleichen; sie zeigen jedoch einen expressiveren Duktus (Guisolan-Dreyer 1997).

Geburt Christi
Glasgow, Art Gallery and Museum
Anonym
Ölhaltiges Bindemittel auf Holz, 52,2 x 41,8 cm
Inv. 158

Das Gemälde wurde Hans Fries von Berthier zugeschrieben (Berthier 1898/2). Sterling vermutet einen in Savoyen tätigen Maler und datiert es in die Mitte des 15. Jahrhunderts (Sterling 1969, S. 9 – 12, Abb.; Sterling 1971, S. 14/15; Elsig 1998, S. 26, Abb. 27).

Maria und Johannes der Täufer als Fürsprecher vor Christus beim Jüngsten Gericht
Ottobeuren, Staatsgalerie
Anonym
Mischtechnik auf Nadelholz, 78,3 x 205,2 cm
Inv. 1469

Die Tafel stammt aus dem Kloster Ottobeuren und ist vermutlich das Fragment einer Darstellung des Weltgerichts. Kelterborn-Haemmerli 1927 (S. 133 – 137, Tafel 1) übernimmt eine ältere Zuschreibung (Jörg Stocker), versucht im Gemälde jedoch eine massgebliche Beteiligung von Hans Fries aufzuzeigen, der nach ihrer Meinung vermutlich als Geselle bei Stocker gearbeitet hat; das lässt sich schwer nachvollziehen. Gisela Goldberg schreibt das Werk einem um 1500 tätigen Ulmer Maler zu (Staatsgalerie Ottobeuren 1991, S. 41/42, Nr. 7).

Madonna mit Kind auf der Mondsichel
1531
Paris, Louvre, Cabinet des Dessins
Hans Sebald Beham
Schwarze Steinkreide auf Papier, 31,8 x 20,5 cm
Inv. 19032
Nach einem Hinweis von Paul Ganz schrieb Berthier das Blatt Hans Fries zu (Berthier 1909/1); Leitschuh 1916 (S. 481) bezweifelte die Zuschreibung, Kelterborn-Haemmerli 1927 (S. 129/130) bezeichnete sie als falsch. Sie wurde jedoch von Dominique/Moullet 1941 (S. 54) wieder aufgenommen. Edmund Schilling erkannte 1937 die nahe Verwandtschaft der Zeichnung zu einem Scheibenriss des Hans Sebald Beham (Louvre 1937, S. 10, Nr. 55); diese Zuschreibung ist heute allgemein anerkannt (Paris 1991/2, S. 110, Nr. 105).

Christus am Ölberg
1492
Sarnen, Heimatmuseum
Anonym
Mischtechnik auf Holz, 152 x 79,5 cm
Inv. Ka 133

Das Fragment eines Altarflügels (Rückseite: hl. Theodul) wurde 1941 anlässlich der Ausstellung im Berner Kunstmuseum Hans Fries zugeschrieben (Bern 1941, S. 20, Nr. 46/47), möglicherweise weil Durrer zu den Köpfen der schlafenden Jünger bemerkt hatte, sie könnten «auf einem Bilde von Hans Fries stehen» (Durrer 1899 – 1928, S. 504 – 506). In einem Artikel zum Hochaltar von Sachseln, von dem die Tafel stammt, verwirft Omlin diese Zuschreibung und schlägt seinerseits eine Werkstatt aus dem Umkreis der Nelkenmeister vor (Omlin 1946, S. 171 – 173).

Rohrdorfer Altar
1482 oder 1485
Stuttgart, Staatsgalerie
Mischtechnik auf Tannenholz
Inv. 1223 a – d

Kelterborn-Haemmerli 1927 (S. 132/133, 160) sah im Hochaltar der Johanniterkirche Rohrdorf bei Nagold ein Zeugnis des Basler Aufenthaltes von Fries. Sie vermutete die Mitarbeit des Malers an diesem Retabel vor allem im «Marientod» und in der «Geburt Christi» (heute: «Anbetung des Kindes») und glaubte sein Wirken an Gewandfalten, Nebenfiguren und Beiwerk feststellen zu können. Das Bestreben nach Realismus (abgeschlagene Steinkanten; an die Mauer geklebte Kerze) erinnert zwar entfernt an Fries; die Hypothese einer Beteiligung des Malers ist jedoch nicht nachzuvollziehen (siehe auch: Staatsgalerie Stuttgart 1992, S. 252 – 257).

Abb. 220
Flügelaltar, geöffnet; Venedig, Museo Correr

Abb. 221
Flügelaltar, geschlossen; Venedig, Museo Correr

Flügelaltar
Venedig, Museo Correr
Anonym
Flügel je 74 x 22 cm, Mittelteil ca. 74 x 50 cm
Mischtechnik auf Holz
Inv. 156

Das kleine Retabel stammt aus der Sammlung von Teodoro Correr in Venedig und ging mit dessen Schenkung 1830 an die Musei Civici über. Der Mittelteil zeigt die stillende Madonna in einer Engelsglorie, links unten in der Mondsichel Kain, der seinen Bruder Abel ermordet (Abb. 220). Auf den Flügeln ist bei geöffnetem Altar die hl. Sippe dargestellt, bei geschlossenem sind es links die hll. Christophorus und Katharina, rechts die hll. Wolfgang und Barbara (Abb. 221). Hermann Voss schrieb das Altärchen Hans Fries zu und postulierte eine Verwandtschaft mit dem kleinen Johannes-Altars (Kat. 10; Voss 1908/1, S. 98). Mariacher 1959 (S. 11, Abb. S. 12) zweifelte an dieser Zuschreibung. Das Werk war zuvor der Salzburger Schule zugewiesen; auch später zog man eine österreichische Herkunft in Betracht (Schiller 1980, S. 193/194, Abb. 817). Es handelt sich mit Bestimmtheit nicht um ein Werk von Fries: dafür sind die Formen zu weich und zu behäbig. Seltsam mutet überdies der stilistische Unterschied zwischen Innen- und Aussenseiten der Flügel an.

Bildnis eines Mannes
1524
Wien, Gemäldegalerie der Akademie der Bildenden Künste
Monogrammist HF
Mischtechnik auf Holz, 39 x 34 cm
Inv. 572

Das Bildnis eines Mannes mit dem Tod war bereits His-Heusler bekannt, der jedoch eine Autorschaft von Hans Fries bezweifelte (His-Heusler 1869, S. 58/59). Waagen (1866, S. 244) und Woltmann/Woermann (1882, S. 484) schrieben es dem Maler zu; Burckhardt (1888, S. 131) und Janitschek (1890, S. 479) sprachen sich gegen diese Zuschreibung aus. Auch Berthier (1895/2) blieb diesbezüglich vorsichtig. Das Monogramm HF wird in der Literatur – ebenfalls irrtümlich – bisweilen mit «Hans Funk» aufgelöst (Schmidt 1958, S. 18); siehe dazu: Thieme/Becker, Bd. 37, S. 404.

Tempelgang Marias
Anfang 16. Jh.
Wien, Museum mittelalterlicher österreichischer Kunst
Anonym
Mischtechnik auf Lindenholz, 36 x 20 cm
Inv. 4960

Otto Benesch setzte dieses Gemälde und ein dazugehöriges aus Privatbesitz, das den Marientod darstellt, mit den Münchner Tafeln von 1501 (Kat. 3) in Beziehung, schrieb sie Hans Fries zu (Benesch 1928, S. 59/60, Abb. 46/47) und leitete daraus einen möglichen Aufenthalt des Malers in Österreich ab (siehe S. 18/19). Elfriede Baum verneint jedoch einen stilistischen Zusammenhang zwischen den beiden Gruppen und weist das Bild einem um 1500 tätigen Wiener Maler zu (Österreichische Galerie Wien 1971, S. 174, Nr. 157, Abb.).

Hl. Eligius als Hufschmied
um 1490
Zürich, Schweizerisches Landesmuseum
Anonym
Ölhaltiges Bindemittel auf Holz, 113 x 87,5 cm
Eigentum der Antiquarischen Gesellschaft in Zürich (AG 26)

Haendcke schrieb das Gemälde – die Innenseite eines Altarflügels – Hans Fries zu (Haendcke 1890, S. 176; zur Tafel: Schweizerisches Landesmuseum Zürich 1996, S. 35, Nr. 32, Abb.). Er führte als Beweis die schlanken Figuren, die Bildung von Ohren und Gewandfalten sowie die Farbpalette an und verglich die Malerei mit dem «Hl. Christophorus» von 1503 (Kat. 6a). Offenbar dasselbe Bild figuriert im Katalog der Zürcher Ausstellung von 1921 unter «Schule des Hans Fries» (Zürich 1921, S. 17, Nr. 67). Tatsächlich erinnern die plastischen Formen und das schimmernde Licht an Fries. Die dramatische Raumperspektive, die überlängten Proportionen der Gestalten sowie deren Gesichtstypen widersprechen jedoch dem Formenrepertoire des Freiburger Malers.

Verena Villiger
Raoul Blanchard (Molsheim-Chronik)

Anhang

Archivalische Quellen zur Familie Fries, insbesondere zu Hans Fries, dem Maler, und Hans Fries, dem Chronisten

Einleitung

Bearbeitet von Kathrin Utz Tremp
Staatsarchiv Freiburg

Das folgende Quellenkorpus enthält alle Quellenstellen zur Familie Fries und inbesondere zu Hans Fries, dem Maler, und Hans Fries, dem Chronisten, die sich in den Staatsarchiven von Freiburg, Bern und Basel haben auffinden lassen (in Bern und Basel wurde nur nach dem Maler gesucht). Die Quellensuche wurde auf die ganze Familie ausgedehnt, weil diese in drei (zwei) Generationen nicht weniger als fünf Mitglieder aufweist, die in irgendeiner Variante (Hensli, Hans, Janninus, Johann, Hans) den Namen Johannes trugen (siehe den Stammbaum am Schluss der Einleitung). Insbesondere haben sowohl der Chronist Hans Fries als auch der Maler Hans Fries je einen Bruder, der einen für uns gleichen Namen trägt, der Chronist einen Bruder namens Hensli und der Maler einen Bruder namens Johann.

Der Maler Hans Fries und der Chronist Hans Fries werden im folgenden als Hans Fries, der Maler, und Hans Fries, der Chronist, unterschieden, obwohl der Chronist selbstverständlich nicht in der gleichen ganzheitlichen Art Chronist war wie der Maler ein Maler. Der Chronist war vor allem ein Mann, der eine politische Karriere machte und daneben zwischen 1482 und 1487 eine kleine Chronik schrieb, die er später ergänzte, das erste Mal nach dem Kriegszug nach Saluzzo (1487), das zweite Mal nach dem ersten Zug in den Hegau (1499).[1]

Der Maler Hans Fries dagegen übte sein Handwerk offenbar als Hauptberuf aus. Das hinderte ihn nicht, in den Jahren 1503–1509 auch im Grossen Rat der Zweihundert zu sitzen, dem fast alle männlichen Mitglieder seiner Familie einmal angehörten.[2] Im Unterschied zu ihnen allen vertrat der Maler nicht das Neustadt-, sondern das Burgquartier, wo er offenbar in der Zeit wohnte, als er in Freiburg eine festere Anstellung hatte (1501–1509), vielleicht beim Stadtschreiber Niklaus Lombard.[3] Die anderen Mitglieder der Familie wohnten dagegen weiterhin auf der Oberen Matte (Neustadtquartier), wo auch der Maler geboren wurde.

Da es völlig unmöglich ist, die Archivalien der Staatsarchive Freiburg, Bern und Basel für die fragliche Zeit ganz durchzusehen, musste von der Literatur ausgegangen werden, und zwar vom Lebenslauf des Malers Hans Fries, wie ihn der Historiker Albert Büchi für die kunsthistorische Dissertation von Anna Kelterborn-Hæmmerli, «Die Kunst des Hans Fries» (1927), erarbeitet hat[4], und von den Angaben zur Person des Chronisten Hans Fries, wie sie wiederum Albert Büchi im Nachwort zu seiner Edition der Chronik von Hans Fries gemacht hat.[5] Herangezogen wurde ferner die Quellensammlung von Hans Rott.[6] Zusätzlich wurden, vor allem im Staatsarchiv Freiburg, aber auch im Staatsarchiv Bern, ganze Serien durchgeschaut, die weiteren Auf-

---

1 Siehe Büchi 1901/1, Separatum mit eigener Paginierung, S. 48. In das Quellenkorpus wurden nicht alle Ämter aufgenommen, die der Chronist Hans Fries innegehabt hatte, sondern nur die wichtigsten. **2** Siehe Stammbaum am Schluss der Einleitung: Hensli, Sohn von Heini, Mitglied des Rats der 200 (Neustadtquartier), 1466–1472; Hans, der Chronist, Sohn von Heini, Mitglied des Rats der 200 (Neustadtquartier) 1481–1486 (1487?); Janninus, Sohn von N., Mitglied des Rats der 200 (Neustadtquartier) 1450–1453, und Erhard, Vater des Malers, Mitglied des Rats der 200 (Neustadtquartier) 1469–1472 (1474?). **3** Siehe Q 119/1504, Q 124/1505, Q 134/1507, Q 139/1507, Q 144/1508, Q 150/1509, Q 159/1511. **4** Büchi 1927. **5** Büchi 1901/1. **6** Rott 1936.

schluss verhiessen, so etwa die Seckelmeisterrechnungen (zu den einzelnen Archiven und Bibliotheken siehe unten).[7]

Aufgenommen wurden auch einige wenige Quellenstellen zum Maler Hans Rott[8], der häufig mit dem Maler Hans Fries verwechselt wird, ebenso Stellen, die sich auf eines seiner Werke beziehen lassen, auch wenn sein Name dabei gar nicht genannt wird.[9] Berücksichtigt wurden schliesslich die datierten (und signierten) Werke des Malers Hans Fries (nach Angaben von Verena Villiger), weil solchen Datierungen und Signaturen durch den Maler selbst ein ausserordentlich hoher Quellenwert zukommt. Auf diese Weise konnten immerhin einige Funde gemacht werden, so etwa bezüglich der Eltern des Malers.[10] Insbesondere aber wurde eine Vollständigkeit der Quellen erreicht, welche die bisherige Forschung vermissen liess. Auch wird nun besser sichtbar, wenn sich mehrere Quellen auf dieselbe Sache beziehen.[11]

Die Quellen wurden nach Jahren (allenfalls Perioden) angeordnet, aber fortlaufend durchnumeriert. Entsprechend wird nach Nummern und Jahren zitiert, zum Beispiel «Q 99/1509». Innerhalb der Jahre zuerst das, was ganze Jahre deckt, wie die Besatzungsbücher, dann die halbjährlichen Quellen, wie die Seckelmeisterrechnungen, und schliesslich einzelne Stellen, wie Notariatsinstrumente, mit konkreten Daten. Wenn die halbjährlichen Seckelmeisterrechnungen, aber auch die jährlichen Besatzungsbücher, mehrere Informationen bieten, werden diese alle unter einer Nummer aufgenommen, nach Möglichkeit unterschieden durch die Rubriken (wie «Allgemeine Ausgaben» oder «Fronfastenzahlungen»). In der Regel wurde auf die Quelle selbst zurückgegriffen, in einzelnen Fällen wie den Akten des Jetzerprozesses oder der Berner Chronik des Valerius Anshelm[12] oder auch den Regesten der Johanniterkomturei Freiburg i. Ü. (von Johann Karl Seitz)[13] auf gedruckte Quellen (oder eben Regesten). Hinweise auf die bisherige Literatur, aber auch zusätzliche Quellen, werden in den Anmerkungen gegeben. Nach internationaler Norm werden alle Quellen recte und alle Zutaten der Bearbeiterin, wie Stellenangaben und Verweise auf die Literatur, kursiv gegeben, Erwähnungen des Malers Hans (Fries) in den Quellen zusätzlich fett, damit sie ins Auge springen.

Der Jahrzeiteintrag im Nekrolog des Franziskanerklosters von Freiburg, mit dem wahrscheinlich der Chronist Hans Fries gemeint ist, der aber bereits Ende des 16. Jahrhunderts auf den Maler bezogen wurde, steht, da ohne Jahresangabe, ganz am Schluss der Quellensammlung, und nach ihm, mit dem Untertitel «Apokryphe», stehen zwei Stellen aus dem Ratsmanual von 1518, die in der Literatur zu Unrecht immer wieder mit einem Werk von Hans Fries in Zusammenhang gebracht wurden.[14]

---

7 Die Stellen aus den Seckelmeisterrechnungen wurden an der «Collection des comptes des trésoriers de la ville de Fribourg» des Chorherrn Fontaine (Kantons- und Universitätsbibliothek Freiburg, L 432) auf Vollständigkeit überprüft. **8** Siehe Q 84/1497, Q 98/1500, Q 119/1504, Q 124/1505, Q 129/1506, Q 131/1506, Q 166/1512–1513. Siehe auch Rott 1936, S. 280/281 (Stellen zu Hans Rott, 1486–1512/13), und S. 281–283 (Stellen zum Maler Hans [Fries oder Rott]). **9** Siehe etwa Q 127/1505. **10** Siehe Q 3/1445, Q 5/1448. **11** Siehe etwa die Verweise unter Q 152/1509. **12** Siehe Q 136/1507, Q 137/1507. **13** Siehe Q 38/1481, Q 183/1523, Q 184/1524, Q 185/1527. **14** Siehe Q 186/Ohne Jahr, Q 187/Apokryphe und Q 188/Apokryphe. **15** Vernachlässigt wurden die von Albert Büchi benutzten Kriegsrödel, die nur Hans Fries, den Chronisten, betreffen. Ausnahmen: Q 30/1479, Q 31/1479. **16** Die Auszüge des Chorherrn Fontaine aus den Seckelmeisterrechnungen konnten in jedem Fall auf das Original, die im Staatsarchiv Freiburg liegenden Seckelmeisterrechnungen, zurückgeführt werden. **17** Die Recherchen im Staatsarchiv Bern wurden von Vinzenz Bartlome, wissenschaftlicher Mitarbeiter, begleitet und unterstützt. **18** Die Recherchen im Staatsarchiv Basel-Stadt wurden von Ulrich Barth, Adjunkt, begleitet und unterstützt. **19** Die einzelnen Generationen werden durch die Bindestriche am Rand unterschieden: kein Strich: erste Genera-

Archive und Bibliotheken

Staatsarchiv Freiburg (StAFreiburg)
vollständig durchgeschaut wurden
– Besatzungsbücher 1 (1448–1475)
bis 5 (1515–1526)
– Seckelmeisterrechnungen 155 (1480/I)
bis 221 (1513/I)
– Gutrechnungen 1 (1493–1498)
bis 4 (1509–1513)
– Kirchmeierrechnungen St. Niklaus
8 (1491–1505) und 9 (1512–1515)
– Notariatsregister 84–88, 96 (Peter Falck), 99–106 (Niklaus Lombard), 107–121 (Jost Zimmermann) (durchgeschaut durch Raoul Blanchard)[15]

Kantons- und Universitätsbibliothek Freiburg
– L 432, Collection des comptes des trésoriers de la ville de Fribourg, recueillis et rédigés par le Chanoine Fontaine, Bd. 11 (1477–1488) bis 17 (1520–1523) (durchgeschaut durch Raoul Blanchard)[16]

Franziskanerkloster Freiburg
– Nekrolog, siehe Q 186/Ohne Jahr

Staatsarchiv Bern (StABern)[17]
vollständig durchgeschaut wurden
– StABern, B VII/453a–f, SMR 1516–1519, und B VII/454a–1, SMR 1521–1527
– StABern, A/816–819, Notariatsprotokolle 11–14 (1520–1533), Register

Staatsarchiv Basel-Stadt (StABasel-Stadt)[18]
(durchgeschaut durch Raoul Blanchard)
– Historisches Grundbuch der Stadt Basel, Generalregister der Personen
– F. Weiss-Frei, Bürgerrechtsaufnahmen in Basel 1358–1798 (StABasel-Stadt, Privatarchive 578 A 1bis), 1475–1524
– Register Harms, Karteikasten (Personen)
– Gedruckte Quellen: Basler Chroniken; Die Matrikel der Universität Basel; Urkundenbuch der Stadt Basel (Register)

Stammbaum der Familie Fries[19]

Fries, N., Stammvater
– Heini, Sohn von Fries, N., Tuchbereiter, Färber, Bürger 1438, Mitglied des Rats der 60 (Neustadtquartier) 1450–1453 und 1460, Venner Neustadtquartier 1450–1453 und 1459–1461, Mitglied des Kleinen Rats 1464–1481, letztmals erwähnt 1487[20]
– – Hensli, Sohn von Heini, Bürger 1466, Wirt Zum Schlüssel, Mitglied des Rats der 200 (Neustadtquartier) 1466 (1465?) bis 1472[21]
– – – Jakob, Sohn von Hensli[22]
– – Hans, der Chronist, Sohn von Heini, Mitglied des Rats der 200 (Neustadtquartier) 1482–1486 (1487?), des Rats der 60 (Neustadtquartier) 1487–1497 und 1508, Mitglied des Kleinen Rats 1498–1504 (1505?) und 1509 (1507?) bis 1518, Vorsteher des Liebfrauenspitals 1503–1506, verheiratet mit 1. Ursi; 2. Loysa Reyff, gestorben im Verlauf des Amtsjahres 1517–1518, Testament von 1518 (Feb. 26)[23]
– – Alice, Tochter von Heini, verheiratet mit 1. Techtermann Willi; 2. Büren, Ludwig, von, von Bern[24]

tion; ein Strich: zweite Generation; zwei Striche: dritte Generation; drei Striche: vierte Generation. **20** Siehe Q 1/1438, Q 2/1442, Q 4/1446, Q 7/1450, Q 8/1451, Q 9/1452–1454, Q 10/1453, Q 11/1459 und 1460, Q 12/1460, Q 13/1462–1465, Q 14/1465, Q 15/1465, Q 16/1466, Q 18/1466, Q 19/1467, Q 21/1468, Q 22/1469, Q 23/1470, Q 24/1471, Q 25/1472, Q 26/1473, Q 27/1474, Q 28/1475, Q 29/1476(?), Q 30/1479, Q 31/1479, Q 34/1480, Q 37/1481, Q 38/1481, Q 52/1487. **21** Siehe Q 15/1465, Q 16/1466, Q 17/1466, Q 19/1467, Q 20/1467, Q 21/1468, Q 22/1469, Q 23/1470, Q 24/1471, Q 25/1472. **22** Siehe Q 15/1465, Q 52/1487, Q 82/1496, Q 86/1497. **23** Siehe Q 15/1465, Q 32/1479, Q 33/1479, Q 40/1482, Q 42/1482, Q 43/1483, Q 44/1484, Q 47/1485, Q 48/1486, Q 50/1487, Q 52/1487, Q 55/1488, Q 59/1489, Q 61/1490, Q 64/1491, Q 66/1492, Q 69/1493, Q 73/1494, Q 76/1494, Q 77/1495, Q 79/1496, Q 82/1496, Q 83/1497, Q 87/1498, Q 90/1499, Q 93/1499, Q 96/1500, Q 98/1500, Q 99/1501, Q 104/1502, Q 109/1503, Q 116/1504, Q 122/1505, Q 141/1508, Q 146/1509, Q 151/1509, Q 153/1510, Q 158/1511, Q 162/1512, Q 167/1513, Q 170/1514, Q 172/1515, Q 173/1516, Q 175/1516, Q 176/1517, Q 179/1518, Q 180/1519, Q 181/1520, Q 183/1523, Q 184/1524, Q 186/Ohne Jahr. **24** Siehe Q 179/1518, Q 185/1527.

– Janninus, Sohn von Fries, N., Mitglied des Rats der 200 (Neustadtquartier) 1450–1453[25]

– Erhard, Sohn von Fries, N., Bäcker, Bürger 1448, Mitglied des Rats der 200 (Neustadtquartier) 1450–1466, verheiratet mit Jaqueta, Nichte der Anna dou Jordil[26]

– – Johann, Sohn von Erhard, Bäcker, Mitglied des Rats der 200 (Neustadtquartier) 1469–1472 (1474?)[27]

– – **Hans, der Maler**, Sohn von Erhard, Lehre in Bern um 1480, zurück in Freiburg seit 1484(?), in Basel 1487 und 1488 (und allenfalls 1507), wieder in Freiburg seit 1488(?), seit 1501/II in festerer Stellung (hier erstmals auch mit vollem Namen genannt), Mitglied des Rats der 200 (Burgquartier) 1503–1509, wird 1504 dem Bischof von Sitten, Matthäus Schiner, empfohlen; Experte im Jetzerhandel 1507, erhält 1510 einen Empfehlungsbrief, wird durch einen Maler namens Alexander ersetzt, verschwindet aber nicht sogleich aus den Freiburger Quellen; in Bern belegt 1516(?), 1518 (Testament des Chronisten Hans Fries) und 1523; galt um 1600 in Deutschland als berühmter Maler[28]

~~ Simonetta, Stieftochter von Heini, verheiratet mit 1. Perrotet, Johannes; 2. Walker, Hensli[29]

Archivalische Quellen

1438

Q 1

StAFreiburg, Bürgerbuch 2, fol. 55v (1438, Dezember): Heininus Fryeso[30], preparator pannorum, factus est burgensis supra domum Hansonis Seiler, naute, sitam supra planchiam inferiorem[31] sancti Johannis inter domum heredum Henslini Domic(is) quondam ex una parte et pascua ex altera, ortulo ipsius intermedio, et fit de laude dicti Hansonis. Fiat indempnitas etc. Laudatum ut supra.

1442

Q 2

StAFreiburg, Notariatsregister 71, fol. 31r (1442, April 5): Heyninus et Hensillinus Friesso[32], fratres dicte uxoris ex parte matris

Zeugen des Ehevertrags zwischen Hensli Walker, Kaufmann und Bürger von Freiburg, und Simonetta, Witwe des Johannes Perrotet, zusammengefasst bei Aebischer 1927, S. 61–62.

1445

Q 3

StAFreiburg, Fremdenrodel des Neustadtquartiers vom 23. April 1445: Item Herhart Friess[33]
Buomberger 1900, S. XI.

1446

Q 4

StAFreiburg, Notariatsregister 90, fol. 291r–v (1446, Okt. 28): Heyninus Friesso[34], frater dicte Symonete ex parte matris etc.
Zeuge von «Inventaire détaillé des meubles et ustensiles de ménage appartenant en propre à Symoneta, épouse de Hensillinus Walcher, bourgeois de Fribourg», hg. Aebischer 1927, S. 64–69.

---

25 Siehe Q 2/1442, Q 7/1450, Q 8/1451. **26** Siehe Q 3/1445, Q 5/1448, Q 6/1448, Q 7/1450, Q 8/1451, Q 9/1452–1454, Q 14/1465, Q 16/1466. **27** Siehe Q 22/1469, Q 23/1470, Q 24/1471, Q 25/1472. **28** Siehe Q 36/1480, Q 41/1482, Q 45/1484, Q 46/1484, Q 49/1486, Q 51/1487, Q 53/1487, Q 54/1487, Q 56–58/1488, Q 60/1489, Q 62/1490, Q 63/1490, Q 65/1491, Q 67/1492, Q 68/1492, Q 70–72/1493, Q 74–76/1494, Q 78/1495, Q 81/1496, Q 89/1498, Q 91/1499, Q 92/1499, Q 94/1499, Q 97/1500, Q 100–103/1501, Q 105–108/1502, Q 109–115/1503, Q 116–121/1504, Q 122–126/1505, Q 128–130/1506, Q 132/1506, Q 133–140/1507, Q 141–145/1508, Q 146–150/1509, Q 152/1509, Q 154–156/1510, Q 159–161/1511, Q 164/1512, Q 165/1512, Q 166/1512–1513, Q 171/1514, Q 174/1516, Q 177/1517, Q 178/1517, Q 179/1518, Q 182/ 1523, Q 186/Ohne Jahr; auch Stellen, die nicht unbedingt auf den Maler Hans Fries zu beziehen sind. **29** Siehe Q 2/1442, Q 4/1446. **30** *Heini Fries, Vater des Chronisten Hans Fries, siehe Büchi 1927, S. 3 Anm. 1.* **31** *Untere Matte. Demnach besass Heini Fries kein eigenes Haus, sondern legte sein Bürgerrecht auf das Haus des Schiffmanns Hans Seiler. Zu diesem siehe Utz Tremp 2000, S. 665 Anm. 49.* **32** *Wahrscheinlich Heini und Janninus(!) Fries, Vater*

1448

Q 5
StA Freiburg, Notariatsregister 70, fol. 50v–51r (1448, Aug. 3): Testament der Anna (Agnes), Witwe des Ulrich dou Jordil[35]

[…] In primis animam meam, cum a suo corpore eggredi contigerit, recommendo altissimo creatori et gloriosissime virgini Marie, eius matri.

Item clamores meos et debita mea, si qui vel que fuerint seu apparuerint, etiam legata mea subscripta volo, precipio et ordino pre cunctis emendari et pacificari super et de bonis meis per manus Jaquete[36], neptis mee, uxoris Erhardi Friessen, residen(tis) Friburgi[37], heredis mee subscripte (infra annum obitus mei *durchgestr.*).

Et quia heredis institutio caput est et fundamentum tocius testamenti, idcirco heredem universalem per condiciones subscriptas michi instituo, facio et ordino tenore present(ium), videlicet prefatam Jaquetam, neptem meam dilectam, uxorem dicti Erhardi Friessen, videlicet in tota domo mea, michi pervenTa causa mortis et successionis quondam Uldrici dou Jordil, mariti mei, sita Friburgi versus plateam inferiorem sancti Johannis[38], inter domum heredum Hensillini Stungki, carnificis, que fuit dicti quondam Uldrici dou Jordil, ex una parte, et ortum ac domum novam, que fuit Hensillini Verwer, ex altera parte, ac in toto orto meo ante dictam domum meam sito et pertinente ad eandem […] Etiam in universis et singulis aliis bonis meis mobilibus, immobilibus presentibus et futuris quibuscumque. Tali condicione in premissis apposita, videlicet quod eadem Jaqueta, neptis (et heres *durchgestr.*) mea, teneatur iuramento suo ac obligatione omnium et singulorum bonorum, sibi causa presentis testamenti perveniendorum, et aliorum suorum bonorum fideliter adimplere predictum presens testamentum, ac omnia et singula in eodem contenta, prout vera et legittima heres mea universalis.

Tali siquidem condicione apposita in premissis et condicionaliter preobtenta, videlicet quod si dictam Jaquetam, neptem meam mori contingeret ab humanis absque legittimis liberis uno vel pluribus a corpore suo procreato seu procreando, eotunc predicta domus et ortus mei superius limittati […] cadant et revertantur ad dictum Erhardum Friessen, si tunc vixerit, taliter quod ipsam domum et ortum tunc habere et possidere debebit vita sua durante, et post mortem suam reverti debebunt(?) equaliter ad hospitale gloriosissime virginis Marie de Friburgo, ad magnam confratriam sancti spiritus dicti Friburgi et ad leprosos de / Burguillion. Si autem post obitum dicte Jaquete, uxoris sue, tunc defuncte absque liberis uno vel pluribus a corpore suo legittimo procreato seu procreando, idem Erhardus non viveret, eotunc eadem domus et ortus cum suis pertinenciis universis incontinenti reverti debebunt ad dicta tria loca superius designata. […]

Q 6
StA Freiburg, Bürgerbuch 2, fol. 65r (1448, Dez. 28): Erhardus Fryeso[39], pistor, factus est burgensis supra domum suam sitam Friburgi supra planchiam sancti Johannis inter domum heredum Uldrici du Jordil[40] ex una parte et possessionem tincture theutonice «Verwhof»[41], que modo spectat Ludovico de Corberiis, domicelli, ex parte uxoris sue, ex altera. Datum vicesima octava die mensis decembris anno domini quo supra.

---

und Onkel des Chronisten Hans Fries, Stiefbruder der Simonetta, Ehefrau des Hensli Walker. **33** *Erhard Fries, Vater des Malers Hans Fries, siehe Büchi 1927, S. 4 mit Anm. 3.* **34** *Heini Fries, Vater des Chronisten Hans Fries, Stiefbruder der Simonetta, Ehefrau des Hensli Walker, siehe Büchi 1927, S. 4 Anm. 4.* **35** *Zu Ulrich dou Jordil siehe Utz Tremp 1999, S. 180–186 Nr. 45. Seine Frau und Witwe Anna war eine Tochter des Schuhmachers Kunz Widmer, der das freiburgische Bürgerrecht 1394 mit einem Haus im Burgquartier erworben hatte und der 1415/1416 im Grossen Rat sass, siehe Utz Tremp 1999, S. 182.* **36** *Jaqueta, Nichte der Anna dou Jordil und Ehefrau des Erhard Fries, möglicherweise die Mutter des Malers Hans Fries.* **37** *Erhard Fries, der Vater des Malers Hans Fries, wird hier richtig als «niedergelassen» bezeichnet, da er das Bürgerrecht erst am 28. Dez. 1448 erwarb, siehe Q 6/1448.* **38** *Untere Matte.* **39** *Erhard Fries, Vater des Malers Hans Fries, siehe Büchi 1927, S. 4 Anm. 2.* **40** *Laut Testament der Anna, Frau und Witwe des Ulrich dou Jordil, war die Erbin ihres Hauses ihre Nichte Jaqueta, Ehefrau des Erhard Fries, siehe Q 5/1448.* **41** *Zum «Verwhof» der Familie Ferwer auf der Unteren Matte siehe Utz Tremp 1999, S. 145, 147, 213 Anm. 11, S. 397.*

1450

Q 7
StAFreiburg, Besatzungsbuch 1 (1448–1475), fol. 5v (Rat der 60, Neustadtquartier):
Heini Frieso[42]
fol. 9r (Rat der 200, Neustadtquartier):
Yanni Frieso[43]
fol. 9v (Rat der 200, Neustadtquartier):
Erhart Friess[44]

1451

Q 8
StAFreiburg, Besatzungsbuch 1 (1448–1475), fol. 18r (Rat der 60, Neustadtquartier):
Heini Frieso *(an erster Stelle)*
fol. 22r (Rat der 200, Neustadtquartier):
Yanni Frieso
fol. 22v (Rat der 200, Neustadtquartier):
Erhart Frieso

1452–1454

Q 9
StAFreiburg, Besatzungsbuch 1 (1448–1475), fol. 28v (Rat der 60, Neustadtquartier):
Heini Frieß, banderet *(an erster Stelle, durchgestr.)*
(an dritter Stelle, eingefügt): Heini Frieß
fol. 29r (andere Amtsinhaber, 1452–1454):
Heiny Frieso *(durchgestr.)*, banderet de la Növavilla[45]
fol. 38v (Rat der 200 für 1453, Neustadtquartier): Erhart Frieso
fehlt: Janninus Fries[46]

1453

Q 10
StAFreiburg, SMR 102a (1453/II), p. 43 (Allg. Ausgaben): Item oudit (Heini) Frieso[47] pour le reffort du loyer de son chevaul quant il fust tramis en ambassade en Savoe, per x jours, c'est assavoir vi d per jour, somma v ß

1459 und 1460

Q 11
StAFreiburg, Besatzungsbuch 1 (1448–1475), fol. 56r (Venner):
En la Nŏvavilla – Heyny Frieso[48]

1460

Q 12
StAFreiburg, Besatzungsbuch 1 (1448–1475), fol. 66v (Rat der 60, Neustadtquartier):
Heyni Frieso *(an erster Stelle)*

1462–1465

Q 13
StAFreiburg, Besatzungsbuch 1 (1448–1475), fol. 68v (Kleiner Rat): Heyni Frieso[49]

1465

Q 14
StAFreiburg, Besatzungsbuch 1 (1448–1475), fol. 80v (Kleiner Rat): Heini Frieso
fol. 91r (Rat der 200, Neustadtquartier):
Erhard Frieso

---

42 *Heini Fries, Vater des Chronisten Hans Fries, Mitglied des Rats der Sechzig 1450–1453 und 1460, vgl. Büchi 1927, S. 3 Nr. 1 (wo irrtümlicherweise vom Rat der 200 die Rede ist).* **43** *Janninus Fries, Bruder von Heini Fries, Mitglied des Rats der Zweihundert 1450–1453, siehe Büchi 1927, S. 3/4 Nr. 2.* **44** *Erhard Fries, Vater des Malers Hans Fries, Mitglied des Rats der Zweihundert 1450–1466, vgl. Büchi 1927, S. 4 Nr. 3 (irrtümlicherweise 1455–1466).* **45** *Heini Fries, Vater des Chronisten Hans Fries, Venner des Neustadtquartiers 1450–1453 und 1459–1461, siehe Zurich 1918, S. 105. Die Korrekturen im Besatzungsbuch erklären sich wahrscheinlich daraus, dass Heini Fries nur bis 1453 Venner des Neustadtquartiers war, der Abschnitt aber den Ämtern der Jahre 1452–1454 gewidmet ist.* **46** *Janninus Fries, Bruder von Heini Fries, verschwindet in dieser Zeit aus den Ratslisten, siehe Büchi 1927, S. 3/4 Nr. 2.* **47** *Heini Fries, Vater des Chronisten Hans Fries, auf Gesandtschaft nach Savoyen, siehe Büchi 1905, S. 230/231 und Anm. 1.* **48** *Heini Fries, Vater des Chronisten Hans Fries, Venner des Neustadtquartiers 1450–1453 und 1459–1461, siehe oben, Q 9/1452–1454.* **49** *Heini Fries, Mitglied des Kleinen Rats 1464–1481, siehe Büchi 1927, S. 3 Nr. 1.*

Q 15
StA Freiburg, Stadtsachen A 555, Zinsbuch der Stadt Freiburg, um 1465, fol. 21v: Item Heyny Frieso[50], tenturier, pour toute l'aigue qui chiet furs du nock du bornel sis sus la planche de sainct Jehan[51] devant la maison du for qui fust a Herman Linweber, desoubs la rueta du chemin de Burguillion, x ß

Per telle condition que la ville pour sa neccessite sans prester a aulcones aultres personne porra rehavoir ladite aigue quant plairra a mess(eigneu)rs, et adoncques ledit Heyny sera quitte de ladite cense.

(*von späterer Hand*) Item mess(eigneu)rs ont prestei ladite aigue a Hans Frieso[52], filz dudit Heini Frieso, et la doit mener et faire et maintenir a ses propres costes et missions sans la charge de mess(eigneu)rs, pour la cense de III ß

fol. 24r: Devant S. Jehan

Primo Henry Piston d'Arconcie pour sa maison qui fust a Buchsser favre, xvi ß

(*von späterer Hand*) Stost an den «Slüssel».

Item Peterman Velga pour sa maison sis enqui mesme, laquelle soloit tenir Hermann Tscheny dit Linweber, decoste la maison dudit Henry Piston, xvi ß

(*von späterer Hand*) Tenet Hansi Frieso[53]

(*von noch späterer Hand*) Tenet Jacob Frieß[54], ist der «Slüssel»

(*fol. 24v*) Item ledit Peterman Velga pour ung estrablet appres, lequel ledit Herman soloit tenir, contignient x piez de large et du long de l'ostaul, II ß

(*von späterer Hand*) Tenet Hansi Frieso

(*von noch späterer Hand*) Tenet Ja. Frieß

fol. 56r: Les loyers dez maisons sises sur la planchi de S. Jehan appartenant a la recouvra du recepvour de l'Ogi

[...]

Item la maison qui soloit tenir Hans Herman est prestee ou Frieso[55] de Berna po(u)r l'an finist a la s(aint) Jaquemo l'an LXIX[56], po(u)r xxx ß

1466

Q 16
StA Freiburg, Besatzungsbuch 1 (1448–1475), fol. 93r (Kleiner Rat): Heyny Frieso
fol. 163r (Rat der 200, Neustadtquartier):
Erhard Frieso
Hensli Frieso[57]

Q 17
StA Freiburg, Bürgerbuch 2, fol. 83r (1466, Juli 6): Henslinus Fryeso[58], filius Heinini Fryeso, tinctoris, recepit burgensiam dicti eius patris et factus est burgensis supra domum suam sitam Friburgi ante ecclesiam sancti Johannis Iherosalemitani, que fuit Johannis Helmans[59], inter viam publicam ex una parte et domum *(Lücke)* ex altera. Datum ut supra.

Q 18
StA Freiburg, Notariatsregister 96 (1466, Sept. 16 ff.): Notariatsregister betreffend Heini Fries (mit der Hausmarke Fries auf dem vorderen Deckel), fol. 1r:

In Dei nomine, amen. Incipit registrum viri honesti Heynyni Frieso[60], burgensis et ex consulibus ville Friburgi et suorum, in quo quidem registro registrantur littere ad opus eiusdem Heyniny facientes, recepte per Petrum Faulcon, Jacobum Lombard et Berhardum Faulcon, notarios, burgenses Friburgi, et est inceptum die et anno quibus infra.[61]

---

50 *Heini Fries, siehe Büchi 1927, S. 3 Anm. 1.* **51** *Obere Matte. Zu Hermann Tscheni oder Linweber siehe Utz Tremp 1999, S. 557–563.* **52** *Hans Fries, der Chronist.* **53** *Wahrscheinlich Hensli Fries, der Bruder des Chronisten Hans Fries.* **54** *Jakob Fries, der Sohn von Hensli Fries.* **55** *Fries aus Bern, siehe Büchi 1927, S. 6 mit Anm. 2.* **56** *1469, Juli 25.* **57** *Hensli Fries, Bruder des Chronisten Hans Fries, Mitglied des Rats der Zweihundert 1466 (1465?) bis 1472, siehe Büchi 1927, S. 4 Nr. 5.* **58** *Hensli Fries, Bruder des Chronisten Hans Fries (von dem wir keinen Bürgerrechtseintrag haben), siehe Büchi 1927, S. 4 Anm. 5.* **59** *Johannes Helman, Enkel von Hermann Tscheni oder Linweber, siehe oben Q 15/1465 und Utz Tremp 1999, S. 561.* **60** *Heini Fries, Vater des Chronisten Hans Fries.* **61** *1466, Sept. 16. Von fol. 3v (1482, Feb. 24) an wird das Register vom Notar Bartholomäus Heckart geführt, betrifft vor allem den Chronisten Hans Fries, Sohn von Heini, und beinhaltet vorwiegend Tuchverkäufe; siehe unten, Q 41/1482.*

1467

Q 19
StAFreiburg, Besatzungsbuch 1 (1448–1475),
fol. 105v (Kleiner Rat): Heini Fryeso
fol. 114v (Rat der 200, Neustadtquartier):
Hensli Frieso
fehlt: Erhard Fries[62]

Q 20
StAFreiburg, SMR 129 (1467/I), p. 34:
Item a Hensli Frieso[63], hoste de la «clar», pour despens fait enchie luy per certains gaigniours que l'on fist venir a cause de la venue de Philippe monseigneur, XLIII ß

1468

Q 21
StAFreiburg, Besatzungsbuch 1 (1448–1475),
fol. 117r (Kleiner Rat): Heini Frieso
fol. 121r (Rat der 200, Neustadtquartier):
Hensly Frieso

1469

Q 22
StAFreiburg, Besatzungsbuch 1 (1448–1475),
fol. 130v (Kleiner Rat): Heini Frieso
fol. 134v (Grosser Rat, Neustadtquartier):
Hensly Frieso
[...]
Jehan Frieso[64]

1470

Q 23
StAFreiburg, Besatzungsbuch 1 (1448–1475),
fol. 142v (Kleiner Rat): Heyny Frieso

fol. 146r (Rat der 200, Neustadtquartier):
Hensli Frieso
[...]
Jehan Frieso, forneir

1471

Q 24
StAFreiburg, Besatzungsbuch 1 (1448–1475),
fol. 154r (Kleiner Rat): Heini Frieso
fol. 164v (Rat der 200, Neustadtquartier):
Hensli Frieso
fol. 165r: Jehan Frieso, forneir

1472

Q 25
StAFreiburg, Besatzungsbuch 1 (1448–1475),
fol. 167v (Kleiner Rat): Heini Frieso
fol. 178v (Rat der 200, Neustadtquartier):
Hensli Frieso
[...]
Jehan Frieso, forneir

1473

Q 26
StAFreiburg, Besatzungsbuch 1 (1448–1475),
fol. 181r (Kleiner Rat): Heini Frieso
*fol. 190r (Rat der 200, Neustadtquartier): ohne
Hensli und Johann Frieso*[65]

1474

Q 27
StAFreiburg, Besatzungsbuch 1 (1448–1475),
fol. 192r (Kleiner Rat): Heini Frieso

---

62 *Erhard Fries, Vater des Malers Hans Fries, scheint 1467 gestorben zu sein, siehe Büchi 1927, S. 4 Nr. 3.* **63** *Hensli Fries, Bruder des Chronisten Hans Fries, siehe Büchi 1905, S. 230 mit Anm. 4. Zur Wirtschaft Zum Schlüssel siehe oben, Q 15/1465.* **64** *Johann Fries, Sohn des Erhard Fries und Bruder des Malers Hans Fries, Mitglied des Rats der Zweihundert 1469–1472 (1474?), siehe Büchi 1927, S. 5 Nr. 8.* **65** *Hensli Fries, der Bruder des Chronisten Hans Fries, und Johann Fries, der Bruder des Malers Hans Fries, scheinen beide in jenen Jahren gestorben zu sein, siehe Büchi 1927, S. 4 Nr. 5, und S. 5 Nr. 8.* **66** *Heini Fries, Vater des Chronisten Hans Fries, siehe Büchi 1901/1, S. 46/47 mit Anm. 1 (S. 47).* **67** *Hans Fries, der Chronist.* **68** *Hans Fries, der Chronist, siehe Büchi 1901/1, S. 38 mit Anm. 4.* **69** *Nicht identifiziert, siehe Büchi 1925, S. 228/229. In der Seckelmeisterrechnung des zweiten Halbjahres 1480 sind ein Maler Pierre und ein Maler Jakob belegt, siehe Q 36/1480.* **70** *Meister Heinrich Bichler, der Maler von Bern, hatte bereits 1478 für die Stadt Freiburg Wappen gemalt, siehe*

1475

Q 28
StAFreiburg, Besatzungsbuch 1 (1448–1475), fol. 206v (Kleiner Rat): Heini Frieso

1476(?)

Q 29
StAFreiburg, Kriegssachen, Karton II, Nr. 2: Rôle de compagnies, ville et campagnes (Morat ou Grandson), s. d. (copie vers 1700), p. 11: Les chappuis
(an erster Stelle) Heini Frieso[66]

1479

Q 30
StAFreiburg, Kriegssachen, Karton III, Nr. 26a: Rôle de compagnies, ville et campagne, s. d. (1479?), p. 38: Les chapuis
(an erster Stelle) Heini Frieß

Q 31
StAFreiburg, Kriegssachen, Karton III, Nr. 26b: Rôle de compagnies, ville et campagne, s. d. (1479? 1474–1476?), p. 68: Chapuis
(an erster Stelle) Heini Frieso

Q 32
StAFreiburg, Notariatsregister 96 (Notariatsregister betreffend Heini Fries und seinen Sohn Hans), fol. 3r (1479, März 8): Hentzing Jagkis, commorans apud Bonnendorff, confitetur se debere pro se et suis Hansoni Frieso[67], filio Heinini Frieso, ex consulibus Friburgi, presenti, septem libras et decem solidos monete cursibilis Friburgi causa responsionis per ipsum facte ex parte Petri Duc, filii Bartholomei Duc, clerici de Augusta, solvendos obligatione omnium bonorum suorum in Pasch(a) proxime vent(ura) cum dampnis. Laudatum octava Marcii anno a nativitate domini LXXIX.

Q 33
Büchi 1901/1 (hier nach Sep. mit eigener Paginierung), S. 33 (1479, Mai 5): Uf Mittwochen nach des heiligen Crützes findung 1479, do furen wir in einem schiff uf das schiessend gan Baden in Aergow, und was do herr Tschan Guglemberg, meister Michel der scherer, Hans Schmutz und Hans Friess[68], und warend us 17 tag.

1480

Q 34
StAFreiburg, Besatzungsbuch 1b (1480–1486), fol. 4r (Kleiner Rat): Heyni Frieso

Q 35
StAFreiburg, SMR 155 (1480/I), fol. 17v (Allg. Ausgaben): Item a ceulx qui ont juyer la passion de nostre seigneur et la resurrection, auxi en aytaire de leurs poyne et de leurs despens, enclo XL ß donne a celluy qui estoit Dieu, ord(onne) per MM., XX lb.
fol. 18r: Item ou pointre[69] lequel a fet les vestemans de la passion por ses couleurs et por sa poine, auxi por et en aytaire dez missions que les compagnyons ont ehu pour leurs vestemans, ordonne per MM., VI lb.

Q 36
StAFreiburg, SMR 156 (1480/II), fol. 17v (Allg. Ausgaben): Item a meist(re) Heinrich Bichler[70], le pointre de Berne, por l'achet de l'istoire de la bataille de Morat, laquelle l'on a mise

---

StAFreiburg, SMR 151 (1478/I), fol. 22r (Allg. Ausgaben): Item a Thoman Studer, charrocton de Berne, por la veteri de ammeneir les II trables deis enseignies de l'empereur, lesquelles l'on a mises l'une a Jaquemar et l'aultre en la pourte de Berne, XL ß. – Item a meist(re) Heinrich, le pointre de Berne, por penteir lesd(ites) dues trables, p(er) compte fet avec luy etc., XXXVI lb. – Item mes audit Heinrich pour une robe laquelle MM. ly ont schenguer, C ß; *fol. 30r:* Item a Hugonin Borgognyon et a Ludwig por II jorn(ees) a faire deis pertuys en la tor de Jaquemar et en la porta de Berne, por pendre les enseigniez de l'empereur, X ß; *SMR 152 (1478/II), fol. 26r (Allg. Ausgaben):* Item mais audit Jacob (Berk, host du Cerf) por la despense du poinctre et de ceulx qui apportarant les «wauppen» de l'empereur por megie eis portes, ord(onne) per MM., CV ß.

en la maison de la Justice, ordonne per MM., IIII^xx VI lb *durchgestrichen und mit der Bemerkung versehen* Scriptum est alibi[71]

fol. 19v: Item mais audit Jacob (Berk, hoste dou Cerf) por despense fecte enchief per le pointre de Berne et VIII avec luy quant il apportast la trable de la bataillie de Morat; lesquelx se furent per III jors, per compte fet avec luy et ordonne per MM., VIII lb X ß

fol. 21r: Item a Heinrich Frutinger et a Hans von Biesdorff por faire le «umbgang» de l'ystoire de Morat et aussi por le ferraz(?) de teila derrier, per compte fet avec leur, XVII ß

[…]

Item mais audit borseir (Pierre Ramu, jadix tresorier) pour XIX aulnes de scherter(?) (noir *über der Zeile ergänzt*) que l'on a ehu de luy, employe por les curtines de la histoire de Morat, enclo les ? et cuir blan por le clavelleir, IIII lb IIII ß II d

fol. 26r: Item ou **fils[72] de Erhart Frieso jadix** por une robe a luy schenguer quant maist(re) Heinrich, le pointre de Berne, apportast la bataillie de Morat, ord. per MM. estant Pierre Ramu tresor(ier)[73], C ß

fol. 102r: Missions pour l'armee qui va en France et por le schenguement dez alliez

Primo a maistre Pierre[74], le pointre, pour sa poyne et por la fasson de pointre deux «schützen venly», enclo l'or et les colleurs, per compte fet, C ß

Item a maist(re) Jacob[75], le pointre, por pentar blanc et noir le hastes deis deux penons, compta la piece VII ß, somma XIIII ß

1481

Q 37

StAFreiburg, Besatzungsbuch 1b (1480–1486), fol. 20r (Kleiner Rat): Heyni Frieso

Q 38

Seitz 1911, S. 47 Nr. 160 (1481, Juni 20): Hensli Manod vermacht seiner Tochter Alexia (Alles) das Haus auf der Matte, zwischen dem Garten des Hentz Heinrich und dem Hause des Gerbers Michel Frövenlobs, mit der Bedingung, dass sie dem Johanniterhaus davon jährlich 8 Schilling Zins für seine Jahrzeit entrichte. – Zeugen: Heyny Friesen[76], des Rats, und Hans Schwab, Gerber.

Q 39

StAFreiburg, SMR 158 (1481/II), fol. 36r (Allg. Ausgaben): Item ou pointre[77] qui a pointe le pilar du cular devant l'ospitaul, inclo II hastez dez pennons, p(er) compte fet IIII lb

1482

Q 40

StAFreiburg, Besatzungsbuch 1b (1480–1486), fol. 26r (Kleiner Rat): ohne Heini Fries[78]
fol. 29v (Rat der 200, Neustadtquartier): Hansi Frieß[79]

Q 41

Haller 1902, S. 328 (1482, März 10)[80]: Hans Frieß soll des furnemmens halb, so er gegen dem priester zu Gurtzelen gebrucht hat, 2 gulden Sanct Vincentzen geben, der ein ist im geschenkt.

StABern, Originalstelle nicht gefunden[81]

---

[71] *Eine entsprechende Stelle findet sich in SMR 156 (1480/II) nicht. Siehe auch StAFreiburg, SMR 225 (1515/I), p. 37 (All. Ausgaben):* Denne Hanns(en) von Tornach umb den umbhang von Murten slacht uffem rathaus, für den scherter(?) unnd macherlon unnd sunst zú bletzen, VIII lb V ß V d. *Die «Murtenschlacht» wurde 1522 ins neue Rathaus übergeführt, wo sie noch 1781 (im Grossratssaal) nachweisbar ist, siehe Strub 1964, S. 249 Anm. 1.* **72** *Hans Fries, der Maler, siehe Büchi 1927, S. 8 Anm. 3; Rott 1936, S. 278 mit Anm. 7.* **73** *Pierre Ramu, Seckelmeister 1477–1480, 1482–1485, 1488–1491, 1497–1500, siehe Zurich 1918, S. 106. Die Ämter wurden jeweils am 24. Juni neu besetzt, was bedeutet, dass Pierre Ramu bis am 24. Juni 1480 Seckelmeister war.* **74** *Der Maler Peter von Rieth, siehe Rott 1936, S. 278 mit Anm. 5.* **75** *Der Maler und Glasmaler Jakob, siehe Rott 1936, S. 278 mit Anm. 4.* **76** *Heini Fries, der Vater des Chronisten Hans Fries, siehe Büchi 1927, S. 3 Anm. 1.* **77** *Nicht identifiziert.* **78** *Heini Fries erscheint zwar nicht mehr als Mitglied des Kleinen Rats, ist aber noch nicht gestorben, sondern 1487 noch einmal belegt, siehe unten, Q 52/1487.* **79** *Hans Fries, der Chronist, Mitglied des Rats der 200 als Vertreter des Neustadtquartiers 1482–1487, siehe Büchi 1927, S. 4 Nr. 6.* **80** *Büchi 1927, S. 9 Anm. 2, hat irrtümlicherweise 1482, März 20.* **81** *Siehe auch Mitteilung von Vinzenz Bartlome, Staatsarchiv Bern, vom 12. Okt. 2000: Stelle «trotz intensiver*

Q 42

StA Freiburg, Notariatsregister 96 (Notariatsregister betreffend Heini Fries), fol. 4r (1482, Okt. 19): Ůelly Grenys, gesessen ze Gurmels, wissent und wolbedacht etc., gibt und versetzt fur inn und all sin erben und gibt von handen zů einem rechten behafften und gewissen underpfand Hansy Friesen[82], sun des genanten Heiny Friesen, und sinen erben (und Ursy[83], siner efrowen, unverscheidenlich *ergänzt*), namlich alle und yettliche sine gůtere ligende und varende, dero dehein hindangesetzt noch vorbehalten, als umb und fur einlyff pfund, druy schilling und sechs pfenning löiffiger Friburger múntz, so Ůelly dem genanten Friesen nach aller rechnung schuldig beliben ist […]

1483

Q 43

StA Freiburg, Besatzungsbuch 1b (1480–1486), fol. 35r (Rat der 200, Neustadtquartier): Hansi Frieß

1484

Q 44

StA Freiburg, Besatzungsbuch 1b (1480–1486), fol. 40r (Rat der 200, Neustadtquartier): Hansi Frieß

Q 45

StA Freiburg, SMR 163 (1484/I), fol. 91r (Gutrechnung, Maler)[84]: Item geben dem **maler** umb dry maß nußöle, die zitgloggen[85] zů malen, XVIII ß

Item geben **meister Hannß**[86]**, dem maler**, uff gůte rechnung uff dem XII tag Septembris[87], XII lb

Item aber hatt er uff rechnung uff das werk, II lb

Q 46

StA Freiburg, SMR 164 (1484/II), fol. 18r (Allg. Ausgaben): Item **meister Hansen**[88]**, dem maler**, die zyttgloggen ze malen, XL lb

1485

Q 47

StA Freiburg, Besatzungsbuch 1b (1480–1486), fol. 46r (Rat der 200, Neustadtquartier): Hansi Fries

1486

Q 48

StA Freiburg, Besatzungsbuch 1b (1480–1486), fol. 52v (Rat der 200, Neustadtquartier): Hannsi Frieß

Q 49

StA Freiburg, SMR 168 (1486/II), fol. 22r (Allg. Ausgaben): Item **Hannß**[89]**, dem maler**, die wappen an den zytgloggen thurn zemalen, us ordnung minr herren, LX lb

Aber den gesellen zů trinckgelt, X ß

fol. 67r (Gutrechnung): Item meister **Hans**[90]**, dem maler**, haben min herren geheissen lichen XVIII July[91], X lb

Item dem selben penultima septembris[92] uff gůt rechnung, IIII lb

Aber haben min herren dem **maler** gelichen XII lb.

Suche nicht gefunden». **82** Höchstwahrscheinlich Hans Fries, der Chronist (siehe Büchi 1927, S. 3 Anm. 1), und kaum Hans Fries der Maler (anders als Büchi 1927, S. 10 mit Anm. 1). **83** Wahrscheinlich erste Ehefrau des Chronisten Hans Fries, der 1516 mit einer Frau namens Loysa verheiratet war, siehe Q 175/1516. **84** Die Seckelmeisterrechnungen wurden seit dem zweiten Halbjahr 1483 (SMR 162) deutsch geführt, siehe Schnetzer 1979/80, S. 92. **85** Zum neuen Zeitglockenwerk siehe die gleiche Seckelmeisterrechnung, fol. 18r–20v (Allg. Ausgaben), und Strub 1964, S. 125. **86** Fehlt sowohl Büchi 1927 als auch Rott 1936, doch handelt es sich wohl um den gleichen Maler wie in Q 46/1484. Gutrechnung = Vorauszahlung. **87** 1484, Sept. 12. **88** Der Maler Hans Fries oder der Maler Hans Rott, siehe Rott 1936, S. 281 mit Anm. 5 (irrtümlicherweise 1485). Gleichzeitig gibt es aber auch einen Hans Rott im Amt des Stadtschmieds, siehe die gleiche Seckelmeisterrechnung, fol. 73r (Röcke der Amtleute). **89** Der Maler Hans Fries oder der Maler Hans Rott, siehe Rott 1936, S. 281/282 mit Anm. 1 (S. 282). **90** Fehlt sowohl Büchi 1927 als auch Rott 1936. **91** 1486, Juli 18. **92** 1486, Sept. 29.

1487

Q 50
StAFreiburg, Besatzungsbuch 2 (1487–1489), fol. 3v (Rat der 60, Neustadtquartier): Hansi Fries[93] *(an letzter Stelle)*

Q 51
StAFreiburg, SMR 169 (1487/I), fol. 18v (Allg. Ausgaben): Item **Hannß**[94]**, dem maler**, ettlich schilt und stangen ze malen, III lb
fol. 70v (Gutrechnung):
Item Hanns[95], dem maler, uff gůtt rechnung, II lb

Q 52
StAFreiburg, Notariatsregister 96 (Notariatsregister betreffend Heini Fries und seinen Sohn Hans), fol. 7r (1487, April 2): Der ersamme Heiny Frieso[96], ingeseßner burger ze Friburg, Hansy Frieso[97], sin sun, und Jacob Frieso[98], Hensly Friesen seligen sun, mit gunst und verhengnusse der genanten vatters und suns, verjechent offenlich, das sy all druy gemeinlich und unverscheidenlich hinverluchen hant Otthy Kummers, dem pfister, namlich alles iro huße ze Friburg vor sant Johans kilchen gelegen, «Zum Schlüssel»[99] genant, mit aller siner zůgehort, garten, krutgarten, schur und stal, nút vorbehalten, den aleinig vorbehebt dz tůch gadem, ist hierinne nit begriffen. Und ist disse lichung geben und beschechen acht jar[100], so uff sannt Jacobs tag dez heiligen zwölffbotten yetz nechstkomend anfachent, namlich alle jar der acht jaren umb zwölff pfund pfenningen, so der genant Otthy den genanten Friesen bezalen, weren und antwurten sol jarlichen uff sannt Jacobs tag âne widerret noch hindernússe. Die genanten Friesen gelobend dem genanten Otthy dez gemelten hussez mit aller zůgehort gůte werschafft ze tragen gegen yederman (die acht jär uß *ergänzt*), ime ouch den zins in denen acht jaeren nit ze steigern noch ze meren und inn daby ouch lassen zebeliben. Und nach ußgang der acht jären, wil denn Otthy mer in dem huß beliben, das sol er Fryesen lassen wussen ein halb jar vor, ya oder nein (und wil im den Frieso dz huß mer lichen und lenger lassen, das stad an sinem willen *ergänzt*). […] Laudatum sub clausulis opportunis present(e) Ůlrich Nigken, der schmid, secunda apprillis anno domini LXXXVII.

Q 53
StAFreiburg, SMR 170 (1487/II), fol. 20v (Allg. Ausgaben): Item dem **maler**[101] zwey venli ze malen, X ß
(fol. 23r) Item dem **maler**[102] fúr sin hus zinß, VIII lb[103]

Q 54
StABasel-Stadt, Himmelzunft 3, Rotes Buch (1426–1794), fol. 32v (1487, Aug. 6): Item aber hand wier enpfangen I lb III ß von **Hans Friesen**[104] und hat die zunft kouft uf mallen werck und sunst nút zů triben, uf sant Sixt tag LXXXVII ior.

1488

Q 55
StAFreiburg, Besatzungsbuch 2 (1487–1489), fol. 18v (Rat der 60, Neustadtquartier):
Hans Fries

---

93 *Hans Fries, der Chronist, Mitglied des Rats der 60 als Vertreter des Neustadtquartiers 1487–1497, siehe Büchi 1927, S. 4/5 Nr. 6.* **94** *Fehlt sowohl Büchi 1927 als auch Rott 1936.* **95** *Der Maler Hans Fries oder der Maler Hans Rott, siehe Rott 1936, S. 282 mit Anm. 2.* **96** *Heini Fries, Vater des Chronisten Hans Fries, hier wahrscheinlich zum letzten Mal erwähnt.* **97** *Hans Fries, der Chronist, siehe Büchi 1927, S. 3 Anm. 1, S. 5 Anm. 6.* **98** *Jakob Fries, Sohn des verstorbenen Hensli Fries und Neffe des Chronisten Hans Fries, siehe Büchi 1927, S. 5 Anm. 6.* **99** *Zum Haus zum Schlüssel siehe oben, Q 15/1465 und Q 20/1467.* **100** *1487, Juli 25 – 1495, Juli 25.* **101** *Fehlt sowohl Büchi 1927 als auch Rott 1936.* **102** *Fehlt sowohl Büchi 1927 als auch Rott 1936 als auch Rott 1936.* **103** *Möglicherweise zwei Jahreszinse, denn in der Folge beträgt der Hauszins des Malers (Hans) jeweils nur 4 Pfund, siehe Q 53/1487, Q 57/1488, Q 60/1489, Q 63/1490, Q 65/1491, Q 67/1492 usw.* **104** *Hans Fries, der Maler, siehe Büchi 1927, S. 10 Anm. 3; Rott 1936, S. 44 bei Anm. 10. Festzuhalten ist allerdings, dass bei allen möglichen Basler Belegen für Hans Fries nie ein Herkunftsort wie etwa «von Freiburg» angegeben ist; siehe auch Q 58/1488 und Q 139/1507. Zur Basler Himmelzunft siehe Koelner 1948. Die Zunft bestand aus zwei Halbzünften, die Zunft der Scherer und Bader sowie diejenige der Maler, Sattler und Sporer. Ihr gehörten auch so berühmte Maler wie Konrad Witz und Hans Holbein an.*

Q 56
StA Freiburg, SMR 171 (1488/I), fol. 16v (Allg. Ausgaben): Item **Hannß[105], dem maler**, fúr vi hóltzine kůpferbúchsen, ouch die stangen und fenli gen Corgie[106] ze malen, i lb v ß

Q 57
StA Freiburg, SMR 172 (1488/II), fol. 18v (Allg. Ausgaben): Item **Hannß[107], dem maler**, fúr sin huß zinß, iiii lb
(fol. 25r) **Item Hanns[108], dem maler**, die venli uff das huß zů Favernach[109] ze bezalen, i lb

Q 58
StA Basel-Stadt, Himmelzunft 11, Rechnungsbuch I (1447–1611), fol. 34v (1488, Sept. 4):
lxxxviii ior
Item unser meister hand rechnung enpfangen von meister Heinrich Falckner als ein seckler der zunft zum Himel, und ist alles abgerechnet fúr ußgeben und innemen, und hand im wieder úberantwurt in barem gelt iiii lb vii ß ii d. Und ist diß rechnung beschehen uff donstag vor Marie geburt im selben ior, wie obstat.
Item diß noch geschriben schuld(en) sol er insamlen:
Üllin(?) Herin, i lb iii ß
Simon Springer, vi ß
Hanß Frieß[110], iiii lb minder iii ß
Gansser, iii lb viii ß
Summa viii lb xv ß

1489

Q 59
StA Freiburg, Besatzungsbuch 2 (1487–1489), fol. 33v (Rat der 60, Neustadtquartier):
Hanns Frieß

Q 60
StA Freiburg, SMR 174 (1489/II), fol. 18r (Allg. Ausgaben): Item **Hannß[111], dem maler**, fúr sin hus zinß, iiii lb

1490

Q 61
StA Freiburg, Besatzungsbuch 2b (1490–1492), fol. 4v (Rat der 60, Neustadtquartier):
Hans Frieß

Q 62
StA Freiburg, SMR 175 (1490/I), fol. 19r (Allg. Ausgaben): Item **Hannß[112], dem maler**, ettlich schilt ze machen uff tůch, als man us wolt ziechen, vi ß

Q 63
StA Freiburg, SMR 176 (1490/II), fol. 17v (Allg. Ausgaben): Item Růdolff Zymerman von **Hannß[113], des malers**, hußzins wegen, iiii lb

1491

Q 64
StA Freiburg, Besatzungsbuch 2b (1490–1492), fol. 18v (Rat der 60, Neustadtquartier):
Hanß Frieß

Q 65
StA Freiburg, SMR 178 (1491/II), fol. 16r (Allg. Ausgaben): Item Glaude von Garmißwyl fúr **Hanß[114], des malers**, hußzins, iiii lb

---

105 *Fehlt sowohl Büchi 1927 als auch Rott 1936.* **106** *Wahrscheinlich Gorgier, heute Kt. Neuenburg, siehe HBLS, Bd. 3, S. 604. Siehe auch die gleiche Seckelmeisterrechnung, fol. 7r (Botenlöhne zu Pferd): Item Guillaume Gruyere hatt vier tag gen Corgiez von des gerichts wegen und das halsysen uffzerichten, vii lb.* **107** *Fehlt sowohl Büchi 1927 als auch Rott 1936.* **108** *Hans Fries, der Maler, oder Hans Rott, der Maler, siehe Rott 1936, S. 282 mit Anm. 3 (irrtümlicherweise 1489). Zu bedenken ist allerdings, dass Hans Fries am 4. Sept. 1488 als Schuldner der Basler Himmelzunft belegt ist, siehe Q 58/1488.* **109** *Wahrscheinlich Farvagny-le-Grand (Bezirk Saane, Kt. Freiburg), das 1482 durch Kauf von den Herren von Pont an Freiburg gekommen war, siehe HBLS, Bd. 3, S. 116.* **110** *Hans Fries, der Maler, siehe Büchi 1927, S. 10 Anm. 4; Rott 1936, S. 44 bei Anm. 11 (beide unvollständig).* **111** *Fehlt sowohl Büchi 1927 als auch Rott 1936.* **112** *Hans Fries, der Maler, oder Hans Rott, der Maler, siehe Rott 1936, S. 282 mit Anm. 4. Zum Auszug (nach St. Gallen) des ersten Halbjahres 1490 siehe die gleiche Seckelmeisterrechnung und die gleiche Rubrik, fol. 16r, v, 17r, v, 19r, v, 21v.* **113** *Fehlt sowohl Büchi 1927 als auch Rott 1936. Rudolf Zimmermann, möglicherweise Rudolf Zimmermann, Mitglied des Rats der Sechzig 1506–1513, Heimlicher 1507–1513, gest. 1513, siehe HBLS, Bd. 7, S. 662.* **114** *Fehlt sowohl Büchi 1927 als auch Rott 1936.*

1492

Q 66
StAFreiburg, Besatzungsbuch 2b (1490–1492), fol. 32v (Rat der 60, Neustadtquartier):
Hans Frieß

Q 67
StAFreiburg, SMR 180 (1492/II), p. 33 (Allg. Ausgaben): Item **Hans**[115]**, dem maler**, fúr sin hußzins, IIII lb

Q 68
Rott 1936, S. 282 mit Anm. 5 (StAFreiburg, SMR zu 1492): Item **Hans, dem maler**, den ofen uff dem rathus rot ze machen, 1 lb V ß
StAFreiburg, Originalstelle nicht gefunden

1493

Q 69
StAFreiburg, Besatzungsbuch 3 (1493–1501), fol. 3v (Rat der 60, Neustadtquartier):
Hanns Frieß

Q 70
StAFreiburg, SMR 181 (1493/I), fol. 19r (Allg. Ausgaben): Item **Hannß**[116]**, dem maler**, die schilt uff die torschen, so gen Gryers[117] kamend, und ein venli stangen ze malen, XVI ß

Q 71
StAFreiburg, Ratsmanual 11, fol. 5r–6r (1493, Juli 10): Beratung über Hauszinse und Fronfastenzahlungen[118]
Meister Balthazar sol man noch diß jars den hußzinß gebenn, und nitt fúrer, und zů III jaren ein rock. / *(fol. 5v)* […]
Der harneschern ir hußzinsen halb, das man übersicht(?) und man inen den geben, angesechen diß herrt löuff.

Bendicht Hurnni lást man siner getruwen diensten halb bi sinem hußzinß beliben.
Cůnrad Valcken halb, lást man sins alters halb geniessen (biß zů sant Johannis tag *durchgestr.*).
Peterman des gipsers halb, dem bricht man sin hußzinß gantz biß an v lb ab, so er doch im fronvasten III lb hatt.
Hannsen[119] **des malers** halb, des ist man gantz [des ist man gantz] nottúrfftig, so doch susß dheiner hie ist; des hußzinß ist IIII lb.[120]
Meister Peters halb des organisten, den lást man bi sinem hußzinß beliben; dem gipt man v lb.
Hanns Schåfflin, dem armbrester, dem hatt man alles abbrochen dan all jar V lb und zů III jaren ein rock. / *(fol. 6r)*
Hanns Hanen, dem hatt man den hußzinß gantz abbrochen dann zů III jaren I rock oder v lb, alß lang alß es minen herren gevellt.
Des zittgloggenrichters halb, do sol man sich mit eim andern versechen, dan diser kan nútz, und sol man ime nitt mer geben dan zwi fronvasten I (?) lb.
Ludwig des tummetters(?) halb bedunckt min herren diser léuffen halb, man könn ime nutz abnemen, doch so werdt dz zů minen herren gesetzt.
Den zieglernn sol man nitt mer geben zur fronvasten dann x lb.
Meister Pierro(?) dem steinhower, lást man bi sinem verding beliben.
[…]
Die rock setzt man zů minen herren heim(?), es bringt ein unsaglichen kosten, darnach mag man sich richten.

Q 72
StAFreiburg, SMR 182 (1493/II), fol. 78r: Ußgebenn umb hußzinß affter(?) der statt[121]:
Des erstenn meister Balthazarnn, dem slosser, fúr sin hußzinß, v lb

---

[115] *Fehlt sowohl Büchi 1927 als auch Rott 1936.* [116] *Hans Fries, der Maler, oder Hans Rott, der Maler, siehe Rott 1936, S. 282 mit Anm. 9.* [117] *Gryers, Greyerz, Kt. Freiburg. Zu den Tortschen: Caviezel 1977.* [118] *Diese Beratung führt in den folgenden Seckelmeisterrechnungen zu einer Sonderrechnung, siehe Q 72/1493, Q 75/1494 usw.* [119] *Hans Fries, der Maler, oder Hans Rott, der Maler, siehe Rott 1936, S. 282 mit Anm. 7.* [120] *Ausgaben für den Hauszins des Malers (Hans) bereits seit 1487 nachweisbar, siehe Q 53/1487, Q 57/1488, Q 60/1489, Q 63/1490, Q 65/1491, Q 67/1492.* [121] *Sonderrechnung infolge der Ratsbeschlüsse vom 10. Juli 1493, siehe Q 71/1493.* [122] *Hans Fries, der Maler, oder Hans Rott, der Maler, vgl. Rott 1936,*

Der Bassettin vonn des gypsers hußzinß wegen, VIII↕ lb

Item Marmet Chapuisat vonn Jantzlis hußzinß wegen, III lb

Denne Bendicht Hurnin sin hußzinß, III lb

Denne der Pflůgysenn von Valcklis hußzinß wegenn, IIII lb

Denne dem Thoman Balthazar, dem harnescher, sin hußzinß, IIII lb

Denne **Hansen**[122], **des malers**, hußzinß, IIII lb

Denne dem … *(bricht ab)*

1494

Q 73

StAFreiburg, Besatzungsbuch 3 (1493–1501), fol. 16v (Rat der 60, Neuenstadt): Hanns Frieß

Q 74

StAFreiburg, SMR 183 (1494/I), fol. 16v (Allg. Ausgaben): Denne dem **maler**[123], das vånnli zů bessern, VIII ß IIII d

Q 75

StAFreiburg, SMR 184 (1494/II), fol. 62r (Hauszinse):

Des erstenn Peterman dem gipser sin hußzinß, V lb

Denne Balthazar, dem slosser, sin hußzinß, V lb

Denne Thoman Balthazar, dem harnescher, sin hußzinß, III↕ lb

Denne **Hannsen**[124], **des malers**, hußzinß, IIII lb

Hannsen, dem jungen ziegler, sin hußzinß, III lb

Benndicht Hurnin, dem teckenn, sin hußzinß, III lb

Denne meister Peters, des organisten, hußzinß, V lb

Q 76

StAFreiburg, Stadtsachen A 560, Tellbuch 1494 (Stadt und Land), fol. 58r (Neustadtquartier):

(an erster Stelle) Hanns Frieß[125], II g(ulden)

fol. 86r (Spitalquartier) Der **maler**[126], X ß

1495

Q 77

StAFreiburg, Besatzungsbuch 3 (1493–1501), fol. 29r (Rat der 60, Neustadtquartier): Hans Frieß

Q 78

StAFreiburg, SMR 186 (1495/II), fol. 11r (Allg. Ausgaben): Denne dem **maler**[127] umb ein uffzeichnung der schilten, so man gan Remund schickt, III↕ ß

fol. 15v **Hansen**[128], **dem maler**, II vånlin uff den muren zů malen, I lb

fol. 67r (Hauszinse):

Des ersten dem jungen ziegler uffem platz sin hußzinß Jacobi 95, III lb

Bendicht Hurnin sin hußzinß des 95 jars, III lb

Meister Jörgen sin hußzinß dem zimmerman des 95, V lb

Peterman, dem gipser, sin hußzinß 95, V lb

Hansen[129], **dem maler**, sin hußzinß 95, V lb

Dem harnescher mitt dem bart, II lb

Herr Peter organisten sin hußzinß, V lb

1496

Q 79

StAFreiburg, Besatzungsbuch 3 (1493–1501), fol. 42v (Rat der 60, Neustadtquartier): Hans Frieß

Q 80

StAFreiburg, SMR 187 (1496/I), fol. 58r (Hauszinse): Rubrik leer geblieben

Q 81

StAFreiburg, SMR 188 (1496/II), fol. 21r (Allg. Ausgaben): Denne dem **maler**[130], die korn seck zuo zeichnen, XV ß

S. 282 mit Anm. 7: Johans, dem maler, für sin huszins IIII lb. **123** *Fehlt sowohl Büchi 1927 als auch Rott 1936. Derselbe Eintrag in SMR 183bis (1494/I), fol. 16r (Doppel von SMR 183).* **124** *Fehlt sowohl Büchi 1927 als auch Rott 1936.* **125** *Hans Fries, der Chronist.* **126** *Fehlt sowohl Büchi 1927 als auch Rott 1936. Könnte auch der Maler Hans Rott sein, der 1497 ein Haus an der Lausannegasse kauft und um 1500 im Spitalquartier wohnt, siehe Q 84/1497 und Q 98/1500.* **127** *Fehlt sowohl Büchi 1927 als auch Rott 1936. Remund, Romont, Kt. Freiburg.* **128** *Hans Fries, der Maler, oder Hans Rott, der Maler, siehe Rott 1936, S. 282 mit Anm. 10.* **129** *Fehlt sowohl Büchi 1927 als auch Rott 1936.* **130** *Fehlt sowohl Büchi 1927 als auch Rott 1936.*

fol. 69r (Hußzinse) Item dem **maler**¹³¹ fúr sin huszins, IIII lb
(die andern Hauszinse nicht mehr aufgenommen)

Q 82
StA Freiburg, Notariatsregister 85 (Peter Falck), fol. 31v (1496, Okt. 26): Hannß Fryesß¹³², burger zů Fryburg, quittiert Jacoben Kleinbrott innamen und als einen genůgsamen gewaltzhaber Jacob Friesß¹³³, Heini Friessen seligen sun, umb all anspruch und vordrung, so er an den selben Jacob Friessen möcht haben von sins vatters gůttern oder von ander sachen wegen, die si mitt einandern möchten zů handeln haben bis uff datum diß brieffs. Unnd gelopt by sinen gůtten truwen et sub bonorum suorum obligatione etc., in darumb niemer me(re) anzů sprechen in dhein wyß. Laudatum sub clausulis opportunis XXVI octobris anno etc. LXXXXVI.

1497

Q 83
StA Freiburg, Besatzungsbuch 3 (1493–1501), fol. 56v (Rat der 60, Neustadtquartier): Hanns Frieß

Q 84
StA Freiburg, Notariatsregister 100 (Niklaus Lombard), fol. 160v (1497, März 22): Ich, Anthoni Kůr, der keßler *verkauft* dem erbern meister Hansenn Rotenn¹³⁴, dem maler […] mittnamen min gantz hußß, gelegenn zů Fryburg an der Losan(en)gassenn sunnenhalb […]

Unnd ist der kouff beschechen als umb hundert lb d. F. wärschaft, die mir der genant köuffer – wie hienach stat – hatt bezallt […]

Q 85
StA Freiburg, SMR 190 (1497/II), fol. 68r (Hauszinse): ohne Maler

Q 86
StA Freiburg, Notariatsregister 84 (Peter Falck), fol. 7r (1497, Nov. 8): Jacob Frieß¹³⁵, Hannsi Friesen seligen sun, sol geben Anni, sinr můtter, hundert und funfftzigk pfund pfennigen Fryburger wärung, die si im so bar uff und zů sinr notturfft gelúchen hett. Die gelopt er zů bezaln uff erst ervordrung. Darumb setzt er ir zů underpfand sin huß, gelegen uff der Matten vor Sant Johans, genempt «Zum Slussel»¹³⁶, und darnach all sin gůter. Laudatum VIII novembris.

1498

Q 87
StA Freiburg, Besatzungsbuch 3 (1493–1501), fol. 68r (Kleiner Rat):
(an letzter Stelle, etwas abgesetzt) Hanns Frieß¹³⁷

Q 88
StA Freiburg, SMR 192 (1498/II), fol. 67r (Hauszinse): ohne Maler

Q 89
StA Freiburg, Kirchmeierrechnungen St. Niklaus 8 (1491–1505), p. 224 (Allg. Ausgaben 1498–1499): **Meister Hansen¹³⁸, dem maler**, IIII crútz zů malen, II lb

---

131 Fehlt sowohl Büchi 1927 als auch Rott 1936. **132** Wahrscheinlich Hans Fries, der Chronist. **133** Jakob Fries, Sohn von Hensli Fries, seinerseits Bruder des Chronisten Hans Fries (siehe Büchi 1927, S. 5 Nr. 10), hier irrtümlicherweise als Sohn von Heini, Vater von Hensli bezeichnet. Obwohl Hensli Fries bereits 1473 gestorben sein soll (siehe oben, Q 26/1473), scheint die Erbteilung zwischen dem Chronisten Hans Fries und seinem Neffen, Jakob Fries, erst hier endgültig abgeschlossen zu sein. **134** Hans Rott, der Maler, siehe Rott 1936, S. 280 mit Anm. 7. Die Minute zu dieser Urkunde findet sich in StA Freiburg, Notariatsregister 101 (Niklaus Lombard), fol. 104r (1497, März 22). **135** Jakob Fries, Sohn des Hensli Fries, seinerseits Bruder des Chronisten Hans Fries, siehe Büchi 1927, S. 5 Nr. 10. **136** Zum Haus zum Schlüssel siehe oben, Q 15/1465, Q 20/1467 und Q 52/1487. **137** Hans Fries, der Chronist, Mitglied des Kleinen Rats 1498–1504 (1505?) und 1509 (1507?) bis 1518, vgl. Büchi 1927, S. 5 Nr. 6. **138** Wahrscheinlich Hans Fries, der Maler, siehe Büchi 1927, S. 11 Anm. 2 **139** Seit 1493 sind die Gutrechnungen (Vorauszahlungen) aus den Seckelmeisterrechnungen ausgegliedert, vorher befanden sie sich hinten in den Seckelmeisterrechnungen, siehe etwa Q 45/1484. **140** Fehlt sowohl Büchi 1927 als auch Rott 1936. **141** Wahrscheinlich Hans Fries, der Maler, siehe Büchi 1927, S. 11 Anm. 2. Zu dem «Fähnlein» siehe auch die gleiche Rechnung und die gleiche Rubrik, fol. 12v: Hainrichen, dem teschmacher, ein täcke dem vänli zů machen, VIII ß IIII d. Das ganze im Zusammenhang mit dem Aufbruch des Schwabenkriegs. **142** Wahrscheinlich Hans Fries, der Maler, siehe Büchi 1927, S. 11 Anm. 2. **143** Wahrscheinlich Hans Fries, der Maler, siehe Büchi 1927, S. 11 Anm. 2. **144** Wahrscheinlich Hans Fries, der

1499

Q 90
StAFreiburg, Besatzungsbuch 3 (1493–1501), fol. 82r (Kleiner Rat): Hanns Frieß

Q 91
StAFreiburg, Gutrechnung 2 (1498–1506), fol. 16r (1499, eher 1499/I)[139] : Der **maler**[140] hatt uf rechnung, I test(on)

Q 92
StAFreiburg, SMR 193 (1499/I), fol. 13r (Allg. Ausgaben): Dem **maler**[141], die stangen zů dem vånnli zů malen, x ß
(fol. 15v) Item dem **maler**[142], vånnli, vånnlistangen unnd annders zů malen, v lb x ß
(fol. 18r) Denne dem **maler**[143] umb xx schillt unnd ettlich karrer vånnli unnd I trummen zů malen, x ß
(fol. 22r) Item **meister Hannsen**[144]**, dem maler**, ein nüws schützenvånnli unnd IIII stangen zů malen, III lb x ß

Q 93
StAFreiburg, Ratsmanual 16, fol. 59r (1499, März 12): Dorzů min herrn die burger von des zůsatzes wegen im Swaderloch, dohin ist geordnet Frieß[145] mitt C knechten.

Q 94
StAFreiburg, SMR 194 (1499/II), fol. 18r (Allg. Ausgaben): Dem **maler**[146], II stangen und II vennli zů malen, xxxIII ß IIII d
fol. 78r–v (Hauszinse): ohne Maler

Q 95
Hl. Wenzel zwischen Engeln als Schildhaltern → Kat. 16
(signierter Holzschnitt im «Psalterium Olomucense», Brünn 1499)

1500

Q 96
StAFreiburg, Besatzungsbuch 3 (1493–1501), fol. 96r (Kleiner Rat): Hanns Frieß

Q 97
StAFreiburg, SMR 196 (1500/II), fol. 21ter v (Allg. Ausgaben): Item dem **maler**[147], sant Cristoffel an Bern thor zů malen, x lb x ß
fol. 72r (Hauszinse): ohne Maler

Q 98
StAFreiburg, Stadtsachen A 561, Schatzungsbuch der Stadt Freiburg (Stadt und Land), um 1500, unpag.[148]: In dem vierteil in der Nůwennstatt habenn diß nachgeschribenn nach underscheidner ordnung, als obstat, ir gůtt angebenn
Hanns Frieß[149] M lb, t(ůt) x lb
Im dem vierteil im Spittal habenn diß nachgeschriben nach underscheid(ner) vorgander ordnung ir gůtt angebenn
Hanns Rot[150], der maler, L lb, t(ůt) x ß

1501

Q 99
StAFreiburg, Besatzungsbuch 3 (1493–1501), fol. 107r (Kleiner Rat): Hanns Frieß

Q 100
StAFreiburg, SMR 197 (1501/I), fol. 17v (Allg. Ausgaben): Denne **meister Hannsen**[151]**, dem**

Maler, siehe Büchi 1927, S. 11 Anm. 2; Hans Fries, der Maler, oder Hans Rott, der Maler, siehe Rott 1936, S. 282 mit Anm. 11. **145** Hans Fries, der Chronist, siehe Büchi 1901/2, S. 116 Anm. 2; Büchi 1901/1, S. 39 mit Anm. 3. Siehe auch StAFreiburg, SMR 198 (1501/II), fol. 3r (Einnahmen): Denne von Hans Friesenn, das er hatt empfangen uffen ritt im Swaderloch, IIII lb xv ß. **146** Fehlt sowohl Büchi 1927 als auch Rott 1936. **147** Wahrscheinlich Hans Fries, der Maler, siehe Büchi 1927, S. 12 Anm. 1. Siehe auch StAFreiburg, SMR 197 (1501/I), fol. 15v (Allg. Ausgaben): Dem Gentilliesse dz loch, do sannt Cristoffel inn ist, nüw zů vergipsenn, für gips unnd lon, IX ß; SMR 206 (1505/II), fol. 18v (Allg. Ausgaben): Denne dem billdhouwer Lienhart von Basell umb I S. Cristoffell uff Bern thor, t(ůt) XI lb. Zu den Arbeiten am Berntor siehe StAFreiburg, SMR 195 (1500/I), fol. 66r–67r (Sonderrechnung); SMR 196 (1500/II), fol. 59r; SMR 197 (1501/I), fol. 1r. **148** Das Schatzungsbuch ist nach Stadtteilen und innerhalb der Stadtteile alphabetisch nach Vornamen(!) geordnet. **149** Wahrscheinlich Hans Fries, der Chronist, und nicht Hans Fries, der Maler, wie Rott 1936, S. 279 bei Anm. 8, meint. **150** Der Maler Hans Rott, siehe Rott 1936, S. 280 bei Anm. 8. Der Maler Hans Rott hatte 1497 ein Haus an der Lausannegasse (Spitalquartier) gekauft, siehe Q 84/1497. **151** Wahrscheinlich Hans Fries, der Maler, siehe Büchi 1927, S. 16 Anm. 3. Siehe auch die gleiche Seckelmeisterrechnung und Rubrik, fol. 20r: Denne aber im (Wilhelm Reiff, Altseckelmeister) umb firniß, ist komen an die vånnli uff der al (Halle) und zittgloggen, I lb IIII ß II d.

maler, das vånnle uff der zytgloggenn zů malenn, X ß 6 d *(?)*

(fol. 20r) Denne dem **maler**[152], dz vånnli uff der al zů malenn.

Q 101

StAFreiburg, SMR 198 (1501/II), fol. 22bis v (Allg. Ausgaben): Dem tischmacher mitt der einen hand umb I tafel in die grossen ratstubenn, dran dz Jungst gricht gehört zů malen, III lb[153]

(fol. 24r) Denne **meister Hannsen**[154]**, dem maler**, haben min h(er)n heissenn fúrsetzenn CXX lb

fol. 50r (Fronfasten Lucie): Meister **Hans Friesen**[155]**, dem maler**, VII lb IIII ß

fol. 54r (Röcke der Amtleute): ohne Maler
fol. 60r (Hauszinse): ohne Maler

Q 102

StAFreiburg, Gutrechnung 2 (1498–1506), fol. 49r: **Meister Hansen Friesen**[156]**, dem maler**, haben min h(er)n fúrgesatzt L fl(orin) uff III^a tag*(?)* novembris 1501[157], tůnd CXX lb *(korr. aus* CXVIII lb XV ß*).* Noel 1502[158]

Q 103

Kat. 3 ← **Vier Tafeln eines Altars, 1501** *(signiert und datiert):* **Stigmatisation des hl. Franziskus; Vision des hl. Bernhard; Hl. Anna selbdritt; Martyrium des hl. Sebastian.**
Bayerische Staatsgemäldesammlungen München.

1502

Q 104

StAFreiburg, Besatzungsbuch 4 (1502–1514), fol. 2r (Kleiner Rat): Hanns Fryeß

Q 105

StAFreiburg, SMR 199 (1502/I), fol. 59r (Fronfasten Cinerum):
(an siebter Stelle) **Hanns Friesenn, dem maler**, VII lb IIII ß

fol. 61r (Fronfasten Pfingsten):
(an sechster Stelle) **Meister Hans Friesen, dem maler**, VII lb IIII ß

fol. 65r (Röcke der Amtleute): ohne Maler
fol. 70r (Hauszinse): ohne Maler

Q 106

StAFreiburg, SMR 200 (1502/II), fol. 44r (Fronfasten im Herbst):
(an sechster Stelle) Dem **maler Hans Friesen**, VII lb IIII ß

fol. 46r (Fronfasten im Advent):
(an sechster Stelle) Dem **maler, meister Hanns Fryessenn**, VII lb IIII ß

fol. 51r (Röcke der Amtleute): ohne Maler
fol. 52r (Hauszinse): ohne Maler

Q 107

StAFreiburg, Ratsmanual 20, fol. 14v (1502, Aug. 13): **Meister Hanns Frieß**[159]**, der maler**, hatt verbúrgett (fúr sich unnd sin erbenn *ergänzt*) Annilli, Hans Hellers tochter von Rotemburg bi Swátz, als umb VI Rinsch gulden (III test[on] fúr I gulden *ergänzt*), so si hatt emp-

---

152 *Wahrscheinlich Hans Fries, der Maler, siehe Büchi 1927, S. 16 Anm. 3 (der als Quelle irrtümlicherweise StAFreiburg, SMR 198, 1501/II, angibt).* **153** *Büchi 1927, S. 14 Anm. 2. Siehe bereits StAF, SMR 190 (1497/II), fol. 16v (Allg. Ausgaben):* Item dem tischmacher mit der einen hannd, die tafel im rathuß zů machen, I lb. *Siehe auch StAFreiburg, Gesetzgebung Nr. 54, Projektbuch 1495–1547), fol. 20r (1501, Dez. 27, bei Annahme von Nativitätsstil):* Und darumb das in der Grossen ratstuben die mur noch von der alten herschafft schilten befleckt stat und min h(er)rn, die burger, zů zyten dar- inn sitzen als in einr ungemalten kilchen, werlich und gůt, das joch an dem end die figure des Jungsten gerichtz gemalet stůnd, deßglychen ouch in der undren gerichtstuben, damit die zů zyten sich zů zwyfelhafftigen eyden und kúnfftschafften begeben, das zů besorgen ist, sich ettlicher maßen bedencken und an sollicher Jungsten urteyl gegenwurff und erschreckung empfachen. *Siehe weiter StAFreiburg, SMR 207 (1506/I), fol. 14v (Allg. Ausgaben):* Denne umb I kleinen umbhang in der cleinen ratstuben for dem Jungsten gericht, XIIII ß; *fol. 60r (Schmiedwerk und Eisen):* Denne Niclausen Schowemburg, dem slosser, umb VII klammer am Jungsten gericht uffem rathuß, VIII ß IX d; *SMR 209 (1507/I), fol. 17r (Allg. Ausgaben):* Denne Peterman gipsser, dz Júngst gericht uffem rathuß zů vergipssen, tůtt alles XVII ß IIII d. *Ein Vorgänger des Jüngsten Gerichts, ebenfalls mit Vorhängen, erwähnt in StAFreiburg, SMR 132 (1468/II), p. 55:* Item a meister Gabriel le pintre pour la pentire du Jegement fait en la Justice ou petit poyle, per marchie fait avec luy XXX flor(in) de Rin, valliont LII lb X ß. Et a Jacob Arsent pour teyle prise de luy pour led(it) ouvrage, XVIII ß. Auxi a Ůlrich le favre pour le stengly et lez mallies, pour lez curtines XXXV ß. Item a Hans Púrly pour la chullea noyre, de quoy l'on a fait les curtines, LXX ß. Et a Else Guignyoda pour la faczon deisd(its) curtines et pour lez tressetes II ß VI d. Somma tout LVIII lb XV ß VI d. **154** *Wahrscheinlich Hans Fries, der Maler, siehe Büchi 1927, S. 14 Anm. 2; Hans Fries, der Maler, oder Hans Rott, der Maler, siehe Rott 1936, S. 282 mit Anm. 12.* **155** *Hans Fries, der Maler (siehe Büchi 1927, S. 12 mit Anm. 2), das erste Mal in den Freiburger Sekkelmeisterrechnungen mit vollem Namen. Der*

fangen durch (*korr. aus* von wegen) juncker Jacoben von Graben als von wegenn Lienhart Wollff von Basell, den ringler und wirt zů sant Anthonyen, die er ime hatt gelúchen, namlich allen kostenn abzůtragenn, wo ime dieselbenn wurden jemer gehöuschenn.

Dagegen hatt dieselb Annilli gelopt, meister Hannsen schadloß zů hallten.

Q 108

Kat. 5 ← ***Christus unter der Last des Kreuzes, 1502** (datiert)*
Vermutlich nur in 12 Kopien erhalten, die jedoch auf ein Original von Fries zurückzugehen scheinen. Die bisher als Original betrachtete Kopie befindet sich im Kunstmuseum Bern.

1503

Q 109

StA Freiburg, Besatzungsbuch 4 (1502–1514), fol. 12r (Kleiner Rat):
Hans Fryeß
fol. 15v: Spittelmeister
Hanns Frieß[160] – F(ideiussor) Niclaus Lumbart
fol. 20r (Rat der 200, Burgquartier):
(an zweitletzter Stelle) **Hanns Fryesß**[161], **der maler**

Q 110

StA Freiburg, SMR 201 (1503/I), fol. 16r (Allg. Ausgaben): Denne Wilhelm Reiffen[162] von des **malers**[163] hußzinß wegen des II jars[164], VIII lb
fol. 46r (Fronfasten Cinerum):
(an dritter Stelle) Dem **maler Hans Friesen** VII lb IIII ß
fol. 48r (Fronfasten Pfingsten):
(an dritter Stelle) Dem **maler Hans Friesen** VII lb IIII ß
fol. 54r (Hauszinse): ganze Rubrik leergeblieben
fol. 62r–64r: Der kost, so úber den krieg ist ganngenn von Bellentz[165]
fol. 63r: **Meister Hannsen**[166]**, dem maler**, umb panner stanngen zů mallnn, X ß

Q 111

StA Freiburg, Gutrechnung 2 (1498–1506), fol. 82r (1503, Juni 24, Juli 1): **Meister Hansen**[167]**, dem maler**, haben min h(er)n gelichen CXX lb Aber uff Iª Jully 1503 XX lb[168]

Q 112

StA Freiburg, SMR 202 (1503/II), fol. 24v (Allg. Ausgaben): Denne **meister Hannsen**[169]**, dem maler**, us minr h(er)n geheisß gelichenn XX lb[170]
fol. 49v (Fronfasten im Herbst):
(an sechster Stelle) Dem **maler, meister Hanns Fryessenn**, VII lb IIII ß[171]
fol. 52r (Fronfasten im Advent):
(an sechster Stelle) **Meister Hanns Fryessenn, dem maler**, VII lb IIII ß
fol. 57r (Röcke der Amtleute)[172]:
Des erstenn **meister Hannsen Fryessenn, dem maler**, umb II röck von zweyen jaren, XIIII lb[173]
fol. 59r (Hauszinse):
(an fünfter Stelle) Denne **meister Hanns Fryessen, dem maler**, sin hußzinsß, VIII lb

---

Eintrag ist nachträglich zwischen die sechste und siebte Zeile der Fronfastenrechnung eingefügt worden; in der ersten Fronfastenrechnung des zweiten Halbjahres 1501 (StA Freiburg, SMR 198, fol. 48r) fehlt der Maler Hans Fries noch. Sein Vierteljahrsgehalt betrug effektiv, wie von Zemp angegeben, 7 lb 2 ß 6 d (oder 7 lb 2½ ß), die diesbezügliche Korrektur von Büchi 1927, S. 12 Anm. 2, ist selber korrekturbedürftig. **156** *Rott 1936, S. 278 mit Anm. 9 (fehlerhaft).* **157** *1501, Nov. 3.* **158** *Weihnachten 1501 (bei Annahme von Nativitätsstil).* **159** *Hans Fries, der Maler, siehe Rott 1936, S. 278/279 mit Anm. 1 (S. 279).* **160** *Hans Fries, der Chronist, Vorsteher des stadtfreiburgischen Liebfrauenspitals 1503–1506 (normale Amtszeit von drei Jahren).* **161** *Hans Fries, der Maler, Mitglied des Rats der 200 als Vertreter des Burgquartiers 1503–1509, siehe Büchi 1927, S. 12.* **162** *Wilhelm Reiff, Heimlicher 1486–1489, Venner Burgquartier 1489–1491, Mitglied des Kleinen Rats 1491–1511, Seckelmeister 1493–1497 und 1503–1506, Bürgermeister 1506–1509, siehe HBLS, Bd. 5, S. 597. Wohnt der Maler bei ihm oder hat er nur den Hauszins für den Maler bezahlt (der ihm hiermit rückerstattet wird)?* **163** *Der Maler Hans Fries?* **164** *1502. Vgl. oben, Q 105/1502 und Q 106/1502, wo in der Rubrik der Hauszinse der Maler tatsächlich fehlt.* **165** *Zug nach Bellinzona Mitte März 1503, siehe Büchi 1927, S. 16.* **166** *Hans Fries, der Maler, siehe Büchi 1927, S. 16 Anm. 5.* **167** *Fehlt sowohl Büchi 1927 als auch Rott 1936.* **168** *Die gleiche Summe in Q 112/1503.* **169** *Hans Fries, der Maler, siehe Büchi 1927, S. 17 Anm. 1; Hans Fries, der Maler, oder Hans Rott, der Maler, siehe Rott 1936, S. 282 mit Anm. 13.* **170** *Vorschuss für die hll. Barbara und Christoph (Kat. 6)? Siehe Büchi 1927, S. 16/17. Siehe auch Q 111/1503.* **171** *Scheint dem Maler im voraus bezahlt worden zu sein, siehe StA Freiburg, Gutrechnung 2 (1498–1506), fol. 85v (Fronfastenn im herbst, Michaelis).* **172** *Bedeutet eine bestimmte Summe, und nicht einen Rock, denn eine Witwe kann auch einen «Rock» für ihren verstorbenen Mann bekommen.* **173** *In den Jahren 1501 und 1502 hatte der Maler tatsächlich keinen Rock bekommen, siehe Q 101/1501 sowie Q 105/1502 und Q 106/1502.*

Q 113

StAFreiburg, Kirchmeierrechnungen St. Niklaus 8 (1491–1505), p. 327 (Allg. Ausgaben 1503–1504): Des erstenn dem **maler, meister Hansenn**[174], VI crütz zů malenn, III lb

(p. 332) Denne **meister Hannsen**[175]**, dem maler**, die engel und bilder der uffart[176] zů malen und vergúldenn, XXXV fl(orin), tůnd LXXXIII lb IIII ß

[...]

Denne meister Niclaus Schowemberg umb smidwerck, so zů den bildren der uffart komen ist, IIII lb

(p. 333) Denne meister Hansen, dem *(bricht ab, durchgestrichen)*

Q 114

Kat. 6 ← **Hl. Christophorus, 1503 / Hl. Barbara, 1503** *(signiert und datiert)*
Ehemals die beiden Seiten ein und derselben Tafel; stark beschnitten.
Museum für Kunst und Geschichte Freiburg.

Q 115

Kat. 21 ← **Kat. 21: Himmelfahrts-Christus (Fassung), 1503** *(datiert)*
Die Fassung dieser Skulptur wird mit entsprechenden Quellen (siehe Q 113/1503 und Q 121/1504) in Verbindung gebracht und dadurch Fries zugeschrieben.
Museum für Kunst und Geschichte Freiburg.

1504

Q 116

StAFreiburg, Besatzungsbuch 4 (1502–1514), fol. 23r (Kleiner Rat): Hans Fryeß[177]

fol. 26v: Spittalmeister
Hanns Frieß – F(ideiussor) Niclaus Lumbart
fol. 31r (Rat der 200, Burgquartier):
Hanß Fryeß[178]

Q 117

StAFreiburg, SMR 203 (1504/I), fol. 20v (Allg. Ausgaben):
fol. 52v (Fronfasten Cinerum):
(an sechster Stelle) Dem **maler, meister Hanns Fryessen**, VII lb IIII ß
fol. 55r (Fronfasten Pfingsten):
(an sechster Stelle) Dem **maler, meister Hanns Fryesen**, VII lb IIII ß
fol. 71r (Hauszinse): nur ein einziger Eintrag, der nicht den Maler betrifft
fol. 72r: Umb tůch ettlichen amptlúten
ohne Maler

Q 118

StAFreiburg, Missival 5, p. 41 (1504, März 22): Schultheiss und Rat zu Freiburg an Matthäus, Bischof zu Sitten: Empfehlung des Malers Hans Fries für das «Fassen» eines «Tafelwerks»[179]
Hochwirdiger fúrst, sundrer gnädiger lieber herr, úwern fúrstlichen gnaden syenn unnser gůttwillig diennst und was wir eren vermogen, allzitt zůvor bereit.
Wir vernemen, wie úwer f. gnad hab understandenn, ein kôstlich tafelwerck[180] ufrichtenn zů lassenn unnd jetzunt zů vollstreckung ir begirden solich werck biß an das vassenn gar noch volbracht sy, dodurch wir von unserm lieben burger, **meister Hans Friesen**[181]**, maler**, an- kert worden sind, *(an über der Zeile ergänzt)* úwer gnad unser fürbitt sinhalb wachsen zů

---

174 *Hans Fries, der Maler, siehe Büchi 1927, S. 17 Anm. 4.* **175** *Hans Fries, der Maler, siehe Büchi 1927, S. 17 Anm. 3; Hans Fries, der Maler, oder Hans Rott, der Maler, siehe Rott 1936, S. 282 mit Anm. 14 (der statt «Engel» «Orgel» liest).* **176** *Siehe dazu die gleiche Kirchmeierrechnung, p. 305 (1502–1503):* Denne dem bildhower umb die bild, so er hatt gemacht zů dem pfingst und uffart tag, XVIII lb. *Siehe auch Kirchmeierrechnungen St. Niklaus 16c (1560/1561), p. 23 (Allg. Ausgaben):* Item hatt meister Jörg, der seiler, ein langes nüwes seyl gemacht, unsers Her Gotts bild uffzeziehen uff der uffart, welliches kost III lb; *61c (1724/1725), p. 8 (Ausserordentliche Ausgaben):* Für die Ahsension des Herrnns zů erfrüschen dennen mahlerinen bezahlet 21 lb. *Wohl zů merckken, daß dise Ahsension des Herrnn schon de anno 1523. Für 1523 sind die Kirchmeierrechnungen von St. Niklaus leider nicht überliefert.* **177** *Hans Fries, der Chronist.* **178** *Hans Fries, der Maler.* **179** *Bereits gedruckt in Büchi 1920, S. 54 Nr. 74.* **180** *Siehe Büchi 1923, S. 148: «Aus eigenen Mitteln stiftete er (Matthäus Schiner) am 1. Dezember 1507 einen Altar und eine Kaplanei zu Ehren der unbefleckten Empfängnis im Chore der Sankt-Theoduls-Kirche nebst einer Bruderschaft von der unbefleckten Empfängnis für 100 Mitglieder beider Geschlechter. Täglich sollte daselbst ein Amt gehalten werden und die Mitglieder die Befugnis haben, sich einen eigenen Beichtvater zu wählen, mit besondern, sonst nur dem Heiligen Stuhle vorbehaltenen Vollmachten. An Stelle der Verstorbenen sollte die Bruderschaft eine entsprechende Anzahl neuer Mitglieder unter denselben Bedingungen aufnehmen dürfen.» Siehe auch Fluri 1913, S. 140: «Kehren wir indessen wieder zu Meister Albrecht zurück, der noch durch eine andere Arbeit mit Matthäus Schiner in Beziehung gekommen war. 'Der bildhower sol minem hern von Sitten die tafelen machen bis Johannis, wie er des bescheiden ist. Und alldann [sol es] an min hern stan, was im für sin belonung zu geben ist', lesen wir im [bernischen] Ratsprotokoll vom 13. Dezember 1504. Im Jahr 1505 war die Tafel fertig. Sie wurde von Sachverständigen geprüft und geschätzt, worauf*

lassen, damitt und er us ir gnådigenn verwilligung und nachlassen zů sŏlichem komen mag. Unnd so wir wol wússenn, das ůwer f. gnad an ime aller kunst unnd eren nach nitt ůbel versechen und wir ungezwifelt achtenn, dz die an sinem werck ein wolgevallen haben wirdt, bittenn wir dieselbenn gar frúntlich, beger die (*korr. aus* Si) ein kunstrych, wolgeschickt arbeit zů habenn, davon si ere und rům bejagen well, ir gerůch, den obgenanten meister Hans Friesenn an solichem werck zů versůchen und im durch unnser fůrbitt und sinr kunst willen solich arbeit fůr annder zů gŏnnen, mit hocher beger (*korr. aus* unabgeslagenn), das sich die an irm můntzmeister, Micheln Glaser¹⁸², well erkunnen, was sin arbeit und wie ime die, so er gesechen, gevellig sy; so sind wir ungezwifelt, so es beschicht, si werde von ime des alles bericht, das ir zů ere und denn unsernn zů nutz lanngen (mag *durchgestrichen*). Womit wir dann solichs umb ůwer f. gnad iemer mogen verdienen, dz wellenn wir allzitt mitt gůttem willen tůn.
Datum Frÿtag nach Letare (*korr. aus* februarii) 1504.
Schulth(eis)s und Rat zů Fryburg
Dem hochwirdigen fůrsten unnd h(er)n, h(er)n Matheo, bischoffen zů Sitten, graven unnd prefect in Wallis etc., unnserm sundern gnádigen lieben herrn etc.

Q 119

StA Freiburg, SMR 204 (1504/II), fol. 21r (Allg. Ausgaben): Denne dem **maler**¹⁸³ umb ettlich schilt, so er hatt gemacht zů den fesß(er)n, t(ůt) I lb V ß

fol. 52v (Fronfasten Michaelis):
(an siebter Stelle) Dem **maler Friesen** VII lb IIII ß¹⁸⁴
fol. 55r (Fronfasten Lucie):
(an siebter Stelle) **Meister Hanns Fryesenn, dem maler**, VII lb IIII ß
*fol. 70r: Der buw zů Steffyes*¹⁸⁵
Des erstenn Hanns Roten¹⁸⁶, dem maler, umb die schillt zů Chinaulx¹⁸⁷ zů malen, XXXIIII lb
fol. 71v (Hauszinse): Denne dem stattschriber¹⁸⁸ von **meister Hannsen, des malers**, huszins wegenn, VIII lb (*korr. aus* X)
fol. 72r: Umb tůch ettlichen amptlůtenn (ohne Maler)
fol. 74r (Röcke der Amtleute): lediglich zwei durchgestrichene Einträge, die in die Rechnung fol. 72r eingegangen sind

Q 120

StA Freiburg, Gutrechnung 2 (1498–1506), fol. 100r (1504, Weihnachten; 1505, März 20): **Meister Hans**¹⁸⁹, **der maler**, ist minen h(er)n schuldig gelichenns geltz, CXL lb. Noël 1504
Aber hatt **meister Hans, der maler**, uff den hochdonstag 1505, X lb

Q 121

StA Freiburg, Kirchmeierrechnungen St. Niklaus 8 (1491–1505), p. 366 (Vorauszahlungen 1504–1505): **Meister Hans**¹⁹⁰, **der maler**, hatt uff dz werck der uffart XX fl(orin), XV betzen fůr I fl(orin)
Aber hatt er IIII fl(orin), III test(on) fůr I fl(orin)
Aber gab ich¹⁹¹ im uff sampstag post Ascensionis¹⁹² VI test(on)

Schultheiss und Rat von Bern dem Bischof Bericht gaben und ihn am 7. Juli 1506 baten, 'die tafell anzunámen und hinweg zu vertigen. Dann so v. g. sŏliche sechen, wirdt si nach unserm verhoffen, daran nit mißvallen noch beduren haben. Das vermerck v. g. im besten und bewyse sich gegen den berůrten meister, so mit armut und kinden beladen ist, nach unserm vertruwen und siner notturft' (Dt. Missivenbuch L, 199).»
181 Büchi 1927, S. 15 mit Anm. 3; Rott 1936, S. 279 mit Anm. 2. **182** Michael Glaser, Mitglied des Grossen Rates in Bern, Pensionenausteiler, *«gevatter» von Jörg auf der Flüe, später heftiger Gegner Schiners, der 1513 hingerichtet wurde, siehe Büchi 1920 (wie Q 118/1504), S. 50 Anm. 3. Büchi 1927, S. 17 Anm. 5.* **184** *Vorauszahlung StA Freiburg, Gutrechnung 2 (1498–1506), fol. 106v:* Meister Hans Frieß, III gl., III test. pro fl. **185** *Estavayer-le-Lac, Kt. Freiburg. Siehe auch Sonderrechnungen in StA Freiburg, SMR 202 (1503/II) und SMR 203 (1504/I).* **186** *Fehlt Rott 1936, S. 280. Siehe auch StA Freiburg, Gutrechnung 2 (1498–1506), fol. 113v:* Hanns Rot, der maler, hatt uff werck, V lb [...] Aber durch sin frouwen, X ß. Denne hat er am wirt von Steffies verzert, VI lb [...] Aber hatt er uff sampstag nach Decollationis Johannis *(Aug. 29)* I lb. **187** *Schloss Chenaux, Estavayer-le-Lac, siehe HBLS, Bd. 3, S. 83.* **188** *Niklaus Lombard, Sohn des Jakob, Stadtschreiber 1492–1515, siehe Zurich 1918, S. 264. Vgl. Büchi 1927, S. 13 mit Anm. 1, der keine Bestätigung noch Anhaltspunkte dafür hat finden können, dass der Maler Hans Fries seine Pension beim Stadtschreiber Niklaus Lombard gehabt haben soll (Daguet).* **189** *Fehlt sowohl Büchi 1927 als auch Rott 1936.* **190** *Hans Fries, der Maler, siehe Büchi 1927, S. 17 Anm. 3. Zum «Werk der Auffahrt» siehe auch Q 113/1503.* **191** *Niklaus Lombard, Kirchenvogt von St. Niklaus 1496–1514, gleichzeitig Stadtschreiber, siehe Diesbach 1895.* **192** *1504, Mai 18, wenn man mit Büchi 1927, S. 17 Anm. 3, annimmt, dass es sich um Auffahrt 1504 (und nicht um Auffahrt 1505) handelt.*

1505

Q 122
StAFreiburg, Besatzungsbuch 4 (1502–1514), fol. 34r (Kleiner Rat): ohne Hans Fries, den Chronisten, erscheint auch nicht bei den Ämtern, ist aber noch Vorsteher des Liebfrauenspitals[193]
fol. 43r (Rat der 200, Burgquartier):
Hanns Fryesß

Q 123
StAFreiburg, SMR 205 (1505/I), fol. 20r (Allg. Ausgaben): Denne dem **maler** umb I schilt, ist gen Zurzach[194] komen, V lb
fol. 53v (Fronfasten Cinerum):
(an sechster Stelle) **Hanns Friesen, dem maler**, VII lb IIɟ ß
fol. 56r (Fronfasten Pfingsten):
(an sechster Stelle) **Hans Friesen, dem maler**, VII lb IIɟ ß[195]
fol. 72r (Hauszinse): ohne Maler
fol. 73r: Umb tůch ettlichen amptlůtenn
Des ersten **meister Hans Friesen, dem maler**, fůr sin rock Omnium sanctorum des 1504 jars[196], VIII lb

Q 124
StAFreiburg, SMR 206 (1505/II), fol. 21v (Allg. Ausgaben): Denne umb geslagen gold den **malern**, so hinder minen h(er)n ligt, XLIII fl(orin), tůt CV lb III ß
(fol. 24r) Denne haben min h(er)n meister Hans Roten[197], dem maler, gelichen, XXVIII lb
fol. 51v (Fronfasten im Herbst):
(an sechster Stelle) **Hans Friesen, dem maler**, VII lb IIɟ ß
(am linken Rand) Sc(ilicet) an seckelmeister W. Reyffen[198]

fol. 54r (Fronfasten Advent):
(an sechster Stelle) **Hanß Friesen, dem maler**, VII lb IIɟ ß
fol. 61r (Röcke der Amtleute):
Des erstenn **meister Hannsen Fryessen, dem maler**, durch den seckelmeister[199] umb sin rock, VII lb
fol. 63v (Hauszinse):
(an letzter Stelle) Dem stattschriber[200] fúr **meister Hansen, des malers**, huszins, VIII lb

Q 125
StAFreiburg, Gutrechnung 2 (1498–1506), fol. 137r (1505?): **Meister Hans**[201]**, der maler**, hatt uff X schilt, so man gen Zurzach gefúrt hatt, X ß

Q 126
Hl. Klara, 1505 *(signiert und datiert)* → Kat. 17
Kleinformatige Zeichnung, wohl Entwurf zu einem Gemälde.
Franziskanerkloster Freiburg, Museum für Kunst und Geschichte.

Q 127
StAFreiburg, Rechnung der Heiliggeistbruderschaft 7 (1505–1506)[202]*, fol. 8v (Ausgaben):*
Usgebenn die tafel[203] zů fassenn
Somma *(fehlt)*[204]
fol. 19r–v (Allg. Ausgaben):
Denne meister Petermann gipser unnd sinen gesellen, der Brůderschafft alltar zů erhebenn, tůtt alles II lb /
Denne Üllin Strowsack, der Brůderschafft stöck unnd kertzen zů ernúwern, XXX ß
[…]
Denne dem tischmacher in der Lind(en), den alttarfůß *(korr. aus voralltar)* unnd dz gatter zů machen, VIII lb
Denne dem slosser uff gůtt rechnung, denselbenn zů beslachenn etc., II lb

---

193 *Siehe StAFreiburg, SMR 205(1505/I), fol. 8r (Botenlöhne zu Pferd), 59r (Zinsen).* **194** *Zurzach, Kt. Aargau. Zu den «Schilten» für Zurzach siehe auch Q 125/1505.* **195** *Vorauszahlung StAFreiburg, Gutrechnung 2 (1498–1506), fol. 133r: Hanns Frieß hatt an Marti Ramu, un-* *gelter, II lb VIII ß. Aber an Ülli Werb(?), ungelter, II lb VIII ß.* **196** *1504, Nov. 1, siehe Büchi 1927, S. 13.* **197** *Hans Rott, der Maler, siehe Büchi 1927, S. 13 Anm. 2; Rott 1936, S. 280 mit Anm. 12. Fries abwesend? Siehe Büchi 1927, S. 15/16.* **198** *Wilhelm Reiff, der amtierende* *Seckelmeister, siehe oben, Q 110/1503. Siehe dazu Büchi 1927, S. 16 bei Anm. 1.* **199** *Wilhelm Reiff, wie Q 110/1503.* **200** *Niklaus Lombard, siehe oben, Q 119/1504.* **201** *Hans Fries, der Maler, oder Hans Rott, der Maler, siehe Rott 1936, S. 282 mit Anm. 15. Zu den «Schilten» für* *Zurzach siehe auch Q 123/1505.* **202** *Die Rechnungen für 1504–1505 und 1507–1508 sind leider nicht überliefert.* **203** *Bezieht sich wahrscheinlich auf den Bugnon-Altar.* **204** *Dieser Posten sollte wahrscheinlich die untenstehenden Ausgaben zusammenfassen. Interessant ist, dass*

Denne dem appotecker umb nůw kertzenn unnd stöck uff den jarzittenn unnd hochzittlichenn tagenn zů brönnen, III lb XIII ß VIII d

1506

Q 128
StAFreiburg, Besatzungsbuch 4 (1502–1514), fol. 55r (Rat der 200, Burgquartier): **Hanns Fryeß** (**der maler** *vielleicht ergänzt*)

Q 129
StAFreiburg, SMR 207 (1506/I), fol. 3r (Einnahmen): Ingenommen von Hanns Roten[205], dem maler, umb gold, XXXI ß VIII d
fol. 51r (Fronfasten Cinerum):
(an sechster Stelle) **Hanns Friesenn, dem maler**, VII lb III+ ß
fol. 54r (Fronfasten Pfingsten):
(an sechster Stelle) **Hans Fryesen, dem maler**, VII lb III+ ß
fol. 61r (Röcke der Amtleute): ohne den Maler Hans Fries
fol. 63r (Hauszinse): ohne den Maler Hans Fries
fol. 68r: Röck extraordinaria (nur Meister Stefan, der Glockenhänger)

Q 130
StAFreiburg, SMR 208 (1506/II), fol. 51r (Fronfasten Michaelis):
(an sechster Stelle) **Hans Fryesen, dem maler**, *durch Wilhelm Reyffen*[206], VII lb III+ ß
fol. 54r (Fronfasten Lucie):
(an siebter Stelle) **Meister Hanß Fryeß**[207]**, dem maler**, VII lb III+ ß
fol. 61v (Röcke der Amtleute):
Denne (an *durchgestr.*) **meister Hansen, dem maler**, fúr sin rock des 1506 jars, VII lb
fol. 63r (Hauszinse): ohne den Maler Hans Fries

Q 131
StAFreiburg, Gutrechnung 2 (1498–1506), fol. 149v (1506?): Min h(er)n habenn meister Hansen Rot[208], dem maler, gelůchen IIII lb. Denne hatt er an Jacob Vŏguilli V lb. Item an Peter Hagk VII lb. An seckelmeister VII lb X ß. Noel 1506[209]

Q 132
Antonius-Altar, 1506 (*signiert und datiert*) → Kat. 9
Erhalten sind die Flügel und die Predella (Franziskanerkirche Freiburg, ausserdem zwei ehemals auf der Flügel-Innenseite applizierte Reliefs von Heiligen (Depot im Museum für Kunst und Geschichte Freiburg).

1507

Q 133
StAFreiburg, Besatzungsbuch 4 (1502–1514), fol. 68r (Rat der 200, Burgquartier): **Hanns Fryeß, der maler**

Q 134
StAFreiburg, SMR 209 (1507/I), fol. 2r (Einnahmen): Denne ingenommen von **meister Hansen**[210]**, dem maler**, umb verkoufft gold, XXXI guld(en) R(einisch) und VIII crútzer, tůnd LXXIII lb XIX ß IX d obol(?)
fol. 60r (Fronfasten Cinerum):
(an siebter Stelle) **Meister Hannß Fryesen, dem maller**, VII lb III+ ß
fol. 63r (Fronfasten Pfingsten):
(an siebter Stelle) Dem **maler Hans Friesen** VII lb III+ ß (am burgermeister[211] *ergänzt*)
fol. 70r (Röcke der Amtleute): ohne den Maler Hans Fries
fol. 73r (Hauszinse): Denne dem stattschriber[212] fúr **meister Hans Friesenn**[213] hußzins fúr dz jar 1506, VIII lb

---

im Titel die «Tafel» erwähnt wird. **205** *Hans Rott, der Maler, siehe Büchi 1927, S. 13 Anm. 2.* **206** *Wilhelm Reiff, Seckelmeister, wie Q 124/1505.* **207** *«Meister» über der Zeile ergänzt.* **208** *Rot über der Zeile ergänzt, was bedeutet, dass man sich bewusst war, dass «Meister Hans, der Maler» nicht eindeutig war. Fehlt Rott 1936, S. 280.* **209** *Der gleiche Eintrag wiederholt in StAFreiburg, Gutrechnung 3 (1506–1509), fol. 12v, 36r und 67r (insgesamt dreimal).* **210** *Büchi 1927, S. 17 mit Anm. 6 (ohne Angabe der Quellenstelle). Dass es sich um den Maler Hans Fries handelt, könnte aus Gutrechnung 3 (1506–1509), fol. 22v (1506?) hervorgehen:* Meister Hans Frieß, der maler, sol VI bůch III vierling fúr gold, IIII bůch zwúschengold, ein bůch schöngold und IIII bůch silber, die ich fúr inn hab versprochen min (her)n zů geben, tůt XXX gulden R. und VIII crútzer. Aber sol er umb gold VIII gulden R., dz sol er minen h(er)n und gat mich nútz an. **211** *Wilhelm Reyff, Bürgermeister 1506–1509, siehe oben, Q 110/1503.* **212** *Niklaus Lombard, siehe oben, Q 119/1504.* **213** *Rott 1936, S. 279 mit Anm. 3.*

Q 135
StA Freiburg, Gutrechnung 3 (1506–1509), fol. 34v (1507, Juni 24): **Meister Hans Frieß, der maler**, sol umb gold VIII fl(orin) Rinsch[214]

Q 136
Steck 1904, S. 182 (1508, Aug. 9): Artikelverhör des Priors (Johannes Vatter)[215] bezüglich eines Ereignisses, das in den Sommer 1507 (nach dem 25. Juni) zu datieren ist:
Super vigesimo sexto (articulo)[216] confitetur audivisse a Iohanne Ietzer, quod imago fuit lacrimata; certe nescit si alicui vel aliquibus ipse successive talia dixerit de lacrimatione imaginis, et quod recte sibi videbatur imago eadem mutata, quia vesperi et precedentibus temporibus non habebat lachrimas rubicundas. Postea vero, quando Iohannes Ietzer ante imaginem genibus flexis constitutus erat, erant gutte, prius depicte albe, rubicunde facte, quapropter ipse prior advocari fecerit aliquos pictores, presertim ex oppido Friburgensi **Iohannem Fries**, ut experiri et scire posset, si humana industria vel arte lachrime rubentes apparebant vel non.[217]

Q 137
Anshelm[218] 1884–1901, Bd. 3, S. 95 (1507): Nun der nacht, als der convent nach gůter pitanz und frölicher tagmette wol entschlafen was, und der priol die wacht hielt, do fůr meister Uelsche, mit hilf des doctors und schafners[219], zů und machet mit sines meisters Lasarus farb Unser Frowen bild plůt zeweinen so meisterlich, dass der verrůempt maler **Hans Friess** von Fryburg, daruber beschikt, die kunst nit erkennende, fůr ein gross wunder liess beliben.

Q 138
StA Freiburg, SMR 210 (1507/II), fol. 55r (Fronfasten Michaelis):
(an siebter Stelle) **Meister Hannß Frießß, dem maler**, VII lb IIII ß
fol. 57v (Fronfasten Lucie):
(an siebter Stelle) **Meister Hanns Frieß, dem maler**, VII lb IIII ß[220]
fol. 65r (Röcke der Amtleute):
Denne **meister Hannß Frieß**[221]**, dem maler**, fúr sin rock, VI lb
fol. 66r (Hauszinse): ohne den Maler Hans Fries

Q 139
StA Basel, Barfüsser, J 3, Einnahmenbücher 1506–1511, Einnahmenbuch 1507, unpag. (1507, Nov. 6):
Item **Hans Frieß**[222], der walch, git XIIII ß d von dem huß, das Elsy von Eltzach vor in hat gehebt an der Rin strasen.
Daran geben: D(edit) **Hans Frieß** XIIII ß d uff samstag vor Martini.

---

214 *Der gleiche Eintrag kommt in der gleichen Gutrechnung für 1508, Juni 24, wieder, siehe unten, Q 111/1508.* **215** *Zu Johannes Vatter, Prior des Berner Dominikanerklosters 1503(?)–1509, siehe Helvetia Sacra 1999, S. 319–321.* **216** *Siehe Steck 1904, S. 163 (Die Anklageartikel):* 26. Item et quod beata Maria dictas lachrimas emittere dixerit et loquuta fuerit, audiente dicto Iohanne (Ietzer), qui miraculose, ut dicebant, super altare dicte capelle repositus fuerat, pro eo, quod mandatis ipsius virginis Marie non paruissent nec devulgassent, ipsam in peccato originali conceptam fore, nec Romano pontifici revelassent. **217** *Siehe auch Steck 1904, S. 337 (1508, Aug 12), Zeugenverhör Anton Noll:* Item magis deponit quod quidam sacerdos, vocatus Iohannes Tessenmacher, ascendit, quando imago Marie flevisse debuit, supra dictum altare, ut tangeret ipsam imaginem atque colorem noviter supertinctum; qui dum ascendisset, palam et publice dicebat: «Nemo debet ista credere, sunt figmenta et truffe, est verus color supertinctus et non lachrime»; et quod extunc fratres Predicatores obloquebantur et erant investi (infesti) dicto sacerdoti Iohanni. – Item magis dicit quod audivit a quibusdam, qui tunc recenter veniebant a sermone habito in dicto monasterio, quod predicator, quem ipse testis censet fuisse Stephanum (Boltzhurst), doctorem, publice in sermone dixisset: «Non pertinet cuilibet rustico vel confectori operarum, contingere vel tangere debere imaginem illam Marie virginis», denotando istam, que flevisse dicebatur. *Siehe Anshelm 1884–1901, Bd. 3, S. 99/100 (1507):* Von stund an, ouch durch bestelte Beginen und spitelvetlen, gieng das gschrei uss in alle stat: Unser Frow zůn Prediren weinete plůt und hátte gesagt, es wurd ein grosse plag uber ein stat Bern kommen. Da erhůb sich schnel ein grosser zůlouf, die grossen wunder zehoren und zesehen. Da beredten etliche sich selber, sie weinete plůt, und machten kláglichen jamer und grusen. Die andren aber sagten, nein, si gesehid nůt, man solte stil halten. Indem steig ein kaplan, mit zůnamen Daschenmacher, hinuf und greifs bild an, sprechend: «Ei, glowends nit! es sind nit plůtstrahen, es ist nur farb». Uber den ward ein gross geschrei, besunder von gassenwibren, ja ouch von etlichen der stift und des rats, wie vast er sich versprach, er hátte doch des morgens in siner mess Got selbs gehanzlet; warum er dan nit dörste ein hilzin bild anrůren. Der priol sagt: «Hátt ich in uf dem altar erwůscht, ich wölt im mit minen schlusslen herab gzint haben! Wie darf einer Unser Frow so frefenlich anrůren, der erst von einer hůren ist ufgestanden?» So prediet angends der lesmeister, es zimpte weder schůchmacheren, noch daschenmachern, Unser Frowen bild frevenlich anrůren. – *Zur ganzen Szene, die in den Sommer 1507 (25. Juni) zu datieren ist, siehe Descoeudres/Utz Tremp 1993, S. 156.* **218** *Valerius Anshelm, von Rottweil (Schwaben), Stadtarzt in Bern 1508–1525, Stadtchronist 1529–1546/1547, Augenzeuge der Jetzerhandels, hat auch die Akten des Jetzerprozesses benutzt, siehe Tremp-Utz 1988, S. 226.* **219** *Der Prior Johannes Vatter (wie Q 137/1507), der Subprior Franz Ueltschi, der Lesemeister Dr. Stephan Boltzhurst und der Schaffner Heinrich Steinegger, siehe Helvetia Sacra 1999, S. 298, 324.* **220** *Vorauszahlung StA Freiburg, Gutrechnung 3 (1506–1509), fol. 27r (Fronfasten Weihnacht 1507/Fastnacht 1508):* Meister Hans Frieß VII lb IIII ß; hatt fúr uff die fronvasten zů vasnachten III lb IIII ß. **221** *Rott 1936, S. 279 mit Anm. 4.* **222** *Unter Umständen der Maler Hans Fries, vgl. Büchi 1927, S. 10 Anm. 4. Wenn es sich bei Hans Fries, dem Walch (Welschen?), wirklich um den Maler Hans Fries handelt, dann wäre sein zweiter Aufenthalt in Basel (nach demjenigen von 1487/1488) nur von sehr kurzer Dauer gewesen, denn bereits*

Lucie: D(edi)t Hans Strowhacker xiiii ß d uff sampstag nach Urbani²²³.
Cinerum: D(edi)t Hans Strowhacker id(em) eodem die xiiii ß.

Q 140

StAFreiburg, Gutrechnung 3 (1506–1509), fol. 27v (Ende 1507/Anfang 1508?): Stattschriber²²⁴ Somma summarum bringen die rytlón, so mir min herren schuldig sind, xx lb
Item **meister Hansen, des malers** hußzinß, viii lb
[…]
Aber an **meister Hansen, dem maler**, xxx lb
[…]

1508

Q 141

StAFreiburg, Besatzungsbuch 4 (1502–1514), fol. 72v (Rat der Sechzig, Neustadtquartier):
Núw
Hanns Fryesß²²⁵
fol. 80r (Rat der 200, Burgquartier):
Hans Fryeß, der maler

Q 142

StAFreiburg, SMR 211 (1508/I), fol. 12v (Allg. Ausgaben): Denne **meister Hannß Frieß²²⁶, dem maler**, uber die vi lb, so er hatt uff sin rock, i lb

fol. 40r (Fronfasten Fastnacht):
(an siebter Stelle) **Meister Hanns Frieß, dem maler**, vii lb iiii ß²²⁷
fol. 43r (Fronfasten Pfingsten):
(an siebter Stelle) **Meister Hanns Frieß, dem maler**, vii lb iiii ß²²⁸
fol. 49r (Röcke der Amtleute): ohne den Maler Hans Fries
fol. 50r (Hauszinse): ohne den Maler Hans Fries
fol. 55r–v (Sonderrechnung): Usgebenn das über den handel von Safoy der gabung halb gangen ist²²⁹
Des erstenn Petern Tafernen unnd Peter Valckenn zů miner herr(en) die brieff der gabung vonn Safoÿ harus zů bringen, v^c kronen, tůnd mviic xlvi lb x ß
Denne Hannsen Rhodisser²³⁰ umb zweÿ bretter zů den brieffen, xvi ß viii d
Denne aber im, das gevåss zů den tortschenn zů machenn, iiii lb
Aber dz selb zů swertzen, x ß
Denne kostenn die xxiiii torschen, so man hatt gehept zů hertzog Karles von Safoÿ seligen erstenn jarzÿt: Jehan de Plait xii tortschen, kosten xix lb viii gl.; aber Ulrichen Streuwsack umb xii torttschen, xx lb x ß, tůtt xl lb iii ß
Denne den malern, so sin wapen darzů gemacht hand, v lb
Dem **maler**²³¹ hinder Unnser frouwen v lb
Denne so ist über dasselb jarzit gangen, das

---

der zweite Zins wurde von einem anderen (Hans Strowhacker) bezahlt. Bei den übrigen von Büchi 1927, S. 10/11 Anm. 4, genannten Personen handelt es sich nicht um den Maler Hans Fries. **223** 1508, Mai 27? **224** Niklaus Lombard, wie Q 119/1504. **225** Hans Fries, der Chronist, hier vorübergehend wieder im Rat der 60. **226** Rott 1936, S. 279 mit Anm. 6. Der gleiche Eintrag StAFreiburg, SMR 211b (1508/I), fol. 12v. Büchi 1927, S. 17 mit Anm. 7, liest irrtümlicherweise «Werk» (statt «Rock») und bezieht den Eintrag auf die «Kreuzigung von Cugy» (Kat. 12). Im Jahr 1507 hatte Hans Fries für seinen «Rock» tatsächlich nur 6 lb bekommen, siehe Q 138/1507. **227** Der gleiche Eintrag StAFreiburg, SMR 211b (1508/I), fol. 40r. **228** Der gleiche Eintrag StAFreiburg, SMR 211b (1508/I), fol. 43r. **229** Gemeint ist der sog. Furno-Handel, siehe Castella 1922, S. 212/213: «Jean Du Four (de Furno), ancien secrétaire besogneux du duc de Savoie, imagina en 1508 de vendre, à Berne et à Fribourg, l'original d'un acte de donation, daté du 17 mars 1489, par lequel le feu duc Charles II aurait légué aux deux villes 350 000 florins du Rhin (dont 150 000 à Fribourg) à la condition qu'elles feraient dire chaque année des messes pour le repos de son âme. Cette pièce, fabriquée par Du Four, fut, après une énergique intervention du Pape, de l'empereur et du roi de France, reconnue fausse par les intéressés eux-mêmes. Mais, malgré cette édifiante constatation, le duc ne put éviter la guerre et la saisie des gages (le Pays de Vaud et le Chablais) dont le menaçaient les deux Cantons, qu'en s'engageant à leur verser 120 000 florins. Encouragé par la réussite, l'escroc recommença deux ans plus tard. Afin de s'assurer l'appui des autres Cantons, il produisit un nouvel acte … aussi authentique que le premier … par lequel le feu duc léguait 100 000 florins à chacun des huit Cantons de Zurich, Lucerne, Uri, Schwitz, Unterwald, Zoug, Glaris et Soleure et leur donnait en gage des terres de son duché. Il ne fallut rien moins que l'intervention du roi de France, de l'empereur et des Cantons restés neutres dans l'affaire pour éviter la guerre. Le duc Charles III dut acheter la paix par un nouveau sacrifice d'argent: il s'engagea à payer 300 000 florins aux dix Cantons, car Fribourg et Berne avaient daigné consentir à la réduction de leur créance (10 juin 1511). […/…] Furno mourut à Fribourg et fut inhumé dans l'église des Cordeliers où il avait fait construire une chapelle». In der Franziskanerkirche Freiburg hat Furno einen nach ihm benannten Schnitzaltar (Abb. 46) gestiftet, siehe Strub 1959, S. 42–46. – Entwurf zu dieser Sonderrechnung in StAFreiburg, SMR 211b (1508/I), fol. 55r–v, einzelne Einträge zunächst unter «Allg. Ausgaben», fol. 12v, 13r. Es ist nicht ganz auszuschliessen, dass die Reinschrift StAFreiburg, SMR 211 (1508/I), eigens wegen der vorliegenden Sonderrechnung betr. Furno-Handel, die man offenbar erst während der Rechnungsperiode als Sonderrechnung konzipierte, erstellt wurde. **230** Hans Roditzer oder von Roditz, genannt Schnitzer (1508–1521), siehe Rott 1936, S. 305 (der diese Stelle nicht kennt). – Der ursprüngliche Eintrag, SMR 211b (1508/I), fol. 13r, lautet: Denne Hannß Roderßher umb ein húlcz(er)ne laden zů brieffen, xvi ß viii d. **231** Wahrscheinlich Hans Fries, der Maler, siehe Büchi 1927, S. 12 Anm. 3, S. 17 mit Anm. 8. Der Eintrag betr. den «maler hinder Unnser frouwen» ist im Entwurf, StAFreiburg, SMR 211b (1508/I), fol. 55r, eindeutig ein Nachtrag. Es ist allerdings nicht ganz einleuchtend, warum «Meister Hans, der Maler» hier und Q 147/1509 plötzlich als «der Maler hinter Unser Frauen» bezeichnet wird. Der Stadtschreiber Niklaus Lombard wohnte nicht dort, sondern an der Reichengasse, siehe StAF, Bürgerbuch 2, fol. 102v (1492, Dez. 16).

man den priestern unnd veropffert hett; der priestern sind gewesen CIII, tůt alles LIII lb XV ß […]

Q 143

StAFreiburg, Gutrechnung 3 (1506–1509), fol. 66r (1508, Juni 24): **Meister Hanns Frieß[232], der maler**, sol umb gold, VIII fl(orin) Rinsch

Q 144

StAFreiburg, SMR 212 (1508/II), fol. 13v (Allg. Ausgaben): Denne **meister Hannß[233], dem maller**, umb miner herren schillt zů Unnser frowen zů vergúlden, I lb V ß[234]
(fol. 15r) Denne **meister Hannß Frieß[235]** fúr die bilder *(korr. aus* bider*)* zů malen unnd den ofen anzůstrichen, VIII lb[236]
fol. 42r (Fronfasten Crucis):
(an siebter Stelle) **Meister Hannß Friesß, dem maler**, VII lb III↕ ß
fol. 45r (Fronfasten Lucie):
(an siebter Stelle) **Meister Hanns Frieß, dem maler**, VII lb III↕ ß
fol. 53v (Röcke der Amtleute):
Denne **meister Hanns Frieß, dem maler**, fúr sinen rock 1508, VII lb
fol. 54r (Hauszinse):
(an erster Stelle) Dem stattschriber[237] fúr **meister Hansenn Friesen, des malers**, huszins, VIII lb

Q 145

StAFreiburg, Spitalrechnung 1508–1509, unpag., Ausgaben (1508, Sept.): Denne geben **meister Hanß[238], dem maler**, umb den schilt, so man zů Unser lieben frowen gemacht hatt in das gestůl, I lb V ß

1509

Q 146

StAFreiburg, Besatzungsbuch 4 (1502–1514), fol. 83r (Kleiner Rat):
Núw
Hanns Fryesß[239]
fol. 90r (Rat der 200, Burgquartier):
Hanns Fryesß, der maler *(rutscht langsam höher)*

Q 147

StAFreiburg, SMR 213 (1509/I), fol. 22v (Allg. Ausgaben): Denne geben **meister Hannß Frieß[240], dem maler**, uff die tafl(e)n im chor[241], uß geheiß min(e)r h(erre)n, XLII lb[242]
(fol. 25r) Denne **meister Hannsen[243], dem maler hinder Unnser frouwenn**, fúr V fenli zů malen, II lb X ß
fol. 63r (Fronfasten Cinerum):
(an siebter Stelle) **Meister Hans Frieß, dem maler**, VII lb III↕ ß
fol. 66r (Fronfasten Pfingsten):
(an sechster Stelle) **Meister Hans Frieß, dem maler**, VII lb III↕ ß
fol. 71r (Hauszinse): ohne Maler
fol. 74r (Röcke der Amtleute): ohne Maler

Q 148

StAFreiburg, Gutrechnung 3 (1506–1509), fol. 87v (1509, April 7): **Meister Hanns Frieß[244]** hatt empfangen uff Sampstag vigilia Pasche 1509 uff die vergullte taflen im chor, XXXXII lb[245]

Q 149

StAFreiburg, Gutrechnung 4 (1509–1513), fol. 2v (1509, Juni 24): **Meister Hanns Frieß** hatt empfangen uff Sampstag vigilia Pasce 1509[246]

---

232 *Rott 1936, S. 279 mit Anm. 7. Der gleiche Eintrag in der gleichen Gutrechnung bereits für 1507, Juni 24, siehe oben, Q 135/1507.* **233** *Hans Fries, der Maler, siehe Büchi 1927, S. 17 mit Anm. 9; Hans Fries, der Maler, oder Hans Rott, der Maler, siehe Rott 1936, S. 282 mit Anm. 18.* **234** *Die gleiche Summe erhielt Meister Hans, der Maler, auch vom Vorsteher des Liebfrauenspitals, zu dem die Liebfrauenkirche gehörte, siehe Q 145/1508.* **235** *Büchi 1927, S. 18 Anm. 9 (von S. 17); Hans Fries, der Maler, oder Hans Rott, der Maler, siehe Rott 1936, S. 279 mit Anm. 5.* **236** *Zum Ofen siehe auch die gleiche Rechnung und die gleiche Rubrik, fol. 18r: Denne dem haffner in der Ow für die öfen im rathus, in der cantzlÿ, ouch für die zwen öfen an der Sensen, darzů für die drÿ im rathus, zwen in der cantzlÿ, drÿ in der schůl unnd ein in der ziegelschůr zů bletzen, tůtt alles LXXI lb X ß.* **237** *Niklaus Lombard, wie Q 119/1504.* **238** *Hans Fries, der Maler, siehe Büchi 1927, S. 18 Anm. 9 (von S. 17); Hans Fries, der Maler, oder Hans Rott, der Maler, siehe Rott 1936, S. 282 mit Anm. 17. Im Entwurf zu dieser Rechnung ist «meister Hans, dem maler» über der Zeile ergänzt. Siehe auch Diesbach 1895 und Q 144/1508.* **239** *Hans Fries, der Chronist, 1507–1518 wieder Mitglied des Kleinen Rats, siehe unter Q 87/1498.* **240** *Büchi 1927, S. 18 mit Anm. 4; Rott 1936, S. 279 mit Anm. 10.* **241** *Wahrscheinlich der Chor der Freiburger Pfarrkirche St. Niklaus.* **242** *Die gleiche Summe auch Q 148/1509 und Q 149/1509.* **243** *Hans Fries, der Maler, siehe Büchi 1927, S. 18 Anm. 1; Hans Fries, der Maler, oder Hans Rott, der Maler, siehe Rott 1936, S. 282 mit Anm. 21. Als «Maler hinter Unser Frauen» wird Fries (oder Rott) auch Q 142/1508 bezeichnet.* **244** *Rott 1936, S. 279 mit Anm. 8.* **245** *Die gleiche Summe in Q 147/1509 und Q 149/1509.* **246** *1509,* uff die vergúllte taflen im chor, XXXXII lb. Sind zů dem ußgeben geschriben Stossen Jo(hannis) baptiste 1509²⁴⁷

Q 150
StAFreiburg, SMR 214 (1509/II), fol. 20v (Allg. Ausgaben): Denne **meister Hannsen²⁴⁸, dem maler**, umb zwey fenlin uff daz nůw rathus²⁴⁹ zů malen, I lb VI ß VIII d

(fol. 21v) Denne **meister Hannsen²⁵⁰, dem maler**, umb dz, so er an dem zug im nůwen rathus hatt gemallt, XV ß

fol. 63r (Fronfasten Crucis):
(an siebter Stelle) **Meister Hans Frieß, dem maler**, VII lb III+ ß

fol. 66r (Fronfasten Lucie):
(an siebter Stelle) **Meister Hans Frieß, dem maler**, VII lb III+ ß

fol. 71r (Hauszinse):
Denne dem stattschriber²⁵¹ fúr sinen zins von wegen **meister Hannß Frieß, dem maler**, unnd Růprechts hůß zinß 1509, XVI lb

fol. 75r (Röcke der Amtleute):
Denne **Hannß Friesß, dem maler**, umb sin rock, VII lb

Q 151
StAFreiburg, Notariatsregister 130 (Ludwig Sterner), fol. 58v (1509, Sept. 17.)
am linken Rand: Levata est libro A, folio 56
Die ersamen wysen Hans Fryeß²⁵², des ratz, (*für den halben teyl über der Zeile ergänzt*), unnd Ludwig von Wyler, burger zů Fryburg, fúr den andern halben teyl, haben verkoufft für si und ir erben gemeinlich und sunderlich etc., dem fúrnämen wysen Anthoni Villing, des ratz zů Fryburg und sinen erben, namlich iren gantzen krutgarten gelegen zů Fryburg in der Núwenstatt zwúschen herr Jehan Blancheti, kilchherrenn zů Domppierro, gegen dem Kurtzenweg bysen- unnd der allten Pugmousen garten windshalb, stoßt hievor an Tschan Grobeys hůß und garten unnd hindern an Wili Pugnioux hůß bj dem allten brunnen, so inen von Hansen Reyffs²⁵³, ir beyder schwåcher seligen, in erbswyß ankomen ist, alles fúr fry lidig eygen, cum fondis, iuribus etc. Und ist diser verkouff hingeben umb XXVII lb d Fr(iburger) wår(ung). Quitt(at) de cost(is). Promitt(it) etc. Fiat littera cum clausulis opportunis, ut debet etc. Laudaverunt. Testes Hans Ryedter unnd Thoman Herpst, der kannengyesser. Datum XVIIᵃ septembris anno XVᶜ nono.

Ludwig von Wiler non laud(at), *korrigiert zu* Laudavit in einer stund darnach.

Q 152
StAFreiburg, Gutrechnung 4 (1509–1513), fol. 8v (1509): **Meister Hans Frieß, der maler**, sol umb gold VIII fl(orin) Rinsch²⁵⁴ und ein halben. Aber sol er dz man im hatt gelichen uff sin tafel der scheydung gottes von Maria, XII sunnen kronen, t(ůt) XLII lb²⁵⁵. Aber sol er das man im langest hatt gelichen, do er har kam²⁵⁶, C lb

1510

Q 153
StAFreiburg, Besatzungsbuch 4 (1502–1514), fol. 93r (Kleiner Rat):
(an letzter Stelle der Bisherigen) Hanns Fryesß
fol. 101r (Rat der 200, Burgquartier): ohne den Maler Hans Fries

---

April 7, das gleiche Datum wie Q 148/1509.
247 *Siehe Q 147/1509. Hans Stoss, Seckelmeister 1506–1509, siehe Zurich 1919, S. 263.*
248 *Hans Fries, der Maler, siehe Büchi 1927, S. 18 mit Anm. 2; Hans Fries, der Maler, oder Hans Rott, der Maler, siehe Rott 1936, S. 282 mit Anm. 19, und Strub 1964, S. 254 mit Anm. 7.*
249 *Über «nůw» ein Tintenfleck. Zum neuen Rathaus siehe Strub 1964, S. 252 ff.* **250** *Hans Fries, der Maler, siehe Büchi 1927, S. 18 mit* Anm. 2; *Hans Fries, der Maler, oder Hans Rott, der Maler, siehe Rott 1936, S. 282 mit Anm. 20.*
251 *Niklaus Lombard, wie Q 119/1504.*
252 *Hans Fries, der Chronist, siehe Büchi 1901/1, S. 38 mit Anm. 1.* **253** *Demnach müsste die Frau des Chronisten Hans Fries eine geb. Reyff gewesen sein, siehe Büchi 1901/1, S. 38. Dabei ist aber nicht klar, ob es sich um die erste Frau, Ursi, oder die zweite Frau, Loysa, handelte, siehe Q 42/1482 und Q 175/1516.* **254** *Der gleiche Posten bereits Q 135/1507 und Q 143/1508.* **255** *Die gleiche Summe oben Q 147/1509, Q 148/1509, Q 149/1509. Demnach könnte die «tafel der scheydung gottes von Maria» identisch sein mit der «vergüllte(n) taflen im chor».* **256** *Vgl. Q 101/1501 und Q 102/1501. Es ist nicht ganz auszuschliessen, dass die Schulden des Malers Hans Fries hier addiert werden, weil sein Weggang bevorstand, siehe Q 153/1510 und Q 155/1510.*

Q 154
StAFreiburg, SMR 215 (1510/I), fol. 15v (Allg. Ausgaben): Denne **meister Hannß**[257]**, dem maler**, umb ein fenlin uff dem brunnenn gan Montenach[258] zů malen, X ß
fol. 49r (Fronfasten Cinerum):
(an achter Stelle) **Meister Hans Frieß**, VII lb III ß[259]
fol. 52r (Fronfasten Pfingsten):
(an achter Stelle) **Meister Hans Frieß, d(em) maler**, VII lb III ß
fol. 57r (Hauszinse): ohne den Maler Hans Fries
fol. 63r (Röcke der Amtleute): ohne den Maler Hans Fries

Q 155
StAFreiburg, Ratsmanual 27, fol. 50r (1510, Jan. 23): Gedenck **Hans Friesen**[260]**, dem malere**, ein offen brieff zů machen, daz man ine fůr bevolhen haben well, sin kunst angesechen.

Q 156
StAFreiburg, Notariatsregister 130 (Ludwig Sterner), fol. 83v (1510, März 16): Hansi Klǒwo und Hansi Schódillis, gesessen zů Berwerschyed[261], haben beyd **meister Hanß Fryesen**[262]**, dem maler**, burger zů Fryburg, ein fanen zů machen, wie si der sach halb übereins worden sind, verdinget, alls umb III lb d F(riburg) wǎr(ung), die sol er inenn alhie in der statt Friburg gantz usgemacht wǎren, namlich XIIII tagen nǎchst nach Ostern proxime futur(um)[263], cum dampn(is). Laud(atum). Actum ut supra, anno ut supra.
Nota: wenn meister Hans mir den fanen also gemalet schickt[264] und mir die bemeldten Klǒwo und Schódillis noch II lb usrichten, so soll ich inen den selben fanel(!) geben etc.
Uff solich verding hatt meister Hans von den genanten Klǒwo und Schódilli empfangen namlich ein pfund pfening(e). Item quitt(at). Actum ut supra.

Q 157
StAFreiburg, SMR 216 (1510/II), p. 31 (Allg. Ausgaben): Denne Alexander[265] umb die stangen zů malen an dz vǎnnlin, XIII ß IIII d
(p. 35) Denne meister Alexander[266], dem maler, umb die tracken an den nuwen belet(?) zů malenn, XVI ß VIII d
fol.(!) 68r (Fronfasten Crucis): ohne Maler Hans Fries, aber auch ohne Maler Alexander
fol. 70r (Fronfasten Lucie): id.
fol. 75r (Hauszinse): id.
fol. 81r (Röcke der Amtleute): id.

1511

Q 158
StAFreiburg, Besatzungsbuch 4 (1502–1514), fol. 104r (Kleiner Rat):
(an drittunterster Stelle der Bisherigen) Hanns Frieß

Q 159
StAFreiburg, SMR 217 (1511/I), fol. 16r (Allg. Ausgaben): **Denne meister Hannß**[267]**, dem maler**, umb XI fǎnlin zů malen, VI lb
[…]
Denne **meister Hannß**[268] umb aber [umb] VI fǎnlin zů malen, III lb
(fol. 18v) Denne **meister Hannß**[269]**, dem maler**, umb VI vǎnlin zů malen, III lb V ß
fol. 50r (Fronfasten Cinerum): ohne Maler Hans Fries, aber auch ohne Maler Alexander
fol. 53r (Fronfasten Pfingsten): id.
fol. 58r (Hauszinse):
Denne dem stattschriber[270] fůr **meister Hannß, de(m) maler**, hus zins nach march<z>al der zytt[271], VI lb

---

257 *Hans Fries, der Maler, siehe Büchi 1927, S. 19 mit Anm. 2; Hans Fries, der Maler, oder Hans Rott, der Maler, siehe Rott 1936, S. 283 mit Anm. 1.* **258** *Montagny, Bez. Broye, Kt. Freiburg.* **259** *Vorauszahlung StAFreiburg, Gutrechnung 4 (1509–1513), fol. 23v.* **260** *Rott 1936, S. 279 mit Anm. 11. In StAFreiburg, Missival 5 (deutsche Missiven 1503–1511) und 6 (lateinische und französische Missiven 1503–1511) findet sich unter dem Datum 1510; Jan. 23, keine Kopie dieses Empfehlungsbriefes.* **261** *Pierrafortscha, Bez. Saane, Kt. Freiburg.* **262** *Büchi 1927, S. 19 Anm. 3; Rott 1936, S. 279/ 280 mit Anm. 1 (S. 280).* **263** *Ostern fiel 1510 auf den 31. März.* **264** *Demnach diente der Notar Ludwig Sterner (zu ihm HBLS, Bd. 6, S. 544) als Vermittler zwischen dem vielleicht abwesenden Hans Fries und seinen Kunden.* **265** *Alexander, der Maler (1510–1514), siehe Rott 1936, S. 283 mit Anm. 5.* **266** *Der Maler Alexander, möglicherweise Ersatz für den Maler Hans Fries, siehe Büchi 1927, S. 13; Rott 1936, S. 283 mit Anm. 4.* **267** *Hans Fries, der Maler, demnach immer noch in Freiburg? Siehe* *fol. 63r (Röcke der Amtleute): ohne Maler Hans Fries, aber auch ohne Maler Alexander*

Q 160
StAFreiburg, SMR 218 (1511/II), fol. 4v (Einnahmen): Denne empfangen vom kornmeister umb I m(ůt)t mischelkorns, so er dem **maler, meister Hansen**[272], geben hatt (*korr. aus* gemacht hatt), III lb
fol. 19r (Allg. Ausgaben): Denne Alexander[273], dem maler, umb den tracken an der tarreß buchsen zů malen[274], VI ß VIII d
(fol. 21r) Denne Alexander[275] umb III ŏfen in dem rathus zů bestrichenn, IIII lb
(fol. 26r) Denne Allexander[276] umb ein tafl(e)n zů malen, V ß
fol. 62r (Fronfasten Crucis): ohne den Maler Hans Fries, aber auch ohne den Maler Alexander
fol. 65r (Fronfasten Lucie): id.
fol. 71r (Hauszinse): id.
fol. 77r (Röcke der Amtleute): id.
fol. 89r – 94r (Sonderrechnung): Diß ist der kost, so min h(er)n haben gelitten(?) mit diserm zug gen Bellentz[277] mitt unsern eydgno(sse)n von Swytz
(fol. 90v) Denne **meister Johansen**[278], **dem maler**, umb allerley malens, so er an trossen, trógen und búchsen gemacht hatt, III lb
(fol. 91r) Denne meister Alexander[279], dem maler, umb der schútzen fånlin zů machen, II lb

Q 161
StAFreiburg, Gutrechnung 4 (1509–1513), fol. 54r (1511): **Meister Hans**[280], **der maler**, hatt uff gůtt rechnung uff Sampstag vor verem(?) I lb

1512

Q 162
StAFreiburg, Besatzungsbuch 4 (1502–1514), fol. 116r (Kleiner Rat): Hanns Frieß

Q 163
StAFreiburg, SMR 219 (1512/I):
fol. 60r (Fronfasten Cinerum): ohne Maler Hans Fries, aber auch ohne Maler Alexander
fol. 64r (Fronfasten Pfingsten): id.
fol. 71r (Hauszinse): id.
fol. 74r (Röcke der Amtleute): (Rubrik leergeblieben)

Q 164
StAFreiburg, SMR 220 (1512/II), fol. 21v (Allg. Ausgaben): Denne **meister Hannß**[281], **dem maler**, umb II fánlin an die Sånsen, item umb die stangen an dz vånlin unnd im zúghus schillt zů malen, II lb VIII ß IIII d
(fol. 15v) Denne Alexander[282], dem maler, uff gůt rechnung uff das paner wider zů malen, XV lb VI ß
fol. 53r (Fronfasten Crucis): ohne Maler Hans Fries, aber auch ohne Maler Alexander
fol. 56r (Fronfasten Lucie): id.
fol. 61r (Hauszinse): id.
fol. 64r (Röcke der Amtleute): id.

Q 165
Marienzyklus, 1512 *(signiert und datiert)* → Kat. 13
Erhalten sind 9 Gemälde: 6 in der Öffentlichen Kunstsammlung Basel, 2 im Germanischen Nationalmuseum Nürnberg, 1 in der Hamburger Kunsthalle.

Büchi 1927, S. 20 Anm. 1. **268** *Hans Fries, der Maler, siehe Büchi 1927, S. 20 Anm. 1; Hans Fries, der Maler, oder Hans Rott, der Maler, siehe Rott 1936, S. 283 mit Anm. 2.* **269** *Hans Fries, der Maler, siehe Büchi 1927, S. 20 Anm. 1.* **270** *Niklaus Lombard, wie Q 119/1504.*

271 *Der Maler Hans scheint nicht mehr das ganze Jahr geblieben zu sein, der Mietzins beträgt denn auch nur 6 lb (statt 8 lb), also drei Viertel. Vgl. Q 110/1503 und Q 112/1503, Q 119/1504, Q 124/1505, Q 134/1507 und Q 139/1507, Q 144/1508 und Q 150/1509.* **272** *Fehlt sowohl*

Büchi 1927 als auch Rott 1936. **273** *Rott 1936, S. 283 bei Anm. 6.* **274** *Wahrscheinlich für den in der gleichen Rechnung und gleichen Rubrik, fol. 16r, erwähnten «päpstlichen Zug».* **275** *Fehlt Rott 1936, S. 283.* **276** *Fehlt Rott 1936, S. 283.* **277** *Bellinzona.* **278** *Fehlt sowohl Büchi 1927*

als auch Rott 1936. **279** *Fehlt Rott 1936, S. 283.* **280** *Fehlt sowohl Büchi 1927 als auch Rott 1936.* **281** *Hans Fries, der Maler, siehe Büchi 1927, S. 20 mit Anm. 4; Hans Fries, der Maler, oder Hans Rott, der Maler, siehe Rott 1936, S. 283 mit Anm. 3.* **282** *Rott 1936, S. 283 bei Anm. 7.*

1512/1513

Q 166

StA Freiburg, Kirchmeierrechnungen St. Niklaus 9 (1512–1515), p. 3 (1512–1513):
Innemen von der abgestorbnen röckenn wegenn*[283]*
(p. 4) Von **Hansen**[284]**, dem maler**, I lb
p. 15 (Allg. Ausgaben): Des ersten meister Lienhardten, dem zittgloggenrichter, die füsß zů den lúchternn zů beslachen, III lb v ß
Denne Allexander[285], dem maler, die gehålt zů den lúchtern zů bestrychen, II lb
(p. 19) Item meister Allexander[286], die VI crútz zů malen zů den lychen, IIII lb[287]

1513

Q 167

StA Freiburg, Besatzungsbuch 4 (1502–1514), fol. 129r (Kleiner Rat): Hans Frieß

Q 168

StA Freiburg, SMR 221 (1513/I), fol. 26r (Allg. Ausgaben): Denne Alexander[288] umb II fånlin zů malenn, I lb
(fol. 28v–29r) Denne Alexander[289], dem maler, umb die stangen zum panner unnd II fånnlin zů malen, unnd II buchsen, II lb XII ß VI d
Denne Hanns Rodisser[290] umb II stangen zur panner unnd vånnlin zů machen, VIII ß IIII d
Denne Hanns Ferwer, die stangen zů den fånnlin zů beslachen unnd struben, I lb /
Denne den vier vånnern umb zů bieten zů dem vånnlin, I lb XIX ß[291]
(fol. 30r) Denne Cůnrat Murer umb den sack zů dem fånnlin zů machen, I lb
Denne Rodisser aber umb ein stangen an das fånnlin, VI ß VIII d

(fol. 32v) Denne meister Alexander[292], dem maler, umb ein fånlin zů malen, x ß
(fol. 33r) Denne meister Alexander[293], dem maler, uff das paner, so er gemacht hatt, VII lb
fol. 57r (Fronfasten Cinerum): ohne Maler Hans Fries, aber auch ohne Maler Alexander
fol. 60r (Fronfasten Pfingsten): id.
fol. 66r (Hauszinse): id.
fol. 68r (Röcke der Amtleute): id.

Q 169

Gutrechnung 4 (1509–1513), fol. 112r (1513?):
Meister Alexander[294] hatt uff gůtt rechnung uff Sampstag vor Andree, V lb
usw. (insgesamt sieben Einträge)

1514

Q 170

StA Freiburg, Besatzungsbuch 4 (1502–1514), fol. 141r (Kleiner Rat): Hans Frieß

Q 171

Grosser Johannes-Altar, 1514 *(signiert und datiert)* → Kat. 14
Erhalten sind die zwei beidseitig bemalten Flügel des Retabels (Hochaltar der Kirche der Johanniterkomturei in Freiburg).
Öffentliche Kunstsammlung Basel.

1515

Q 172

StA Freiburg, Besatzungsbuch 5 (1515–1526), fol. 2r (Kleiner Rat) Hanns Fryesß

1516

Q 173

StA Freiburg, Besatzungsbuch 5 (1515–1526), fol. 15r (Kleiner Rat): Hanns Fryesß

---

283 Beim Tod eines Pfarreiangehörigen hatte die Freiburger Pfarrkirche St. Niklaus das Recht auf einen Rock bzw. auf eine entsprechende Summe. **284** Hans Rott, der Maler, siehe Rott 1936; S. 281 mit Anm. 4. **285** Rott 1936, S. 283 mit Anm. 8. **286** Fehlt Rott 1936, S. 283. **287** Siehe auch in der gleichen Rechnung und gleichen Rubrik, p. 16: Item Martin, dem bildhower, umb VI crútz der sterbenden personen, I lb. **288** Fehlt Rott 1936, S. 283. **289** Fehlt Rott 1936, S. 283. **290** Hans Roditzer oder von Roditz, genannt Schnitzer (1508–1521). Die hier aufgeführte Stelle fehlt Rott 1936, S. 305/306. **291** Siehe dazu in der gleichen Rechnung, fol. 81r (Sonderrechnung, mit allerdings nur zwei Einträgen): Von des kriegs wegen mitt dem nachgenden vånnlin. **292** Fehlt Rott 1936, S. 283. **293** Fehlt Rott 1936, S. 283. **294** Fehlt Rott 1936, S. 283. **295** Hans Fries, der Maler, siehe Büchi 1927, S. 21 Anm. 1; Rott 1936, S. 242

Q 174
StABern, B VII/453a, SMR 1516/I, p. 11 (Ausgaben):
Denne dem **Friessen**[295] von der pfånder buchssenn zů malenn, V ß VIII d

Q 175
StAFreiburg, Notariatsregister 115 (Jost Zimmermann), fol. 22v–23v (1516, März 29): Wir, Hanß Clauß von Guggisperg[296], gesessenn zů Rÿffenmatt, unnd Cristina, sin eeliche gemachel, *verkaufen* dem fúrnåmen, ersamen, wysen Hansen Friesen[297], burger unnd des ratz zů Frÿburg, unnd Loÿsenn, siner hußfrowen, […] namlich fúnffzechenn pfund pfening(en) Frÿburger wårung jårlicher ewiger gúllt unnd zinses, so wir oder unnser erbenn jårlichenn uff mittvasten wårenn, richtenn unnd gan Frÿburg in die statt den vermeldten kóuffern unnd iren erbenn anntwurten sóllenn unnd wellen, von <und> ab unnserm lechennrechten oder lechenß gewert, doruff wir sitzen, genempt Rÿffenmatt; ouch uff unnser lechen recht einer múlli, genempt die múlli Im grabenn uffem Loubbach, mittsampt einer matten, genempt Villmatten, gelegenn bi Sensennmatt […] Unnd ist der kouff gebenn und beschechenn umb drú hundert pfundt pfening(en) obgemeldter wårschafft zů Frÿburg, die unns die gemellten kóuffere also bar usgericht unnd bezallt habenn […] Doch ist hie bi ze wússenn, das wir unns und unnsern erbenn ein ewig ablosung haben vorbehalltenn, also das wir hinfúr, welichs tags unnd jars wir wellenn, sóllichen zinß der fúnffzechenn pfund(en) mitt drúhundert pfundt pfening(en) houptgůtz der wårschafft in Frÿburg samentlich oder mitt dem halben teil houptgůtz halbenn zinß wider kouffenn unnd ablósenn mogenn, doch das wir dabi bezallen all vervallenn zinß mitt sampt allem costenn unnd schaden, ob einicher uffgang(en) uffstůnd, alle geverd vermitten. In crafft diß brieffs, den wir, der schulthes, råt unnd gemeind der statt Frÿburg, uff bitt der berúrtenn verkóuffern unns durch Jostenn Zimmermann, unnsern getruwen stattschriber, fúrgetragenn, mitt unser gemeind grósser insigel habenn bewaren lassnn, doch unns unnd unnser gemeinden statt ån schadenn.

Gebenn in gegennwúrtigkeit des ersammen Hansen Studer, burger und des ratz zů F(rÿburg), unnd Glaudo Malmúli, landtschriber von der Flů, uff dem nún unnd zwentzigostenn tag mertzenns, als man zallt von Cristus geburtt thusennt fúnff hundert unnd sechszechenn jar.

1517

Q 176
StAFreiburg, Besatzungsbuch 5 (1515–1526), fol. 28r (Kleiner Rat): † Hanns Fryesß[298] *(am linken Rand mit einem Kreuz versehen)*

Q 177
StAFreiburg, Ratsmanual 35, fol. 11v (1517, Juli 27): Min herren (råtten *ergänzt*) habenn **meister Hannsen Fryessen**[299] vergönt, sin zil uszůmachen, namlich I jår und I fronvasten.

Q 178
Bildnis des Bruder Klaus, 1517 *(signiert und datiert)* → Kat.15
Nur in drei Kopien erhalten (Museum für Kunst und Geschichte Freiburg; Privatbesitz Pully).

1518

Q 179
StAFreiburg, Notariatsregister 118 (Jost Zimmermann, Testamente)[300], fol. 114v–118r (1518,

---

mit Anm. 7. Problematisch ist an dieser Identifizierung allerdings, dass «Fries» auch «Grabenmacher, Damm-, Erdarbeiter» heissen kann, siehe Schweizerisches Idiotikon 1881, Sp. 1329. In dieser Bedeutung kommt «Fries» auch anderswo vor, siehe StABern, B VII/453b, SMR 1517/II, p. 21; B VII/453d, SMR 1518/II, p. 17, 27; B VII/453e, SMR 1519/I, p. 17; B VII/453f (1519/II), p. 17; B VII/454d (1523/I), p. 14; B VII/454g, SMR 1526/I, p. 17; B VII/454i, SMR 1527/II, p. 10. **296** Guggisberg, Amtsbez. Schwarzenburg, Kt. Bern. **297** Hans Fries, der Chronist, und seine Frau Loysa, geb. Reyff(?), siehe Q 151/1509. **298** Hans Fries, der Chronist, im Verlauf des Amtsjahres 1517–1518 gestorben; siehe sein Testament von 1518, Feb. 16, unter Q 179/1518. **299** Hans Fries, der Maler, siehe Büchi 1927, S. 21 Anm. 2. **300** Transkription ohne (unbedeutende) Korrekturen. Eine solche bereits bei Büchi 1905, S. 316–321 Beilage 6.

Feb. 26): Testament (und Klausel) des Chronisten Hans Fries

Hannsen Fryesen seligenn testament

In dem namen der heylligen, unzerteyltenn drůvalltigkeyt, Gott vatters, sunns unnd heylliger geyst, amen.

Ich Hanns Fryeß, burger unnd des rátz der statt Fryburg, bekenn offenlich hiemitt, d(az) ich fúr mich genommen hab die zergencklicheit diser zit unnd besunnders bedacht, d(az) alles d(az), so sid dem val unsers vatters Ade geboren und d(az) läbenn nüßt, dem tod – unnd nutzit gewüssers ist, und aber die stund desselben gantz ungewüssenn – sin recht gelltenn můß; dodurch ich mir selben unnd einem jeden Cristenn menschen besser und nützer geschetzt hab, sin sachenn mitt gůter vernunfft hye in zitt, der hoffnung lengers läbens nach sinem fryenn willen zů verordnen, dann in hoffnung lānngers läbenns ungeordnett von diser zitt zů scheyden: harumb so hab ich als ein fryer burger der statt Fryburg und sollicher fryheit getröst, gesundt minr sinnen unnd minr vernunft, wiewol ich mit ettwas blödigkeyt mins lybs behafft, besunders an einem minr glydern; bedenckend ouch d(az) alter, darinn ich us der gnád Gottes bin kommen, d(az) mir alles vil mer anzöugend gipt, mich gen dem tod zů richten und der natur ir recht zů vergelten, dann vill länger uff erdenn zů wonen mogenn, min ordnung und letzten willen, was mitt minem lib und verlassenden gütern halben, mir us göttlicher gnád verlichen, nach minem hinscheyd beschächen soll, angesechen und geordnett mit widerrüffung aller andrer ordnungen und testamenten, so ich vor datum diß brieffs möcht gemacht haben, unnd behalten mir selbenn vor, als ein fryer burger der statt Fryburg diß min ordnung und ansechen zů mindern und zů meren / (fol. 115r) oder ganz abzůsetzen mogenn, nachdem unnd es mir geliebt.

Unnd des erstenn so bevilch ich min seel, wenn sich die von minem lib scheyden wirdt, Gott, irm schöpfer, der reynen jungfrouwen Marien unnd allem himelschenn here; minen lib ordnen ich zů bestatten in dem gotzhuß zů Sant Johannsen[301] in minen grebern.

Demnách gibenn ich der brůderschaft sannt Johannsenn, nemlichenn der nachgebuwern uf der Mattenn, domit ich teylhafftig werd des gůten, so in derselben beschicht, fůr ein mal fünff pfundt pfeningenn Fryburger werung.

Sannt Sebastians brůderschaft[302] gibenn ich ouch glycher wyß fůr ein mal fünff pfundt obgemeldter werung.

So gibenn ich an den buw Unnser Liebenn Frowen uf Bůrglenn[303], domitt si min getruw fůrsprecherin sy gegenn irm allerliebstenn kind, fůr ein mal fünff pfundt gemeldeter Fryburger werung.

Den geistlichenn brüdern, prior unnd gantzem convent zů den Augustinern[304] gibenn ich umb willen, d(az) si Gott truwlichen fůr min seel bittenn, fůr ein mal fünff pfundt.

Denne ordnen unnd gibenn ich glycher wyß den geystlichen brüdern, guardian unnd gantzem convent zů den Barfůssenn[305], beyd in der statt Fryburg gelegen, umb willen, d(az) si min ernstlichenn gegen Gott gedenken, ouch fůr ein mal fünff pfundt Fryburger wärung.

Mich teylhafftig zů machenn des gůtten, so in dem spittal der Wäbern[306] täglichen armen luten beschicht, gibenn ich zů uffennthalt desselben spittals den schaffnern, so daruber gesetzt sind, zů handen deß gemeldten spittals fůr ein mal fünff pfundt.

Item ordnen unnd gibenn ich Hannsen Fryesenn[307], dem maler, mins vetters seligen sun, jetz gesessenn zů Bernn, ouch fůr ein mal, im in jars frist nach minem hinscheyd durch min hienach genemptenn erben uszůrichtenn, zwey hundert pfundt pfeninigenn Fryburger werung.

---

301 *St. Johannes, die Kirche der Johanniterniederlassung auf der Oberen Matte, seit 1511 auch Pfarrkirche.* **302** *Eine St.-Sebastians-Bruderschaft (auch Schützenbruderschaft) in der Au-* *gustinereremitenkirche im Auquartier, siehe Wild 1945, S. 75.* **303** *Marienkirche in Bürglen, Bourguillon, unweit von Freiburg, ursprünglich Kirche einer Leproserie.* **304** *Die Augustiner-* *eremiten im Auquartier.* **305** *Die Franziskaner im Spitalquartier.* **306** *Das Spital der Weberzunft auf den Plätzen, ausserhalb des Jaquemart-Tors, diente vor allem als Pilgerherberge,* *siehe Niquille 1957, S. 253/254.* **307** *Hans Fries, der Maler, jetzt in Bern, siehe Büchi 1927, S. 22 mit Anm. 1.* **308** *Peter Arsent, Sohn von Franz Arsent, Schultheiss 1507–1509, Haupt der fran-*

Dem frommen, vesten Peter Arsent[308] unnd Elßbettenn, sinr hußfrouwen, minr mům̊en, gibenn ich fúr ein mal hundert pfundt pfeningen / *(fol. 115v)* Fryburger werung.

Aber ordnenn unnd gibenn ich Janna, Peter Welands(?) seligen eelichen tochter, Hansen Muris des löuffers sunis(?) wip, fúr ein mal fúnfftzigk pfundt obgeschribner Friburger werung.

So gibenn ich Elßen, minr jungfrouwen, so jetzunt bi mir diennt, domitt die dest pas mog gemannett werdenn, zwentzigk pfund pfeningen Fryburger werung fúr ein mal.

Hannsenn Blům̊en von Gifrels[309] giben ich ouch fúr ein mal zwentzigk pfundt obgenempter werung.

Gall Túller, dem wäber, minem gevatter, umb sin gůtten dienst, so er mir bewisenn hatt, gibenn ich fúr ein mal zechen pfundt unnd will, d(az) min erbenn sollen verbunden sin zů geben sinem sun, brůder Hannsen Túller, dem Augustiner, minem göttin, wenn der wider zů lannd kompt, domitt er schuldig sy, Gott fúr mich zů bitten, ouch zechenn pfundt, alles Fryburger werung und fúr ein mal.

Unnd domitt ich des lasters der undanckbarckeytt nitt begriffenn unnd vorab min conscientz und seel entladen mog werden, so hab ich geordnett und ist d(az) min letster will, d(az) Loysenn[310], minr liebenn hußfrouwen und eelichem gemachel, einr fryenn, ledigenn, ewigenn und unwiderrüflichenn gab, so gesprochenn und genempt wirdt under den läbendigenn beschächenn, verlanngen und werdenn sollen us minem gůt, doch dorinn begriffenn ir eestúr und zůgebracht gůtt, daz, so hernach geschriben stát und daz zů ergatzung ir jungen tagenn, so si bi mir verzertt unnd mir in minen grossen kranckeyttenn frúntlichen getàn, sich fromcklichenn, ouch erlichen mit mir gehalltenn, unnd mir d(az) min trúwlichen zů eren gezogen, ouch zů meren ernnsthlichenn gehollffen hatt.

Unnd namlich so will ich, d(az) dieselb vor allenn dingen soll haben unnd nemnen ir kleyder unnd kleynotter unnd derzů achthundert pfundt pfeningen Fryburger werung.

Demnach soll si ouch habenn und nemmen vyer die bestenn stuck silbergeschirrs, so ich hab unnd hinder mir verlâssen, wellich vyer si will, / *(fol. 116r)* als ich ir in demselben ir frye wal giben und vergönnen, dorzů ouch zwey usbereytte beth der bestenn, namlich bethkussi, linlachen, tecki unnd betstett, als ich die hab. Sodann gibenn ich derselben minr lieben hußfr(ouwen) Loysen als die, so es umb mich wol verdient hatt, irnn slysß alles mins säßhuß mitt sampt der schúr, spycher, boum- unnd krutgarten, alles aneinannder gelegenn, wie ich dann sollichs alles ingehept unnd besessen hab, allso unnd in sollichenn gedingen: Wer es sach, d(az) dieselb Loysa, min hußfrouw, solich min huß, schúr, spycher, boum- unnd krutgartenn wöllt habenn unnd fryenn, gibenn ich ir jetz als dann unnd dann als jetz den gewallt, d(az) zů thůnd mogen, namlich mitt vyerhundert pfund(en) Fryburger werung fúr ein mal uszůrichtenn an den ortenn unnd enndenn hienach gemeldt: mittnamen ordnenn unnd giben dann sollich vyer hundert pfundt dem gotzhuß zů Sanntt Johannsen, dem Grossen spittal Unnser Lieben Frouwen[311], der Grossen brúderschafft des heylligen Geystes[312] unnd der Ellennden seelen brúderschafft[313], alles in der statt Fryburg gelägenn, glychlichen unnder inen in vyer teyl zů teyllen. Wöllt aber die gemeldt min hußfrouw Loysa sollich min huß, schúr, spycher, boum- und krutgartenn nitt losenn noch ledigen, sunders allso slyssenn, des ich ir ouch die wal giben, so soll si sollich obgemeldt gütter in erenn halltenn, als vyl als zechenn pfund alle jar ir leben lang zů verbuwen mogen ertragen, unnd nach irm tod soll sol-

---

zösischen Partei in Freiburg, 1511 hingerichtet; siehe HBLS, Bd. 1, S. 447/448. **309** *Giffers, Sensebez., Kt. Freiburg.* **310** *Loysa, geb. Reyff(?), möglicherweise die zweite, um einiges jüngere Ehefrau des Chronisten Hans Fries, mit der er seit spätestens 1516, wenn nicht bereits 1509 verheiratet war; siehe Q 151/1509 und Q 175/ 1516.* **311** *Das Stadtfreiburger Liebfrauenspital.* **312** *Die Heiliggeistbruderschaft, die umfassendste und wichtigste Bruderschaft Freiburgs.* **313** *Zur Bruderschaft der Seelen im Fegefeuer, der Armenseelenbruderschaft, siehe Utz Tremp 1990, S. 27.*

lich huß, schúr, spycher, boum- und krutgartenn an der vyerhundert pfund statt vallen und gehören den obgemeldten vyer ortenn, namlich Sannt Johannsen gotzhuß, dem Grossen spittal Unnser Lieben Frouwen, der Grossenn brůderschafft und der Seelen brůderschafft, jedem glid zů glychem teil.

Denne ist min will, meynung unnd ordnung, daz min erben, hienach genempt, mir unnd allenn minen vordern seligen ein erlich jarzit zů Sant Johansen stifftenn unnd kouffen söllenn. Dorzů will ich, daz si verbunden syenn, ein erlich mal, daz do / *(fol. 116v)* genempt wirdt ein «Conrey»,[314] in dem obgemeldten Grossen spittal zů stifften järlich unnd ewencklich, alle jár eynest den priestern von Unser Lieben Frouwen unnd den armen syechen desselben spittals zů gebenn, als daz minr obgeschribenn hußfrouwen und mitterb zů thůnd wol wüssend ist.

Unnd diewyl die erbsatzung d(az) houpt unnd fundament eins jedenn testaments ist, so hab ich wüssend, wol bedacht, nitt bezwungen noch mitt dheynen gvärdenn hindergangen, zů minen eyngezallten erben alles mins unverordnetten verlaßnen gůtts von vyer pfeningen zů vyeren, was desselben sin mag, gesetzt, geordnett unnd bestimpt, setzenn, ordnen unnd bestimmen hiemitt Alix[315], des vestenn, ersamen, wysen Ludwigen von Burren, burger zů Bernn, husfrouw, min liebe schwester, zů dem halben teyl unnd die vorgeschribenn Loysa, min eelich gemachell, zů dem andern halben teyll. Dorumb so setzenn ich in ir beyder hend unnd gewallt all unnd jecklich min unverordnett gůter, es syenn ligennd oder farend, schulden, barschafft, silbergeschir und ander, wie die genempt oder die gelagen sin mogen, die ich all hierinn will fúr genempt haben ân eynich vorbehalltnúß mitt voller gewalltsgäbung, mitt denselben zů thůnd und handlen nach irm fryen willen und gevallen ân yemans intrag noch widerred. Doch will unnd ordnen ich, d(az) die obgemeldten min schwester und min hußfrouw, beyd min erben, unverzogenlich nach minem hinscheyd all gotz- und ander gaben, wie ich die angesechen hab, ußrichten und bezallen unnd mir min seelgret erlich nach minem stát begangen, deßglychen all min schulden bezaln dermassen, d(az) nach minem abgang derselben halb dhein clegt entstanden. Allso und in söllichen vorgelúterten gestallten beslusß ich, obgeschribner Hans Fryesß, diß min ordnung und letsten willen, dero ich begär us besag aller rechtenn, geyslicher(!) und welltlicher, geschribner unnd ungeschribner, lands, stett und ander / *(fol. 117r)* gewonheytten, satzungen, fryheytten und ordnungenn zů geläben unnd nachzůkommen, die in krefften beliben und durch mengklichenn gehallten werden. Wer es aber sach, d(az) sich yemands hiewider unterstünd zů setzen, unbenügt des, so ich imm hierinn gegeben oder gemacht hett, oder us annder ursachen bewegt, wie d(ie) sin, domitt diß min ordnung oder eynich ir puncten und artickelln beschwecht werden unnd sich sollichs warlichen erfinden möcht, den oder die widerwertigen, so ich in diser min ordnung gemeindt hette, verstossenn ich angends von sollichem rechtenn unnd allem irn erbteyl, den ich inen hierinn gemacht hab, und entfrembdenn si aller ansprachen und zůsprüchen, so inen uff min verlassen gůtter vorstán möchten.

Harumb so entzúch ich mich hiemitt wüssentlich alles des, so hierinn durch mich angesechen und geordnet ist, die vermeldten min schwester und min gemachell und erbenn nach minem hinscheyd, dann als jetz und jetz als dann, des alles in rüwig, liplich und ewig possess setzend mitt voller gewaltzgebung, sich angends uff min unverordnett gütter zů keren und domitt zů thůnd mogen nach irm fryenn willen und gevallen.

---

314 *Conrey, Mahlzeitstiftungen im Liebfrauenspital, siehe Niquille 1957, S. 243/244.* **315** *Alice, die Schwester des Chronisten Hans Fries, war in erster Ehe verheiratet gewesen mit Willi Techtermann, Venner des Auquartiers 1459–1462, Mitglied des Kleinen Rats 1462–1485, Hauptmann in den Burgunderkriegen, gest. 1486 oder 1487, siehe Büchi 1917/2, S. 57–70. Nach seinem Tod hatte sie sich (vor dem 11. März 1489) mit dem Berner Ludwig von Büren verheiratet, siehe StAFreiburg, Notariatsregister Nr. 76 (Jacques Mursing), fol. 423v–424r. Ludwig von Büren, Sohn von Peter, Mitglied des bernischen Grossen Rats 1474, des Kleinen Rats 1480 und 1497, Kastlan von Wimmis 1490, Schultheiss von Thun 1497, seiner Ämter entsetzt wegen Teil-*

Ich gebietten ouch doruff hiemitt allen denen, so mir dheins wegs pflichtig oder zů thůnd sind, das si minen beyden erben obgeschriben bezallen und gehorsam syen in aller gestallt, als si mir vor datum diß brieffs verbunden gewesen sind, dann ich mich alles mins gůtts enntzugen, enntwert und begeben hab, die genant min erben desselben hiemitt insetzend, domitt zů thůnd, als obstát, nach irem fryen willen und gevallen, alle gevärd vermitten, in crafft diß brieffs, durch wellichen ich obgeschribner Hans Fryesß die vorgenempte Alix, min liebe schwester und min mitterb, bitt drungenlichen, si well min liebe hußfrouw und gemachel Loysa, min mitterb, in ir tügende teylung früntlich hallten und ir thůn, als ich ir getrúw, dann si vil umb mich verdient ist.

Hiebi sind gewesen und fúr gezúgen berüfft und erbeten / *(fol. 117v)* die fúrnämen, ersamen, wysen Anthoni Villing und Henßli Gribollet, beyd der räten zů Fryburg.

Und des alles zů warem, vestem urkund, so habenn wir, der schulth(eis)s, rat unnd gemeind der statt Fryburg uff bitt und begär des obgeschribnen Hansen Fryesenn, unnsers getruwen lieben mittrats, unns ordennlichen furbracht durch unnsernn getruwen stattschryber, Jostenn Zimmermann, dem wir unnser bevelch hieruber gegeben, unnser gemeind merer insigell an dißm brieff hennckenn lassen, deren zwen glych gemacht, doch unns unnd unnser statt in allweg ân schaden. Beschächen zů Fryburg uff dem sechs unnd zwentzigosten tag Hornungs der jarn des hern gezallt thusent fúnffhundert unnd achtzechen.
Levata est bisß / *(fol. 118r)*

Klausel zugunsten der Bruderschaft der Nachbarn auf der Oberen Matte

Ich Hanns Fryesß, burger unnd des rats zů Frÿburg, bekenn offenlich hiemitt, als ich min letst ordnung us gůter vernunfft, des ich Gott, dem herren, lob unnd danck sag, als ein frÿer burger der statt Frÿburg gemacht unnd unnder annderen dingenn dorinn bemeldt, der ersammen brůderschaft der nachgeburenn uff der Mattenn hab geben fúr ein mal fúnff pfundt pfeningen Frÿburger wärung, domitt ich teÿlhafftig werd des gůttenn, so in derselben beschicht; die söllenn inen min erbenn indrent minem drÿssigosten bezallen unnd ußrichten us crafft diser clausel, die ich inen hab uß minem rechten testament lassenn ziechenn, doch demselbenn in all annder sinem innhallt unschädlichen.

Unnd diser gemächt zů urkúnd habenn wir, der schulth(eis)s, rát unnd gemeind zů Frÿburg, uff begär des guten, unnsers getrüwen lieben mittratz, die unns durch unnsern getrüwen stattschriber, Josten Zimmerman, ist fúr getragenn, unnser gemeind gegensigell heran gehenckt, doch unns unnd unnser statt ân schaden. Gebenn uff dem sechs unnd zwentzigostenn tag Hornung der jären des herren gezallt thusennt fúnffhundert unnd achtzechenn.
Levata est

1519

Q 180

StA Freiburg, Ratsmanual 37, fol. 2v (1519, Juni 27): Gen Bern, Ludwigenn von Búrren[316] halb, uff d(as) schrÿben, minen herren beschächen, frouw Fryesin[317] gúttern betreffende: die ligend güter syen jetz vervasset im rechten, der farenden halb hatt er sich benügt.

1520

Q 181

StA Freiburg, Notariatsregister 120 (Jost Zimmermann), fol. 69v–70r (1520, Jan. 24): Schiedsspruch zwischen den Erben der Loysa, Witwe des Chronisten Hans Fries: Wir, Jacob von Wippingenn, edelknecht, Anthoni Villing,

---

nahme am Mailänder Zug 1500, wieder Mitglied des Grossen Rats 1504, des Kleinen Rats 1521, siehe HBLS, Bd. 2, S. 403. **316** Ludwig von Büren, Ehemann von Alice, Schwester des Chronisten Hans Fries, siehe Q 179/1518. **317** Bezieht sich wahrscheinlich auf Loysa, Frau des Chronisten Hans Fries, und auf dessen Testament, und nicht, wie Rott 1936, S. 280 bei Anm. 3, gemeint hat, auf den Maler Hans Friess.

Hanns Kromenstoln, Jacob Helbling, der rå‑ ten, unnd Hanns Praderwan, großweybell der statt Fryburg, alls frúntlich mittler unnd scheydlút diser*(?)* hienach geschribner par‑ thyenn, thůnd kundt menglichem, dz allß dann zwytrecht unnd mißverståntnúsß unnd spenn syenn erwachsen zwúschenn den ersamen, wy‑ senn Ludwigen von Búrrenn[318] innamen unnd alls ein volmechtiger gewallthaber sinr huß‑ frouwen eins, unnd der*(!)* ersam Jacob Vǒguil‑ li, burger zů Fryburg, allter Brůderschafft mei‑ ster, alls ein erb Loysen[319], Hansen Fryesen, in sinem låben des ratz zů Fryburg, beyd seligen, verlassen wittwe, annders teylls, alls von we‑ genn desselbenn Hansen Fryesen seligen te‑ stament[320], allso dz derselb von Búrren ver‑ meint, das Hanns Fryesß den hoff mit sinen zůgehörden nit sollt hinweg gegebenn haben alls umb den halben teyl, dann sin hußfrouw unnd Fryesß weren unverteyllt, dorzů hett er etlich schulden gelassenn, die noch zů teylln ouch gehorten; alles mit mer wortten, durch beyder parthyen gebrucht, hierinn zů melden nit nod*(!)*.

So wir obgenanten parthyen woll verstanden, habenn wir, obgemeldten spruchlút, unns gear‑ beytet, die obgemeldten parthyen in der frúnt‑ schafft zů entscheyden unnd in fridliche(n) wåsenn zů bringenn, unnd habenn so vil an inen vermogenn, das si unns einen volmechti‑ gen gewallt gegeben haben, mit wůssenthaffti‑ ger tåding, us crafft desselbenn wir haben zwú‑ schen inen gesprochen, dz gůtter frid unnd frúntschafft zwúschen den parthyen sy unnd beliben sòll, alls dhein stosß zwúschen inen nye entstanden were. Dannenthin so sòllt dem ge‑ nanten Ludwigen von Búrren beliben, was er hinweg hette, wie dann die teyllung hievor zwúschen im unnd die*(!)* Fryesin beschåchen, imbeschlossen den zinß der fúnffzechen pfundt lut des brieffs, so er hatt. Denne das noch in Fryesen hoff stat, dz im zů sinem teyl gezigen ist. Das úbrig, / was Hanns Fryesß selig verlassenn het, sol dem genanten Jacobenn Vǒguilli gehörenn, es sý, was es well, von vyer pfeningen zů vyern. Er soll ouch dozegegenn all schulden unnd gabenn úber sich nemmenn unnd den von Búrren umb das vorligend*(?)* nutzit bekummern. Unnd dorzů sol Jacob Vǒ‑ guilli dem von Búrren gebenn hundert kronen umb all anspråch, namlich fúnffzigk kronen biß pfingsten nåchstkunfftig unnd die andern fúnffzig kronen von des úber ein jar glých darnach volgend, mitsampt kosten unnd scha‑ den, so von versumptnúsß wegen der bezal‑ lung doruber gan möcht. […]

Unnd des alles zuo warem, veste(m) urkundt, so haben wir, der schulth(es)s, rat unnd ge‑ meind der statt Fryburg uff der berůrten scheydlutten, unnsers ratz frúnd, bitt, an unns ördennlich gebracht durch Hannsen Motzi, unnßer getrúwen lanndtschryber unnd com‑ missaryen, úber wylend unnsers lieben getrú‑ wen stattschrybers Josten Zimmermanns seli‑ gen registern, dem wir unnser bevelch hieruber gegebenn, unnser gemeind grösser insigel an disen brieff lassenn hengken, doch unns unnd unser gemeinden statt ån schaden. Geben uff den vyer unnd zwentzigosten tag Jenners nach Gottes geburt gezallt thusent fúnff hundert unnd zwentzig jar.

1523

Q 182

StABern, A I/817, Notariatsprotokoll 12, p. 162 (1523, Aug. 18): Bekennt sich **Hans Fryes**[321], Benndicten Krámer noch anbetzalung eins

---

[318] *Ludwig von Búren, Ehemann von Alice, Schwester des Chronisten Hans Fries, siehe Q 179/1518 und Q 180/1519.* [319] *Loysa, die Witwe des Chronisten Hans Fries, war demnach ebenfalls gestorben und hatte die Heiliggeist‑ bruderschaft zu ihrer Universalerbin eingesetzt.* [320] *Siehe Q 179/1518.* [321] *Hans Fries, der Maler, siehe Rott 1936, S. 242 mit Anm. 8.*

[322] *Hans Fries, der Chronist, begraben bei den Johannitern, siehe sein Testament, Q 179/1518.* [323] *Wahrscheinlich Hans Fries, der Chronist, siehe Q 14/1465.* [324] *Jakob Helbling, Mitglied des Kleinen Rats seit 1514, Seckelmeister 1520–1523, gest. 1523, Dez. 2 (HBLS, Bd. 4, S. 132), hatte das Haus des verstorbenen Chro‑ nisten Hans Fries wahrscheinlich käuflich von* *der Heiliggeistbruderschaft erworben.* [325] *Peter Helbling, Bruder von Jakob, Mitglied des Klei‑ nen Rats seit 1524, siehe HBLS, Bd. 4, S. 132.* [326] *Der Weber Gall Tüller war der «Gevater» und sein Sohn Hans, ein Augustinereremit, das Patenkind des Chronisten Hans Fries, siehe Q 179/1518.* [327] *Zu Adelheid oder Alice, Schwester des Chronisten Hans Fries, und ih‑* *rem verstorbenen Mann, Willi Techtermann, sie‑ he oben unter Q 179/1518.* [328] *Wahrscheinlich Hans Fries, der Chronist, siehe Büchi 1927, S. 20/21 mit Anm. 6 (S. 20). Dieser hatte in sei‑ nem Testament dem Franziskanerkloster aller‑ dings nur eine Summe von 5 Pfund vermacht, siehe Q 179/1518.* [329] *Möglicherweise die Hand von Kaspar Gehmann, Provinzial der Ober‑*

rosß schuldig sin namlichen sechs kronen, und dieselbigen zů bezalen uff sant Martins tag nechst komen; und ob sőllichs nit beschåche, was dann costenns und schadens daruff ginge, wurde er (*korr. aus* ich) abtragen in sinem (*korr. aus* minem) costen. Beschåchen zinstag nach Assumptionis Marie anno etc. XXIII.

Q 183
Seitz 1911, S. 56 Nr. 200 (1523, Okt. 23):
Ratsherr Jakob Vöguilli bezeugt, dass Ratsherr Hans Fryes[322] und seine Frau Loysa, seine liebe «Mumen», beide selig, dem Johanniterhaus die Mühle, genannt «Mühlital» (Tafers), für ihre Jahrzeit gegeben haben. – Zeugen: Jakob Techtermann und Hans Praderwan, beide des Rats. – Dat. Freiburg.

1524

Q 184
Seitz 1911, S. 56 Nr. 202 (1524, Okt. 6):
Komtur Peter von Englisberg bezeugt, dass er dem alten Fryes[323] die Erlaubnis gegeben habe, das Abwasser vom Brunnen auf der Matte durch den Baumgarten der Komturei, genannt «Fryhof», zu leiten und dass er dem folgenden Besitzer des Fryseschen Hofes, Ratsherr Jakob Helbling[324] und Seckelmeister der Stadt Freiburg sel., ein Stück des genannten «Fryhofs» um 10 lb Sonnenkronen abgetreten habe, welches er alles dessen Bruder, Ratsherrn Peter Helbling[325], dem jetzigen Besitzer des Hofes, erneuert. – Zeugen: Benedikt Tuller[326], St. Johannsorden Kaplan, «minem Schaffner», und Hans Praderwan, des Rats.

1527

Q 185
Seitz 1911, S. 57 Nr. 205 (1527, März 8):
Adelheid[327], Schwester des Hans Fryes sel. und Gemachel (Witwe) des Willi Techtermann sel., vergabt dem Johanniterhaus ein Haus zu Guggisberg im Werte von 300 lb Freiburger, mit der Bedingung, alle Freitage für ihr und ihrer Vorfahren Seelenheil eine Messe zu lesen.

Ohne Jahr

Q 186
Franziskanerkloster Freiburg, Nekrolog (von ca. 1518), p. 23 (Aug. 23):
(*von der Anlagehand*) Item fiat anniversarium Johannis Frieß[328] uff der Matten et uxoris sue, qui dedit conventui XX lb semel.
am rechten Rand, mit Verweiszeichen, in humanistischer Schrift (um 1600?)[329]
Is, quemadmodum sua passim monumenta ostentant, circiter 1511 pictor totius Helvetiae princeps ac celeberrimorum in Germania universa collega (*korr. aus* collegam?) extitit.

Apokryphe

Q 187
StAFreiburg, Ratsmanual 35, fol. 77v – 78r (1518, April 26)
Uff die red, so min herr schultheiss, herr Peter Falck[330], ritter, an min herren gebracht als von ettlichs gelltz wegen, so min herr Bastard söllt den burgeren usszůteÿllen gebenn han, dz nu nit beschechen etc., uff das ist bi dem eÿd gefråget Wilhelm Pur. Der sagt, er sÿ uff dem oster[331] abend zů Unnser Frowen[332] in der kilchen gesin unnd her Jacobs Vöguillis[333] taffel,

---

deutschen Minoritenprovinz 1595–1598 (Helvetia Sacra 1978, S. 75), der wahrscheinlich den Chronisten Hans Fries mit dem Maler Hans Fries verwechselt, siehe Büchi 1927, S. 20/21. Die falsche Identifizierung beweist immerhin, dass der Maler um 1600 als berühmter Maler galt und seine Bilder bekannt waren (*quemadmodum sua passim monumenta ostentant*). **330** *Peter Falck, bekannter Humanist, Schultheiss von Murten 1505–1510, Venner des Burgquartiers 1510–1511, Bürgermeister 1511–1514, 1515–1516 Pilgerfahrt nach Jerusalem, dort zum Ritter geschlagen, Schultheiss 1516–1519, gest. 1519, Okt. 6, auf der Rückfahrt von einer zweiten Pilgerfahrt nach Jerusalem, siehe HBLS, Bd. 3, S. 106/107; Zurich 1919, S. 256, 258, 260.* **331** *Ostern fiel 1518 auf Sonntag, den 4. April.* **332** *Liebfrauenkirche.* **333** *Wahrscheinlich Jakob Vögeli d. Ä., Sohn von Louis, Venner des Spitalquartiers 1499–1501, Mitglied des Kleinen Rats 1501–1531, siehe HBLS, Bd. 3, S. 129 (Fégely); Zurich 1918, S. 105; Zurich 1919, S. 261; StAFreiburg, Généalogies diverses 328 (Pierre de Castella). Scheint ein Verwandter der Loysa, Frau des Chronisten Hans Fries, gewesen zu sein, siehe Q 182/1523. Das von Jakob Vögeli in die Liebfrauenkirche gestiftete Bild wurde von Leitschuh irrtümlicherweise dem Maler Hans Fries zugeschrieben, siehe Büchi 1927, S. 22 Anm. 2.*

durch inn núwlich dar gemacht, geschouwet; do sÿ Jacob Reche*(?)* zů im kommen unnd hab ouch die geschouwet, do hab er, gemeldter Pur, gesagt: Es ist doch gůtt, das ettwas ettwas tůtt. Sprach Reche*(?)*: Ăe, si mogen wol machen. Seit er, genanter Pur: Der kúng[334] wúrd es villicht bezallen. Uff dz seit genanter Reche*(?)*: er wúste einen, der wellt sich gegen einen minr herren (*korr. aus* inen) gefangen legenn das, do der Bastard hie sÿ gewesen, sÿenn im all LX unnd burgere[335] an- / *(fol. 78r)* gebenn unnd ettlich gellt uff sÿ ußgebenn (man hab ouch gehŏrtt, dz Růdolff Råschi VIII kronen in sin hůß bracht sÿenn *durchgestrichen*). So hab im ouch Jost Sprengo gesagt, im sÿenn VI kronen zů sim hůß bracht worden. So hab im ouch Wilhelm Gaÿch gesagt, im sÿ ettwas zůgesagt, aber einem annderen wordenn. Hans Cueniman*(?)* hatt im ouch gesagt, das min herr Bastard ettlich gellt den burgeren gemeinlich zů teÿllen usgebenn hatt; aber die grossen Hansen hetten sŏllichs geteillt. Hans Kolb hatt ouch mitt im darvon geredt, wie er sŏllichs gehŏrt, so ob stat von ettlichen (unnd wie Růdolff Råschi VIII kronen zů sinem hůß bracht sÿen *am Rand ergänzt*). Ist geraten, das man den handell uff Donstag[336] ernstlich vor minen herren anzůch, uff den grund zů kommen, domitt die, so sŏllich erlogen sachen uffreÿben, irem verdienen nach gestrafft werden.

Aber von der red wegen, so Peterman Potteÿ der M kr(onen), so die Franzosen *(?)* sŏllten gebotten haben, das sie gůtt franzŏschist sÿenn, deren Jacob Studer einer sŏll sin, hab inen miner herren einer gesagt, si sŏllenn es nitt nemmen, inen werd mer. Daselb hab er, genanter Potteÿ, von Hanß Verwer gehŏrtt, den stellt er dar fúr sin vorsager.

Q 188

StA Freiburg, Ratsmanual 35, fol. 79r (1518, April 29, Donnerstag)

Jacob Reche*(?)* ist vor minen herren erschinen, und ist im die red, hievor geschriben, vorgelåsen. Der ist der red nitt anred, sunders hat geredt: er sy ouch uff den ostern aben in der kilchhen Unnser Frouwen gewesen und hab Jacob Vögillis tafell beschouwett. Do sy Wilhelm Pur zů im komen. Do hab er geseit zů gemeldtem Pur: Gott geb dem ein gůtt jar, der dise tafel dahår gemacht hatt, dann es ist ein vast hübsch werck fúr ein klein werck. Uff das sagt im gemeldter Pur: Ăe, villicht der kúng wúrdtz bezallen. Antwurt im Reche*(?)*: Es gillt mir glých, Gott gåb, wer es bezall, ich verbúnn inen nitt, was inen wirdt. Doch sŏllt unnser einem ettwas werdenn, wellt ich, das man imes ouch ließ verlangen. In dem sind si uß der kilchen gangen, do seit er, genanter Reche*(?)*, aber zů Pur, es wår ein gůtt gesell zů ime kommen, der hett im gesagt, do der Bastard hie was, do sŏll er begert haben, das man ime die burger angåb in einem rodell. Ob es aber geschåchen sÿ oder nitt, wúß er nitt, unnd ime, demselben gesellen, sÿenn acht kronen wordenn. Ob man aber sunst ÿemands witter geschenckt hab oder nitt, wúß er ouch nitt (doch hatt man ettwas geschenckt, dŏrff es villicht gan als der jaren, do Pierre Loÿ hie was, do ward ouch gellt uff die burger ußgebenn, dz wart nitt ußteilt; darumb wett er, genanter gsell, sich gegenn ettlichenn gefangen legenn *durchgestrichen*). Wÿtter hat gemeldter Reche*(?)* nitt gesagt von des Bastards wegen.

[334] Franz I., König von Frankreich 1515–1547, der die Eidgenossen mit französischen Pensionen überschüttete. [335] Mitglieder des Rats der Sechzig und des Grossen Rats der 200. [336] *1518, April 29, siehe Q 188/Apokryphe.*

Abkürzungsverzeichnis

MM. Messeigneurs
Q Archivalische Quellen
(die Numerierung bezieht sich auf die Edition der archivalischen Quellen im Anhang)

RN Notariatsregister
SMR Seckelmeisterrechnungen
StA Staatsarchiv

Freiburg
ohne Zusatz bezeichnet stets das schweizerische Freiburg im Üchtland.

Nicht Gedrucktes
(Verzeichnis der im Katalog abgekürzt zitierten Schriften)

Anniversarium
Archiv des Franziskanerklosters Freiburg, Anniversarium, um 1518.

Augustinereremiten 1
Staatsarchiv Freiburg, Augustinereremiten 1: Protocolla monasterii Ord. Erem. S. Augustini Friburgi Helv.

Aulmann 1941/1
Museum für Kunst und Geschichte Freiburg, Hans Fries: St. Christophorus. Bericht über die Restaurierung, durchgeführt im Sommer 1941 von Hans Aulmann, Restaurator der Öffentlichen Kunstsammlung Basel.

Aulmann 1941/2
Museum für Kunst und Geschichte Freiburg, Hans Fries: St. Barbara. Bericht über die Restaurierung, durchgeführt im Sommer 1941 von Hans Aulmann, Restaurator der Öffentlichen Kunstsammlung Basel.

Aulmann 1941/3
Museum für Kunst und Geschichte Freiburg, Hans Fries: Der heilige Nikolaus / Die heilige Margarethe. Bericht über die Restaurierung, durchgeführt im Sommer 1941 von Hans Aulmann, Restaurator der Öffentlichen Kunstsammlung Basel.

Bartl 1995
Germanisches Nationalmuseum Nürnberg, Anna Bartl, Technischer Befund zu Hans Fries, «Tempelgang Marias» und «Vermählung Marias», 1995.

Boissonnas 1944
Museum für Kunst und Geschichte Freiburg, Henri Boissonnas, Restaurierungsbericht zu Hans Fries, «Allégorie du St. Sacrifice», 1. 12. 1944.

Bonnet 1884
Museum für Kunst und Geschichte Freiburg, François Bonnet, Rechnung für die Restaurierung des «Lebenden Kreuzes», 1884.

Carquillat, Fondations
Cugy, Archives paroissiales, Nr. 3: Dom L. Carquillat (1627 – 1650), Liste des fondations.

Comptes MAHF 1900
Museum für Kunst und Geschichte Freiburg, Comptes, Rapports annuels 1890 – 1906: Bezahlung an Joseph Reichlen, 3. 2. 1900.

Comptes MAHF 1906
Museum für Kunst und Geschichte Freiburg, Comptes, Rapports annuels 1890 – 1906: Rechnung Josef Regl, 6. 1. 1906.

Comptes St-Eloi
Cugy, Archives paroissiales, Nr. 10: Comptes de la Confrérie de St-Eloi.

Convention 1882
Cugy, Archives paroissiales, Convention entre la Direction de l'Instruction publique du canton de Fribourg et l'honorable Confrérie de St-Eloi, à Cugy, undatiert (Ende 1882).

Dobrusskin 1995
Restaurierungsbericht Atelier St-Luc, Beate Dobrusskin, 2. 10. 1995.

Eingangsbuch SLM
Schweizerisches Landesmuseum Zürich, Eingangsinventarbuch.

Epistolario Lochis
Biblioteca A. Maj, Bergamo, Epistolario Lochis.

Flühler 1977
Flühler-Kreis, Dione: Die Darstellung des Mohren im Mittelalter. Diss. Zürich 1977.

Fonds Raedlé
Archiv des Franziskanerklosters Freiburg, Fonds Nicolas Raedlé.

Friedli 1997
Museum für Kunst und Geschichte Freiburg, Brief von Urs Friedli an Verena Villiger, 10. 1997.

Galerie Fontaine
Staatsarchiv Freiburg, Fonds Raemy d'Agy Nr. 156: Galerie de tableaux du chanoine Fontaine.

Genealogie Maillardoz
Staatsarchiv Freiburg, Genealogie Schneuwly XII, 15: De Maillardoz.

Genealogie Techtermann
Denis de Techtermann, Nyon: Genealogie Techtermann.

Grangier 1882
Grangier, Louis: Catalogue du Musée cantonal de Fribourg, Freiburg 1882 (Exemplar des Museums für Kunst und Geschichte Freiburg mit handschriftlichen Nachträgen).

Hermanès 1960
Museum für Kunst und Geschichte Freiburg, Hans Fries: Hl. Christophorus (Wandgemälde). Kostenvorschlag für die Ablösung und Restaurierung durch Théo-Antoine Hermanès, 20. 7. 1960.

Informations
Archiv des Franziskanerklosters Freiburg, Informationes pro R. P. Sacrista Conventus Friburg. Helvet. ad Sanctam Crucem Ord. F. Minorum S. P. Francisci Conventualium 1687.

Inventaire 1652 – 1858
Archiv des Klosters Visitation, Freiburg, Inventaire Général de tous les meubles du Monastère, 1652 – 1858.

Inventaire 1693
Staatsarchiv Freiburg, Commanderie (ohne Signatur), Sensuit L'Inuentaire des meubles sacrés appartenants a l'Eglise Saint Jean de Jerusalem, en la ville, et Canton de frybourg en Suisse, approuvé par Johann von Roll von Emmenholz, receveur général de l'Ordre, le 14. 3. 1693 (89 Seiten).

Inventaire St-Martin de Belleville
Conservation départementale du patrimoine, Chambéry, Karteikarte «St-Martin de Belleville, Chapelle Notre-Dame de la Vie, Christ allemand».

IPR Fribourg, Petite Riedera
Inventaire du patrimoine religieux Fribourg, Dossier Evêché, Petite Riedera, Nr. 2, TA 20.

IPR Fribourg, Saint-Jean
Inventaire du patrimoine religieux Fribourg, Dossier Fribourg, Paroisse de Saint-Jean, Objets non inventoriés, Nr. 7.

Klein 2001
Germanisches Nationalmuseum Nürnberg, Dr. Peter Klein: Bericht über die dendrochronologische Untersuchung der Gemäldetafel «Tempelgang Mariae» (Hans Fries, Inv.-Nr. Gm 338), 8. 5. 2001.

LRD 1
Museum für Kunst und Geschichte Freiburg, Bericht des Laboratoire Romand de Dendrochronologie, Moudon, 2. 3. 2000, LRD00/R5041.

LRD 2
Museum für Kunst und Geschichte Freiburg, Bericht des Laboratoire Romand de Dendrochronologie, Moudon, 29. 6. 2000, LRD00/R5080.

Manual 1865
Staatsarchiv Freiburg, Manual du Conseil d'Etat, 1865.

Monuments
Museum für Kunst und Geschichte Freiburg, Ordner «Commission des monuments et édifices publics».

Nyffenegger 1993
Nyffenegger, Katharina: Der Berner Allerseelenaltar in seinem kunstgeschichtlichen und historischen Umfeld. Lizentiatsarbeit, Universität Bern, 1993.

Page 1985
Page, Anne-Catherine: Les peintures murales de la chapelle des sires d'Estavayer à la collégiale Saint-Laurent. Lizentiatsarbeit, Universität Freiburg, 1985.

Pfister 2000
Berner Fachhochschule, Studiengang Konservierung/Restaurierung. Reto Pfister: Johann Achert, Christus unter der Last des Kreuzes (1680). Bericht in Kunstgeschichte über die Atelierarbeit im Wintersemester 99/00, Objekt FKR-Nr. 554.

Procès-verbaux
Museum für Kunst und Geschichte Freiburg, Procès-verbaux de la Commission du Musée (Protokolle der Museumskommission).

Projet 1882
Museum für Kunst und Geschichte Freiburg, Henri Schaller: Projet de Convention pour achat du tableau de Cugy, 21. 11. 1882.

Rechnung Heiliggeistbruderschaft 7
Staatsarchiv Freiburg, Rechnung Heiliggeistbruderschaft 7 (1505 – 1506).

Reiners 1936
Kunsthaus Zürich, Brief von Heribert Reiners an Wilhelm Wartmann, 24. 5. 1936.

RPR Fribourg, La Tour-de-Trême
Recensement du patrimoine religieux Fribourg, Dossier La Tour-de-Trême, Nr. 127.

Schaller 1872
Museum für Kunst und Geschichte Freiburg, Brief von Henri Schaller an Louis Grangier (Kopie), 8. 1. 1872.

Schaller 1873/1
Museum für Kunst und Geschichte Freiburg, Brief von Henri Schaller an Louis Grangier (Kopie), 24. 4. 1873.

Schaller 1873/2
Museum für Kunst und Geschichte Freiburg, Brief von Henri Schaller an Louis Grangier (Kopie), 21. 11. 1873.

Schaller 1873/3
Museum für Kunst und Geschichte Freiburg, Brief von Henri Schaller an Louis Grangier (Kopie), 12. 12. 1873.

Schaller 1881
> Museum für Kunst und Geschichte Freiburg, Brief von Henri Schaller an Louis Grangier, 26. 11. 1881.

Schaller 1882
> Museum für Kunst und Geschichte Freiburg, Brief von Henri Schaller an Max de Techtermann, 21. 11. 1882.

Schmidt 1884
> Staatliche Graphische Sammlung, München, Wilhelm Schmidt: Handzeichnungen alter Meister im Königlichen Kupferstich-Kabinett zu München, III. Lieferung, München 1884.

Spital
> Staatsarchiv Freiburg, Spital.

Stadtsachen
> Staatsarchiv Freiburg, Stadtsachen.

Techtermann 1899/1
> Museum für Kunst und Geschichte Freiburg, Brief von Max de Techtermann an den Direktor der Erziehungsdirektion des Kantons Freiburg, 10. 3. 1899.

Techtermann 1899/2
> Museum für Kunst und Geschichte Freiburg, Brief von Max de Techtermann an den Direktor der Erziehungsdirektion des Kantons Freiburg, 13. 3. 1899.

Techtermann 1899/3
> Museum für Kunst und Geschichte Freiburg, Brief von Max de Techtermann an Josef Regel, 15. 3. 1899.

Visitation 1689 – 1703
> Freiburg, Bischöfliches Archiv, Visitationsbericht 1689 – 1703.

Visitation 1725
> Freiburg, Bischöfliches Archiv, Visitationsbericht 1725.

Wallerstein 1817/1818
> München, Bayerische Staatsgemäldesammlungen (Kopie), Grundbuch der hochfürstlich Oettingen Wallersteinischen Galerie altdeutscher Gemälde. Erster Theil, gefertigt in den Jahren 1817 und 1818.

Wallerstein 1819
> München, Bayerische Staatsgemäldesammlungen (Kopie), Verzeichnis der altdeutschen Gemaelde der Fürstlich Oettingen Wallersteinischen Bilder Gallerie in Wallerstein. Verfasst im Jahre 1819.

Wallerstein 1826
> München, Bayerische Staatsgemäldesammlungen, Catalogue de la Galerie Wallerstein, 1826.

Wallerstein 1827
> München, Bayerische Staatsgemäldesammlungen, Katalog der Gallerie zu Wallerstein, 1827.

Wappenbuch 1656
> Zentralbibliothek Solothurn, Moritz Dorner: «Wagnerisches» Wappenbuch, 2 Bde., 1656.

Wedells 1919
> Hamburger Kunsthalle: Vermächtnis Siegfried Wedells, Kurzinventar.

Winkler 1900
> Museum für Kunst und Geschichte Freiburg, Abrechnungen, Jahresberichte 1890 – 1906, Belege 1898 – 1905, Quittung des Schreiners César Winckler, 8. 2. 1900.

Witt 14.680
> Courtauld Institute, London, Karteikarte der Witt Library Nr. 14.680 (Box 45, Swiss School, Hans Fries).

Zurich 1940
> Museum für Kunst und Geschichte Freiburg, Brief von Pierre de Zurich an François Esseiva, 18. 8. 1940.

Zurich 1941 – 1943
> Museum für Kunst und Geschichte Freiburg, Korrespondenz 1941 – 1943: Pierre de Zurich, Geschichte des Museums (Entwurf).

Literaturverzeichnis

Académie 1930
Académie de la Val d'Isère, Nouvelle série VI, Recueil des Mémoires et Documents, 1930, Rapport sur les travaux de l'année 1927/1928, S. 7–8.

Adamowicz 1982
Adamowicz, Tadeusz: Witraże Fryburskie Józefa Mehoffera, Breslau 1982.

Aebischer 1927
Paul Aebischer: L'inventaire d'un intérieur bourgeois à Fribourg au milieu du XVe siècle, in: Schweizerisches Archiv für Volkskunde 28 (1927).

Aeby 1997
Aeby, Nicole: Eine Seccomalerei aus den fünfziger Jahren des 15. Jahrhunderts: das Jüngste Gericht in der ehemaligen Berner Dominikanerkirche, in: Zeitschrift für schweizerische Archäologie und Kunstgeschichte, Bd. 54, 1997, S. 69–92.

Alte Pinakothek München 1913
Katalog der Königlichen Älteren Pinakothek. Amtliche Ausgabe, München 1913.

Alte Pinakothek München 1936
Ältere Pinakothek München, Amtlicher Katalog, München 1936.

Alte Pinakothek München 1963
Altdeutsche Malerei. Bearbeitet von C. A. zu Salm und Gisela Goldberg, München 1963.

Alte Pinakothek München 1983
Bayerische Staatsgemäldesammlungen, Alte Pinakothek München, Erläuterungen zu den ausgestellten Gemälden, München 1983.

Alte Pinakothek München 1998
Albrecht Dürer. Die Gemälde der Alten Pinakothek, bearbeitet von Gisela Goldberg, Bruno Heimberg, Martin Schawe, München 1998.

Altdorf 1982
Meditationsraum Riedertal, Eduard, Ernst und Max Gubler. Katalog der Ausstellung in der Höfli-Kaserne, Altdorf, Altdorf 1982.

Amschwand 1987
Amschwand, P. Rupert: Bruder Klaus. Ergänzungsband zum Quellenwerk von Robert Durrer, hg. von der Regierung des Kantons Unterwalden ob dem Wald zum 500. Todestag von Bruder Klaus 1987, Sarnen 1987.

Anderes 1963
Anderes, Bernhard: Die spätgotische Glasmalerei in Freiburg im Üchtland. Ein Beitrag zur Geschichte der schweizerischen Glasmalerei, Freiburg i. Ü. 1963.

Andersson 1987
Andersson, Christiane: Jungfrau, Dirne, Fortuna. Das Bild der Frau in den Zeichnungen von Urs Graf, in: Kritische Berichte, Bd. 16, 1987, Heft 1, S. 26–35.

Andrey 1992
Andrey, Ivan: Le Christ des Rameaux de Fribourg a été retrouvé, in: Patrimoine fribourgeois 1, 1992, S. 3–8.

Andrey 1994
Andrey, Ivan: Les saints augustins des peintresses Richard 1723/1724, in: Patrimoine fribourgeois 3, S. 46–54.

Andrey 1995
Andrey, Ivan: Les statues du commandeur. Essai de reconstitution des retables gothiques de l'église Saint-Jean à Fribourg, in: Des pierres et des hommes. Hommage à Marcel Grandjean, Bibliothèque historique vaudoise, Lausanne 1995, S. 133–137, 191–216.

Andrey 1998
Andrey, Ivan: A l'heure du jugement, in: Patrimoine fribourgeois 9, 1998, S. 6–16.

Andrey/Jordan 2000
Andrey, Ivan, und Marc-Henri Jordan: Objets provenant de l'hôtel de ville, in: Patrimoine fribourgeois 12, 2000, S. 78–82.

Anshelm 1884–1901
Die Berner Chronik des Valerius Anshelm, hg. vom Historischen Verein des Kantons Bern, 6 Bde., Bern 1884–1901.

Apokryphe Bibel 1991
Apokryphe Bibel. Die verborgenen Bücher der Bibel, hg. von Erich Weidinger, Augsburg 1991.

Appuhn 1989
Appuhn, Horst: Meister E. S. Alle 320 Kupferstiche, Dortmund 1989.

Arnold 1993
Arnold, Klaus: Die Heilige Familie. Bilder und Verehrung der Heiligen Anna, Maria, Joseph und des Jesuskindes in Kunst, Literatur und Frömmigkeit um 1500, in: Maria in der Welt. Marienverehrung im Kontext der Sozialgeschichte, 10.–18. Jahrhundert, hg. von Claudia Opitz u. a., Zürich 1993, S. 153–174.

AT
Altes Testament, in: Die Bibel. Vollständige Ausgabe des Alten und des Neuen Testaments in der Einheitsübersetzung, Stuttgart 1991.

Augsburg 1965
Hans Holbein der Ältere und die Kunst der Spätgotik. Katalog der Ausstellung im Augsburger Rathaus, Augsburg 1965.

Bächtiger 1979
Bächtiger, Franz: Bern zur Zeit von Niklaus Manuel, in: Niklaus Manuel Deutsch. Maler, Dichter, Staatsmann, Bern 1979.

Bätschmann 1989
Bätschmann, Oskar: Malerei der Neuzeit. Ars Helvetica, Bd. 6, Disentis 1989.

Baschet 1993
Baschet, Jérôme: Les Justices de l'au-delà. Les représentations de l'enfer en France et en Italie (XIIe–XVe siècles), Rom 1993.

Basel 1959
Die Ciba-Jubiläums-Schenkung an das Kupferstichkabinett. 15 Zeichnungen schweizerischer und deutscher Meister des 15. und 16. Jahrhunderts, bearbeitet von Georg Schmidt. Katalog der Ausstellung in der Öffentlichen Kunstsammlung Basel, Basel 1959.

Basel 1978
Hans Baldung Grien im Kunstmuseum Basel. Katalog der Ausstellung in der Öffentlichen Kunstsammlung Basel, Basel 1978.

Basel 1997
Dürer, Holbein, Grünewald. Meisterzeichnungen der deutschen Renaissance aus Berlin und Basel. Katalog der Ausstellung in der Öffentlichen Kunstsammlung Basel und im Kupferstichkabinett der Staatlichen Museen zu Berlin, Preussischer Kulturbesitz, Basel/Berlin 1997.

Bauch 1976
Bauch, Kurt: Das mittelalterliche Grabbild. Figürliche Grabmäler des 11. bis 15. Jahrhunderts in Europa, Berlin/New York 1976.

Baum 1921/1922
Baum, Julius: Die Zürcher Ausstellung, in: Der Kunstwanderer, hg. von Adolph Donath, 1921, 2. Oktoberheft, S. 75–80, 1922, 1. Märzheft, S. 299–303.

Baumann 1971
Baumann, Carl Gerhard: Über die Entstehung der ältesten Schweizer Bilderchroniken (1468–1485), Bern 1971.

Beckerath 1994
Beckerath, Astrid von: Der Hochaltar in der Kathedrale von Chur, Hamburg 1994.

Beckerath/Nay/Rutishauser 1998
Beckerath, Astrid von, Marc Antoni Nay, Hans Rutishauser (Hg.): Spätgotische Flügelaltäre in Graubünden und im Fürstentum Liechtenstein, Chur 1998.

Beerli 1993
Beerli, Conrad André: Poétique et société des couleurs: essai sur la vie des couleurs entre elles et dans l'histoire, Genf 1993.

Behling 1967
Behling, Lottlisa: Die Pflanze in der mittelalterlichen Tafelmalerei, Köln/Graz 1967.

Belting 1977
Belting, Hans: Die Oberkirche von San Francesco in Assisi. Ihre Dekoration als Aufgabe und die Genese einer neuen Wandmalerei, Berlin 1977.

Belting 1981
Belting, Hans: Das Bild und sein Publikum im Mittelalter. Form und Funktion früher Bildtafeln der Passion, Berlin 1981.

Benesch 1928
Benesch, Otto: Zur altösterreichischen Tafelmalerei, in: Otto Benesch, Collected Writings, Bd. 3, German and Austrian Art of the 15th and 16th Centuries, New York 1972, S. 16–72 (erstmals erschienen in: Jahrbuch der Kunsthistorischen Sammlungen, N. F. II, Wien 1928, S. 63–118).

Bénézit 1976
Bénézit, Emmanuel: Dictionnaire critique et documentaire des peintres, sculpteurs, dessinateurs et graveurs. Nouvelle édition, t. 4, Paris 1976.

Benker 1975
Benker, Gertrud: Christophorus. Patron der Schiffer, Fuhrleute und Kraftfahrer. Legende, Verehrung, Symbol, München 1975.

Benzerath 1913
Benzerath, Michael: Die Kirchenpatrone der alten Diözese Lausanne im Mittelalter, in: Freiburger Geschichtsblätter, Jg. 20, 1913, S. XXI–XXXII, 1–219.

Bergmann 1989
Bergmann, Uta: Der Ölberg in Stans. Ein Zeugnis spätmittelalterlicher Frömmigkeit, in: Der Geschichtsfreund, Jg. 142, 1989, S. 5–48.

Bergmann 1994
Bergmann, Uta: Jörg Keller. Ein Luzerner Bildschnitzer der Spätgotik, Stuttgart 1994.

Berlin 1994
Das Berliner Kupferstichkabinett. Ein Handbuch zur Sammlung, hg. von Alexander Dückers, Berlin 1994.

Bern 1936
Führer durch die Sammlungsausstellung. Gemälde und Plastik. Katalog der Ausstellung im Kunstmuseum Bern, Bern 1936.

Bern 1940
Meisterwerke aus den Kunstmuseen Basel und Bern. Katalog der Ausstellung im Kunstmuseum Bern, Bern 1940.

Bern 1941
450 Jahre bernische Kunst. Katalog der Ausstellung im Kunstmuseum Bern, Bern 1941.

Bern 1946
Berner Kunstmuseum. Aus der Sammlung. Katalog der Ausstellung im Kunstmuseum Bern, Bern 1946.

Bern 1953
Die Hauptmeister der Berner Malerei 1500–1900. Katalog der Ausstellung im Kunstmuseum Bern, Bern 1953.

Bern 1960
Aus der Sammlung. Katalog der Ausstellung im Kunstmuseum Bern, Bern 1960.

Bern 1979
Niklaus Manuel Deutsch. Maler, Dichter, Staatsmann. Katalog der Ausstellung im Kunstmuseum Bern, Bern 1979.

Bern 2000
Bildersturm. Wahnsinn oder Gottes Wille? Herausgegeben von Cécile Dupeux, Peter Jezler und Jean Wirth. Katalog der Ausstellung im Bernischen Historischen Museum, Bern 2000.

Berthier 1891/1
Berthier, Joachim-Joseph: Triptyque de Hans Friess (Vantaux fermés), in: Fribourg artistique à travers les âges, 1891, Tafel 15.

Berthier 1891/2
Berthier, Joachim-Joseph: Triptyque de Hans Friess (Vantaux ouverts), in: Fribourg artistique à travers les âges, 1891, Tafel 16.

Berthier 1891/3
Berthier, Joachim-Joseph: Peinture de Hans Friess. La mort de l'usurier, in: Fribourg artistique à travers les âges, 1891, Tafel 20.

Berthier 1892/1
Berthier, Joachim-Joseph: Un Crucifiement de Hans Friess, in: Fribourg artistique à travers les âges, 1892, Tafel 4.

Berthier 1892/2
Berthier, Joachim-Joseph: Crucifiement. Retable attribué à Hans Friess, in: Fribourg artistique à travers les âges, 1892, Tafel 8–10.

Berthier 1892/3
Berthier, Joachim-Joseph: Les miracles de St-Antoine de Padoue (Tableau de Friess), in: Fribourg artistique à travers les âges, 1892, Tafel 14.

Berthier 1892/4
Berthier, Joachim-Joseph: Sainte Barbe et Saint Christophe. Deux tableaux de Hans Friess, in: Fribourg artistique à travers les âges, 1892, Tafel 21.

Berthier 1893/1
Berthier, Joachim-Joseph: La descente du Saint-Esprit sur les Apôtres (Peinture de Hans Friess), in: Fribourg artistique à travers les âges, 1893, Tafel 4.

Berthier 1893/2
Berthier, Joachim-Joseph: La dispersion des Apôtres (Peinture de Hans Friess), in: Fribourg artistique à travers les âges, 1893, Tafel 5.

Berthier 1893/3
Berthier, Joachim-Joseph: Les Œuvres de charité (Esquisse de Hans Friess), in: Fribourg artistique à travers les âges, 1893, Tafel 8.

Berthier 1893/4
Berthier, Joachim-Joseph: Les Œuvres de charité (Esquisse de Hans Friess), in: Fribourg artistique à travers les âges, 1893, Tafel 9.

Berthier 1894/1
Berthier, Joachim-Joseph: Sainte Marguerite et Saint Nicolas (Deux peintures de Hans Friess), in: Fribourg artistique à travers les âges, 1894, Tafel 2.

Berthier 1894/2
Berthier, Joachim-Joseph: Saint François d'Assise (Peinture de Hans Friess), in: Fribourg artistique à travers les âges, 1894, Tafel 16.

Berthier 1895/1
Berthier, Joachim-Joseph: Saint Sébastien (Peinture de Hans Friess), in: Fribourg artistique à travers les âges, 1895, Tafel 4.

Berthier 1895/2
Berthier, Joachim-Joseph: Le jeune homme et la Mort (Peinture attribuée à Hans Friess), in: Fribourg artistique à travers les âges, 1895, Tafel 18.

Berthier 1897
Berthier, Joachim-Joseph: L'Annonciation de la Vierge. Panneaux peints par Hans Friess / Adoration des Bergers. Peinture de Hans Friess / Adoration des Mages. Peinture de Hans Friess, in: Fribourg artistique à travers les âges, 1897, Tafel 11–14.

Berthier 1898/1
Berthier, Joachim-Joseph: Le Jugement Dernier (Peintures de Hans Friess), in: Fribourg artistique à travers les âges, 1898, Tafel 1.

Berthier 1898/2
Berthier, Joachim-Joseph: Une Nativité (Peinture de Hans Friess), in: Fribourg artistique à travers les âges, 1898, Tafel 12.

Berthier 1898/3
Berthier, Joachim-Joseph: Une Sainte Famille (Peinture de Hans Friess), in: Fribourg artistique à travers les âges, 1898, Tafel 22.

Berthier 1899/1
Berthier, Joachim-Joseph: La prédication de saint Jean-Baptiste, in: Fribourg artistique à travers les âges, 1899, Tafel 10.

Berthier 1899/2
Berthier, Joachim-Joseph: La mort de saint Jean-Baptiste, in: Fribourg artistique à travers les âges, 1899, Tafel 11.

Berthier 1899/3
Berthier, Joachim-Joseph: Le martyre de l'apôtre saint Jean, in: Fribourg artistique à travers les âges, 1899, Tafel 17.

Berthier 1900/1
Berthier, Joachim-Joseph: La vie de la Vierge (Peinture de H. Friess). Saint Joachim et sainte Anne choisissant les agneaux pour l'offrande, in: Fribourg artistique à travers les âges, 1900, Tafel 10.

Berthier 1900/2
Berthier, Joachim-Joseph: La vie de la Vierge (Peinture de H. Friess). Saint Joachim embrassant sainte Anne sous la Porte d'or, in: Fribourg artistique à travers les âges, 1900, Tafel 11.

Berthier 1901/1
Berthier, Joachim-Joseph: La vie de la Vierge (Peinture de H. Friess). La naissance de la Vierge, in: Fribourg artistique à travers les âges, 1901, Tafel 6.

Berthier 1901/2
Berthier, Joachim-Joseph: La vie de la Vierge (Peinture de H. Friess). La présentation de la Vierge au temple, in: Fribourg artistique à travers les âges, 1901, Tafel 16.

Berthier 1901/3
Berthier, Joachim-Joseph: La vie de la Vierge (Peinture de H. Friess). Les fiançailles de la Vierge, in: Fribourg artistique à travers les âges, 1901, Tafel 17.

Berthier 1902/1
Berthier, Joachim-Joseph: La vie de la Vierge (Peinture de H. Friess). La Visitation, in: Fribourg artistique à travers les âges, 1902, Tafel 6.

Berthier 1902/2
Berthier, Joachim-Joseph: La vie de la Vierge (Peinture de H. Friess). Sainte Anne, la Vierge, l'Enfant Jésus, in: Fribourg artistique à travers les âges, 1902, Tafel 10.

Berthier 1902/3
Berthier, Joachim-Joseph: La vie de la Vierge (Peinture de H. Friess). Le Retour d'Egypte, in: Fribourg artistique à travers les âges, 1902, Tafel 16.

Berthier 1902/4
Berthier, Joachim-Joseph: La vie de la Vierge (Peinture de H. Friess). Jésus au milieu des Docteurs, in: Fribourg artistique à travers les âges, 1902, Tafel 22.

Berthier 1903
Berthier, Joachim-Joseph: La Vierge et saint Bernard de Clairvaux (Peinture de Hans Fries), in: Fribourg artistique à travers les âges, 1903, Tafel 11.

Berthier 1904
Berthier, Joachim-Joseph: La Mère de Dieu, reine de l'univers (dessin de Hans Fries), in: Fribourg artistique à travers les âges, 1904, Tafel 11.

Berthier 1906
Berthier, Joachim-Joseph: La Vierge (détail d'un crucifiement). Eglise des Cordeliers, in: Fribourg artistique à travers les âges, 1906, Tafel 22.

Berthier 1909/1
Berthier, Joachim-Joseph: La Reine du Ciel (dessin de Hans Fries), in: Fribourg artistique à travers les âges, 1909, Tafel 4.

Berthier 1909/2
Berthier, Joachim-Joseph: L'Assomption de la Vierge. Dessin attribué à Hans Fries, in: Fribourg artistique à travers les âges, 1909, Tafel 12.

Berthier 1909/3
Berthier, Joachim-Joseph: Assomption de sainte Marie-Madeleine. Dessin de Hans Fries, in: Fribourg artistique à travers les âges, 1909, Tafel 24.

Bertling 1996
Bertling Biaggini, Claudia: Das Jüngste Gericht am Triumphbogen der ehemaligen Dominikanerkirche zu Bern – ein Werk von Hans Fries?, in: Zeitschrift für schweizerische Archäologie und Kunstgeschichte, Bd. 53, 1996, S. 165–174.

Billeter 1990
Billeter, Erika: Schweizer Malerei. Hundert Meisterwerke aus Schweizer Museen vom 15. bis zum 20. Jahrhundert, Bern 1990.

Bing 1942
Bing, Gertrud: The Apocalypse Block-Books and their Manuscript Models, in: Journal of the Warburg and Courtauld Institutes, Bd. 5, 1942, S. 143–158.

Biografisches Lexikon
Biografisches Lexikon der Schweizer Kunst, hg. vom Schweizerischen Institut für Kunstwissenschaft, Zürich und Lausanne, 2 Bde., Zürich 1998.

Blume 1908
Blume, Clemens (Hg.): Die Hymnen des Thesaurus Hymnologicus H. A. Daniels und anderer Hymnen-Ausgaben. 1.: Die Hymnen des 5.–11. Jahrhunderts und die Irisch-Keltische Hymnodie, Leipzig 1908.

Boerner 1899
Katalog mehrerer Sammlungen von Handzeichnungen alter und neuerer Meister. Versteigerung zu Leipzig, Dienstag, den 27. Juni 1899 (Auktionskatalog der Kunsthandlung C. G. Boerner), Leipzig 1899.

Boesch 1952
Boesch, Paul: Zur Geschichte der Freiburger Glasmalerei, in: Zeitschrift für schweizerische Archäologie und Kunstgeschichte, Bd. 13, 1952, S. 112–116.

Boltz 1554
Valentin Boltz von Rufach: Illuminierbuch, [o. O.] 1554.

Bongard 1992
Sensler Sagen, gesammelt von P. Nikolaus Bongard (1896–1955), herausgegeben, kommentiert und mit einem Vorwort versehen von Moritz Boschung, Freiburg i. Ü. 1992.

Bornet 1853
Bornet, Louis: De l'art dans le canton de Fribourg. Un mot sur la peinture, in: L'Emulation, Bd. 2, 1853, S. 275–280.

Brachert 2001
Brachert, Thomas: Lexikon historischer Maltechniken. Quellen, Handwerk, Technologie, Alchemie, München 2001.

Brion-Guerry 1962
Brion-Guerry, Liliane: Jean Pélerin Viator. Sa place dans l'histoire de la perspective, Paris 1962.

Bruillot 1833
Bruillot, François: Dictionnaire des monogrammes, marques figurées, lettres initiales, noms abrégés etc. Seconde partie, München 1833.

Buchner 1928
Buchner, Ernst: Die Augsburger Tafelmalerei der Spätgotik, in: Augsburger Kunst der Spätgotik und der Renaissance, hg. von Ernst Buchner und Karl Feuchtmayr (Beiträge zur Geschichte der deutschen Kunst, Bd. 2), Augsburg 1928, S. 1–92.

Büchi 1897
Büchi, Albert: Freiburgs Bruch mit Oesterreich, sein Uebergang an Savoyen und Anschluss an die Eidgenossenschaft, Freiburg i. Ü. 1897 (Collectanea Friburgensia, Fasz. 7).

Büchi 1901/1
Büchi, Albert (Hg.): Chronik von Hans Fries, in: Die Berner Chronik des Diebold Schilling (1468–1484), hg. von Gustav Tobler, Bd. 2, Bern 1901, S. 391–441; Separatum mit eigener Paginierung.

Büchi 1901/2
Büchi, Albert (Hg.): Aktenstücke zur Geschichte des Schwabenkrieges nebst einer Freiburger Chronik über die Ereignisse von 1499, Basel 1901 (Quellen zur Schweizer Geschichte, Bd. 20).

Büchi 1905
Büchi, Albert: Die Chroniken und Chronisten von Freiburg im Üchtland, in: Jahrbuch zur Schweizerischen Geschichte, Band 30, 1905, S. 197–326.

Büchi 1914
Büchi, Albert: Peter von Molsheims Freiburger Chronik der Burgunderkriege, Bern 1914.

Büchi 1917/1
Büchi, Albert: Der selige Bruder Klaus (1417–1487), Freiburg 1917.

Büchi 1917/2
Büchi, Albert: Der Friedenskongress von Freiburg, 25. Juli bis 12. August 1476, in: Freiburger Geschichtsblätter, Jg. 24, 1917, S. 24–74.

Büchi 1920
Büchi, Albert (Hg.): Korrespondenzen und Akten zur Geschichte des Kardinals Matth. Schiner, hg. von Albert Büchi, Bd. 1 (1489–1515), Basel 1920 (Quellen zur Schweizergeschichte, N. F., III/5).

Büchi 1923
Büchi, Albert: Kardinal Matthäus Schiner als Staatsmann und Kirchenfürst. Ein Beitrag zur allgemeinen und schweizerischen Geschichte von der Wende des XV.–XVI. Jahrhunderts. 1. Teil (bis 1514) (Collectanea Friburgensia, N. F., Fasz. 18), Zürich 1923.

Büchi 1925
Büchi, Albert: Literarhistorische Notizen aus den Freiburger Manualen und Seckelmeisterrechnungen, in: Freiburger Geschichtsblätter, Jg. 28, 1925, S. 223–232.

Büchi 1927
Büchi, Albert: Der Lebenslauf des Malers Hans Fries, in: Anna Kelterborn-Haemmerli: Die Kunst des Hans Fries, S. 1–23 (Studien zur deutschen Kunstgeschichte, Heft 245), Strassburg 1927.

Büchi 1937
Büchi, Albert: Kardinal Matthäus Schiner als Staatsmann und Kirchenfürst. Ein Beitrag zur allgemeinen und schweizerischen Geschichte von der Wende des XV./XVI. Jahrhunderts. 2. Teil (1515–1522) (Collectanea Friburgensia, N. F., Fasz. 23), Freiburg i. Ü. 1937.

Buomberger 1900
Buomberger, Ferdinand: Bevölkerungs- und Vermögensstatistik in der Stadt und Landschaft Freiburg (im Üchtland) um die Mitte des 15. Jahrhunderts, in: Freiburger Geschichtsblätter, Jg. 6/7, 1900, S. I–XVI, 1–258.

Burckhardt 1888
Burckhardt, Daniel: Die Schule Martin Schongauers am Oberrhein, Basel 1888.

Burckhardt 1950
Daniel Burckhardt-Werthemann 1863–1949 [Nachruf], in: Freiwillige Basler Denkmalpflege 1947–1949, Basel 1950, S. 3–6.

Busch 1950
Busch, Karl: Meisterwerke des Kunstmuseums Bern in München, in: Die Kunst und das schöne Heim, Jg. 48, 1950, S. 121–125.

Cannon-Brookes 1989
Cannon-Brookes, Peter: The Sir Joseph Robinson Collection, in: Highly Important Old Master and British Paintings, Sotheby's, London, 6. 12. 1989, ohne Seitenangabe (3 Seiten).

Carlen 1997
Carlen, Louis: Maria im Recht, Freiburg/Schweiz 1997.

Castella 1922
Castella, Gaston: Histoire du Canton de Fribourg depuis les origines jusqu'en 1875, Freiburg 1922.

Caviezel 1977
Caviezel, Nott: Die Freiburger Tortschen, in: Freiburger Geschichtsblätter, Jg. 61, 1977, S. 147–174.

Cennini 1971
Cennini, Cennino: Il libro dell'arte. Commentato e annotato da Franco Brunello, Vicenza 1971.

Christe 1996
Christe, Yves: L'Apocalypse de Jean. Sens et développement de ses visions synthétiques, Paris 1996.

Cingria 1943
Cingria, Alexandre: Le retable de Hans Fries, in: Trois chefs-d'œuvre de l'art suisse à Fribourg, Zürich 1943, S. 107–116.

Clark 1955
Clark, Kenneth: Transformations of Nereids in the Renaissance, in: The Burlington Magazine, Jg. 97, 1955, S. 214–217.

Colmar 1991
Der hübsche Martin. Kupferstiche und Zeichnungen von Martin Schongauer (ca. 1450–1491). Katalog der Ausstellung im Unterlinden-Museum Colmar, Colmar 1991.

Compte-rendu 1882
Compte-rendu de l'administration du Conseil d'Etat du Canton de Fribourg, Année 1882, Freiburg 1883.

Costa 1986
Costa, Beniamino: Il beato Luca Belludi, in: Ricognizione del corpo del beato Luca Belludi. Studi storici e medico-antropologici, hg. von Cleto Corrain und Angelico Poppi, Padua 1986.

Crowe/Cavalcaselle 1862/1863
Crowe, Joseph Archer, und Giovanni Battista Cavalcaselle: Les anciens peintres flamands, leur vie et leurs œuvres (traduit de l'anglais par O. Delepierre; annoté et augmenté de documents inédits par Alexandre Pinchart et Ch. Ruelens), Brüssel 1862/1863.

Cust 1893
Cust, Lionel: Index of Artists represented in the Department of Prints and Drawings in the British Museum. Vol. 1: Dutch and Flemish Schools, German Schools, London 1893.

Daguet 1855
Daguet, Alexandre: Hans Friess, peintre fribourgeois au seizième siècle, in: L'Emulation, Bd. 4, 1855, S. 55–62, 375–381.

Daguet 1856
Daguet, Alexandre: Etudes biographiques pour servir à l'histoire littéraire de la Suisse et à celle du canton de Fribourg en particulier, aux XVe et XVIe siècles, in: Archives et mémoires de la Société d'histoire du canton de Fribourg, Heft 5, 1856, S. 131–201.

Dahan 1996
Dahan, Gilbert: Le Jugement dernier vu par les commentateurs des Sentences, in: De l'art comme mystagogie. Iconographie du Jugement dernier et des fins dernières à l'époque gothique. Actes du Colloque de la Fondation Hardt, tenu à Genève du 13 au 16 février 1994 sous la direction d'Yves Christe, Poitiers 1996, S. 19–35.

DBE
Deutsche Biographische Enzyklopädie, hg. von Walter Killy, Bd. 3, München/New Providence/London/Paris 1996.

Dellion 1884
Dellion, Apollinaire: Dictionnaire historique et statistique des paroisses catholiques du canton de Fribourg, Bd. 1, Freiburg 1884.

Dellion 1885
Dellion, Apollinaire: Dictionnaire historique et statistique des paroisses catholiques du canton de Fribourg, Bd. 4, Freiburg 1885.

Descœudres/Utz Tremp 1993
Descœudres, Georges, und Kathrin Utz Tremp: Bern, Französische Kirche, ehemaliges Predigerkloster: archäologische und historische Untersuchungen 1988–1990 zu Kirche und ehemaligen Konventgebäuden, Bern/Stuttgart/Wien 1993 (Schriftenreihe der Erziehungsdirektion des Kantons Bern).

Deuchler 1972
Deuchler, Florens: The Cloisters, New York, in: Du, Jg. 32, Februar 1972, S. 94–151.

Devisse 1979
Devisse, Jean, und Michel Mollat: L'image du noir dans l'art occidental. II. Des premiers siècles chrétiens aux « grandes découvertes ». 2. Les africains dans l'ordonnance chrétienne du monde (XIVe–XVIe siècle), Freiburg 1979.

Dictionary 1927
The Dictionary of National Biography. 1912–1921, hg. von H. W. C. Davis und J. R. H. Weaver, London 1927.

Dictionary 1937
The Dictionary of National Biography. 1922–1930, hg. von J. R. H. Weaver, London 1937.

Diesbach 1893
Diesbach, Max de: Les pèlerins fribourgeois à Jérusalem (1436–1640). Etude historique, in: Archives de la Société d'histoire du canton de Fribourg, Bd. 5, 1893, S. 189–282.

Diesbach 1895
Diesbach, Max de: Stalles de l'église de Notre-Dame (Côté droit), in: Fribourg artistique à travers les âges, 1895, Tafel 6.

Dörfler-Dierken 1992
Dörfler-Dierken, Angelika: Die Verehrung der heiligen Anna in Spätmittelalter und früher Neuzeit. Forschungen zur Kirchen- und Dogmengeschichte, Bd. 50, Göttingen 1992.

Dominique/Moullet 1941
Dominique, Emmanuel, und Maurice Moullet: Un dessin inédit de Hans Fries, in: Zeitschrift für schweizerische Archäologie und Kunstgeschichte, Bd. 3, 1941, S. 50–54.

Dubler 1975
Dubler, Anne-Marie: Masse und Gewichte im Staat Luzern und in der alten Eidgenossenschaft, Luzern 1975.

Dupeux 1991
Dupeux, Cécile: La Lactation de saint Bernard de Clairvaux. Genèse et évolution d'une image, in: F. Dunand, J.-M. Spieser und J. Wirth: L'image et la production du sacré, Paris 1991, S. 165–193.

Durrer 1917–1921
Durrer, Robert: Bruder Klaus. Die ältesten Quellen über den seligen Nikolaus von Flüe, sein Leben und seinen Einfluss, 2 Bde., Sarnen 1917–1921.

Durrer 1899–1928
Durrer, Robert: Die Kunstdenkmäler des Kantons Unterwalden, Zürich 1899–1928.

Effmann 1898
Effmann, Wilhelm: Die Glocken der Stadt Freiburg, in: Freiburger Geschichtsblätter, Jg. 5, 1898, S. 1–219, Tafel I–XXXIV.

Elsig 1998
Elsig, Frédéric: Notes sur la peinture en Savoie autour de 1450, in: Rivista di arte antica e moderna 1998, S. 25–28 und Abb. 25–32.

Erasmus 1931
Erasmus von Rotterdam: Lob der Torheit (Encomium moriae, i. e. stultitiae laus). Basler Ausgabe von 1515 mit den Randzeichnungen von Hans Holbein d. J. (Faksimile), hg. von Heinrich Alfred Schmid, 2 Bde., Basel 1931.

Etrennes 1924
Un vitrail suisse du XVIe siècle, in: Etrennes fribourgeoises, Jg. 57, 1924, S. 21–23.

Favre 2000
Favre, Patrice: Fribourg peut redécouvrir le bâton de saint Nicolas de Flue, in: La Liberté, 16. 9. 2000, S. 14.

Feld 1994
Feld, Helmut: Franziskus von Assisi und seine Bewegung, Darmstadt 1994.

Feller 1979
Feller, Richard, und Edgar Bonjour: Geschichtsschreibung der Schweiz vom Spätmittelalter zur Neuzeit, Basel/Stuttgart 1979.

Fiorillo 1820
Fiorillo, Johann Dominik: Geschichte der zeichnenden Künste in Deutschland und den vereinigten Niederlanden, Bd. 4, Hannover 1820 (Sämtliche Schriften, Bd. 9, Nachdruck 1997).

Fleury 1921
> Fleury, P. Bernard: Le Couvent des Cordeliers de Fribourg au moyen âge, in: Zeitschrift für schweizerische Kirchengeschichte, Jg. 15, 1921, S. 26–44, 93–121, 193–206, 279–302.

Fluri 1913
> Fluri, Adolf: Meister Albrecht von Nürnberg, der Bildhauer, in: Anzeiger für schweizerische Altertumskunde, N. F., 15, 1913, S. 134–144.

Fosca 1945
> Fosca, François: Histoire de la peinture suisse, Genf 1945.

Franz 1902
> Franz, Adolph: Die Messe im deutschen Mittelalter. Beiträge zur Geschichte der Liturgie und des religiösen Volkslebens, Freiburg i. Br. 1902.

Frauenfelder 1997
> Frauenfelder, Rudolf, Walter Hess, Karl Mannhart: Max Gubler. Katalog der Gemälde, Bd. 1: 1911–1937, Zürich 1997.

Freiburg 1874
> Catalogue de l'exposition cantonale de tableaux anciens, organisée par la Société fribourgeoise des Amis des beaux-arts, Freiburg 1874.

Freiburg 1955
> Trésors de Fribourg. XIe–XVIIe siècle. Katalog der Ausstellung im Museum für Kunst und Geschichte Freiburg, Freiburg 1955.

Freiburg 1957
> Expositions du huitième centenaire de la fondation de Fribourg 1157–1957. Katalog der Ausstellung im Museum für Kunst und Geschichte Freiburg, Freiburg 1957.

Freiburg 1971
> Sculpture du XVIe siècle : maîtres fribourgeois. Katalog der Ausstellung im Museum für Kunst und Geschichte Freiburg, Freiburg 1971.

Freiburg 1992
> Freiburg und seine Museen. Herausgegeben von Roland Ruffieux, Freiburg 1992.

Freiburg 1999
> Art fribourgeois 1899–1999. Centenaire de la SPSAS. Katalog der Ausstellung im Museum für Kunst und Geschichte Freiburg, Freiburg 1999.

Fritz 1982
> Fritz, Johann Michael: Goldschmiedekunst der Gotik in Mitteleuropa, München 1982.

Füglister 1964
> Füglister, Robert L.: Das Lebende Kreuz, Einsiedeln 1964.

Furrer 1993
> Furrer, Bernhard: Das Weltgericht am Berner Münster und seine Restaurierung, in: Unsere Kunstdenkmäler, Jg. 44, 1993, S. 323–332.

Ganz 1904–1908
> Ganz, Paul: Handzeichnungen schweizerischer Meister des XV. Jahrhunderts, 3 Bde. und Kommentarband, Basel 1904–1908.

Ganz 1921
> Ganz, Hermann: Hans Fries, in: Schweizerland, Jg. 7, 1921, S. 402–412, Abb.

Ganz 1922/1
> Ganz, Hermann: Neues von Hans Fries, in: Neue Zürcher Zeitung, 10. 7. 1922, Feuilleton S. 1/2.

Ganz 1922/2
> Ganz, Hermann: Über die geistige Eigenart des Hans Fries, in: Das Werk, 1922, S. 214–222.

Ganz 1924
> Ganz, Paul: Malerei der Frührenaissance in der Schweiz, Zürich 1924.

Ganz 1950
> Ganz, Paul Leonhard: Die Malerei des Mittelalters und des 16. Jahrhunderts in der Schweiz, Basel 1950.

Ganz 1952
> Ganz, Paul Leonhard: Der Marienaltar von Hans Fries. Ein Rekonstruktionsversuch, in: Zeitschrift für schweizerische Archäologie und Kunstgeschichte, Bd. 13, 1952, S. 103–111.

Ganz 1960
> Ganz, Paul: Geschichte der Kunst in der Schweiz, von den Anfängen bis zur Mitte des 17. Jahrhunderts (durchgesehen und ergänzt von Paul Leonhard Ganz), Basel/Stuttgart 1960.

Geelhaar 1992
> Geelhaar, Christian: Kunstmuseum Basel. Die Geschichte der Gemäldesammlung und eine Auswahl von 250 Meisterwerken, Zürich/Basel 1992.

Geldner 1968
> Geldner, Ferdinand: Die deutschen Inkunabeldrucker. Ein Handbuch der deutschen Buchdrucker des 15. Jahrhunderts nach Druckorten. Bd. 1: Das deutsche Sprachgebiet, Stuttgart 1968.

Geldner 1970
> Geldner, Ferdinand: Die deutschen Inkunabeldrucker. Ein Handbuch der deutschen Buchdrucker des 15. Jahrhunderts nach Druckorten. Bd. 2: Die fremden Sprachgebiete, Stuttgart 1970.

Genf 1896/1
> Exposition nationale suisse, Genève 1896. Catalogue de l'art ancien. Groupe 25, Genf 1896.

Genf 1896/2
> L'art ancien à l'exposition nationale suisse. Album illustré servant de supplément au catalogue du groupe 25, publié par le Comité du groupe 25, Genf 1896.

Genf 1943
> L'art suisse des origines à nos jours, Katalog der Ausstellung im Musée d'Art et d'Histoire, hg. von Waldemar Deonna, Genf 1943.

Genf 1991
> Stalles de la Savoie médiévale, Katalog der Ausstellung im Musée d'Art et d'histoire, Genf 1991.

Germanisches Nationalmuseum Nürnberg 1882
> Katalog der im germanischen Museum befindlichen Gemälde, Nürnberg 1882.

Germanisches Nationalmuseum Nürnberg 1885
> Katalog der im germanischen Museum befindlichen Gemälde, Nürnberg 1885.

Germanisches Nationalmuseum Nürnberg 1893
> Katalog der im germanischen Museum befindlichen Gemälde, Nürnberg 1893.

Germanisches Nationalmuseum Nürnberg 1909
> Katalog der Gemäldesammlung des Germanischen Nationalmuseums in Nürnberg, bearbeitet von Heinz Braune, Nürnberg 1909.

Germanisches Nationalmuseum Nürnberg 1937
> Kataloge des Germanischen Nationalmuseums zu Nürnberg. Die Gemälde des 13. bis 16. Jahrhunderts, bearbeitet von Eberhard Lutze und Eberhard Wiegand. Beschreibender Text und Abbildungsband, Leipzig 1937.

Germanisches Nationalmuseum Nürnberg 1997
> Germanisches Nationalmuseum Nürnberg. Die Gemälde des 16. Jahrhunderts, bearbeitet von Kurt Löcher, Stuttgart 1997.

Gisler 1931
> Gisler, Friedrich: Die Pfarrherren von Altdorf. Historisch-biographische Notizen, Sonderausgabe Urner Wochenblatt, Altdorf 1931.

Glaser 1923
> Glaser, Curt: Gotische Holzschnitte, Berlin 1923.

Göttler/Jezler 1990
> Göttler, Christine, und Peter Jezler: Doktor Thüring Frickers «Geistermesse». Die Seelgerätskomposition eines spätmittelalterlichen Juristen, in: Materielle Kultur und religiöse Stiftung im Spätmittelalter. Internationales Round-Table-Gespräch, Krems an der Donau, 26. September 1988, Wien 1990.

Grüneisen 1837
> Grüneisen, Carl: Niclaus Manuel, Leben und Werke eines Malers und Dichters, Kriegers, Staatsmannes und Reformators im sechszehnten Jahrhundert, Stuttgart/Tübingen 1837.

Grupp 1917
> Grupp, Georg: Fürst Ludwig von Oettingen-Wallerstein als Museumsgründer, in: Jahrbuch. Historischer Verein für Nördlingen und Umgebung, Jg. 6, 1917, S. 71–109.

Guenne 1937
> Guenne, Jacques: L'art en Suisse, in: L'Art vivant, Nr. 212, Juli 1937, S. 175–185.

Guillot de Suduiraut 1995
> Guillot de Suduiraut, Sophie: Deux fragments réunis d'un Mont des Oliviers de l'Atelier de Hans Geiler, in: Revue du Louvre, Jg. 43, 1995, S. 28–41.

Guillot de Suduiraut 1996
> Guillot de Suduiraut, Sophie: Sculptures fribourgeoises en Franche-Comté, in: Zeitschrift für schweizerische Archäologie und Kunstgeschichte, Bd. 53, 1996, S. 29–46.

Guisolan-Dreyer 1997
> Guisolan-Dreyer, Colette: Tür mit Grisaillemalerei aus dem Haus Englisberg in Freiburg (um 1519), in: Blätter des Museums für Kunst und Geschichte Freiburg, 1997/5.

Gutscher 1998
> Gutscher, Charlotte: Heinrich Büchler, in: Biografisches Lexikon der Schweizer Kunst, hg. vom Schweizerischen Institut für Kunstwissenschaft, Zürich und Lausanne, Zürich 1998, Bd. 1, S. 170/171.

Gutscher/Sladeczek 1999
> Gutscher, Charlotte, und Franz-Josef Sladeczek: «bi unns und in unnser statt beliben». Künstler in Bern – Berner Künstler? Zum künstlerischen Austauch im spätmittelalterlichen Bern, in: Berns grosse Zeit. Das 15. Jahrhundert neu entdeckt, hg. von Ellen J. Beer, Norberto Gramaccini, Charlotte Gutscher-Schmid, Rainer C. Schwinges, Bern 1999, S. 410–421.

Gutscher/Villiger 1999
> Gutscher, Charlotte, und Verena Villiger: Im Zeichen der Nelke. Der Hochaltar der Franziskanerkirche in Freiburg i. Ü., Bern 1999.

Gyger 1998
> Gyger, Patrick J.: L'épée et la corde. Criminalité et justice à Fribourg (1475–1505), Lausanne 1998.

Haendcke 1890
> Haendcke, Berthold: Hans Fries, in: Jahrbuch der preussischen Kunstsammlungen, Bd. 11, 1890, S. 168–182.

Haendcke 1893
> Haendcke, Berthold: Die schweizerische Malerei im 16. Jahrhundert diesseits der Alpen, Aarau 1893.

Hahn-Woernle 1972
> Hahn-Woernle, Birgit: Christophorus in der Schweiz, Basel 1972.

Hahnloser 1950
> Hahnloser, Hans-Robert: Chorfenster und Altäre des Berner Münsters, Bern 1950.

Haller 1902
> Haller, Berchtold: Bern in seinen Ratsmanualen, Bd. 3, Bern 1902.

Hamburger Kunsthalle 1956
> Hamburger Kunsthalle. Katalog der alten Meister der Kunsthalle Hamburg, 4. Auflage, bearbeitet von Diedrich Roskamp, Hamburg 1956.

Hamburger Kunsthalle 1966
> Hamburger Kunsthalle. Katalog der alten Meister der Kunsthalle Hamburg, 5. Auflage, Hamburg 1966.

Hammerstein 1990
> Hammerstein, Reinhold: Die Musik der Engel. Untersuchungen zur Musikanschauung des Mittelalters, 2., durchgesehene Aufl., Bern 1990.

Handbuch der Schweizer Geschichte 1972
> Handbuch der Schweizer Geschichte, Bd. 1, Zürich 1972.

Harbison 1976
> Harbison, Craig: The Last Judgement in Sixteenth Century Northern Europe. A Study of the Relation between Art and the Reformation, New York/London 1976.

Hartford 1948
> The Life of Christ. Katalog der Ausstellung im Wadsworth Atheneum Museum of Art, Hartford 1948.

Hasler 1996
> Hasler, Rolf: Die Scheibenriss-Sammlung Wyss. Depositum der Schweizerischen Eidgenossenschaft im Bernischen Historischen Museum. Katalog, Bd. 1, Bern 1996.

HBLS
> Historisch-Biographisches Lexikon der Schweiz, 8 Bde. und Suppl., Neuenburg 1921–1934.

Helvetia Sacra 1977
Helvetia Sacra, Bd. II/2: Die weltlichen Kollegiatstifte der deutsch- und französischsprachigen Schweiz, bearb. von Klemens Arnold [u. a.], red. von Guy P. Marchal, Bern 1977.

Helvetia Sacra 1978
Helvetia Sacra, Bd. V/I: Die Franziskaner, die Klarissen und die regulierten Franziskaner-Terziarinnen in der Schweiz, bearb. von Klemens Arnold [u. a.]. Die Minimen in der Schweiz, bearb. von Hugo Vonlanthen, red. von Brigitte Degler-Spengler, Bern 1978.

Helvetia Sacra 1995
Helvetia Sacra, Bd. IX/2: Die Beginen und Begarden in der Schweiz, bearb. von Hansjakob Achermann [u. a.], red. von Cécile Sommer-Ramer, Basel/Frankfurt a. M. 1995.

Helvetia Sacra 1999
Helvetia Sacra, Bd. IV/5: Die Dominikaner und Dominikanerinnen in der Schweiz, bearb. von Urs Amacher [u. a.], red. von Petra Zimmer, unter Mitarbeit von Brigitte Degler-Spengler, Basel 1999.

Heydenreich 1998
Heydenreich, Gunnar: Herstellung, Grundierung und Rahmung der Holzbildträger in den Werkstätten Lucas Cranachs d. Ä., in: Unsichtbare Meisterzeichnungen auf dem Malgrund. Cranach und seine Zeitgenossen, hg. von Ingo Sandner, Regensburg 1998, S. 181–200.

Heyer 1969
Heyer, Hans-Rudolf: Die Kunstdenkmäler des Kantons Basel-Landschaft. Bd. 1: Der Bezirk Arlesheim (Vorarbeiten von Ernst Stockmeyer), Basel 1969.

Hilber/Schmid 1943
Hilber, Paul, und Alfred Schmid: Niklaus von Flüe im Bilde der Jahrhunderte, Zürich 1943.

Himmelsbach 1999
Himmelsbach, Gerrit: Die Renaissance des Krieges: Kriegsmonographien und das Bild des Krieges in der spätmittelalterlichen Chronistik am Beispiel der Burgunderkriege, Zürich 1999 (Diss. Würzburg 1996/97).

His-Heusler 1864
His-Heusler, Eduard: Hans Frieß. Ein Schweizermaler vom Ende des 15. und Beginn des 16. Jahrhunderts. Vortrag an den bernischen Kantonal-Kunstverein, gehalten an der Hauptversammlung vom 8. Dezember 1863, Bern 1864, S. 51–61.

His-Heusler 1869
His-Heusler, Eduard: Hans Fries, ein Schweizer Maler vom Ende des 15. und Anfang des 16. Jahrhunderts, in: Zahns Jahrbücher für Kunstwissenschaft, II, 1869, S. 51–59, 241–243.

His-Heusler 1878
His-Heusler, Eduard: Hans Fries, in: Allgemeine Deutsche Biographie, Bd. 8, Leipzig 1878, S. 73.

Hlobil 1976
Hlobil, Ivo: Nejstarší olomoucké knižní dřevořezy, in: Umění XXIV, 1976, Heft 4, S. 327–353.

Hlobil 1982
Hlobil, Ivo: Státnicko-politický význam středověkých vyobrazení zázraků sv. Václava na císařském dvoře, in: Mezinárodní vědecká konference doba Karla IV. v dějinách národů ČSSR, Univerzita Karlova, 29. 11.–1. 12. 1978, Prag 1982, S. 53–70.

Hlobil 1998
Hlobil, Ivo: Les gravures sur bois de « Saint Venceslas accompagné de deux anges » et le combat de l'Eglise contre la réforme tchèque en Moravie vers l'an 1500, in: L'art gothique tardif en Bohême, Moravie et Silésie 1400–1550, Katalog der Ausstellung in der Chapelle Charles Quint in Brüssel, Brüssel 1998.

Hlobil/Petrů 1999
Hlobil, Ivo und Eduard Petrů: Humanism and the Early Renaissance in Moravia, Olmütz 1999.

HLS
Historisches Lexikon der Schweiz. Elektronische Publikation (www.snl.ch/dns).

Hofer 1947
Hofer, Paul: Die Kunstdenkmäler des Kantons Bern. Bd. 3: Die Staatsbauten der Stadt Bern, Basel 1947.

Hofer/Mojon 1969
Hofer, Paul, und Luc Mojon: Die Kunstdenkmäler des Kantons Bern. Bd. 5: Die Kirchen der Stadt Bern, Basel 1969.

Hoffmann 1982
Hoffmann, Paul: Die bildlichen Darstellungen des Kurfürstenkollegiums von den Anfängen bis zum Ende des Hl. Römischen Reiches (13.–18. Jahrhundert), Bonn 1982.

Hudry 1954
Hudry, Marius (Abbé): Notre Dame de la Vie, [o. O.] 1954.

Hütt 1973
Hütt, Wolfgang: Deutsche Malerei und Graphik der frühbürgerlichen Revolution, Leipzig 1973.

Hugelshofer 1928
Hugelshofer, Walter: Schweizer Handzeichnungen des 15. und 16. Jahrhunderts, Freiburg i. Br. 1928.

Hugelshofer 1932
Hugelshofer, Walter: Die altdeutschen Gemälde in den französischen Museen (Fortsetzung und Ende), Belvedere, Jg. 11, 1932, Heft 2, S. 53–57.

Huggler 1942
Huggler, Max: Fünfzig Jahre Gottfried-Keller-Stiftung, in: Zeitschrift für schweizerische Archäologie und Kunstgeschichte, Bd. 4, 1942, S. 163–177.

Huggler 1972
Huggler, Max: Der Johannes-Altar des Niklaus Manuel, in: Festschrift Arnold Geering zum 70. Geburtstag, hg. von Victor Ravizza, Bern/Stuttgart 1972, S. 167–184.

Hundsbichler 1992
Hundsbichler, Helmut: Im Zeichen der «verkehrten Welt», in: Symbole des Alltags – Alltag der Symbole. Festschrift für Harry Kühnel zum 65. Geburtstag, hg. von Gertrud Blaschitz u.a., Graz 1992.

Huth 1967
Huth, Hans: Künstler und Werkstatt der Spätgotik, Darmstadt 1967.

Imhoff 1985
Imhoff, Christoph von: Die Fassung des Blonay-Altares im Dominikanerinnenkloster in Estavayer-le-Lac. Ein Katalog, in: Bericht der Gottfried-Keller-Stiftung 1981–1984, Bern 1985, S. 58–87.

Innsbruck 1992
Hispania – Austria. Die Katholischen Könige. Maximilian I. und die Anfänge der Casa de Austria in Spanien (Kunst um 1492), Katalog der Ausstellung in Schloss Ambras, Innsbruck, Mailand 1992.

Jaccard 1992
Jaccard, Paul-André: Skulptur. Ars Helvetica, Bd. 7, Disentis 1992.

Jacob 1994
Jacob, Robert: Images de la justice : essai sur l'iconographie judiciaire du Moyen Age à l'âge classique, Paris 1994.

Jacob-Friesen 1995
Jacob-Friesen, Holger: 1595: «Des Rechtsgelährten Fäschen berühmte Kunstkammer». Der Sammler Remigius Faesch (1595–1667), in: Basler Stadtbuch 1995, Ausgabe 1996, 116. Jahr, S. 42–45.

Jahresbericht 1896
Schweizerisches Landesmuseum in Zürich. Fünfter Jahresbericht 1896. Dem Departement des Innern der Schweizerischen Eidgenossenschaft erstattet von Direktor Heinrich Angst, Zürich 1897.

Jahresbericht 1933
Jahresbericht der Zürcher Kunstgesellschaft, 1933.

Janitschek 1890
Janitschek, Hubert: Geschichte der deutschen Malerei, Berlin 1890.

Kapossy 1969
Kapossy, Balázs: Münzen und Medaillen aus dem Bernischen Historischen Museum, mit Beiträgen von Hans U. Geiger und Hans A. Stettler, Bern 1969.

Katzenellenbogen 1949
Katzenellenbogen, Adolf: The Separation of the Apostles, in: Gazette des Beaux-Arts 6, New York/Paris 1949, S. 81–98.

Kehrer 1904
Kehrer, Hugo: Die «Heiligen Drei Könige» in der Legende und in der deutschen bildenden Kunst bis Albrecht Dürer, Strassburg 1904.

Keller 1975
Keller, Hiltgard L.: Reclams Lexikon der Heiligen und der biblischen Gestalten, 3., erweiterte Auflage, Stuttgart 1975.

Kelterborn-Haemmerli 1927
Kelterborn-Haemmerli, Anna: Die Kunst des Hans Fries. Mit Lebenslauf des Malers Hans Fries von Dr. Albert Büchi (Studien zur deutschen Kunstgeschichte, Heft 245), Strassburg 1927.

Kemp 1997
Kemp, Cornelia: Fliege, in: Reallexikon zur deutschen Kunstgeschichte, hg. vom Zentralinstitut für Kunstgeschichte München, Lieferung 106 (zu Bd. 9), München 1997, Sp. 1196–1221.

King 1979
King, Norbert: Mittelalterliche Dreikönigsspiele. Eine Grundlagenarbeit zu den lateinischen, deutschen und französischen Dreikönigsspielen und -spielszenen bis zum Ende des 16. Jahrhunderts, Freiburg i. Ü. 1979.

Kleinschmidt 1911
Kleinschmidt, Beda: St. Franziskus von Assisi in Kunst und Legende, Mönchengladbach 1911.

Kleinschmidt 1930
Kleinschmidt, Beda: Die heilige Anna. Ihre Verehrung in Geschichte, Kunst und Volkstum, Düsseldorf 1930.

Kleinschmidt 1931
Kleinschmidt, Beda: Antonius von Padua in Leben, Kult und Volkstum, Düsseldorf 1931.

Klemm 1992
Klemm, Christian: Musée des beaux-arts Zurich, Zürich/Genf 1992.

Kletzl 1931/1932
Kletzl, Otto: Der hl. Wenzel im Spiegel deutscher Kunst, in: Die Christliche Kunst, Jg. 28, 1931/1932, S. 289–300.

Kluge 1995
Kluge, Friedrich: Etymologisches Wörterbuch der deutschen Sprache, bearbeitet von Elmar Seebold, 23., erweiterte Ausgabe, Berlin/New York 1995.

Koepplin 1988
Koepplin, Dieter: Kommet her zu mir alle. Das tröstliche Bild des Gekreuzigten nach dem Verständnis Luthers, in: Martin Luther und die Reformation in Deutschland. Vorträge zur Ausstellung im Germanischen Nationalmuseum Nürnberg 1983, hg. von Kurt Löcher (Wissenschaftliche Beibände zum Anzeiger des Germanischen Nationalmuseums, Bd. 8), Nürnberg 1988, S. 75–96.

Köln 1978
Die Parler und der Schöne Stil 1350–1400. Europäische Kunst unter den Luxemburgern. Katalog der Ausstellung im Schnütgen-Museum Köln, Bd. 2, Köln 1978.

Koelner 1948
Koelner, Paul: Aus der Geschichte der Himmelzunft. Geschichtliche Einführung und Verzeichnis der Maler seit 1358 von C(arl) W(alter) Brenner. Verzeichnis der Zunftbrüder 1948 (Juli), (Basel 1948).

Konrad 1998
Konrad, Bernd: Beobachtungen an Unterzeichnungen süddeutscher und schweizerischer Meister der Cranach-Zeit, in: Unsichtbare Meisterzeichnungen auf dem Malgrund. Cranach und seine Zeitgenossen, hg. von Ingo Sandner, Regensburg 1998, S. 241–260.

Koreny 1999
Koreny, Fritz: Michael Pacher als Zeichner, in: Michael Pacher und sein Kreis. Ein Tiroler Künstler der europäischen Spätgotik, Akten des Symposiums in Bruneck, 24.–26. 9. 1998, Bozen/Lana 1998, S. 56–67.

Krohm/Oellermann 1992
Krohm, Hartmut, und Eike Oellermann (Hg.): Flügelaltäre des späten Mittelalters, Berlin 1992.

Krüger 1996
Krüger, Peter: Dürers «Apokalypse». Zur poetischen Struktur einer Bild-Erzählung der Renaissance, Wiesbaden 1996.

Kühn 1977
Kühn, Hermann: Farbmaterial und technischer Aufbau der Gemälde von Niklaus Manuel, in: Restauro, Jg. 83, 1977, S. 155–171.

Kuenlin 1835
Kuenlin, Franz: Beitrag zur Statistik der Klöster des Kantons Freiburg, Sursee 1835.

Kugler 1847
Kugler, Franz: Handbuch der Geschichte der Malerei seit Constantin dem Grossen, 2. Auflage, Bd. 2, bearbeitet von Jacob Burckhardt, Berlin 1847.

Kugler 1867
Kugler, Franz: Handbuch der Geschichte der Malerei seit Constantin dem Grossen, 3. Auflage, Bd. 2, neu bearbeitet und vermehrt von Hugo Freiherrn von Blomberg, Leipzig 1867.

Kunst in der Schweiz 1940
Kunst in der Schweiz. L'art en Suisse. Arte in Isvizzera, Zürich 1940.

Kunsthaus Zürich 1968
Kunsthaus Zürich. Aus der Sammlung, Zürich 1968.

Kunsthaus Zürich 1976
Kunsthaus Zürich, Sammlung. 235 Werke aus der Sammlung Kunsthaus Zürich, Zürich 1976.

Kunstmuseum Bern 1977
Kunstmuseum Bern. Gemälde des 15. und 16. Jahrhunderts ohne Italien, bearbeitet von Hugo Wagner, Bern 1977.

Kunstmuseum Bern 1983
Kunstmuseum Bern. Die Gemälde, Bern 1983.

Kunstmuseum Bern 1999
Sandor Kuthy (Hg.): Niclaus Manuel im Kunstmuseum Bern (Schriftenreihe Kunstmuseum Bern, Nr. 2), Bern 1999.

Kunstwissenschaft 1976
Kunstwissenschaft an Schweizer Hochschulen, Bd. 1: Die Lehrstühle der Universitäten in Basel, Bern, Freiburg und Zürich von den Anfängen bis 1940 (Beiträge zur Geschichte der Kunstwissenschaft in der Schweiz 3), Schweizerisches Institut für Kunstwissenschaft, Jahrbuch 1972/73, Zürich 1976.

Kurmann 1998
Kurmann, Peter: L'iconographie et le style du Jugement dernier de Fribourg, in: Patrimoine fribourgeois 9, 1998, S. 25–37.

Kurmann 1999
Kurmann, Peter: «Maria! Hilf dir selber zu dinem Buwe.» Das Berner Münster, seine Baugeschichte und seine Ausstattung, eine Darstellung mit zwei Rundgängen, in: Berns grosse Zeit. Das 15. Jahrhundert neu entdeckt, hg. von Ellen J. Beer, Norberto Gramaccini, Charlotte Gutscher-Schmid, Rainer C. Schwinges, Bern 1999, S. 421–444.

Kurmann/Kurmann-Schwarz 1985
Kurmann, Peter, Brigitte Kurmann-Schwarz, Heinrich Fischer, Markus Hilbich: St. Martin zu Landshut, Landshut 1985.

Kurmann/Lutz 1996
Kurmann, Peter, und Eckart Conrad Lutz: Marienkrönungen in Wort und Bild, in: Timothy R. Jackson, Nigel F. Palmer, Almut Suerbaum (Hg.): Die Vermittlung geistlicher Inhalte im deutschen Mittelalter, Tübingen 1996, S. 23–54.

Kurmann-Schwarz 1998
Kurmann-Schwarz, Brigitte: Die Glasmalereien des 15. bis 18. Jahrhunderts im Berner Münster, Bern 1998.

Labò 1953
Labò, Mario: Esposizioni in Svizzera, in: Emporium 118, 1953, S. 260–263.

Ladner 1981
Ladner, Pascal: Politische Geschichte und Verfassungsentwicklung Freiburgs bis zum Ausgang des Mittelalters, in: Geschichte des Kantons Freiburg, Bd. 1, Freiburg 1981, S. 167–265.

Landolt 1972
Landolt, Hanspeter: 100 Meisterzeichnungen des 15. und 16. Jahrhunderts aus dem Basler Kupferstichkabinett, hg. vom Schweizerischen Bankverein, Basel 1972.

Landolt 1990
Landolt, Hanspeter: Gottfried-Keller-Stiftung. Sammeln für die Schweizer Museen 1890–1990, Bern 1990.

Lankheit 1973
Lankheit, Klaus: Eucharistie, in: Reallexikon zur deutschen Kunstgeschichte, hg. vom Zentralinstitut für Kunstgeschichte München, Bd. 6, München 1973, Sp. 154–254.

Lauper 2000
Lauper, Aloys: Un hôtel de ville lourd de sens, in: Patrimoine fribourgeois 12, 2000, S. 64–69.

Lausanne 1982
Trésors d'art religieux en Pays de Vaud. Catalogue de l'exposition du Musée historique de l'Ancien-Evêché, Lausanne 1982.

LCI 1968
Lexikon der christlichen Ikonographie, hg. von Engelbert Kirschbaum, Bd. 1: Allgemeine Ikonographie, Rom/Freiburg i. Br./Basel/Wien 1968.

LCI 1970
Lexikon der christlichen Ikonographie, hg. von Engelbert Kirschbaum, Bd. 2: Allgemeine Ikonographie, Rom/Freiburg i. Br./Basel/Wien 1970.

LCI 1971
Lexikon der christlichen Ikonographie, hg. von Engelbert Kirschbaum, Bd. 3: Allgemeine Ikonographie, Rom/Freiburg i. Br./Basel/Wien 1971.

LCI 1972
Lexikon der christlichen Ikonographie, hg. von Engelbert Kirschbaum, Bd. 4: Allgemeine Ikonographie, Rom/Freiburg i. Br./Basel/Wien 1972.

LCI 1973
Lexikon der christlichen Ikonographie, hg. von Engelbert Kirschbaum, Bd. 5: Ikonographie der Heiligen, Rom/Freiburg i. Br./Basel/Wien 1973.

LCI 1974/1
Lexikon der christlichen Ikonographie, hg. von Engelbert Kirschbaum, Bd. 6: Ikonographie der Heiligen, Rom/Freiburg i. Br./Basel/Wien 1974.

LCI 1974/2
Lexikon der christlichen Ikonographie, hg. von Engelbert Kirschbaum, Bd. 7: Ikonographie der Heiligen, Rom/Freiburg i. Br./Basel/Wien 1974.

LCI 1976
Lexikon der christlichen Ikonographie, hg. von Engelbert Kirschbaum, Bd. 8: Ikonographie der Heiligen, Rom/Freiburg i. Br./Basel/Wien 1976.

Lehmann 1900
Lehmann, Alfred: Das Bildnis bei den altdeutschen Meistern bis auf Dürer, Leipzig 1900.

Lehnherr 1974
Lehnherr, Yvonne: Musée d'art et d'histoire de Fribourg, Hôtel Ratzé, in: Guides de monuments suisses, publiés par la Société d'Histoire de l'art en Suisse, Basel 1974.

Lehrs 1910
Lehrs, Max: Meister E. S. (Geschichte und kritischer Katalog des deutschen, niederländischen und französischen Kupferstichs im 15. Jahrhundert, Bd. 2), Text- und Tafelband, Wien 1910.

Lehrs 1925
Lehrs, Max: Martin Schongauer. Katalog der Kupferstiche, Wien 1925.

Leisibach/King 1981
Leisibach, Josef, und Norbert King (Hg.): Der Bund der VIII Orte mit Freiburg und Solothurn 1481, Freiburg 1981.

Leitschuh 1913
Leitschuh, Franz Friedrich: Hans Fries als Zeichner, in: Monatshefte für Kunstwissenschaft, 1913, S. 469–475, Tafeln 111–114, Abb. 1–16.

Leitschuh 1914
Leitschuh, Franz Friedrich: Die Initialen und Federzeichnungen der Handschrift A, in: Peter von Molsheims Freiburger Chronik der Burgunderkriege, herausgegeben von Albert Büchi, Bern 1914, S. 288–337.

Leitschuh 1916
Leitschuh, Franz Friedrich: Hans Fries, in: Thieme, Ulrich, Felix Becker und Hans Vollmer (Hg.): Allgemeines Lexikon der bildenden Künstler von der Antike bis zur Gegenwart, Bd. 12, Leipzig 1916, S. 478–483.

Liber miraculorum
«Liber miraculorum» e altri testi medievali (Fonti agiografiche antoniane). Introduzione, testi critici, versione italiana a fronte a cura di Vergilio Gamboso, Padua 1997.

Lieb/Stange 1960
Lieb, Norbert, und Alfred Stange: Hans Holbein der Ältere, München/Berlin 1960.

Lipsius 1883
Lipsius, Richard Adelbert: Die apokryphen Apostelgeschichten und Apostellegenden. Ein Beitrag zur altchristlichen Literaturgeschichte, Bd. 1, Braunschweig 1883.

Loertscher 1957
Loertscher, Gottlieb: Die Kunstdenkmäler des Kantons Solothurn. Bd. 3: Die Bezirke Thal, Thierstein und Dorneck, Basel 1957.

London 2000
Grünewald and his Contemporaries. Paintings from the Kunstmuseum, Basel. Informationsblatt zur Ausstellung in der National Gallery (Susan Foister), London, London 2000.

Lotz 1863
Lotz, Wilhelm: Kunst-Topographie Deutschlands. Ein Haus- und Reise-Handbuch für Künstler, Gelehrte und Freunde unserer alten Kunst, Bd. 2: Süddeutschland, Kassel 1863.

Louvre 1937
Musée du Louvre. Inventaire général des dessins des écoles du nord. Ecoles allemande et suisse, par Louis Demonts, Bd. 1, Paris 1937.

LThK 1930–1938
Lexikon für Theologie und Kirche, 10 Bde., Freiburg im Breisgau 1930–1938.

LThK 1957–1965
Lexikon für Theologie und Kirche, 2. Auflage, 10 Bde. und ein Registerbd., Freiburg im Breisgau 1957–1965.

Lüthy 1968
Lüthy, Hans A.: Der hl. Johannes im Ölkessel, in: Die goldene Palette. Tausend Jahre Malerei in Deutschland, Österreich und der Schweiz, Stuttgart/Hamburg 1968, S. 176/177.

Lugt 1921/1956
Lugt, Frits: Les marques de collections de dessins et estampes, Amsterdam 1921, Supplement Den Haag 1956.

Luzern 1999
Eduard Gubler 1891–1971. Gemälde 1913–1925, herausgegeben von Doris Fässler und der Eduard, Ernst und Max Gubler-Stiftung, Luzern 1999.

Magnin 1928
Magnin, Adolphe: Pèlerinages fribourgeois, Freiburg 1928.

Mairinger 1998
Mairinger, Franz: Die infrarotreflektographische Untersuchung von Gemälden und die Erstellung von Bildmosaiken mittels des Programmpakets Ireïkon, in: Unsichtbare Meisterzeichnungen auf dem Malgrund. Cranach und seine Zeitgenossen, hg. von Ingo Sandner, Regensburg 1998, S. 28–43.

Major 1908
Major, Emil: Das Fäschische Museum und die Fäschischen Inventare, in: Öffentliche Kunst-Sammlung in Basel, 60. Jahresbericht, Neue Folge 4, Basel 1908, S. 1–69.

Mandach 1899
Mandach, Conrad von: Saint Antoine de Padoue et l'art italien, Paris 1899.

Mandach 1924
Mandach, Conrad von: L'exposition de l'art suisse au Musée du Jeu de Paume, in: Gazette des Beaux-Arts, Jg. 66, 1924/2, S. 125–144.

Mandach 1932–1945/1
Mandach, Conrad von: Hans Fries, «Christus unter dem Kreuze schmachtend», in: Bericht der Gottfried-Keller-Stiftung 1932–1945, Gemälde aus dem 16. Jahrhundert, S. 21–25.

Mandach 1932–1945/2
: Mandach, Conrad von: Hans Fries. Zwei doppelseitig bemalte Altarflügel, in: Bericht der Gottfried-Keller-Stiftung 1932–1945, Gemälde aus dem 16. Jahrhundert, S. 26–38.

Mandach 1935
: Mandach, Conrad von: Die Antoniustafel von Niklaus Manuel, in: Anzeiger für schweizerische Altertumskunde, N. F. Bd. 37, 1935, S. 1–28.

Mandach 1943
: Mandach, Conrad von: La Crucifixion de Nicolas Manuel dans l'Eglise Notre-Dame à Usson (Puy-de-Dôme), in: Zeitschrift für schweizerische Archäologie und Kunstgeschichte, Bd. 5, 1943, S. 211–217.

Marette 1961
: Marette, Jacqueline: Connaissance des primitifs par l'étude du bois, Paris 1961.

Mariacher 1959
: Mariacher, Giovanni: Alte deutsche und holländische Meister, die im Museo Correr zu Venedig restauriert wurden, in: Weltkunst, Jg. 29, 1959, Heft 24, S. 11–13.

Marti 1993
: Marti, Susan: Die Jungfrau, die Hure und die Kindstöterin, in: Unsere Kunstdenkmäler, Jg. 44, 1993, S. 333–342.

Marti/Mondini 1994
: Marti, Susan, und Daniela Mondini: «Ich manen dich der brüste min, das du dem sünder wellest milte sin!» Marienbrüste und Marienmilch im Heilsgeschehen, in: Himmel, Hölle, Fegefeuer. Das Jenseits im Mittelalter. Katalog der Ausstellung im Schweizerischen Landesmuseum, hg. von Peter Jezler, Zürich 1994, S. 79–90.

Martin 1997
: Martin, Frank: Die Glasmalereien von San Francesco in Assisi. Entstehung und Entwicklung einer Gattung in Italien, Regensburg 1997.

Masseron 1957
: Masseron, Alexandre: Saint Jean Baptiste dans l'art, Paris 1957.

Maurer 1954
: Maurer, Emil: Die Kunstdenkmäler des Kantons Aargau, Bd. 3: Das Kloster Königsfelden, Basel 1954.

Maurer 1959
: Maurer, Emil: Habsburgische und französische Anteile am Königsfelder Bildprogramm, in: Zeitschrift für schweizerische Archäologie und Kunstgeschichte, Bd. 19, 1959, S. 220–225.

Meiss 1936
: Meiss, Millard: The Madonna of Humility, in: The Art Bulletin, Bd. 18, 1936, S. 434–464.

Mende 1978
: Mende, Matthias: Hans Baldung Grien. Das Graphische Werk. Vollständiger Bildkatalog der Einzelholzschnitte, Buchillustrationen und Kupferstiche, Unterschneidheim 1978.

Metropolitan Museum New York 1913
: The Metropolitan Museum of Art. Catalogue of Romanesque, Gothic and Renaissance sculpture, New York 1913.

Meyer 2000
: Meyer, Werner: Basel im Spätmittelalter, in: Basel, Geschichte einer städtischen Gesellschaft, hg. von Georg Kreis und Beat von Wartburg, Basel 2000, S. 38–77.

Moeller 1996
: Moeller, Bernd: Niklaus Manuel Deutsch. Ein Maler als Bilderstürmer, in: Zwingliana 23 (1996), S. 83–104.

Mojon 1960
: Mojon, Luc: Die Kunstdenkmäler des Kantons Bern, Bd. 4, Basel 1960.

Monssen 1981
: Monssen, Leif Holm: Rex Gloriose Martyrum: A Contribution to Jesuit Iconography, in: The Art Bulletin, Bd. 63, 1981, S. 130–137.

Montaiglon 1861
: Montaiglon, Anatole de: Notice historique et bibliographique sur Jean Pèlerin, chanoine de Toul, et sur son livre «De artificiali perspectiva», Paris 1861 [Neudruck Paris 1978].

Morard 1987
: Morard, Nicolas: Une charité bien ordonnée: La Confrérie du Saint-Esprit à Fribourg à la fin du Moyen Age (XIVe–XVe siècles), in: Le mouvement confraternel au Moyen Age. Actes de la table ronde organisé par l'Université de Lausanne, hg. von Agostino Paravicini, Rom 1987, S. 275–296.

Moritzkapelle Nürnberg 1829
: Der königliche Bildersaal aus der alt-ober- und niederdeutschen Schule in der St.-Moritz-Kapelle zu Nürnberg, Nürnberg 1829.

Moritzkapelle Nürnberg 1832
: Der königliche Bildersaal aus der alt-ober- und niederdeutschen Schule in der St.-Moritz-Kapelle zu Nürnberg, Nürnberg 1832.

Moritzkapelle Nürnberg 1833
: Der königliche Bildersaal in der St.-Moritz-Kapelle zu Nürnberg, in Umrissen herausgegeben von Friedrich Wagner, Nürnberg 1833.

Moritzkapelle Nürnberg 1846
: Der königliche Bildersaal aus der alt-ober- und niederdeutschen Schule in der St.-Moritz-Kapelle zu Nürnberg, Nürnberg 1846.

Moritzkapelle Nürnberg 1879
: Katalog der K. Gemälde-Galerie in der St.-Moritz-Kapelle zu Nürnberg, München 1879.

Moritzkapelle Nürnberg 1880
: Katalog der K. Gemälde-Galerie in der St.-Moritz-Kapelle zu Nürnberg, bearbeitet von August von Reber, 2. Auflage München 1880.

Moullet 1943
: Moullet, Maurice: Notes historiques, n° 2: Le Retable de Hans Fries, in: Trois chefs-d'œuvre de l'art suisse à Fribourg, Zürich 1943, S. 13–14.

Müller/Singer 1895
: Allgemeines Künstler-Lexicon. Leben und Werke der berühmtesten bildenden Künstler, hg. von Hermann Alexander Müller und Hans Wolfgang Singer. 3., umgearbeitete und ergänzte Auflage, Bd. 1, Frankfurt a. M. 1895.

München 1960
: Eucharistia. Deutsche eucharistische Kunst, Katalog der offiziellen Ausstellung zum Eucharistischen Weltkongress, München 1960.

München 2000
: Rom in Augsburg. Die Basilikabilder aus dem Katharinenkloster, bearbeitet von Martin Schawe. Katalog der Ausstellung in den Bayerischen Staatsgemäldesammlungen München, München 2000.

Müntz 1869
: Müntz, Eugène: Les artistes alsaciens contemporains et les arts en Alsace (suite), in: Revue d'Alsace 1869, S. 251–287.

Musée cantonal 1882
: Catalogue du Musée cantonal de Fribourg, éd. par Louis Grangier, Freiburg 1882.

Musée d'Unterlinden 1990
: Catalogue général des peintures du Musée d'Unterlinden, hg. von Christian Heck und Esther Moench-Scherer, Colmar 1990.

Nagler 1858–1880
: Nagler, Georg Kaspar: Die Monogrammisten und diejenigen bekannten und unbekannten Künstler aller Schulen, welche sich zur Bezeichnung ihrer Werke eines figürlichen Zeichens, der Initialen des Namens, der Abbreviatur desselben etc., bedient haben, 5 Bde., München/Leipzig o. J. [1858–1880].

Neustift 1998
: Michael Pacher und sein Kreis. Ein Tiroler Künstler der europäischen Spätgotik 1898–1998. Katalog der Ausstellung im Augustiner-Chorherrenstift Neustift, Bozen/Lana 1998.

Niquille 1925
: Niquille, Jeanne: La confrérie du Saint-Esprit de Fribourg au XVe et au XVIe siècle, in: Zeitschrift für schweizerische Kirchengeschichte, Jg. 19, 1925, S. 190–205.

Niquille 1957
: Niquille, Jeanne: Les premières institutions sociales, in: Fribourg-Freiburg 1157–1481, Freiburg 1957, S. 230–259.

NT
: Neues Testament, in: Die Bibel. Vollständige Ausgabe des Alten und des Neuen Testaments in der Einheitsübersetzung, Stuttgart 1991.

NTL
: Novum testamentum latine, hg. von Kurt Aland und Barbara Aland, Stuttgart 1998.

Nürnberg 1983
: Martin Luther und die Reformation in Deutschland. Ausstellung zum 500. Geburtstag Martin Luthers. Katalog der Ausstellung im Germanischen Nationalmuseum Nürnberg, Frankfurt 1983.

Nürnberg 1986
: Nürnberg 1330–1550. Kunst der Gotik und Renaissance. Katalog der Ausstellung im Germanischen Nationalmuseum Nürnberg, München 1986.

Ochsenbein 1876
: Die Urkunden der Belagerung und Schlacht von Murten. Im Auftrag des Festcomités auf die vierte Säkularfeier am 22. Juni 1876 gesammelt von Gottlieb Friedrich Ochsenbein, Freiburg 1876.

Öffentliche Kunstsammlung Basel 1849
: Katalog der Öffentlichen Kunstsammlung der Stadt Basel, Basel 1849.

Öffentliche Kunstsammlung Basel 1850
: Katalog der Öffentlichen Kunstsammlung der Stadt Basel, Basel 1850.

Öffentliche Kunstsammlung Basel 1852
: Katalog der Öffentlichen Kunstsammlung der Stadt Basel, Basel 1852.

Öffentliche Kunstsammlung Basel 1862
: Katalog der Öffentlichen Kunstsammlung zu Basel, Basel 1862.

Öffentliche Kunstsammlung Basel 1866
: Catalogue de la galerie de tableaux et de dessins au Musée de Bâle, Basel 1866.

Öffentliche Kunstsammlung Basel 1868
: Katalog der Öffentlichen Kunstsammlung zu Basel, Basel 1868.

Öffentliche Kunstsammlung Basel 1966
: Öffentliche Kunstsammlung. Kunstmuseum Basel, Katalog. 1. Teil. Die Kunst bis 1800. Sämtliche ausgestellten Werke, Basel 1966.

Österreichische Galerie Wien 1971
: Katalog des Museums mittelalterlicher österreichischer Kunst. Unteres Belvedere, bearbeitet von Elfriede Baum, Wien 1971.

Old Master Drawings 1930
: Old Master Drawings. A quarterly Magazine for Students and Collectors, Bd. 4, London 1930 (Photomechanischer Nachdruck, New York 1970).

Omlin 1946
: Omlin, Ephrem: Das neuentdeckte älteste Bruder-Klausen-Bild und der Hochaltar von Sachseln aus dem Jahre 1492, in: Zeitschrift für schweizerische Archäologie und Kunstgeschichte, Bd. 8, 1946, S. 129–173.

Oppelt 1993
: Oppelt, Wolfgang: Der Henker. Bestallung und Stellung im öffentlichen Leben, in: Anzeiger des Germanischen Nationalmuseums und Berichte aus dem Forschungsinstitut für Realienkunde, 1993, S. 75–86.

Osten 1973
: Osten, Gert von der: Deutsche und niederländische Kunst der Reformationszeit, Köln 1973.

Pallmann 1908
: Pallmann, Heinrich: Die königliche graphische Sammlung zu München 1758–1908, München 1908.

Panofsky 1958
: Panofsky, Erwin: Early Netherlandish Painting. Its Origins and Character, 2 Bde., Cambridge (Mass.) 1958.

Panofsky 1964
: Panofsky, Erwin: Grabplastik. Vier Vorlesungen über ihren Bedeutungswandel von Alt-Ägypten bis Bernini, hg. von Horst W. Janson, Köln 1964.

Panofsky 1977
: Panofsky, Erwin: Das Leben und die Kunst Albrecht Dürers, 4. Auflage, München 1977.

Paris 1924
: Exposition de l'art suisse du XVe au XIXe siècle (de Holbein à Hodler). Katalog der Ausstellung im Musée du Jeu de Paume, Paris 1924.

Paris 1991/1
: Sculptures allemandes de la fin du Moyen Age dans les collections publiques françaises 1400–1530. Katalog der Ausstellung im Musée du Louvre, Paris 1991

Paris 1991/2
: Dessins de Dürer et de la Renaissance germanique dans les collections publiques parisiennes. Katalog der Ausstellung im Cabinet des Dessins, Musée du Louvre, Paris 1991.

Paris/Freiburg 1998
: Guillot de Suduiraut, Sophie: La Vierge à l'Enfant d'Issenheim. Un chef-d'œuvre bâlois de la fin du Moyen Age. Katalog der Ausstellung im Musée du Louvre, Paris, und im Museum für Kunst und Geschichte Freiburg, Paris 1998.

Parthey 1863
: Parthey, Gustav: Deutscher Bildersaal. Verzeichnis der in Deutschland vorhandenen Ölbilder verstorbener Maler aller Schulen, in alphabetischer Folge zusammengestellt, Bd. 1, Berlin 1863.

Patrimoine fribourgeois 1996
: La collégiale de Romont (numéro spécial), in: Patrimoine fribourgeois 6, 1996.

Pauli 1937
: Pauli, Gustav: Die Sammlung Wedells in Hamburg, in: Pantheon, Bd. 19, 1937, S. 132–138.

Pavone 1988
: Pavone, Mario Alberto: Iconologia francescana. Il Quattrocento, Todi 1988.

Périer-d'Ieteren 1985
: Périer-d'Ieteren, Catheline: Colyn de Coter et la technique picturale des peintres flamands du XVe siècle, Brüssel 1985.

Perucchi-Petri 1970
: Perucchi-Petri, Ursula: Christliche Kunst in Zürich, in: Limmattaler Tagblatt, 24.12.1970.

Peyer 1977
: Peyer, Hans Conrad: Wollgewerbe, Viehzucht, Solddienst und Bevölkerungsentwicklung in Stadt und Landschaft Freiburg i. Ü. vom 14. bis 16. Jh., in: Freiburger Geschichtsblätter, Jg. 61, 1977, S. 17–41.

Pfaff 1991
: Pfaff, Carl: Die Welt der Schweizer Bilderchroniken, Schwyz 1991.

Pfeiffer-Belli 1969
: Pfeiffer-Belli, Erich: Rundgang durch die Alte Pinakothek München, München 1969.

Pfister-Burkhalter 1961
: Pfister-Burkhalter, Margarete: Hans Fries, in: Neue Deutsche Biographie, Bd. 5, Berlin 1961, S. 607/608.

Pfulg 1985
: Pfulg, Gérard: Dominique Martinetti. Sculpteur fribourgeois originaire du Val Maggia, 1739–1808, in: Annales fribourgeoises, Bd. 56, S. 5–204.

Piccard 1961
: Piccard, Gerhard: Die Kronen-Wasserzeichen (Veröffentlichungen der Staatlichen Archivverwaltung Baden-Württemberg, Sonderreihe: Die Wasserzeichenkartei Piccard im Hauptstaatsarchiv Stuttgart, Findbuch 1), Stuttgart 1961.

Pinacoteca Lochis 1846
: La Pinacoteca e la Villa Lochis alla Crocetta di Mozzo presso Bergamo con notizie biografiche degli autori dei quadri, Bergamo 1846.

Pinacoteca Lochis 1858
: La Pinacoteca e la Villa Lochis alla Crocetta di Mozzo presso Bergamo con notizie biografiche degli autori dei quadri, seconda edizione, Bergamo 1858.

Plus 1937
: Plus, Raoul: Saint Jean-Baptiste dans l'art, Paris 1937.

Poensgen 1955
: Poensgen, Georg (Hg.): Der Windsheimer Zwölfbotenaltar von Tilman Riemenschneider im Kurpfälzischen Museum zu Heidelberg, München/Berlin 1955.

Poulle 2001
: Poulle, Emmanuel: L'astrarium de Giovanni Dondi, in: Pour la Science, Nr. 281, März 2001. Elektronische Publikation (www.pourlascience.com)

Protokoll 1933
: Eidgenössische Kommission der Gottfried-Keller-Stiftung. Protokoll der Kommissionssitzung vom 26., 27. und 28. September 1933 in Näfels und Stein am Rhein (Protokoll Nr. 152).

Protokoll 1940/1
: Eidgenössische Kommission der Gottfried-Keller-Stiftung. Protokoll der Kommissionssitzung vom 17. Januar 1940 im Kunstmuseum Bern (Protokoll Nr. 175).

Protokoll 1940/2
: Eidgenössische Kommission der Gottfried-Keller-Stiftung. Protokoll der Kommissionssitzung vom 16. Mai 1940 im Kunstmuseum Bern (Protokoll Nr. 176).

Protokoll 1940/3
: Eidgenössische Kommission der Gottfried-Keller-Stiftung. Protokoll der Kommissionssitzung vom 22. Oktober 1940 im Kunstmuseum Bern (Protokoll Nr. 177).

Protokoll 1940/4
: Eidgenössische Kommission der Gottfried-Keller-Stiftung. Protokoll der Kommissionssitzung vom 18. November 1940 in der Kunsthalle Basel (Protokoll Nr. 178).

Protokoll 1941/1
: Eidgenössische Kommission der Gottfried-Keller-Stiftung. Protokoll der Kommissionssitzung vom 16. Mai 1941 im Kunstmuseum Bern (Protokoll Nr. 179).

Protokoll 1941/2
: Eidgenössische Kommission der Gottfried-Keller-Stiftung. Protokoll der Kommissionssitzung vom 28./29. Oktober 1941 in Winterthur und Stein am Stein (Protokoll Nr. 180).

Protokoll 1942/1
: Eidgenössische Kommission der Gottfried-Keller-Stiftung. Protokoll der Kommissionssitzung vom 3. März 1942 im Schweizerischen Landesmuseum in Zürich (Protokoll Nr. 181).

Raab 1969
: Raab, Heribert: Johann Franz Anton von Olry und Karl Ludwig von Haller. Ein Beitrag zur Geschichte der Restauration, in: Festschrift für Max Spindler zum 75. Geburtstag, hg. von Dieter Albrecht, Andreas Kraus, Kurt Reindel, München 1969.

Rackham 1936
: Rackham, Bernhard: A guide to the collections of stained glass in the Victoria and Albert Museum, London 1936.

Raedlé 1873
: Raedlé, Nicolas: Notice sur l'autel sculpté de l'église des P.P. Cordeliers à Fribourg, in: Revue de la Suisse catholique, Jg. 5, 1873, Nr. 4, S. 239–242.

Raedlé 1877
: Raedlé, Nicolas: Nos artistes. I. Johannes Fries, premier peintre fribourgeois, in: Nouvelles Etrennes fribourgeoises 1877, S. 92–101.

Raedlé 1882/1883
: Raedlé, P. Nicolas: Le Couvent des RR. PP. Cordeliers. Notice historique (suite), in: Revue de la Suisse catholique, Jg. 14, 1882/1883, S. 166–177.

Raemy 1915
: Raemy, Tobie de: Le chancelier Techtermann, in: Archives de la société d'histoire du canton de Fribourg, Bd. 10, Freiburg 1915, S. 381–431.

Raemy 1935
: Raemy, Tobie de: L'émigration française dans le canton de Fribourg (1789–1798). Archives de la Société d'histoire du canton de Fribourg, Bd. 14, Freiburg 1935.

Raemy de Bertigny 1852
: Raemy de Bertigny, Héliodore: Chronique fribourgeoise du dix-septième siècle [Vulpius/Fuchs]. Publiée, traduite du latin, annotée et augmentée de précis historiques, Freiburg 1852.

Rahn 1876
: Rahn, Johann Rudolf: Geschichte der bildenden Künste in der Schweiz von den ältesten Zeiten bis zum Schlusse des Mittelalters, Zürich 1876.

Rahn 1882
: Rahn, Johann Rudolf: Ein Tafelgemälde von Hans Fries (?) in der Kirche von Cugy, in: Anzeiger für Schweizerische Alterthumskunde, 1882, S. 305–306.

Rahn 1883/1884
: Rahn, Johann Rudolf: Zur Statistik schweizerischer Kunstdenkmäler, V. Canton Freiburg, in: Anzeiger für schweizerische Alterthumskunde, 1883, S. 381–393, 416–426, 446–448, 469–475, 1884, S. 19–25.

Rave 1948
: Rave, Paul Ortwin: Bildnis, in: Reallexikon zur deutschen Kunstgeschichte, hg. vom Zentralinstitut für Kunstgeschichte München, Bd. 2, München 1948, Sp. 639–680.

Raymann 1993
: Raymann, P. Otho: «In der Grube unseres Staatsarchivs will ich arbeiten». Zum 100. Todestag des Franziskaners und Historikers P. Nikolaus Rädle am 17. Mai, in: Freiburger Nachrichten, Nr. 112, 15.5.1993.

Réau 1929
: Réau, Louis: Les primitifs de la collection Dard au Musée de Dijon, in: Gazette des Beaux-Arts, Jg. 71, 1929, II, S. 335–356.

Réau 1955
: Réau, Louis: Iconographie de l'art chrétien. T. 1: Introduction générale, Paris 1955.

Réau 1956
: Réau, Louis: Iconographie de l'art chrétien. T. 2: Iconographie de la Bible. 1: Ancien Testament, Paris 1956.

Réau 1957
: Réau, Louis: Iconographie de l'art chrétien. T. 2: Iconographie de la Bible. 2: Nouveau Testament, Paris 1957.

Réau 1958/1
: Réau, Louis: Iconographie de l'art chrétien. T. 3: Iconographie des saints. 1: A–F, Paris 1958.

Réau 1958/2
: Réau, Louis: Iconographie de l'art chrétien. T. 3: Iconographie des saints. 2: G–O, Paris 1958.

Réau 1959
: Réau, Louis: Iconographie de l'art chrétien. T. 3: Iconographie des saints. 3: P–Z, Paris 1959.

Reber/Bayersdorfer 1899
: Klassischer Bilderschatz, hg. von Franz von Reber und Adolph Bayersdorfer, Bd. 11, München 1899.

Reiners 1930
: Reiners, Heribert: Das malerische alte Freiburg/Schweiz, Augsburg 1930.

Reiners 1940
: Reiners, Heribert: Un ancien portrait du bienheureux Nicolas de Flüe, ignoré jusqu'ici et découvert à Fribourg, in: Annales fribourgeoises, Bd. 28, 1940, S. 167–181.

Reinle 1956
: Reinle, Adolf: Kunstgeschichte der Schweiz. Die Kunst der Renaissance, des Barock und des Klassizismus (Joseph Gantner, Adolf Reinle: Kunstgeschichte der Schweiz, Bd. 3), Frauenfeld 1956.

Repertorium 1891
: Repertorium für Kunstwissenschaft, Bd. XIV, 1891.

Roda 1995
: Roda, Hortensia von: Die Glasmalereien von Józef Mehoffer in der Kathedrale St. Nikolaus in Freiburg i. Ü., Bern 1995.

Roethlisberger 1975
: Deuchler, Florens, Marcel Roethlisberger, Hans Lüthy: La peinture suisse du moyen âge à l'aube du XXe siècle, Genf 1975.

Rott 1936
: Rott, Hans: Quellen und Forschungen zur südwestdeutschen und schweizerischen Kunstgeschichte im 15. und 16. Jahrhundert, III: Der Oberrhein, Bd. 2: Quellen Schweiz, Stuttgart 1936.

Rott 1938
: Rott, Hans: Quellen und Forschungen zur südwestdeutschen und schweizerischen Kunstgeschichte im 15. und 16. Jahrhundert. III: Der Oberrhein, Textband, Stuttgart 1938.

Rütsche 1943
: Rütsche, Franz: Der Antonius-Altar des Johannes Fries, in: Drei Schweizer Kunstwerke in Fryburg, Zürich 1943, S. 51–63.

Saint-Nicolas 1841
: Histoire nationale. L'église collégiale de Saint-Nicolas, in: L'Emulation 5, November 1841, S. 1–5.

Sandner 1998
: Sandner, Ingo: Zeichengeräte um 1500, in: Unsichtbare Meisterzeichnungen auf dem Malgrund. Cranach und seine Zeitgenossen, hg. von Ingo Sandner, Regensburg 1998, S. 51–60.

Sandrart 1675
: Joachim von Sandrarts Academie der Bau-, Bild- und Malerey-Künste von 1675, Leben der berühmten Maler, Bildhauer und Baumeister, hg. von A. R. Peltzer, München 1925.

Sattler 1913
: Sattler, Margarete: Freiburger Bildwerke des 16. Jahrhunderts, Diss. Zürich 1913.

Sauer 1920
: Sauer, Joseph: Die spätmittelalterlichen Kreuzigungsdarstellungen. Ein Beitrag zur Ikonographie des Kreuzigungsmotifs, in: Ehrengabe deutscher Wissenschaft, dargebracht von katholischen Gelehrten, hg. von Franz Fessler, Freiburg i. Br. 1920, S. 337–366.

Schäufelein 1990
: Schäufelein, Hans: Das druckgraphische Werk, bearbeitet von Karl Heinz Schreyl, 2 Bde., Nördlingen 1990.

Schaffhausen 1947
: Meisterwerke altdeutscher Malerei. Katalog der Ausstellung im Museum zu Allerheiligen, Schaffhausen 1947.

Scheidegger 1965
: Scheidegger, Alfred: Meisterwerke der Gottfried-Keller-Stiftung. Schweizer Kunst aus neun Jahrhunderten, Bern 1965.

Scherer 1863
: Scherer, Theodor: Aus dem Leben des Ritters von Olry, in: Historisch-politische Blätter für das katholische Deutschland, Bd. 52, 1863, Heft 7, S. 595–643.

Schiller 1968
: Schiller, Gertrud: Ikonographie der christlichen Kunst, Bd. 2: Die Passion Jesu Christi, Gütersloh 1968.

Schiller 1980
: Schiller, Gertrud: Ikonographie der christlichen Kunst, Bd. 4.2: Maria, Gütersloh 1980.

Schiller 1981
: Schiller, Gertrud: Ikonographie der christlichen Kunst, Bd. 1: Inkarnation, Kindheit, Taufe, Versuchung, Verklärung, Wirken und Wunder Christi, 3. Aufl., Gütersloh 1981.

Schlosser 1924
: Schlosser, Julius: Die Kunstliteratur. Ein Handbuch zur Quellenkunde der neueren Kunstgeschichte, Wien 1924 (Nachdruck 1985).

Schmid 1898
: Schmid, Heinrich A.: Die Zeichnungen des Hans Baldung gen. Grien von Gabriel von Térey, in: Repertorium für Kunstwissenschaft 21, 1898, S. 304–313.

Schmid 1981
: Schmid, Alfred A.: Malerei des Mittelalters und der Renaissance, in: Geschichte des Kantons Freiburg, Freiburg 1981, Bd. 1, S. 461–485.

Schmid 1992
: Schmid, Alfred A.: Die Franzikaner als Treuhänder eines reichen künstlerischen Erbes, in: Die Franziskanerkirche Freiburg Schweiz, Freiburg S. 19–35.

Schmid 1993
: Schmid, Alfred A.: Gericht und Gnade. Bemerkungen zu einigen Bildern von Hans Fries, in: Unsere Kunstdenkmäler, Jg. 44, 1993, S. 343–355.

Schmid 1995
: Schmid, Alfred A.: Le retable de Hans Fries en l'église des Cordeliers de Fribourg (1506), in: 1700. Mitteilungsblatt der Stadt Freiburg, Nr. 113, März 1995, S. 8/9.

Schmid 1998/1
: Schmid, Alfred A.: Hans Fries, in: Biografisches Lexikon der Schweizer Kunst, hg. vom Schweizerischen Institut für Kunstwissenschaft, Zürich und Lausanne, Zürich 1998, Bd. 1, S. 352/353.

Schmid 1998/2
: Schmid, Alfred A.: Neues zum Werk des Malers Johann Achert, in: Monumental. Festschrift für Michael Petzet, Arbeitshefte des Bayerischen Landesamtes für Denkmalpflege, 100, 1998, S. 614–620.

Schmidt 1884–1900
: Schmidt, Wilhelm (Hg.): Handzeichnungen alter Meister im Königlichen Kupferstich-Kabinett zu München, München o. J. [1884–1900].

Schmidt 1958
: Schmidt, Leopold: Ein altdeutsches Gesellschaftslied auf einem Wiener Bildnis von 1524, in: Jahrbuch des Österreichischen Volksliedwerkes, Bd. 7, Wien 1958, S. 16–21.

Schmidt/Cetto 1940
: Schmidt, Georg, und Annamaria Cetto: Schweizer Malerei und Zeichnung im 15. und 16. Jahrhundert, Basel 1940.

Schneider 1970
: Jenny Schneider: Glasgemälde. Katalog der Sammlung des Schweizerischen Landesmuseums Zürich, Bd. 1, Zürich o. J. [1970].

Schneider 1991
: Schneider, Jürg E.: Zürich um 1300. Die bauliche Entwicklung, in: edele frouwen – schoene man. Die Manessische Liederhandschrift. Katalog der Ausstellung im Schweizerischen Landesmuseum, hg. von Claudia Brinker und Dione Flühler-Kreis, Zürich 1991, S. 3–20.

Schnetzer 1979/80
: Schnetzer, Patrick: Das Eindringen des Deutschen in die Stadtkanzlei Freiburg (1470–1500), in: Freiburger Geschichtsblätter, Jg. 62, 1979/80, S. 85–135.

Schönbrunner/Meder 1896–1908
: Handzeichnungen alter Meister aus der Albertina und anderen Sammlungen, hg. von Joseph Schönbrunner und Joseph Meder, 12 Bde., Wien 1896–1908.

Schöpfer 1979
: Schöpfer, Hermann: Ein Freiburger Kathedralschatzinventar von 1661, in: Freiburger Geschichtsblätter, Jg. 62, 1979/80, S. 137–175.

Schöpfer 1981
: Schöpfer, Hermann: Bildhauerei des Mittelalters und der Renaissance, in: Geschichte des Kantons Freiburg, Band 1, Freiburg 1981, S. 421–459.

Schöpfer 1989
: Schöpfer, Hermann: Les monuments d'art et d'histoire du canton de Fribourg, Bd. 4, Basel 1989.

Schöpfer 1995
: Schöpfer, Hermann: Bemerkungen zu zwei Augsburger Silberreliefs aus den 1510er Jahren mit Szenen der Nikolausvita im Freiburger Münsterschatz, in: Des pierres et des hommes. Hommage à Marcel Grandjean, Bibliothèque historique vaudoise, Lausanne 1995, p. 217–234.

Schöpfer 2000
: Schöpfer, Hermann: Die Kunstdenkmäler des Kantons Freiburg, Bd. 5, Basel 2000.

Scholz 1994
: Scholz, Hartmut: Die mittelalterlichen Glasmalereien in Ulm, Berlin 1994.

Schramm 1924
: Schramm, Albert: Der Bilderschmuck der Frühdrucke, Bd. 8: Die Kölner Drucker, Leipzig 1924.

Schramm 1938
: Schramm, Albert: Der Bilderschmuck der Frühdrucke, Bd. 21: Die Drucker in Basel. 1. Teil, Leipzig 1938.

Schramm 1940
: Schramm, Albert: Der Bilderschmuck der Frühdrucke, Bd. 22: Die Drucker in Basel. 2. Teil, Leipzig 1940.

Schweizer Lexikon 1992
: Schweizer Lexikon 91, Bd. 2, Luzern 1992.

Schweizerisches Idiotikon 1881
: Schweizerisches Idiotikon. Wörterbuch der schweizerdeutschen Sprache, Bd. 1, Frauenfeld 1881.

Schweizerisches Landesmuseum Zürich 1948
: Das Schweizerische Landesmuseum 1898–1948. Kunst, Handwerk und Geschichte. Festbuch zum 50. Jahrestag der Eröffnung, Zürich 1948.

Schweizerisches Landesmuseum Zürich 1996
: Wüthrich, Lucas, und Mylène Ruoss (unter Mitarbeit von Klaus Deuchler): Katalog der Gemälde. Schweizerisches Landesmuseum Zürich, Zürich 1996.

Scotti 1995
: Scotti, Mario (Hg.): San Francesco. Gli scritti e la leggenda, Rom 1995.

Seitz 1911
: Seitz, Johann Karl: Regesten der Johanniter-Komturei Freiburg i. Ü., in: Freiburger Geschichtsblätter, Jg. 18, 1911, S. 1–114.

Sénancour 1853
: Sénancour, Etienne de: Souvenirs de voyage. Le canton de Fribourg, in: L'Emulation. Nouvelle revue fribourgeoise, Bd. 2, 1853, S. 202–209, 270–275.

Seybold 1994
: Seybold, Michael: Unbefleckte Empfängnis, in: Marienlexikon, hg. von Remigius Bäumer und Leo Scheffczyk, 6 Bde., St. Ottilien 1988–1994, Bd. 6, S. 519–525.

Smart 1983
: Smart, Alistair: The Assisi Problem and the Art of Giotto. A Study of the Legend of St. Francis in the Upper Church of San Francesco, Assisi, New York 1983.

Sonkes 1970
: Sonkes, Micheline: Le dessin sous-jacent chez les primitifs flamands, in: Bulletin de l'Institut royal du patrimoine artistique (Bruxelles), Bd. 12, 1970, S. 195–225.

Staatsgalerie Ottobeuren 1991
: An der Heiden, Rüdiger, und Gisela Goldberg: Staatsgalerie Ottobeuren, München/Zürich 1991.

Staatsgalerie Stuttgart 1992
: Alte Meister. Staatsgalerie Stuttgart, Stuttgart 1992.

Städelsches Kunstinstitut 1973
: Katalog der deutschen Zeichnungen. Alte Meister, Bd. 2, München 1973.

Stajessi 1895
: Stajessi, Charles: La bataille de Morat (22 juin 1476) (d'après la gravure en cuivre de Martin Martini de 1609), in: Fribourg artistique à travers les âges, 1895, Tafeln 21, 22.

Stammler 1899
: Stammler, Jakob: Die Wandmalereien im Sommer-Refektorium des ehemaligen Dominikaner-Klosters zu Bern (mit einem Gutachten von Johann Rudolf Rahn), in: Neues Berner Taschenbuch auf das Jahr 1900, Bern 1899, S. 145–222.

Stange 1965
: Stange, Alfred: Hans Fries, in: Kindlers Malerei-Lexikon, Bd. 2, Zürich 1965, S. 471–473.

Steck 1902
: Steck, Rudolf: Der Berner Jetzer-Prozess (1507–1509) in neuer Beleuchtung nebst Mitteilungen aus den noch ungedruckten Akten, Bern 1902.

Steck 1904
: Steck, Rudolf (Hg.): Die Akten des Jetzer-Prozesses nebst dem Defensorium (Quellen zur Schweizer Geschichte, hg. von der Allgemeinen Geschichtsforschenden Gesellschaft, Bd. 22), Basel 1904.

Sterling 1969
: Sterling, Charles: Etudes savoyardes I: au temps du duc Amédée, in: L'Œil, 1969, Nr. 178, S. 2–13.

Sterling 1971
: Sterling, Charles: Etudes savoyardes I, supplément, in: L'Œil, 1971, Nr. 195–196, S. 14–19, 36.

Sterling 1983
Sterling, Charles: Engerrand Quarton. Le peintre de la Pietà d'Avignon, Paris 1983.

Sterling 1990
Sterling, Charles: La peinture médiévale à Paris 1300–1500, Bd. 2, Paris 1990.

Stiassny 1897/1898
Stiassny, Robert: Baldung Griens Zeichnungen, in: Zeitschrift für bildende Kunst, 9, 1897/1898, S. 49–61.

Straub 1984
Straub, Rolf E.: Tafel- und Tüchleinmalerei des Mittelalters, in: Reclams Handbuch der künstlerischen Techniken, Bd. 1: Farbmittel, Buchmalerei, Tafel- und Leinwandmalerei, Stuttgart 1984, S. 125–259.

Strauss 1980
Strauss, Walter L.: Albrecht Dürer. Woodcuts and Wood Blocks, New York 1980.

Strub 1956/1
Strub, Marcel: Les monuments d'art et d'histoire du canton de Fribourg, Bd. 2, Basel 1956.

Strub 1956/2
Strub, Marcel: La sculpture fribourgeoise du XVIe siècle (1500–1563), in: Annales fribourgeoises, Bd. 42, 1956, S. 74–93.

Strub 1958/1
Strub, Marcel: L'œuvre du sculpteur Hans Roditzer, in: Annales fribourgeoises, Bd. 43, 1958, S. 111–126 (mit Abbildungen).

Strub 1958/2
Strub, Marcel: Un retable de Hans Fries retrouve une partie de sa sculpture, in: La Liberté, 31. 10. und 2. 11. 1958.

Strub 1959
Strub, Marcel: Les monuments d'art et d'histoire du canton de Fribourg, Bd. 3, Basel 1959.

Strub 1960
Strub, Marcel: L'œuvre du sculpteur Martin Gramp, in: Annales fribourgeoises, Bd. 44, 1960, S. 63–89.

Strub 1962
Strub, Marcel: Deux maîtres de la sculpture suisse du XVIe siècle : Hans Geiler et Hans Gieng, Fribourg 1962.

Strub 1964
Strub, Marcel: Les monuments d'art et d'histoire du canton de Fribourg, Bd. 1, Basel 1964.

Strub 1966
Strub, Marcel: Malerisches Freiburg. Fotografien von Benedikt Rast, Freiburg/Schweiz 1966.

Strub 1968/1
Strub, Marcel: Im Museum für Kunst und Geschichte. Ein Bruder-Klausen-Bildnis, in: Freiburger Nachrichten, 26. 3. 1968.

Strub 1968/2
Strub, Marcel: Un portrait de Nicolas de Flue, in: La Liberté, 30./31. 3. 1968.

Strub 1969
Strub, Marcel: La collaboration du peintre fribourgeois Hans Fries et du sculpteur Martin Gramp, de Lindau, in: Unsere Kunstdenkmäler, Jg. 20, 1969, S. 243–249.

Stuttgart 1993
Meisterwerke massenhaft. Die Bildhauerwerkstatt des Niklaus Weckmann und die Malerei in Ulm um 1500. Katalog der Ausstellung im Württembergischen Landesmuseum Stuttgart, Stuttgart 1993.

Tavel 1998
Tavel, Hans Christoph von: Manuel, Niklaus, in: Biografisches Lexikon der Schweizer Kunst, hg. vom Schweizerischen Institut für Kunstwissenschaften, 2 Bde, Zürich und Lausanne 1998, Bd. 2, S. 675–676.

Térey 1894–1896
Térey, Gabriel von: Die Handzeichnungen des Hans Baldung gen. Grien, Bd. 1, Strassburg 1894–1896.

Thieme/Becker
Thieme, Ulrich, Felix Becker und Hans Vollmer (Hg.): Allgemeines Lexikon der bildenden Künstler von der Antike bis zur Gegenwart, 37 Bde., Leipzig 1907–1950.

Thoby 1959
Thoby, Paul: Le Crucifix des Origines au Concile de Trente, Nantes 1959.

Thomas 1992
Thomas, Heinz: König Wenzel I., Reinmar von Zweter und der Ursprung des Kurfürstentums im Jahre 1239, in: Aus Archiven und Bibliotheken. Festschrift für Raymund Kottje zum 65. Geburtstag, hg. von Hubert Mordek (Freiburger Beiträge zur mittelalterlichen Geschichte, Bd. 3), Frankfurt a. M./Bern/ New York/Paris 1992, S. 347–372.

Tobolka 1932
Tobolka, Zdeněk: Psalterium Olomucense of 1499 (Monumenta Bohemiae Typographica XI), Prag 1932.

Trächsel 1879
Kunst und Kunstgewerbe in Bern am Ende des 15. und zu Anfang des 16. Jahrhunderts, in: Festschrift zur Eröffnung des Kunstmuseums in Bern, hg. von der Bernischen Künstlergesellschaft, Bern 1879, S. 11–30.

Treccani 1995
La piccola Treccani. Dizionario enciclopedico, Bd. 6, Rom 1995.

Tremp 1995
Tremp, Ernst: Ein noch nicht gehobener Schatz. Die Exemplasammlungen des Freiburger Franziskanerklosters, in: Zur geistigen Welt der Franziskaner im 14. und 15. Jahrhundert. Die Bibliothek des Franziskanerklosters in Freiburg/Schweiz, hg. von Ruedi Imbach und Ernst Tremp. Freiburg, Schweiz, 1995, S. 111–131.

Tremp 2000
Tremp, Ernst: Ein Freiburger «Europäer», begraben in Rhodos: Peter Falck (um 1468–1519) und sein Humanistenkreis, in: Freiburg auf den Wegen Europas, hg. von Claudio Fedrigo u. a., Freiburg i. Ü. 2000, S. 58–65.

Tremp-Utz 1984
Tremp-Utz, Kathrin: Die Chorherren des Kollegiatstifts St. Vinzenz in Bern, in: Berner Zeitschrift für Geschichte und Heimatkunde 46 (1984), S. 55–110, S. 80–82.

Tremp-Utz 1985
Tremp-Utz, Kathrin: Das Kollegiatstift St. Vinzenz in Bern, von der Gründung 1484/85 bis zur Aufhebung 1528, Bern 1985 (Archiv des Historischen Vereins des Kantons Bern, Bd. 69).

Tremp-Utz 1988
Tremp-Utz, Kathrin: Welche Sprache spricht die Jungfrau Maria? Sprachgrenzen und Sprachkenntnisse im bernischen Jetzerhandel 1507–1509, in: Schweizerische Zeitschrift für Geschichte 38 (1988), S. 221–249.

Tripps 1998
Tripps, Johannes: Das handelnde Bildwerk in der Gotik: Forschungen zu den Bedeutungsschichten und der Funktion des Kirchengebäudes und seiner Ausstattung in der Hoch- und Spätgotik, Berlin 1998.

Troescher 1939
Troescher, Georg: Weltgerichtsbilder in Rathäusern und Gerichtsstätten, in: Wallraf-Richartz-Jahrbuch 11, 1939, S. 139–214.

Türler 1896
Türler, Heinrich: Die Altäre des Berner Münsters, in: Neues Berner Taschenbuch auf das Jahr 1896, Bern 1896, S. 72–118.

Türler 1908
Türler, Heinrich: Hans Rudolf Lando, in: Schweizer Künstler-Lexikon, Bd. 2, Frauenfeld 1908, S. 221.

Ulbert-Schede 1966
Ulbert-Schede, Ute: Das Andachtsbild des kreuztragenden Christus in der deutschen Kunst. Von den Anfängen bis zum Beginn des 16. Jahrhunderts. Eine ikonographische Untersuchung. Diss. München 1966.

Uldry 1998
Uldry, Jean-Pierre: Charles-Aloyse Fontaine (1754–1834) : un ecclésiastique éclairé au tournant du siècle des ténèbres, in: Freiburg 1798: eine Kulturrevolution? Katalog der Ausstellung im Museum für Kunst und Geschichte Freiburg, Freiburg i. Ü. 1998, S. 69–81.

Utz Tremp 1990
Utz Tremp, Kathrin: Das Fegfeuer in Freiburg, in: Freiburger Geschichtsblätter, Jg. 67, 1990, S. 7–30.

Utz Tremp 1993
Utz Tremp, Kathrin: Eine Werbekampagne für die befleckte Empfängnis: der Jetzerhandel in Bern (1507–1509), in: Maria in der Welt. Marienverehrung im Kontext der Sozialgeschichte, 10.–18. Jahrhundert, hg. von C. Opitz u. a., Zürich 1993 (Clio Lucernensis 2), S. 323–337.

Utz Tremp 1995
Utz Tremp, Kathrin: Ein Dominikaner im Franziskanerkloster. Der Wanderprediger Vinzenz Ferrer und die Freiburger Waldenser (1404). Zu Codex 62 der Franziskanerbibliothek, in: Zur geistigen Welt der Franziskaner im 14. und 15. Jahrhundert. Die Bibliothek des Franziskanerklosters in Freiburg/Schweiz, hg. von Ruedi Imbach und Ernst Tremp. Freiburg, Schweiz, 1995, S. 81–109.

Utz Tremp 1999
Utz Tremp, Kathrin: Waldenser, Wiedergänger, Hexen und Rebellen. Biographien zu den Waldenserprozessen von Freiburg im Üchtland (1399–1430), in: Freiburger Geschichtsblätter, Sonderband (Freiburg i. Ü. 1999).

Utz Tremp 2000
Utz Tremp, Kathrin (Hg.): Quellen zur Geschichte der Waldenser von Freiburg im Üchtland (Monumenta Germaniae Historica, Quellen zur Geistesgeschichte des Mittelalters, Bd. 18), München 2000.

Vauchez 1980
Vauchez, André: Les stigmates de saint François et leurs détracteurs dans les derniers siècles du moyen âge, in: André Vauchez: Religion et société dans l'occident médiéval, Turin 1980, S. 152–156.

Vetter 1958/1959
Vetter, Ewald M.: Mulier amicta sole und Mater Salvatoris, in: Münchner Jahrbuch der bildenden Kunst, Bd. 32, 1958/1959, S. 37–71.

Villiger 1993
Villiger, Verena: Peter Wuilleret, Bern 1993.

Villiger 1997
Villiger, Verena: Hans Fries, Das Lebende Kreuz (um 1506), in: Blätter des Museums für Kunst und Geschichte Freiburg, 1997/1.

Villiger 1999
Villiger, Verena: Der Bernhardszyklus von 1658/59, in: Patrimoine fribourgeois 11, 1999, S. 66–71.

Vloberg 1946
Vloberg, Maurice: L'Eucharistie dans l'art, Bd. 1, Grenoble 1946.

Voragine 1993
Jacobus de Voragine: Die Legenda aurea, aus dem Lateinischen übersetzt von Richard Benz, Gerlingen 1993.

Vos 1994
De Vos, Dirk: Hans Memling. L'œuvre complet, Paris 1994.

Vos 1999
De Vos, Dirk: Rogier van der Weyden. Das Gesamtwerk, München 1999.

Voss 1908/1
Voss, Hermann: Einige unbeachtete Bilder altdeutscher Meister im Museo Civico zu Venedig, in: Zeitschrift für bildende Kunst, N. F. Bd. 19, 1908, S. 96–100.

Voss 1908/2
Voss, Hermann: Der Johannesaltar des Meisters mit der Nelke, in: Monatshefte für Kunstwissenschaft, Jg. 1, 1908, 2. Halbband, S. 754–762.

Vovelle 1996
Vovelle, Michel: Les âmes du purgatoire ou le travail du deuil, Paris 1996.

Vulliéty 1902
Vulliéty, Henri: La Suisse à travers les âges. Histoire de la civilisation depuis les temps préhistoriques jusqu'à la fin du XVIIIe siècle, Basel/Genf 1902.

Waagen 1843
Waagen, Gustav Friedrich: Kunstwerke und Künstler in Deutschland. Bd. 1: Kunstwerke und Künstler im Erzgebirge und in Franken, Leipzig 1843.

Waagen 1845
Waagen, Gustav Friedrich: Kunstwerke und Künstler in Deutschland. Bd. 2: Kunstwerke und Künstler in Bayern, Schwaben, Basel, dem Elsass und der Rheinpfalz, Leipzig 1845.

Waagen 1866
Waagen, Gustav Friedrich: Die vornehmsten Kunstdenkmäler in Wien, Bd. 1, Wien 1866.

Waeber 1940
Waeber, Louis: Liste inédite des églises et chapelles fribourgeoises ainsi que de leurs autels vers la fin du XVIe siècle, in: Zeitschrift für schweizerische Kirchengeschichte, Jg. 34, 1940, S. 99–110.

Waeber 1942
Waeber, Louis: L'arrivée à Fribourg de Mgr de Watteville et la visite du diocèse de 1625, in: Zeitschrift für schweizerische Kirchengeschichte, Jg. 36, 1942, S. 221–296.

Waeber 1945
Waeber, Louis: Les anciennes listes des autels de Saint-Nicolas, in: Annales fribourgeoises, Bd. 33, 1945, S. 33–54, 76–84, 97–102.

Waeber 1957/1
Waeber, Louis: Eglises et chapelles du canton de Fribourg, Freiburg 1957.

Waeber 1957/2
Waeber, Louis: La paroisse de Saint-Nicolas des origines jusqu'au début du XVIe siècle, in: Fribourg–Freiburg 1157–1481, Freiburg 1957, S. 260–287.

Wagner 1925
Wagner, Adalbert: Peter Falcks Bibliothek und humanistische Bildung, in: Freiburger Geschichtsblätter, Jg. 28, 1925, S. 1–221.

Wagner 1979
Wagner, Hugo: Niklaus Manuel, Leben und künstlerisches Werk, in: Niklaus Manuel Deutsch. Maler, Dichter, Staatsmann, Bern 1979, S. 17–41.

Walder 1987/1988
Walder, Ernst: Bruder Klaus als politischer Ratgeber und die Tagsatzungsverhandlungen von Stans, in: Freiburger Geschichtsblätter, Jg. 65, 1987/1988, S. 83–119.

Walder 1994
Walder, Ernst: Das Stanser Verkommnis. Ein Kapitel eidgenössischer Geschichte neu untersucht: Die Entstehung des Verkommnisses von Stans in den Jahren 1477 bis 1481, Stans 1994 (Beiträge zur Geschichte Nidwaldens, Heft 44).

Wallraf-Richartz-Museum Köln 1986
Wallraf-Richartz-Museum Köln. Vollständiges Verzeichnis der Gemäldesammlung, Köln/Mailand 1986.

Wartmann 1921/1
Wartmann, Wilhelm: Eine Ausstellung alter Kunst, in: Schweizerland 1921, Bd. 7, Heft 10, S. 389–394.

Wartmann 1921/2
Wartmann, Wilhelm: Zeitlose Kunst, in: Neue Zürcher Zeitung, 1. 10. 1921, Feuilleton S. 1/2.

Wartmann 1922
Tafelbilder des 15./16. Jahrhunderts 1430–1530. Schweiz und angrenzende Gebiete, in: Zürcher Kunstgesellschaft, Neujahrsblatt 1922.

Washington 1967
Swiss Drawings. Masterpieces of Five Centuries. Katalog der Ausstellung der Stiftung Pro Helvetia in der Smithsonian Institution Washington, bearbeitet von Walter Hugelshofer, Washington D.C. 1967.

Weber 1894
Weber, Paul: Geistliches Schauspiel und kirchliche Kunst, Stuttgart 1894.

Weber 1987
Weber, Hans Ruedi: Die Umsetzung der Himmelfahrt Christi in die zeichenhafte Liturgie. Europäische Hochschulschriften, Reihe XXVIII, Bd. 76, Bern 1987.

Weber 1991
Weber, Hans Ruedi: Tanzende Engel, fallende Hostien. Die Repraesentatio Ascensio Domini, in: Unsere Kunstdenkmäler, Jg. 42, 1991, S. 45–55.

Wehlte 1967
Wehlte, Kurt: Werkstoffe und Techniken der Malerei, Ravensburg 1967.

Westhoff 1996
Westhoff, Hans, Roland Hahn, Annette Kollmann, Anette Klöpfer: Graviert, gemalt, gepresst. Spätgotische Retabelverzierungen in Schwaben (Württembergisches Landesmuseum Stuttgart), Stuttgart 1996.

Wild 1945
Wild, Bernardin: Die Bruderschaften an der ehemaligen Augustinerkirche St. Moritz zu Freiburg, in: Freiburger Geschichtsblätter, Jg. 38, 1945, S. 69–81.

Winzinger 1956
Winzinger, Franz: Zeichnungen altdeutscher Meister aus dem Besitz der Ciba AG Basel, Basel 1956.

Woltmann/Woermann 1882
Woltmann, Alfred, und Karl Woermann: Geschichte der Malerei, Bd. 2: Die Malerei der Renaissance, Leipzig 1882.

Wüthrich 1969
Wüthrich, Lucas H.: Spätgotische Tafelmalerei, in: Aus dem Schweizerischen Landesmuseum, 23, Bern 1969.

Wüthrich 1978
Wüthrich, Lucas H.: Ein Altar des ehemaligen Klosters Sankt Maria Magdalena in Basel. Interpretation des Arbeitsvertrags von 1518 und Rekonstruktionsversuch, in: Zeitschrift für schweizerische Archäologie und Kunstgeschichte, Bd. 35, 1978, S. 108–119.

Wüthrich 1996
Wüthrich, Lucas H.: Hans Fries, in: The Dictionary of Art, hg. von J. Turner, Bd. 11, London/New York 1996, S. 787/788.

Zahnd 1999
Zahnd, Urs Martin: «… aller Wällt Figur …». Die bernische Gesellschaft des ausgehenden Mittelalters im Spiegel von Niklaus Manuels Totentanz, in: Berns grosse Zeit. Das 15. Jahrhundert neu entdeckt, hg. von Ellen J. Beer, Norberto Gramaccini, Charlotte Gutscher-Schmid, Rainer C. Schwinges, Bern 1999, S. 119–155.

Zander-Seidel 1990
Zander-Seidel, Jutta: Textiler Hausrat. Kleidung und Haustextilien in Nürnberg von 1500–1650, München/Berlin 1990.

Zemp 1903
Zemp, Josef: Die Kunst der Stadt Freiburg im Mittelalter, in: Freiburger Geschichtsblätter, Jg. 5, 1903, S. 182–236.

Zemp 1905
Zemp, Josef: Hans Fries, in: Schweizer Künstler-Lexikon, Bd. 1, Frauenfeld 1905, S. 497–503.

Zemp 1906
Zemp, Josef: Zwei Altarflügel von Hans Fries. In: Schweizerischer Kunstkalender 1906, hg. von C. H. Baer, S. 4.

Zemp 1908
Zemp, Josef: Ergänzung zu Hans Fries, in: Schweizer Künstler-Lexikon, Bd. 2, Frauenfeld 1908, S. 707.

Zimmermann 1905
Zimmermann, Josef: Peter Falk. Ein Freiburger Staatsmann und Heerführer, in: Freiburger Geschichtsblätter, Jg. 12, 1905, S. 1–151.

Zürich 1921
Gemälde und Skulpturen 1430–1530. Schweiz und angrenzende Gebiete. Ausführlicher Katalog der Ausstellung im Zürcher Kunsthaus, bearbeitet von Wilhelm Wartmann, Zürich 1921.

Zürich 1939
Zeichnen. Malen. Formen, 1: Die Grundlagen. Ausführliches Verzeichnis mit Einleitung und 40 Tafeln. Katalog der Ausstellung im Zürcher Kunsthaus, Zürich 1939.

Zürich 1994
Himmel, Hölle, Fegefeuer. Das Jenseits im Mittelalter. Katalog der Ausstellung im Schweizerischen Landesmuseum, hg. von Peter Jezler, Zürich 1994.

Zurich 1918
Zurich, Pierre de: Catalogue des Avoyers, Bourgmaîtres, Bannerets, Trésoriers et Chanceliers de Fribourg au XVe siècle, in: Annales fribourgeoises, Bd. 6, 1918, S. 97–107.

Zurich 1919
Zurich, Pierre de: Catalogue des Avoyers, Bourgmaîtres, Bannerets, Trésoriers et Chanceliers de Fribourg au XVIe siècle, in: Annales fribourgeoises, Bd. 7, 1919, S. 252–264.

Zurich 1924–1925
Zurich, Pierre de: La construction de l'hôtel de ville de Fribourg, in: Annales fribourgeoises, Bd. 12, 1924, S. 274–282; Bd. 13, 1925, S. 34–45.

Orts- und Personenregister

Ins Register wurden Namen historisch belegbarer Personen und Ortsbezeichnungen der Hauptkapitel und Katalogtexte aufgenommen. Der Maler Hans Fries wird wegen seiner häufigen Nennung nicht aufgeführt, ebensowenig die Stadt Freiburg, sofern es sich nicht um näher bezeichnete Orte darin handelt. Die Werke von Fries, denen Katalogtexte gewidmet sind, und ihre Standorte erscheinen nicht im Register; sie sind über das Inhaltsverzeichnis und Querverweise in den einzelnen Texten zu erschliessen.

Abkürzungen

Bf. Bischof
Fam. Familie
Ft. Fürst
Hzg. Herzog
Kg. König
Ks. Kaiser
Pp. Papst
P. Pater
Prn. Prinzessin
Slg. Sammlung
v. von

Achert, Johann 124, 126
Adelhausen, Kloster 119
Aeby, Nicole 249
Ägypten 207
Affry, Johannes v. 145
Albrecht v. Nürnberg 96
Alexander VI., Pp. 231
Allwand, Niclaus 31
Altdorfer, Albrecht 99, 194, 237
Alverna siehe La Verna
Amberg, Friedrich v. 155
Amman, Hans 81
Anderes, Bernhard 249
Andrey, Ivan 19, 215
Annecy 119
Anshelm, Valerius 13, 15, 24, 25, 26, 35, 108
Antonello da Messina 148
Antonius v. Padua 37, 150, 152, 155, 156, 157
Appenzell 23
Arsent, Franz 26, 27
Arsent, Jakob 110
Assisi 100, 234
    S. Damiano 234
    S. Francesco, Antonius-Kapelle 155
Attalens 170
    Pfarrkirche 170
Augsburg 16, 17, 18, 43, 99, 156, 185, 187, 231
    Katharinenkloster 43
Augustinus 117
Augustinus Moravus 232
Aulmann, Hans 128, 132, 133, 140, 171, 173, 188, 190, 193, 203, 204, 207, 217, 220, 221, 223
Aussedat, Louis 119
Aussedat-Despine, Fam. 119
Avenches 155

Baden (Schweiz) 249
Baldung Grien, Hans 237, 239, 243, 249, Abb. 212
Barfuss sen., Karl 198
Bari 173
Bartolomeo da Pisa 155
Basel 22, 32, 182, 185, 215, 232, 237, 253
    Barfüsserkloster 34
    Himmelzunft 22, 32
    Johanniterkomturei 41
    Leonhardskirche, Heilspiegelaltar 9
    Marktplatz 23
    Münster 112
    Öffentliche Kunstsammlung 41, 182, 185, 188, 237, 243
        Kupferstichkabinett 249
    Petersplatz 182
    Universität 182
    Zunft zum Himmel siehe Himmelzunft
Bauer, Victor 209

Baum, Elfriede 254
Baum, Julius 9
Baumgarten, Konrad 232
Beaune, Hospiz 112
Bechofen, Johannes 163
Beham, Hans Sebald 253
Belludi, Luca 152
Benesch, Otto 18, 254
Bentz, Fred 188, 190, 193, 203, 204, 207, 217, 220, 221, 223
Berlin 182
Bern 22, 23, 27, 28, 31, 32, 34, 69, 73, 79, 81, 99, 185, 189, 194, 225, 227, 232, 237, 249
    Antonierkirche, Hochaltar 119
    Antoniterniederlassung 120
    Chorherrenstift St. Vinzenz 26, 27
    Christoffelturm 96
    Dominikanerkirche 185
        Hochaltar 140, 189
        Johannes-Kapelle 24
        Marien-Kapelle 24
    Dominikanerkloster 13, 23, 27, 28, 35, 187
    Fachklasse für Konservierung und Restaurierung 78
    Französische Kirche 249
    Kunstmuseum 119, 122, 124, 135, 249
    Münster 112, 185, 189, 145, 253
        Allerseelenaltar 140, 145, 187, Abb. 15, 16
        Beinhaus 185
        Chorlettner 185
        Vorhalle 189
        Wurzel-Jesse-Fenster 92, Abb. 57
    Predigerkloster siehe Dominikanerkloster
    Propstei 26
    Schwellenmatte 26
Bernhard v. Clairvaux 23, 106, 108
Bernhardin v. Siena 229, 228
Bernward v. Hildesheim 237
Berthier, Joachim-Joseph 16, 106, 136, 140, 147, 157, 171, 194, 198, 249, 253, 254
Berthold IV., Hzg 173
Bertling Biaggini, Claudia 249
Bichler, Heinrich 21, 23, 31, 40, 110, 249
Biel 22
Bilgri v. Heudorf 251
Bise, Wilhelm 170
Blailé, Alfred 150, 152, 156
Blaubeuren 231
Boden, Hans 216, 253
Boden, Jakob 173
Böhmen 231, 232
Boerner, C. G. 237
Bohrer, Anton 126
Boisserée, Sulpiz und Melchior 99
Boissonnas, Henri 91, 119, 135, 137, 139, 140, 175
Bologna, San Petronio 180
Boltzhurst, Stephan 24
Bonaventura 92, 100, 150
Bongard, P. Nicolas 234
Bonnet, François 174, 175
Bonstetten, Albrecht v. 227
Bourcart, C.-D. 147
Bouts, Dirk 187
Bremgarten/Bern 84
    Johanniterkomturei 41
Brisson, Alessandro 147
Broggini, Linda 159, 162, 164
Broye 79
Bruder Klaus siehe Niklaus v. Flüe
Brünn 231
Bruillot, François 15
Buchner, Ernst 244

Büchi, Albert 18, 174, 250, 251
Bürglen, Pfarrkirche 124, Abb. 93
Bugnon/Freiburg 135, 136
Bullinger, Heinrich 227
Burckhardt, Daniel 15, 99, 112, 148, 150, 179, 187, 254
Burckhardt, Jacob 15, 185
Burgkmair, Hans 16, 18, 43, 44, 46, 99, 162, 182, 185, Abb. 19
Burgkmair, Thoman 228
Burgund, Hzg. v. 31

Cadorin, Paolo 190, 204, 217, 220, 221, 223
Capistranus, Johannes 228
Cennini, Cennino 49
Cetto, Anna Maria 235
Chur 78
Ciba AG 237
Cingria, Alexandre 19
Città di Castello 25
Cormagens 76
Correr, Teodoro 253
Coter, Colyn de 106
Cranach d. Ä., Lucas 60
Cugy 38, 69, 76, 77, 79, 81, Abb. 150
    Pfarrkirche 174, 180
        Antonius-Altar 174
        Eligius-Altar 180
        Eligius-Kapelle 174
        Hochaltar 174
Curty, Joseph Emmanuel Abb. 150
Cust, Lionel 239

Daguet, Alexandre 14, 15, 18, 110
Dard, Slg. 249
Deutschland 38, 43, 189, 231
Devaya, Anton 124
Diaconus, Paulus 180
Diesbach, Christoph v. 79
Diesbach, Margareta v. 26
Diesbach, Max de 76, 147
Diesbach, Wilhelm 26, 27
Dijon, Musée des Beaux-Arts 249
Dillis, Georg v. 99
Diokletian, Ks. 104, 105, 171
Domitian, Ks. 161, 165
Dompierre 74, 79
Donatello 155
Dondi, Jacopo 152
Dornach
    Kapuzinerkloster 124, 126, Abb. 95
    Schlacht 22, 31
Düdingen 72
Dürer, Albrecht 9, 42, 43, 60, 99, 102, 105, 116, 117, 138, 148, 161, 163, 168, 180, 182, 185, 186, 187, 189, 192, 194, 198, 202, 204, 207, 209, 216, 224, 232, 239, 249, Abb. 72, 122, 156, 162, 163, 173, 174, 182, 185, 203, 204
Dürer, Hans 243
Durrer, Robert 253

Egger, A. 245
Eidgenossen 21, 22, 23, 26, 27, 28, 31, 227
Elisabeth v. Thüringen (v. Ungarn) 150, 234
Elsass 88, 179
Englisberg, Fam. 251
Englisberg, Peter v. 35, 41, 69, 70, 84, 86
Erasmus v. Rotterdam 96, 132
Erlach, Fam. 147

Estavayer, Fam. 48
    Claude I 48, 86
    Claude, Bf. v. Belley 86
    Jacques IV 48
    Loys 48
    Philippe 48
    Richard II 48
Estavayer-le-Lac 22, 79, 155
    Dominikanerinnenkirche,
        Retabel v. Estavayer-Blonay 73, 78, 80, 81, 86, Abb. 47, 48
    Stiftskirche St-Laurent, Estavayer-Kapelle 46, Abb. 20
Etter, Philippe 135
Eyck, Jan van 148, 189

Faesch, Johann Rudolf 182
Faesch, Remigius 182, 243
Falck, Peter 23, 27, 28, 29, 79, 82, 83, 84
Falkner, Heinrich 15
Fassner, Heinrich 15, 185
Faucigny, Petermann v. 81, 82, 84
Fegely, Fam. 159
    Jakob 159
    Marie de 159
Feilchenfeldt, Walter 237
Felder d. J., Hans 79
Ferenbalm 72, 80, 86
Ferrer, Vinzenz 155
Fétigny 79
Fischer & Solpray (Galerie) 91
Fivaz, Candide 124
Florenz 213, 243
    S. Maria Novella 187
Font 22
Fontaine, Charles-Aloyse 14, 83, 84, 135, 140
Fontaine, Pauline 135
Fouquet, Jean 210
Frangin, Claude 83
Frankenberger, Hans 237
Frankfurt a. M., Städelsches Kunstinstitut 249
Frankreich 26, 74, 187
Franz I., Kg. 28
Franz v. Assisi 100, 102, 150, 234
Fréchot, Claude 14
Freiburg i. Br. 15, 22
Freiburg i. Ü. 99, 227, 232
    Altbrunnengasse 72, 150
    Anna-Kapelle 70, 78, 108, 122, 150, 215
    Augustinerkirche siehe Kirche St. Moritz
    Berntor 21, 97, 131, 247
    Bischöfliche Slg. 73
    Bisemberg, Kloster 78, 82
    Burgquartier 34
    Franziskanerkirche 37, 73, 81
        Antonius-Altar 150
        Furno-Altar 73, 78, 82, 86, 87, 249, Abb. 46
        Hochaltar 9, 16, 22, 31, 53, 65, 73, 78, 92, 94, 100, 102, 104, 106, 107, 108, 137, 150, 171, 187, 215, 234, 235, 249, Abb. 6, 7
    Franziskanerkloster 37, 150, 155, 234, 235
    Gerichtshaus siehe Rathaus, altes
    Jaquemart 21, 32
    Johanniterkomturei 41, 42, 70, 81, 84, 108, 159, 215, 225
    Kantons- und Universitätsbibliothek 250
    Kathedrale siehe Niklauskirche
    Kirche St. Johann 69, 70, 79, 81, 82, 215
        Hochaltar 69, 70, 215, Abb. 44, 45
    Kirche St. Moritz 81, 108
    Liebfrauenkirche 81, 145, 159
        Chorgestühl 35, Abb. 8
    Magerau, Kloster 99
    Metzgerzunft 74
    Museum für Kunst und Geschichte 73, 74, 76, 77, 96, 122, 128, 135, 170, 174, 227, 251, Abb. 90
    Neustadtquartier 32
    Niklauskirche 14, 16, 23, 26, 27, 40, 72, 74, 79, 81, 82, 83, 86, 110, 112, 135, 140, 145, 159, 163, 174, 245, 249, Abb. 88
        Heiliggeist-Altar 72, 135
        Heiliggrab-Kapelle 120
        Johannes-Altar 159
        Marien-Altar 35, 135
        Ölberg-Kapelle 79, 82
        Ölberg-Retabel 79, 83, 84
    Pérolles-Kapelle 79
    Rathaus, altes 21, 26, 31, 81, 110, 112

Rathaus, neues 23, 110
Ratsstube, grosse 41
Reichengasse 38, 96, 131
Schmiedezunft 150
Visitation, Kloster Abb. 91
Fricker, Thüring 22, 140
Fries, Fam. 251
    Erhard 31, 32, 34
    Hans (Chronist) 21, 28, 32, 34, 251
    Heini 32, 251
    Johann 32
Fuchs, Heinrich 150
Füglister, Robert L. 179, 180
Fugger, Fam. 231
Funk, Hans 254
Furno, Jean de 86
Furter, Michael 232

Gabionetta, Alexander 26
Ganz, Hermann 17, 18, 132, 182, 183
Ganz, Paul 18, 138, 148, 179, 180, 183, 187, 249, 253
Ganz, Paul Leonhard 19, 72, 182, 185, 195, 209
Geelhaar, Christian 182
Geiler, Hans 73, 74, 78, 79, 82, 83, 84, 86, 87, Abb. 51
Genf 147, 148
Gerardus, Stephanus 108, Abb. 75
Gieng, Hans 73, 74, 76, 79, 87
Gindroux, Jean 180
Giotto di Bondone 188, 194, 198
Giovanni da Modena 180
Glâne, Catherine de 48
Glaser, Niklaus Abb. 57
Glasgow, Art Gallery and Museum 253
Göuffi, Humbert 22
Goldberg, Gisela 253
Gottfried-Keller-Stiftung 119, 135, 227
Graf, Urs 117, Abb. 84
Gramp, Martin 73, 74, 76, 87, 162, 247, Abb. 53
Grandson 81
    Franziskanerkirche 79
Grassis, Achilles de, Bf. 25, 26
Graubünden 79
Gregor d. Gr. 117
Grüneisen, Carl 14
Grünenberg, Conrad v. 231
Grüninger, Johannes 232, Abb. 209
Grumser (Antiquar) 76
Grupp, Georg 182, 185
Gualtieri di Giovanni da Pisa 243
Guillot de Suduiraut, Sophie 74, 83, 84, 86, 87, 88
Gundelfinger, Heinrich 227
Gurmels 80

Haendcke, Berthold 16, 99, 112, 150, 156, 170, 171, 183, 216, 224, 254
Hamburg 182, 185
    Kunsthalle 183
    Neue Rabenstrasse 182, 183
Hauterive, Kloster 77, 79, 81, 91, 99, 124, 174, Abb. 96
    Nikolaus-Kapelle 170
    Retabel 78
Hegau 22
Heilspiegelaltar siehe Basel
Heitenwil, Hensli v. 155
Herlin, Friedrich 187
Hermanès, Théo-Antoine 48, 96, 175, 227, 245
Hermann, Jost 157
Herodes 207
Heyer, Hans-Rudolf 126
Hilarius, Pp. 108
His-Heusler, Eduard 15, 99, 100, 182, 183, 185, 187, 194, 215, 254
Hoche, Anna v. 119
Hoentschel, Georges 84
Hofer, Paul 189
Hohenrain, Johanniterkomturei 41
Holbein d. Ä., Hans 14, 43, 44, 46, 52, 53, 136, 138, 156, 189, 194, 210, 239, Abb. 17
Holbein d. J., Hans 15, 99, 132, Abb. 60
Holbein, Sigmund 122, 182, 185
Homolka, Martina 195, 198
Horky, Jan 175
Hudry, Marius 122
Huggler, Max 136

Innerschweiz 83
Italien 18, 23, 28, 82, 155, 189, 243
Ivančice 231

Jaccard, Paul-André 78
Janitschek, Hubert 16, 170, 187, 216, 224, 254
Jaun 79, 80, 81, 87
Jazé-Charvolin, Marie-Reine 83
Jean d'Arras 156
Jensen, Amélie 215, 217, 220, 221, 223
Jerusalem 28, 82, 84, 140, 209
    Grabeskirche 119, 120
Jetzer, Hans 23, 25
Joly, Jean 150, 234
Josaphat, Tal 114
Josephus Flavius 217
Julius II., Pp. 26, 82

Kaisheim, Kloster 53
Karl IV., Ks. 231
Katharina v. Siena 23
Kelterborn-Haemmerli, Anna 18, 106, 136, 138, 140, 145, 148, 150, 156, 162, 170, 171, 173, 179, 182, 183, 187, 190, 202, 204, 207, 209, 213, 216, 223, 229, 237, 249, 253
Kirchberg, Kloster 119
Klara v. Assisi 150, 234
Kloewo, Hansi 35
Knöll, W. (Firma) 137, 139, 140
Koch, Ludwig 237
Köln 108
Königsfelden 100
Krakau 231
Kühn, Hermann 60
Küng, Erhart 185
Kuenlin, Franz 245
Kugler, Franz 187

Labia, Ida, Prn. 147
Lambert, Abbé 245
Lando, Hans Rudolf 237
Landoldt, Hanspeter 243
Landshut, Martinskirche 180
La Verna 100
Leitschuh, Franz Friedrich 17, 156, 159, 216, 249, 251
Leo, Bruder 100, 102
Leo X., Pp. 82
Leonardo da Vinci 14
Liechtenstein, Ft. 237
Liphart, Karl Eduard v. 237
Liphart, Reinhold v. 237
Lippi, Filippo 189
Lochis, Carlo 147, 148
Lochis, Guglielmo de Castello Sannazaro 147
Loertscher, Gottlieb 124
Löubli, Ludwig 25, 26, 27
Lombard, Niklaus 22, 27, 34
London
    British Museum 239
    Dudley House 147
    South Kensington Museum 147
    Victoria and Albert Museum 249
Ludovico Moro, Hzg. 23
Ludwig I., Kg. 99, 107, 112, 182
Ludwig XII., Kg. 23
Ludwig v. Toulouse 107
Lusser, Josef Martin 122
Lyon 83

Mähren 231, 232
Maggenberg, Peter 21
Mailand 86, 182, 185
Maillardoz, Fam. 159
    Aloisia de 159
    Romain de 159
Mallet, Bernhard 119
Mandach, Conrad v. 19, 119, 124, 135, 136, 138, 145
Manderscheidt, Sebald 31
Manuel Deutsch, Niklaus 9, 16, 19, 28, 44, 46, 58, 60, 69, 119, 137, 140, 185, 187, 220, 223, Abb. 18
Maquet, Jean 180
Marette, Jacqueline 55
Mariacher, Giovanni 253
Marignano 28, 82, 227
Marly 79, 80
Martini, Martin Abb. 5

309

Martini, Simone 237
Masaccio 187
Massys, Quentin 194
Maximilian I., Kg. 239
Mayr, Benedikt 231
Meckenem, Israhel v. 132
Meder, Joseph 237
Mehoffer, József 16, 140, 156, 163, Abb. 2, 3
Meister der grossen Nasen 72, 73, 74, 76, 87, 150,
    162, 247, Abb. 49, 50
Meister der Heiligen Sippe 105
Meister des Albrechtaltars 187
Meister des hl. Christophorus 131, Abb. 101
Meister des Marienlebens 106
Meister des Pfullendorfer Altars 194
Meister des Rohrdorfer Altars 132
Meister E. S. 92, 102, 105, 138, 161, 187, Abb. 111
Meister Gabriel 110
Meister H. F. 182, 254
Meister I. M. 210
Meister L. F. 43, 44
Melbourne 148
Memling, Hans 114, 187
Memmingen 231
Mermet v. Asti 145
Meyer, Fam. 73
Meyer (Lithograph) 215
Mielich, Hans Abb. 77
Molsheim, Peter v. 251
Montagny 22, 250
Montbovon 76
Montbrelloz 79
Montenach siehe Montagny
Montfaucon, Aymo v. 25
Moudilli, Johannes 145
Moullet, P. Maurice 19, 150, 245, 253
München
    Alte Pinakothek 99
    Staatliche Graphische Slg. 239
Münchenbuchsee, Johanniterkomturei 41, 84, 225
Münster/Goms 78
Multscher, Hans 69
Muri, Kloster 229
Murten 155
    Schlacht 21, 23, 31, 81, 250
Myra 173

Nagler, Georg Kaspar 15, 185, 239
Nazareth 207
Nelkenmeister 43, 189, 253
    Berner 9, 156, 189, 194, 217, 221, 249,
        Abb. 164, 195, 199
    Nelkenmeister-Altar siehe Freiburg i.Ü.,
        Franziskanerkirche, Hochaltar
Nentz, Albrecht 22, 31
Nenzlingen 126
Neuenburg 73, 80
New York
    Cloisters 234
    Metropolitan Museum of Art 83
Niederlande 18, 36, 93, 106, 112, 148, 187, 228
Niklaus v. Flüe 21, 34, 227, 228, 229
Niquille, Jeanne 80, 145
Nördlingen 237
Noll, Anton 24, 28
Novara 23
Nürnberg 31, 99, 112, 162, 182, 185, 250, 251
    Germanisches Nationalmuseum 99, 182
    Moritzkapelle 99, 182, 185, Abb. 65
    St. Sebald 99, 182

Oberrhein 23, 38, 43, 87
Ölberg 114
Österreich 18, 22, 23, 73, 110, 254
Oettingen-Wallerstein, Ludwig v. 99, 112, 182, 183,
    185
Offreduccio, Fam. 234
Olmütz 231
Olry, Johann Franz Anton v. 99, 147, 148
Omlin, Ephrem 227, 253
Orvieto, Dom 189
Ottobeuren
    Kloster 253
    Staatsgalerie 253

Pacher, Michael 145, 156
Padua 157
    Arenakapelle 189, 194
    Antoniusbasilika (Santo) 155
    Palazzo del Capitanato 152
Page, Anne-Catherine 48
Panofsky, Erwin 148
Parcieux/Ain 83, 84
Paris 215
    Musée du Jeu de Paume 18, 41
    Musée du Louvre 253
    Musée national du Moyen Age – Thermes de
        Cluny 83
Passau 231
Pauli, Gustav 183
Pavia 27
    Museo Civico 180
Payerne 79, 155
Pèlerin (Viator), Jean 13, Abb. 1
Perugino 14
Petermann (Gipser) 110
Petite Riedera/Montévraz Abb. 94
Petrus Christus 187
Petrus Lombardus 114
Pfister, Anton 150
Pichot, Claude 14
Pienza, Dom 187
Pierrafortscha 35
Piller, Joseph 135
Pochon, Joseph 180
Polentone, Sicco Ricci 155
Poll-Frommel, Veronika 99
Pollack, Jan 210
Pont-en-Ogoz 22
Pontarlier 250
Portiuncula 234
Prag, Veitsdom, Wenzelskapelle 231
Praroman, Fam. 83
Preinlein, Matthias 231

Quarton, Enguerrand 213

Raedlé, P. Nicolas 15
Rahn, Johann Rudolf 15, 147, 174, 179
Raron, Pfarrkirche 187
Raymann, P. Otho 234
Réau, Louis 249
Rechberg, Josef v. 99, 112
Regel, Josef 175
Regensburg, Rathaus, Blauer Saal Abb. 77
Reichlen, Joseph 175
Reiners, Heribert 94, 228
Reinle, Adolf 202
Reyff, Wilhelm 34
Reyhel, Pavel 231, 232
Rheinfelden 22
Rheinland 234
Rhodos 28, 86
Richard, Schwestern 245
Riedertal, Marienkapelle 124
Robinson, John Charles 147
Robinson, Joseph Benjamin 147
Roditzer, Hans 73, 74, 80, 81, 86, 87
Rohrdorf/Nagold 253
Rom
    Basilika S. Giovanni in Laterano 44
    Basilika S. Lorenzo 44
    Basilika S. Paolo fuori le mura 44
    Basilika S. Pietro in Vaticano 44
    Basilika S. Sebastiano 44
    Basilika S. Croce in Gerusalemme 44
    Basilika S. Maria Maggiore 44
    Biblioteca Casanatense 180
    Lateinische Pforte siehe Porta Latina
    Lateran 216
    Porta Latina 42, 224
Romont, Kollegiatskirche 81
Rossellino, Bernardo 187
Rossier, Claude 49, 152, 156
Rott, Hans (Autor) 80, 247
Rott, Hans (Maler) 72, 80, 86, 247
Rottweil 24
Rubens, Peter Paul 14
Rudolf, Fam. 124
Ruffiner, Ulrich 187
Ruminy (Kunsthändler) 112, 182
Rutenzweig, Bartholomäus 22, 31, Abb. 6, 7

Sachseln 227, 228, 253
St-Aubin 79
St-Martin de Belleville, Kapelle Notre-Dame
    de la Vie 122, Abb. 89
Salzburg 253
Sandrart, Joachim v. 182
St. Gallen 79
St. Silvester 79
St. Wolfgang 145
Sarnen, Heimatmuseum 253
Savoyen 18, 110, 119, 122, 254
Schäufelein, Hans 220, Abb. 194
Schaffhausen 23
Schaller, Frédéric de 229
Schauenberg, Niklaus 110, 245
Schilling, Diebold Abb. 4
Schilling, Edmund 254
Schiner, Matthäus, Bf. 13, 14, 25, 26, 34, 82
Schleissheim 16, 99, 112
Schmid, Alfred A. 19, 136, 216
Schmid, Heinrich A. 243
Schmidt, Franz Xaver 185
Schmidt, Georg 235, 237
Schmidt, Wilhelm 239
Schodillis, Hansi 35
Schöpfer, Hermann 74, 86
Schongauer, Martin 16, 52, 107, 116, 117, 132, 138,
    148, 156, 161, 163, 168, 180, 185, 223, 224,
    Abb. 85, 102, 123, 155
Schott, Petrus 227
Schwaben 18, 65, 73, 88, 99, 108
Schwaderloch 22
Schwarz, Lukas 79
Schwarzmurer, Hans 28
Sempach, Schlacht 31
Servasanto da Faenza 155
Siber, Peter 25
Siena 243
Sixtus IV., Pp. 108
Soissons 106
Solothurn 21, 23, 31, 73, 79
    Franziskanerkloster 76
Stahel, Konrad 231, 232
Stange, Alfred 189, 216
Steckling, Friederike 188, 204, 207
Stengel, Georg v. 239
Sterling, Charles 253
Stocker, Jörg 254
Strassburg 232
Strigel, Bernhard 171, 187
Strigel d. Ä., Hans 187
Strub, Marcel 19, 70, 72, 74, 76, 78, 82, 86, 87, 136,
    150, 247
Stryjenski, Thadeusz 16
Stuttgart, Staatsgalerie 253
Süddeutschland 73
Sulz, Mechthild v. 119
Supersaxo, Jörg 26, 27
Surius 155

Tafers 86
Techtermann, Fam. 227, 229
    Arthur v. 159
    Max de 74, 147
    Wilhelm 229
Teoh, Geneviève 159, 162, 164
Tertullian 224
Therwil 126, Abb. 97
Thomas v. Aquin 27
Thomas v. Celano 100
Thunstetten, Johanniterkomturei 41, 84
Thurneysen, Lienhard 73, 97, 247
Thurzo, Stanislaus, Bf. 231
Tirol 17
Toscana 155, 187
Tour-de-Trême, La, Kirche St. Joseph 124, Abb. 92
Trithemius, Johannes 108
Trolliet, Fam. 122

Ugolino d'Illario 189
Ulm 17, 187, 253
    Münster, Besserer-Kapelle 187, Abb. 160
Ulrich (Gefährte des Niklaus v. Flüe) 21
Ungarn 231

Vatter, Johannes 24
Velga, Johannes 144

Venedig 86, 231, 253
    Musei Civici 253
    Museo Correr 253
Veneziano, Domenico 189
Vesin 174
Vieure/Moulins 106
Villarepos 74
Villeneuve 74
Villeneuve-lès-Avignon 213
Vloberg, Maurice 179
Von der Weid, Caroline 227
Von der Weid de Hattenberg de Chollet, François-Philippe 215
Voss, Hermann 253
Vuillafans 79

Waadtland 73
Waagen, Gustav 15, 183, 185
Wagner, Hugo 187, 249
Waldheim, Hans v. 227
Wallenbuch 86, 87

Wallerstein, Schloss 182
    St. Anna-Kapelle 182
Walther, Elisäus 237
Walther, Mathias 237
Walther, Thüring 237, 243
Wartmann, Wilhelm 17, 94, 116, 249
Wasset, François-Achille 84
Weber, Veit 250
Weck, François de 135
Weck, Hippolyte de 135
Weck, Marie de 96
Wedells, Siegfried 182, 183, 185
Wenzel v. Olmütz 132
Weyden, Rogier van der 114
    Altar in Beaune 112
    Bladelin-Altar 106
    Columba-Altar 106
    Miraflores-Altar 187
Wien 232
    Gemäldegalerie der Akademie der Bildenden Künste 254
    Museum mittelalterlicher österreichischer Kunst 254

Winckler, César 175
Winterburger, Johannes 232
Wisshack, Augustin 80
Witz, Konrad 9, 92
Wölfflin, Heinrich 227
Wolf (Kunsthändler) 41, 215
Wolgemut, Michael 136
Woltmann, Alfred 15
Wuilleret, Peter 120

Zeitblom, Bartholomäus 171
Zell, Ulrich 108
Zemp, Josef 16, 18, 112, 135, 148, 150, 155, 157, 170, 182, 183, 187, 216, 247
Zimmermann, Jost 22
Zürich 23, 79
    Kunsthaus 9, 17, 91
    Schweizerisches Landesmuseum 159, 254
Zug, altes Rathaus 112
Zurich, Pierre de 135
Zwingli, Huldrych 227

Bildnachweis

Basel, Öffentliche Kunstsammlung,
  Kunstmuseum; Photograph: Martin Bühler
  Abb. 36, 37, 38, 39, 44, 45, 157, 159, 165, 166, 167,
  168, 170, 176, 180, 181, 183, 186, 187, 191, 196,
  197, 198, 200, 201
  Photograph: Eduard Schmid
  Abb. 161, 184, 193, 202
Basel, Öffentliche Kunstsammlung,
  Kupferstichkabinett;
  Photograph: Martin Bühler
  Abb. 9, 11, 12, 13, 14, 21, 22, 23, 24, 25, 27, 28, 29,
  156, 162, 163, 169, 173, 174, 182, 185, 203, 204,
  211, 212, 214
Berlin, Fotoarchiv für IRR, Bernd Konrad
  Abb. 177
Berlin, Staatliche Museen zu Berlin – Preussischer
  Kulturbesitz, Kupferstichkabinett
  Abb. 72, 87
Bern, Kunstdenkmäler des Kantons Bern
  Abb. 57
Bern, Kunstmuseum
  Abb. 15, 16, 18, 86, 164, 195, 216
Chambéry, Musée des Beaux-Arts
  Abb. 89
Dijon, Musée des Beaux-Arts
  Abb. 217
Freiburg i. Br., Corpus Vitrearum Deutschland
  (R. Harling) – Akademie der Wissenschaft und
  der Literatur Mainz
  Abb. 160

Freiburg i. Ü., Benedikt Rast
  Abb. 59
Freiburg i. Ü., Jean Mülhauser
  Abb. 6, 7
Freiburg i. Ü., Kantons- und Universitätsbibliothek
  Abb. 121
Freiburg i. Ü., Kulturgüterdienst des Kantons
  Freiburg
  Abb. 2, 3, 8, 44, 45, 46, 47, 48, 51, 92, 94, 96, 192
Freiburg i. Ü., Museum für Kunst und Geschichte
  Abb. 5, 11, 12, 13, 14, 21, 22, 23, 24, 25, 27, 28, 29,
  30, 31, 32, 33, 34, 35, 41, 42, 43, 49, 50, 53, 56, 58,
  75, 88, 90, 91, 98, 99, 100, 103, 104, 105, 106, 107,
  108, 109, 110, 112, 113, 114, 115, 116, 117, 118,
  119, 120, 124, 125, 126, 127, 128, 129, 130, 131,
  139, 145, 146, 147, 148, 149, 150, 151, 152, 153,
  154, 190, 194, 205, 206, 207, 210, 215, 218, 219
Hamburg, Hamburger Kunsthalle
  Abb. 188, 189
La Roche-sur-Yon, Conservation départementale
  des Musées de Vendée; Photograph: S. Bauchet
  Abb. 1
Liestal, Kantonale Denkmalpflege Basel-Land
  Abb. 97
Lyon, Service régional de l'Inventaire
  Abb. 52
München, Bayerische Staatsgemäldesammlungen
  Abb. 17, 19, 61, 62, 63, 64, 65, 66, 67, 68, 69, 70, 71,
  73, 74, 75, 76, 78, 79, 80, 81, 82, 83
München, Staatliche Graphische Sammlung
  Abb. 111, 213

New York, Metropolitan Museum of Art
  Abb. 52
Nürnberg, Germanisches Nationalmuseum
  Abb. 26, 171, 172, 175, 178, 179
Paris, Bibliothèque nationale de France,
  Cabinet des Estampes
  Abb. 102
Paris, Agence photographique de la Réunion
  des Musées nationaux
  Abb. 52
Prag, Prokop Paul
  Abb. 208, 209
Regensburg, Stadtarchiv
  Abb. 77
Schweinfurt, Dr. Otto-Schäfer-Stiftung e.V.
  Abb. 155
Solothurn, Kantonale Denkmalpflege
  Abb. 95
Stans, Atelier Stöckli
  Abb. 93
Venedig, Musei Civici
  Abb. 220, 221
Villars-sur-Glâne, Gilbert Fleury
  Abb. 20
Zürich, Graphik-Sammlung Eidgenössische
  Technische Hochschule
  Abb. 85, 123
Zürich, Kunsthaus
  Abb. 54, 55, 199
Zürich, Schweizerisches Landesmuseum
  Abb. 4, 132, 133, 134, 135, 140, 143, 144